한비자(상)
(韓非子)

盧在昱
曺康煥 解釋

자유문고

한비자(韓非子)란 어떤 책인가?

중국의 전국시대(戰國時代) 말기에 법가(法家)의 개조(開祖)인 공손앙(公孫鞅:商鞅)의 뒤를 이어 법가의 뿌리를 확고하게 굳힌 사상가가 한비(韓非)이다.
한비자(韓非子)는 그의 사후(死後) 존칭이며 또 하나의 저서 이름이기도 하다.
수많은 중국의 고전(古典)은 저작자가 죽은 후에 빛을 보았으나 유일하게 『한비자(韓非子)』만은 한비(韓非)가 생존시에 젊고 패기왕성한 진(秦)나라 시황제(始皇帝)가 읽고 감탄했으며 또 당시의 많은 위정자(爲政者)나 선비들이 탐독했다는 기록이 전해진다.
한비(韓非)는 서기전 298년(?) 한(韓)나라의 왕족으로 태어났다. 처음에는 한자(韓子)라 불렸는데 뒷날 당(唐)나라의 대학자 한유(韓愈)의 한자(韓子)와 구별하기 위해 한비자(韓非子)라 불리게 되었다.
한(韓)나라는 전국시대 초(楚)나라 경공(景公) 건(虔)이 진(晉)나라를 세 갈래로 나눠 세운 제후국(諸侯國)의 하나이다. 한(韓)은 선혜왕(宣惠王) 때 처음으로 왕(王)이라 칭하고 전국칠웅(戰國七雄)의 하나가 되었다. 그러나 한나라는 국토가 좁고 열강(列强)의 틈바구니에 끼어 있어 싸움의 요충지로 늘 위험을 안고 있었다.
특히 강대한 진(秦)나라와 접경(接境)해 있어 환혜왕(桓惠王:서기전 272년) 때부터 진나라에 많은 국토를 빼앗겨 제3대안왕(安王)에 이르러서는 거의 멸망 위기에 놓여 있었다.
　서기전 3세기중엽 뛰어난 학자로 성악설(性惡說)을 주창한 순경(荀卿:荀子)이 초(楚)나라 난릉(蘭陵:지금의 山東省 嶧縣)의 현령(縣令:지방장관)자리에 있었다.
　그의 문하에 많은 젊은이들이 모여들었는데 그 가운데 한비(韓非)와 이사(李斯)가 있었다.
　이때 한비(韓非)는 재주가 뛰어났으며 자신의 나라가 망해가는 것을 그대로 보고만 있을 수 없었다. 여러 차례 안왕(安王)에게 방책(方策)을 간했으나 받아들여지지 않았다.
　한편 이사(李斯)는 초(楚)나라의 국운이 쇠함을 깨닫고 스승에게 하직한 후 진(秦)나라로 갔다.
　이사가 진나라로 갔을 때는 장양왕(莊襄王:재위 서기전 249~247년)이 죽고 재상(宰相)인 여불위(呂不韋)가 실권을 쥐고 있었다. 이때 이사는 여불위의 추천으로 진왕(秦王) 정(政:始皇帝)의 신임을 얻어 객경(客卿) 자리에 앉게 되었다.
　시황제 10년(서기전 237년) 여불위가 실각하자 임금은 '축객의 영(逐客之令)'을 내렸다. 이는 외국에서 망명해 온 사람들을 추방하는 법령으로 이사도 이에 포함되었다. 이사는 진(秦)나라가 역대에 걸쳐 다른 나라 출신을 중용(重用)하여 성공한 사례를 들어 임금을 설득, 법령을 철회시켰다.
　시황제(始皇帝)는 나이 20대에 여불위(呂不韋)를 몰아내고 실권을 잡은 뒤라 패기와 포부가 하늘에 닿을 듯했다.
　마침 누군가에 의해 한비의 글이 전해져 고분(孤憤)·오두(五蠹) 편을 읽은 시황제는 감탄하여 "이 글을 쓴 사람과 사귈 수 있다면 죽어도 한이 없겠다."고 했다.
　이미 이사(李斯)로부터도 한비의 이름을 들은 바 있었기에 한(韓)나라를 공격하여 화친(和親)의 사신으로 파견된 한비를 얻고 시황제는 만족하게 여겼으나 이사는 못마땅히 여겼다.
　지난날 순경의 문하에서 한비의 재주에 미치지 못했던 이사는 요가(姚賈)라는 모사(謀士)와 손잡고 "한비는 한(韓)나라의 왕족으로 등용하면 한나라를 위할 것이고 살려 보낸다면 후환을 남기는 일이니 죽이는 것이 마땅하다."고 한비를 모함하여 옥에 가뒀다.

임금은 곧 후회하고 한비를 사면하도록 명했으나 이미 때는 늦어 한비는 이사가 보낸 독약을 마시고 죽은 뒤였다.

한비(韓非)가 죽은 연대는 『사기』 진시황본기(秦始皇本紀)에는 진왕(秦王) 정(政) 4년(서기전 233년)으로 되어 있고, 같은 『사기』 한세가(韓世家)에는 한왕(韓王) 안(安) 5년(서기전 234년)으로 되어 있다.

한비는 처음에 유학(儒學)을 순자(荀子)로부터 배우며 많은 영향을 받았겠지만 『사기(史記)』에 의하면 '한비는 형명법술(刑名法術)의 학(學)을 좋아했으며 그 귀결은 황노(黃老)에 바탕을 두었다.'고 한다.

곧 유학을 토대로 형명(刑名) 법술(法術)에 힘써 마침내 전국시대 법가사상(法家思想)의 대성자(大成者)가 된 것이다.

법가(法家)란 춘추 전국시대의 제자백가(諸子百家) 중의 하나이지만 그 시대에는 법가란 이름의 집단이 존재하지 않은 것이 분명하다.

법(法)이나 술(術)을 중심으로 현실주의적 정치방법을 중요한 과제로 논한 사상가(思想家) 혹은 저서(著書)가 뒷날 법가라는 명칭으로 일괄되어 전하는 것이다.

그 명칭은 전한(前漢)의 사마담(司馬談 : 司馬遷의 아버지)이 육가(六家)의 요지를 논한 말 가운데 유(儒)·음양(陰陽)·묵(墨)·명(名)·법(法)·도(道)의 여섯 유파(流派)에 법가(法家)가 들어 있고 이는 『사기』 대사공(太史公) 자서(自序)에 인용되어 있다.

또 후한(後漢)의 반고(班固)가 편찬한 『한서예문지(漢書藝文志)』의 '법가' 항목에는 이회(李悝)·상앙(商鞅)·신불해(申不害)·신도(愼到)·한비(韓非) 등의 여러 사람의 저서를 합한 10종을 들고 있다.

주(周)나라 무왕(武王)이 은(殷)을 멸망시키고 중국을 통일하여 호경(鎬京)에 도읍한 지 37대 867년만에 진(秦)나라에 항복하게 될 때까지 주나라는 봉건제도로 사회질서를 규율하고 예(禮)라는 사회적 관습과 세속적인 인습으로 정치의 준칙을 삼았다.

13대 주평왕(周平王)부터 32대 위열왕(威烈王)까지를, 공자(孔子)가 지은 『춘추(春秋)』라는 역사서에서 따와 춘추시대라 한다.

춘추시대에 들어와 봉건제의 쇠퇴와 붕괴속에서 예(禮)는 유일한 정치수단으로 추진되었으나 점차 그 권위를 잃었다.

서기전 6세기 후반에는 정(鄭)나라 재상 공손교(公孫僑 : 자는 子産) 등의 관료에 의해 형률(刑律)의 성문화(成文化)와 공포(公布)로 대치되었음을 『춘추좌씨전(春秋左氏傳)』의 기록으로 알 수 있다. 이것은 중국이 '예(禮)'의 정치에서 '법(法)'의 정치로 옮겨지는 지표가 된다.

위열왕 23년부터 진(秦)나라 시황제가 천하통일한 때까지의 183년간을 전국시대라 하는데 한(漢)나라 유향(劉向)이 엮은 『전국책(戰國策)』이라는 역사서에서 따온 이름이다.

이 전국시대에 들어와 사회의 격심한 변동과 군웅할거(群雄割據)의 정세 아래 통치자가 제정하는 실정법(實定法)·성문법(成文法)같은 법의 확정에 의한 통치, 관료행동의 통제, 그로 인한 군주 권력의 강화와 부국강병이 요청되었다.

당시 제자백가 가운데 각 학파(學派)들의 이상론(理想論)과는 달리 이러한 국가적 요청에 응하고자 현실적 실천론을 들고 나온 학파가 법가(法家)로서 정치 실천자가 많았다.

법가는 춘추시대의 관중(管仲)을 연원으로 위(魏)나라 문후(文侯)를 섬기면서 『법경(法經)』을 저술한 이극(李克 : 李悝)과 초(楚)나라 탁왕(悼王)의 재상으로 법령정비, 군권(君權)확립, 전력증강(戰力增强)에 힘쓰다 임금이 죽은 뒤 반대파에 의해 죽임을 당한 유명한 전술가(戰術家) 오기(吳起) 등이 법가 초창기의 선구자였다. 전국시대 중기에 상앙(商鞅)·신불해(申不害)·신도(愼到)같은 이들이 나타나 법가의 사상은 보다 뚜렷한 모습을 드러냈다.

법가(法家)는 군권확립(君權確立)·부국강병에의 의욕, 그것을 위한 현실적인 통치의 이론, 실제정치에의 참가라는 공통분모가 현저하지만 단지 그들은 '법'만을 주장한 것이 아니라 '술(術)'과 '세(勢)'도 더불어 말하고 있다.

법가의 대표적 저서인 『한비자(韓非子)』는 55편(篇)으로 모두 한비(韓非) 자신의 저작(著作)은 아니다. 한비가 직접 쓴 작품과 그의 학문을 승계한 문류(門流)는 물론 한비학파의 여러 사람에 의해 차례차례 쓰여진 여러 편(篇)이 합쳐져 오늘날의 『한비자』가 된 것이라 한다.

『한비자』 가운데 한비의 저작으로 믿을 수 있는 부분은 『사기』에 인용되어 있는 '오두편(五蠹篇)'과 '현학편(顯學篇)', 시황제가 읽고 감탄했으며 『회남자』에도 기록된 '고분편(孤憤篇)', '간겁시신편(姦劫弑臣篇)'과 '세난편(說難篇)', '화씨편(和氏篇)'의 여섯 편을 들 수 있는데 사상이 서로 연계되어 있다. 문장 또한 다른 편에 비해 격조가 높고 날카로우며 박력이 풍부하다.

한비는 냉철하지만 잔혹한 면은 전혀 없다. 오히려 '고분', '세난', '화씨' 같은 곳에서 하나같이 꿰뚫는 울분은 정열직인 심성(心性)을 느끼게 한다.

한마디로 한비의 말에는 비통하리 만큼의 절박감이 있다. 그 까닭의 하나로는 조국인 한(韓)나라를 위하여 생각을 바꿀 수밖에 없었던 처시였기 때문이리라.

국가의 현황·병폐의 분석·동치사의 권력 확립·관료통제의 방책에는 지나치리 만큼 영리하고 용의주도한 반면 통일 국가에 있어야 할 모습의 풍부한 구상(構想)이나 민중에 대한 구체적인 정책(政策)에는 결함이 있다.

한비의 이론을 정치 현실면에 적용시킨 것은 이사(李斯)로 법가사상(法家思想)을 실제 정치에 크게 적용시켰다.
 본 저서는 진계천(陳啓天)의 『한비자금주금역(韓非子今註今譯)』을 저본(底本)으로 하고 진기유(陳奇猷)의 『한비자집석(韓非子集釋)』을 참고했다.
 편집 구성을 『한비자금주금역』에 따라 10권 55편으로 하고 편(篇)의 차례도 『한비자금주금역』에 따랐으며 상·하권으로 나눈 것은 분량이 너무 많아 편집상 임의적으로 나눈 것이다.

차 례 (상)

한비자란 어떤 책인가?/3

제 1 권/15

제 1 편 현학(顯學)/16
1. 유가(儒家)와 묵가(墨家)의 계보…/16
2. 유가(儒家)와 묵가(墨家)의 장례…/19
3. 부자로부터 거둬 주는 빈민구제는 불필요한 것…/22
4. 나라가 어지러워지고 망하는 길…/23
5. 현명한 통치자의 인사정책…/25
6. 자갈밭이 수천리 있어도 부자는 아니다.…/28
7. 모든 일은 힘으로 다스려진다.…/29
8. 정치에 아무런 도움이 되지 않는 것…/32
9. 인의(仁義)는 통치에 도움이 되지 않는다.…/33
10. 민중의 지혜는 아무 쓸모가 없다.…/34

제 2 편 오두(五蠹)/37
1. 현실에 맞는 정치를 실현해야 한다.…/38
2. 의식(衣食)이 부족하면 형벌이 통하지 않는다.…/40
3. 신하들이 다투는 것은 이권 때문이다.…/41
4. 나라를 보전하는 길은 힘뿐이다.…/45
5. 권력 밑에 모여드는 것은 학자다.…/48
6. 상과 벌은 확실하고 엄중해야 한나.…/51
7. 세상은 노력 않고 잘 사는 사람을 선망한나.…/53
8. 세상 일은 피차의 이해가 대립한다.…/55
9. 법제정은 민중이 쉽게 알도록 해야 한다.…/59
10. 부국강병(富國强兵)을 이룩하려면…/62
11. 나라를 망(亡)하지 않게 하는 기술…/65
12. 나라의 다섯 종류 좀벌레…/70

제3편 난세(難勢)/73
1. 못난 자에게 굽힘은 권세 때문…/73
2. 권세는 못난 자가 쓰면 혼란만 초래…/75
3. 권세는 그 뜻하는 바가 무수하다.…/78

제4편 정법(定法)/84
1. 통치자에게 필요한 술(術)과 법(法)…/84
2. 신자(申子)와 상앙은 법과 술이 부족…/89

제5편 문변(問辯)/92
1. 서로 옳다고 주장하는 변론이 왜 생기나…/92

제6편 육반(六反)/97
1. 지도자에게 해로운 여섯 가지 부류…/97
2. 군주의 큰이익과 신하의 큰이익…/100
3. 하찮은 물건이라도 숨겨두면…/102
4. 상벌의 경중으로 통치자의 현명을 분별…/104
5. 불로소득 방지가 통치자의 의무…/108
6. 모든 것은 행동이 있어야 판단…/110

제7편 궤사(詭使)/113
1. 나라를 다스리는 세 가지 방법…/114
2. 임금 주위에서 웃음을 파는 배우…/118
3. 나라가 어지러워지는 까닭은…/122

제8편 망징(亡徵)/125
1. 나라가 망하는 여러 가지 사례…/125
2. 나라가 어지럽다고 모두 망하지는 않는다.…/134

제9편 남면(南面)/136
1. 통치자의 허물이 시작되는 곳…/136
2. 신하가 기만하지 못하게 하는 법…/138
3. 옛 것을 바꾸고 새로운 것을 시행해야…/141

제2권/145

제10편 팔설(八說)/146
1. 나라를 잘 다스리려면…/146
2. 통치자에 따라 변하는 신하…/149
3. 아랫사람의 잘못을 직시할 수 있어야…/151

4. 사랑만으로 나라를 보존할 수 없다.…/156
   5. 법률은 명확하고 이해하기 쉬워야…/158

제11편 팔경(八經)/162
   1. 민심에 근거한 상벌·법령…/162
   2. 지혜를 모아 좋은 것을 골라 쓴다.…/164
   3. 어떠한 때 나라가 어지러워지는가…/167
   4. 나라를 다스리는 방법을 제정함…/171
   5. 신상필벌을 엄격히 시행해야…/175
   6. 신하의 언행일치를 살펴야…/176
   7. 군주나 관리는 법을 따라야…/179
   8. 권력을 나누면 나라는 어지러워진다.…/181

제12편 이병(二柄)/184
   1. 신하를 통제하는 두 가지 방법…/184
   2. 신하의 잘못을 금지시키려면…/187
   3. 군주에게 있는 두 가지 근심…/189

제13편 팔간(八姦)/193
   1. 신하가 저지르는 여덟 가지 악…/193
   2. 여덟 가지 악을 방지하는 방법…/199
   3. 나라가 망하는 풍조…/201

제14편 비내(備內)/203
   1. 아내와 자식을 너무 믿으면…/203
   2. 권력이 신하에게 집중되면…/208

제15편 식사(飾邪)/211
   1. 거북점을 믿고 전쟁을 일으켰지만…/211
   2. 간사한 신하가 많으면 국토는 줄어든다…/215
   3. 상과 벌이 권위를 상실하면…/217
   4. 공정한 법의 집행…/221
   5. 한번 내린 명령은 반드시 시행해야…/227

제16편 간겁시신(姦劫弑臣)/230
   1. 임금을 마음대로 조종하는 신하…/230
   2. 신하가 다스리는 술(術)을 터득하면…/234
   3. 도를 깨달은 자는 적다.…/239
   4. 술수(術數)를 터득한 신하를 두었을 경우…/242
   5. 상·벌로 굴복시킬 수 없는 신하…/245

12   한비자 상(韓非子上)

6. 문둥이가 임금을 가엾게 여긴다.…/251

제17편 설의(說疑)/255
1. 훌륭한 정치란 어떤 것인가…/255
2. 어리석은 임금이 죽음에 이르는 길…/258
3. 원수라도 능력이 있으면 등용한다.…/267
4. 나라를 쉽게 다스릴 수 있는 법…/273

제18편 유도(有度)/279
1. 왕이 죽자 멸망한 나라들…/279
2. 인재가 뒤로 물러나는 것은…/282
3. 나라에 충성하는 신하란…/286
4. 군주가 지향하는 것을 신하는 따른다.…/288
5. 준엄한 법은 죄과를 억제한다.…/290

제3권/293

제19편 세난(說難)/294
1. 임금을 설득하는 방법…/295
2. 남을 설득하는 데 필요한 것…/298
3. 잘못한 한마디가 목숨을 앗아간다.…/302

제20편 고분(孤憤)/306
1. 남을 꿰뚫어 볼 수 있는 지술(知術)…/307
2. 임금의 세력이 쇠약해지는 원인…/311
3. 탐관오리들이 들끓게 되는 이유…/314
4. 큰나라나 작은나라의 걱정거리.…/316

제21편 화씨(和氏)/319
1. 화씨(和氏)의 보옥…/319
2. 상앙은 사지가 찢겨 죽었다.…/322

제22편 난언(難言)/325
1. 말을 하기란 극히 어려운 것…/325
2. 현명한 사람도 죽임을 당한다.…/327

제23편 문전(問田)/333
1. 먼저 시험한 후에 등용한다.…/333
2. 오기가 사지를 찢긴 까닭은…/335

제 4 권/339

제 24 편 난일(難一)/340
1. 만세의 이익을 터득한 진문공···/341
2. 몸소 모든 것을 변화시킨 순임금···/345
3. 자신의 성기를 제거한 수조···/348
4. 훌륭하다, 조양자의 상 내림이여!···/353
5. 임금을 거역하는 자 없다.···/355
6. 초야의 선비를 다섯 번 찾아간 환공···/358
7. 그 죄상을 군중(軍中)에 널리 포고하라.···/360
8. 포로에서 재상이 된 관중···/364
9. 외국과 내통하는 신하는······/366

제 25 편 난이(難二)/369
1. 발목을 잘린 신발값은 비싸다.···/370
2. 술에 취해 관(冠)을 잃어버린 환공···/372
3. 천 리 땅으로 인심을 얻은 문왕···/374
4. 임금이 어질어야 신하도 어질다.···/376
5. 사람을 얻으면 임금은 편안하다.···/380
6. 술(術)을 터득하지 못한 처사···/384
7. 능력 없는 임금···/388

제 26 편 난삼(難三)/392
1. 노나라 목공이 자사를 존경한 이유···/392
2. 죽이려던 신하를 다시 쓴 진문공···/395
3. 난일·난이·난삼(難一, 二, 三)이란 무엇인가···/398
4. 정치는 어떻게 하는 것입니까?···/401
5. 울음소리를 듣고 범인을 잡은 자산(子産)···/409
6. 한(韓)과 위(魏)는 예전보다 강한가···/412
7. 임금은 반드시 상벌을 행해야···/417
8. 술(術)은 마음속에 몰래 간직하는 것···/418

제 27 편 난사(難四)/420
1. 손문자는 반드시 망할 것이다.···/421
2. 죄인은 처단해야···/424
3. 죽임을 당한 것은 마땅한 것 아닌가···/428
4. 나의 꿈이 잘 들어 맞았다.···/432

제 5 권/437

제 28 편 내저설상 : 칠술(內儲說上 : 七術)/438
1. 신하를 통제하는 일곱 가지 술(術)···/438

2. 첫째 전(傳一)···/445
　가. 여러 신하와 의논하면 어떻겠습니까···/445
　나. 민중의 반을 잃은 것입니다.···/449
　다. 두 아들을 죽인 노나라의 숙손···/450
　라. 술(術)을 터득하지 못한 사공(嗣公)···/453
　마. 세 사람이 똑같은 말을 하면 믿는다.···/455
3. 둘째 전(傳二)···/456
　가. 이제야 좋은 정치를 할 수 있다.···/456
　나. 콩이 시들지 않은 것을 왜 기록했나···/459
　다. 사물을 다스리는 길을 모르는 재상···/461
　라. 사형을 가해도 도둑이 그치지 않는 이유···/463
　마. 군주가 인정이 너무 지나치면···/465
　바. 화려한 장례를 처벌하는 이유···/468
4. 셋째 전(傳三)···/470
　가. 신하들은 상이 두터운 쪽으로 몰린다.···/470
　나. 힘들이지 않고 망대를 빼앗은 오기···/472
　다. 상이 후하면 목숨도 바친다.···/474
5. 넷째 전(傳四)···/477
　가. 합병을 중지시킨 공자(公子)···/477
　나. 강화해도 후회 안 해도 후회···/479
6. 다섯째 전(傳五)···/482
　가. 시장안에서의 부정을 없앤 사례···/482
7. 여섯째 전(傳六)···/485
　가. 신하들이 두려워하는 군주들···/485
8. 일곱째 전(傳七)···/488
　가. 임금의 본심을 알게 된 산양군···/488

제29편 내저설하: 육미(內儲說下: 六微)/490

1. 육미(六微)란 무엇인가···/490
2. 첫째 전(傳一)···/498
　가. 권세는 임금에게 연못과 같다.···/498
3. 둘째 전(傳二)···/502
　가. 어찌 바라는 것이 그다지도 적은가···/502
4. 셋째 전(傳三)···/507
　가. 남은 술을 아끼다 사형당한 대부···/507
5. 넷째 전(傳四)···/515
　가. 외국을 등에 업고 재상이 된 사람···/515
6. 다섯째 전(傳五)···/520
　가. 태자를 죽이고 자기 아들을 세운 여희···/520
7. 여섯째 전(傳六)···/525
　가. 비중에게 뇌물을 준 주나라 문왕···/525

제 1 권

제 1 편 현학…/16
제 2 편 오두…/37
제 3 편 난세…/73
제 4 편 정법…/84
제 5 편 문변…/92
제 6 편 육반…/97
제 7 편 궤사…/113
제 8 사 망징…/125
제 9 편 남면…/136

제 1 편 현 학(顯學)

　통치자는 법과 제도를 뚜렷이 세워 상벌(賞罰)은 반드시 법과 제도에 따라야 한다.
　현학(顯學)은 '뚜렷하게 뛰어나고 유력한 학파'라는 뜻이며 유가(儒家)와 묵가(墨家)의 선비들을 가리킨다. 이 두 학파는 중국 전국시대의 사상계에 커다란 위치를 차지하고 있었다.
　여기에서는 유·묵 두 파의 분파·발생에 따른 자가당착(自家撞着)과 유가와 묵가간의 모순, 그리고 그들 주장의 유해성(有害性)과 통치자가 그들을 숭상하고 우대하기 위하여 민중을 노동으로 몰아세우고, 전투의욕을 감퇴케 하는 것들을 자세하게 지적하여 통치자는 그들의 달콤한 꾀임에 귀를 기울이지 말도록 경고(警告)한다.
　이와 관련하여 송영자(宋榮子)의 비폭력(非暴力)사상, 양주(楊朱)를 생각케 하는 '사물을 가벼이 하고 삶을 중요하게 여기는 선비'를 말한 것으로 보아 첫머리 유·묵의 분파(分派)에 대한 기술(記述)과 함께 자료적인 가치로서도 주목된다.

1. 유가(儒家)와 묵가(墨家)의 계보
　지금 세상에 뚜렷하게 가장 잘 알려진 학파는 유가와 묵가이다. 유가(儒家)의 개조(開祖)는 공구(孔丘 : 孔子)이고 묵가(墨家)의 개조는 묵적(墨翟 : 墨子)이다.
　유가의 큰스승인 공자가 죽은 후 자장(子張)파의 유학이 생겨났고, 자사(子思)파의 유학, 안씨(顏氏 : 顏淵)파의 유학, 맹씨(孟氏 : 孟子)파의 유학, 칠조씨(漆雕氏)파의 유학, 중량씨(仲良氏)파의 유학, 손씨(孫氏)파의 유학, 악정씨(樂正氏)파의 유학이 차례로 세상에 나타났다.

또한 묵가의 큰스승인 묵적이 죽은 후 상리씨(相里氏)파의 묵학(墨學)이 생겨났고, 상부씨(相夫氏)파의 묵학, 등릉씨(鄧陵氏)파의 묵학이 세상에 나타났다.

공자와 묵자가 죽은 후 유가는 여덟 파로, 묵가는 세 파로 나뉘어졌다. 뿐만 아니라 유가, 묵가의 본래 학설(學說)에서 취사선택을 달리하여 여덟 갈래, 세 조각으로 나눈 뒤 각 학파 안에서도 다시 각기 취사선택을 달리했다.

그들은 각기 자신들의 학문이 바로 공자의 진짜 정통을 이어받았고, 자기만이 묵자의 진짜 정통파라고 내세웠다.

공자나 묵자는 이미 죽어 이 세상에 다시 나타날 수 없으니 어느 누가 각 파의 학문의 정통을 가릴 수 있겠는가?

설령 공자나 묵자가 살아 있다 하더라도 두 사람 모두 요(堯), 순(舜)을 말하면서도 그 해설에 있어서는 취사선택이 달라 서로 요(堯), 순(舜)의 정통파라고 주장할 것이다.

요·순이 다시 살아날 수 없으니 또한 누가 유·묵의 학문의 진위(眞僞)를 가릴 수 있겠는가?

우(虞)나라와 하(夏)나라의 왕조는 7백여년을 이어왔고 은(殷)나라와 주(周)나라의 왕조는 2천여년을 흘러왔다. 현재 유가와 묵가의 학문중 어느 것이 정통인지 시비(是非)를 가릴 수 없는데, 3천년전으로 거슬러 올라가 요·순의 도를 살피려고 하니 그것은 도저히 불가능한 일이다.

참고하고 대조할 아무런 증거(證據)도 없이 꼭 그렇다고 단정하는 것은 어리석은 일이고, 확정적이지 않은 데도 그것을 근거로 하여 그렇다고 단정하는 것은 남을 속이는 일이다.

그러므로 명쾌하게 선왕(先王)을 근거로 요순의 도를 처음부터 단정하는 것은 아주 어리석은 일이거나 남을 속이는 황당한 짓이 아니겠는가.
　어리석고 황당한 학문과 잡스럽고 배반(背反)되는 행위를 명석한 통치자(君主)는 받아들이지 않는다.

　　世之顯學儒墨也 儒之所至[1]孔丘也 墨之所至墨翟也 自孔子之死也 有子張[2]之儒 有子思[3]之儒 有顏氏[4]之儒 有孟氏[5]之儒 有漆雕氏[6]之儒 有仲良氏[7]之儒 有孫氏[8]之儒 有樂正氏[9]之儒 自墨子之死也 有相里氏[10]之墨 有相夫氏[11]之墨 有鄧陵氏[12]之墨 故孔墨之後 儒分爲八 墨離爲三 取舍相反不同 而皆自謂眞孔墨 孔墨不可復生 將誰使定後世之學乎 孔子墨子俱道堯舜 而取舍不同 皆自謂眞堯舜 堯舜不復生 將誰使定儒墨之誠乎 虞夏七百餘歲 殷周二千餘歲 而不能定儒墨之眞 今乃欲審堯舜之道於三千歲之前 意者[13]其不可必乎 無參驗而必之者 愚也 弗能必而據之者 誣也 故明據先王 必定堯舜者 非愚則誣也 愚誣之學 雜反之行[14] 明主弗受也

1) 所至(소지) : 원래 '지극한 곳에 이른다'는 것인데 여기서는 창시자(創始者)를 뜻한다. 또한 큰 스승으로도 통함.
2) 子張(자장) : 공자의 제자로 성은 전손(顓孫), 이름은 사(師)이며, 자는 자장(子張)으로 진(陳)나라 사람이다.
3) 子思(자사) : 공자의 손자로 이름은 급(伋), 자가 자사(子思)다.
4) 顏氏(안씨) : 공자의 제자로 이름은 회(回), 자는 자연(子淵)이며, 유명한 안회(顏回) 또는 안연(顏淵)을 말한다.
5) 孟氏(맹씨) : 유명한 맹자(孟子)로서 이름은 가(軻)다.
6) 漆雕氏(칠조씨) : 공자의 제자이며 춘추시대 채(蔡)나라 사람으로 성이 칠조(漆雕)이고 이름은 계(啓), 자가 자개(子開)다.
7) 仲良氏(중량씨) : 노(魯)나라 사람으로 공자의 제자이며, 그의 이름은 『예기(禮記)』 단궁편(檀弓篇)에 있으나 자세한 행적은 알지 못함. 일설에 중량(仲梁)씨라고도 함.
8) 孫氏(손씨) : 전국시대 사람으로 사람의 성(性)에 선·악(善惡) 2성이 있다고 주장했던 순자(荀子)라는 설도 있지만 공손니자(公孫尼

子)를 말한다고 『한서예문지(漢書藝文志)』에서 전한다.
9) 樂正氏(악정씨) : 춘추시대 노(魯)나라 사람으로 증삼(曾參 : 증자)의 제자인 악정자춘(樂正子春), 또는 맹자의 제자인 악정극(樂正克)을 가리킨다는 설이 있다.
10) 相里氏(상리씨) : 주(周)나라 사람으로 묵가(墨家)의 세 갈래 가운데의 하나로 묵자(墨子)의 제자다. 『장자(莊子)』 천하편에도 상리근(相里勤)으로 등릉자(鄧陵子)와 함께 나와 있다.
11) 相夫氏(상부씨) : 주(周)나라 사람으로 삼묵(三墨)의 하나이며 묵자(墨子)의 제자 백부씨(伯夫氏)를 말함.
12) 鄧陵氏(등릉씨) : 주(周)나라 사람으로 삼묵(三墨)의 하나이며 상리씨(相里氏)와 함께 『장자(莊子)』 천하편에 보이는 등릉자(鄧陵子)임.
13) 意者(의자) : 의(意)는 의문을 나타내는 혹(或)과 같은 뜻임.
14) 雜反之行(잡반지행) : 유(儒)와 묵(墨)의 행동이 잡되고 또 서로 다르다는 뜻임.

2. 유가(儒家)와 묵가(墨家)의 장례

묵가(墨家)들은 사람이 죽은 뒤 장례를 지낼 때 철에 맞춰 옷을 입기 때문에 겨울에는 겨울옷을 입고, 여름에는 여름옷을 입었다. 오동나무로 만든 두께 세 치의 관(棺)에 상복은 석 달만 입는다. 그런데도 세상의 임금들은 이러한 박장(薄葬)을 검소하다 하여 그들을 예우(禮遇)한다.

유가(儒家)들은 이와 달리 집안 살림을 탕진해 가면서 성대히 장사를 지내는데 3년간이나 상복을 입으므로 신체에 큰 해를 입어 몸은 수척해지며, 피골(皮骨)이 상접하여 지팡이를 짚고 다닌다. 세상의 임금들은 이를 효도(孝道)가 지극하다 하여 그들을 예우한다.

묵가(墨家)들의 검소한 장례를 옳다고 한다면 유가들의 공자적 사치스러운 후장(厚葬)은 잘못일 것이고, 공자의 효도가 옳다고 한다면 묵자(墨者)의 검소를 내세운 각박한 장례는 잘못이어야 한다.
 지금 효도와 박정(薄情), 사치와 검소의 서로 반대되는 주장은 다 유가와 묵가에 있는데도 임금들은 이것을 다 옳다 하고 예우한다.
 유가에 속하는 칠조씨(漆雕氏)의 주장은 창칼이 앞에 와 닿아도 얼굴빛을 고치지 않고, 한눈을 팔지 않으며, 자기의 행동에 무례함이 있으면 노예에게도 두려워 몸을 굽혀 사양하고, 자기 행동이 곧고 떳떳하면 임금〔諸侯〕에게라도 꺼리지 않고 성을 낸다고 했다. 세상의 임금들은 그것을 경직(硬直)하다고 생각하여 예우한다.
 한편 송영자(宋榮子)의 주장은 남과 싸우고 다투지 않음을 내세워서 원수를 갚지 않기로 하며, 감옥에 갇히는 경우라도 부끄럽지 않고, 남에게 모욕을 당하여도 아무렇지 않게 여긴다. 세상의 임금들은 이것을 너그럽다고 여겨 그들을 예우한다.
 칠조자의 경직을 옳다고 한다면 송영자의 관서(寬恕)는 잘못이 아닌가. 반대로 송영자의 관서가 옳다면 칠조자의 경직은 잘못이 아닌가. 지금 너그러움〔寬恕〕과 사나움〔貌烈〕, 모짐과 관서가 모두 두 사람의 탓인데도, 임금들은 그들을 다 옳다고 예우한다.
 어리석고 황당한 학문이나 남을 속이는 학설과 잡스럽거나 서로 모순되는 이론이 서로 다투게 된 뒤는 임금들은 그들의 주장에 모두 귀를 기울여 들어 주었다. 그래서 세상의 선비〔學者〕들은 말에 일치된 방침이 없고 행동에 일정한 규칙이 없게 되었다.
 무릇 얼음과 숯불은 같은 그릇에서 오래 견딜 수 없고, 추위와 더위는 같은 계절(季節)에 한꺼번에 닥칠 수 없는 것처럼 잡되고 모순되는 학문을 양립(兩立)시키고서야 세상을 다스릴 수 없는 것이다. 지금 잡된 학문과 모순되는 행동과 서로 헐뜯는 이론이 아울러 받아들여지고 있으니 어찌 어지러움이 없을 수 있겠는가? 사람들의 이와 같은 행동을 임금들이 그대로 대응하니 민중을 다스리는데 있어서 또한 반드시 그러한 것이다.

　　墨者之葬也　冬日冬服　夏日夏服　桐棺三寸　服喪三月　世主以 爲儉而禮之　儒者破家而葬　賃子而償　服喪三年　大毀扶杖[1]　世主 以爲孝而禮之　夫是墨子之儉　將非孔子之侈也　是孔子之孝　將非 墨子之戾也　今孝戾侈儉俱在儒墨　而上兼禮之　漆雕之議　不色 撓[2]　不目逃　行曲則違於臧獲　行直則怒於諸侯　世主以爲廉而禮之 宋榮子之議[3]　設不鬪爭　取不隨仇　不羞囹圄　見侮不辱　世主以爲 寬而禮之　夫是漆雕之廉[4]　將非宋榮之恕也　是宋榮之寬　將非漆雕 之暴也　今寬廉恕暴　俱在二子　人主兼而禮之　自愚誣之 學[5]　雜反之辭爭　而人主俱聽之　故海內之士　言無定術　行無常議 夫冰炭不同器而久　寒暑不兼時而至　雜反之學不兩立而治　今兼聽 雜學　謬行同異之辭[6]　安得無亂乎　聽行如此　其於治人　又必然矣

1) 大毀扶杖(대훼부장) : 몸을 크게 상하여 몸을 지팡이에 의지하고 걷 는다.
2) 不色撓(불색요) : 얼굴빛을 이지러뜨리지 않는다는 뜻.
3) 宋榮子之議(송영자지의) : 송영자(宋榮子)는 묵가의 한 사람으로 본 명이 송경(宋牼)이며『맹자(孟子)』고자하편,『순자(荀子)』비십이자 편에서는 송견(宋鈃)으로 나와 있고,『장자(莊子)』천하편과 소요유 편에는 송영자(宋榮子)로 실려 있다. 전국시대 중기의 사상가로 그의 학설은 비폭력·무저항·전쟁반대론으로 여러 문헌에서 전해 내려오 고 있다.『순자』비십이자편에서는 묵적(墨翟)과,『장자』천하편에는 윤문(尹文)과 함께 나와 있다.
4) 漆雕之廉(칠조지렴) : 염(廉)은 염우(廉隅) 또는 규각(圭角)의 뜻으 로 말과 행동이 모가 나 남과 잘 어울리지 않는 기골(氣骨)을 말함.
5) 愚誣之學(우무지학) : 어리석고 황당한 거짓 학문. 우(愚)는 어리석고 황당함을 뜻하며, 무(誣)는 제멋대로 꾸미는 거짓의 뜻.
6) 謬行同異之辭(유행동이지사) : 그릇된 행위와 같지 않은 이론이란 말 인데 유(謬)는 그릇되다(錯謬)·잘못되다(誤謬)와 같음.

3. 부자로부터 거둬 주는 빈민구제는 불필요한 것

지금 세상의 학자들 가운데는 정치에 대하여 말하는 사람이 많은데, 그들이 말하기로는 "가난하고 궁한 민중에게 토지(土地)를 나눠주어 없는 자산(資產)을 채워줘라."라고 한다.

지금 가령 다른 사람들과 비슷한 처지에 있으면서 풍년이 들었거나 크게 들어오는 부수입도 없는데 그 사람만이 먹고 입고 사는 것이 넉넉하다면, 그것은 그 사람의 노력이 아니면 근검절약한 덕이다.

또 다른 사람들과 비슷한 조건아래 흉년이나 질병·재난 그리고 형벌같은 불행을 겪지도 않았는데 유독 그 사람만이 가난하고 궁한 것은, 사치스러운 생활로 낭비하지 않았으면 일에 게을렀던 탓이다.

사치하고 게으른 사람은 가난하기 마련이고, 부지런하고 검소한 사람은 부유해지기 마련이다.

그런데도 요즘 통치자〔君主〕들은 부자로부터 거둬들여 가난한 민중에게 나눠주어 베풀고 있으니, 이는 노력과 검소함을 빼앗아 가난한 사람의 사치하고 게으른 것에 나눠주는 일이 되고 만다.

이렇게 되면 민중들이 부지런히 일하고 절약하여 검소한 생활을 하기를 원해보았자 되지 않을 것이다.

今世之學士語治者 多曰 與貧窮地[1] 以實無資 今夫與人相善也 無豊年旁入[2]之利 而獨以完給者 非力則儉也 與人相善也 無饑饉疾疚禍罪之殃 獨以貧窮者 非侈則惰也 侈而惰者貧 而力而儉者富 今上徵斂於富人 以布施於貧家 是奪力儉而與侈惰也 而欲索民之疾作而節用 不可得也

1) 與貧窮地(여빈궁지) : 지(地)는 뒤에 오는 글월과의 관계로 미루어 보면 이는 연문(衍文)으로 삭제해야 한다는 진기유(陳奇猷)의 주석

설이 있다.
 2) 無豊年旁入(무풍년방입) : 방입(旁入)은 농업 이외의 부수입을 뜻함. 방은 옆·곁이란 뜻과 같음.

4. 나라가 어지러워지고 망하는 길

 지금 여기에 한 사람이 있는데 그가 주장하는 것은 위태로운 곳에 들어가 일하지 아니하고, 군대에 들어가 복무하지 않으며, 온 세상에 이로움이 될지라도 자기의 정강이 털(毛) 하나와 바꾸지 않는 것이다.
 그럼에도 세상의 통치자는 반드시 이를 좇아 예우하며 그 슬기를 귀하게 여기고 그 행동을 높이 받들며 물질을 가벼이 여기고 삶을 소중히 하는 선비라 생각한다.
 무릇 임금이 좋은 논밭과 큰집을 갖추어 마련해 주고 벼슬자리와 봉록(俸祿)을 베푸는 것은 민중들에게 충성을 강요하여 생명과 바꾸자고 하는 것이다.
 지금 임금들이 물자를 가벼이 여기고 생명을 소중히 생각하는 선비들을 존귀하게 여기면서 민중들에게 전쟁에 나아가 임금을 위하여 목숨을 바쳐 희생할 것을 바라는 것은 안 될 말이다.
 많은 책을 쌓아놓고 변론을 공부하며 제자들을 모아 경전(經典)을 연구하면, 세상의 통치자들은 반드시 그들을 찾아 예우하며 말하기를 "어진 선비를 존경함은 곧 선왕(先王)의 도"라고 한다.
 무릇 관리(官吏)가 세금을 거두는 곳은 밭갈이하는 농민들로부터이고, 통치자가 그것으로 양성하는 것은 학문을 일삼는 선비들이다. 이와 같이 농민들은 무거운 세금을 바치고 선비들은 많은 보상을 받고 있는데, 민중들에게는 부지런히 애써 일하고, 불평·불만의 언담(言談)을 적게 할 것을 바라는 것은 안 되는 일이다.
 절의(節義)와 명예를 내세워 민중을 모으고, 지조(志操)를 굳게 지켜서 밖의 침해를 받으려 하지 않으며, 자기를 원망하는 소리가 귓전을 스쳐가면 반드시 사사로운 칼을 휘둘러 보복을 하는데, 그를 따르는 협객(俠客)들을 요즘 통치자들은 반드시 찾아가 예우하면서 자기 명예를 아끼는 선비라 생각한다.

무릇 전장(戰場)에 나아가 적의 머리를 자르는 공로는 상을 주지 않으면서 사사로운 싸움에 용감한 사람은 대접한다. 이러고서야 민중들에게 용감히 적을 막고, 사사로운 싸움을 하지 않도록 바란다는 일은 아니 될 말이다.

나라가 평화로우면 선비와 협객을 기르고, 나라가 어지러우면 갑옷 입은 무사(武士)들을 쓴다. 그러므로 애써 길러낸 사람들은 쓸모가 없게 되고, 당장 써야 될 사람은 길러두지 않았으니 이것이 나라가 어지러워지는 까닭이다.

또 무릇 통치자가 학자들의 의견을 듣는데 있어 만약 그 말이 옳다면 마땅히 이를 받아들여 널리 그 뜻을 펴고 그 사람을 등용(登用)해야 할 것이며, 만약 그 의견이 그르다면 마땅히 그 뜻을 물리치고 그 발단을 뿌리 뽑아야 할 것이다.

그런데도 지금 옳다고 여기면서도 그것을 관(官)에서 널리 펴 쓰지 않고, 그르다면서도 그 발단을 뿌리 뽑으려 하지 않는다. 옳아도 쓰지 아니하고, 틀려도 이를 없애지 아니하니 나라가 어지러워지고 마침내 망하는 길이다.

  今有人於此 義不入危城[1] 不處軍旅 不以天下大利 易其脛一
毛 世主必從而禮之 貴其智而高其行 以爲輕物重生之士也 夫上
陳良田大宅[2] 設爵祿 所以易民死命也 今上尊貴輕物重生之士
而索民之出死而重殉上事 不可得也 藏書策[3] 習談論 聚徒役 服
文學而議說 世主必從而禮之曰 敬賢士 先王之道也 夫吏之所稅
耕者也 上之所養 學士也 耕者則重稅 學士則多賞 而索民之疾
作而少言談 不可得也 立節參名[4] 執操不侵 怨言過於耳 必隨之
以劍 世主必從而禮之 以爲自好之士 夫斬首之勞不賞 而家鬪之
勇尊顯 而索民之疾戰距敵[5] 而無私鬪 不可得也 國平則用儒俠

難至則用介士⁶⁾ 所養者非所用 所用者非所養 此所以亂也 且夫
人主之聽於學也 若是其言 宜布之官而用其身 若非其言 宜去其
身而息其端 今以爲是也 而弗布於官 以爲非也 而不息其端 是
而不用 非而不息 亂亡之道也

1) 義不入危城(의불입위성) : 의(義)는 앞에서도 흔히 나온 의(議)와 같
   은데, 주의(主義)·주장(主張)의 뜻임.
2) 夫上陳良田大宅(부상진량전대택) : 상(上)은 통치자(君主)이고, 원본
   (原本)에는 그 아래에 '소이(所以)'의 두 글자가 있었으나 연문(衍
   文)으로써 삭제하였다. 양전(良田)은 기름진 농토를 뜻하고, 대택(大
   宅)은 훌륭한 저택을 뜻함.
3) 藏書策(장서책) : 책(策)은 죽찰(竹札)을 말하는데 서책(書策)은 다
   같이 책[書籍]을 뜻함.
4) 立節參名(입절참명) : 남송건도본(南宋乾道本)에는 '立節參民'으로
   되어 있다(陳奇猷)고 주장하나 여기서는 진계천(陳啓天) 주석본에
   따랐다. 절의와 명절을 세워 민중을 모은다는 뜻으로 해석함.
5) 而索民之疾戰距敵(이색민지질전거적) : 질전(疾戰)은 분전(奮戰), 분
   투를 뜻하며, 거(距)는 거부하다(拒)와 같음.
6) 介士(개사) : 꿋꿋하고 용기있는 무사(武士)를 말함.

5. 현명한 통치자의 인사정책

담대자우(澹臺子羽)는 군자(君子)다운 용모여서 공자(孔子)
가 제자로 삼았지만 함께 지낸 지 오래되고 보니 그 품행이 용
모와는 맞지 않았다.

재여(宰予)는 언사가 우아하고 문장(文章)이 아름다워 공자
가 기대하고 그를 제자로 삼았는데 함께 지내다보니 그 지혜가
그 변설에 미치지 못했다.

그래서 공자가 말하기를

"용모로써 사람을 택할까? 나는 자우(子羽)한테서 착오를
일으켰다. 아니면 언사를 보고 사람을 평가하여 택할까? 나는

재여(宰予)한테서 실패하였다."

고 했다. 이로써 공자같은 지혜로도 실상을 잘못봤다는 평가가 들리는데, 지금의 새로운 변설가들은 재여의 말보다 더 아름답고 함부로 하는 것을 보면 요즘 세상의 통치자가 이 말을 들으면 공자보다 더 홀리고 말 것이다.

만약 그 사람의 말에 만족하여 그대로 그를 임용한다면 어찌 실수가 없을 수 있겠는가? 그래서 위(魏)나라는 맹묘(孟卯)의 변설을 믿고 재상(宰相)자리를 맡겼다가 화양(華陽)의 싸움에서 크게 재화를 당하였고, 조(趙)나라는 마복(馬服)의 변설을 믿고 그를 중용하였다가 장평(長平)의 큰 싸움에서 40만명의 군사가 몰살당하는 패전을 겪었다. 이 두 사건은 변설(辯舌)만을 믿고 임명하였다가 실수한 것이다.

무릇 주석(朱錫)을 다스릴 때 그 섞는 것만을 본다거나 푸름(靑)과 누름(黃)만을 살피고서는 구야(區冶)같은 명장(名匠)이라도 칼의 날카로움을 반드시 알아내지는 못할 것이다.

물에서 따오기나 기러기를 쳐보고, 뭍에서 망아지나 말을 칼로 베어보면 무지한 노비(奴婢)라도 그 날카로움과 둔함을 의심없이 알게 된다.

말(馬)의 입을 벌려 이빨과 입술의 모양만 보고서는 백락(伯樂)같은 유명한 감정가라도 말의 좋고 나쁨을 가릴 수 없지만 말을 수레에 매고 몰아 달려보게 하면 노예같이 무지한 사람이라도 둔한 말인가 날랜 말인가를 의심없이 알게 된다.

얼굴과 옷만을 본다든지 말만 듣고서는 공자마저도 선비의 우열(優劣)을 알아내지 못한다. 그러나 그 사람에게 관직을 주어서 시험하고, 그 공적을 검토해 본다면 보통 사람의 슬기로도 의심없이 알 수 있다.

현명한 통치자가 부하를 임용할 때는 재상(宰相)은 반드시 고을 관리의 말단에서부터 경험하여 승진한 사람을 기용하고, 맹장(猛將)은 반드시 일선 부대의 병졸에서부터 진급한 사람을 발탁한다.

제 I 편 현학(顯學)   27

 무릇 공적있는 사람만 상(賞)을 주게 되면 벼슬자리와 봉록이 두터워져 모든 관리가 더욱 부지런할 것이고, 관직을 옮기고 등급을 조정하면 관료들이 융성하여 더욱 잘 다스려질 것이다.
 벼슬자리와 봉록이 비대해지고 관리들이 잘 다스려지는 것은 왕자(王者)의 다스리는 방법인 것이다.

 澹臺子羽[1] 君子之容也 仲尼幾而取之[2] 與處久 而行不稱其貌 宰予之辭[3] 雅而文也 仲尼幾而取之 與處 而智不充其辯 故孔子曰 以容取人乎 失之子羽 以言取人乎 失之宰予 故以仲尼之智 而有失實之聲 今之新辯 濫乎宰予 而世主之聽 眩乎仲尼 爲[4]悅其言 因任其身 則焉得無失乎 是以魏任孟卯之辯[5] 而有華下之患[6] 趙任馬服之辯 而有長平之禍[7] 此二者 任辯之失也 夫視鍛錫而察靑黃[8] 區冶[9]不能以必劍 水擊鵠鴈 陸斷駒馬 則臧獲不疑鈍利 發齒吻 相形容 伯樂[10]不能以必馬 授車就駕 而觀其末塗[11] 則臧獲不疑駑良 觀容服 聽言辭 則仲尼不能以必士 試之官職 課其功伐[12] 則庸人不疑於愚智 故明主之吏 宰相必起於州部 猛將必發於卒伍 夫有功者必賞 則爵祿厚而愈勸 遷官襲級 則官職大而愈治 夫爵祿大而官職治 王之道也

1) 澹臺子羽(담대자우) : 노(魯)나라 사람으로 공자의 제자이며, 성은 담대(澹臺)이고 이름은 멸명(滅明), 자가 자우(子羽)이다. 『사기』에 따르면 이 책과는 다르게 용모는 아주 못생겼으나 그 행동이 준수하였다고 적었음.
2) 仲尼幾而取之(중니기이취지) : 기(幾)는 기대하다〔期〕의 차자이고, 그 뜻은 바라다, 살피다. 취(取)는 골라 뽑다, 선취(撰取)와 같은 뜻.
3) 宰予之辭(재여지사) : 재여(宰予) 또한 공자의 제자로서 춘추시대 노(魯)나라 사람으로, 자는 자아(子我). 나중에 제(齊)나라의 대부(大夫)가 되었는데 『논어』 선진편에 변론에 뛰어났음이 적혀있다.
4) 爲(위) : 여기에서는 같다〔如·若〕의 뜻으로 본다.
5) 魏任孟卯之辯(위임맹묘지변) : 맹묘(孟卯)는 제나라 사람으로 망묘

(芒卯)라고도 썼음. 그는 벼슬에 오를 때 변설로써 여러 나라를 설복시켰으나 뒷날 화양(華陽)에서 패하였다.

6) 華下之患(화하지환) : 서기전273년(周赧王 42년) 조(趙)나라와 제나라의 동맹군이 진(秦)나라 장군인 백기(白起)와 화양(華陽 : 지금의 하남성)에서 싸워 13만명의 군사를 전사시킨 패전을 말함.

7) 長平之禍(장평지화) : 마복(馬服)의 변설을 믿고 중책에 임용했던 조(趙)나라가 서기전260년(周赧王 55년) 진(秦)나라의 모략에 빠져 싸우다 명장 염파(廉頗)를 조괄(趙括)로 바꾸었다가 진나라 장수 백기(白起)에게 장평(長平)에서 40여만명의 군사를 잃고 대패하였다. 마복은 조괄의 아버지로 장수였던 조사(趙奢)의 별칭임.

8) 夫視鍛錫而察靑黃(부시단석이찰청황) : 단석(鍛錫)이란 구리와 주석을 섞어서 칼을 만드는 과정을 말함. 청황(靑黃)이란 풀무로 부칠 때 일어나는 불꽃의 색깔을 말한다.

9) 區冶(구야) : 구야(歐冶)로도 쓰는데 춘추시대에 살았던 유명한 명검(名劍)의 장인(匠人)이었다.

10) 伯樂(백락) : 전설상의 인물로 말을 잘 감정한 명인이라 하는데, 춘추시대 진(秦)나라 사람으로 전한다.

11) 末塗(말도) : 종착점의 뜻인데 '도(塗)'는 길(途)과 뜻이 같다.

12) 課其功伐(과기공벌) : 과(課)는 시험해보다의 뜻이고, 벌(伐)은 허물이란 뜻.

6. 자갈밭이 수천리 있어도 부자는 아니다

커다란 바위돌로 된 토지가 수천리 있어도 부자라 할 수는 없고, 나무조각으로 만든 인형(人形)의 병졸이 수백만이 있어도 강력하다고 말할 수 없는 것이다. 바위돌이 크지 않음은 아니고, 인형의 수(數)가 많지 않음은 아닌데, 부유하지 않고 강력하지 않은 것은 어떠한 이유인가?

그것은 아무리 큰 바위돌이라도 곡물(穀物)을 생산하지 못하고, 나무로 깎아 만든 인형은 적(敵)을 막지 못하기 때문이다.

지금 장사치와 재주있는 장인(匠人)들 역시 농사를 짓지 않고 먹고 산다. 이래서는 토지가 개간되지 않으므로 바위돌만 뒹굴고 있는 것과 같은 꼴이 아닌가?

선비나 협객이 아무런 전공(戰功)도 없이 때를 잘 만나 영화롭게 사는 것은 곧 통치자에게 쓸모없는 민중이라는 점에서 그들도 인형과 하등의 차이가 없다.

무릇 바위돌과 인형을 유해(有害)・무익(無益)한 줄 알면서, 장사치와 재주꾼, 그리고 선비와 협객들이 쓸모없는 땅과 같이 부릴 수 없는 민중이며 그들이 또한 화근(禍根)이 되는 줄 모른다면 모든 일의 돌아가는 사리를 모르는 것이다.

磐石千里 不可謂富 象人[1]百萬 不可謂强 石非不大 數非不衆也 而不可謂富强者 磐石不生粟 象人不可使距敵也 今商官[2]技藝之士 亦不耕而食 是地不墾 與磐石一貫也 儒俠毋軍勞 顯而榮者 則民不使 與象人同事也 夫知禍磐石象人 而不知禍商賈儒俠爲不墾之地 不使之民 不知事類者也

1) 象人(상인) : 상인(象人)은 나무를 깎거나 풀로 만든 인형(人形)으로 장례 때나 제사 때 쓰고 버리는 꼭두각시.
2) 商官(상관) : 장사치(商人)들이 재물을 나라에 바치고 관직을 산 사람을 말한다.

7. 모든 일은 힘으로 다스려진다

대등한 나라의 통치자는 상대편이 자기 나라의 도의(道義)를 찬양하더라도 그 상대를 굴복시켜 신하로 삼기는 어렵다. 그러나 자기 나라 속국의 제후라면 설령 이쪽의 하는 일에 반대하더라도 이쪽은 반드시 그 상대에게 공물(貢物)을 가지고 들어오게 할 수 있다.

이와 같이 이쪽의 힘이 강하면 사람들은 이쪽으로 굽혀 들어오고, 이쪽의 힘이 약하면 이쪽에서 저쪽으로 사람을 보내게 된다. 그래서 밝은 통치자는 힘을 기르는 데 노력하는 것이다.
　무릇 엄한 가정에는 사나운 노비가 없고, 인자(仁慈)한 어머니 밑에 못된 자식이 난다. 이를 미루어본다면 위세로 난폭한 것을 다스릴 수 있으나 후덕한 은정(恩情)으로서는 혼란을 막을 수가 없음을 알 수 있다.
　무릇 성인(聖人)이 나라를 다스림에 있어서는 민중이 통치자를 위하여 착할 것을 바라지 않고, 민중이 잘못되지 않도록 수단을 쓰는 것이다. 민중이 나를 위하여 선량해 주기를 바라더라도 나라 안에는 그러한 사람이 열 사람도 되지 않을 것이다. 그래서 민중이 나쁜 짓을 못하도록 법률로써 다스리면 온 나라가 가지런히 통제될 것이다.
　정치를 하는 사람은 많은 민중을 상대로 하고 소수자(少數者)를 상대로 하지 않기 때문에 덕화(德化)에 힘쓰지 않고 법률로써 다스리는데 힘을 쏟는다.
　무릇 곧은 화살을 만드는 데 저절로 곧은 화살을 찾는다면 백년이 되어도 화살 하나를 만들지 못할 것이며, 수레바퀴를 만들려고 저절로 둥근 나무를 찾는다면 천년이 걸려도 수레바퀴는 만들지 못할 것이다.
　저절로 된 곧은 화살과 저절로 된 둥근 수레바퀴에 쓰일 나무는 백년, 천년에도 하나가 없을 것인데, 그러함에도 이 세상에는 언제나 수레를 타고, 활로 새를 잡으니 무슨 까닭인가? 그것은 나무를 굽히거나 바르게 다듬는 기구를 써서 만드는 은괄(隱栝)의 법이 있기 때문이다.
　이와 같은 은괄의 방법에 의거하지 않고 저절로 곧게 자란 대나무 화살감이나, 자연적으로 자란 둥근 나무가 비록 있다하여도 뛰어난 장인(匠人)은 그것을 귀히 여기지 않는다. 왜 그러한가? 수레를 타는 사람은 한 사람이 아니며, 쏘려는 화살은 하나가 아니기 때문이다.
　비록 상벌(賞罰)을 바라지는 않으나 스스로 선량한 민중을 명석한 통치자는 귀하게 여기지 않는다. 그것은 무슨 까닭인가? 나라에는 반드시 법률이 엄연히 존재해야 하고, 통치의 상대인 민중은 한 사람이 아니기 때문이다. 그러므로 술(術)과 법(法)으로 다스리는 통치자는 민중의 우연한 선행(善行)을 바라지 않으며, 민중으로 하여금 필연적으로 착하게 되는 방법을 쓴다.

故敵國[1]之君王 雖說吾義 吾弗入貢而臣 關內之侯[2] 雖非吾行 吾必使執禽[3]而朝 是故力多則人朝 力寡則朝於人 故明君務力 夫嚴家無悍虜[4] 而慈母有敗子 吾以此知威勢之可以禁暴 而德厚 之不足以止亂也 夫聖人之治國 不恃人之爲吾善也 而用其不得 爲非也 恃人之爲吾善也 境內不什數 用人不得爲非 一國可使齊 爲治者用衆而舍寡 故不務德而務法 夫必恃自直之箭 百世無矢 恃自圓之木 千世無輪矣 自直之箭 自圓之木 百世無有一 然而 世皆乘車射禽者 何也 隱栝之道[5]用也 雖有不恃隱栝 而有自直 之箭 自圓之木 良工弗貴也 何則 乘者非一人 射者非一發也 雖 不恃賞罰 而有恃自善之民 明主貴也 何則 國法不可失 而所 治非一人也 故有術之君 不隨適然之善[6] 而行必然之道

1) 敵國(적국) : 자기 나라에 맞설 만한 대등한 상대국.
2) 關內之侯(관내지후) : 여러 나라에 종속하여 그 세력 아래에 있는 제후(諸侯)를 말함. 한대(漢代)에 와서는 20등작위(爵位)의 제2위를 '관내후'라 했다.
3) 執禽(집금) : 옛날 큰나라의 속국에서 지배국의 임금을 처음 배알할 때 날짐승을 잡아 공물(貢物)로 바치는 습관이 있었다. 이를 폐백이라 했는데 지(贄)라고도 함.
4) 悍虜(한로) : 용감하고 난폭한 노예를 말함.
5) 隱栝之道(은괄지도) : 은괄은 목재 등을 굽히고 바르게 하여 물건을 만드는 기구(器具). 『순자(荀子)』 비상편·성악편에서 보이는 은괄(隱栝)과 같은 뜻임. 여기서는 법에 의한 상벌의 비유(比喩)임.
6) 適然之善(적연지선) : 적연(適然)이란 우연(偶然)의 현상으로 소수의 사람에게 예외적으로 존재하는 것. 곧 날 때부터의 선성(善性)을 가

리킴.

8. 정치에 아무런 도움이 되지 않는 것

지금 어떤 이가 여기에 많은 사람을 모아놓고 말하기를
"내가 반드시 여러분을 지혜롭고 오래 살 수 있게 해주겠다."
고 한다면 세상 사람들은 그를 미치광이라고 여길 것이다.
무릇 지혜란 태어날 때의 본성이요, 수명이란 하늘이 내린 천명(天命)이니, 본성과 천명은 사람에게서 배울 수 있는 것이 아니다. 그런데도 사람이 할 수 없는 것을 가지고 남을 설득하여 홀리려고 하니, 그래서 세상은 이를 미치광이라고 말하는 것이다.
그 일을 말로는 하면서 실행할 수 없다면 그것은 다만 말일 뿐이다. 말만으로는 성명(性命)을 바꾸지 못한다.
무릇 인의(仁義)로써 사람을 가르치려는 것은 지혜와 수명을 내세워 사람을 설득시키려는 것과 같으니 법도(法度)를 가진 통치자는 이를 받아들이지 않는다.
모장(毛牆)과 서시(西施)가 아무리 아름답다 하더라도 그것이 나의 얼굴에는 아무 도움이 되지 않는다. 오히려 연지나 분 그리고 눈썹을 그리면 처음 얼굴보다 배나 아름다워진다.
이와 같이 선왕(先王)들이 말한 인의는 정치에 아무런 도움이 되지 않는다. 명석한 통치자가 법도를 밝혀 상·벌을 확실히 실행하면 이 또한 나라에 있어서 연지와 분, 그리고 눈썹그림이 아니겠는가? 현명한 통치자는 정치에 도움되는 일을 서둘러 하고, 선왕(先王)의 칭송같은 것은 뒤로 미룬다. 때문에 인의(仁義) 따위는 입에 담지 않는다.

今或謂人日　使子必智而壽　則世必以爲狂　夫智性也　壽命也[1]
性命者　非所學於人也　而以人之所不能爲說人　此世之所以謂之

爲狂也 謂之不能然 則是諭也 夫以仁義敎人 是以智與壽說人也 有度之主弗受也 故善毛牆 西施²⁾之美 無益吾面 用脂澤粉黛³⁾ 則倍其初 言先王之仁義 無益於治 明吾法度 必吾賞罰者 亦國之脂澤粉黛也 故明主急其功而緩其頌⁴⁾ 故不道仁義

1) 智性也壽命也(지성야수명야) : 이에 대하여는 『순자(荀子)』 성악편에 말하기를 모든 성(性)은 하늘이 정하는 바로 배울 수 없으며, 어떻게 할 수도 없다(不可學不可事)고 했으며, 『논어(論語)』 안연편에 "죽고 사는 것은 하늘의 명에 달려 있다(死生有命)"고 했음을 참조.
2) 毛牆西施(모장서시) : 둘 다 아름다운 여성을 대표하는 전설적인 인물로 일컬어진다. 『장자(莊子)』 제물편에는 모장을 모장(毛嬙)으로 썼다.
3) 脂澤粉黛(지택분대) : 지택은 입술을 빛나게 하는 연지, 분대는 얼굴에 바르는 분가루와 눈썹을 그리는 먹(눈썹연필)을 말함.
4) 急其功而緩其頌(급기공이완기송) : 급(急)은 서둘다. 공(功)은 사정(事情)이고, 송(頌)은 선왕(先王)의 일을 칭찬하는 것을 말함.

9. 인의(仁義)는 통치에 도움이 되지 않는다

지금 무당이 사람들을 위하여 빌며 말하기를
"당신이 천년 만년 오래 살도록 축원(祝願)합니다."
했다면 천년이나 만년이라고 부르짖는 소리는 귀를 따갑게 하지만 하루라도 더 목숨을 부지하고 살게 할 효험은 알지 못한다. 그래서 사람들은 무당을 대수롭지 않게 여기고 무시한다.
지금 선비[儒者]들이 통치자를 설득할 때 요즘 세상의 나라 다스리는 방법에 대하여는 말하지 않고, 지나간 옛날에 잘 다스려졌을 때의 공적을 말한다. 관청이 법을 집행하는 사무에도 자세하지 않으면서 그 위에 간사(姦邪)한 자들의 실정을 살피지 못한 채, 다만 아주 옛날의 전설을 입으로 들먹여 선왕(先王)의 치적(治績)을 칭송할 따름이다.
선비들이 꾸며서 지껄이는 말은

"나의 말을 듣고 따르면 천하의 패왕(霸王)이 될 것이다."
라고 한다. 이 말은 논객(論客)들 가운데서도 무당과 같은 야바위꾼이 하는 것으로 법도(法度)를 분별하는 통치자는 이를 받아들이지 않는다.

그러므로 명석한 통치자는 실제적인 것은 받아들이고, 쓸모없이 허황한 것은 버린다. 그래서 인의(仁義)와 같은 것은 입에 담지 않으며, 학자들의 말에는 귀를 기울이지 않는다.

今巫祝[1]之祝人曰 使若[2]千秋萬歲 千秋萬歲之聲聒耳 而一日之壽無徵於人 此人之所以簡巫祝也 今世儒者之說人主 不言今之所以爲治 而語已治之功 不審官治之事 不察奸邪之情 而皆道上古之傳譽 先王之成功 儒者飾辭曰 聽吾言則可以霸王[3] 此說者之巫祝 有道之主不受也 故明主擧事實 去無用 不道仁義者故不聽學者之言

1) 巫祝(무축) : 신령(神靈)이 내려서 사람의 입을 빌려 사람의 수복(壽福)을 비는 무당.
2) 若(약) : 그대, 당신같이 제2인칭 대명사.
3) 霸王(패왕) : 천하를 좌지우지할 수 있는 힘을 가진 임금을 가리킴.

10. 민중의 지혜는 아무 쓸모가 없다

지금 정치를 잘 모르는 사람은 반드시
"민중의 마음을 사라."
고 할 것이다. 민심(民心)을 얻어서 나라의 정치가 잘 된다면 이윤(伊尹)이나 관중(管仲)같은 재상이 필요없을 것이고, 다만 민중이 말하는 대로만 따르면 될 것이다.

민중의 지혜란 아무데도 쓸모가 없고 마치 어린아이의 마음과 같다. 자라는 어린아이는 머리를 깎아주지 않으면 몸의 열로 인하여 복통을 일으키고, 곪은 종기를 짜주지 않으면 점점 커지는 법이다. 머리를 깎고 종기를 쨀 때는 반드시 한 사람이 어린아이를 안고 그 어머니가 손을 써야 하는데, 그런데도 아이는 더욱 울음을 그치지 않는다. 그것은 그 어린아이가 작은 아픔을 겪음으로써 큰 즐거움이 온다는 것을 모르기 때문이다.

지금 통치자가 논밭을 갈고 김매기를 독려하는 것은 민중의 자산(資産)을 넉넉하게 해주기 위한 것이다. 그런데도 민중은 통치자를 가혹하다고 본다.

법률을 정비하여 벌칙을 엄중히 하는 것은 사악함을 금하고자 하는 것인데 그것을 민중들은 통치자가 준엄하다고 원망한다.

돈과 양곡을 거두어 들여 나라의 창고를 채워놓는 것은 굶주림을 구하고, 군량에 대비하는 것인데 이러한 일을 민중들은 통치자가 탐욕스럽기 때문이라 한다.

나라 안의 장정(壯丁)들이 반드시 갑옷을 입고 전진(戰陣)의 일을 알아서 사사로운 일로 병역을 기피하지 않고 힘을 합하여 분전(奮戰)하게 하는 것은 적군을 항복시켜 포로로 하기 위함이나 민중은 통치자를 포학(暴虐)하다고 말한다.

이 네 가지는 나라가 잘 다스려져서 민중이 편안하게 되는 까닭인데도 민중들은 그 고마움을 모른다.

무릇 통치자가 성명(聖明)·통달(通達)한 선비를 찾는 것은 일반 민중의 지혜로는 본받고 씀에 부족하기 때문이다.

옛날 우(禹)임금이 장강(長江)을 트고, 황하(黃河)의 바닥을 파내 홍수를 다스릴 때, 민중은 이를 못마땅하게 여기고 우임금에게 던지려고 기왓장이나 돌을 모았다.

정(鄭)나라의 재상인 자산(子産)이 논밭을 개간하고 뽕나무를 심을 때 민중은 그를 비난하여 온갖 욕설과 험담을 아끼지 않았다.

우임금은 세상에 이익을 주었고, 자산은 정나라를 보전하였는데도 두 사람 다 비방을 받았었다. 무릇 민중의 지혜란 아무런 쓸모가 없다는 사실을 이로써도 명확히 알 수 있는 일이다.

선비를 등용하고 현명하고 슬기로운 사람을 구하여 나라를 다스리면서, 민중들의 원하는 것을 받아들이는 것은 그 어느 것이나 혼란의 발단이 되어, 이 두 가지를 함께 해서는 나라를 다스릴 수 없게 된다.

今不知治者 必曰 得民之心 得民之心而可以爲治 則是伊尹管仲[1]無所用也 將聽民而已矣 民智之不可用 猶嬰兒之心也 夫嬰兒不剔首則復痛[2] 不副痤則寖益 剔首副痤 必一人抱之 慈母治之 然猶啼呼不止 嬰兒不知犯其所小苦 致其所大利也 今上急耕田墾草 以厚民産也 而以上爲酷 修刑重罰 以爲禁邪也 而以上爲嚴 徵賦錢粟 以實倉庫 且以救饑饉 備軍旅也 而以上爲貪 境內必知介而無私解[3] 幷力疾鬪[4] 所以禽虜也 而以上爲暴 此四者 所以治安也 而民不知悅也 夫求聖通之士者 爲民知之不足師用 昔禹決江濬河 而民聚瓦石 子産開畝樹桑[5] 鄭人謗訾 禹利天下 子産存鄭 皆以受謗 夫民智之不足用亦明矣 故擧士而求賢智爲政而期適民 皆亂之端 未可與爲治也

1) 伊尹管仲(이윤관중): 이윤(伊尹)의 이름은 지(摯)이며 윤(尹)은 관직명으로, 상(商)나라 탕(湯)임금을 보좌한 재상이며 하(夏)나라의 걸왕(桀王)을 쳐 천하를 평정했다. 관중(管仲)은 춘추시대 사람으로 이름을 이오(夷吾)라 했고 자가 중(仲)이다. 제(齊)나라 환공(桓公)을 보좌하여 환공을 제후들의 으뜸이 되게 하였다.
2) 嬰兒不剔首則復痛(영아불척수즉복통): 영아는 어린아이, 불척이란 머리를 깎아주는 일인데, '어린아이의 머리를 깎아주지 않으면 머리에 열(熱)이 나서 배가 아프게 된다.'고 했다.
3) 境內必知介而無私解(경내필지개이무사해): 경내는 나라 안을 뜻하고, 개란 개주(介冑)의 뜻으로 갑옷, 곧 전진(戰陣)을 가리킨다. 해(解)는 병역기피와 같은 면제를 뜻함.
4) 幷力疾鬪(병력질투): 힘을 합해서 용감하게 싸운다는 뜻.
5) 子産開畝樹桑(자산개묘수상): 자산은 춘추시대 정(鄭)나라 재상으로 이름이 공손교(公孫僑)이고, 자산은 자다. 개묘(開畝)는 논밭을 일구어 개간한다는 뜻임.

제 2 편 오 두(五蠹)

　오두(五蠹)는 '나무를 갉아 먹는 다섯 종류의 좀벌레(蠹)'라는 뜻이다. 이 오두는 한비자(韓非子) 특유의 반복고적(反復古的)인 역사관에서 출발한다. 한비에 의하면 인류 역사는 순박한 상고(上古)에서 복잡한 현대로 변천하여 온 것이며, 그 과정은 불가피하므로 정치의 모습도 이에 적응하지 않으면 안 된다고 역설하고 있다.
　인의(仁義) 따위는 아주 옛날에는 필요했을지 모르나 현대에 있어서 그것을 내세워 고집한다는 것은 아주 어리석은 것이다.
　막상 이런 것들을 모르고 인의와 겸애(兼愛)의 정치를 역설하는 사람은 오직 유가(儒家)와 묵가(墨家)에 속하는 학자들뿐이다. 그래서 한비는 우선 학자들을 공격의 대상으로 올려놓고, 학문을 사고 파는 물건으로 삼는 학자와 사사로운 무력(武力)으로 국가 질서를 해치는 협객(俠客)이 있다고 규탄한 뒤 이 두 부류를 전력을 다하여 물리치려 했다.
　'의(義)를 따르지 않고 세(勢)에 복종하는' 인간의 본질, 통치자가 학자나 협객의 무리를 양성하는 일이 통치자 자신의 이익에 반(反)한다는 모순, 공(公)과 사(私)의 개념, 법(法)·술(術)·세(勢)에 의한 통치자의 모습같은 것을 펼치고 있다. 뿐만 아니라 '법으로써 가르치고, 관리로써 스승을 삼는다'라고 하여 민중으로 하여금 농사와 군사(軍事)에 따르게 하는 국가 체제를 내놓는다.
　이러한 국가관의 관점에서 한비는 합종(合從)·연횡(連衡)의 계략을 꾸미지 않고, 변설자의 말에 대한 위험성을 비판하고, 따라서 공권력에 의한 병역·조세의 부담에서 벗어나 중신(重臣)에게로 귀속하는 사인(私人) 뿐만 아니라 농민들로부터 이윤을 빼앗는 상공인(商工人)에게도 화살을 겨누었다.

위와 같은 다섯 부류에 속한 사람을 민중에 유해한 '오두(五蠹)'로 지적하고, 이들과 농사·군사에 따르는 일반 민중과를 대비(對比)시키면서, 정치형상과 과제에 대하여 말하는 것으로 이 한 편을 기축으로 삼았다.

1. 현실에 맞는 정치를 실현해야 한다

아득히 먼 옛날에는 사람이 적고, 날짐승 들짐승이 많아 서로 어울려 살면서 사람이 짐승들이나 벌레를 이기지 못했다.

이때에 한 성인(聖人)이 나와 나뭇가지를 얽어 새둥우리 같은 집을 짓게 하여 여러 가지 위험을 피하게 하였으므로 민중은 이를 기뻐하며 그 성인을 받들어 세상을 다스리는 통치자〔王〕로 삼고, 부르기를 유소씨(有巢氏)라 하였다.

민중들은 나무 과실과 풀의 열매 또는 대합조개(蜯蛤) 같은 것을 먹었는데 비린내가 나는 날고기였다. 이 날고기는 고약한 냄새 때문에 위장을 상하게 하여 민중들은 질병에 걸리는 예가 많았다.

여기에 한 성인이 있어 나무를 뚫고 비벼 불을 일으켜 비린내나는 음식을 구워먹게 하여 해독을 없앴는데 민중들은 이것을 기뻐하여 그를 추앙하여 세상을 통치하는 임금으로 삼고 수인씨(燧人氏)라 불렀다.

그뒤 세월은 흘러 중고시대(中古時代)에 들어선 세상에는 홍수로 인한 재화(災禍)가 잦았다. 이때에 곤(鯀)과 우(禹)부자는 하천의 제방을 쌓아 물을 소통시켜 피해를 막았다. 그래서 우(禹)도 임금이 되어 세상을 다스렸다.

그 뒤로 또 근고시대(近古時代)에 와서는 하(夏)나라 걸(桀)

과 상(商)나라 주(紂)라는 왕들이 포악·무도하여 탕왕(湯王)과 무왕(武王)이 그들을 정벌하고 세상을 통치하게 되었다.

지금 만약 하후씨(夏后氏:禹)의 시대에 나뭇가지를 얽어 새 둥우리 같은 집을 짓거나, 나무구멍을 비벼 불씨를 얻는 사람이 있다면 곤(鯀)이나 우왕의 웃음거리가 될 것이다. 또 은(殷)나라와 주(周)나라 시대에 하천의 둑을 쌓아 물을 소통시키는 사람이 있다면 탕(湯)이나 무왕(武王)의 웃음거리가 될 것이다. 지금 만약 요·순·우·탕·무왕의 통치방법을 찬양하는 사람이 있다면, 지금 세상의 현대적 성인의 웃음거리가 될 것이다.

그러므로 성인은 옛날 방식을 따를 것을 바라지 않고, 영원불변한 규범에 얽매임이 없이, 그 시대, 그 세상에 알맞는 일을 마련하여 이에 적응하는 설비(設備)에 힘써야 한다.

송(宋)나라의 어떤 사람이 밭을 갈고 있었는데 밭 가운데에는 나무그루터기가 있었다. 토끼 한 마리가 달려 오더니 그 그루터기에 부딪쳐 목이 부러져 죽었다. 이를 본 밭갈던 농부는 쟁기를 버리고 그 그루터기를 지키면서 다시 토끼 얻기를 바라고 있었다. 그러나 토끼를 다시는 얻지 못하였으니 그 사람은 송나라 사람들의 웃음거리가 되고 말았다.

지금 만약 선왕(先王)이 정치한 방법으로 지금 세상의 민중을 다스리려고 생각한다면 그것은 모두 그루터기를 지키는 송나라 사람의 멍청함과 같다.

　　上古之世[1] 人民少而禽獸衆 人民不勝 禽獸蟲蛇 有聖人作 搆木爲巢[2] 以避群害 而民悅之 使王天下 號之曰 有巢氏[3] 民食果蓏蜯蛤 腥臊惡臭而傷害腹胃 民多疾病 有聖人作 鑽燧取火[4] 以化腥臊 而民說之 使王天下 號之曰 燧人氏 中古之世 天下大水 而鯀禹決瀆[5] 近古之世 桀紂暴亂 而湯武征伐[6] 今有搆木鑽燧於夏后氏[7]之世者 必爲鯀禹笑矣 有決瀆於殷周之世者 必有湯武笑矣 然則今有美堯舜禹湯武之道於當今之世者 必爲新聖[8]笑矣 是以聖人不期循古[9] 不法常行[10] 論世之事 因爲之備 宋人有耕田

者 田中有株 兎走觸株 折頸而死 因釋其耒而守株 冀復得兎 兎 不可復得 而身爲宋國笑 今欲以先王之政 治當世之民 皆守株之 類也

1) 上古之世(상고지세) : 이 편에는 상고(上古)·중고(中古)·근고(近古) 또는 당세(當世)같은 역사적 변천을 말하는 용어가 있는데 이 '상고지세'는 한비(韓非)의 반복고적인 역사관을 말하는 것.
2) 搆木爲巢(구목위소) : 나뭇가지를 얽어서 새집 모양의 둥우리같은 집을 짓는 것.
3) 有巢氏(유소씨) : 상고시대의 성인(聖人). 사람에게 집짓는 법을 가르쳐서 짐승이나 벌레의 피해를 막도록 하였다.
4) 鑽燧取火(찬수취화) : 나무에 구멍을 뚫어 그 구멍에 나무를 넣고 비벼서 마찰되는 힘으로 불씨를 얻는 것.
5) 鯀禹決瀆(곤우결독) : 중국의 요(堯)·순(舜)시대에 큰 홍수가 잦을 때 곤(鯀)에게 치수(治水)를 명했으나 실패하고, 그 아들인 우(禹)가 이어받아 도랑(瀆)을 트고 둑을 쌓아 물을 다스렸으며, 그 공으로 우(禹)는 순임금의 선양을 받아 하(夏)나라의 시조가 되었다.
6) 桀紂暴亂而湯武征伐(걸주폭란이탕무정벌) : 걸(桀)은 하나라의 마지막 임금이고 주(紂)는 은나라 최후의 임금으로 폭군의 상징적인 인물들임. 탕(湯)왕은 걸왕(桀王)을 쳐서 은(殷)나라를 세웠고, 무왕(武王)은 주왕을 쳐서 주(周)나라를 세웠다.
7) 夏后氏(하후씨) : 우(禹)의 국호로써 후(后)는 임금.
8) 新聖(신성) : 요·순·우같은 유가(儒家)와 묵가(墨家)가 받드는 성인이 아니라 한비(韓非)가 바라는 새로운 정치를 실현시킬 법가적 성인.
9) 循古(순고) : 저본에 수고(脩古)로도 썼는데 '옛것을 따른다'는 뜻임.
10) 不法常行(불법상행) : 저본에는 불법상가(不法常可)로 되어 있으며, '언제나 옳게 통용되리라 생각하는 것'을 뜻한다.

2. 의식(衣食)이 부족하면 형벌이 통하지 않는다

아주 옛날에는 장정(壯丁)들이 농사를 짓지 않았다. 그것은

제 2 편 오두(五蠹) 41

풀과 나무의 열매로도 먹기에 넉넉하였기 때문이다.
 또 부녀자들이 길쌈을 하지 않아도 되었는데, 그것은 짐승의 가죽을 입고도 충분하였기 때문이다.
 힘써 일하지 않아도 살아가는데 모자라지 않았고, 민중의 수는 적어 재화(財貨)는 남아 돌아갔으므로 민중은 서로 다투지 않았다. 이로써 두터운 상을 주지 않아도 되었고 무거운 벌을 내리지 않는데도 민중은 저절로 잘 다스려졌다.
 그러나 지금 한 사람에게 아이가 다섯 있다면 많은 것은 아니나 그 아이들이 자라서 또 각기 다섯 아이를 갖게 되면 그 할아버지가 죽지 않고 살아 있을 때 스물 다섯의 손자가 있게 된다. 이래서 민중의 수는 많아지고 재화는 적어져 힘들여 일해도 살아가는데 필요한 의식(衣食)이 모자라게 되어 민중은 서로 다투게 된다.
 비록 상(賞)을 배로 주고, 벌(罰)을 아무리 무겁게 내려도 혼란을 면할 수는 없게 된다.

　　古者 丈夫[1]不耕 草木之實足食也 婦人不織 禽獸之皮足衣也 不事力而養足[2] 人民少而財有餘 故民不爭 是以厚賞不行 重罰不用 而民自治 今人有五子不爲多 子又有五子 大父[3]未死而有二十五孫 是以人民衆而貨財寡 事力勞而供養薄 故民爭 雖倍賞累罰 而不免於亂

 1) 丈夫(장부) : 어른이 된 남자(男子)를 일컫는데 주(周)나라 제도로는 한 장(丈)이 열 자(十尺)이고, 한 자(尺)는 여덟 치(八寸)였다.
 2) 養足(양족) : 넉넉한 생활을 뜻하는데, 주로 먹고 입는 것을 말함.
 3) 大父(대부) : 할아버지를 말함. 『묵자(墨子)』에도 보인다.

3. 신하들이 다투는 것은 이권 때문이다

 옛날 요(堯)가 통치자로서 세상을 다스릴 때는 궁전 지붕은 억새로 이어 추녀를 가지런히 자르지 아니하였고, 서까래의 통나무는 끝을 다듬지 아니했으며, 음식은 거친 좁쌀이나 기장으로 지은 밥과 명아주나 콩잎의 국을 마셨고, 겨울에는 새끼사슴의 가죽으로 만든 옷과, 여름에는 칡나무껍질(갈포)로 만든 옷을 입었으니, 비록 지금의 천한 문지기의 의·식·주일지라도 이것보다 못하지는 않을 것이다.

그뒤 우(禹)가 임금이 되어 세상을 다스리게 되었을 때도, 몸소 쟁기와 가래를 들고 민중들의 앞장에 서서 넙적다리에는 살이 빠져 잔털이 없어지고, 정강이에는 털이 날 틈도 없을 만큼 부지런히 일하였으니 지금에 와서는 비록 노예의 노력도 이보다 더 고통스럽지는 않을 것이다.

이로써 말한다면 저 옛날 천하를 양보하는 것이 마치 문지기의 생활을 떠나고 노예가 고달픈 노동을 버리는 것이라 할 것이다. 그러므로 세상 다스리는 것을 남에게 양보한다는 일이 그토록 칭송들을 만큼 훌륭한 짓이 못된다.

요즘의 고을 장관〔縣令〕들은 갑자기 자기는 죽더라도 자손들은 대대로 수레를 타고다닐 만큼 부유해지기 때문에 사람들은 그 자리를 중요하게 생각한다.

사람들이 양보하는데 있어 옛날의 천자(天子)자리는 쉽게 양보할 수 있었지만, 요즘의 고을 장관〔縣令〕 자리를 떠나는 것은 어렵게 여기니, 후하고 박한 실속이 다르기 때문이다.

무릇 산에 살면서 골짜기의 물을 길어다 먹는 사람은 2월에 지내는 풍년을 비는 제사〔膢祭〕나 12월에 지내는 사냥을 위한 제사(臘祭)의 명절에 서로 물을 선사하지만 늪가에 살면서 수해로 고통받는 사람들은 사람을 사서 물을 퍼낸다.

흉년이 든 이듬해의 굶주리는 봄에는 어린 아우에게도 먹을 것을 나눠주지 않지만 풍년이 든 넉넉한 가을에는 평소에 별로 친하지 않았던 사람과도 반드시 나눠 먹게 된다.

이것은 자기 육친을 업수히 여기고, 지나가다 만난 남을 사랑해서가 아니라, 그 해에 거두어 들인 것이 많은가 적은가의 실속에 따라 달라지는 것이다.

이로써 생각하면 옛날 사람들이 재물을 가벼이 본 것은 인(仁)과 덕(德)에 따른 것이 아니라 재화(財貨)가 많아서 그랬던 것이다.

요즘 이를 놓고 서로 가지려고 다투는 것은 그들의 마음이 탐욕스럽고 인색해서가 아니라 재물(財物)이 적어서 그렇게 된 것이다.

가볍게 임금자리를 남에게 양보하는 것은 그의 인격이 고매해서가 아니라 그 세력과 실속이 박한 때문이고, 임금을 섬기면서 그 밑에서 벼슬하는 사람들이 그 자리를 놓고 서로 다투는 것은 그들의 인격이 낮아서가 아니라 그 이권(利權)에 따른 실속이 많기 때문이다.

그러므로 성인(聖人)은 재화의 많고 적음을 헤아려 이권(利權)의 크고 작음을 살펴 다스렸다. 형벌이 가볍다고 자비로운 것은 아니었으며, 형벌이 엄하여 무겁다고 해서 포학하지는 않았다. 이렇게 민중의 습속(習俗)에 알맞도록 모든 일을 행하였다.

그래서 행하는 일은 시대의 변천에 따라야 하고, 다스리는 시책(施策)은 일에 알맞아야 하는 것이다.

堯之王天下也 茅茨不翦[1] 采椽不斲[2] 糲粢之食[3] 藜藿之羹[4] 冬日麑裘 夏日葛衣 雖監門之養[5] 不虧於此矣 禹之王天下也 身執耒臿[6] 以爲民先 股無胈 脛不生毛 雖臣虜之勞 不苦於此矣 以是言之 夫古之讓天子者 是去監門之養 而離臣虜之勞也 故傳天下而不足多也 今之縣令 一日身死 子孫累世絜駕[7] 故人重之 是以人之於讓也 輕辭古之天子 難去今之縣令者 薄厚之實異也 夫山居而谷汲者 膢臘[8]而相遺以水 澤居苦水者 買傭而決竇[9] 故饑歲之春 幼弟不饟[10] 穰歲之秋 疏客必食 非疏骨肉 愛過客也 多少之實異也 是以古之易財 非仁也 財多也 今之爭奪 非鄙也 財寡也 輕辭天子 非高也 勢薄也 重爭士橐[11] 非下也 權重也 故聖人議多少 論薄厚而爲之政 故罰薄不爲慈 誅嚴不爲戾 稱俗

而行也 故事因於世 而備適於事
1) 茅茨不翦(모자불전) : 모자는 띠로 입힌 지붕, 불전은 자르지 않았다 또는 깎아내지 않았다는 뜻.
2) 采椽不斲(채연부착) : 서까래를 다듬지 않고 통나무 그대로 쓴 것을 말함. 『이사열전(李斯列傳)』의 사기집해에도 이 말이 있다.
3) 糲粢之食(여자지식) : 여는 도정하지 않은 쌀이고, 자는 기장으로 거칠은 밥(粗飯).
4) 藜藿之羹(여곽지갱) : 여는 명아주이고, 곽은 콩을 말함인데, 이 말은 명아주잎과 콩잎으로 끓인 국을 뜻함. 곧 험한 음식(飮食)을 뜻한다.
5) 監門之養(감문지양) : 작은 도읍(都邑)이나 시골 촌락(村落)의 성문을 지키는 말단 문지기.
6) 身執耒臿(신집뢰삽) : 몸소 쟁기와 가래를 잡는다는 말인데 뇌는 쟁기이고 삽은 가래를 말함.
7) 絜駕(결가) : 결은 끌어당긴다는 뜻. 결가는 수레를 타고 다닌다.
8) 腰臘(누렵) : 누(腰)는 초나라 풍습으로 해마다 2월이 되면 음식을 마련하고, 신(神)에게 풍년을 비는 제사를 올리는 것을 말한다. 후한(後漢) 허신(許愼)이 지은『설문해자(說文解字)』에 있다. 그러나 지방에 따라 제사 올리는 달이 달랐다고도 적고 있음. 엽(臘)도 같은 책에 적기를 동지(冬至)후 세번째의 술일(戌日)을 택해 여러 신(神)에게 제사 지내는 것을 말한다.
9) 買傭而決竇(매용이결두) : 매용(買傭)은 삯일꾼을 산다는 말이며, 결두(決竇)는 도랑을 파 물을 빼는 일.
10) 饟(향) : 먹을 것을 나누어 보낸다는 뜻임.
11) 重爭士槖(중쟁사탁) : 중(重)은 『남송건도본(南宋乾道本)』에는 없는 글자를 이 책에서 썼고, 사(士)도 저본(底本)에는 토(土)로 되어 있지만 이 책의 사(士)가 마땅하다. 사탁(士槖)이란 임금을 섬기는 벼슬아치를 뜻함.

4. 나라를 보전하는 길은 힘뿐이다

옛날 주(周)나라 문왕(文王)은 풍(豊)이라는 곳에 도읍하고, 호(鎬)라는 곳까지의 사이에 나라를 세워 그 영토는 불과 사방 백리에 지나지 않았지만 인의의 정치를 베풀어 서쪽의 오랑캐를 손에 넣었기 때문에 천하의 임금이 된 것이었다.

서(徐)나라 언왕(偃王)은 한수(漢水) 동쪽에 나라를 세워 그 영토는 무려 사방 5백리도 넘는 큰나라였는데 인의의 정치를 베풀어 영토를 쪼개 제후를 봉하니 조공(朝貢)을 바쳐야 되는 나라가 서른 여섯 나라에 이르렀다. 그런데도 형(荊 : 楚)나라 문왕(文王)이, 서나라가 자기 나라를 침범하지 않을까 두려워서 군사를 일으켜 서나라를 쳐 마침내 멸망하고 말았다.

이를 미루어 생각건대 주나라 문왕은 인의의 정치로써 천하의 왕이 되었는데, 서나라 언왕은 인의의 정치를 베풀다가 자기 나라를 잃어버린 꼴이 되고 말았다. 이로써 옛날에는 인의가 소용되었지만 지금에 와서는 아무 쓸모가 없어졌다는 것이 증명되었다. 그러므로 "세상이 변해 달라지면 일도 달라져야 한다."고 말하는 것이다.

순(舜)임금이 세상을 다스릴 때, 유묘(有苗)라는 소수민족이 복종하지 않으므로 그때 장수였던 우(禹)가 그들을 무력으로 정벌코자 하였다. 그러나 순임금은 말하기를

"안 될 일이다. 임금의 덕이 두텁지 않은데 무력을 휘두름은 도(道)에 어긋나는 일이다."

라고 했다. 그 뒤로 3년을 교화에 힘쓴 나머지 창과 도끼로 춤을 추기만 했는데도 유묘족은 마침내 복종하였다.

순임금시대에 공공(共工)이라는 사람과의 전쟁에서 쇠작살(鐵銛)같이 긴 무기는 적을 찌를 수 있었으며 엷은 갑옷이나 단단하지 못한 투구는 몸에 상처를 입게 하였다.

그러나 창과 도끼는 옛날에는 쓸모가 있었지만 지금에 와서는

아무 쓸모가 없는 것이다. 그러므로 "일이 달라지면 그에 대비하는 방법도 달라져야 한다"고 말하는 것이다.

　아주 옛날에는 도(道)와 덕(德)으로 서로 견주었고, 그 다음 중세에는 지혜와 모책으로 힘을 겨루었으며, 지금은 기력으로 서로 다투게 되었다.

　제(齊)나라가 노(魯)나라를 치려고 할 때 노나라는 말 잘하고 지혜있는 자공(子貢)으로 하여금 제나라를 설득하려 하였다. 그러나 제나라 사람은 말하기를

　"그대의 말이 사리(事理)에 맞지 않는 바는 아니나 우리가 바라는 것은 땅이지 그대가 내놓는 그러한 것이 아니오."

　하고는 그대로 군사를 일으켜 노나라를 쳤는데 성문에서 십 리에 이르는 곳에까지 국경을 정하였다.

　서나라의 언왕은 인의의 정치를 베풀었으나 나라가 망하였고, 자공은 변설과 지혜에 뛰어났지만 노나라는 영토가 줄어들고 말았다. 이것으로 미루어 생각건대 무릇 인의의 정치나 변설, 지혜는 나라를 보전하는 방법이 될 수 없는 것이다.

　만약 언왕이 인의의 정치를 버리고, 자공이 변설과 지혜를 거두어 서나라나 노나라가 국력(國力)을 길러 천자(天子)가 다스리는 대국에 대항할 만큼 되었다면, 제나라나 초나라의 야망이 아무리 컸어도 두 나라를 정벌하지는 못했을 것이다.

　　古者文王處豊　鎬之間[1]　地方百里　行仁義而懷西戎　遂王天下　徐偃王處漢東[2]　地方五百里　行仁義　割地而朝者三十有六國　荊文王[3]恐其害已也　擧兵伐徐　遂滅之　故文王行仁義而王天下　偃王行仁義而喪其國　是仁義用於古　而不用於今也　故曰　世異則事異　當舜之時　有苗不服　禹將伐之　舜曰　不可　上德不厚而行武非道也　乃修敎三年　執干戚舞[4]　有苗乃服　共工之戰　鐵銛距[5]者及乎敵　鎧甲[6]不堅者傷乎體　是干戚用於古　不用於今也　故曰　事異則備變[7]　上古競於道德　中世逐於智謀　當今爭於氣力　齊將伐魯　魯使子貢說之　齊人曰　子言非不辯也　吾所欲者土地也　非斯

言所謂也 遂擧兵伐魯 去門十里以爲界 故偃王仁義而徐亡 子貢
辯智而魯削 以是言之 夫仁義辯智 非所以持國也 去偃王之仁
息子貢之智 循徐魯之力 使敵萬乘[8] 則齊荊之欲不得行於二國矣

1) 文王處豊鎬之間(문왕처풍호지간) : 문왕(文王)을 원전에는 대왕(大王) 또는 태왕(太王)으로 썼으나 이 책에는 주나라를 세운 문왕으로 고쳐 썼다. 풍(豊)은 지금의 협서성(陝西省) 서안지방의 서쪽, 호(鎬)는 같은 협서성의 장안현(長安縣) 서남쪽에 위치했음. 문왕이 처음 풍에 도읍했고, 그 아들인 무왕(武王) 때 호로 옮겼다.
2) 徐偃王處漢東(서언왕처한동) : 서(徐)나라는 한수(漢水) 동쪽을 차지했던 대국이며, 언왕(偃王)은 주(周)나라 목왕(穆王) 때 서나라의 왕이 되었고 인의로써 나라를 다스렸다고 전해짐.
3) 荊文王(형문왕) : 형(荊)은 초(楚)나라의 옛 이름. 초문왕은 서기전 689~서기전 675년까지 재위하였고, 주나라 목왕 14년에 서(徐)나라를 정벌하였다.
4) 執干戚舞(집간척무) : 간(干)은 창(盾)을 뜻하고, 척(戚)은 도끼(斧)를 뜻하는데 옛날 무사(武士)들이 두 손에 이를 들고 춤을 추었다. 옛날 악무(樂舞)에는 문무(文舞)와 무무(武舞)가 있었고, 문무는 한 손에 새털로 만든 부채, 또 한 손에는 쇠꼬리를 장식한 지휘하는 기(旗)를 들고 춤을 추었다.
5) 鐵銛距(철섬거) : 철섬(鐵銛)은 쇠작살을 말함. 거(距)는 크다(鉅)는 뜻과 같다.
6) 鎧甲(개갑) : 개(鎧)는 갑옷, 갑(甲)은 여기에서 투구를 뜻함. 보통 '개갑'이라면 갑옷을 말한다.
7) 事異則備變(사이즉비변) : 앞문장에 있었던 '세이즉사이(世異則事異)'의 뜻과 맥을 같이 하는 말로써 '일이 다르면 그에 대비하는 방법도 변화해야 한다'는 뜻임. 적자생존(適者生存)의 뜻과 통한다.
8) 萬乘(만승) : 싸움에 쓸 수레[兵車]가 일만이나 있는 큰나라의 뜻.

5. 권력 밑에 모여드는 것은 학자다

무릇 옛날과 요즘은 풍습이 다르고, 새로운 시대와 옛 시대는 대비하는 방책이 서로 다르다. 만약 너그럽고 느긋한 정치로써 조급하고 위급한 요즘의 민중을 다스리고자 한다면, 마치 고삐와 채찍없이 사나운 말을 몰려는 것과 같다.

이것은 사리(事理)를 모르는데서 일어나는 환란이다. 지금 유가(儒家)나 묵가(墨家)들 모두는 말하기를

"앞선 임금은 세상의 민중을 하나같이 널리 사랑하였으니 민중 보기를 마치 어버이가 자식을 보는 것처럼 하였다."

고 한다. 지금에 와서 무엇으로 그러했다는 것을 말할 수 있는가라고 물으면 그 대답은

"법률을 집행하는 관리가 형벌을 집행하면 임금은 음악을 연주하지 않았고, 사형(死刑)의 판결을 들으면 임금은 눈물을 흘렸기 때문이다."

고 말한다. 이것이 유·묵이 주장하는 선왕들의 행한 바다.

무릇 임금과 신하의 관계를 어버이와 자식의 관계처럼 한다면 반드시 나라가 잘 다스려질 것이라 하는데, 이를 미루어 말한다면 이는 어지러운 부자(父子)간이 없다는 말이 된다.

사람이 태어날 때 부여받은 성정(性情)이란 부모에 앞서는 것은 아닌 것으로 부모는 모두 자식을 보고 사랑하지만 자식이 반드시 고분고분 잘 다스려지는 것은 아니다. 비록 부모의 사랑이 두텁다하더라도 어찌 갑자기 어지러워지지 않겠는가?

지금 선왕이 민중을 사랑하는 것은 부모가 자식을 사랑하는 것에는 미치지 못할 것이다. 부모의 지극한 사랑을 받는 자식조차 반드시 어지러워지지 않는다는 보장이 없는데 민중들이 어떻게 갑자기 다스려지겠는가?

무릇 법에 따라 형벌을 집행하는데 임금이 그 때문에 눈물을 흘렸다는 것은 그로써 어진 마음을 밝힌 것이지 그것이 곧 정

치를 행한 것은 아니다.

　눈물을 흘리면서 형벌의 집행을 바라지 않는 마음은 어짊(仁)이지만, 그러나 형벌을 집행하지 않으면 안 되는 것이 곧 법(法)이다. 선왕도 그 법을 중히 여겨 앞세우고, 그 눈물을 따르지 않았다면 어짊(仁)만으로는 정치를 할 수 없었음이 또한 분명하다.

　민중은 본래 권세에 복종하지만 의로움(義)을 품고 따르는 사람은 적다. 중니(仲尼 : 공자)는 세상에 알려진 성인(聖人)인데, 행실을 닦고 도덕을 밝히기 위하여 나라 안팎을 돌아다녔다.

　그래서 세상 사람들은 그가 말하는 어짊을 기뻐하고, 의로움을 찬미하였는데, 실제로 그를 따르며 섬긴 제자는 70여 명에 지나지 않았다. 이것은 어짊을 귀중하게 여기는 사람은 적고, 의로움을 행하기에는 너무나 어렵기 때문이다. 그러므로 세상은 넓고 크지만 그의 제자가 되어 섬기고 따른 사람은 70여 명 뿐이었고 어짊과 의로움을 행한 사람은 공자 한 사람이었다.

　노(魯)나라 애공(哀公)은 보잘것없는 임금이었지만 군주로서 즉위하여 나라를 다스리게 되니, 나라 안의 민중들은 감히 신하되기를 거부하지 못했다. 민중이란 본래 권세에 복종하는 것으로 세력만 있으면 사람들을 복종시키기란 쉬운 일이다. 그러므로 공자같은 성인이 거꾸로 애공의 신하가 되었고, 시원찮은 애공이 반대로 공자의 군수가 되었으니, 이는 공자가 그 의로움을 따른 것이 아니고 애공의 그 권세에 복종한 것이다. 그러므로 의로움으로 따진다면 공자가 애공에게 복종하지 않았을 것이지만 권세를 이용하여 애공은 공자를 신하로 삼게 된 것이다.

　그런데 요즘 학자들이 임금을 설득하기를 반드시 권세를 잘 운용하라고 하지 않고 "힘써 어짊과 의로움을 행하면 세상을 다스리는 임금이 될 수 있다."고 한다.

　이것은 세상의 임금이 반드시 공자처럼 되기를 바라고, 세상의 모든 민중이 공자의 제자가 되기를 바라는 것으로 이러한 일은 되지 않는 도리인 것이다.

夫古今異俗 新故異備 如欲以寬緩之政 治急世之民 猶無轡策
而御駻馬[1] 此不知之患也 今儒墨 皆稱先王兼愛天下 則視民如
父母 何以明其然也曰 司寇[2]行刑 君爲之不擧樂 聞死刑之報 君
爲流涕 此所擧先王也 夫以君臣爲如父子則必治 推是言之 是無
亂父子也 人之情性 莫先於父母 皆見愛而未必治也 雖厚愛矣
奚遽[3]不亂 今先王之愛民 不過父母之愛子 子未必不亂也 則民
奚遽治哉 且夫以法行刑 而君爲之流涕 此以效仁 非以爲治也
夫垂泣不欲刑者 仁也 然而不可不刑者 法也 先王勝其法 不聽
其泣 則仁之不可以爲治 亦明矣 且民者 固服於勢 寡能懷於義
仲尼 天下聖人也 修行明道以遊海內 海內說其仁 美其義 而爲
服役者七十人 蓋貴仁者寡 能義者難也 故以天下之大 而爲服役
者七十人 而仁義者一人 魯哀公[4]下主也 南面[5]君國 境內之民
莫敢不臣 民者固服於勢 誠易以服人 故仲尼反爲臣 哀公顧[6]爲
君 仲尼非懷其義 服其勢也 故以義 則仲尼不服於哀公 乘勢[7]
則哀公臣仲尼 今學者之說人主也 不乘必勝之勢 而曰 務行仁義
則可以王 是求人主之必及仲尼 而以世之凡民皆如列徒 此必不
得之數也

1) 無轡策而御駻馬(무비책이어한마) : 무비란 고삐가 없다는 뜻이며, 한 마는 사나운 말을 뜻함.
2) 司寇(사구) : 형을 집행하는 관리.『주례(周禮)』의 추관에 대사구(大司寇)라 함.
3) 奚遽(해거) : '난이편(難二篇)'에도 나오는 말인데 거(遽)란 '거(詎), 거(距)와 통하고 그 뜻은 '어찌'와 같다.
4) 魯哀公(노애공) : 노나라 정공(定公)의 아들이며 이름은 장(蔣) 27년간 재위함.
5) 南面(남면) : 임금의 또 하나의 형용사로써, 임금이 되면 남쪽을 향하여 앉도록 자리를 정하는데서 유래되었다. 신하들은 임금이 있는 북쪽을 향하여 서게 됨으로 북면 또는 북향(北向)이라 함.
6) 顧(고) : 도리어라는 반대의 뜻을 나타내는 말임.
7) 乘勢(승세) : 세(勢)는 원본에는 없었던 것을 다른 원전에서 따왔고,

승(乘)은 병(秉)으로 잘못 쓴 곳도 있으나 객관적인 공구(工具)를 이용한다는 뜻인 승(乘)이 마땅하여 『한비자』에 자주 나오는 글이다. '권세를 잘 운용한다'는 뜻이다.

6. 상과 벌은 확실하고 엄중해야 한다

지금 여기에 버릇이 좋지 않은 자식이 있는데, 부모가 나무라도 그 행동을 고치지 않고, 마을 어른들이 꾸짖어도 감동하지 않으며, 스승이 가르쳐도 그 버릇에 변함이 없다.

무릇 부모의 사랑과 마을 어른들의 언행과 그리고 스승의 지혜, 이 세 가지 뛰어난 것을 가지고도 그 정강이 터럭만큼도 효용을 보지 못한다.

그러나 고을 행정을 맡은 관리가 관병(官兵)을 거느리고 법률을 집행하며 나쁜 짓 하는 사람을 색출하러 다니면, 두려워서 그 버릇이 변하고 그 행동이 바뀌어질 것이다. 그러므로 부모의 사랑만으로는 자식을 가르치는데 충분하지 못하여 반드시 고을 관청의 엄한 형벌을 기다리게 된다. 그것은 민중이란 본래 사랑에는 교만·방종하고, 위세(威勢)에는 순종하기 때문이다.

열 길(十仞) 밖에 되지 않는 성곽이라도 누계(樓季)같은 발빠른 사람이 넘지 못함은 그것이 깎아세운 듯 험하기 때문이고, 천길(千仞)높은 산에서 절름발이 양을 편안하게 칠 수 있는 것은 평평한 비탈이기 때문이다.

명석한 임금은 법을 깎아세운 듯 날카롭게 하고, 그 형벌을 엄하게 하는 것이다. 대수롭지 않은 천이나 비단이라도 보통사람들이 그냥 버려두지 않고 훔치려 하지만, 백일(百鎰)이나 되는 많은 황금은 도척같은 큰 도둑도 줍지 않는다.

반드시 해가 미치지 않는다는 것을 알면 별 것 아닌 것이라도 주워서 거두지만, 반드시 해가 미칠 것을 알면 백일의 황금이라도 줍지 않으려 한다. 그래서 명석한 임금은 반드시 형벌을 확실하게 내린다.

이로써 상(賞)은 후하고 확실하게 주어서 민중으로 하여금 이롭게 여겨 신실(信實)을 추구하게 하고, 형벌은 무겁고 엄하게 하여 민중들로 하여금 법을 두렵게 여기게 함이 가장 좋으며, 법은 한결같이 견고하게 하여 민중으로 하여금 이를 숙지(熟知)케 하는 것이 가장 좋은 방법이다.

임금이 상을 베풀 때는 바꾸지 않아야 하고 형벌을 내릴 때는 용서하는 일이 없어야 한다. 칭찬하여 그 명예로써 상을 빛나게 하고, 크게 비난하여 그 벌을 더욱 부끄럽게 한다면, 어진 사람이나 어리석은 사람이나 모두 있는 힘을 다하여 노력할 것이다.

今有不才之子 父母怒之弗爲改 鄕人譙之弗爲動 師長敎之弗爲變 夫以父母之愛 鄕人之行 師長之智 三美加焉[1] 而終不動其脛毛 州部之吏[2] 操官兵 推公法 而求索奸人 然後恐懼 變其節 易其行矣 故父母之愛 不足以敎子 必待州部之嚴刑者 民固驕於愛 聽於威矣 故十仞之城 樓季[3]弗能踰者 峭也 千仞之山 跛牂易牧者 夷也[4] 故明主 峭其法 而嚴其刑也 布帛尋常[5] 庸人不釋 鑠金百鎰[6] 盜跖[7]不掇 不必害 則不釋尋常 必害手 則不掇百鎰 故明主必其誅也 是以賞莫如厚而信 使民利之 罰莫如重而必 使民畏之 法莫如一而固 使民知之 故主施賞不遷 行誅無赦 譽輔其賞 毁隨其罰 則賢不肖俱盡其力矣

1) 三美加焉(삼미가언) : 삼미는 세 가지 뛰어난 역량(力量), 곧 부모의 사랑, 이웃 어른의 언행, 스승의 가르침이며, 가(加)는 베풀다의 뜻.
2) 州部之吏(주부지리) : 주부(州部)는 가장 말단의 고을 관청, 이(吏)는 관리.
3) 樓季(누계) : 춘추말, 전국초기의 위(魏)나라 문후(文侯)의 형제라는 설이 있으나 정확하지는 않고, 오직 '발빠른 사람'으로 전해져 옴.
4) 夷也(이야) : 평평한 것을 뜻함.
5) 布帛尋常(포백심상) : 포는 삼베・무명베(綿)같은 천(옷감)을 말하고,

백은 비단. 심은 길이의 단위로 8척(지금의 1.7미터가량)을 뜻하고, 상은 심의 곱절을 말하는데, 여기서는 대수롭지 않은 길이를 뜻함.
6) 鑠金百鎰(낙금백일) : 불에 녹여서 아름답게 다듬은 황금을 낙금이라고 함. 일(鎰)은 무게의 단위로 1일은 20량(兩)임.
7) 盜跖(도척) : '큰도둑'을 말하는데 『장자(莊子)』 도척편(盜跖篇)에 나온다.

7. 세상은 노력 않고 잘 사는 사람을 선망한다

지금은 앞서 말한 바와는 달리 어떤 사람이 공이 있어 임금이 벼슬을 주었는데도 세상 사람들은 그의 벼슬살이를 비천하게 본다.

민중이 열심히 농사를 잘 지으면 그에게 상을 주는데도 세상에서는 가업(家業)인 농사를 가볍게 생각하고 업신여긴다.

어떤 사람이 나라에서 주는 벼슬을 받아들이지 않으면 그를 멀리하면서도 세상에서는 그 세속을 가벼이 여기는 것을 고상하다고 한다.

어떤 이가 나라에서 법으로 금하는 일을 범하면 그를 벌하면서도 용기있는 태도라고 칭찬한다.

세상의 비방과 칭찬, 나라의 상과 벌의 대상이 서로 어그러지고 그르치게 되어 있어 법률과 금법(禁法)의 권위는 허물어지고 민중은 점점 어지러워진다.

형제가 남으로부터 침해를 당했을 때, 반드시 상대를 공격하는 사람을 세상에서는 강직하다고 한다. 그리고 친구가 남으로부터 모욕당한 것을 알고 친구의 원수를 갚는 사람을 올곧은 사람이라 한다.

그러나 이러한 강직하고 올곧은 사사로운 행동을 행하게 되면 임금이 정한 법을 어기게 되는 것이다.

임금은 강직하고 올곧은 사사로운 행동을 존중하여 법을 어기는 죄는 잊어버리게 되니, 민중들은 용기만을 서로 다투게 되고 관리들은 이를 억제할 수 없게 된다.

아무런 노력도 하지 않고 잘 먹고 잘 입으며 잘 사는 사람을 세상 사람들은 유능하다고 하며, 나라를 위해 아무런 전공(戰功)도 없이 존경받는 자리에 있는 사람을 세상에서는 현명하다고 한다. 그러나 이와 같이 현명하고 유능한 사사로운 행동이 이루어지면 군대는 약화되고 농지는 황폐화되는 것이다.

이러함에도 임금들은 현명·유능의 행위를 기뻐하며, 이로 인하여 군대가 약화되고 농토가 황폐화되는 피해를 까마득하게 잊고 있다. 이래서 사사로운 행동이 이루어지고, 공적(公的)인 이로움은 점점 사그라진다.

今則不然 以其有功也爵之 而卑其士官也[1] 以其耕作也賞之 而少其家業[2]也 以其不收也外之[3] 而高其輕世也 以其犯禁也罪之 而多其有勇也 毀譽賞罰之所加者 相與悖繆也 故法禁壞 而民愈亂 今兄弟被侵 必攻者 廉[4]也 知友被辱 隨仇者貞[5]也 廉貞之行成 而君上之法犯矣 人主尊貞廉之行 而忘犯禁之罪 故民程於勇[6] 而吏不能勝也 不事力而衣食 則謂之能 不戰功而尊 則謂之賢 賢能之行成 而兵弱而地荒矣 人主說賢能之行 而忘兵弱地荒之禍 則私行立而公利滅矣

1) 士官也(사관야) : 사(士)는 여기에서 일을 한다는 뜻으로 사(事)와 같고, 관(官)은 관리를 말함.
2) 少其家業(소기가업) : 가업(家業)이라면 보통 농업(農業)을 가리킨다. 때로 공작업(工作業)도 포함되지만 법가(法家)사상으로 보아 평소에는 병정에게 농사를 짓게 하고 전시에는 전장에 내보냈기에 농업으로 본다. 소(少)는 가볍게 여긴다 또는 업신여긴다의 뜻.
3) 以其不收也外之(이기불수야외지) : 불수란 받아들여서 쓰지 않는다는 말인데 여기서는 임금의 부름을 받아들이지 않고 벼슬을 사양한다는 뜻. 외(外)는 멀리한다는 뜻.
4) 廉(염) : 품행이 단정하고, 염치(廉恥)가 있다는 뜻. 염우(廉隅)와 통한다. 청렴하고 강직하다.

5) 貞(정) : 지조를 지키는 곧은 마음.
6) 程於勇(정어용) : 용력(勇力)을 겨루다. 정(程)은 『예기(禮記)』유행(儒行)에 불정용(不程勇)이란 말이 있는데, 정주(鄭注)에 정(程)은 양(量)과 같다고 풀이하고 있다. 그래서 정(程)은 겨루다의 뜻으로 보는 것이 마땅하다.

8. 세상 일은 피차의 이해가 대립한다

선비[儒者]는 글로써 법률을 어지럽히고, 협객(俠客)은 무력(武力)으로써 나라에서 금하는 법을 어기는데도 임금은 그 양쪽을 다같이 예우하기 때문에 나라가 어지러워지는 것이 된다.

무릇 법을 어겨 죄지은 사람은 마땅히 벌을 받아야 하거늘 선비들은 옛날 학문에 밝다하여 발탁되고, 금령(禁令)을 범하면 형벌이 내려야 하거늘 협객들은 무력이 있다하여 자객(刺客)으로 쓰이기 위해 길러진다.

그러므로 법률을 어겨 죄인이 된 사람을 임금은 이를 뽑아 쓰고, 관리가 형벌을 내리는 금령을 범한 사람을 임금은 발탁하여 기르게 된다. 이렇게 법률을 어기는 것, 임금이 뽑아 쓰는 일, 그리고 위에서 발탁하고 아래서는 벌하는 이 네 가지가 서로 모순되어 한결같지가 않다.

이래서야 비록 황제(黃帝)같은 성군(聖君)이 열 사람이 있다고 한들 잘 다스릴 수는 없을 것이다. 그러므로 인의를 행하는 사람은 칭찬만 해서는 안 된다. 이를 칭찬만 하게 되면 그 공(功)을 해치게 된다. 그리고 학문을 익힌 선비를 무조건 발탁하여 등용해서는 안 된다. 이들을 등용하면 법률을 어지럽힌다.

초(楚)나라에 직궁(直躬)이라는 사람이 있었는데 그의 아버지가 이웃집의 양(羊)을 훔친 그 일을 관청에 일러 바쳤다. 그러자 초나라 재상은 "직궁을 사형시켜라."라고 명하였다. 이는 임금에 대하여는 올곧은 일이지만 아버지에 대하여는 잘못된 일이라 여겨서 이러한 판결을 내려 처형한 것이다.

이로써 본다면 무릇 임금에 대하여는 올곧은 신하(臣下)가, 아버지에 대하여는 난폭한 자식이 되고 만 것이다.

노(魯)나라 사람이 임금을 좇아 전장에 세 번이나 싸우러 나갔지만 세 차례나 도망을 친 일이 있었다. 공자가 그 까닭을 물으니 "나에게는 늙은 아버지가 계신데 만약 내가 죽으면 봉양할 사람이 없습니다."고 대답하였다. 이 말을 듣고 공자는 그를 효자라 하여 천거하고 높은 벼슬자리에 앉게 하였다.

이것으로 생각한다면 무릇 아버지에 대하여 효성스런 자식은 임금에 대하여는 불충이 되고 만다.

그래서 초나라 재상이 직궁(直躬)을 사형시킨 뒤로는 나쁜 일이 일어나도 감추어져 임금에게 알려지지 않았고, 공자가 효자를 포상하여 벼슬을 얻게 한 뒤로는 노나라의 민중은 전장에서 쉽사리 항복하고 도망하게 되었으니 위·아래의 이해(利害)는 이와 같이 서로 다를 수 있는 것이다.

이러함에도 임금이 일반 민중들의 개인적인 덕행을 존중하면서 나라의 이익을 실현시키고자 한들 얼마나 이룰 수 있을 것인가?

옛날 창힐(蒼頡)이 글자를 만들 때에 스스로를 둘러싸는 것을 사(私)라 했고, 사(私)를 등지는 것을 공(公)이라 하였다. 이렇게 공과 사가 서로 등진다는 것은 문자를 만든 창힐도 이미 알고 있었다. 그런데도 지금 공·사(公私)의 이해가 일치하리라 생각한다면 이는 사물을 깊이 살피지 못하는데서 생겨나는 허물이다.

민중이 개인적으로 헤아린다면 도의(道義)를 닦고, 학문을 익히는 것보다 나은 것이 없게 된다. 도의를 몸으로 수양하면 임금으로부터 믿음을 얻게 되고, 믿음을 얻게 되면 벼슬자리에 앉게 되고, 학문을 익히면 고명(高明)한 스승이 되며, 고명한 스승이 되면 영예(榮譽)를 얻게 되는데, 이러한 일은 일반 민중이 생각하기에 대단한 일이다.

그러면 공적도 없이 벼슬을 맡게 되고, 벼슬자리〔爵位〕가 없는데도 영예가 얻어진다. 만약 정치가 이러한 지경에 다다르면 나라는 반드시 어지러워지고, 임금은 반드시 위태로운 처지에 놓일 것이다.

서로 용납될 수 없는 일은 처음부터 양립(兩立)할 수 없는 것이다. 적의 머리를 자르는 사람에게 상을 주면서 한편으로 학자들이 주장하는 자혜(慈惠)의 행위를 높이 평가하여 존중한다. 적의 성(城)을 함락시켜 빼앗은 사람에게 벼슬과 봉록(俸祿)을 내리면서 한편으로는 겸애(兼愛)의 설(說)을 신봉한다.

견고한 갑옷과 날카로운 무기로 나라의 위태로움을 미리 예비하면서, 한편으로는 홀(笏)을 대(帶)에 꽂은 예복을 아름답다고 한다. 농사꾼들의 노동으로 나라의 부(富)를 도모하고, 병졸들을 싸움에 내세워 적을 막으면서 한편으로는 선비들의 학문을 귀중하게 여긴다.

임금을 받들어 존경하고, 법을 두려워하여 잘 지키는 민중은 버려두면서 한편으로 협객(俠客)이나 자객(刺客)을 양성한다. 행동과 조치(措置)가 이와 같아서는 나라가 잘 다스려지고 군사가 튼튼해지기란 어려운 일이다.

나라가 평온하면 선비나 협객을 기르고, 위난(危難)이 닥치면 병졸을 쓴다. 이는 곧 임금으로부터 늘 이익을 받은 사람은 위급할 때 아무런 쓸모가 없고, 위급할 때 쓸모있는 사람은 평소에 임금의 혜택을 받지 않은 사람들이다.

이러므로 실무에 종사하는 사람은 그 맡은 일에 소홀하고, 협객이나 학문에 종사하는 사람만 점점 많이 늘어난다. 이것이 세상을 어지럽히는 까닭이 된다.

儒[1]以文亂法 俠[2]以武犯禁 而人主兼禮之 此所以亂也 夫離法者罪 而諸先生以文學取[3] 犯罪者誅 而群俠以私劍[4]養 故法之所非 君之所取 吏之所誅 上之所養也 法取上下[5]四相反也 而無所定 雖有十黃帝 不能治也 故行仁義者非所譽 譽之則害功 工文學者非所用 用之則亂法 楚有直躬 其父竊羊而謁之吏 令尹[6]曰

殺之 以爲直於君而曲於父 報⁷⁾而罪之 以是觀之 夫君之直臣 父之暴子也 魯人從君戰 三戰三北⁸⁾ 仲尼問其故 對曰 吾有老父 身死莫之養也 仲尼以爲孝 擧而上之 以是觀之 夫父之孝子 君之背臣也 故令尹誅而楚姦不上聞 仲尼賞而魯民易降北 上下之利若是其異也 而人主兼擧匹夫之行 而求致社稷之福 必不幾矣 古者 蒼頡⁹⁾之作書也 自環者謂之私 背私謂之公 公私之相背也 乃蒼頡固以知之矣 今以爲同利者 不察之患也 然則爲匹夫計者 莫如修行義而習文學 行義修則見信 見信則受事 文學習則爲明師 爲明師則顯榮 此匹夫之美也 然則無功而受事 無爵而顯榮 爲政如此 則國必亂 主必危矣 故不相容之事 不可兩立也 斬敵者受賞 而高慈惠之行 拔城者受爵祿 而信兼愛之說 堅甲厲兵¹⁰⁾以備難 而美薦紳¹¹⁾之飾 富國以農 距敵恃卒 而貴文學之士 廢敬上畏法之民 而養遊俠私劍之屬 擧行如此 治强不可得也 國平養儒俠 難至用介士¹²⁾ 所利非所用 所用非所利 是故服事者簡其業 而游學者日衆 是世之所以亂也

1) 儒(유) : 여기서는 유(儒)로만 되어 있으나 넓게는 유묵(儒墨) 곧 학자들을 싸잡아 일컫는 뜻.

2) 俠(협) : 협객(俠客)을 말하며 묵가(墨家)의 지류로써 자기를 희생하여 사회의 이면에서 싸우는 결사적 폭력집단을 말함. 유(儒)와 협(俠)은 오두(吾蠹)의 핵심으로 한비(韓非)는 규정지었다.

3) 諸先生以文學取(제선생이문학취) : 제선생(諸先生)은 송건본(宋乾本)에서는 생(生)을 왕(王)으로 잘못되었으나 여기서는 선생으로 고쳐 모든 선비를 가리켰고, 취(取)는 선택하여 등용한다는 뜻.

4) 私劍(사검) : 고분편(孤憤篇)에도 나오는데, 임금에게 이용당하는 자객을 뜻함.

5) 法取上下(법취상하) : 법(法)은 법률이 벌하는 대상, 취(取)는 저본에 취(趣)로 쓰나 여기서는 취(取)가 마땅하며 임금이 취하는 바, 상(上)은 임금이 양성하는 대상이고, 하(下)는 일반 관리가 벌주는 대상을 뜻함. 한비의 독특한 논법으로 모순을 나타낸 것임.

6) 令尹(영윤) : 옛날 초(楚)나라의 관직명으로 재상(宰相)을 뜻한다.

7) 報(보) : 여기에서 죄의 판결을 뜻함. 곧 단죄(斷罪).
8) 北(배) : 등을 돌린다는 뜻으로 배(背)의 옛 글자임.
9) 蒼頡(창힐) : 황제 때의 사관(史官)으로 문자(文字)를 처음 만들었다는 전설적인 인물임.
10) 堅甲厲兵(견갑여병) : 견갑은 견고한 갑옷, 여병은 이로운 병기, 즉 잘 다듬어진 병기.
11) 薦紳(천신) : 진신(搢紳) 또는 진신(縉紳)으로도 쓰는데 홀(笏)을 띠에 꽂은 것을 뜻함. 홀(笏)이란 높은 벼슬에 있는 사람이 임금 앞에 나아갈 때에 드는 판〔手版〕을 말한다. 천신을 간략하게 말하면 선비나 벼슬아치의 복장임.
12) 介士(개사) : 군인을 말하는 것으로 개(介)는 갑옷을 뜻함.

9. 법제정은 민중이 쉽게 알도록 해야 한다

무릇 세상에서 말하는 어짊이란 올곧고 믿음직한 덕행을 가리킨다. 소위 앎〔智〕이란 미묘하고 심오한 말〔言語〕을 가리킨다. 미묘하고 심오한 말은 뛰어난 지자(智者)도 알기 어렵다.

지금 많은 사람이 지켜야 할 법(法)을 만드는데, 뛰어난 지혜를 가진 사람도 알기 어려운 말을 사용한다면 일반 민중은 이해할 수가 없을 것이다.

요컨대 날마다 술찌꺼기나 쌀겨같은 형편없는 음식마저 배불리 먹지 못하는 사람은 기름진 밥이나 맛있는 고기를 바라지 않는다. 해진 옷도 제대로 갖추지 못한 사람은 아름답게 수놓은 옷을 바라지 않는다.

무릇 세상을 다스리는 일에서 긴급한 일을 이루지 못한다면 급하지 않은 일은 애쓰지 않아도 된다. 요즘 나라를 다스리는데 있어 민중에 관한 일에서 이름없는 보통 남녀라도 알 만한 방법을 쓰지 않고, 뛰어난 지식인에게나 환영받는 방법을 택한다. 이것은 정치에 대한 기본 원칙에 위배되는 것이다. 미묘하고 심오한 말은 민중에게는 아무 필요가 없는 것이다.

그렇다면 올곧고 믿음직한 행동을 현명하다고 하는 것은 반드시 남을 속이지 않는 선비를 존귀하게 보는 것이 된다. 남을 속이지 않는 선비를 소중히 하는 것은 남을 속이는 술(術)이 흔히 있기 때문이다.

아무런 자리나 벼슬이 없는 평범한 민중끼리 사귈 경우에는 이익을 주고 편의를 제공받을 두터운 부(富)도 없고, 상대를 겁주고 억누를 위세(威勢)도 없기 때문에 남을 속이지 않는 선비를 구하여 서로 사귄다.

지금의 임금이 민중을 지배하는 권좌에 앉아 나라 안의 모든 부(富)를 장악하고, 후한 상(賞)과 엄한 벌을 행사하여, 권력의 자루를 손수 잡아 명석(明晳)한 술책(術策)으로써 촛불로 비추는 것처럼 한다면, 비록 전상(田常)·자한(子罕)같이 임금을 속여 권력을 빼앗는 신하가 나온다 하더라도, 그 임금을 속이지는 못할 것이다.

어째서 남을 속이지 않는 선비를 필요로 하는가? 요즘 올곧고, 믿음직한 선비〔士〕는 한 나라에 열 사람도 되지 않는다. 그런데 나라 안의 벼슬자리는 수백을 헤아릴 정도로 많다. 반드시 올곧고 믿음직한 선비를 가려서 임용한다면, 필요한 사람이 관직(官職)의 수에 모자라게 된다.

마땅한 사람이 벼슬자리〔官職〕보다 모자라면 다스려지는 일은 적어지고, 어지러운 일이 많아진다.

밝은 임금의 도(道)는 법을 하나로 정하여 뛰어난 슬기를 구하지 않고, 다스리는 방법을 굳게 지켜 사람의 신의(信義) 때문에 법을 어기지 않는다. 그러므로 법은 허물어지지 않고 벼슬아치들은 나쁜 짓이나 속이는 일을 행하지 않는다.

且世之所謂賢者 貞信之行也[1] 所謂智者 微妙之言也[2] 微妙之言 上智之所難知也 今爲衆人法 而以上智之所難知 則民無從識之矣 故糟糠不飽者 不務粱肉[3] 裋褐[4]不完者 不待文繡 夫治世之事 急者不得 緩者非所務也 今所治之政 民間之事 夫婦所明

知者不用 而慕上智之論 則其於治反矣 故微妙之言 非民務也 若夫賢貞信之行者 必將貴不欺之士 貴不欺之士者 亦無不可欺 之術也 布衣[5]相與交 無富厚以相利 無威勢以相懼也 故求不欺 之士 今人主處制人之勢 有一國之厚 重賞嚴誅得操其柄[6] 以修 明術之所燭 雖有田常 子罕[7]之臣 不敢欺也 奚待於不欺之士 今 貞信之士不盈於十 而境內之官以百數 必任貞信之士 則人不足 官 人不足官 則治者寡 而亂者衆矣 故明主之道 一法而不求智 固術而不慕信[8] 故法不敗 而群官無姦詐矣

1) 貞信之行也(정신지행야) : 올곧고, 믿음과 의리가 있는 덕행을 말하는 데, 대개 유가적(儒家的)인 덕행을 가리킨다.
2) 微妙之言也(미묘지언야) : 오묘하고 심오한 말을 뜻하는데, 미(微)나 묘(妙) 따위는 『노자(老子)』에서 흔히 보이므로 도가적(道家的)인 말을 가리킨다.
3) 糟糠不飽者不務梁肉(조강불포자불무량육) : 조(糟)는 술찌꺼기이고, 강(糠)은 곡식을 찧은 겨로써 조강은 거친 음식을 뜻함. 양(梁)은 좋은 곡식을 말하며, 양육은 쌀밥과 고기 반찬으로 좋고 맛있는 음식을 가리킨다.
4) 短褐(수갈) : 저본에는 단갈(短褐)로 쓰여 있으나 마땅하지 않다. 수(短)는 미천한 노비들이 입는 삼베로 짠 해진 긴 옷이며, 갈(褐)은 거친 털로 짠 천한 사람이 입는 옷을 말함인데, 수갈은 남루하고 거친 옷을 뜻함.
5) 布衣(포의) : 베로 짠 옷으로 벼슬이 없는 평범한 민중을 뜻한다.
6) 操其柄(조기병) : 상벌을 마음대로 휘두르는 권력의 자루(柄)를 쥐고 있다는 뜻. 『한비자』의 편명으로 이병(二柄)이 있음을 참고할 것.
7) 田常子罕(전상자한) : 전상(田常)은 춘추시대 진(陳)나라 공자 진항(陳恒)을 가리키며, 나라가 망히자 제(齊)나라로 도망가 성을 전(田)씨로 바꾸고 자손 대대로 벼슬을 누렸다. 자한(子罕)은 전국시대의 송(宋)나라 대신인데 이름은 황희(皇喜), 자가 자한(子罕)이다. 두 사람 모두 임금을 속이고 권력을 빼앗은 간신·역신(逆臣)의 모델이다. 이병편(二柄篇)에도 나온다.

8) 固術而不慕信(고술이불모신) : 고(固)는 단단히 지킨다는 뜻이고, 술(術)은 다스리는 방법, 불모신(不慕信)은 믿지 않는다와 같은 뜻.

10. 부국강병(富國强兵)을 이룩하려면…

지금 임금들은 신하의 말을 듣는 경우에 그 교묘한 말재주는 기뻐하면서 그 말속에 들어 있어야 할 합리적인 핵심은 바라지 않는다. 신하의 행동을 보는데 있어 평판(評判)이 좋으면 칭찬하고, 그 행동의 실제 효과를 추구하지 않는다.

세상의 논객들은 변설(辯舌)의 교묘함에 힘쓰고 실용을 등한히 한다. 그러므로 옛날 선왕을 들먹여 인의를 말하는 사람은 조정(朝廷)에 넘쳐나지만 나라의 정치는 어지러움을 면하지 못한다.

자신을 수양(修養)하는 사람들은 고상한 기풍을 앞세워 다투지만 실제로 쓰이는 일에는 공을 세우지 못한다.

지혜로운 사람은 바위 굴에 숨어 살며 나라에서 주는 봉록(俸祿)은 되돌려 주어 받지 않고 군대는 점점 약화된다. 군사가 약해지는 것을 면하지 못하고, 나라의 정치가 혼란해지는 것을 면하지 못하는 까닭이 어디에 있는 것인가?

그것은 민중들이 남을 칭찬하는 일, 임금이 신하를 예우하는 일이 나라를 어지럽히는 요인이 되고 말았기 때문이다.

지금 나라 안의 민중은 누구나 나라 다스림(政治)을 말하고, 상앙(商鞅)·관중(管仲)의 법전(法典)을 갖추고 있는 집이 즐비하지만 그런데도 나라가 점점 가난하기에 이른 것은 입으로 농사짓는 사람은 많은 반면 쟁기나 호미를 들고 실제로 농사짓는 사람은 적기 때문이다.

또 나라 안의 모든 사람들이 군사(軍事)를 말하고, 누구나 손자(孫子)·오자(吳子)의 병서를 갖추어 놓고 읽는데 군대가 점점 약화되는 것은 전쟁이야기를 하는 사람은 많은데, 갑옷을 갖춰입고 전장에 나갈 사람은 적기 때문이다.

그러므로 명석한 임금은 민중의 노력은 소중하게 받아들이지만 쓸모없는 공론은 귀담아 듣지 않으며, 상(賞)은 반드시 그 공에 따라 행하지만 쓸모없는 일은 금지시킨다. 그래야만 민중은 죽을 힘을 다하여 그 임금을 섬기게 된다.

무릇 농사짓는 일은 대단히 힘든 일인데도 민중들이 그 일을 하는 것은 그것으로 부(富)를 누릴 수 있기 때문이라 말한다. 전쟁에 나아가 싸우는 것은 위태롭지만 민중들이 그 일을 하는 까닭은 귀한 자리를 얻을 수 있기 때문이라고 말한다.

지금 학문을 닦고 언론을 익힘은 애써 농사를 짓지 않아도 부(富)하게 되는 실속이 있기 때문이며, 위태로운 전투를 하지 않아도 귀한 자리를 얻어 존경을 받을 수 있으니 누구인들 그 일을 하려 하지 않겠는가?

지혜를 일삼는 사람은 백 사람인데 노력하는 사람은 하나뿐이다. 이렇게 지혜를 일삼는 사람이 많아지면 나라의 법은 무너지고, 힘을 쓰는 사람이 적어지면 나라는 가난해지니 이것이 곧 세상이 어지러워지는 까닭이다.

그러므로 명석한 임금이 다스리는 나라에는 책에 적힌 글이 없고 법으로써 가르침을 삼으며, 선왕의 말씀은 없고 관리로써 스승을 삼으며, 사사로운 용맹을 쓰는 일 없이 적(敵)의 목을 자르는 것을 용기라 한다.

나라 안의 민중 가운데 언론을 일삼는 사람은 반드시 법을 따르고, 육체로써 힘들여 일하는 사람은 그 효과를 목적으로 삼으며, 용감한 사람은 군대에서 그 힘을 다한다.

그렇게 하면 아무 일이 없는 태평성세에는 나라가 부해지고, 일이 생겨 전쟁이 일어나면 군대가 강해지니 이를 두고 천하 통일의 왕자(王者)가 되는 바탕이라 한다.

임금이 이미 왕자의 바탕을 기른 뒤 상대국〔敵國〕의 틈새를 엿보며, 오제(五帝)를 능가하고, 삼왕(三王)과 어깨를 같이 하자면 반드시 이 법을 써야 한다.

今人主之於言也 說其辯¹⁾而不求其當焉 其於行也 美其聲 而不責其功焉 是以天下之衆 其言談者 務爲辯而不周於用 故擧先王 言仁義者盈廷 而政不免於亂 行身者 競於爲高而不合於功 故智士退處巖穴 歸祿不受 而兵不免於弱 兵不免於弱 政不免於亂 此其故何也 民之所譽 上之所禮 亂國之術也 今境內之民皆言治 藏商管²⁾之法者家有之 而國愈貧 言耕者衆 執耒者寡也 境內皆言兵 藏孫吳³⁾之書者家有之 而兵愈弱 言戰者多 被甲者少也 故明主用其力 不聽其言 賞其功 必禁無用 故民盡死力以從其上 夫耕之用力也勞 而民爲之者曰 可得以富也 戰之爲事也危 而民爲之者曰 可得以貴也 今修文學 習言談 則無耕之勞而有富之實 無戰之危而有貴之尊 則人孰不爲也 是以百人事智 而一人用力 事智者衆則法敗 用力者寡則國貧 此世之所以亂也 故明主之國 無書簡之文 以法爲敎 無先生之語 以吏爲師 無私劍之捍⁴⁾ 以斬首爲勇 是以境內之民 其言談者必軌於法 動作者歸之於功 爲勇者盡之於軍 是故無事則國富 有事則兵強 此之謂王資 旣畜王資 而承敵國之釁 超五帝 侔三王者 必此法也

1) 說其辯(열기변) : 열(說)은 기쁘다의 뜻. 변은 교언(巧言)의 뜻.

2) 商管(상관) : 상(商)은 상앙(商鞅)으로 서기전 4세기중엽 사람인데 진(秦)나라 효공(孝公)의 재상이 되었다. 지금 『상자(商子)』 5권이 전해짐. 관(管)은 관중(管仲)을 말하는데 많은 고전(古典)에 나오며, 춘추시대 제(齊)나라 재상으로 환공(恒公)을 도와 패업(霸業)을 완수했는데 지금까지 『관자(管子)』 25권이 전한다.

3) 孫吳(손오) : 손(孫)은 손무(孫武)와 손빈(孫矉)을 가리키며, 오(吳)는 오기(吳起)를 말한다. 두 사람 모두 유명한 병서(兵書)를 남겼는데 『한서예문지(漢書藝文志)』에 『손자병법』은 13편, 『오자』는 6편이 있다고 했다.

4) 私劍之捍(사검지한) : 사검(私劍)이란 자객같은 사병(私兵)을 뜻하고, 한(捍)은 사납다는 뜻.

11. 나라를 망(亡)하지 않게 하는 기술

그런데 지금은 그렇지가 않다. 선비나 민중들은 나라 안에서 자기들의 일에는 전념하지 않고 제멋대로 행동하며, 말깨나하는 언론가들은 국론을 통일하지 않은 채 제멋대로 세력을 나라 밖으로 뻗치고 있다.

나라 안팎으로 서로 다투어 못된 짓을 하면서 강적을 기다리고 있는 꼴이니 어찌 위태롭지 아니한가. 그러므로 여러 신하들 가운데 외교(外交)를 말하는 자는 합종(合從)의 무리가 아니면, 연횡(連衡)의 무리로 갈라져 있거나, 아니면 사사로운 원수를 갚기 위하여 나라의 힘을 빌리려는 자들 뿐이다.

합종(合從)이란 여러 약한 나라들이 모여 하나의 힘있는 큰 나라를 치려는 것이고, 연횡이란 하나의 강하고 큰 나라를 섬겨 여러 약한 나라를 치려는 것이니 이 두 가지는 모두 나라를 잘 지탱하는 방법이 아니다.

지금 신하들 가운데 연횡을 주장하는 무리들은 말하기를 "큰 나라를 섬기지 않으면 다른 적국의 공격을 당하여 화를 입을 것이다."라고 한다.

그러나 큰나라를 섬겨도 반드시 충분한 보호와 실리(實利)가 있을지 어떨지도 모르는데, 나라의 지도(地圖)를 맡기고, 옥새를 건네주며 군대의 도움을 청한다. 지도를 바치면 나라의 땅이 깎이고, 옥새를 건네주면 나라의 명예가 떨어진다. 영토가 깎이면 국가는 약해지고, 명예가 떨어지면 정치는 어지러워지는 것이다.

결국 큰나라를 섬겨 연횡을 해보았자 그 실리(實利)는 보이지 않는 가운데, 땅을 잃고 정치는 어지러워질 따름이다.

또한 신하들 가운데 합종(合從)을 주장하는 무리들은 모두 말하기를 "작은나라를 구하기 위해 큰나라를 치지 않으면 천하의 제후(諸侯)들을 잃을 것이고, 천하의 제후가 떠나면 나라는 위태롭게 되며, 나라가 위태로우면 임금의 위신이 떨어진다."고 한다.
 그런데 작은나라들을 구하여 반드시 실제로 효과가 있지 않았을 경우에는 곧 군사를 일으켜 큰나라에 대적한 꼴이 되고만다.
 뿐만 아니라 작은나라들을 구한다 해도 반드시 존속할 수 있는 것은 아니며, 큰나라와 대적하면 반드시 사이가 멀어지지 않을 수 없다. 사이가 멀어지면 강한 나라에 억눌리게 될 뿐이다. 밖으로 군사를 내보내면 군대는 패할 것이고, 안으로 물러나 지키면 성이 함락되어 빼앗긴다.
 작은나라들을 구하여 합종을 해도 그 실리를 보기도 전에, 영토를 잃고 군사는 패망할 따름이다.
 그러므로 크고 강한 나라를 섬길 때는 그 강대국의 권력을 빌려 나라 안의 일을 다하고, 작은나라를 구했을 경우에는 자기 나라의 권력을 거듭 내세워 바깥에서 이익을 구한다.
 이렇게 되면 나라의 이익은 아직 얻어지지 않았어도 봉토(封土)와 후한 봉록(俸祿)은 이들에게 돌아오고, 임금의 위신은 떨어져도 신하의 지위는 높이 오르며, 나라의 영토는 깎여 좁아져도 신하의 가문(家門)은 넉넉하여진다. 만약 일이 이루어지면 권세를 잡고 오래도록 존경을 받게 될 것이고, 일이 실패로 돌아가도 넉넉한 재력(財力)을 가지고 벼슬에서 물러나 편안히 살게 된다.
 임금이 신하의 의견을 귀담아 들어 그 계획한 정책이 아직 이루어지지 않았는데도 높은 벼슬이 주어지고 많은 봉록이 내려지는 일이 있다거나, 일이 실패로 돌아갔는데도 벌하지 않는다면, 언론으로 유세(遊說)를 일삼는 선비중에 어느 누가 주살로 날짐승을 잡는 것 같은 유세로써 요행의 결과를 바라지 않을 사람이 있겠는가?
 그러므로 나라가 파멸되고, 임금이 망하게 되는 까닭은 그들 언론을 일삼는 자들의 근거없는 말에 귀를 기울이기 때문이다.

이것은 어찌하여 그렇게 되는 것일까? 그것은 임금이 공(公)과 사(私)의 이익을 분명하게 구별짓지 않고, 언론이 도리에 적합한가 어긋나는가를 따지지 않으며, 계획했던 일이 실패로 돌아갔을 때 반드시 그 책임을 물어 형벌을 내리지 않기 때문이다.

그들은 하나 같이 말하기를 "외교(外交)를 힘써 잘하면 크게는 천하의 왕자(王者)가 되고 작게는 나라의 안전이 보장된다."고 한다.

무릇 왕자란 남의 나라를 공격할 능력을 가지고 있으면서도 그 나라가 안정되어 있으면 공격하지 않는다. 강자(强者)는 다른 나라를 공격할 능력을 갖추고 있으면서도 그 나라의 치안(治安)이 단단하면 공격하지 않는다.

이와 같이 나라의 강병(强兵)·치국(治國)은 나라 밖에서 구하는 것이 아니라 나라 안의 다스림에 그 바탕이 있는 것이다.

지금 나라 안에서 법(法)과 술(術)을 실행하지 않으면서 지혜를 나라 밖의 외교에 쏟는다면 치강(治强)에 이르지 못할 것이다.

속담에 말하기를 "소매자락이 길면 춤을 잘 추고, 돈이 많으면 장사를 잘 한다."고 한다.

이 말은 자본이나 발판이 든든하면 일하기가 쉽다는 뜻이다. 그러므로 나라 일에 있어서도 잘 다스리고 강하면 계획된 정책도 잘 이루어지겠지만, 나라가 약하고 어지러우면 생각했던 일들이 뜻대로 되지 않는다.

진(秦)나라 같이 큰나라에서 일하는 사람은 열 번이나 계획을 바꾸어도 실패하기는 드물지만, 연(燕)나라 같이 작은나라에서 일하는 사람은 단 한 차례의 계획도 성공하기가 힘들다.

이것은 진나라에서 일하는 사람은 슬기롭고 연나라에서 일하는 사람은 어리석어서가 아니다. 그 나라가 잘 다스려져 있는가 아니면 어지러운가에 있어 자본과 발판이 다를 뿐이다.

주(周)나라는 진나라와 헤어져 합종(合從)한 결과 1년만에 거덜이 났고, 위(衛)나라는 위(魏)나라를 떠나 연횡(連衡)을 감행하였는데 반년만에 멸망하였다. 결국 주나라는 합종으로 멸하였고, 위나라는 연횡으로 망하였다.

만약에 주나라나 위나라가 합종·연횡의 계략을 뒤로 돌리고, 먼저 나라 안의 정치를 강화하여 법률과 제도를 밝게 하고, 신상필벌(信賞必罰)을 실행하는 한편 농사에 힘써 생산력을 북돋워 재물을 축적하고, 민중으로 하여금 힘을 다하여 성을 굳게 지키도록 했다면, 천하의 여러 강대국은 땅을 빼앗아도 이익이 적고, 그 나라 성(城)을 공격하면 손실이 클 것이라 생각했을 것이다. 그랬다면 만승(萬乘)의 대국이라도 견고한 성곽 밑에서 스스로 좌절하는 약한 꼴을 다른 나라에 보이지 않기 위해 공략하지 않았을 것이다.

이것만이 멸망하지 않는 술(術)인 것이다. 절대로 멸망하지 않는 이러한 술(術)을 버리고, 반드시 망하는 정책에 의지함은 나라를 다스리는 사람의 허물이다.

합종·연횡의 계략을 세워 나라 밖으로는 지혜를 소모하고 나라 안에서는 정치를 어지럽게 한다면 그 나라의 멸망은 구제할 길이 없게 된다.

今則不然 士民縱恣於內[1] 言談者爲勢於外 內外稱惡 以待强敵 不亦殆乎 故群臣之言外事者 非有分於從橫之黨[2] 則有仇讎之忠 而借力於國也 從者 合衆弱以攻一强也 而衡者 事一强以攻衆弱也 皆非所以持國也 今人臣之言衡者 皆曰 不事大 則遇敵受禍矣 事大未必有實 則擧圖而委 效璽[3]而請兵矣 獻圖則地削 效璽則名卑 地削則國弱 名卑則政亂矣 事大爲衡 未見其利也 而亡地亂政矣 人臣之言從者 皆曰 不救小而伐大 則失天下 失天下則國危 國危而主卑 救小未必有實 則起兵而敵大矣 救小未必能存 敵大未必不有疏 有疏則爲强國制矣 出兵則軍敗 退守則城拔 救小爲從 未見其利 而亡地敗軍矣 是故事强 則以外權士官於內 救小 則以內重求利於外 國利未立 封土厚祿至矣 主

上雖卑 人臣尊矣 國地雖削 私家富矣 事成 則以權長重 事敗
則以富退處 人主之聽說於其臣 事未成 則爵祿已尊矣 事敗而弗
誅 則游說之士 孰不爲繒繳之說 而徼倖其後 故破國亡主 以聽
言談者之浮說 此其故 何也 是人君不明乎公私之利 不察當否之
言 而誅罰不必其後也 皆曰 外事 大可以王 小可以安 夫王者能
攻人者也 而安則不可攻也 强者能攻人者也 而治則不可攻也 治
强不可責於外 內政之有也 今不行法術於內 而事智於外 則不至
於治强矣 鄙諺曰 長袖善舞 多財善賈 此言多資之易爲工也 故
治强易爲謀 弱亂難爲計 故用於秦者 十變而謀希失 用於燕者
一變而計希得 非用於秦者必智 用於燕者必愚也 蓋治亂之資異
也 故周去秦爲從 期年而擧 衛離魏爲衡 半歲而亡 是周滅於從
衛亡於衡也 使周 衛緩其從衡之計 而嚴其境內之治 明其法禁
必其賞罰 盡其地力 以多其積 致其民死 以堅其城守 天下得其
地則其利少 攻其國則其傷大 萬乘之國 莫敢自頓於堅城之下 而
使强敵裁其弊也 此必不亡之術也 舍必不亡之術而道必滅之事
治國者之過也 智困於外 而政亂於內 則亡不可振[4]也

1) 士民縱恣於內(사민종자어내) : 사민(士民)이란 옛날에 사민(四民)이
   있었는데 사민(士民)・상민(商民)・농민(農民)・공민(工民) 가운데
   언론과 학문을 일삼는 백성을 뜻하는 사민(士民). 종자(縱恣)는 방종
   하고, 방자하다는 뜻인데 제멋대로 구는 행동.
2) 從橫之黨(종횡지당) : 종(從)은 합종(合從)을 뜻하고, 횡(橫)은 횡
   (衡)과 같은 뜻인데 연횡(連衡). 곧 중국의 전국시대 소진(蘇秦)이
   주장한 합종책(合從策)과 장의(張儀)가 주장한 연횡책(連衡策)이 그
   것이다. 합종은 동쪽의 여섯 나라〔초(楚)・제(齊)・연(燕)・위(魏)・
   한(韓)・조(趙)〕가 남・북인 세로(縱)로 동맹하여 서쪽의 대국인 진
   (秦)나라에 대항하는 술해이었고, 연횡이란 이 여섯 나라가 진(秦)과
   동・서인 가로(橫)로 연합하여 진나라에 의존한다는 술책을 말한다.
3) 效璽(효새) : 효(效)는 갖다 바치는 것을 말하고 새(璽)는 옥새(玉
   璽)로써 임금이 가지는 나라의 도장.
4) 振(진) : 구원하다.

12. 나라의 다섯 종류 좀벌레

민중들의 헤아림은 본래 모두가 안전함과 이로움으로 나아가고, 위험과 궁핍함을 피하는 것이다.

지금 이들을 전장에 내보내 공격토록 한다면, 앞으로 나가면 적에게 죽을 것이고, 뒤로 물러서면 처벌을 당하여 죽을 것이니 어차피 위태로움에 이를 것이다.

집안 일을 버리고 전장에 나아가 땀흘려 애쓰는데도 집안 살림은 여전히 곤궁한데다가 위로 임금이 그 공을 인정해 주지 않으면 더욱 빈궁해지고 말 것이다.

이렇게 궁핍하고 위태로운 것을 민중들이 어찌 피하지 않겠는가? 민중들은 권세있는 집을 찾아가 부탁하여 병역의 면제를 얻고, 병역을 면제받게 되면 전쟁에서 멀어지며, 전쟁에서 멀어지면 일신이 안전하게 된다.

뇌물을 바쳐 요로에 잘 부탁하면 곧 바라는 것을 얻게 되며, 바라는 것을 얻게 되면 이익이 생겨 집안이 편안해지는데 어찌 그쪽으로 나아가지 않겠는가?

이러한 까닭에 나라의 공인(公人)은 적어지고 권세있는 사문(私門)에서 일하는 사인(私人)이 많아지는 것이다.

무릇 명석한 임금의 나라 다스리는 정책은 상공인(商工人)과 같이 쉬운 일과 놀고 먹는 민중을 줄이고, 그 신분도 낮추며, 사람의 본업인 농사나 병역을 버리고 말단인 상공업으로 나아가는 것을 막아 그 수를 적게 하는 것이다.

요즘 시대는 임금을 가까이 모시는 벼슬아치들의 청탁이 통하는 세상이라 벼슬과 관직도 돈으로 살 수 있기 때문에 돈으로 벼슬자리를 사 상공업을 하는 사람의 신분도 천하지 않게 되고 말았다.

악덕상인(惡德商人)들의 간사한 재물과 귀중한 물건들이 시장에서 매매되고 있으니 장사치의 수도 적지 않게 되었다.

그들이 거두어 들이는 이익을 모으면 농사의 몇배가 될 것이
니, 그들의 존귀함이 밭갈이하고 전쟁하는 사람을 능가하여, 바
르고 곧은 선비는 적어지고 장사하는 민중은 많아지게 되었다.

이와 같으므로 어지러운 나라의 풍속을 살펴 보면 그 나라의
학자들은 선왕의 도를 주장하며 인의를 빙자하고 용모와 옷을
잘 갖추어 입고는 입으로 변설을 꾸며대어 당대의 법을 의심케
만들어 임금의 마음을 흔들어 놓는다.

합종과 연횡을 주장하는 언론가들은 엉뚱한 거짓말을 늘어놓
고 나라 밖의 힘을 빌려 사사로운 이익을 챙기고 나라의 이익
따위는 돌보지 않는다.

협객들은 무리를 모아 절의(節義)를 내세워 그럴듯한 명분으
로 나라의 중앙 관청에서 금지하는 법령을 예사로 범한다.

병역을 기피하는 자들은 권세있는 사문(私門)에 줄을 대 친
분을 가지고 뇌물을 바쳐 요로(要路)에 있는 관리를 이용하므
로써 전장에 나아가 목숨 바쳐 애쓰는 일을 면하게 된다.

또한 상공업(商工業)에 종사하는 민중들은 조악(粗惡)한 기
구(器具)를 그럴듯하게 보이도록 만들고, 사치스러운 재화를
모아 두었다가 값이 오른 때를 기다렸다 팔아 농민에게서 많은
이윤을 빼앗는다.

위의 이 다섯 가지 존재는 나라를 좀먹는 나무벌레와 같다.

임금이 이 다섯 가지 좀벌레 같은 민중을 제거하지 않고, 또
농군과 전쟁에 용감히 뛰어드는 절개있는 선비를 양성하지 않
으면, 세상에 허물어지고 멸망하는 나라와 파멸하는 조정(朝
廷)이 나타난다해도 이상할 것이 없는 것이다.

民之故計[1] 皆就安利如辟危窮 今爲之攻戰 進則死於敵 退則
死於誅 則危矣 棄私家之養 而必汗馬之勞[2] 家困而上弗論[3] 則
窮矣 窮危之所在也 民安得勿避 故事私門而完解舍 解舍[4]完則
遠戰 遠戰則安 行賄賂而襲當塗[5]者則求得 求得則利 安利之所
在 安得勿就 是公民少而私人衆矣 夫明王治國之政 使其商工游

食之民少而名卑 以趣本務而外末作[6] 今世近習之請行 則官爵可
買 官爵可買 則商工不卑也矣 姦財貨賈得用於市 則商人不少矣
聚斂倍農 而致尊過耕戰之士 則耿介之士[7]寡 而商賈之民多矣
是故亂國之俗 其學者 則稱先王之道以籍仁義 積容服而飾辯說
以疑當世之法 而貳[8]人主之心 其言談者 偽設詐稱 借於外力 以
成其私 而遺社稷之利 其帶劍者 聚徒屬 立節操以顯其名 而犯
五官之禁 其患御者 積於私門 盡貨賂 而用重人之謁 退汗馬之
勞 其商工之民 修治苦窳之器 聚弗靡之財 蓄積待時 而侔農夫
之利 此五者 邦之蠹也 人主不除此五蠹之民 不養耿介之士 則
海內雖有破亡之國 削滅之朝 亦勿怪矣

1) 民之故計(민지고계) : 고(故)는 고(固)와 통하며 본래의 뜻이고, 계(計)는 헤아리다와 같다.
2) 汗馬之勞(한마지로) : 한마(汗馬)란 말이 땀을 흘린다는 말인데 여기서는 전쟁터에서 말이 땀을 흘리는 것을 비유한 것.
3) 上弗論(상불론) : 임금이 그 공로를 말하지 않는다는 뜻인데, 불(弗)은 불(不)과 같은 부정사.
4) 解舍(해사) : 부역이나 병역이 면제되는 것을 뜻함인데, 싸움터의 수레를 버리고 말을 놓아준다의 준말이다.
5) 賄賂而襲當塗(회뢰이습당도) : 회뢰(賄賂)는 뇌물(賂物)이며, 습(襲)은 합(合) 또는 인(因)과 뜻이 통하지만 여기서는 남몰래 행하는 일이라는 말. 당도(當塗)는 요로(要路) 또는 당로(當路).
6) 以趣本務而外末作(이취본무이외말작) : 취본무(趣本務)는 본래의 일을 버린다는 말인데, 취는 버리다의 잘못이라는 설도 있고, 한편으로 미루다는 뜻으로도 본다. 외는 제쳐놓다는 뜻이고, 본무(本務)는 농사, 말작(末作)이란 상공(商工)을 가리킨다.
7) 耿介之士(경개지사) : 지조가 굳어 변하지 않는 선비를 말함.
8) 貳(이) : 이(貳)는 마음이 둘로 갈라져 의혹을 가진다는 뜻.

제 3 편 난 세(難勢)

난세는 '세(勢)에 관한 논란과 토론'을 뜻한다. 이는 한비(韓非)보다 한걸음 앞선 사상가인 신도(愼到)가 임금은 '세(勢)'를 탄 통치를 해야 한다고 주장한 그의 이론을 평가한 것들이 이 편의 대부분을 차지한다. 한비의 사상에는 신도의 이론과 연계된 곳이 많으며 그것은 토론을 통하여 파헤쳐지고 있다.

1. 못난 자에게 굽힘은 권세 때문

신자(愼子 : 到)는 말하였다.

"하늘을 나는 용(龍)은 구름을 타며, 하늘로 오르려는 뱀(蛇)은 안개에서 노닌다. 구름이 걷히고 안개가 개이면 용과 뱀은 지렁이나 개미와 다를 바 없이 땅에 떨어지고 만다. 그것은 이들이 타는 구름과 안개를 잃었기 때문이다.

현명한 사람이면서 어리석은 사람에게 굽힘은 자신의 권세가 가볍고 지위가 낮기 때문이다. 못난 사람이지만 현명한 사람을 굴복시킬 수 있는 것은 권세가 무겁고 지위가 높기 때문이다.

성인인 요임금도 아무 신분이 없는 필부(匹夫)였다면 불과 세 사람도 다스리지 못하였을 것이나, 폭군으로 유명한 하나라의 걸왕(桀王)이 천자의 자리에 있었으므로 세상을 어지럽힐 수 있었다.

나는 이로써 권세와 지위는 믿을 수 있어도 현재(賢才)와 지혜는 부러워할 것이 못됨을 알았다.

무릇 활의 힘은 약한데도 화살이 높게 올라가는 것은 바람의 힘을 탔기 때문이며 자신은 못났어도 그 명령이 잘 시행되는 것은 많은 사람의 도움을 얻을 수 있기 때문이다.

성왕인 요임금이 보잘것없는 노예속에 파묻혀 있었다면 민중들은 아무도 그 말을 듣지 않았겠지만 천하의 임금으로서 남쪽을 보고 앉아 명령을 하면 곧 행하여지고, 금하면 곧 그쳤던 것이다.

이로 미루어 본다면 현명과 지혜만으로는 많은 사람을 굴복시킬 수 없지만, 권세와 지위로서는 현명한 사람도 굴복시킬 수 있는 것이다."

愼子[1]曰 飛龍乘雲 騰蛇[2]遊霧 雲罷 霧霽 而龍蛇與蚯蚓同矣 則失其所乘也 故賢人而詘於不肖者 則權輕位卑也 不肖而能服賢者 則權重位尊也 堯[3]爲匹夫 不能治三人 而桀爲天子 能亂天下 吾以此知勢位之足恃 而賢智之不足慕也 夫弩弱而矢高者 激於風也 身不肖而令行者 得助於衆也 堯敎於隸屬 而民不聽 至於南面而王天下 令則行 禁則止 由此觀之 賢智未足以服衆 而勢位足以詘賢者也

1) 愼子(신자) : 이름은 도(到), 전국시대 중기의 사상가로 『사기(史記)』 『맹자』순경열전에 그 이름이 나오고 자세한 연보는 없다. 조(趙)나라 사람으로 제(齊)나라에 유학했고 직하학사(稷下學士)의 한 사람이다. 저서는 무려 42편이라 하나 지금까지 전하지 않는다.

2) 騰蛇(등사) : 비사(飛蛇)라고도 하는데 『순자(荀子)』 권학편에는 '등사는 발이 없고 날아다닌다.'라고 쓰여 있다. 용(龍)과 비슷하여 물이나 구름, 안개속을 날아 다니는 상상의 동물.

3) 堯(요) : 중국 오제(五帝)의 한 사람. 요임금으로 이름은 방훈(放勳)이고 도당(陶唐)씨이다.

2. 권세는 못난 자가 쓰면 혼란만 초래

신자의 말에 어떤 사람이 반론을 펴면서 말했다.

"날으는 용은 구름을 타고, 오르려는 뱀은 안개속을 노닌다고 하는데, 나는 용과 뱀이 구름과 안개의 세력에 의탁하지 않는다고 하지는 않는다. 그러나 무릇 어질고 재주있는 선비를 제쳐놓고 오로지 권세에만 맡겨도 나라가 잘 다스려질 수가 있을 것인가? 나는 아직 그러한 예를 보지 못하였다.

무릇 구름과 안개의 세(勢)가 있어 그것을 타고 노닐 수 있는 것은 용과 뱀의 재질이 뛰어나기 때문이다. 지금 구름이 성하게 피어 올라도 지렁이는 그것을 탈 수 없고, 안개가 아무리 짙게 퍼져도 개미는 거기에 노닐 수 없을 것이다. 무릇 성하게 피어 오른 구름이나, 짙은 안개의 세가 있다 해도 그것을 타고 거기에 노닐 수 없는 것은 지렁이나 개미의 재질이 빈약하기 때문이다.

폭군인 걸왕이나 주왕이 남면(南面)하여 천하의 임금이 되어, 천자(天子)의 위세를 구름이나 안개로 삼았어도 세상이 어지러움을 면하지 못한 것은, 걸왕이나 주왕의 능력이 모자랐기 때문이다.

또한 신자(愼子)는 요임금이 권세로써 천하를 잘 다스렸다고 하였는데 그 권세라는 것은 걸왕이 권세로써 세상을 어지럽게 한 경우와는 무엇이 어떻게 다른 것인가?

무릇 권세라는 것은 현명한 사람은 이를 이용하고, 어리석은 사람은 이를 이용하지 못하는 것이 아니다. 다만 어진 사람이 이를 사용하면 세상은 곧 나스려지고, 못된 사람이 이를 사용하면 곧 세상이 어지러워지는 것이다.

사람이 타고나는 성정(性情 : 바탕)을 보면 어진 사람은 적고, 못된 사람이 많은 법이다. 만약 군주의 위세(威勢)라는 이기(利器)를 세상을 어지럽힐 못된 사람에게 더해 주면 이것은 곧 권세로써 세상을 어지럽히는 것이 많아지고, 권세로써 세상을 다스리는 것은 적어지게 된다.
　무릇 권세는 나라를 다스리는데 편리하고, 세상을 어지럽히는데도 이롭게 쓰일 수 있다.
　『주서(周書)』에 말하기를 '호랑이를 위하여 날개를 달아주지 말라, 바야흐로 마을에 날아들어 사람을 골라 잡아먹을 것이다'라고 했는데, 무릇 못된 사람이 권세를 이용하게 하는 것은 호랑이에게 날개를 붙여주는 것과 같다.
　하(夏)나라의 걸왕이나 은(殷)나라의 주왕은 높은 누각과 깊은 연못을 만듦으로써 민중들의 힘을 짜 다하게 했고, 포락(炮烙)이라는 가혹한 형벌로써 민중의 생명을 손상시켰다.
　이렇게 주왕과 걸왕이 제멋대로 일을 저질렀던 것은 남면한 임금자리의 그 권세가 날개로 작용하였기 때문이다. 만약 걸왕이나 주왕이 한낱 필부였다면 처음부터 한 가지도 행하지 못하고 자신들이 형벌을 당하여 죽었을 것이다.
　이와 같이 권세란 호랑이같이 잔인하고 탐욕스런 마음을 길러주어 난폭한 일을 하게 하는 것이니 이는 곧 천하의 큰 우환이다.
　권세는 다스려지고, 어지러워지는데 대하여 본래 일정한 관계가 존재하지 않는다. 그런데도 신자의 주장하는 말에는 권세만이 세상을 다스릴 수 있다고 하니, 그것은 곧 지혜의 미치는 바가 얕은 것이다.
　무릇 좋은 말이 끄는 튼튼한 수레라도 말을 몰지 못하는 노예를 시켜 몰게 하면 남들의 웃음거리가 되겠지만, 왕량(王良)과 같은 명수로 하여금 몰게 한다면 하루에 천리를 달릴 것이다.
　수레와 말은 달라지지 않았는데 한편으로는 천리를 가게 되고 한편으로는 남의 웃음거리가 된다는 것은 교묘(巧妙)함과 졸렬(拙劣)함의 거리가 너무나 멀다는 것을 보여준다.
　지금 한 나라의 임금자리를 수레로 보고, 권세를 말로 보고,

제 3 편 난세(難勢) 77

명령을 고삐로 삼아, 형벌을 채찍으로 여겨서 요임금이나 순임금으로 하여금 이를 몰게 한다면 세상은 잘 다스려지고, 걸왕과 주왕으로 하여금 몰게 한다면 세상은 크게 어지러워질 것이니, 이것이 곧 어짊과 못됨의 거리가 멀다는 것이다.

무릇 빨리 달려 멀리가려면 왕량(王良)같은 명수에게 맡겨야 됨을 알면서도, 이익을 증진하고 해악(害惡)을 제거하는데는 현명하고 유능한 사람에게 맡겨야 됨을 모르니, 이는 곧 유추(類推)하여 알지 못하는데서 오는 우환이다. 요임금이나 순임금은 민중을 잘 다스리는 왕량(王良)이었다."

應愼子[1]曰 飛龍乘雲 騰蛇遊霧 吾不以龍蛇爲不託於雲霧之勢也 雖然 夫釋[2]賢而專任勢 足以爲治乎 則吾未得見也 夫有雲霧之勢 而能乘遊之者 龍蛇之材美也 夫雲盛 而蟥弗能乘也 霧醲而螘不能遊也 夫有盛雲醲霧之勢 而不能乘遊者 蟥螘之材薄也 今桀紂南面而王天下 以天子之威爲之雲霧 而天下不免乎大亂者 桀紂之材薄也 且其人以堯之勢 以治天下也 其勢何以異桀之勢 以亂天下者也 夫勢者 非能使賢者用已 而不肖者不用已也 賢者用之 則天下治 不肖者用之 則天下亂 人之情性 賢者寡而不肖者衆 而以威勢之利 濟[3]亂世之不肖人 則是以勢亂天下者多矣 以勢治天下者寡矣 夫勢者 便治而利亂者也 故周書[4]曰 母爲虎傅翼 將飛入邑 擇人而食之 夫乘不肖人於勢 是爲虎傅翼也 桀紂爲高臺深池以盡民力 爲炮烙[5]以傷民性 桀紂得成四行者 南面之威爲之翼也 使桀紂爲匹夫 未始行一 而身在刑戮矣 勢者 養虎狼之心 而成暴亂之事者也 此天下之大患也 勢之於治亂 本未有位也 而語專言勢之足以治天下者 則其智之所至者淺矣 夫良馬固車 使臧獲御之 則爲人笑 王良御之[6] 而日取千里 車馬非異也 或至乎千里或爲人笑 則巧拙相去遠矣 今以國位爲車 以勢爲馬 以號令爲轡銜 以刑罰爲鞭筴[7] 使堯舜御之 則天下治 桀紂御之 則天下亂 則賢不肖相去遠矣 夫欲追速致遠 知任王良 欲進利除害 不知任賢能 此則不知類之患也 夫堯舜亦治民之王良也

1) 應愼子(응신자) : 응(應)은 대답, 혹은 응답이라는 말인데 여기서는 신자의 논란에 대하여 그 주장을 반박하는 말을 뜻한다.
2) 釋(석) : 여기에서 버리다의 뜻.
3) 濟(제) : 여기에서 방조한다, 돕는다의 뜻.
4) 周書(주서) : 『일주서(逸周書)』라고도 하는 고서로 주(周)나라 때 있었던 일화를 적은 책.
5) 炮烙(포락) : 상(商)나라 주왕(紂王)이 썼던 잔혹한 형벌에 사용되었던 형구로 구리기둥(銅柱)에 기름을 발라 숯불을 가득 채운 가마 위에 걸쳐 놓고 죄인에게 그 위를 걷게 하였다. 죄인이 건너다가 미끄러져 떨어지면 불에 타서 죽게 되는데, 이를 그의 왕비에게 구경시켜 왕비가 즐기는 것을 즐거워했다 한다.
6) 王良御之(왕량어지) : 왕량(王良)은 춘추시대의 진(晉)나라 사람으로 수레를 잘 다루는 명인으로 전함. 어(御)는 말을 몰다, 수레를 부리다의 뜻. 제어(制御)와 통한다.
7) 鞭筴(편책) : 말을 몰 때 쓰는 채찍.

3. 권세는 그 뜻하는 바가 무수하다

또 어떤 사람이 반론을 편 사람에 대하여 대답했다.

"신자(愼子)는 권세라는 것은 관리를 다스리는 힘이 충분히 있다고 하였다. 앞서 반론(反論)을 폈던 객(客)은 말하기를 '반드시 어진 사람이 있어야 비로소 나라는 다스려진다'고 했으나 그것은 그렇지 않다.

무릇 권세라는 것은 이름은 하나지만 그것이 뜻하는 갈래는 무수한 것이다. 권세라는 것이 반론자의 말대로 자연적인 것이라면 권세에 대하여 이런 저런 말을 할 필요가 없는 것이다. 내가 말하고자 하는 권세는 사람이 만들어낸 것에 대하여서다.

지금 앞서 말한 반론자는 '요임금과 순임금은 권세를 얻었기에 세상을 잘 다스렸고, 걸왕과 주왕은 권세를 얻었기에 세상을 크게 어지럽혔다.'고 했는데, 나도 요임금이나 순임금이 그렇지 않았다고 말하지는 않는다. 비록 그러하나 그러한 경우의 권세는 사람이 만들어낸 권세가 아니다.

무릇 요임금이나 순임금이 태어나 임금의 자리에 있었을 때, 걸왕이나 주왕같은 폭군이 비록 열 사람이 나타났다 하여도 어지럽지 않았던 것은 권세에 의하여 잘 다스려졌기 때문이다. 걸왕이나 주왕과 같은 못된 사람이 태어나 임금의 자리에 있었을 때 요임금이나 순임금같은 성군(聖君)이 열 사람이나 있었어도 잘 다스려지지 않았던 것 또한 권세에 의하여 어지러워졌던 것이다.

그러므로 말하기를 '권세로써 잘 다스려졌으면 어지러워질 수가 없고, 권세로써 어지러워졌을 때는 다스려질 수가 없다.'고 한다. 이것이 곧 권세의 두 가지 가운데 자연의 권세이며, 사람이 만들어낸 권세가 아니다.

내가 문제 삼고자 하는 권세는 사람이 만들어낼 수 있는 권세를 말하는 것이다. 이 일에서 현명한 것이 무슨 소용 있겠는가?

그렇다면 무엇으로써 그러함을 밝힐 수 있는가? 객(客:한비를 가리킴)이 말하기를 '창과 방패를 파는 사람이 있었는데 그 방패의 단단함을 자랑하기를 어떤 물건으로도 이 방패를 뚫을 수 없을 것이다' 해놓고, 얼마 지나지 않아 또 그 창을 들고 자랑하기를 내 창의 날카로움은 무슨 물건이라도 뚫지 못할 것이 없다고 말하였다.

이에 어떤 사람이 묻기를 그대의 창으로 그대의 방패를 뚫는다면 어떻게 되오? 하자 그는 이에 대하여 아무런 대답을 못하였다.' 하였다. 이를 미루어 생각건대 무엇으로도 뚫을 수 없는 방패와 무잇이나 뚫지 못할 것이 없는 창은 명목상 양립(兩立)할 수 없는 것이다.

무릇 어진 사람의 능력은 권세로써 금지할 대상이 될 수 없고, 한편으로 권세로써 다스리는 도는 강제적으로 금지하려는 것이 된다. 그래서 권세로써는 금지할 수 없는 현재(賢才)와 무엇이나 금지할 수 있는 권세가 서로 대치하는 것은 창과 방패의 논법〔矛盾論〕과 같다. 현재와 권세가 서로 용납될 수 없음은 또한 명백한 일이다.

또한 요임금과 순임금같은 성왕과 걸왕과 주왕과 같은 폭군은 천세에 한 번 나는 것이지 어깨를 나란히 하고, 발뒤꿈치를 좇아 잇달아 나는 것이 아니다. 세상을 다스리는 통치자로 말하면 중간치의 인물이 끊임없이 나오는데 내가 문제 삼고자 하는 권세는 이러한 중간수준의 권세를 지닌 통치자이다.

중간치란 위로 요임금과 순임금같은 성왕에는 못미치고 아래로는 걸왕이나 주왕같은 폭군이 될 수 없는 경지로서, 법을 가지고 권세를 타면 나라를 잘 다스리지만 법을 어기고 권세를 피하면 곧 어지러워진다.

지금 권세를 버리고 법을 어기며 요순같은 성현의 나타남을 기다리면, 요순이 나와야만 세상은 다스려질 것이다. 이는 기다리는 동안의 천세는 어지럽다가 이들이 나온 뒤의 일대(一代)만 다스려지는 것이 된다.

이와 반대로 법을 지키고 권세를 타면서 걸주같은 폭군을 기다리면 마침내 걸주가 나타나 세상은 어지러울 것이나, 이는 천세 동안 잘 다스려지다가 걸주가 나타난 일세(一世)만 어지러워지는 것이 된다.

무릇 천세 동안 잘 다스려지고 일세 동안만 어지러워지는 것과, 일세만 잘 다스려지고 천세 동안이나 어지러워지는 것은 마치 날랜 말을 타고 각기 반대 방향을 향하여 달리는 것과 같으니 그 거리 또한 멀어지는 것이다.

무릇 굽은 나무를 바로잡는 법을 버리고, 길이를 재고 부피를 헤아리는 척도(尺度)를 쓰지 않으면 해중(奚仲)같은 명공에게 수레를 만들게 하여도 바퀴 하나 이루지 못할 것이다.

포상(襃賞)으로 장려하고 형벌로써 억누르려 함이 없고, 권세를 잃고 법을 버린다면 요순같은 성현이 집집마다 사람마다 찾아다니면서 설득하고 설명해도 세 집을 다스리지 못할 것이다. 무릇 권세만이 정치를 하는데 충분히 쓸만한 것임은 명백한 것이다. 그런데도 앞서 말한 반론자는 '반드시 어진 사람을 기다려야 한다'고 하였으니 그것은 그렇지 않다.

'생일에 잘 먹으려고 이레(七日)를 굶는다'는 속담이 있듯이 사람이 백일을 먹지 않고 기름진 쌀밥과 고기만 기다린다면, 굶주린 사람은 살지 못한다.

지금 요순과 같은 현재(賢才)가 나타나기만을 기다려 지금 세상의 어지러운 민중을 다스리려는 것은, 마치 기름진 쌀밥과 고기만을 기다려 굶주린 사람을 구하려는 생각과 같다.

또한 앞서 반론한 사람이 '뛰어난 말과 튼튼한 수레를 노예가 몰게 되면 남들의 웃음거리가 되지만 왕량같은 명인이 몰게 되면 하루에 천리를 갈 수 있다'고 했는데 나는 그렇다고 여기지 않는다.

머나먼 월(越)나라의 헤엄 잘 치는 사람을 기다려 중원의 물에 빠진 사람을 건지려 한다면, 월나라 사람이 아무리 헤엄을 잘 치더라도 물에 빠진 사람을 건지지는 못할 것이다.

옛날의 왕량같은 명인을 기다려 지금의 말을 몰려고 한다면, 그 또한 월나라 사람에게 물에 빠진 사람을 건지게 하는 것과 같은 것이니 이는 이루어지지 않을 것이 뻔한 일이다.

좋은 말과 튼튼한 수레가 있을 경우, 50리마다 역(驛)을 만들고 보통의 수레몰이를 시켜 바꿔가면서 달리게 하면, 빨리 달려 멀리 갈 수도 있을 것이며 하루에 천리도 갈 것이다. 어찌 꼭 옛날의 왕량만을 기다려야 하는가?

앞서의 반론자는 수레를 몰게 하는데 있어 굳이 왕량같은 명인이 아니면 반드시 노예에게 몰게 하여 실패하고 말 것이다. 나라를 다스림에 있어서도 요순같은 성현이 아니면 걸주같은 폭군에게 맡겨 반드시 어지럽히고 말 것이다. 이것은 둘 아니면 하나라는 논법인데 이는 맛에 있어 엿이나 꿀처럼 달거나 아니면 반드시 씀바귀나 두루미냉이와 같이 쓴것이라고 말하는 것과 마찬가지다.

이는 곧 아무리 웅변을 토하고 많은 말을 거듭하여도 이치를 떠나고 술법(術法)을 잃은 것으로 양극단(兩極端)의 의논이 될 뿐이니 어찌 저 신자의 도리를 갖춘 논설을 비난할 수 있을 것인가? 앞서 반론한 이의 의논은 나의 이러한 논리에는 미치지 못하고 있다."

復應之[1]曰 其人[2]以勢爲足恃以治官 客曰[3] 必待賢乃治 則不然矣 夫勢者 名一而變無數者也 勢必於自然 則無爲言於勢矣 吾所爲言勢者 言人之所設也 今曰 堯舜得勢而治 桀紂得勢而亂 吾非以堯 舜爲不然也 雖然 非人之所得設也 夫堯舜生而在上位 雖有十桀紂不能亂者 則勢治也 桀紂亦生而在上位 雖有十堯舜 而亦不能治者 則勢亂也 故曰 勢治者則不可亂 而勢亂者則不可治也 此自然之勢也 非人之所得設也 若吾所言 謂人之所得勢也 而已矣 賢何事焉 何以明其然也 客曰 人有鬻矛與楯者[4] 譽其楯之堅 物莫能陷也 俄而又譽其矛曰 吾矛之利 物無不陷也 人應之曰 以子之矛 陷子之楯 何如 其人弗能應也 以不可陷之楯與無不陷之矛 爲名不可兩立也 夫賢之爲勢不可禁 而勢之爲道也 無不禁 以不可禁之賢與無不禁之勢 此矛楯之說也 夫賢勢之不相容 亦明矣 且夫堯舜桀紂 千世而一出 是比肩 隨踵而生也[5] 世之治者 不絕於中 吾所以爲言勢者 中也 中者 上不及堯舜 而下亦不爲桀紂 抱法處勢則治 背法去勢則亂 今廢勢背法而待堯舜 堯舜至乃治 是千世亂而一治也 抱法處勢 而待桀紂 桀紂至乃亂 是千世治而一亂也 且夫治千而亂一 與治一而亂千也 是猶乘驥駬而分馳也 相去亦遠矣 夫棄隱栝之法 去度量之數 使奚仲[6]爲車 不能成一輪 無慶賞之勸 刑罰之威 釋勢委法[7] 堯舜戶說而人辯之 不能治三家 夫勢之足用亦明矣 而曰 必待賢 則亦不然矣 且夫百日不食 以待粱肉 餓者不活 今待堯舜之賢 乃治當世之民 是猶待粱肉而救餓之說也 夫曰 良馬固車 臧獲御之[8] 則爲人笑 王良御之 則日取乎千里 吾不以爲然 夫待越人之善游者 以救中國之溺人 越人善游矣 溺者不濟矣 夫待古之王良 以

馭今之馬 亦猶越人救溺之說也 不可亦明矣 夫良馬固車 五十里
而一置[9] 使中手御之 追速致遠 可以及也 而千里可日致也 何必
待古之王良乎 且御 非使王良也 則必使臧獲敗之 治非使堯舜也
則必使桀紂亂之 此味非飴蜜也 必苦菜亭歷[10]也 此則積辯累辭
離理失術 兩末之議也[11] 奚可以難 夫道理之言乎哉 客議未及此
論也

1) 復應之(복응지) : 앞의 변론에 대한 것을 다시 대답하는 것. 현치(賢治)를 주장한 것을, 다시 답하여 한비(韓非)가 자신의 주장인 세치(勢治)를 편 것이다.

2) 其人(기인) : 신자(愼子)를 가리킨다.

3) 客曰(객왈) : 앞서의 응신자왈(應愼子曰)이라하여 신자의 주장인 세설(勢說)을 비판하고 현(賢)을 주장한 사람을 가리킨 말.

4) 鬻矛與楯者(육모여순자) : 육은 물건을 팔다의 뜻. 순(楯)은 방패(盾)와 뜻이 통한다.

5) 是比肩隨踵而生也(이비견 수종이생야) : 어깨를 나란히 하고, 발뒤꿈치를 따라 차례로 이어져 나온다는 말인데 진기유(陳奇猷)는 시(是) 뒤에 비(非)를 써야 한다고 했지만 여기에서와 같이 그대로 쓴다.

6) 奚仲(해중) : 수레를 발명한 전설적인 사람의 이름으로 하(夏)나라 우(禹)임금 때로 전한다.

7) 釋勢委法(석세위법) : 석(釋)과 위(委)는 다같이 버린다는 뜻이다.

8) 臧獲御之(장획어지) : 노예에게 수레를 놀게 한다는 말인데, 장획(臧獲)은 노예 또는 포로의 뜻.

9) 五十里而一置(오십리이일치) : 50리마다 역을 하나씩 둔다는 말인데 치(置)는 말을 갈아타는 역(驛)을 뜻한다.

10) 苦菜亭歷(고채정력) : 맛이 쓴 씀바귀와 명아주. 정력(亭歷)은 정력(葶藶)으로도 쓰는데 두무미냉이를 말함.

11) 兩末之議也(양말지의야) : 양말(兩末)은 극단(極端)을 뜻하며, 여기서는 지성(至聖)과 지폭(至暴)을 뜻한다.

제4편 정 법(定法)

　정법(定法)은 '법을 정한다'는 뜻인데, 실제 내용은 법(法)과 술(術)을 겸하여 엮었다. '정한다'는 뜻은 정의(定義)한다, 또는 설정(設定)·확정(確定)을 말한다.
　한비(韓非)사상의 핵심을 이루는 요소에 법(法)과 술(術)이 있고, 법은 상앙(商鞅), 술(術)은 신불해(申不害)에까지 거슬러 올라가 살펴볼 수 있다.
　법술(法術)이란 말은 이 책에서 흔히 볼 수 있다. 이 편은 대화 형식을 취하여 법과 술을 신불해와 상앙의 시대까지 끌어 올려 총괄했다. 술(術)은 임금이 행사하는 것이고, 법은 신하의 기준으로 삼아 둘 다 없어서는 안 되는 것으로 정리하였다.
　또한 신불해·상앙이 남긴 문제점도 밝게 지적하였고, 한비사상 가운데 중요한 개념을 문답 형식으로 파고드는 구성은 앞의 난세편(難勢篇)과 비슷하다. 이 편은 신불해·상앙에 관한 자료로 한비 직후에 엮어진 것으로 추측되지만, 본문 가운데 진(秦)에 관한 기술이 있는 것으로 보아 시황제(始皇帝)의 천하통일보다 앞선 것으로 여겨진다.

1. 통치자에게 필요한 술(術)과 법(法)
　어떤 사람이 묻기를
　"신불해(申不害)와 공손앙(公孫鞅), 이 두 사람의 학파에서 주장하는 말 중 어느편이 나라에 더 긴요한가?"

라고 하니 이에 한비가 대답했다.

"이것은 헤아려 견줄 수 없는 것이다. 사람이 열흘만 먹지 않으면 곧 죽고, 큰 추위가 매서울 때 옷을 입지 않으면 곧 죽을 것이다. 그런데 옷과 먹을 것중 어느것이 사람에게 더 급박하냐고 묻는다면, 이것은 어느 하나라도 없어서는 안 되는 것이다. 모두 삶을 길러내는데 필요한 조건이기 때문이다.

지금 신불해는 술(術)을 주장하고 공손앙은 법(法)을 시행하고 있다.

술이란 임금이 신하의 능력에 따라 관직을 주고, 그의 말을 좇아 그 실적을 추궁하며, 사람의 생사 권한을 쥐고 여러 신하들의 능력을 시험하는 것으로 이것은 임금이 굳게 잡고 있어야 하는 것이다.

법(法)이란 모든 관청에 명시되어 있는 법령으로서 상벌이 민중의 마음에 반드시 새겨져 있어서, 법을 잘 지켜 따르는 자에게는 상을 주고, 명령을 어기는 자에게 벌을 가하는 것으로 이것은 신하가 따르고 익혀야 하는 것이다.

임금에게 술이 없으면 윗자리에서 눈·귀가 가리워지고, 신하에게 법이 없으면 아래에서 어지러움이 일어나게 된다. 이 법과 술은 어느 하나라도 없어서는 안 되는 것으로 모두 천하 통일을 꾀하는 통치자에게 필요한 조건이다."

질문했던 사람이 다시 말하였다.

"다만 술(術)만 있고 법(法)이 없거나 다만 법만 있고 술이 없어서는 안 된다는 것은 어째서인가?"

이에 대하여 한비가 말하였다.

"신불해(申不害)는 한(韓)나라 소후(昭侯)를 보필하던 사람이다. 한나라는 진(晉)나라에서 갈라진 나라로 진나라의 옛 법이 아직 폐지되지 않았는데 한나라의 새로운 법이 만들어졌고, 앞서 진나라 임금의 명령이 아직 거두어지지도 않았는데, 다음의 한나라 임금이 새로운 명령을 내리게 되었다.

그래서 신불해(申不害)는 그 법을 장악하지 못하였고, 그 명령을 하나로 통합하지 못하였다. 그 때문에 나쁜 짓을 하는 사람들이 많아졌다. 옛 법과 먼저의 명령을 쫓는 것이 이로우면 그것을 따르고, 새로운 법과 뒤의 명령이 이로우면 그것을 따랐다.

옛 법과 새로운 법이 서로 다르고, 앞 명령과 뒤의 명령이 서로 어긋나는 점에서 유리한 것을 찾는다면 신불해가 비록 열 번이나 소후로 하여금 술을 쓰게 하였어도 간신(姦臣)들의 말에는 여전히 속임수가 있을 것이다.

신불해가 만승의 강국인 한(韓)나라에 17년 동안이나 몸담고 있었는데도 소후가 패왕(霸王)이 되지 못했던 것은 비록 위에서 술을 썼다 해도, 법이 관리에 의하여 바르게 지켜지지 않았던 환난 때문인 것이다.

공손앙(公孫鞅)이 진(秦)나라를 다스림에 있어 고발과 연좌제를 만들어 사실을 따지고, 열 집이나 다섯 집을 하나로 묶는 연대조직을 만들어 그 안에서 죄를 함께 책임지도록 하였으며, 상은 후하게 주어 믿도록 하였고, 벌은 무겁고 확실하게 시행하였다.

이로써 민중들은 쉬지 않고 힘써 일하였으며, 적을 쫓을 때는 위험에 빠져도 물러나지 않았기 때문에 나라는 부하여지고, 군사는 강하여진 것이다. 그러나 신하의 간악함을 알아내는 임금의 술이 없었으므로, 애써 이룬 부강(富强)도 신하들에게만 이익이 되었을 뿐이다.

효공(孝公)과 상군(商君:公孫鞅)이 죽고 혜왕(惠王)이 즉위하였을 때 진나라의 법이 아직 폐지되지 않았는데 장의(張儀)가 재상이 되어 진나라를 희생(犧牲)시켜 한(韓)나라와 위(魏)나라로부터 사리(私利)를 취하였다.

혜왕이 죽고 무왕(武王)이 즉위하자 이번에는 감무(甘茂)가 재상이 되어 진나라를 희생시켜 주나라에서 사리를 취하였다.

또 무왕이 죽고 소양왕(昭襄王)이 즉위하자 장수인 양후(穰侯)는 한나라와 위나라를 넘어 멀리 동쪽의 제(齊)나라를 공략하였다. 5년 동안 진나라는 사방 한 자의 영토도 더하지 못했는데 양후는 도읍(陶邑)의 봉토를 얻어 자신의 성(城)을 쌓았다. 그리고 응후(應侯)같은 사람은 한나라를 8년 동안이나 계속하여 공략하였는데 그 결과 여남(汝南)이란 봉토를 이루고 거기에 성을 쌓았다.

이 뒤로부터는 진나라의 정치를 주름잡은 사람들이 모두 응후·양후같은 부류였다. 그래서 진나라가 싸움에 이기면 대신(大臣)들만 존경받고 영토가 더해지면 그들의 사사로운 봉토만 늘어나게 되었는데 이는 임금의 술로써 신하의 간악함을 알아내지 못하였기 때문이다.

상군(商君)이 비록 열 번이나 그 법을 바로잡는다 해도, 도리어 신하들은 그 밑천을 자기들에게 이롭도록 쓸 뿐이었다. 강한 진나라의 밑천을 가지고도 수십년을 지나면서 제왕의 위업에 이르지 못했음은, 법이야 비록 관리들의 노력으로 바로잡혀 있었지만 임금이 위에서 술을 갖추지 못하였던 것에서 온 환난(患難)이다"

問者曰 申不害[1] 公孫鞅[2] 此二家之言 孰急於國 應之曰 是不可程[3]也 人不食十日則死 大寒之隆 不衣亦死 謂之衣食孰急於人 則是不可一無也 皆養生之具也 今申不害言術 而公孫鞅爲法 術者因任而授官[4] 循名而責實[5] 操殺生之柄 課群臣之能者也 此人主之所執也 法者 憲令著[6]於官府 賞罰必於民心 賞存乎愼法 而罰加乎姦令[7]者也 此人臣之所師[8]也 君無術則弊於上 臣無法則亂於下 此不可一無 皆帝王之具也

問者曰 徒術而無法 徒法而無術 其不可何哉 對曰 申不害韓昭侯之佐也[9] 韓者晉之別國[10]也 晉之故法未息 而韓之新法又生 先君之令未收 而後君之令又下 申不害不擅其法 不一其憲令則姦多 故利在故法前令 則道之 利在新法後令 則道之 新故相反 前後相悖 則申不害雖十使昭侯用術 而姦臣猶有所譎其辭矣 故託萬乘之勁韓 十七年而不至於霸王者 雖用術於上 法不勤飾於

官之患也 公孫鞅之治秦也 設告坐而責其實 連什伍而同其罪 賞厚而信 刑重而必 是以其民用力勞而不休 逐敵危而不却 故其國富而兵强 然而無術以知姦 則以其富强也資人臣而已矣 及孝公[11]商君死 惠王[12]卽位 秦法未敗也 而張儀以秦殉韓魏 惠王死 武王[13]卽位 甘茂[14]以秦殉周 武王死 昭襄王[15]卽位 穰侯[16]越韓魏而東攻齊 五年而秦不益一尺之地 乃成其陶邑之封 應侯[17]攻韓八年 成其汝南之封 自是以來 諸用秦者 皆應穰之類也 故戰勝則大臣尊 益地則私封立 主無術以知姦也 商君雖十飾其法 人臣反用其資 故乘强秦之資 數十年而不至於帝王者 法雖勤飾於官[18] 主無術於上之患也

1) 申不害(신불해) : 흔히 신자(申子)로도 불리는데 서기전 4세기 전국시대 사람으로 본래 정(鄭)나라 천민이었으나 나중에 한(韓)나라 소후(昭侯)의 재상이 되어 치적을 쌓았다. 『사기(史記)』 노자·한비열전에서 보이듯이 임금의 술(術)을 주장하여 한비에도 영향을 끼친 법가(法家)의 선구자. 저서로는 남긴 것이 없으나 이 책의 '내저설편' 상·하 '외저설편' 좌상·좌하에 나온다.

2) 公孫鞅(공손앙) : 서기전 4세기중엽의 위(衛)나라 서공자(庶公子)였다. 『사기(史記)』에는 상군열전(商君列傳)으로 실려 있고, 처음 위(魏)나라에서 진(秦)나라로 가 변법을 시행하여 진나라를 부강케 하였다. 그 공로로 상(商)땅을 봉(封)하여 받았는데 이로써 상군 또는 상앙(商鞅)이라 했다. 이 책에서 처음에는 공손앙이라 했다가 다음에는 상군(商君)으로도 부른다.

3) 程(정) : 헤아리고 평가하는 것.

4) 因任而授官(인임이수관) : 능력에 따라 관직(벼슬)을 준다는 말인데 임(任)은 능력(能力)을 뜻한다.

5) 循名而責實(순명이책실) : 순(循)은 의거하다 또는 따른다는 뜻. 명(名)은 말 또는 명목을 뜻하고 실은 실적 또는 실태(實態)를 뜻함.

6) 憲令著(헌령저) : 헌령(憲令)이란 법령과 뜻이 같고, 저(著)는 밝게 나타나다의 뜻인데, 여기서는 공포(公布)한다는 뜻.

7) 姦令(간령) : 법령을 범하다는 뜻. 위령(違令)과 같다.

8) 師(사) : 사법(師法)과 뜻이 같은데 잘 지키다의 뜻.
9) 韓昭侯之佐也(한소후지좌야) : 한소후(韓昭侯)는 한나라 초기의 임금으로 서기전 358년에 즉위하여 26년간 재위했음. 이 책 이병편에도 나와 있다. 좌(佐)는 보좌의 뜻.
10) 晉之別國(진지별국) : 별국(別國)이란 진나라의 3경(三卿), 곧 한건(韓虔)·조적(趙籍)·위사(魏斯)가 분할하여 세운 나라를 말함.
11) 孝公(효공) : 진(秦)나라 목공(穆公)의 15세손. 헌공(獻公)의 아들, 이름은 거량(渠梁), 서기전 362년에 즉위하여 24년간 재위했다.
12) 惠王(혜왕) : 효공의 아들로 혜문군(惠文君)이며 이름은 사(駟)로 서기전 338년에 즉위하여 재위기간 27년임.
13) 武王(무왕) : 진나라 혜왕의 아들로 이름은 탕(蕩). 서기전 310년에 즉위하여 4년간 재위하였다.
14) 甘茂(감무) : 전국시대 하반기의 채(蔡)나라 사람으로 무왕을 섬겨 좌상(左相)을 지냈다.
15) 昭襄王(소양왕) : 혜왕의 아들로 이름을 직(稷)이라 했고, 무왕의 이복 아우로 서기전 306년에 즉위하여 56년간 재위하였다.
16) 穰侯(양후) : 위염(魏冉)을 가리키는데, 진나라 소양왕의 어머니 선태후(宣太后)의 이모제(異母弟)임. 태후와 함께 초나라에서 들어와 소양왕의 재상이 되었다.
17) 應侯(응후) : 범수(范雎)를 가리키는데, 전국시대의 위나라 사람으로 이름을 장록(張祿)이라 바꾸고 진나라에 들어와 크고 작은 공을 세웠고 뒤에 재상의 자리에 올랐었다.
18) 法雖勤飾於官(법수근식어관) : 수(雖)는 본래의 저본에는 없었던 글자인데 노문초(盧文弨) 군서(群書)에서 보완되어 있는 것이 마땅하고, 근식(勤飾)은 애써 바르게 하다의 뜻.

2. 신자(申子)와 상앙은 법과 술이 부족

질문하던 사람이 또 다시 물었다.
"임금은 신자(申子)의 술(術)을 행하고, 관리들은 상군(商君)

의 법(法)을 행하면 좋겠는가?"
 한비는 대답하였다.
 "신자의 술은 아직 모자라는데가 있고, 상군의 법은 아직 이상적이지 못한데가 있다.
 신자는 말하기를 '사무처리에 있어서는 그 직분을 넘지 않아야 하고, 비록 알아도 말하지 않아야 한다.'고 했다.
 사무처리는 직분을 넘지 않아야 한다는 것은 자기가 맡은 직무를 충실하게 지킨다는 것이지만, 알면서도 말하지 않는다는 것은 신하의 잘못을 임금에게 아뢰지 않는다는 것이 된다.
 임금이 나라 안 사람들의 눈을 빌려 살필 때 그보다 더 잘 보는 이가 없고, 나라 안 사람들의 귀를 빌려 들을 때 그보다 더 잘 듣는 이가 없는 것이다. 그런데 지금 알면서도 말하지 않는다면 임금은 무엇으로 그 바탕을 빌려 보고 들을 수 있겠는가?
 상군의 법에 말하기를 '적의 목을 하나 자른 사람에게는 벼슬을 한 계급 올려주고, 관리가 되기를 바라는 사람에게는 봉록 50석의 관직에 앉힌다. 적의 머리를 둘 자른 사람에게는 벼슬을 두 계급 올려주고, 관리가 되기를 바라면 봉록 100석의 자리에 앉힌다.'고 했다.
 관작(官爵 : 벼슬)의 승진과, 적의 머리를 자르는 공로는 서로 비례되는 셈이다.
 지금 법이 있어 말하기를 '적의 머리를 자른 사람을 의사나 목수로 삼는다.'고 한다면, 그 능력에 맞지 않기 때문에 집은 지어질 수 없고 병은 낫지 않을 것이다.
 무릇 목수란 손재주가 있어야 되고, 의사란 약을 잘 조제하는 사람이어야 한다. 그런데도 적의 목을 자른 공이 있다고 그들을 목수와 의사로 삼는다면 그 능력에 걸맞지 않은 것이 된다.
 지금 관리가 직무를 행하는 것은 그 지혜와 능력을 쓰는 것이고, 적의 목을 자르는 것은 그 용기있는 힘의 결과인 것이다.
 용기있는 힘이 있다고 승진시켜 지혜와 능력이 필요한 관리로 삼는다면 적의 목자르는 공로로써 의사나 목수로 삼는 꼴이 나 다름없다. 그러므로 말하기를 '신자와 상군 두 사람은 법과 술에 있어 아직 최선을 다하지 못했다.'는 것이다."

問者曰 主用申子之術 而官行商君之法 可乎 對曰 申子未盡於術 商君未盡於法也[1] 申子言 治不踰官 雖知弗言 治不踰官 謂之守職也可 知而弗言 是不謁過也[2] 人主以一國目視 故視莫明焉 以一國耳聽 故聽莫聰焉 今知而弗言 則人主尙安假借矣 商君之法曰 斬一首者 爵一級 欲爲官者 爲五十石之官 斬二首者 爵二級 欲爲官者 爲百石之官 官爵之遷[3] 與斬首之功相稱也 今有法曰 斬首者 令爲醫匠 則屋不成 而病不已 夫匠者 手巧也 而醫者 劑藥也 而以斬首之功爲之 則不當其能 今治官者 智能也 今斬首者 勇力也 以勇力之所加[4] 而治智能之官 是以斬首之功爲醫匠也 故曰 二子之於法術 皆未盡善也

1) 申子未盡於術商君未盡於法也(신자미진어술 상군미진어법야): 여러 저본에는 신자미진어법야(申子未盡於法也)만 있고 술상군미진어(術商君未盡於)의 여섯 글자가 빠졌다. 중국학자 노문초(盧文弨)가 법(法)을 술(術)로 고쳐 이 원문대로 썼는데 진기유(陳奇猷)·진계천(陳啓天)이 이에 따랐다.

2) 是不謁過也(시불알과야): 이 말은 송건도본(宋乾道本)에 불위과야(不謂過也)로 되어 있고, 유사배(劉師培)의 『한비자각보(韓非子斠補)』에는 위당위알(謂當爲謁)로 되어 있으나 이 책이 마땅함.

3) 遷(천): 승급(昇級), 승진(昇進)과 같은 뜻.

4) 加(가): 관직이 오르다의 뜻.

제 5 편 문 변(問辯)

문변(問辯)의 문은 어렵다(難)란 뜻이 있으며 변(辯)은 궤변을 뜻한다. 이 세상을 어지럽히는 난도(亂道)를 이 편에서는 문답의 형식으로 요약하여 밝혔다.

1. 서로 옳다고 주장하는 변론이 왜 생기나…
어떤 사람이 나에게 묻기를
"세상에 서로 옳다고 다투는 변론은 어째서 생겨났는가?"
하기에 나는 대답하여 말하기를
"윗자리에 있는 임금이 명석하지 못하여 생겨난 것이다."
라고 했더니, 그 사람이 다시 묻기를
"임금이 명석하지 않으면 변론이 생겨나는 까닭은 무엇인가?"
라고 하기에 나는 다시 대답하였다.
"명석한 임금이 나라를 다스리면 위로부터의 명령은 말 가운데 가장 존엄한 것이라 여기고, 법률을 지키는 것이 일 가운데 가장 적합한 것이라 여긴다. 말에는 두 가지 귀중한 것이 없고, 법에는 두 가지 적정(適正)한 것이 없다. 그러므로 말과 행동이 법률과 명령에 맞지 않으면 어떤 일이건 반드시 이를 금하지 않으면 안 된다.
시행하여야 할 법령이나 명령이 없을 경우에도 그것을 바탕으로 간사한 음모에 대처하고, 갑자기 일어나는 변고에 대응하며, 나라의 이로움을 만들어내고, 장래의 계획을 헤아릴 수 있는 사람의 말을 임금은 반드시 받아들여 그 내용을 따져보아야 한다.

그 결과 말이 이치에 적당하면 큰 이익이 돌아가도록 할 것이고, 이치에 들어맞지 않으면 무거운 벌을 내린다. 이로써 어리석은 사람은 벌이 두려워 감히 진언(進言)하지 않고, 지혜로운 사람은 인정받지 못하는 불만을 시비하려 하지 않는다. 이것이 명석한 임금이 다스리는 나라에 변론이 일어나지 않는 까닭이다.

그러나 어지러운 세상이 되면 그렇지가 않다. 임금이 명령을 내려도 민중은 그들의 학문을 바탕으로 이를 비방하고, 관청이 법률을 시행하면 민중들은 사사로운 행위를 바탕으로 이를 어기고 만다. 도리어 임금도 법률이나 명령을 가벼이 여기고 고전(古典)을 숭상하는 학자의 슬기나 행동을 존중하게 되니, 이것이 세상에서 고전의 학문을 존중하게 된 까닭이다.

무릇 사람의 말과 행동은 아무리 고상하더라도 반드시 실용성이 있어야 하므로 실제의 유익함을 근본으로 삼아 그 선악을 가리지 않으면 안 된다.

무릇 사냥하는 화살을 날카롭게 잘 갈아 아무곳에나 겨냥하여 쏘지만 화살 끝이 짐승의 잔털〔秋毫〕에 맞지 아니함이 없다 하더라도 이것을 활 잘 쏘는 명궁이라고는 말할 수 없다.

이것은 마치 황소가 뒷걸음질 치다가 쥐잡는 속담과 같아 일정한 표적이 없기 때문이다.

지금 지름이 다섯 치의 표적을 만들고, 백 걸음 떨어진 곳에서 활을 쏠 때 예(羿)나 봉몽(逢蒙)같은 명수가 아니면 반드시 명중시킨다고 할 수 없는 것은 정해진 표적이 있기 때문이다.

정해진 표적이 있으면 예나 봉몽같은 명인(名人)이 지름 다섯 치의 표적을 맞혔을 때 뛰어나다고 하겠지만 정해진 표적없이 함부로 쏘아 짐승의 잔털을 맞혔다한들 졸렬하다고 할 수밖에 없다.

지금 임금이 신하의 의견을 듣고 행동을 살피는 경우에 그 말과 행동의 효용이 목적한 바와 같이 되지 않는다면, 비록 말이 아무리 깊이 있고 그 행동이 아무리 확고하더라도 그것은 아무렇게나 쏘아댄 활의 경우 같은 것이 된다.

이로써 어지러운 세상에서는 남의 말을 들을 때, 이해하기 어려운 말을 가지고 뜻이 깊다고 여기고, 널리 공부한 것으로써 시원스러운 변론이라 하며, 또 그 행동을 살피는 경우에 다른 사람과 다른 특이한 행동을 하면 현명한 사람이라 하고, 윗사람을 범하여 비평하든지 하면 견식이 높다고 한다.

임금은 세간에 현혹되어 고상한 척 시원스럽게 늘어놓는 변설을 좋아하고, 스스로 현명하다며 그 지혜를 앞세워 윗사람에게 대드는 행동을 존중한다.

그러므로 법술(法術)을 터득한 선비들은 해야 될 행위와 해서는 안 되는 행위를 분간하고, 논쟁을 해야 할 것인가. 안해야 할 것인가를 구별하더라도 임금의 잘못을 바로잡지는 못하는 것이다.

이로써 선비의 옷〔儒服〕을 차려 입고, 입으로만 옛 성인의 도를 가르치는 사람이나 허리에 칼을 차고 무술에 뛰어나다고 으스대는 협객(俠客)이 많아지고, 평소에 밭갈며 농사짓는 농부나 나라가 위태할 때 죽을 각오로 전장에 나가 싸우는 병졸은 적어진다.

'굳은 돌은 흰돌이 아니다'라든가 '하늘과 임금은 민중을 두텁게 사랑하지 않는다'는 견백(堅白)·무후(無厚)같은 궤변이 횡행하고, 법률과 명령은 지켜지지 않고 없어진다.

그러므로 위에 있는 임금이 명석하지 못하면 논쟁이 일어나게 되는 것이다."

或問曰 辯[1]安生乎 對曰 生於上之不明也 問者曰 上之不明因生辯也 何哉 對曰 明主之國 令者 言最貴者也 法者 事最適者也 言無二貴 法不兩適 故言行而不軌於法令者 必禁 若其無

法令 而可以接詐應變 生利揣事者 上必采其言而責其實 言當則有大利 言不當則有重罪 是以愚者畏罪而不敢言 智者無以訟 此所以無辯之故也 亂世則不然 主上有令 而民以文學非之 官府有法 而民以私行矯之 人主顧漸其法令 而尊學者之智行 此世之所以多文學也 夫言行者 以功用爲之的彀²⁾者也 夫砥礪殺矢³⁾ 而以妄發 其端未嘗不中秋毫⁴⁾也 然而不可謂善射者 無常儀⁵⁾也 設五寸之的 引百步之遠⁶⁾ 非羿逢蒙⁷⁾不能必中者 有常儀的也 故有常 則羿逢蒙以五寸的爲巧 無常 則以妄發之中秋毫爲拙 今聽言觀行 不以功用爲之的彀 言雖至察 行雖至堅 則妄發之說也 是以亂世之聽言也 以難知爲察 以博文爲辯 其觀行也 以離群⁸⁾爲賢 以犯上爲抗 人主者說辯察之言 尊賢抗之行 故夫作法術之人 立取舍之行 別辭爭之論 而莫爲之正⁹⁾ 是以儒服帶劍者衆 而耕戰之士寡 堅白無厚¹⁰⁾之詞章 而憲令之法息¹¹⁾ 故曰上不明 則辯生焉

1) 辯(변):『맹자(孟子)』에 호변(好辯)이란 말이 있고,『묵자(墨子)』에도 흔히 나오는데, 여기서의 변설(辯說)은 견백(堅白)·백마비마(白馬非馬)같은 궤변을 가리킨다.
2) 的彀(적구):과녁을 향하여 활을 잔뜩 당기는 것을 말하는데, 적은 표적, 과녁을 뜻하고, 구는 활을 힘껏 당기는 것을 뜻한다.
3) 砥礪殺矢(지려쇄시):지려(砥礪)는 숫돌에 간다는 말로 닦는다는 뜻. 쇄시(殺矢)는 사냥에 쓰는 날카로운 화살.
4) 秋毫(추호):가을에 짐승들이 털갈이할 때 새로 나는 잔털, 바꾸어 말하면 아주 작은 물건.
5) 常儀的(상의적):일정한 표적을 뜻함. 여기서 의(儀)는 표준의 뜻.
6) 引百步之遠(인백보지원):인(引)은 활을 당긴다. 곧 쏜다는 뜻. 보(步)는 본래 한 걸음을 규(跬), 두 걸음을 보라 했음. 진계천(陳啓天)은『진시황본기(秦始皇本紀)』를 인용하여 여섯 자가 한 보라 했음.
7) 羿逢蒙(예봉몽):예(羿)는 요임금 때의 활 잘 쏘는 명인으로 유궁국(有窮國)의 왕이며, 봉몽(逢蒙)은 예의 제자로 역시 활 잘 쏘는 명수로 전해진다.

8) 離群(이군) : 이(離)는 분별(分別)과 같은 뜻. 이군(離群)은 세속적인 부류(무리)와는 다르다는 뜻.
9) 而莫爲之正(이막위지정) : 가히 바로잡을 사람이 없다는 뜻.
10) 堅白無厚(견백무후) : 견백(堅白)은 조나라 공손룡(公孫龍)의 학설로 견백동이(堅白同異)의 설을 말하며, 무후(無厚)는 춘추시대 정나라의 등석(鄧析)이 지은 책 『등석자(鄧析子)』에서 나온 논리로 하늘이나 임금은 백성에게 후하지 아니하다는 내용인데 이 모두 명가(名家)적 학설이다.
11) 憲令之法息(헌령지법식) : 헌(憲)은 『이아(爾雅)』에서 법(法)과 같은 뜻이라 했는데 표준이 되는 법을 말하며, 헌령은 법령(法令)과 같다. 그리고 법식(法息)은 법이 없어지다의 뜻

제6편 육 반(六反)

 육반(六反)이란 정도(正道)에 어긋나는, 여섯 가지 명성과 실제가 상반(相反)된 것을 말한다. 나라를 다스리는 통치자에게는 아무 이로움 없이 도리어 해가 되지만 세상 사람들이 존중하는 여섯 가지 부류의 인간과, 세상 사람들이 깔보는 여섯 가지 부류의 인간은 실질적으로 통치자가 나라를 다스리는데 이로움을 준다는 내용이다. 육반(六反)의 '반'은 '궤(詭)'와 비슷한 뜻인데 편 전체의 내용에 있어서도 비슷한데가 많지만 중형론(重刑論)을 전개하는 점은 다르다.

1. 지도자에게 해로운 여섯 가지 부류

 죽음을 두려워하고 위급함을 피하는 것은, 적에게 항복하거나 도망하는 민중들인데도 세상에서는 이들을 존중하여 말하기를 "삶을 귀히 여기는 선비"라 한다.
 옛날의 도를 배워 자기의 주의를 세움은 법을 이탈하는 민중들인데도 세상에서는 이들을 존중하여 말하기를 "공부를 많이 한 선비"라 한다.
 아무일도 하지 않고 놀면서 살 먹고 시내는 깃은, 먹는 것을 탐내는 민중들인데도 세상에서는 그들을 존중하여 말하기를 "능력있는 선비"라 한다.
 멋지게 꾸민 말이나 지교(知巧)를 다하는 것은, 속이기를 잘하는 민중들인데도 세상에서는 그들을 존중하여 말하기를 "말

잘하고 재치있는 선비"라 부른다.
 허리에 칼을 차고 다니면서 사람을 덮치고 죽이기도 하는 깡패들은 난폭한 민중들인데도 세상에서는 그들을 존중하여 말하기를 "용맹에 애쓰는 선비"라 한다.
 도둑의 목숨을 구해주고 간악한 사람을 숨기는 짓은 죽음을 당해야 마땅한 민중인데도, 세상에서는 그들을 존중하여 말하기를 "남자답고 용감한 의협심 있는 선비"라 한다.
 이 여섯 가지 부류의 민중을 이 세상에서는 칭찬한다.
 위험한 곳에 나아가 신의(信義)를 위하여 희생하는 것은, 절조(節操)를 지키는 죽음인데도 세상에서는 이들을 깔보고 말하기를 "이해타산을 잘 못하는 민중"이라 한다.
 보고 들은 지식은 적어도 명령에 잘 따름은 법을 온전히 지키는 민중인데도 세상에서는 도리어 그들을 깔보고 말하기를 "소박하고 고루한 민중"이라 한다.
 힘써 밭을 갈아 농사지어 먹고 사는 것은 이익을 생산해 내는 민중인데도 세상에서는 이들을 깔보고 말하기를 "능력없는 민중"이라 한다.
 선량하고 온후하며 순수한 것은 성실한 민중인데도 세상에서는 이들을 깔보고 말하기를 "어리석은 민중"이라 한다.
 명령을 존중하고 맡은 일에 신중함은 임금을 섬기는 민중인데도 세상에서는 이들을 깔보고 말하기를 "겁쟁이 민중"이라 한다.
 도둑의 기세를 꺾고 간악한 사람을 고발함은 임금의 법령을 밝히는 민중인데도 세상에서는 이들을 깔보고 말하기를 "임금에게 아첨하고 남을 이간하는 민중"이라 한다.
 이 여섯 가지 부류의 민중을 세상에서는 비방한다.
 간악하고 거짓을 일삼는 무익한 민중이 여섯 가지가 있는데 세상에서는 이들을 저와 같이 칭찬하고, 논밭갈아 농사짓고, 나라가 위급할 때 전장에 나가 싸우는 유익한 민중이 여섯 가지가 있는데 세상에서는 그들을 이와 같이 비방한다. 이것을 이른바 '육반(六反)'이라 한다.
 공직에 나가지 않고 재야(在野)에 있는 사람들이 사사로운 이익을 좇는데도 세상이 이를 칭찬한다. 세상의 임금들은 이 헛소리를 듣고 그들을 예우하는데 예우하는 곳에는 이익이 반드시 더해지는 것이다.
 또 백성들은 사사로운 해로움을 마다하지 않는데도 세상이 이를 비방한다. 세상의 임금들은 세속의 소리에 귀가 막혀 이들을 천시(賤視)하는데 이처럼 천시하는 곳에는 손해가 반드시 따르는 것이다.
 그러므로 명예와 포상은 사사로운 잘못을 행하여 마땅히 벌을 받아야 할 민중에게 주어지고, 비방과 손해는 공적인 선을 행해 마땅히 상을 받아야 할 선비에게 내려지니, 이래서야 나라의 부강을 바란다 해도 이루어질 수 없는 일이다.

 畏死遠難 降北[1])之民也 而世尊之曰 貴生之士 學道立方[2]) 離法之民也 而世尊之曰 文學之士 游居厚養 牟食[3])之民也 而世尊之曰 有能之士 語曲牟知[4]) 詐僞之民也 而世尊之曰 辯智之士 行劍攻殺 暴憿[5])之民也 而世尊之曰 磏勇[6])之士 活賊匿姦 當死之民也 而世尊之曰 任譽之士 此六民者 世之所譽也 赴險殉誠 死節之民也 而世少之曰 失計之民也 寡聞從令 全法之民也 而世少之曰 樸陋之士也 力作而食 生利之民也 而世少之曰 寡能之士也 嘉厚純粹 整穀之民也 而世少之曰 愚戇之民也 重命畏事 尊上之民也 而世少之曰 怯懾之民也 挫賊遏姦 明上之民也 而世少之曰 諂讒之民也 此六民者 世之所毁也 姦僞無益之民六 而世譽之如彼 耕戰有益之民六 而世毁之如此 此之謂六反 布衣循私利而譽之 世主聽虛聲而禮之 禮之所在 利必加焉 百姓循私害而訾之 世主壅於俗而賤之 賤之所在 害必加焉 故名賞在乎私惡當罪之民 而毁害在乎公善宜賞之士 索國之富强 不可得也

 1) 降北(항배) : 적에게 항복(降伏)하고 달아나는 것을 뜻함.
 2) 學道立方(학도입방) : 도(道)는 유(儒)·묵(墨)의 도를 가리키고, 방

(方)은 도에 가까운 의(義)·예(禮)·법(法)·술(術)을 뜻함.
3) 牟食(모식) : 탐식(貪食) 또는 뺏는다와 같은 뜻이나, 혹 말하기를 남의 먹을 것을 빼앗아 먹는다는 뜻에서 고(蟲)자와 통한다 했음.
4) 語曲牟知(어곡모지) : 곡(曲)에 대하여는 여러 사람이 각기 다르게 해석하고 있지만 진계천(陳啓天)의 해석에 따라 교변(巧辯)을 취했다. 모(牟)는 앞의 모식(牟食)과는 달리 같다, 많다 또는 힘쓰다의 뜻. 『묵자(墨子)』에는 '균등하다(侔也)'고 했기에 이와도 통한다.
5) 暴憿(폭요) : 요에 대하여는 여러 사람이 구구하게 해석하는데 폭오(暴憿)로 보아 '난폭하고 오만하다'고 함이 마땅하다.
6) 礛勇(염용) : 애써 용맹을 떨친다는 말인데 염은 숫돌 또는 애쓰다는 뜻임. 여기서는 염용지사를 일종의 자객(刺客)으로 본다.

2. 군주의 큰이익과 신하의 큰이익

옛날부터 전해지는 속담에 말하기를 "정치를 하는 것은 목욕과 같아서 비록 머리털이 빠져도 반드시 머리를 감아야 한다."고 했는데, 머리카락 빠지는 것을 아깝게 생각하면서, 머리카락 자라는 것을 모른다면 적절한 조치를 알지 못하는 것이다.

무릇 종기를 침으로 째면 아프고 약을 마시면 쓰다. 아프고 쓰다고 해서 종기를 째지 않고 약을 마시지 않는다면 곧 자신의 몸은 다스려지지 않을 것이고, 병은 낫지 않는다.

지금 임금과 신하의 위·아래 관계가 어버이와 자식 사이같은 애정이 없으니 의로움에 들어맞는 행동으로 신하들의 잘못을 막으려면 반드시 틈이 생길 것이다.

어버이가 자식을 대할 때 아들을 낳으면 서로 축하하지만 딸을 낳으면 곧 죽이고 만다. 이는 다같이 어버이의 품안에서 태어났는데, 아들이면 축하하고 딸이면 죽이는 것은 그 뒷일의 편의를 생각하고 긴 장래의 이익을 헤아려서다.

그러므로 어버이와 자식사이에도 이처럼 이해타산의 마음이 서로 대치하는데, 하물며 어버이와 자식간 같은 애정이 없는 경우야 어떠하겠는가.

　지금 학자들이 임금을 설득하고자 할 때, 모두가 자신의 이익을 바라는 마음을 버리고 서로 사랑한다는 도(道)를 나타내려고 노력한다. 이것은 임금이 신하에 대하여 어버이보다 더한 친밀감을 가지도록 바라는 것이다. 이것으로는 은총과 사랑을 말하기에 충분하지 못하다. 남을 속이고, 없는 것을 있다고 하는 말과 같은 것으로 명석한 임금은 받아들이지 않는다.

　성인은 다스림에 있어 법률과 금령을 명확하게 한다. 법률과 금령이 명확하면 모든 관리는 법을 지키게 되고 상벌이 명확해진다. 상벌을 명확하게 시행해 사사로움에 치우치지 않으면 민중은 임금에게 도움이 된다.

　민중이 임금을 돕고, 모든 관리가 잘 다스려지면, 나라는 넉넉해지고, 나라가 넉넉하면 군사는 강해지며 천하 통일을 이룩하는 패왕(霸王)의 성업은 달성된다.

　패왕(霸王)이 되는 것은 임금으로서는 큰 이로움이다. 임금이 큰 이로움을 가슴에 품고 정무(政務)를 집행하게 되면 관직에서 일하는 사람은 능력에 알맞도록 하고, 그 상벌은 사사로움이 없게 공정하며, 선비나 민중으로 하여금 그 취지를 알게 하고 있는 힘을 다하여 목숨 바쳐 일하게 하며, 공적을 세우면 벼슬과 봉록이 이를 수 있게 한다.

　벼슬이 오르고 봉록이 더하면, 부귀는 바라던 대로 이룩되는 것이다.

　부귀는 신하에게 있어 큰 이로움이다. 신하가 큰 이로움을 가슴에 안고 직무에 임하면 거기에는 위험도 무릅쓰고 죽음에 이를 경우라도 있는 힘을 다하여 직무에 충실하고도 원망하지 않는다. 이러한 상황에서는 임금이 인정을 베풀지 않고 신하가 임금에게 충성을 다하지 않는다 하더라도 천하의 패왕이 될 수 있다는 것이다.

　　　古者有諺曰 爲政猶沐也[1] 雖有棄髮[2] 必爲之 愛棄髮之費 而

忘長髮之利 不知權者也 夫彈痤[3]者痛 飮藥者苦 爲苦憊[4]之故
不彈痤飮藥 則身不治 病不已矣 今上下之接 無父子之澤 而欲
以行義禁下 則交必有郄矣 且父母之於子也 産男則相賀 産女則
殺之 此俱出父母之懷袵[5] 然男子受賀 女子殺之者 慮其後便 計
之長利也 故父母之於子也 猶用計算之心以相待也 而況無父子
之澤乎 今學者之說人主也 皆去求利之心 出相愛之道 是求人主
之過於父母之親 此不熟於論恩 詐而僞也 故明主不受也 聖人
之治也 審於法禁 法禁明著則官治 必於賞罰 賞罰不阿則民用
民用官治則國富 國富則兵强 而霸王之業成矣 霸王者人主之大
利也 人主挾大利以聽治 故其任官者當能 其賞罰無私 使士民明
焉 盡力致死 則功伐可立而爵祿可致 爵祿致 而富貴之業成矣
富貴者人臣之大利也 人臣挾大利以從事 故行危至死 其力盡而
不望[6] 此謂君不仁 臣不忠 則可以霸王矣

1) 猶沐也(유목야) : 머리를 감는 것.
2) 棄髮(기발) : 머리카락이 빠진다는 말.
3) 彈痤(탄좌) : 좌(痤)는 종기 곧 부스럼을 말하며, 탄(彈)은 째다는 뜻.
   탄좌란 침으로 종기를 째고 곪은 고름을 짜내는 것을 말함.
4) 苦憊(고비) : 병으로 고생한다는 뜻. 비(憊)는 앓는다는 말.
5) 懷袵(회임) : 품에 안고 기른다는 뜻. 임은 옷깃(衣襟).
6) 不望(불망) : 원망하지 않는다는 말인데 여기에서 망(望)은 바람(希
   望)이 아니고 원망(怨望).

3. 하찮은 물건이라도 숨겨두면

무릇 못된 짓 하는 것을 윗사람이 알게 되면 아랫사람은 이를 조심할 것이고, 이 못된 짓 하는 것을 처벌하게 되면 그것은 그치게 될 것이다.

그런데 그 못된 짓을 모르고 있으면 제멋대로 할 것이고, 처벌하지 않고 그냥 두면 못된 짓은 계속 행하여 진다.

하찮은 물건이라도 남이 보지 않는 곳에 숨겨 두면, 비록 중삼(曾參)과 사추(史鰌)같은 어진 사람도 의심받게 되고, 백량이 나 되는 큰 돈이라도 남의 눈에 잘 띄는 저자거리에 걸어놓으면 비록 큰 도둑이라도 훔쳐가지 않을 것이다. 남에게 알려지지 않으면 증삼이나 사추같이 어진 이도 사람이 볼 수 없는 숨겨진 곳에서는 의심을 받게 되지만, 반드시 남에게 알려지면 큰 도둑이라도 저자거리에 걸어놓은 큰 돈을 가져가지 않는다.

그러므로 명석한 임금이 나라를 다스림에 있어서는 그 지키는 눈을 많이 두고, 그 죄를 무겁게 하며, 민중이 법률에 따라 못하게 금할 뿐 염치심에 호소하여 못하도록 하지는 않는다.

어머니가 자식 사랑하는 것은 아버지의 배나 되지만 아버지의 명령이 자식에게 행하여지는 것은 어머니의 열배나 된다.

관리는 민중에 대한 애정은 없지만 명령이 민중에게 행하여지는 것은 아버지의 만배나 될 것이다.

어머니는 애정이 잔뜩 쌓여 명령이 막혀 버리지만 관리는 위엄을 나타내 민중이 듣고 따르게 하는데, 위엄과 애정 가운데 어느 쪽을 취할 것인가는 이것으로 정하여진다.

또한 어버이가 자식에게 바라는 바는, 몸을 움직일 때는 안전하고 이롭기를 바라고 처신함에 있어서는 죄를 짓지 않기를 바란다.

임금은 민중에게 나라에 위태로움이 생겼을 때는 목숨을 걸고 평화로울 때에는 있는 힘을 다하여 일할 것을 바란다.

어버이는 두터운 사랑으로 그 자식을 안전하고 이로운 곳에 두고자 하는데도 자식은 이를 듣지 않는데, 임금은 사랑과 이로움도 생각할 여지없이 민중에게 죽을 힘을 다해 일하게 하여도 그 명령은 행하여진다.

명석한 임금은 이것을 알고 있기 때문에 은총과 애정의 마음을 기르려 하지 않고, 위엄을 갖추어 권세를 더하는 것이다.

어머니는 두터운 사랑이 있는데도 자식에게 실패가 많은 것은 사랑으로 밀어붙이기 때문이고, 아버지의 사랑은 박하지만 회초리로 가르치기 때문에 자식이 잘 되는 것으로 이것은 엄한 것에 의지하기 때문이다.

夫姦必知則備 必誅則止 不知則肆[1] 不誅則行 夫陳輕貨於幽隱 雖曾史[2]可疑也 懸百金於市 雖大盜不取也 不知則曾史可疑於幽隱 必知 則大盜不取懸金於市 故明主之治國也 衆其守而重其罪 使民以法禁 而不以廉止 母之愛子也倍父 父令之行於子者十母 吏之於民無愛 令之行於民也萬父 母積愛而令窮 吏用威嚴而民聽從 嚴愛之筴 亦可決矣 且父母之所以求於子也 動作則欲其安利也 行身則欲其遠罪也 君上之於民也 有難則用其死 安平則用其力 親以厚愛關子於安利 而不聽 君以無愛利求民之死力而令行 明主知之 故不養恩愛之心 而增威嚴之勢 故母厚愛處子多敗 推愛也 父薄愛教笞 子多善 用嚴也

1) 肆(사) : 방자(放恣)하다는 뜻과 통함.
2) 曾史(증사) : 증(曾)은 춘추시대의 노나라 사람으로 공자의 제자인 증삼(曾參 : 증자)을 가리키고, 사(史)는 춘추시대의 위나라 대부로 이름은 추(鰌)이고 자는 자어(子魚)라 했다.

4. 상벌의 경중으로 통치자의 현명을 분별

지금 온 가족이 살림을 꾸려감에 있어, 서로 굶주림과 추위를 참고 견디며 서로 애써 고생하며 노력한다. 비록 전쟁의 위란이나 굶주리는 환란을 당하여도 따뜻한 옷과 맛있는 음식을 먹을 수 있는 사람은 이러한 인내를 이겨낸 집안이다.

서로 동정하여 의복이나 음식을 아끼지 않고 베풀면서 오락이나 즐기는 집이 있다. 흉년이 들어 굶주리게 되면 아내를 남에게 시집보내고 자기 자식을 파는 사람은 오락이나 즐기고 서로 나누어 먹으며 풍족하게 산 그러한 집들이다.

그러므로 법에 의하여 다스리는 도리는 처음에는 고달프지만 긴 장래에는 이로운 것이며, 인(仁)으로써 다스리는 도리는 한때는 즐거울지 모르나 나중에는 궁색해진다.

성인은 법(法)과 인(仁)의 경중(輕重)을 잘 헤아려 이로움이 큰 쪽을 취하기 때문에 법률 밑에서 서로 참고 견디는 방법을 쓰고, 인자(仁慈)하게 서로 돕고 위로하는 방법은 버린다.

학자들은 말하기를 "형벌은 가볍게 해야 한다"고 하지만 이것은 나라를 어지럽게 하고 망하게 하는 길이다.

무릇 상벌을 반드시 확립하는 까닭은 착한 일을 권하고 나쁜 일을 금하게 하기 위한 것이다.

상을 후하게 주면 바라던 일을 쉽게 이룰 수 있고, 벌을 무겁게 내리면 싫어하는 일이 갑자기 그치게 된다.

무릇 이로움을 바라는 사람은 반드시 해로움을 싫어하니 해로움은 이로움의 반대이기 때문이다. 바라는 것에 반한다면 어찌 밉지 않을 수 있겠는가?

다스리고자 하는 사람은 반드시 어지러움을 미워하고 어지러움은 다스림의 반대이다. 이러한 까닭에 다스림을 억지로 바라는 사람은 그 상이 반드시 후하고, 어지러움을 아주 미워하는 사람은 그 벌이 반드시 무겁다.

지금 형벌을 가볍게 하자고 주장하는 사람은 어지러움을 미워함이 심하지 않고, 다스림을 바라는 마음 또한 강하지 않다. 이것은 술(術)에 대한 마음가짐이 없을 뿐만 아니라 또한 덕행(德行)마저도 없는 것이다.

임금이 현명한지 무능한가, 슬기로운가 어리석은가를 결정적으로 헤아리는 방법은 상벌의 경중(輕重)에 있는 것이다.

형벌을 무겁게 하는 것은 죄인을 벌주기 위한 것만은 아니다. 명석한 임금의 법률일 따름이다.

사람을 죽인 자를 죽이는 것은 죽이는 것으로 다스리는 것이 아니요, 사람 죽인 죄를 다스리는 것으로 그 사람이 사람을 죽였기 때문에 징계하는 것이다. 도둑을 형벌하는 것은 형벌로 다스리는 것이 아니라 죄지은 자를 다스리는 것으로 죄지은 자를 다스려 그 형벌이 죄에 대해 합당하게 하는 것이다. 그러므로 말하기를 "한 사람의 악인에게 무거운 죄를 줘서, 나라 안의 모든 악을 그치게 한다"는 것은 이것이 곧 나라를 다스리는 것이 된다.
 중한 벌을 받는 사람은 도둑이고, 그것을 보고 두려워하는 사람은 선량한 민중인데, 나라가 잘 다스려지기를 바라는 사람이 어찌 중형을 주저하겠는가?
 무릇 상을 두텁게 함은 그 공적만을 상주는 것이 아니라, 또한 온 나라 사람에게 이를 권하는 것이 된다. 상을 받은 사람은 그 이로움에 기쁘고, 아직 받지 못한 사람은 공적을 세워야 되겠다는 생각을 하게 되어, 한 사람의 공적에 보답한 것이 온 나라 사람을 장려하게 되는 것이다. 나라의 다스림을 바란다면 어찌 후한 상을 주는데 주저하겠는가?
 지금 정치의 도를 잘 모르는 사람은 모두 말하기를 "형벌을 무겁게 하면 민중을 상하게 한다. 형벌을 가볍게 하여도 못된 짓을 막을 수 있는데 어째서 반드시 형벌을 무겁게 하는가?" 한다. 이것은 정치를 잘 살피지 못한 결과다.
 무릇 무거운 형벌 때문에 나쁜 짓을 하지 않는 사람이 반드시 가벼운 형벌로도 못된 짓을 하지 않는다고는 볼 수 없다. 가벼운 형벌에도 나쁜 짓을 하지 않는 사람은 더 무거운 형벌이면 반드시 나쁜 짓을 하지 않는다. 이러한 까닭에 임금이 무거운 형벌의 법을 설정하면 간사한 일은 그치게 되고 간사한 짓이 없어지는데 어째서 선량한 민중을 괴롭히겠는가?
 이른바 무거운 형벌이란 못된 짓에는 이로움이 적고 위에서 내려지는 벌은 큰 것이다. 민중들은 작은 이로움 때문에 큰 해로움을 당하고 싶어하지 않으므로 간사한 일은 반드시 그치게 된다.
 이른바 가벼운 형벌이란 못된 사람이 얻는 이로움은 크지만 위에서 내리는 형벌은 작다.
 이것을 본 민중들은 이로움에 마음이 끌려 죄짓는 것을 가볍게 여기므로 나쁜 짓은 그치지를 않는다.
 그러므로 옛 선현들의 속담에 말하기를 "사람은 산에 채여 넘어지는 일은 없지만 개미둑(蟻冢)에 채여 넘어진다"고 하였는데 이것은 산은 크기 때문에 사람이 늘 조심하지만, 개미둑은 작아 사람이 가볍게 보기 때문이다.

지금 형벌을 가볍게 한다면 민중들은 반드시 깔보고 쉽게 여길 것이다. 죄를 범하고도 이를 벌하지 않는다면 이는 나라 안을 온통 죄짓게 만들어 놓은 채 내버려 두는 것이 되고, 그래 놓고 죄를 지었다고 벌을 준다면 이는 민중에게 함정을 파놓는 꼴이 된다.

그러므로 죄를 가볍게 다스리는 것은 민중에게 있어 개미둑인 것이다. 죄를 가볍게 처벌하는 것으로 민중을 다스리는 도(道)를 삼는 것은, 나라를 어지럽히는 것이 아니면 민중을 함정에 빠뜨리는 것으로 이것은 곧 민중을 다치게 하는 것이라 말하지 않을 수 없다.

今家人之治産也 相忍以飢寒 相强以勞苦 雖犯軍旅之難 饑饉之患 溫衣美食者 必是家也 相憐[1]以衣食 相惠以佚樂 天饑歲荒 嫁妻賣子者 必是家也 故法之爲道 前苦而長利 仁之爲道 偸樂[2] 而後窮 聖人權其輕重 出其大利 故用法之相忍 而棄仁之相憐也 學者之言 皆曰 輕刑 此亂亡之術也 凡賞罰之必者 勸禁也 賞厚則所欲之得也疾 罰重則所惡之禁也急 夫欲利者必惡害 害者利之反也 反於所欲 焉得無惡 欲治者必惡亂 亂者治之反也 是故欲治甚者 其賞必厚矣 惡亂甚者 其罰必重矣 今取於輕刑者 其惡亂不甚也 其欲治又不甚也 此非特無術也 又乃無行 是故決賢不肖愚智之莢在賞罰之輕重 且夫重刑者 非爲罪人也 明主之法也 殺賊 非治所殺也 治所殺也者 是治死人也 刑盜非治所刑也 治所刑也者 是治胥靡[3]也 故曰重一姦之罪 而止境內之邪此所以爲治也 重罰者盜賊也 而悼懼者良民也 欲治者奚疑於重刑 若夫厚賞者 非獨賞功也 又勸一國 受賞者甘利 未賞者慕業是報一人之功 而勸境內之民也 欲治者奚疑於厚賞 今不知治者 皆曰 重刑傷民 輕刑可以止姦 何必於重哉 此不察於治者也 夫以重止者

未必以輕止也 以輕止者 必以重止矣 是以上設重刑者而姦盡止
姦盡止 則此奚傷於民也 所謂重刑者 姦之所利者細 而上之所加
焉者大也 民不以小利蒙大害 故姦必止也 所謂輕刑者 姦之所利
者大 上之所加焉者小也 民慕其利而傲其罪 故姦不止也 故先賢
有諺曰 不蹟於山 而蹟於垤山者大故人愼之 垤微小故人易之也
今輕刑罰 民必易之 犯而不誅 是驅國而棄之也 犯而誅之 是爲
民設陷也 是故輕罪者 民之垤也 是以輕罪之爲道也 非亂國也
則設民陷也 此則可謂傷民矣

1) 相憐(상린) : 서로 친애(親愛)한다는 뜻.
2) 偸樂(투락) : 투(偸)는 구차하다는 뜻이지만 여기에서 투락(偸樂)이라
   함은 틈을 내 즐긴다는 말.
3) 胥靡(서미) : 고역(苦役)을 가하는 죄, 도형(徒刑).

5. 불로소득 방지가 통치자의 의무

요즘 학자들은 모두 옛책의 성왕(聖王)을 칭송하면서 현세의 실제를 살피지 않고 말하기를

"윗자리에 있는 사람이 민중을 사랑하지 않고 세금 걷기를 언제나 무겁게 하기 때문에, 살아가는데 필요한 물자가 모자라 아랫사람은 윗사람을 원망하게 되었고 천하는 크게 어지러워졌다."

고 한다.

이것은 생활물자가 충분하고 그에 더하여 자비를 베푼다면 비록 형벌이 가벼워도 민중은 잘 다스려진다는 생각인데, 실제는 이 말과 같지 않다.

사람이 무거운 벌을 받게 되는 것은 본래 생활이 넉넉한 뒤에 있는 일이다. 비록 생활하는데 쓰이는 물자가 넉넉하고 두터운 사랑을 베풀더라도 형벌이 가벼우면 역시 어지러워진다.

무릇 부자집에서 귀여움을 받는 자식은 물자를 얼마든지 넉넉하게 쓸 수 있고, 물자를 넉넉하게 쓰면 함부로 가볍게 쓰며,

함부로 쓰게 되면 사치에 빠진다. 한편으로 자식을 사랑하면 위엄과 참을성이 없게 되고, 위엄과 참을성이 없으면 방자한 자식이 되고 만다. 사치를 하게 되면 집안은 가난해지고, 버릇 없이 방자해지면 행동은 난폭해진다. 이것은 비록 재화가 넉넉하고 사랑이 두터워도 형벌이 가벼운데서 온 환란이다.

사람이 살아가는데 있어 재물이 넉넉하면 노력함을 게을리 하고, 위의 다스림이 너그러우면 제멋대로 나쁜 짓을 저지른다.

재물이 넉넉해도 더욱 애써 노력한 사람은 신농씨(神農氏)였고, 위의 다스림이 너그러워도 더욱 행동이 신중했던 사람은 증삼(曾參)과 사추(史鰌)였다. 무릇 민중이 신농씨나 증삼, 그리고 사추에 미치지 못함은 분명한 것이다.

노자(老子 : 老聃)는 이렇게 말하였다.

"만족할 줄 알면 욕되고 부끄러운 일이 없고, 머무를 줄을 알면 위태한 지경에 빠지지 않는다."

무릇 위태롭고 부끄러운 일을 당한다고 해서, 만족 이상의 일을 바라지 않는 사람은 노담 그 사람 뿐이었다.

지금 민중을 만족하게 하면, 그것으로 잘 다스려지리라 여기는 것은 민중 모두를 노담과 같이 여기는 것이다.

하나라 폭군인 걸(桀)은 천자(天子)의 귀한 자리에 앉았지만 그 존귀함에 만족하지 않았고, 세상안의 모든 물자를 가졌어도 그 보화(寶貨)에 만족하지 않았다.

임금이 민중을 만족시킴에 있어서는 비록 천자가 되게 하여 만족시킬 수는 없는 것이며 걸(桀)이 반드시 천자가 된 것에 만족하게 느끼지 않았는데, 비록 민중의 욕구를 충족시켰다 하더라도 어찌 그것으로 다스림이라고 할 수 있겠는가?

그러므로 명석한 임금이 나라를 다스림에는 때에 알맞은 일을 시켜 재물을 생산케 하고, 세금을 매김에 있어 빈부를 헤아려 균등하게 하고, 벼슬과 봉록을 후하게 하여 그 현명함과 능력을 다하게 하며, 형벌을 두텁게 하여 간악(姦惡)한 짓을 금지한다. 그리하여 민중으로 하여금 노력하면 부(富)를 얻고, 업적을 세우면 벼슬이 올라 귀하게 되며, 허물을 범하면 벌을 받고, 공로를 세우면 상을 받도록 하여 은혜에 의한 불로소득을 생각하지 않도록 한다. 이것만이 제왕의 정치인 것이다.

　今學者皆道書筴之頌語　不察當世之實事曰　上不愛民　賦斂常重　則用不足而下怨上　故天下大亂　此以爲足其財用以加愛爲　雖輕刑罰可以治也　此言不然矣　凡人之取重罰　固已足之後也　雖財用足而厚愛之　然而輕刑　猶¹⁾之亂也　夫富家之愛子　財貨足用財貨足用則輕用　輕用則侈泰　親愛之則不忍　不忍則驕恣　侈泰則家貧　驕恣則行暴　此雖財足而厚愛　輕刑之患也　凡人之生也　財用足則驕於用力　上治懦則肆²⁾於爲非　財用足而力作者　神農也　上治懦而行修者　曾史也　夫民之不及神農曾史　亦已明矣　老聃有言曰　知足不辱　知止不殆³⁾　夫以殆辱之故　而不求於足之外者　老聃也　今以爲足民而可以治　是以民爲皆如老聃也　故桀貴爲天子　而不足於尊　富有四海之內　而不足於寶　君人者雖足民　不能足使爲天子　而桀未必以爲天子爲足也　則雖足民　何可以爲治也　故明主之治國也　適其時事以致財物　論其稅賦以均貧富　厚其爵祿以盡賢能　重其刑罰以禁姦邪　使民以力得富　以事致貴　以過受罪　以功致賞　而不念慈惠之賜　此帝王之政也

1) 猶(유) : 만들다, 일어나다와 같은 말.
2) 懦則肆(유즉사) : 유(懦)는 너그럽다, 나약하다는 뜻이고, 사(肆)는 제멋대로와 같다.
3) 知足不辱知止不殆(지족불욕지지불태) : 『노자(老子)』 제44장에 있는 말. 중국의 고사성어(故事成語)로도 널리 쓰인다.

6. 모든 것은 행동이 있어야 판단

사람들이 모두 잠을 자고 있다면 그중에 눈먼 맹인이 있어도 알지 못하고, 모두 말을 않고 가만히 있으면 말 못하는 벙어리가 있어도 알 수 없다. 잠에서 깨어 있을 때 물건은 보이고, 질문을 하여 대답을 하게 해야 맹인과 벙어리는 판명된다.

그 의견을 들어 보지 않고는 술(術)을 판별할 줄 모르는 사람을 알지 못하고, 그 사람에게 일을 맡겨 보지 않고는 어리석은 사람을 알지 못한다.

그 의견을 듣고 사실에 적합한가를 살피고, 일을 맡겨 공적을 추궁하면 술을 판별하지 못하는 사람과 어리석은 사람의 행동은 막히고 말 것이다.

무릇 힘센 사람을 구하고자 할 때 그 스스로 천거하는 말을 듣는다면 오획(烏獲)같은 역사(力士)와 구별하지 못할 것이지만 무거운 세발솥을 주어 들어보게 하면 힘이 센지 약한지를 판별할 수 있다.

그러므로 관직(官職)은 능력있는 선비를 시험하는 솥(鼎)으로서 그 사람에게 일을 맡겨 보면 어리석은가 슬기로운가를 알 수 있다. 술을 판별하지 못하는 사람은 실제에 있어 쓸모가 없음을 알 수 있고, 어리석은 사람에게 일을 맡기면 견뎌내지 못함을 안다.

말이 실제에 쓰이지 않는데도 스스로를 치켜 올려 변설을 늘어 놓고, 실제 임무가 맡겨진 일도 없는데 스스로를 꾸며 고결한 척한다.

그런데 세상의 임금들은 그 변설에 홀리고, 그 고결함에 빠져 이들을 존귀하게 생각한다. 이는 물긴을 보이기도 전에 잘 본다고 판단하고, 질문을 하여 답을 듣기 전에 변설을 정립했다고 미리 판단하는 것이니 맹인이나 벙어리를 알아내지 못하는 것이다.

명석한 임금은 그 의견을 들으면 반드시 실제로 쓰일 것인가 아닌가를 추궁하고, 그 행동을 보고는 반드시 실적을 올릴 수 있을 것인가를 추궁한다. 그렇게 되면 공허하고 케케묵은 학설을 늘어놓지 못하게 되고 거만하고 고결한 척 거짓된 행동은 꾸며지지 않게 된다.

人皆寐 則盲者不知 皆嘿 則喑¹⁾者不知 覺而使之視 問而使之

對 則盲喑者窮矣 不聽其言也 則無術者不知 不任其身也 則不
肖者不知 聽其言而求其當 任其身而責其功 則無術不肖者窮矣
夫欲得力士 而聽其自言 雖庸人與烏獲[2]不可別也 授之以鼎 則
罷健效矣 故官職者能士之鼎也 任之以事 而愚智分矣 故無術者
得於不用 不肖者得於不任 言不用 而自文以爲辯 身不任 而自
飾以爲高 世主眩其辯 濫其高 而尊貴之 是不須視而定明也 不
待對而定辯也 喑盲者不得矣 明主聽其言必責其用 觀其行必求
其功 然則虛舊之學不談 矜誣之行[3]不飾矣

1) 嘿則喑(묵즉음) : 묵(嘿)은 잠잠하다(默也)는 뜻과 같다. 음(喑)은 벙어리(啞)와 같은 말.

2) 庸人與烏獲(용인여오획) : 용인(庸人)은 보통사람을 뜻하고 오획(烏獲)은 『사기(史記)』 진본기에 의하면 무왕(武王) 때의 힘센 역사(力士)로 실렸다. 『맹자』 『순자』같은 책에도 흔히 보임.

3) 矜誣之行(긍무지행) : 과장되고 허망(虛妄)된 행동을 말한다.

제 7 편 궤 사(詭使)

　궤(詭)의 본래 뜻은 '속인다' 또는 '거짓이다'인데 여기서는 '서로 반대되다'의 뜻이 있다. 이것은 『회남자(淮南子)』주술훈을 따라 그렇게 풀이했다.
　이 편의 대요는 당시의 군신(君臣)·상하(上下)사이에서 볼 수 있었던 모순된 문제들을 구체적으로 파헤쳐 법가적(法家的) 이론인 법·술로써 해결을 도모하고자 했다는 것이다.
　세 단계로 크게 나누어 기술하였는데 첫째 단계는 민중 혹은 세상이 바라는 가치관과 위의 군주가 바라는 통치수단인 명호(名號)·작록(爵祿)·형벌(刑罰)과의 모순이다.
　둘째 단계는 법률을 지키며 임금에게 순종하는 사람은 배척되고, 그와는 반대로 위의 이익을 거부하고 아래의 힘을 확고히 하는 사람을 칭찬한다는 내용으로써 그 평가의 모순을 지적하였다.
　셋째 단계에서는 마찬가지로 사의(私義)나 암거(巖居)의 무리가 보이고, 허황된 변설을 교묘하게 작용하여 임금이나 권세가에게 영입되어 병역이나 부역을 기피하는 무리의 존재를 여러 면에서 들고 있는 것이 특징이다.
　그것은 형벌·법령·도량의 권위를 허물어 뜨리는 바탕이라고 주장했다. 그리고 결론에 가서는 법(法)과 사사로움(私)의 대항관계를 특히 이심(二心) 사학(私學)을 구체적으로 예시하면서 논하였다.

1. 나라를 다스리는 세 가지 방법

성인(聖人)이 나라를 다스리기 위한 방법에는 세 가지가 있는데 그 첫째가 이록(利祿)이요, 그 둘째가 위세(威勢)며, 그 셋째가 명의(名義)다.

무릇 이롭게 하면 민중의 마음을 얻게 되며, 위세로는 명령을 시행하게 만들며, 명의는 위아래가 함께 기준을 삼는 것이다.

이 세 가지가 아니면 비록 다른 방법이 있더라도 급한 일은 아니다. 그러나 지금 이로움이 없는 것도 아닌데 민중이 임금에게 감화되지 아니하고, 위세가 없는 것도 아닌데 신하들이 임금을 따르지 않고, 관청에 법이 없는 것도 아닌데 다스림이 명분과 맞지 않는다.

이 세 가지가 갖추어져 있지 않는 것도 아닌데 세상이 다스려졌다가 혹은 어려워지는 것은 어째서인가? 그것은 위에 있는 임금이 실제로 귀중하게 여기는 것과 나라를 다스릴 때 쓰는 방법이 서로 다르기 때문이다.

무릇 칭호(稱號)를 정하는 것은 관작을 존중하기 위한 것이다. 지금 칭호를 업신여기고 그 내실을 가볍게 여기는 사람이 있으면 세상 사람들은 이를 고상하다고 한다.

작위(爵位)를 마련한 것은 귀천의 기준을 세우기 위한 까닭이다. 임금을 하찮게 여기고 뵙기를 바라지 않는 사람을 세상 사람들은 현명하다고 한다.

위세와 이득은 명령을 시행하기 위한 것이다. 이로움 없이 위세를 가벼이 여기는 사람을 세상 사람들은 진중(鎭重)하다고 한다.

법률과 명령은 잘 다스리기 위한 것이다. 법률과 명령에 따르지 않고 사사로이 착한 일을 하는 사람을 세상에서는 충성스럽다고 말한다.

관작(官爵)은 민중을 독려하기 위한 것이다. 세상에 알려지는 명예를 좋아하여 관직에 나가지 않는 사람을 세상에서는 열사라고 부른다.

형벌은 임금의 위세를 휘두르기 위한 것이다. 법을 가볍게 여기며 형벌이나 사형의 중벌도 피하지 않는 사람을 세상에서는 용사라 부른다.

민중이 명예를 갈망하는 마음은 이익을 바라는 것보다 더욱 간절하다.

이와 같으니 선비로서 먹을 것이 없어 굶주리고 궁핍에 빠진 사람으로 어찌 바위굴에 살면서 몸을 괴롭혀 그 명예를 세상 사람들과 다투려 하지 않을 수 있겠는가? 세상이 제대로 다스려지지 않는 까닭은 신하들의 죄가 아니고 위에 있는 임금이 다스리는 도를 잃었기 때문이다.

언제나 세상을 어지럽게 만드는 원인을 소중히 여기고, 세상이 잘 다스려지게 하는 근본을 업신여긴다. 이러므로 아래의 신하들이 바라는 바는 항상 위의 임금이 나라 다스리는 방법과 서로 어그러질 따름이다.

지금 신하가 임금에게 복종하는 일은 임금에게 있어 중요한 일이다.

정직하고 성실하게 오로지 한마음으로 일하면서 말하기를 삼가하면 곧 이를 "좀스러운 꽁생원"이라 비판한다.

법률을 굳게 시키고 명령을 살펴 따르면 곧 이를 "어리석고 눈치없는 사람"이라고 말한다.

위로 임금을 공경하고 죄를 지을까 두려워하면 곧 "옹졸한 겁쟁이"라고 비판한다.

말이 때에 맞게 절도가 있고 행동이 적절하면 곧 "시시하고 같잖다"고 말한다.

두 가지 마음을 품지 않고, 사사로운 주장을 하지 않으며 관리의 말을 듣고 그의 가르침에 따르면 곧 이를 일러 "비굴하고 고루하다"고 말한다.

한편 이와는 달리 임금이 불러 쓰기가 어려운 사람을 "정의롭다"하고 은총으로 상을 내려도 독려하기 어려운 사람을 "청렴하다"고 칭찬한다.
 그의 행동을 법령으로도 막기 어려운 사람을 "장렬하고 강경(强硬)하다"고 말한다.
 명령이 있어도 이에 따르지 않는 사람을 "용감하다"고 말하며, 임금을 위해서는 어떠한 이익도 도모하려 하지 않는 사람을 "성실하다"고 칭찬한다.
 너그럽고 은혜로워 덕을 행하는 사람을 "어질다"고 우러러 보며, 자중 자애(自重自愛)하여 스스로를 높이는 사람을 "공경받을 어른"이라고 말한다.
 사사로운 학문을 주장하여 무리를 이루는 사람을 "사제관계가 돈독하다"고 부러워하며 조용하게 아무 일도 하지 않고 살아가는 사람을 보고 "사려(思慮)깊은 선비"라 한다.
 다른 사람에게 손해를 입히며 이익을 좇는 사람을 "민첩하고 재빠르다"고 말하며, 음험하고 조급하여 거듭 바꾸는 사람을 "지혜롭다"고 말한다.
 먼저 남을 위하고 자기 일은 나중에 하며, 골고루 퍼진 명성과 대중을 설득하는 언변으로 온 세상 사람들을 사랑하는 것을 "성인(聖人)"으로 칭송한다.
 큰소리는 치지만 실제로는 아무 쓸모가 없고 행동은 세상 일에 어긋나는 사람을 "대인(大人)"이라고 부러워 하며 작위(爵位)나 봉록을 깔보고 임금에게 굽히지 않는 사람을 "호걸"이라고 말한다.
 아랫사람들 사이에 점점 익혀져가는 것이 이와 같으니 나라 안으로는 민중을 홀려 어지럽히고 나라 밖으로 나가면 나라에 이롭지 못하다.
 임금은 마땅히 이와 같은 욕심을 금하고, 그러한 행동을 뿌리뽑아야 하는데도 억제하지는 않고 오히려 이를 좇아 존중한다. 이것은 아랫사람에게 임금을 어지럽히는 것을 가르치면서 나라의 정치를 하는 꼴이다.

제 7 편 궤사(詭使) 117

聖人之所以爲治道者三 一曰利 二曰威 三曰名 夫利者所以得民也 威者所以行令也 名者上下之所同道也 非此三者 雖有不急矣 今利非無有也 而民不化上 威非不存也 而下不聽從 官非無法也 而治不當名 三者非不存也 而世一治一亂者 何也 夫上之所貴 常與其所以爲治相反也

夫立名號[1]所以爲尊也 今有賤名輕實者 世謂之高 設爵位所以爲賤貴基也 而簡上不求見者[2] 世謂之賢 威利所以行令也 而無利輕威者 世謂之重 法令所以爲治也 而不從法令爲私善[3]者 世謂之忠 官爵[4]所以勸民也 而好名義 不進仕者 世謂之烈士 刑罰所以擅威也 而輕法不避刑戮死亡之罪者 世謂之勇夫 民之急名也 甚其求利也如此 則士之飢餓乏絶者 焉得無巖居苦身 以爭名於天下哉 故世之所以不治者 非下之罪 上失其道也 常貴其所以亂 而賤其所以治 是故下之所欲 常與上之所以爲治相詭也 今下而聽其上 上之所急也 而惇愨純信 用心怯言 則謂之窶[5] 守法固聽令審 則謂之愚 敬上畏罪則謂之怯 言時節 行中適 則謂之不肖 無二心私學 聽吏從敎者 則謂之陋 難致 謂之正 難予謂之廉 難禁 謂之齊[6] 有令不聽 謂之勇 無利於上 謂之愿[7] 寬惠行德 謂之仁 重厚自尊 謂之長者 私學成群 謂之師徒 閑靜安居 謂之有思 損人逐利 謂之疾 險躁反覆[8] 謂之智 先爲人而後自爲類名號言 汎愛天下 謂之聖 言大不稱而不可用 行而乖於世者 謂之大人 賤爵祿 不撓上者 謂之傑 下之漸行如此 入則亂民 出則不使也 上宜禁其欲 滅其迹 而不止也 又從而尊之 是敎下亂上以爲治也

1) 名號(명호) : 명예로운 칭호.
2) 簡上不求見者(간상불구견자) : 간상(簡上)은 거만하게 임금을 가볍게 여기나의 뜻이고 견(見)은 임금을 뵙는 것(謁見)을 뜻함.
3) 私善(사선) : 임금이나 나라를 위한 공적(公的)이 아닌, 자기 개인을 위한 사사로운 선행.
4) 官爵(관작) : 공로에 따라 주어지는 것인데 '정법'에 상군(商君)의 법이라 하여 적의 목을 베는 수에 따라 공과를 헤아려 작(爵)과 관(官)

이 주어졌다.
5) 窶(구) : 가난하고 누추하다는 뜻.
6) 齊(제) : 강경하다의 뜻이다.
7) 愿(원) : 신중하고 성실하다는 뜻.
8) 險躁反覆(험조반복) : 험(險)은 음험하여 남을 속이는 것을 말하고, 조(躁)는 서두른다는 뜻. 곧 이랬다 저랬다 하여 변화가 많은 것.

2. 임금 주위에서 웃음을 파는 배우

무릇 임금같이 윗자리에 있는 사람이 신하나 민중을 다스리는 방법은 형벌이다. 그런데도 지금 멋대로 사사로이 의로움과 믿음의 행동을 하는 사람이 있다면 존경을 받는다.

사직(社稷)이 존립하는 바탕은 민중이 마음잡고 안정된 생활을 하는데 있다. 그런데도 말많고 음험하여 남을 잘 헐뜯고 아첨 잘하는 사람이 쓰이게 된다.

나라 안의 모든 민중이 임금에게 복종하는 바탕은 신의(信義)와 은덕에 의한다. 그런데도 편파적인 의견으로 나라를 뒤엎으려는 사람이 쓰이고 있다.

임금의 명령이 잘 시행되고, 임금의 권위가 확립되는 바탕은 크게 공경하고 겸허한 자세로 순종하는데 있다. 그런데도 바위굴에 숨어 세상을 엿보는 사람의 이름이 온 세상에 명성을 드날린다.

창고가 곡식으로 가득차게 되는 까닭은 농사를 열심히 짓는 게 그 바탕이다. 그런데 직물을 짜거나 비단에 수를 놓거나 조각품을 만드는 사람, 본바탕에서 벗어난 일을 하는 사람들이 넉넉하게 살아간다.

임금의 명성이 빛나고 나라의 영토가 넓어지는 바탕은 전장에서 싸우는 전사(戰士)들이다. 지금 전사자(戰死者)의 고아들은 굶주림에 지쳐 길가에서 구걸을 하는데, 임금 주변에는 웃음을 파는 배우들과 술(酒)을 좋아하는 패거리들이 수레를 타고 비단옷을 입고 뻐긴다.

　포상(褒賞)과 봉록은 민중에게 있는 힘을 다하도록 하고, 신하에게 목숨을 바치게 하는 바탕이다. 싸움에 이기고 성(城)을 쳐서 빼앗은 전사(戰士)들은 죽도록 애썼는데도 포상의 혜택을 받지 못한다. 그런데 점(占)이나 치고 관상과 손금이나 보며 남을 홀리는 일을 하면서 임금의 마음에 드는 말을 뇌까리는 사람은 날마다 하사품을 받고 있다.

　임금이 위에서 법도를 쥐고 있는 것은 신하를 죽이고 살리는 권력을 마음대로 행사하기 위한 것이다. 지금 그 법도를 받들어 준수하는 선비가 충성심에서 임금을 배알코자 하여도 뵙지 못하고 있는데, 달콤한 말을 교묘하게 구사하고 나쁜 짓을 일삼아 세상의 요행을 바라는 사람은 자주 임금 가까이에서 뵙는다.

　법에 의거하여 바른 말(直言)을 하고 의견은 명분과 실제가 서로 들어 맞으며, 규율에 따라 못된 사람을 벌하는 것은 임금을 위하여 나라를 다스리는 바탕인데도 이를 주장한 사람은 오히려 임금과 점점 멀어지게 된다. 아첨하여 변설을 늘어 놓고 임금의 뜻에 맞추어 바라는 일을 하게 하여 세상을 위태롭게 하는 사람이 친근하게 된다.

　세금을 애써 내게 하고 민중의 힘을 모으는 것은, 국난에 대비하여 나라의 재정을 튼튼히 하기 위한 것이다. 사졸(士卒)가운데는 할 일을 두고 도망하여 몸을 숨기고, 위세있는 권력층에 빌붙어 할당되는 부역을 면하며, 임금이 찾아도 잡히지 않는 무리가 수 만도 넘는다.

　무릇 기름진 밭과 좋은 집을 상(賞)으로 내건 것은 사졸을 싸우게 하기 위한 것이다. 전쟁터에서 머리가 잘리고 배가 찢어지고 뼈가 늘판에 흩어진 자들은 살아 있을 때에는 집은 없더라도 신체는 용납되지만 자신이 죽고 나면 집마저 빼앗기고 만다. 한편으로 딸이나 누이의 아름다움을 팔아 임금의 총애를 받는 사람과 아무런 공적이 없으면서도 대신(大臣)이나 측근이 된 사람은 자기가 바라는대로 좋은 집을 골라 받고 자기가 바라는 기름진 논밭을 골라 생활의 바탕으로 삼는다.
　포상이나 이로움이 하나같이 임금으로부터 나오는 것은 신하를 마음대로 지배하기 위한 까닭이다. 갑옷을 입고 싸운 사람들은 직업을 얻지 못하고 있는데 아무 일도 하지 않고 한가하게 지내는 선비가 오히려 존경받아 명예를 얻게 된다.
　임금이 이러한 방법으로 다스린다면 명예가 어찌 비천해지지 않겠으며, 그 지위가 어찌 위태롭지 않겠는가? 무릇 명예가 천박해지고 그 지위가 위태로우면 반드시 아래에서 법령을 따르지 않고 두 가지 마음으로 세상을 어긋나게 사는 사람이 있게 된다. 이같은 행동을 금하지 않고, 그 무리를 쳐부수지 않고, 그 당파를 해산시키지 않고 오히려 그대로 존중하고 따른다. 그것은 정치를 하는 사람들의 허물이다.
　임금이 염치를 내세우는 것은 신하에게 그것을 장려하려는 까닭이다. 지금 사대부(士大夫)들은 더러운 행동이나 추한 일을 부끄러움 없이 저지르면서 뻔뻔스럽게 관직에 앉아 있고, 딸이나 누이가 임금의 총애를 받아 임금과 사사롭게 은의(恩義)를 맺은 집은 차례를 기다림 없이 관직에 나아간다.
　포상은 존경을 나타내기 위한 것이다. 그런데 싸움에 나가 공로를 세운 사람은 그대로 빈천하게 사는데, 임금을 가까이에서 받드는 내시(內侍)나 광대패들은 등급을 뛰어 넘어 승진한다.
　벼슬의 칭호를 실적과 맞게 함은 임금의 권위를 널리 펴고자 하는 까닭이다. 임금의 귀와 눈은 가려져 있고 가까이에서 모시는 신하와 여자들의 농간은 끊이지 않고, 벼슬아치들은 관직을 매매하여 남을 승진시킨다. 그것은 정치의 요로에 있는 사람들의 허물이다.
　대신(大臣)이 사람들을 관직에 앉히면서 아랫사람들과 먼저 결탁하고 불법 행위를 저질러 위세와 이록의 권위가 아래로 옮겨지면, 임금의 지위는 비천해지고 대신의 자리만 존귀해지게 된다.

제 7 편 궤사(詭使)

凡上所以治者 刑罰也 今有私行義[1]者尊 社稷之所以立者 安靜也 而謀險讒諛[2]者任 四封之內 所以聽從者 信與德也 而陂知傾覆[3]者使 令之所以行 威之所以立者 恭儉聽上也 而巖居非世者顯 倉廩之所以實者 耕農之本務也 而綦組錦繡 刻畵爲末作者富 名之所以成 地之所以廣者 戰士也 今死士之孤 飢餓乞於道 而優笑酒徒之屬 乘車衣絲 賞祿所以盡民力 易下死也 今戰勝攻取之士 勞而賞不霑 而卜筮視手理[4] 狐蠱爲順辭[5]於前者日賜 上握度量 所以擅生殺之柄也 今守度奉量之士 欲以忠嬰上而不得見 巧言利辭 行姦軌以倖偸世者數御 據法直言 名形相當 循繩墨 誅姦人 所以爲上治也 而愈疏遠 諂施順意從欲以危世者近習 悉租稅 專民力 所以備難充倉府也 而士卒之逃事伏匿 附託有威之門 以避徭賦[6] 而上不得者萬數 夫陳善田利宅者 所以厲戰士也 而斷頭裂腹 播骨乎原野者 無宅容身 身死田奪 而女妹有色 大臣左右無功者 擇宅而受 擇田而食 賞利一從上出 所以擅制也 而戰介之士不得職 而閒居之士尊顯 上以此爲敎 名安得無卑 位安得無危 夫卑名危位者 必下之不從法令 有二心私學 反世者也 而不禁其行 不破其群 以散其黨 又從而尊之 用事者過矣 上之所以立廉恥者 所以厲下也 今士大夫不羞汙泥醜辱而宦 女妹私義之門不待次而宦 賞賜所以爲重也 而戰鬪有功之士貧賤 而便辟優徒超級 名號誠信所以通威也 而主揜障[7] 近習女謁並行 百官主爵遷人 用事者過矣 大臣官人 與下先謀比周[8]雖不法行威利在下 則主卑而大臣重矣

1) 私行義(사행의) : 법률 밖에서 사사로이 의(義)를 행하는 것.
2) 謀險讒諛(조험참유) : 조험(謀險)은 말이 많고 음흉하다는 뜻. 참유(讒諛)는 남을 헐뜯고, 남에게 아첨한다는 뜻.
3) 陂知傾覆(피지경복) : 피지(陂知)는 한편만 기울어지게 두둔하는 지식 곧 편파적인 앎. 경복(傾覆)은 반복과 뜻이 같음.
4) 卜筮視手理(복서시수리) : 복서는 점치는 것. 관상과 손금을 뜻함.
5) 狐蠱爲順辭(호고위순사) : 고(蠱)는 본래 충(蟲)이었으나 지금 쓰는 고(蠱)가 마땅하고 호고(狐蠱)란 예쁘고 부드러운 방법으로 남을 홀

리는 것. 순사(順辭)는 아첨하는 말을 뜻함.
6) 徭賦(요부) : 요는 억지로 끌어다 일을 시키는 징용(徵用)과 같은 뜻이고, 부는 논밭에 대한 세금을 뜻함.
7) 揜障(엄장) : 어떤 일을 못하게 가려 막는다는 뜻.
8) 比周(비주) : 특별히 친밀하다는 뜻인데 여기서는 친밀한 사람끼리 결탁한다는 뜻으로 본다.

3. 나라가 어지러워지는 까닭은

무릇 법령을 마련하는 것은 사사로움을 폐하기 위한 것이다. 법령이 잘 시행되면 사사로운 방법은 적용되지 않고 폐지된다. 사사로움은 법령을 어지럽히는 까닭이 된다.

선비는 두 가지 마음을 가지고 사사로운 학문을 익히면서 바위굴이나 움막집에 몸을 숨겨 세상 일을 깊이 생각하는 것처럼 보이게 한다. 심한 경우에는 세상을 비방하고, 작게는 아랫사람을 홀리는 경우도 있다. 그런데도 임금은 이들을 금지시키지 않고 오히려 칭호를 내려 존중하고 봉록을 주어 넉넉하게 잘 지내도록 대우한다.

이것은 공로없이 명예가 드러나고, 애써 노력하지 않아도 넉넉하게 살 수 있게 하는 것이다.

이와 같으니 선비로서 두 마음을 품고 사사로운 학문을 닦는 것을 어찌 생각하지 않을 수 있으며, 지혜로운 속임수에 힘쓰고 법령을 비방하여 세상 이치에 상반된 방법으로 명예와 봉록을 구하려 하지 않겠는가?

무릇 임금의 다스림을 어지럽히고 세상을 거역하는 사람들은 언제나 선비 가운데 두 마음을 품고, 사사로운 학문을 익힌 사람들이다.

그러므로 법가(法家)의 『본언(本言)』에 말하기를 "나라가 잘 다스려지는 바탕은 법(法)에 있고, 나라가 어지럽게 되는 바탕은 사사로움에 있다. 법이 튼튼하게 서면 사사로운 짓을 하지 못하게 된다."고 했다.

그러므로 말하기를 "사사로운 길에 의지하면 어지러워지고 법에 의지하면 다스려진다"고 했다.

위의 임금에게 올바른 길(道)이 없으면 지혜있는 사람은 제멋대로 말을 하게 되고, 현명한 사람은 제나름대로의 뜻을 품게 되며, 임금이 함부로 은혜를 베풀면 민중들은 함부로 욕심을 내게 된다.

이른바 성자(聖者), 지사(智者)라는 사람들이 무리를 이루고 멋대로 말을 만들고 지어내 법에 위배되는 태도로 임금을 대한다. 이럴 때 임금은 그것을 금지시켜 막아야 할 터인데도 오히려 그를 따르고 존중하니, 이것은 신하에게 임금의 말을 듣지 않아도 되고 법을 따르지 않아도 된다는 것을 가르치는 것이 된다.

이러한 까닭에 현명한 사람은 명예를 드러내면서도 관직에 나가지 않고 간악(姦惡)한 사람은 공로없이 상을 받아 넉넉하게 살 수 있다.

이와 같이 현명한 사람이 관직에서 일하지 않고도 명예가 드러나며, 간악한 사람들이 아무 공로 없이도 넉넉하게 잘 살게 된다면 임금은 신하나 민중을 이기지 못한다.

夫立法令者所以廢私也 法令行 而私道廢矣 私者所以亂法也 而士有二心 私學 巖居窘處[1] 託伏深慮[2] 大者非世 細者惑下 上不禁 又從而尊之以名 化之以實[3] 是無功而顯 無勞而富也 如此則士之有二心私學者 焉得無深慮 勉知詐[4] 誹謗法令 以求索與世相反者耶 凡亂上反世者 常士有二心私學者也 故本言[5]曰 所以治者法也 所以亂者私也 法立則莫得爲私矣 故曰 道私者亂 道法者治 上無其道 則智者有私詞[6] 賢者有私意 上有私惠 下有私欲 聖智成群 造言作辭[7] 以非法措於上 上不禁塞 又從而尊之 是敎下不聽上 不從法也 是以賢者顯名而居 姦人賴賞而富 賢者顯名而居 姦人賴賞而富 是以上不勝下也

1) 巖居窞處(암거담처) : 암거(巖居)는 바위굴에 산다는 말이고, 담처(窞處)란 구덩이(窞)를 파고 산다는 뜻.
2) 託伏深慮(탁복심려) : 깊이 생각하는 일에 온 몸을 맡긴다는 뜻.
3) 化之以實(화지이실) : 화(化)는 옛글자로 재화(貨)로 보고, 실(實)은 상을 주어 실제로 이익이 된다는 뜻이다. 곧 포상과 봉록 등 실제적인 이익으로 우대(優待)한다는 뜻이다.
4) 勉知詐(면지사) : 애써 지혜로써 남을 속이는 일을 말함.
5) 本言(본언) : 본언(本言)은 전국시대에 널리 읽혔던 도가(道家)의 책 이름.
6) 私詞(사사) : 다른 책에 사(辭)로도 써 있으나 사(詞)가 마땅하다. 사사로운 말의 뜻.
7) 造言作辭(조언작사) : 제멋대로 의견을 세워 말을 만든다는 뜻인데 『주례(周禮)』 대사도에는 팔형(八刑)중의 하나로 조언지형(造言之刑)으로 말을 조작한 것에 대한 형벌.

제8편 망 징(亡徵)

 망징(亡徵)편은 '나라가 망하는 징조'를 말한 것으로 나라가 망하는 징후(徵候)로 마흔 일곱 조목을 열거했다.
 그것은 임금을 중심으로, 임금의 일족, 측근, 중신(重臣)들, 곧 상류층의 부패 뿐만 아니라 그들을 에워싸고 있는 유형·무형의 무리를 포함하여 도저히 손을 쓸 수 없을 정도로 타락한 전국시대의 사회 말기적 현상을 적나라하게 다뤘다.

1. 나라가 망하는 여러 가지 사례

 무릇 임금이 다스리는 나라는 작은데 대부(大夫)들이 차지한 영토는 크며, 임금의 권위는 가볍고 대신들의 세도가 무거우면 그 나라는 망한다.
 법률과 금령은 등한히 하면서 모략과 사사로운 꾀에만 힘쓰고, 나라 안의 정치는 거칠게 하면서 나라 밖의 외교와 원조에만 의지하면 그 나라는 망한다.
 여러 신하들이 쓸데없는 학문을 익히고 귀족의 자식들은 공허한 변실을 즐기며, 장사치들은 재화를 나라 밖으로 빼돌려 쌓아놓고 서민들은 나라 안에서 곤궁하게 지내게 되면 그 나라는 망한다.
 임금이 화려한 궁전과 높은 누각, 정원의 연못만들기를 즐기고, 아름다운 수레와 옷입기를 좋아하며, 편리한 기구나 노리개 같은 사치 때문에 민중을 괴롭히고 재화를 지나치게 쓰면 그 나라는 망한다.

　임금이 때와 날을 받아 길흉을 정하고, 귀신을 섬기며, 점을 믿고, 제사지내는 것을 즐기면 그 나라는 망한다.

　임금이 신하의 의견을 들을 때 그 벼슬을 기준으로 하며, 많은 사람의 말을 증거로 참고하여 알아보지도 않고 다만 한 사람의 신하를 밖으로 내보내 정보를 얻는 창구로 삼는다면 그 나라는 망한다.

　나라의 관직이 몇 사람의 중신(重臣)의 힘에 의해 좌우되고, 벼슬과 봉록을 재화(財貨)로써 손에 넣을 수 있다면 그 나라는 망한다.

　임금이 나태하여 이루는 일이 없고, 유약하여 무슨 일이든 결단을 내리지 못하며, 옳은 일과 그릇된 일을 결정짓지 못해 확고한 자립(自立)의 태도가 없으면 그 나라는 망한다.

　임금이 탐욕스러워 항상 만족함이 없고, 이익을 가까이하여 소유함을 즐기면 그 나라는 망한다.

　임금이 형벌을 함부로 사용하는 것을 좋아하여 법률에 용의주도하지 않고, 변설을 즐겨 그 실용(實用)에 마음을 두지 않으며 꾸며낸 글에 홀려 그 공로를 돌아보지 않으면 그 나라는 망한다.

　임금의 사람됨이 천박해 속마음 들여다 보기가 쉽고, 그 계획을 함부로 남에게 누설하여 조금도 감추는 것이 없으며, 여러 신하가 말한 것을 가리지 않고 이쪽 저쪽으로 옮기면 그 나라는 망한다.

　임금의 성품이 너무 강해 남과 화합할 줄 모르고, 간언(諫言)을 물리치고 남에게 이기기를 즐기며, 나라의 이익을 깊이 생각하지 않고 경솔하게 스스로의 믿음에만 의존할 경우 그 나라는 망한다.

　임금이 다른 나라와의 동맹이나 원조만 믿고 이웃 나라를 얕보고, 강대국의 도움에 의지하여 가까운 이웃 나라를 멸시하면 그 나라는 망한다.

다른 나라에서 옮겨와 더부살이하는 선비가 처자나 재산은 나라 밖에 두고, 위로는 임금의 모사(謀事)에 관여하며 아래로는 민정(民政)에 관계하는 경우 그 나라는 망한다.

민중들은 재상(宰相)을 믿지 않고, 신하들은 임금에게 충심을 품지 않는다. 그런데 임금은 재상을 총애하고 믿어 그를 파직시킬 수 없다면 그 나라는 망한다.

임금이 나라 안의 뛰어난 선비를 기용하지 않고 나라 밖에서 선비를 모셔와 관직에 앉히며, 공로로써 시험해 보지도 않고 명성으로 진퇴를 결정하는 바탕을 삼으며, 외국 사람만 믿어 그 지위를 귀하게 하여 기존의 신하보다 귀하게 되면 그 나라는 망한다.

임금이 올바르게 탄생한 적자(適者)를 가볍게 여기고, 서자(庶子)를 맞먹게 하며, 태자(太子)가 아직 정해지지도 않았는데 임금이 죽으면 그 나라는 망한다.

임금이 대담해 잘못을 뉘우칠 줄 모르고, 나라가 어지러운데도 자신의 재주만 믿고 자부하며, 나라의 재력은 헤아리지 않고 이웃의 적을 깔보면 그 나라는 망한다.

나라가 작은데도 큰나라에 대해 겸손하지 않고, 힘은 약한데도 강한 나라를 겁내지 않으며, 무례하게도 이웃의 큰나라를 업신여겨 탐욕에만 강하고 외교에 졸렬하면 그 나라는 망한다.

태자가 이미 정해졌는데 임금이 강성한 적국에서 후궁을 맞아들여 정부인으로 삼으면 태자의 자리는 위태로워지고 신하들은 마음이 변하여 정부인 쪽으로 쏠릴 것이니 그 나라는 망한다.

임금이 겁이 많아 나라를 지킴에 자기 신념대로 하지 못하며, 지레짐작은 빠르면서 마음이 유약하여 결단을 내려야 함에도 망설이다가 때를 놓치면 그 나라는 망한다.

임금이 일이 있어 다른 나라에 나가 있는데, 신하들이 임금의 자리를 너무 오래 비워두면 안 된다는 구실로 새로운 임금을 세우거나, 다른 나라에 인질로 가 있는 태자가 돌아오지도 않았는데 임금이 태자를 다른 아들로 정하면 민중들의 마음은 흔들린다. 나라 안의 민심이 흔들리면 곧 그 나라는 망한다.

임금이 대신들을 소홀히 대우하거나 창피를 주어 원한을 품게 하고 또 민중에게 형벌을 가하고 가혹하게 부려 원한이나 수치를 잊지 않았는데 그 사람들을 신변 가까이 둔다면 역적이 생긴다. 역적이 일어나면 그 나라는 망한다.

두 대신이 서로 권력을 다투고, 임금 형제들의 세력이 강하며, 나라 안에는 당파가 생기고, 나라 밖으로부터 원조를 받아들여 서로 세력을 다투는 일이 생기면 그 나라는 망한다.

임금이 젊은 시녀(侍女)나 아름다운 후궁들의 말을 귀담아 듣고, 총애하는 신하나 농간(弄奸)하는 측근의 지모(智謀)를 써서, 조정의 안팎에서 원망과 슬픔을 사게 되는데도, 임금이 이에 구애받지 않고 거듭 불법을 행하게 되면 그 나라는 망한다.

임금이 원로 대신을 업신여기고 가문의 웃어른에게 무례하고, 민중을 괴롭히고, 죄없는 사람을 잡아 죽이는 일이 있으면 그 나라는 망한다.

임금이 즐겨 지혜로써 법을 왜곡시키고, 자칫하면 사사로운 일로 공사(公事)를 그르치게 하며, 법률과 금령을 자주 바꾸고, 수시로 명령을 내려 민중이 어느 쪽을 따라야 할지 갈피를 못잡게 되면 그 나라는 망한다.

국경에 튼튼한 요새가 없고, 성곽은 허술하며, 군비는 축적해 둔 것이 없고, 물자도 모자라 방위 태세가 갖추어지지도 않았는데 가볍게 적을 공격하면 그 나라는 망한다.

임금의 집안 내림이 장수(長壽)하지 못하여 임금이 즉위하자마자 잇따라 죽고 어린 임금이 즉위하면 대신이 권력을 잡고 휘두른다. 다른 나라에서 온 사람도 벼슬을 주고, 당파(黨派)를 만들게 하고, 나라의 영토를 잘라 외교의 담보로 삼아 원조를 기대한다면 그 나라는 망한다.

임금의 대권을 이어받을 태자가 존경받고 세상에 알려져 그를 따르는 무리가 모여 세력이 커져, 강대한 나라들과 교섭이 빈번하여 그 위세가 일찍이 갖추어지면 그 나라는 망한다.
　임금의 마음이 좁고 성급하여 쉽게 흔들리고, 앞뒤의 이해득실을 헤아리지 못하여 앞을 내다보는 식견이 없으면 그 나라는 망한다.
　임금이 화를 잘 내고 즐겨 군사를 일으키고 농사나 군사를 그르치면서 쉽사리 적국을 공격하면 그 나라는 망한다.
　임금의 측근인 높은 자리의 대신들이 서로 투기하고, 대신들의 세력이 융성하여 밖으로는 적국의 힘을 빌리고 안으로는 민중을 괴롭히며 사사로운 원한으로 원수를 공격하는데 이를 임금이 벌하지 않는다면 그 나라는 반드시 망한다.
　임금은 어리석은데 그 측근인 친척이나 형제는 현명하고, 태자의 세력이 약해 서자가 이를 업신여겨 대항하며, 관리의 힘이 약하면 민중은 오만해져 나라 안이 시끄러워진다. 민심이 동요되고 나라가 시끄러워지면 그 나라는 마침내 망한다.
　임금이 성내야 할 때에도 가슴에만 품어 밖으로 나타내지 않고 벌해야 할 때에도 죄목을 들출 뿐 처벌하지 않으면, 신하의 무리들은 겉으로 아무 말 하지 않지만 속으로는 임금을 미워하고 나라를 걱정하게 되며 죄있는 사람을 처벌하지 않으면 그는 언제 어떻게 될지 모른다는 두려움 때문에 마침내 반란을 일으키게 되므로 그 나라는 망한다.
　군대를 출동시킬 때 장수에게 너무 무거운 권한을 주고 국경을 지키게 할 때 그 책임자에게 너무 높은 지위를 주면, 법을 남용하여 제멋대로 명령을 내리고 일을 처리함에 있어 임금의 명령을 기다림 없이 독재하게 되어 그 나라는 망한다.
　임금의 정식 부인인 왕후(王后)가 음란하고, 태후(太后)가 사사로이 추한 행동을 거듭하면, 조정 사람들이 궁전 내실(內殿)과 함부로 통하며 남녀의 유별함이 점점 멀어지게 되고 태후와 왕후가 서로 대립하여 파당을 만들어 양립하게 되어 그 나라는 망하고 만다.
　임금이 왕후를 소홀히 대우하고 시녀나 후궁을 총애하며, 태자보다는 서자의 권위가 존중되고, 재상의 권위가 가벼운 반면 임금이 총애하는 아래 신하들의 권세가 무거워지면, 조정의 안팎은 서로 투기하여 다투게 되고, 조정의 안팎이 다투어 불화하게 되면 그 나라는 망한다.

 대신의 자리가 너무 고귀해져 거기에 편파적인 지지자가 많아 무리를 만들어 강해지고 임금의 판단을 가로막아 나라의 권력를 제멋대로 행하면 그 나라는 망한다.

 귀족·현관(顯官)의 사문(私門) 출신은 관직에 나아가고 전쟁에서 목숨 걸고 공로를 세운 신하의 자손(子孫)들은 배척당하며, 지방의 작은고을에서 행한 착한 일 따위는 높이 들추어지면서 관리의 공로는 무시되며, 개인의 행위는 중시하면서 국가에 대한 공적은 경시하는 경우 그 나라는 망한다.

 임금이 관장하는 나라의 창고는 비었는데 대신의 사사로운 창고는 가득하고, 조상 대대로 뿌리박고 사는 사람은 가난한데 다른 나라에서 옮겨와 임시로 사는 사람은 넉넉하며, 논밭갈고 전쟁에 나가 목숨 걸고 싸우는 선비는 곤궁한데 상공(商工)에 종사하는 민중은 많은 이익을 얻는 경우 그 나라는 곧 망한다.

 임금이 큰 이로움을 보고도 그 기회를 놓쳐 포착하지 못하고 재화(災禍)의 단서를 듣고도 태만하여 그에 대비하지 못하며, 전쟁에 있어 공격과 방위에 대한 일에 소홀하면서 다만 인의(仁義)의 헛된 명분만으로 일신을 꾸미고자 하면 그 나라는 망한다.

 임금이 임금다운 효행(孝行)을 행하지 않고 보통 사람의 효행을 흠모하며, 나라의 이익을 돌보지 않고 모후(母后:太后)의 명령만을 좇고, 왕후나 후궁들과 나라 일을 의논하면 환관(宦官)이 정치를 좌우하게 되어 그 나라는 망한다.

 임금이 말은 잘 하지만 이치(理致:法)에는 들어맞지 않고, 마음씀은 지혜롭지만 술(術)은 터득하지 못했으며, 재능은 많지만 법도에 따라 일을 처리하지 못하면 그 나라는 망한다.

새로 임명된 신하가 높은 자리에 나가고 오래된 신하가 뒤로 밀려나며, 어리석은 사람이 등용되어 다스림에 쓰이는데 뛰어난 사람이 은둔하고, 공적이 없는 사람은 높은 지위를 얻어 귀해지는데 실적이 있는 사람이 낮은 지위에서 천한 대우를 받게 되면, 낮은 자리에 있게 되는 사람은 윗사람을 원망하게 된다. 아랫사람이 원망하게 되면 그 나라는 망한다.

　임금의 친인척(親姻戚)이나 대신들의 봉록이 실제의 공로에 비하여 높고 후하거나, 신분의 높고 낮음을 나타내는 복식(服飾)이 등급에 넘치도록 화려하거나, 집과 음식이 지나치게 사치스러운데도 임금이 이를 금하지 않으면, 신하들의 탐욕은 그칠 줄 모르게 된다. 신하들의 탐욕이 그칠 줄 모르게 되면 그 나라는 망한다.

　임금의 사위나 자손들이 민중과 함께 한 마을에 살면서, 이웃에게 오만하게 굴고 폭력을 휘두른다면 그 나라는 망한다.

　　　凡人主之國小而家大[1] 權輕而臣重者 可亡也 簡法禁而務謀慮 荒封內而恃交援者 可亡也 群臣爲學 門子好辯 商賈外積 小民內困者 可亡也 好宮室臺榭陂池 事車服器玩 好罷露[2]百姓 煎靡貨財者 可亡也 用時日 事鬼神 信卜筮 而好祭祀者 可亡也 聽以爵 不以衆言參驗 用一人爲門戶者 可亡也 官職可以重求 爵祿可以貨得者 可亡也 緩心而無成 柔茹而寡斷 好惡無決 而無所定立者 可亡也 饕貪而無饜[3] 近利而好得者 可亡也 喜淫刑而不周於法 好辯說而不求其用 濫於文麗而不顧其功者 可亡也 淺薄而易見 漏泄而無藏 不能周密 而通群臣之語者 可亡也 很剛而不和 愎諫而好勝 不顧社稷而輕爲自信者 可亡也 恃交援而簡近隣 怙强大之救 而侮所迫之國者 可亡也 羈旅僑士[4] 重帑在外[5] 上閒[6]謀計 下與民事者 可亡也 民不信其相 下不能其上 主愛信之 而弗能廢者 可亡也 境內之傑不事 而求封外之士 不以功伐課試 而好以名問擧錯 羈旅起貴 以陵故常者 可亡也 輕其適正 庶子稱衡 太子未定 而主卽世者 可亡也 大心而無悔 國亂而自

多 不料境內之資 而易其隣敵者 可亡也 國小而不處卑 力少而不畏強 無禮而侮大隣 貪愎而拙交者 可亡也 太子已置 而娶於強敵以爲后妻 則太子危 如是則群臣易慮 群臣易慮者 可亡也 怯懾而弱守 蚤見而心柔懦 知有謂可 斷而弗敢行者 可亡也 出君在外 而國更置 質太子未反 而君易子 如此則國攜 國攜者 可亡也 挫辱大臣而狎其身 刑戮小民而逆其使 懷怒思恥而專習 則賊生 賊生者 可亡也 大臣兩重 父兄衆強 內黨外援 以爭事勢者 可亡也 婢妾之言聽 愛玩之智用 外內悲惋[7] 而數行不法者 可亡也 簡侮大臣 無禮父兄 勞苦百姓 殺戮不辜者 可亡也 好以智矯法 時以私雜公 法禁變易 號令數下者 可亡也 無地固 城郭惡 無畜積 財物寡 無守戰之備而輕攻伐者 可亡也 種類[8]不壽 主數卽世 嬰兒爲君 大臣專制 樹[9]羈旅以爲黨 數割地以待交者 可亡也 太子尊顯 徒屬衆強 多大國之交 而威勢蚤具者 可亡也 變褊而心急 輕疾而易動發 心悁忿而不訾前後者 可亡也 主多怒而好用兵 簡本敎而輕戰攻者 可亡也 貴人相妬 大臣隆盛 外藉[10]敵國 內困百姓 以攻怨讎 而人主弗誅者 可亡也 君不肖而側室賢 太子輕而庶子伉 官吏弱而人民桀 如此則國躁 國躁者 可亡也 藏怒而弗發 懸罪而勿誅 使群臣陰憎而愈憂懼 而久未可知者 可亡也 出軍命將太重 邊地任守太尊 專制擅命 徑爲[11]而無所請者 可亡也 后妻淫亂 主母畜穢[12] 外內混通 男女無別 是謂兩主 兩主者 可亡也 后妻賤而婢妾貴 太子卑而庶子尊 相室輕而典謁[13]重 如此則內外乖 內外乖者 可亡也 大臣甚貴 偏黨衆強 壅塞主斷 而重擅國者 可亡也 私門[14]之官用 馬府之世絀[15] 鄕曲[16]之善擧 官職之勞廢 貴私行而賤公功者 可亡也 公家虛而大臣實 正戶貧而寄寓[17]富 耕戰之士困 末作之民利者 可亡也 見大利而不趣 聞禍端而不備 淺薄於爭守之事 而務以仁義自飾者 可亡也 不爲人主之孝 而慕匹夫之孝 不顧社稷之利 而聽主母之令 女子用國 刑餘[18]用事者 可亡也 辭辯而不法 心智而無術 主多能而不以法度從事者 可亡也 親臣進而故人退[19] 不肖用事而賢良伏 無功貴而勞苦賤 如是則下怨 下怨者 可亡也 父兄大臣 祿秩[20]

過功　章服$^{21)}$侵等　宮室供養太侈　而人主弗禁　則臣心無窮　臣心無窮者　可亡也　公壻公孫　與民同門　暴傲其隣者　可亡也

1) 國小而家大(국소이가대) : 여기에서 국(國)이라 함은 제후(諸侯)가 다스리는 나라이고, 가(家)는 대부(大夫)의 봉토(封土).
2) 罷露(파로) : 피로(疲勞)하다는 뜻과 같다.
3) 饕貪而無饜(도탐이무염) : 도탐은 탐욕이 심하다는 뜻이고 무염이란 아무리 먹어도 싫증을 내지 않는다는 말.
4) 羈旅僑士(기려교사) : 다른 나라에서 와 살고 있는 사람이란 뜻인데 기(羈)는 말굴레의 뜻. 교(僑)는 교포(僑胞)같은데 쓴다.
5) 重帑在外(중노재외) : 재산과 처자는 밖에 두고라는 말인데, 중(重)은 재산(財産), 노(帑)는 처자(妻子)를 뜻함.
6) 閒(한) : 한(閒)은 아래 구절에 나오는 여(與)와 같은 관계에 있다. 곧 참여하다는 뜻이다.
7) 外內悲惋(외내비완) : 내(內)는 조정 안의 군신(群臣)을 외(外)는 일반 민중을 가리키는데 완은 한탄하고 애석해 한다는 뜻.
8) 種類(종류) : 종(種)과 유(類)는 씨족과 같은 뜻인데 여기서는 임금의 일족을 가리킴.
9) 樹(수) : 세운다는 뜻인데, 여기서는 관직에 취임한다는 뜻이다.
10) 藉(자) : 빌리다의 뜻.
11) 徑爲(경위) : 직접 일을 행하는 것을 뜻한다.
12) 畜穢(축예) : 추행(醜行)을 쌓이 거듭하는 것. 또는 간부(間夫)를 기르는 것을 말함.
13) 相室輕而典謁(상실경이전알) : 상실(相室)은 삼경(三卿)으로 재상(宰相)과 좌·우상을 뜻하고, 전알(典謁)은 관장하다의 뜻이 있어 삼경 다음 가는 관리.
14) 私門(사문) : 세도가에서 사사로이 일하는 사람을 가리킴.
15) 馬府之世絀(마부지세출) : 마부(馬府)는 군사(軍事)에서 공로를 세운 장수를 뜻하고, 세출(世絀)은 자손을 물리치다의 뜻.
16) 鄕曲(향곡) : 지방에 떨어진 향리(鄕里).
17) 寄寓(기우) : 다른 나라에서 와 몸을 의지하고 사는 사람. 앞서 말한

기려교사(羈旅僑士)
18) 刑餘(형여) : 환관(宦官)을 가리킴. 궁형(宮刑)을 받고 임금의 측근에서 일하는 말단 벼슬아치지만 정치에 미치는 영향은 대단히 컸던 내시(內侍)를 말함.
19) 親臣進而故人退(친신진이고인퇴) : 친신(親臣)은 친(親)을 신(新)으로 읽어 새로 임명된 신하란 뜻이며 고(故)는 고(古)의 뜻.
20) 祿秩(녹질) : 봉록이 높은 것을 말함인데 화씨(和氏)에도 나옴.
21) 章服(장복) : 옛날 중국에서 시행됐던 임금이나 신하의 법정 복장으로 등급에 따라 달라 귀천을 알아 보도록 했다.

2. 나라가 어지럽다고 모두 망하지는 않는다

본래 망징(亡徵)이라 함은 반드시 나라가 망한다는 말이 아니라 다만 망할 수도 있다는 말이다. 대저 성왕(聖王)인 요임금도 두 사람이 있었더라면 두 사람 모두 임금이 될 수는 없고, 폭군인 걸(桀)이 두 사람 있을 경우에도 두 사람 모두 망하는 것은 아니다.

멸망하거나 혹은 임금이 되는 것은, 반드시 그 나라의 다스려지는가 어지러운가, 강한가 약한가의 상태가 어느 한쪽으로 편벽되어 나타날 뿐 양립될 수 없는데 그 까닭이 있다.

예컨대 나무가 부러지는 것은 반드시 벌레가 그 속을 갉아먹었기 때문이고, 담이 무너지는 것은 반드시 어디인가 틈새가 있기 때문이다. 나무 속을 벌레가 먹었더라도 강풍이 불지 않으면 나무는 부러지지 않을 것이며, 담에 틈새가 있었더라도 큰비가 내리지 않으면 무너지지 않는다.

만승의 큰나라를 다스리는 임금이 술(術)을 잘 쓰고 법(法)을 바르게 행하며 나라 힘을 충분하게 길러두었다가, 멸망의 징조가 있는 나라가 있을 때 그 임금을 향하여 강풍(强風)·대우(大雨)같은 역할을 다한다면 그 나라를 쉽게 얻을 수 있고, 천하를 합병하기도 쉬울 것이다.

亡徵者非曰必亡　言其可亡也　夫兩堯不能相王　兩桀不能相亡　亡王之機　必其治亂其强弱相踦¹⁾者也　木之折也　必道蠹　牆之壞也　必道隙　然木雖蠹　無疾風不折牆雖隙　無大雨不壞　萬乘之主有能服術²⁾行法　以爲亡徵之君風雨者　其兼天下不難矣

1) 相踦(상기) : 서로 기운다는 뜻인데 여기서는 한쪽으로 치우쳐 양립(兩立)할 수 없다는 말.
2) 服術(복술) : 술을 잘 쓴다는 말인데 여기에서 복(服)은 쓴다는 뜻과 같다.

제 9 편 남 면(南面)

남면(南面)은 임금이 남쪽을 향하여 앉고, 신하(臣下)가 북쪽을 향하여 자리잡은 상태에서 정사를 보는 것을 말한다. 이것은 중국을 비롯한 동양의 유학(儒學)을 숭상하는 나라들이 시행하는 제도의 하나로, '남면(南面)'은 임금을 가리키고 '북면(北面)'은 모든 신하들을 가리키는 것으로 굳어져 왔다.

1. 통치자의 허물이 시작되는 곳

나라를 다스리는 임금의 허물은, 한 신하에게 중책을 맡겨 놓고, 그 일을 맡지 않은 다른 신하로 하여금 중책을 맡아 일하는 신하를 감시하도록 하는 데 있다.

이렇게 되면 중책을 맡은 신하와 임금의 측근으로 그를 감시하는 신하 사이에는 반드시 적대관계가 형성되고 일을 맡지 않았던 신하가 도리어 사사로운 약점을 잡혀 억압을 당하는 지경에 이르기 쉽다. 지금 남을 감시하는 사람이 먼저 경계당하던 사람과 같은 처지가 되어 남의 감시를 받을 수 있다.

임금은 법(法)을 밝혀 그에 따라 대신들의 위세를 꺾을 수 없다면 민중의 신뢰를 얻을 수 없게 된다.

임금이 법을 떠나 신하로 하여금 다른 신하를 감시하게 하면 평소에 친했던 사이는 한편이 되어 서로 짜고 임금에게 칭찬으로 보고할 것이고, 서로 미워하는 사이라면 그들이 제각기 파당을 만들어 서로 비방할 것이다. 이렇게 되면 한 사람을 두고 한편에서는 칭찬하고, 또 한편에서는 비방하게 될 것이므로 임금은 현혹되어 혼란을 일으키게 된다.

본래 신하된 사람은 속속들이 파고 들어 칭찬받지 못하면 출세할 수 없고, 법을 어기면서라도 지배하지 않으면 무리를 만들어 위세를 떨칠 수 없으며, 윗사람에게 거짓으로라도 충성을 꾸미지 못하면 행동의 제약을 받게 된다.

이 세 가지가 임금을 속이고 좌우 신하들과 결탁하여 출세를 도모하는 자와, 법령을 어기고 제멋대로 하거나 무리를 만들어 위세를 떨치는 신하들이 생기게 되는 바탕이다.

임금은 그 신하에 대하여, 아무리 현명하고 유능해도 법을 어기고 제멋대로 일을 저질러 지배하는 일이 없도록 하고, 아무리 뛰어난 행동을 했어도 실제 공로 이상의 포상(褒賞)을 해서는 안 되며, 아무리 충성을 다했다 하더라도 법을 어기는 일이 있을 때는 그냥 버려 두어서는 안 된다. 이러한 일을 두고 법(法)을 밝히는 것이라 일컫는다.

人主之過 在已任臣矣 又必反與其所不任者備[1]之 此其說必與其所任者爲讎[2] 而主反制於其所不任者 今所與備人者 且曩之所備也 人主不能明法以制大臣之威 無道得小臣[3]之信矣 人主釋法而以臣備臣 則相愛者比周而相譽 相憎者朋黨而相非[4] 非譽交爭 則主惑亂矣 人臣者非名譽請謁[5] 無以進取 非背法專制 無以爲威 非假於忠信 無以不禁 三者 惛主壞法之資也 人主使人臣雖有智能不得背法而專制 雖有賢行不得踰功而先勞 雖有忠信不得釋法而不禁 此之謂明法

1) 備(비) : 나쁜 신하로 하여금 감시(監視)하게 한다는 뜻.
2) 此其說必與其所任者爲讎(차기설필여기소임자위수) : 차기설(此其說)은 그 설명으로서는이란 말인데 기설(其說)이란 말은 『묵자(墨子)』에 흔히 썼고, 주로 위의 말을 해석할 때 쓴다. 수(讎)는 여기에서 대항자로서 서로 견제(牽制)한다는 뜻.
3) 無道得小臣(무도득소신) : 도(道)는 여기에서 법(法)을 뜻한다. 소신

(小臣)은 민중들.
4) 相非(상비) : 서로 헐뜯는다는 말인데 비(非)는 헐뜯다와 뜻이 같다. 이 저서 여러 곳에서 이 비(非)를 쓰는데 그것은 법(法)의 기준이 아닌 동료의 평가에 의한 것을 뜻한다.
5) 請謁(청알) : 내밀(內密)하게 파고 들어가 청탁하는 것.

2. 신하가 기만하지 못하게 하는 법

임금은 때에 따라 신하로부터 마땅하지 않은 일을 건의받고 홀릴 경우가 있으며, 교묘한 변설에 총명이 가려지는 경우가 있으므로 이 두 가지를 잘 살펴야 한다.

또 신하가 어떤 일을 일으켜 공훈을 세워볼 생각으로 어려운 일인데도 쉬운 일 같이 경비를 적게 말해 임금을 속이는 경우가 있는데, 임금은 속은 줄 모르고 이를 살피지도 않은 채 그 말에 홀려 칭찬하게 되면 신하는 곧 일을 통해 도리어 임금을 제압하게 된다.

이와 같이 신하의 그릇된 일에 홀리는 임금은 그 일로 걱정하게 되고 뒷처리에 곤란을 당하게 된다.

신하가 어떤 일을 하려고 임금에게 처음 윤허(允許)를 받을 때는 비용이 적게 든다고 해놓았는데 실제 일을 추진할 때는 비용이 엄청나게 많이 들었다면, 비록 그 일이 성공리에 이루어졌다 하더라도 처음에 한 말은 믿을 수 없는 것이다.

말한 것이 사실과 달라 믿을 수 없게 되었다면 마땅히 벌을 내려야 하고, 비록 일은 성공시켰어도 상(賞)을 주지 않는다면, 신하들은 감히 말을 꾸며 임금을 홀리는 따위의 짓을 못할 것이다.

그러므로 임금의 길이란 신하로 하여금 처음 말한 것과 나중의 일이 한결같지 않고 나중에 한 말이 처음과 같지 않으면, 비록 일을 성공시켰더라도 반드시 그 죄에 복종하여 벌을 받도록 해야 한다. 이것을 신하에게 그 책임을 지우는 것이라 말한다.

신하가 임금을 위하여 새로운 일을 계획할 때 다른 사람들이 이것 저것 트집잡아 비난하지 않을까 두려운 나머지 미리 변명할 말을 만들어 아뢰기를 "임금을 위하여 계획한 이 일에 대해 시비하는 사람은 제가 공로를 세우는 것을 투기하는 사람입니다."고 말한다.
　이에 임금은 그 말에 홀려 가슴에 깊이 간직하고, 아예 다른 신하의 의견은 들으려고도 하지 않고, 여러 신하들도 그 말에 두려움을 느껴 일의 시비에 대해 감히 말하지 않게 된다.
　이 두 가지 상황이 만들어지면 임금이 신하의 말에 홀려 총명이 가려져 충성스러운 신하의 의견은 받아들여지지 않고 다만 아첨하는 신하가 신임을 받게 된다.
　이와 같은 일을 두고 임금이 신하의 말에 가려져 분별을 잃었다고 하는 것으로 신하의 말에 의해 분별력을 잃은 임금은 신하에게 제어당하는 것이다.
　임금의 길이란 신하에 대해 반드시 그가 말한 것은 책임을 지우고, 또한 마땅히 말해야 할 것을 말하지 않는 것에 대해서도 그 책임을 물어야 한다. 그리고 그 말의 앞뒤가 맞지 않거나 내용이 좋아도 효과가 없을 때는 공론에 그치므로, 그 변론에 증거가 없으면 그 말에 책임을 지워야 한다. 나라를 위해 좋은 생각이 있는데도 돌아올 책임을 피하기 위하여 말하지 않고 자기의 자리만 보존하려는 사람은 말하지 않는 것 역시 죄가 되므로 이것도 책임을 지워야 한다.
　임금은 신하가 어떠한 의견을 말할 때 반드시 그 실행 여부를 알아 두었다가 그 실제의 성과를 추궁하여 책임지우고, 말을 하지 않고 가만이 있는 사람에 대하여는 반드시 그 행동의 기준을 물어 두었다가 다음의 재료로 삼는다면 신하는 함부로 자기 의견을 내놓지 않을 것이며 또 자기 지위를 보존하기 위하여 침묵을 지키려고만 하지 않을 것이다. 왜냐 하면 말을 하든 않든 모두 책임을 져야 할 것이기 때문이다.
　임금이 새로운 일을 하고자 할 때, 그 일의 처음과 끝을 잘 이해하지도 못한 채 그 하고자 하는 바를 미리 밝혀 버리면 신하들은 임금의 뜻에 영합하여 무조건 이를 찬성하게 된다. 그리하여 일을 하게 되면 이득은 얻지 못하고 반드시 해가 돌아올 뿐이다.

이러한 것을 터득한 사람은 도리에 따라 일을 거행하여 수입은 많고 지출은 적게 계획한다. 지출이 적으면 그것은 실행해도 좋을 것이다.

어리석은 임금은 그렇지 않아 자기의 욕망을 채우기 위하여 수입만을 헤아리고 나가는 것은 헤아리지 않는다. 비록 지출이 수입의 배가 되는데도 그 손해에는 아랑곳 없으니 일을 많이 했다는 명목은 얻겠지만 그 실익(實益)에 있어서는 손실일 뿐이다. 이와 같은 일은 효과는 적으면서 손해는 큰 것이다.

무릇 공적이란 들어오는 것은 많고 나가는 것이 적을 때에 비로소 공적이라고 말한다.

지금 많은 비용을 헛되게 썼는데도 죄가 없고, 사소한 이익을 올려 공적으로 칭찬받는다면 곧 신하들은 많은 비용을 들여 작은 공을 세우게 된다. 이렇게 작은 공적을 이루는 것은 임금과 나라에 해가 될 뿐이다.

人主有誘於事者 有壅於言者 二者不可不察也 人臣易言事[1]者 少索資[2] 以事誣主 主誘而不察 因而多之[3] 則是臣反以事制主也 如是者謂之誘於事 誘於事者困於患 其進言少 其退費多 雖有功 其進言不信 夫不信者有罪 事雖有功不賞 則群臣莫敢飾言以惛主 主道者使人臣前言不復於後 後言不復於前 事雖有功 必伏其罪 謂之任下[4] 人臣爲主設事 而恐其非也 則先出說設言[5]曰 議是事者 妬事者也 人主藏是言 不更聽群臣 群臣畏是言 不敢議事 二勢者用 則忠臣不聽 而譽臣[6]獨任 如是者謂之壅於言 壅於言者制於臣矣 主道者使人臣必有言之責 又有不言之責 言無端末 辯無所驗者 此言之責 以不言避責 持重位者 此不言之責也 人主使人臣言者必知其端末 以責其實 不言者必問其取舍 以

爲之責 則人臣莫敢妄言矣 又不敢默然矣 言默則皆有責也 人主
欲爲事 不通其端末 而以明其欲 有爲之者 其爲不得利 必以害
反 知此者擧事有道 計其入多 其出少者 可爲也 惑主不然 計其
入 不計其出 出雖倍其入 不知其害 則是名得而實亡 如是者 功
小而害大矣 凡功者其入多 其出少 乃可謂功 大費無罪 而少
得爲功 則人臣出大費而成小功 小功成而主亦有害

1) 易言事(이언사) : 짧고 쉽게 진언한다는 뜻.
2) 少索資(소색자) : 적은 자본을 들인다는 뜻.
3) 多之(다지) : 칭찬하다의 뜻.
4) 任下(임하) : 임재신(任在臣)과는 뜻이 다르다. 말과 공(功)의 책임을 아래의 신하에게 책임지운다는 뜻.
5) 出說設言(출설설언) : 미리 변명할 말을 만들어 놓는다는 뜻.
6) 譽臣(예신) : 여러 신하들의 평판으로 자리에 오른 신하.

3. 옛 것을 바꾸고 새로운 것을 시행해야

나라를 다스리는 법〔治術〕을 잘 모르는 사람은 반드시 말하기를 "옛법을 바꾸거나 관습을 바꿔서는 안 된다."고 한다. 성인(聖人)은 변경할 만한 일이라면 변경해도 좋다거나 그렇지 않은 것은 그대로 두어야 한다는 일에는 귀를 기울이지 않고, 나만 나라를 잘 다스리는 일에만 힘을 다할 뿐이다.

그렇다면 옛 것을 바꾸지 않는다거나, 풍습을 바꾸지 않는다는 것은 옛 것 중에도 바꿔서 안 되는 것이 있고 변경해야 할 것도 있으므로 그 좋고 나쁨을 잘 생각하여 결정해야 할 것이다.

이윤(伊尹)이 은(殷)나라의 옛 풍습을 바꾸지 않고 태공(太公)이 주(周)나라의 옛 관습을 바꾸지 않았다면, 은나라 탕왕(湯王)이나 주나라의 무왕(武王)은 왕이 되지 못했을 것이다.

또 관중(管仲)이 제(齊)나라의 제도를 바꾸지 않고 곽언(郭偃)이 진(晉)나라의 제도를 바꾸지 않았다면, 제나라 환공(桓

公)이나 진나라의 문공(文公)은 패자(霸者)가 되지 못했을 것이다.

　무릇 사람이 옛 제도를 고치는 일에 선뜻 마음내켜 하지 않는 까닭은 일반 민중들이 익숙해져 있는 것에 안주하여 바뀌는 것에 대해 두려움을 갖기 때문이다.

　그러함에도 무릇 옛 제도를 고치지 않고 있는 것은 옛날의 어지러운 풍습을 계승하는 것이 되고, 민중의 마음에 영합하여 옳지 않은 일을 그대로 하도록 방치하는 꼴이다.

　민중은 어리석어 세상의 어지러움에 마음을 쓰지 않고, 임금은 유약하여 개혁을 단행하지 못하는 것은 나라가 잘 다스려지지 않고 점점 쇠퇴해져 가는 길이다.

　임금이란 현명한 통치의 길을 잘 가려 반드시 엄한 태도로 단호하게 이를 실행하지 않으면 안 되기 때문에 비록 민중의 마음을 거슬리더라도 반드시 그 다스림의 길을 확고하게 세워야 한다.

　이를 설명하면 상군(商君)이 진(秦)나라의 재상이 되어 조정(朝廷)을 출입할 때 심복에게 쇠로 만든 창(矛)과 무거운 방패(盾)를 주어 경계토록 한 일이 있었다.

　또한 곽언이 처음으로 진나라의 문공을 도와 정치를 할 때 그에게 무장한 경호원을 붙여 경계시켰고, 관중이 제나라의 환공을 도와 정치를 시작했을 때 환공은 무장한 수레를 탔는데, 그것은 모두 민중을 경계하기 위한 것이었다.

　아주 어리석고 게으른 백성은 적은 비용을 아까워하다 큰 이로움을 잃었다. 그러므로 인호(釐虎)라는 사람은 백성들의 비난을 받았다. 또 작은 변법(變法)을 겁내 큰이익을 잃었으므로 추고(鄒賈)는 재려(載旅)로부터 비난을 받았다. 그릇된 친숙한 관습이 다스림에 용납되었으므로 정(鄭)나라 사람은 집으로 돌아오지 않았다.

　　　不知治者 必曰 無變古 無易常¹⁾ 變與不變 聖人不聽 正治而

已 然則古之無變 常之毋易 在常古之可與不可 伊尹毋變殷 太公毋變周 則湯武不王矣 管仲毋易齊 郭偃勿更晉²⁾ 則桓文不霸矣 凡人難變古者 憚易民³⁾之安也 夫不變古者 襲亂之迹 適民心者 恣姦之行也 民愚而不知亂 上懦而不能更 是治之失也 人主者明能知治 嚴必行之 故雖拂於民心 必立其治 說在商君之內外 而鐵殳重盾⁴⁾而豫戒也 故郭偃之始治也 文公有官卒 管仲之始治也 桓公有武車 戒民之備也 是以愚戇窳惰之民 苦小費而忘大利 故夤虎受阿謗⁵⁾ 軫小變而失長便⁶⁾ 故鄒賈非載旅⁷⁾ 狎習於亂而容於治 故鄭人不能歸

1) 無變古無易常(무변고무역상) : 고(古)는 옛법(舊法), 상(常)은 일상적인 습관을 뜻한다. 역(易) 또한 바꾸다와 뜻이 같다.

2) 郭偃勿更晋(곽언물경진) : 곽언(郭偃)은 춘추시대 진(晋)나라 사람으로 헌공(獻公)에서 양공(襄公)까지에 걸쳐 복대부(卜大夫) 자리에 있었기에 『좌씨전(左氏傳)』에는 복언(卜偃)으로도 불렸다. 물(勿)은 '무(無)' '무(毋)'와 같은 뜻으로 쓰이는 부정사(否定詞).

3) 憚易民(탄이민) : 탄은 두렵다는 뜻이고, 이민은 일반 민중.

4) 鐵殳重盾(철수중순) : 철수(鐵殳)란 쇠몽둥이로 길이가 열 두 자나 되는 창(矛)과 같은 무기이며, 중순(重盾)은 무거운 방패.

5) 夤虎受阿謗(인호수아방) : 인호(夤虎)는 사람의 이름이지만 자세한 기록에 의한 고증은 없고, 『좌씨전(左氏傳)』에 양공 20년・23년조에 보이는 진(陳)나라의 대부 경인(慶寅)・경호(慶虎)를 가리키는 것이 아닌가 추측된다. 아(阿)는 큰소리로 성내는 것의 차자로 풀어 『노자』에서 말한 '유지여아상거기하(唯之與阿相去幾何)'와 대비할 수 있겠다.

6) 軫小變而失長便(진소변이실장편) : 진(軫)은 떨리다와 같아서 두려워하다는 뜻이고, 장편(長便)이란 긴 안목으로 보는 편리(便利) 즉 큰이익과 비슷.

7) 鄒賈非載旅(추고비재려) : 추고(鄒賈)는 어떠한 문헌에도 뚜렷한 주해(注解)가 없어 아래의 재려에 대하여 생각건대 '추나라 장사치'를 가리킨다고 여겨지며, 재려(載旅)는 나그네 상인을 일컫는다.

제 2 권

제 10 편 팔　　　설…/146
제 11 편 팔　　　경…/162
제 12 편 이　　　병…/184
제 13 편 팔　　　간…/193
제 14 편 비　　　내…/203
제 15 편 식　　　사…/211
제 16 편 간겁시신…/230
제 17 사 설　　　의…/255
제 18 편 유　　　도…/279

제 10 편 팔 설(八說)

팔설(八說)은 군주나 나라의 이익에 어긋나는 여덟 가지 종류의 인간을 바탕 삼아 인간의 부류에 대하여 설명하고 있다. 또 변지(辯知)·행의(行義)·자혜(慈惠) 등을 비판하고 군주의 술(術)이 확립되어야 한다는 것을 역설했다.

1. 나라를 잘 다스리려면

옛 친구를 위하여 사사로이 편의를 베푸는 일을 "사람을 버리지 않는다"고 말한다.

공공의 재물을 나누어 은혜를 베푸는 일을 "인자한 사람(仁人)"이라 말한다.

봉록을 가벼이 여기고 자신만 귀중하게 여겨 자중 자애하는 사람을 "군자(君子)"라 일컫는다.

법을 어겨가면서 사사롭게 친족을 위하여 도모하는 것을 "의로움을 행한다"고 말한다.

벼슬을 버리고 사사로운 친구와의 교제를 소중하게 여기는 것을 "의협심이 있다"고 한다.

속세를 떠나 임금의 지배에서 벗어나는 것을 "자존심이 강하고 고결한 사람"이라고 일컫는다.

남과 서로 다투고 법령을 쉽게 어기는 사람을 "건강한 용기가 있는 재목"이라 말한다.

사사로운 은혜를 베풀어 많은 사람의 마음을 사는 것을 "민심을 얻는 사람"이라 칭송한다.

 옛 친구를 버리지 않는 사람은 관리로서 못된 짓을 범하게 되는 것이다. 인자한 사람은 공공의 재물을 손상시키는 짓을 하게 된다. 군자(君子)는 민중으로서 부리기 어려운 것이다. 행실이 의로운 사람은 법령과 제도를 무너뜨리기 쉽다.

 의협심이 있는 사람은 관직을 언제 내동댕이칠지 모른다. 자존심이 강하여 고결한 사람은 민중으로서 해야 할 일에 힘쓰지 않는다. 견강한 용기있는 사람은 법령이 시행되지 못하게 하는 짓만 한다. 민심을 얻는 사람은 위로 임금을 고독하게 만들뿐이다.

 이와 같은 여덟 가지는 보통 사람으로서는 사사로운 명예가 되겠지만 임금에게는 커다란 해악(害惡)이 된다. 이 여덟 가지와 반대되는 것은 보통 사람에게는 사사로이 명예스럽지 못하나 임금에게 있어서는 공적(公的)인 도움이 된다.

 임금이 나라의 이해(利害)를 깊게 살피지 않고, 보통 민중들의 사사로운 명예만을 보고 등용한다면, 아무리 나라의 위태함과 어지러움이 없기를 바란다 할지라도 그렇게 되지는 않을 것이다.

 사람에게 직무를 맡기는 것은 나라의 존망(存亡)과 정치의 치란(治亂)을 분별할 요체(要諦)다.

 술(術)에 따라 사람을 임용하지 않으면 사람을 쓸 때마다 실패하지 않을 수 없을 것이다.

 임금이 사람을 임용하는데 있어서는 변설과 지혜가 뛰어난 자가 아니면, 수행(修行)이 잘된 결백한 사람이다.

 남에게 일을 맡기는 것은 곧 권세를 가지게 하는 것이다. 지혜로운 선비기 반드시 믿음직하다고는 할 수 없는데, 그 지혜가 많은 것으로 인하여 결국 믿어도 되겠다는 홀림에 빠지고 만다. 지혜로운 선비는 계획으로써 권세에 오르는 발판을 삼는데 사사로운 이익을 추구한다면 임금은 반드시 속고 말 것이다.

지혜로운 선비는 믿을 수가 없기 때문에 이번에는 수행(修行)을 잘한 선비를 임용한다. 남에게 직무를 맡기는 것은 결단력 있게 일을 해결하게 하기 위한 것이다. 수행한 선비가 반드시 슬기롭지는 않다. 그 몸을 닦아 결백하기 때문에 슬기로울 것이라고 홀리고 마는 것이다. 어리석은 사람이 모든 일에 어두우면서 직책을 맡은 관리의 자리에 앉게 되어 자기의 소신대로 일을 처리한다면, 그 직무는 반드시 어지러워지고 말 것이다.

그러므로 술(術)에 따라 사람을 임용하지 않고 재치있고 앎이 있다하여 일을 맡기면 곧 임금은 속을 것이고, 수행이 잘 되었다고 일을 맡기면 곧 직무는 어지러워지고 말 것이니, 이는 술(術)을 터득하지 못한 데서 오는 환란이다.

명석한 임금의 도(道)는 비천한 사람이 존귀한 사람을 비판할 수 있고, 아랫사람이 윗사람과 반드시 연좌(連坐)되게 하고, 진실을 결정함에는 반드시 증거를 들어 맞추는 방법에 따르며, 신하의 의견을 들음에는 문호(門戶)를 한정하지 않기 때문에 아무리 재주와 지식이 있는 선비라도 임금을 속이지는 못한다.

또한 공로를 헤아려 포상을 시행하고, 능력의 정도에 따라 직책을 주며, 일의 단서를 잘 살펴 잘못을 꿰뚫어 보고, 허물이 있는 사람은 벌하며, 능력있는 사람은 지위를 얻을 수 있기 때문에 어리석은 사람은 감히 직무를 맡을 수 없게 된다.

그러므로 슬기롭다하여 감히 속이지를 못하고, 어리석은 사람은 직무를 단행하는 일을 하지 못하니 곧 일에 있어 잘못은 일어나지 않는다.

爲故人行私 謂之不棄 以公財分施 謂之仁人 輕祿重身 謂之君子 枉法曲親[1] 謂之有行 棄官寵交 謂之有俠 離世遁上 謂之高傲 交爭逆令 謂之剛材 行惠取衆 謂之得民 不棄者 吏有姦也 仁人者 公財損也 君子者 民難使也 有行者 法制毀也 有俠者 官職曠[2]也 高傲者 民不事也 剛材者 令不行也 得民者 君上孤也 此八者 匹夫之私譽 人主之大敗也 反此八者 匹夫之私毀 人

主之公利也 人主不察社稷之利害 而用匹夫之私譽 索國之無危亂 不可得矣

　任人以事 存亡治亂之機³⁾也 無術以任人 無所任而不敗 人君之所任 非辯智則修潔也 任人者 使有勢也 智士者 未必信也 爲多其智 因惑其信也 以智士之計 處乘勢之資⁴⁾ 而爲其私急 則君必欺焉 爲智者之不可信也 故任修士 任人者 使斷事也 修士者 未必智也 爲潔其身 因惑其智也 以愚人之惽 處治事之官 而爲其所然 則事必亂矣 故無術以任人 任智則君欺 任修則事亂 此無術之患也 明君之道 賤得議貴 下必坐上 決誠以參 聽無門戶 故智者不得詐欺 計功而行賞 程⁵⁾能而授事 察端而觀失 有過者罪 有能者得 故愚者不得任事 智者不敢欺 愚者不得斷 則事無失矣

1) 枉法曲親(왕법곡친) : 왕법(枉法)은 법을 왜곡(歪曲)시킨다는 뜻이며, 왕(枉)은 굽히다와 같음. 곡친(曲親)이란 친족(親族)에게 간절함을 뜻하는데, 여기에서 곡(曲)은 곡진(曲盡)함을 뜻한다.
2) 曠(광) : 공(空)과 같으며 벼슬자리에 있으면서 직무를 소홀히 한다는 뜻으로 풀었다. 곧 헛되이 지내다의 뜻.
3) 機(기) : 가장 중요한 원인 즉 열쇠.
4) 處乘勢之資(처승세지자) : 처(處)는 어떠한 지위이고 승세(乘勢)란 권리를 이용한다는 뜻이며, 자(資)는 의지하는 바탕.
5) 程(정) : 그 정도를 헤아린나는 뜻.

2. 통치자에 따라 변하는 신하

　밝게 통찰하는 선비여야만 알 수 있는 것을 법령으로 제정해서는 안 된다. 그렇게 되면 민중이 모든 것을 밝게 살피지 못하기 때문이다.

　현명한 사람만이 행할 수 있는 일을 법률로 제정해서는 안 된다. 민중이 다 현명하다고 볼 수 없기 때문이다.

　양주(楊朱)와 묵적(墨翟)은 세상 사람이 모두 밝게 통찰한 선비라고 인정하는 사람이다. 그런데도 세상의 어지러운 상태를 하나도 해결하지 못했다. 비록 명철했지만 관직의 장관(長官)이 되지 못했기 때문이다.

포초(鮑焦)와 화각(華角)은 세상이 다 아는 현명한 사람이었는데도 포초는 선 채로 나무가 마르듯이 죽었고, 화각은 황하(黃河)에 몸을 던져 빠져 죽었다. 비록 그들이 현명한 사람이었더라도 농경(農耕)이나 전투(戰鬪)에 종사할 선비는 아니었기 때문이었다.

그러므로 임금이 명철한 것에 마음을 두면 지혜있는 선비들은 변설을 다하려 하고, 임금이 존귀한 품행에 마음을 두면 유능한 선비는 그 행동을 다할 것이다.

지금 세상의 임금은 아무 쓸 데 없는 변설(辯舌)을 명철하다 하고 실적과는 거리가 먼 행동을 존중한다. 이렇게 되면 나라의 부강(富强)을 바라더라도 그렇게 될 수 없는 것이다.

예컨대 공자(孔子)와 묵적(墨翟)같이 박학(博學)하며 변설과 지혜를 갖추었더라도, 공자와 묵적은 농사를 짓지 못하니 나라에 어떠한 도움이 되겠는가?

증자(曾子:曾參)나 사추(史鰌)와 같이 효행을 닦고 욕심을 적게 하여 수양했다 하더라도 증자나 사추는 전장에 나아가 싸우지 않으니 나라에 무슨 도움이 되겠는가?

보통 사람에게는 사사로운 편의가 있으나, 임금에게는 공적인 이익이 있어야 한다. 일하지 않고도 살아감이 넉넉하고, 벼슬에 나가지 않아도 이름을 날릴 수 있는 것은 개인으로서 사사로운 편의이다. 문학을 폐지하고 법도를 명확히 하여, 개인의 편의를 막고 공로(功勞)에만 힘쓰게 하는 것, 이것이 곧 공적인 이익이다.

법률을 제정하는 것은 민중을 이끌기 위한 것인데, 한편으로는 문학을 숭상하고 귀중히 여기는 것은 민중이 법률을 길잡이로 삼는 태도에 의혹을 가지게 한다.

실적의 공로를 포상함은 민중을 권면(勸勉)하기 위함인데,

한편으로 수행(修行)을 존중해 공로에 의혹을 가지게 하는 것은 민중이 이로운 생산을 하려는 태도에 게으름이 생기게 한다.
　무릇 문학을 존중하여 법률을 의심케 하고, 수행을 숭상하여 공로를 미혹시킨다면, 아무리 나라의 부강함을 바라도 될 수 없는 것이다.

　　察士然後能知之 不可以爲令 夫民不盡察 賢者然後能行之 不可以爲法 夫民不盡賢 楊朱[1]墨翟 天下之所察也 干世亂而卒不決 雖察而不可以爲官職之令 鮑焦華角[2] 天下之所賢也 鮑焦立枯 華角赴河 雖賢不可以爲耕戰之士 故人主之所察 智士盡其辯焉 人主之所尊 能士盡其行焉 今世主察無用之辯 尊遠功之行[3] 索國之富强 不可得也 博習辯智如孔墨 孔墨不耕耨 則國何得焉 修孝寡欲如曾史 曾史不攻戰 則國何利焉 匹夫有私便 人主有公利 不作而養足 不仕而名顯 此私便也 息文學而明法度 塞私便而一功勞 此公利也 錯法 以道民也 而又貴文學 則民之師法也疑 賞功以勸民也 而又尊行修 則民之産利也惰 夫貴文學以疑法 尊行修以貳功[4] 索國之富强 不可得也

1) 楊朱(양주) : 자를 자거(子居)라 하여 춘추시대 위(衛)나라 사람으로 『장자』에서는 노자(老子)의 제자라 했다. 후세에 전하는 저술은 없으나 『열자(列子)』 양주편에 그의 학설이 실려있다
2) 鮑焦華角(포초·화각) : 포초(鮑焦)는 주(周)나라의 은사(隱士)로 전하는데 『장자(莊子)』 도척편에 나온다. 화각(華角) 또한 전설적인 인물로 『장자』에 나온다.
3) 遠功之行(원공지행) : 절실한 행동과는 거리가 먼 기행을 말함.
4) 貳功(이공) : 공을 의심하다. 이(貳)는 한결같지 않다는 뜻.

3. 아랫사람의 잘못을 직시할 수 있어야
　임금 앞에서 조례를 설 때 예복(禮服)의 띠(帶)에 꽂는 홀(笏)이나 무무(武舞)를 출 때 손에 쥐는 방패 따위는, 지금의

실전(實戰)에 쓰이는 열 자 길이의 창(矛)이나 쇠로 만든 무거운 방패의 상대가 되지 않는다.

계단을 오르내리거나 주위를 도는 예식으로는 지금과 같이 하루 종일 백리를 달리는 병졸의 무술(武術)에 미치지 못한다.

이수(狸首)의 음절을 읊조리고 사후(射侯)의 과녁을 맞추는 훈련의 의식(儀式)으로는 지금과 같이 단단한 활로 강한 화살을 메겨 쏘는 전술에 대항하지 못한다.

찌르는 창을 막는 방패나 공격을 막기 위한 성곽(城郭), 쳐들어 오는 전차의 주위를 빙빙 돌면서 적을 어지럽게 만드는 전술(戰術)로는, 지금과 같이 산을 쌓아 축성하고, 땅굴을 파 적의 성곽에 가까이 가며, 화공(火功) 무기를 만들어 공격하는 전법(戰法)을 감당하지 못한다.

옛날 사람은 도덕과 의리를 소중하게 여겨 이를 먼저 해야 할 일이라 서둘렀지만 중세(中世)에 와서는 슬기와 꾀로써 서로 다투었고, 지금은 무력으로 힘을 견준다.

옛날에는 일이 적어 그에 쓰이는 도구(道具)도 간단했고, 질박하여 조잡한대로 정교하지 않아도 되었다.

그러므로 조개 껍질로 밭을 일구는 괭이를 만들었으며, 통나무 그대로의 꾸미지 않은 수레를 만들어 사람의 힘으로 밀고 다녔다.

옛날에는 사람의 수가 적어 서로 친애하였고, 물자가 넉넉하여 이익을 가볍게 생각하고 서로 즐겁게 양보했다. 그러므로 읍(揖)하고 사양하는 예식 하나로 세상을 물려주는 일이 행해질 수 있었다.

읍양의 예를 행하고, 자혜(慈惠)의 덕을 존중하며, 인애(仁愛)를 보다 두터운 도로 숭상한 것은 모두 소박한 정치였기 때문이다.

지금 복잡다난한 시대에 살면서 일이 적었던 시대의 기구(器具)들을 사용하는 것은 슬기로운 사람이 대응할 일은 아니다. 또 지금 격심한 투쟁속의 세상에 살면서 읍양의 예를 기준으로 하는 것은 성인(聖人)이 행하는 정치라 할 수 없는 것이다.
 지혜있는 사람은 꾸미지 않은 통나무 수레에는 타지 않을 것이고, 성인은 질박하기 만한 정치를 행하지는 않는다.
 법(法)은 일을 규제하기 위한 수단이고, 일은 성과를 나타내기 위한 과제다.
 법을 제정하는 데는 어려움이 뒤따르지만 그 어려움을 헤아려 일의 성과가 크다면 그 법은 제정된다. 어떤 일이든 성공으로 이끌자면 폐해도 뒤따르지만 그 폐해를 헤아려 성과가 보다 크다면 곧 이를 시행한다.
 어려움이 따르지 않고 폐해가 따르지 않는 성과란 이 세상에는 있지 않다.
 천 길이나 되는 성벽을 쌓아올린 도읍(都邑)을 함락시키고 십만이 넘는 군세를 공략하는 데는 죽고 다치는 군사가 절반에 달하고, 갑옷과 무기는 깨어져 부서지며, 수많은 인명을 잃는데도 싸워 이겨 땅을 차지한 것을 축하하는 것은 작은손해를 버리고 큰이익을 헤아리는 것이다.
 무릇 머리를 감는 사람에게는 머리카락 빠지는 일이 뒤따르고, 종기를 치료하는 사람은 피를 흘리고 살갗을 상하기 마련이다.
 만약 사람이 그 어려움을 보고 그 일을 그만둔다면 이것은 술(術)을 아직 터득하지 못한 사람이 된다.
 옛날 성인은 이렇게 말했다.
 "그림쇠(콤파스)는 닳을 수가 있고 물은 파도가 있는 것인데 우리가 그것을 바꾸려 한다 해도 어찌 바꿀 수 있겠는가!"
 이것은 세상을 다스리는 도리에 통달했다는 말이다.
 이로써 밑에는 반드시 논리적으로는 마땅하나 실제와는 거리가 먼 것이 있고 말이 좀 덜 다듬어졌기는 하지만 실제로 쓰임에는 긴요한 것이 있다.
 성인은 폐해가 따르지 않는 말을 바라지 않고, 바뀌지 않는 일에 힘쓴다.

사람들이 저울이나 저울추에 무슨 일이 잘되기를 빌지 않는 것은 청렴결백하고 정직하여 재화를 싫어하기 때문이 아니다. 본래 저울추란 사람을 위해 많았다 적었다 하지 못하며, 저울 또한 사람을 위해 무거웠다 가벼웠다 하지 않아 사람에게 이익을 주지 않으니 사람이 저울이나 저울추에 기원하지 않는 것이다.

밝은 임금이 다스리는 나라에서는 위의 관리들이 감히 법률을 위반하지 않고, 아래에 있는 관속들도 감히 사사로운 이익을 꾀하지 않으며, 민중은 감히 재화로써 뇌물을 주는 사람이 없으니, 나라 안의 모든 일이 저울과 저울추처럼 공정하게 행해지기 때문이다.

이와 같이 된 것은 신하가 잘못을 저지르면 반드시 윗사람에게 알려지고, 이를 알게 된 윗사람은 반드시 신하를 처벌하기 때문이다.

이로써 도를 터득한 임금은 청렴결백한 관리를 구하기보다 신하의 잘못을 알아내는 술(術)을 익히는 일에 힘쓴다.

搢笏干戚[1] 不適盾矛[2] 鐵銛 登降周旋 不逮日中奏百 狸首射侯[3] 不當强弩趨發 干城距衝[4] 不若堙穴伏橐[5] 古人亟於德 中世逐於智 當今爭於力 古者寡事而備簡 樸陋而不盡 故有珧銚而推車者[6] 古者人寡而相親 物多而輕利易讓 故有揖讓[7]而傳天下者 然則行揖讓 高慈惠 而道仁厚 皆推政也 處多事之時 用寡事之器 非智者之備也 當大爭之世 而循揖讓之軌 非聖人之治也 故智者不乘推車 聖人不行推政也 法所以制事 事所以名功也 法立而有難 權其難而事成 則立之 事成而有害 權其害而功多 則爲之 無難之法 無害之功 天下無有也 是以拔千丈之都 敗十萬之衆 死傷者軍之垂[8] 甲兵折挫 士卒死傷 而賀戰勝得地者 出其小害 計其大利也 夫沐者有棄髮 除者傷血肉 爲人見其難 因釋其業 是無術之士也 先聖有言曰 規有摩 而水有波 我欲更之 無奈之何 此通權之言也 是以說有必立而曠於實者 言有辭拙而急於

用者 故聖人不求無害之言 而務無易之事 人之不事衡石者 非貞
廉而遠利也 石不能爲人多少 衡不能爲人輕重 求索不能得 故人
不事也 明主之國 官不敢枉法 吏不敢爲私 貨賂不行者 境內之
事 盡如衡石也 此其臣有姦者必知 知者必誅 是以有道之主 不
求淸潔之吏 而務必知之術也

1) 搢笏干戚(진홀간척) : 진(搢)은 꽂는다는 말이고 홀(笏)은 옛날 신하들이 임금 앞에 조회를 설 때 조복(朝服)의 띠에 꽂는 손판(手板). 지금으로 말하면 비망록을 쓰는 메모지 같은 역할을 했다. 간척(干戚)은 창과 도끼, 간(干)은 창(矛), 척(戚)은 도끼(斧).
2) 適酋矛(적추모) : 적(適)은 적(敵)을 잘못 쓴 것으로 상대의 뜻이며, 추모(酋矛)는 옛날에 쓰이던 무기의 일종. 길이가 두 장(二丈)이나 되는 창같은 것.
3) 狸首射侯(이수사후) : 이(狸)는 이(貍)로 쓰기도 함. 『예기(禮記)』에 무왕이 은(殷)을 이긴 뒤의 사례에 일시(逸詩)의 이수(狸首)를 노래의 절로 삼았다는 기록이 있다. '이수(狸首)'란 일시(逸詩)의 편명(篇名)이다. '일시(逸詩)'는 『시경』에 빠진 시를 말함. 사후(射侯)는 옛날 활쏘기를 중요하게 여겨 때로 천자, 제후, 대부들이 모여 활쏘기 연습을 했던 것을 가리킴.
4) 距衝(거충) : 거(距)는 '거(拒)'와 같은 뜻으로 공격을 막는 것.
5) 堙穴伏橐(인혈복탁) : 인혈은 구멍을 막는다는 뜻이고, 복탁은 엎드려 풀무를 이용하여 화공(火功)을 한다는 뜻.
6) 珧銚而推車者(요조이추거자) : 요조란 큰 조개(대합)껍질을 다듬어 만든 가래를 말하는 것인데 '조(銚)'는 풀을 벨 때 쓰는 기구임. 추거(推車)는 '추륜(椎輪)'으로도 쓰며 통나무 바퀴의 수레를 뜻한다고 한다. 여기서는 사람의 힘으로 추진시키는 수레를 뜻함.
7) 揖讓(읍양) : 손을 잡고 읍하면서 임금의 자리를 물려주는 일.
8) 垂(수) : 저본에는 흔히 승(乘)으로 쓴다. '추(錘)'와 같은 뜻.

4. 사랑만으로 나라를 보존할 수 없다

자애로운 어머니가 어린 자식을 대하는 데 있어 사랑만을 앞세워서는 안 된다. 어린 자식의 행동에 잘못이 있으면 자식으로 하여금 스승의 가르침을 따르게 하고, 나쁜 병에 걸렸을 때는 의사에게 치료를 받도록 한다. 스승을 따르지 않으면 곧 형벌을 받는 일에 빠질 것이고, 의사의 치료를 받지 않으면 곧 죽을지도 모르기 때문이다.

자애로운 어머니가 비록 어린 자식을 사랑한다 하더라도 형벌을 모면하게 하고 죽음에서 건져내는 데는 아무 도움이 되지 못한다. 그렇다면 자식을 살아가게 하는 것은 사랑만은 아니다.

자식과 어머니 사이의 본성은 사랑이며, 신하와 임금 사이의 권력관계는 계책에 있다.

그러한 어머니인데도 사랑만으로는 집을 보존하지 못하는데, 임금이 어찌 사랑만으로 나라를 유지해 나갈 수 있겠는가.

밝은 임금이 부국강병(富國强兵)하는 법에 통달하면 곧 바라는대로 성과를 얻을 수 있을 것이다. 정치에 대해 듣고 잘 살펴 삼가하는 것이 부국강병의 법인 것이다.

법률과 금령을 명확하게 하고 그 정책과 계략을 잘 살피면서 법률에 밝으면 나라 안에 변혁이나 환란이 없을 것이다. 계략이 적절하면 나라 밖으로 전쟁에 의한 사상자(死傷者)나 포로가 되는 재앙이 없을 것이다. 그러므로 나라를 유지 보존하는 것은 인의(仁義)가 아니다.

어짊(仁)이란 사랑하고 베푸는 정이 있어 재화를 아끼지 않는 것을 말한다. 포악이란 마음이 잔인하고 모질어 형벌을 쉽게 행하는 것을 말한다.

자애로우면 동정심이 많아 잔인한 짓을 못하며, 재화를 아끼지 않는 사람은 남에게 주기를 좋아한다.

마음이 잔인하고 모진 사람은 증오심이 아랫사람에게 드러나며, 형벌을 쉽게 집행하면 함부로 사람을 죽이게 된다.

동정심이 많아 잔인하지 않으면 처벌받을 사람이 용서되는 경우가 많고, 베풀기를 좋아하면 공로없는 사람에게 상을 주는 경우가 많아지며, 증오심이 쉽게 드러나면 아랫사람들이 그 윗사람을 원망하게 되고, 함부로 형벌을 행하면 민중들이 장차 배반할 것이다.

그러므로 어진 사람이 임금자리에 있으면 신하들이 제멋대로 금령과 법률을 쉽사리 범하게 되고, 구차하게 요행만을 임금에게 바라게 된다. 만약 난폭한 사람이 임금의 자리에 있게 되면 법령을 아무렇게나 시행하여 임금과 신하 사이는 어긋나 불화하게 되고, 민중은 임금을 원망하여 모반의 마음이 생긴다.

그러므로 말하기를 "어짊이나 포악은 다같이 나라를 망하게 한다"고 했다.

음식을 준비해 놓지도 않고 굶주린 사람에게 밥 먹기를 권하는 것은 굶주린 사람을 살리는 방법이 될 수 없다.

풀밭을 개간하여 곡식을 생산하지도 못하면서 임금이 민중에게 곡식을 꿔주거나 나눠주라고 권하는 것은 민중들을 넉넉하게 하는 일이 되지 못한다.

지금 학자들의 말은 근본이 되는 일에 힘쓰지 않고 말단적인 일을 즐기며 공허한 성인들의 이야기를 주장하여 민중을 기쁘게 할 줄만 알고 있으니, 이는 먹을 것을 마련하지도 않고 먹기를 권하는 말과 같다. 먹을 것이 없는데 먹기만을 권하는 빈말은 현명한 임금에게 받아들여지지 않는다.

慈母之於弱子也 愛不可爲前 然而弱子有僻行[1] 使之隨師 有惡病 使之事醫 不隨師 則陷於刑 不事醫 則疑於死 慈母雖愛 無益於振刑救死 則存子者非愛也 子母之性 愛也 臣主之權 筴也 母不能以愛存家 君安能以愛持國 明主者通於富强 則可以得欲矣 故謹於聽治 富强之法也 明其法禁 察其計謀 法明 則內無變亂之患 計得 則外無死虜之禍 故存國者 非仁義也 仁者慈惠

而輕財者也 暴者心毅²⁾而易誅也 慈惠則不忍 輕財則好與 心毅
則憎心見於下 易誅則妄殺加於人 不忍則罰多宥赦 好與則賞多
無功 憎心見則下怨其上 妄誅則民將背叛 故仁人在位 下肆而輕
犯禁法 偸幸³⁾而望於上 暴人在位 則法令妄而臣主乖 民怨而亂
心生 故曰 仁暴者 皆亡國者也 不能具美食 而勸餓人飯 不爲能
活餓者也 不能辟草生粟⁴⁾ 而勸貸施賜與 不爲能富民者也 今學
者之言也 不務本作而好末事 知道虛聖以說民 此勸飯之說 勸飯
之說 明主不受也

1) 弱子有僻行(약자유벽행) : 약자는 유약한 어린이를 말하고 벽행은 간
   교한 행동을 뜻한다. 벽(僻)은 여기에서 사(邪)와 같다.
2) 心毅(심의) : 화를 발끈 내는 마음, 곧 함부로 화를 낸다는 뜻.
3) 偸幸(투행) : 구차하게 요행을 바란다는 뜻.
4) 辟草生粟(벽초생속) : 황무지인 풀밭을 개간하여 곡식을 생산한다는
   뜻인데 벽(辟)은 벽(闢)의 차자로 볼 수 있다. 속(粟)은 조를 말함인
   데 여기서는 곡식을 뜻함.

5. 법률은 명확하고 이해하기 쉬워야

서책에 쓴 글이 너무 간략하면 제자들이 명확하게 이해하기
어려워 이러쿵 저러쿵 변설을 세우고, 법률의 성문(成文)이 생
략되면 민중들은 손쉽게 송사를 일으킨다.

이로써 성인이 쓴 책은 반드시 논술을 명확히 하고, 현명한
임금의 법률은 반드시 사항(事項)을 상세하게 한다.

생각과 헤아림을 다해 이해득실을 추측해 내는 것은 아무리
슬기로운 사람이라도 어려운 일이다. 아무 생각한 바도, 아무
헤아림도 없이 처음 말한 의견을 가지고 나중의 성과를 얻을
수 있다면 어리석은 사람이라도 아주 쉽게 할 수 있는 것이다.

현명한 임금은 어리석은 사람이라도 쉽게 할 수 있는 일을
생각하며 슬기로운 사람이라도 어려워하는 일은 바라지 않는
다. 그러므로 지혜와 계교를 사용하지 않아도 나라는 잘 다스

려지는 것이다.

신맛, 단맛, 짠맛, 담담한 맛의 가감을 자기 자신의 입으로 판단하지 않고 그 결정을 요리장에게 맡긴다면 주방에서 일하는 요리사들은 임금을 가볍게 여기고 오히려 요리장을 더 소중히 여기게 된다.

높고, 낮고, 맑고, 둔탁한 음률(音律)을 자기 자신의 귀로 들어 판단하지 않고, 악장(樂長)에게 결정을 맡긴다면 악사들은 임금을 가벼이 여기고 악장을 소중하게 여길 것이다.

나라를 다스림에 있어 옳고 그름을 자기 자신의 술(術)로써 판단하지 않고 총애하는 신하에게 그 결정을 맡기면 다른 신하들이 임금을 가볍게 여기고 총신(寵臣)을 더 소중하게 여길 것이다.

임금이 친히 신하들의 언행을 보고 듣지 않고 모든 판단과 결정이 신하들의 손으로 행해진다면 임금은 나라에 더부살이하는 꼴이 된다.

만약 사람이 옷을 입지 않고 음식을 먹지 않아도 굶주리지 않고 춥지 않으면 임금을 섬기면서 일할 생각이 없을 것이다. 임금의 지배를 받을 생각이 없다면 그러한 사람을 신하로 쓸 수도 없는 일이다.

지금 민중을 죽이고 살리는 권력이 대신에게 쥐어져 있는데도 임금의 명령이 행해지고 있다고 하는 것은 일찌이 있어 본 일이 없다.

범이나 표범같은 사나운 짐승도 발톱이나 이빨을 모두 잃어 쓰지 못하게 되면 그 위력은 작은 새앙쥐와 다를 바 없다.

억만금을 가진 부자라도 그 많은 재화를 쓸 수 없게 된다면 눈간방 문지기의 재력과 다를 바 없게 된다.

영토를 아무리 많이 가진 임금이라도 사람이 마음에 든다고 이익을 나누어 줄 수 없고 사람이 밉다고 해 해(害)를 가할 수 없다면 사람으로부터 두려움이나 존경을 받고자 해도 될 수 없는 일이다.

신하가 제멋대로 하고 싶은 일을 휘두르는 것을 "임협(任俠)"이라 말하고, 임금이 하고 싶은대로 권력을 휘두르는 것을 "난행(亂行)"이라 한다.

신하가 임금을 가벼이 여기면 "교만(驕慢)"하다고 말하고 임금이 신하를 깔보면 "포학(暴虐)"하다고 일컫는다.

행위와 도리는 그 실질이 같아야 하는데 신하의 경우는 명예를 얻고 임금의 경우는 비난을 받게 되니, 신하는 크게 얻지만 임금은 크게 손실을 입는다.

밝은 임금이 다스리는 나라에는 귀(貴)한 신하는 있어도 중(重)한 신하는 없다. 귀한 신하란 작위(爵位)가 높고 관직이 무거운 사람이며, 중한 신하란 건의하는 말이 쓰이고 능력이 많은 사람이다.

현명한 임금의 나라에서는 관직을 올리고 작위를 높일 때 공적에 따라 주기 때문에 귀한 신하〔貴臣〕가 존재하게 되는 것이며, 말할 때 행동할 것을 헤아리지 않으면 거짓이 있을 때는 반드시 처벌하기 때문에 중신(重臣)은 존재하지 않는다.

書約而弟子辯 法省而民萌訟 是以聖人之書必著論 明主之法必詳事 盡思慮 揣得失 智者之所難也 無思無慮 挈[1]前言而責後功 愚者之所易也 明主操愚者之所易 不責智者之所難 故智慮不用而國治也 酸甘鹹淡 不以口斷 而決於宰尹[2] 則廚人輕君而重於宰尹矣 上下淸濁 不以耳斷 而決於樂正[3] 則瞽工[4]輕君而重於樂正矣 治國是非 不以術斷 而決於寵人 則臣下輕君而重於寵人矣 人主不親觀聽 而制斷在下 託食於國者也 使人不衣不食 而不飢不寒 又不惡死 則無事上之意 意欲不宰於君 則不可使也 今生殺之柄在大臣 而主令得行者 未嘗有也 虎豹必不用其爪牙 而與鼷鼠同威 萬金之家必不用其富厚 而與監門同資 有土之君 說[5]人不能利 惡人不能害 索人之畏重己 不可得也 人臣肆意陳欲曰俠 人主肆意陳欲曰亂 人臣輕上曰驕 人主輕下曰暴 行理同實 下以受譽 上以得非 人臣大得 人主大亡 明主之國 有貴臣

無重臣 貴臣者 爵尊而官大也 重臣者 言聽而力多者也 明主之國 遷官襲級 官爵授功 故有貴臣 言不度行 而有僞必誅 故無重臣也

1) 挈(설) : 끌다의 뜻이지만 여기서는 들다의 뜻.
2) 宰尹(재윤) : 요리장(料理長). 곧 지금의 주방장과 같은 역할이지만 옛날 궁중에서 임금에게 바치는 음식을 만드는 기관을 선재(膳宰)라고 했으며 요리장에게 윤(尹)자를 붙여주었다.
3) 樂正(악정) : 궁중음악을 지휘하는 악장(樂長).
4) 瞽工(고공) : 음악을 연주하는 벼슬. 옛날에 음악은 보통 맹인들이 연주했다.
5) 說(열) : 기쁘다의 뜻.

제11편 팔 경(八經)

팔경(八經)은 여덟 가지 떳떳한 도(道)라는 뜻으로 임금이 신하를 다스리는 여덟 가지 원칙을 말한다.

문장은 여덟 마디로 짜여져 있으며 그 내용에 있어서는 다른 편에 이미 나와 있는 것을 다시 정리한 것들로 문장이 매우 까다롭고 난해해 여러 학자들이 한비(韓非)의 글이 아니고 뒷날 후학들이 써넣은 위작(僞作)이 아닌가 의심하기도 한다.

1. 민심에 근거한 상벌·법령

하나 ; 인정(因情).

무릇 세상을 다스림에 있어서는 반드시 사람의 성정(人情)을 바탕으로 삼지 않으면 안 된다.

사람의 성정(性情)에는 좋아하고 싫어하는 두 가지 마음이 있기 때문에 두 마음을 이용해 상과 벌을 쓸 수 있다. 상벌을 쓰면 금제(禁制)와 법령이 확립되는데 이것이 나라 다스리는 길이 갖추어지는 것이다.

임금은 권세의 자루를 움켜잡음으로써 권력의 자리에 있게 되고, 그러므로 명령을 내리면 행해지고 못하게 금하면 그치게 된다.

권력의 자루란 사람을 죽이고 살리는 지배력이고, 위세(威勢)란 뭇 사람을 이겨내는 바탕인 것이다.

사람을 그 지위에서 물러나게 하는데 아무런 원칙없이 마음

내키는대로 하면 임금의 권위는 더럽혀지고, 상벌(賞罰)의 권한을 신하와 함께 갖게 되면 위세가 나눠져 힘을 잃게 된다.

이로써 명석한 임금은 신하에 대해 편애하는 마음을 품은 채 한쪽 말만 듣는 일이 없으며, 상대에 대해 기쁜 마음을 갖은 채 일을 헤아리지 않는다.

그러므로 신하의 의견을 들을 때 증거를 여러 가지로 참고하지 않으면 권력은 간사한 신하들에게 분산되고, 지모(智謀)와 술수(術數)를 쓰지 않으면 임금은 신하들 때문에 궁지로 몰리게 될 것이다. 그러므로 현명한 임금은 권력을 행사함에 있어 그 방법을 하늘과 같이 공평하게 하고, 관리를 등용하고 물러나게 하는 술법은 귀신과 같이 남이 미처 헤아리지 못하게 한다.

하늘과 같이 공평무사하면 비난받을 일이 없고, 귀신처럼 헤아리기 어렵게 일을 처리하면 몰려 곤궁에 빠지지 않는다. 권세가 잘 행해지고 교화(敎化)가 엄격하면 사람들은 감히 그 임금에게 등을 돌리지 못하며, 임금이 비방과 칭찬을 한결같이 행하면 사람들은 감히 시비를 가려 비판하지 못한다.

그러므로 어진 사람에게 상을 주고 포악한 사람에게 벌을 내리면 착한 사람을 세상에 드러내는 가장 좋은 방법이 된다. 포악한 사람에게 상을 주고 어진 사람을 벌준다면 악을 높이는 극단적인 경우가 된다. 이렇게 되는 것을 상동벌이(賞同罰異)라 하여, 임금이 자기를 따르는 사람만 상을 주고 자기를 따르지 않는 사람은 덮어놓고 벌주는 것이라 말한다.

상(賞)은 그보다 후한 것이 없으니 민중으로 하여금 그것을 큰 이익이라 여기게 하고, 명예는 그보다 아름다운 것이 없으니 민중으로 하여금 그것을 큰 광영으로 여기게 한다.

또 처벌이란 그보다 무거운 것이 없으니 민중으로 하여금 그것을 두렵게 여기도록 하고, 남을 비방함은 그보다 간악함이 없으니 민중으로 하여금 이를 부끄럽게 여기도록 한다. 그런 후에 오로지 한결같은 법을 시행하여 상벌을 제대로 내리고 사사로운 것을 금하여 처벌하면 임금의 권세를 방해하지 못한다.

이렇게 되면 상받을 공과 벌받을 죄가 반드시 임금에게 알려지게 되는 것이니, 이를 알게 되면 임금의 도는 완전한 것이다.

　　一因情[1]；凡治天下　必因人情　人情者有好惡　故賞罰可用　賞罰可用　則禁令可立　而治道具矣　君執柄以處勢　故令行禁止　柄者[2] 殺生之制也　勢者　勝衆之資也[3] 廢置無度則權瀆　賞罰下共則威分　是以明主不懷愛而聽　不留說而計　故聽言不參[4] 則權分乎姦　智術不用　則君窮乎臣故明主之行制也天　其用人也鬼　天則不非　鬼則不因[5] 勢行敎嚴而不違　毁譽一行而不議　故賞賢罰暴　擧善之至者也　賞暴罰賢　擧惡之至者也　是謂賞同罰異[6] 賞莫如厚使民利之　譽莫如美　使民榮之　誅莫如重　使民畏之　毁莫如惡　使民恥之　然後一行其法　禁誅於私家　不害　功罪賞罰必知之　知之道盡矣

1) 因情(인정)：민중들의 성정(性情)에 의거한다는 뜻.
2) 柄者(병자)：'이병(二柄)'에 나오는 말인데 권병(權柄)을 뜻한다.
3) 勝衆之資也(승중지자야)：승중(勝衆)은 뭇 사람을 제재한다는 뜻이고, 자(資)는 빙자하다 또는 의거하다의 뜻. 이 말은 곧 뭇 사람을 제재할 수 있는 존재는 임금이고, 뭇 사람을 제재할 수 있게 하는 것은 임금의 권세라는 뜻이다.
4) 參(참)：많은 증거를 모아 맞추어 조사한다는 뜻.
5) 鬼則不因(귀즉불인)：귀신(鬼神)의 모습은 남에게 드러나지 않고 은비(隱祕)한 것이므로 비유해서 말한 것. 인(因)은 궁지에 빠지다.
6) 賞同罰異(상동벌이)：상동(賞同)은 자기를 따르는 사람에게는 상을 준다는 말이고, 벌이(罰異)는 자기를 따르지 않고 다른 생각을 하는 사람에게 벌을 내린다는 말.

2. 지혜를 모아 좋은 것을 골라 쓴다
　　둘；주도(主道).
한 사람의 힘으로는 여러 사람의 힘에 대적할 수 없고, 한 사람의 슬기로는 만물을 다 규명해 낼 수가 없다.
 임금 한 사람의 힘과 슬기로 나라를 다스리는 것보다는 온 나라 안의 힘과 슬기를 모아 씀이 더 낫다.
 그러므로 한 사람의 슬기와 힘으로 대적하면 무리를 짓는 편이 이기고, 계략이 가끔 적중하더라도 자기 홀로 고단하며, 만약 들어맞지 않게 되면 그 허물을 책임지게 되는 것이다.
 하급의 임금은 자기 한 사람의 능력을 다해 나라를 다스리지만 중급의 임금은 여러 사람의 힘을 다해 다스리고, 상급의 임금은 많은 사람의 슬기를 다해 나라를 다스린다.
 일이 일어나면 많은 사람의 지혜를 모아 한 사람 한 사람의 의견을 들은 뒤에 공청(公聽)의 모임을 갖는다.
 만약 한 사람 한 사람의 의견을 듣지 않는다면 뒤에 오는 결과가 앞에서 말한 의견과 모순이 생기고, 뒤의 결과와 앞서 말한 의견에 모순이 생기게 되면 곧 어리석음과 슬기로움을 구분하지 못한다.
 여러 사람의 의견을 듣는 모임에서 토론하지 않으면 미혹해져 결단할 수 없고, 결단을 내리지 못하면 곧 일은 정체되어 추진하지 못한다. 임금이 이같은 일을 염려하여 자기가 직접 계책을 세우게 되면 곧 골짜기에 떨어지는 것 같이 신하의 함정에 빠지지 않을 수 없게 된다.
 그러므로 신하로 하여금 입으로 의견을 주장하게 하고, 그 의견이 정해졌으면 성과에 대해 책임지게 한다. 말로써 의견을 개진했을 때는 반드시 문서에 기록해 둔다.
 여러 사람의 슬기를 모아 일을 벌일 때는 실제로 행해져야 비로소 그 타당성 여부를 확인할 수 있고, 여러 사람의 능력을 모아 일을 추진할 경우에는 그 성과가 나타나야 비로소 공과(功過)를 말할 수 있는 것이다.
 일의 성패(成敗)에는 확실한 증거가 있으므로 그에 따라 상과 벌이 따르게 된다. 일이 성공하면 임금은 그 공을 자기의 것으로 거두지만, 계획이 실패로 돌아갔을 때는 그 죄를 신하에게 책임 지운다.

임금이란 본래 신하가 제출한 신표를 확인하는 중요한 일도 몸소 하지 않는데 하물며 힘들이는 일을 하겠는가? 지혜로써 하는 일도 몸소 하지 않는데 하물며 물건을 들어 매다는 일을 하겠는가?

그러므로 임금이 사람을 쓰는 경우 한통속이 되어 같은 패를 칭찬하는 사람은 기용하지 않는데 한통속이 되어 같은 패를 칭찬하는 사람이 있으면 임금은 곧 책임을 묻게 된다.

신하와 민중으로 하여금 지혜와 능력을 사용하게 하면 임금은 헤아리기 어려운 신통력을 갖게 되는데, 임금이 신통력을 갖게 되면, 신하와 민중은 몸과 마음을 다해 일하게 된다.

이렇게 신하와 민중들이 몸과 마음을 다해 일하게 되면 임금의 뜻과 임금의 이익에 빌붙지 않고 스스로 이익을 구하는 계책을 꾸밀 것이니 임금의 도리를 다하는 것이다.

　　二主道；力不敵衆 智不盡物 與其用一人 不如用一國 故智力敵 而群物勝 揣中則私勞 不中則任過 下君盡己之能 中君盡人之力 上君盡人之智 是以事至而結智 一聽而公會[1] 聽不一 則後悖於前 後悖於前 則愚智不分 不公會 則猶豫而不斷 不斷 則事留自取 一聽則毋墮壑之累 故使之諷 諷定而怒[2] 是以言陳之日 必有筴籍 結智者事發而驗 結能者功見而論 成敗有徵 賞罰隨之 事成 則君收其功 規敗[3]則臣任其罪 君人者合符[4]猶不親 而況於力乎 事至猶不親 而況於懸乎 故其用人也 不取同 同則君怒 使人相用則君神 君神則下盡 下盡則臣不因君 而主道畢矣

1) 一聽而公會(일청이공회) : 일청(一聽)은 일일이 한 사람 한 사람으로부터 의견을 듣는다는 뜻. 공회(公會)는 많은 사람을 모아놓고 의논한다는 뜻.
2) 諷定而怒(풍정이노) : 풍(諷)은 말하다, 고하다와 뜻이 같고 정(定)은 결정, 종결(終結)의 뜻이며, 노(怒)는 책임을 묻는다는 뜻이다.
3) 規敗(규패) : 규(規)는 계획(計劃)을 말하고, 패(敗)는 실패의 뜻. 곧

계획대로 되지 않고 실패한다는 말.
4) 合符(합부) : 옛날 대쪽이나 나무, 또는 쇠붙이로 신표(信表)를 만들어 두 개로 쪼개 한 쪽씩 간직하고 있다가 멀리 갔다 돌아왔을 때 확인하는 신물(信物). 곧 신하가 임금에게 바치는 맹서도 포함되어 있다.

3. 어떠한 때 나라가 어지러워지는가
셋 ; 기난(起亂).

신하와 임금의 이해 관계가 서로 다르다는 것을 터득한 사람은 임금이 되고, 같다고 여기는 사람은 협박을 당하고, 한통속이 되어 상벌의 권한을 함께 하는 사람은 죽임을 당한다.

그러므로 명석한 임금은 공과 사의 구분을 분명히 하고, 이해가 생기는 경우를 구별한다. 그래서 간신(姦臣)은 빌붙을 틈이 없다. 본래 어지러움이 일어나는 바탕에는 여섯 가지가 있는데 임금의 어머니(母后 : 太后), 왕후(王后) 및 후궁, 그리고 서자(庶子)의 자손, 임금의 형제, 대신, 이름이 드러난 현인들이 그것이다.

임금이 법을 바탕으로 관리를 임명하고 권세로써 신하에게 책임을 추궁하면 태후도 자기 뜻대로 휘두르지 못한다.

예의(禮義)를 시행하는 데 등급의 구별을 뚜렷이 하면 왕후나 후궁들이 서로 투기하여 흐트러지는 일이 없다.

위세(威勢)를 분산, 양립시키지 않으면 적자(嫡子)와 서자(庶子)가 서로 다투지 않을 것이다.

권력과 위세를 놓치지 않고 움켜잡고 있으면, 형제가 임금을 넘보지 못한다.

신하들이 파당을 만들어 한통속이 되지 못하게 하면 대신들은 임금을 가로막지 못한다.

금령(禁令)의 제도나 포상(褒賞)의 시행이 확립되어 있으면 이름이 드러난 현인(賢人)이 세상을 어지럽게 하는 일 따위를 하지 못한다.

 간신이 빙자(憑藉)할 두 가지 바탕이 있는데 그 하나는 나라 밖의 일이고 또 하나는 나라 안의 일이다. 나라 밖의 일은 임금이 두려워하는 강대국에 대한 일이며, 나라 안의 일은 임금이 총애하는 사람에 대한 일이다. 임금이 두려워하는 강대국의 요구를 들어주고, 임금이 총애하는 사람의 의견을 받아들여 따르는 것은 간신들이 만들어져 어지러워지는 바탕이 된다.

 외국의 추천으로 관직에 오른 사람에게 잘못이 있을 때, 본인은 물론 그 친척이나 처자에까지 책임을 물어 벌한다면 외국의 힘을 빙자하지 못할 것이다. 작위나 봉록은 그 공로에 따르도록 하고 청탁을 일삼는 사람을 엄중하게 벌한다면 안으로 총애받는 사람으로 인한 요인이 없어지게 될 것이다.

 이렇게 밖으로 외국의 힘에 빙자하지 않고, 안으로 총애하는 사람의 요인이 없어지면 곧 안팎으로 잘못되는 일을 막을 수 있다.

 관리가 그 등급이 거듭 승진하고 큰 임무를 맡게 된 것은 그 현명한 지식에 의한 것이다.

 지위가 높고 임무가 중대한 사람은 세 가지의 절목(節目)으로 묶어두어야 하는데 그 하나가 '볼모〔人質〕를 잡아두는 것'이며 또 하나가 '탐욕한 마음을 눌러 놓는〔貪鎭〕 것'이며 또 하나는 '제멋대로 하는 행동을 붙들어 매는〔固定〕 것'이다.

 더 자세하게 말하면 부모나 처자같은 가족과 친척이 곧 인질이며, 작위나 봉록을 두텁게 주어 반드시 이득을 얻게 하는 것이 무거운 추〔鎭〕가 되고, 모든 증거를 추궁하여 책임을 묻는 것이 고정(固定)이다.

 현자(賢者)는 부모나 처자, 그리고 친척의 생명이 담보되어 있기 때문에 함부로 행동해서는 안 된다는 것에 구속되어 있고, 탐욕스러운 사람은 작록이란 무거운 추에 억눌려 있으며, 간사한 사람은 여러 증거에 몰려 고정되어 있다.

 은인자중(隱忍自重)하여 제재(制裁)를 가하지 않으면 신하가 제멋대로 권세를 휘둘러 임금의 위력을 잃게 하고, 작은 잘못을 제거하지 않으면 마침내 큰벌을 내리지 않으면 안 될 일이 생긴다. 만약 죄과가 명목과 사실이 일치되면 곧 형벌을 단행해야 한다.

살려 놓으면 정치에 방해가 되고, 죽여 버리면 명예에 손상이 되는 경우라면 음식에 독(毒)을 넣어 죽여도 좋겠지만 그렇지 않다면 그 적에게 넘겨주는 것이 좋다. 이것을 일러 밖에 나타내지 않고 숨어있는 간악(姦惡)을 제거하는 것이라고 한다.

사실을 덮어 숨기는 것을 속이는 것이라 말하고, "변칙적인 일"이라 일컫는다. 실제로 공로 세운 것이 있으면 포상하고, 잘못을 보았을 때는 반드시 처벌하면 곧 속이는 잘못은 없어질 것이다.

임금의 옳고 그름을 판단한 것이 밖으로 누설되지 않고, 신하의 간언이 임금에게 빙자할 요인으로 통하지 않는다면 변칙적인 방법이 쓰여지지 않게 된다.

임금의 부형이나 현명하고 선량한 신하가 외국으로 쫓겨나는 것을 "떠도는 재앙"이라 말하는데, 그 환란은 이웃의 적국들에게 이 나라를 넘보게 하는 좋은 바탕이 된다.

형벌을 받은 신하가 임금 가까이에서 섬기면 "허물없는 도적"이라 말하며 그 해독은 분노심에 불을 질러 치욕의 응어리가 생기게 한다.

분노를 가슴에 품고 죄를 간직한 채 폭발하지 않는 것을 "환란을 더 크게 한다"고 말하는데 그 환란은 만일의 요행을 바라서 경거망동하는 사람이 나오게 되는 것이다.

두 사람의 대신이 함께 권력을 쥐고 승부를 가리지 못해 필적(匹敵)하는 처지에 있는 것을 "양성한 데서 오는 재앙"이라 일컫는데, 그 화근(禍根)은 대신의 세력이 너무 융성해져서 임금을 협박하거나 죽이는 변란이 일어나게 되는 것이다.

또 임금이 경솔하여 신성(神聖)한 헤아림의 슬기를 잃는 것을 "위세를 다하여 분할시킨다"고 말하는데, 그 해독은 자객(刺

客)이나 독약으로 임금을 시해하려는 반란이 일어나게 되는 것이다.

이와 같이 다섯 가지의 환란을 임금이 모르고 있으면 곧 위협을 당하거나 죽임을 당하는 큰 사건이 일어난다.

관리를 등용하고 파직시키는 일이 나라 안에서 임금의 뜻으로 행해지면 곧 나라는 잘 다스려지겠지만, 외국에 의하여 행해지면 나라는 곧 어지러워진다.

명석한 임금은 나라 안에서는 공적을 바탕으로 상벌을 가리지만, 나라 밖의 일에 대해서는 이해득실을 바탕으로 원조를 행한다. 그러므로 나라는 다스려지지만 적국은 어지러워진다.

환란이 일어나는 길은 신하가 임금의 미움을 사는 경우 강대국의 힘을 빌려 환란을 일으켜, 강대국의 권력을 이용해 임금을 현혹시키는 것이며 신하가 임금의 총애를 받는 경우에는 궁궐 안에서 난을 일으켜 사사로운 이익을 챙김으로써 배속에 독약을 집어넣어 약효가 발생한 것과 같다.

三起亂; 知臣主之異利者王 以爲同者劫 與共事者殺 故明主審公私之分 別利害之地 姦乃無所乘¹⁾ 亂之所生 六也 主母后姬²⁾子姓³⁾兄弟大臣顯賢 任吏責臣 主母不放 禮施⁴⁾異等 后姬不疑 分勢不貳 庶適不爭 權籍不失 兄弟不侵 下不一門 大臣不擁 禁賞必行 則顯賢不亂 臣有二因 謂外內也 外曰畏 內曰愛 所畏之求得 所愛之言聽 此亂臣之所因也 外國之置諸吏者 詰誅親暱重帑 則外不藉矣 爵祿循功 請者俱罪 則內不因矣 外不藉 內不因 則姦宄塞矣 官襲節⁵⁾而進 以至大任 智也 其位至而任大者 以三節持之 曰質 曰鎭 曰固 親戚妻子質也 爵祿厚而必 鎭也 參伍責怒固也 賢者止於質 貪饕化於鎭 姦邪窮於固 忍不制則上失 小不除則大誅 誅而名實當 則徑之 生害事 死傷名 則行飮食 不然 而與其讎 此謂除陰姦也 翳⁶⁾曰詭 曰易 見功而賞 見罪而罰 而詭乃止 是非不泄 說諫不通 而易乃不用 父兄賢良播出 曰遊禍 其患隣國多資 僇辱之人⁷⁾近習 曰狎賊 其患 發忿疑辱之心

生 藏怒持罪而不發 曰增亂 其患徼幸妄擧之人起 大臣兩重 提
衡而不踦 曰養禍[8] 其患家隆劫殺之亂生 脫易不自神 曰彈威 其
患賊夫酖毒之亂起 此五患者人主不知 則有劫殺之事 廢置之事
生於內則治 生於外則亂 是以明主以功論之內 而以利資之外 故
其國治而敵亂 卽亂之道 臣憎則起外若眩 臣愛則起內若藥

1) 乘(승) : 이용할 기회(機會) 또는 정세(情勢)를 뜻함.
2) 后姬(후희) : 왕후(王后)와 후궁, 즉 희첩(姬妾).
3) 子姓(자성) : 같은 성(姓) 즉 종친의 자손을 말하나, 여기서는 서출(庶出)의 자손.
4) 禮施(예시) : 진계천(陳啓天)의 설에 따라 예수(禮數)의 뜻으로 곧 예우를 뜻함.
5) 襲節(습절) : 습(襲)은 거듭한다는 뜻이고 절(節)은 등급으로, 관등이 거듭 올라간다는 뜻.
6) 翳(예) : 『송건도본』에서는 '의(醫)'로 되어 있다. 가리다, 덮어두다의 뜻으로 다음의 궤(詭)와 역(易)에 이어짐. 궤(詭)는 속이다.
7) 僇辱之人(육욕지인) : 형벌을 받았던 사람 즉 전과자(前科者)를 말한다.
8) 養禍(양화) : 『송건도본』에는 '권화(卷禍)'로 되어 있으나 그대로 양화(養禍)로 쓴다. 길렀던 것이 환란을 일으킨다는 뜻.

4. 나라를 다스리는 방법을 제정함

넷 ; 입도(立道).

참오(參伍)라 하여 증거를 짜맞추는 방법의 참(參)은 참고하고 맞춰보아 공로가 많은 것을 헤아리는 것이고 오(伍)는 맞춰보아 헤아린 정도에 따라 허물을 꾸짖는 것이다.

참고하고 맞춰보면 반드시 공로가 많은 것을 분간할 수 있고, 대조해 본 정도에 따라 반드시 허물을 책임지게 될 것이다.

헤아린 공로의 많음이 분별되지 않으면 아래의 신하는 임금을 업신여기게 되고, 허물을 꾸짖지 않으면 신하는 동료끼리 한통속이 되어 서로 손잡게 된다.
  증거를 참고하여 세밀히 살피면 공로의 많고 적음을 충분히 알 수 있게 되고, 미리 책임을 추궁하면 많은 사람이 동료끼리 한통속이 되는 지경에 이르지 않는다.
  임금이 신하들의 언행을 보고 듣고 하는 방법은 신하들이 보여주는 형태로써 증거를 삼는다. 신하가 서로 한패거리로 손잡았을때 같은 패거리는 벌을 내리고 그에 참가하지 않은 사람에게는 상을 내리며, 간사한 짓을 고발하지 않는 사람은 간사한 짓을 행한 사람과 같은 죄를 적용시킨다.
  여러 신하들의 진언(進言)을 종합하여 반드시 땅의 이로움〔地利〕을 바탕으로 헤아리고, 하늘의 때〔天時〕를 바탕으로 도모하며, 사물의 이치〔物理〕를 바탕으로 비추어 확인하고, 사람의 성정〔人情〕을 바탕으로 참고하지 않으면 안된다.
  이 네 가지의 증험(證驗)에 꼭 들어맞으면 비로소 충분히 살폈다고 할 수 있는 것이다.
  신하의 진언은 증거와 맞춰보아야 진실을 확인할 수 있고, 신하를 대하는 애증(愛憎)의 태도를 바꿈으로써 임금의 은혜에 대한 보답으로 신하의 태도를 고치도록 한다.
  현실적으로 나타난 흔적을 바탕으로 살피기 어려운 속사정을 꿰뚫고, 친근하게 가까이 있는 신하는 오로지 한 가지 직무에 힘써 전심전력하게 하며, 멀리 지방에 있는 신하는 두번 세번 경계의 말을 반복하여 두려워하게 하고, 일의 결과를 채택하여 앞서 내놓은 의견을 추궁한다.
  신하를 친근한 지위에 앉혀놓고 그 마음속을 살피고, 신하를 멀리 지방에 취임시켜 그 행동을 관찰한다. 분명히 알고 있는 것을 바탕으로 신하에게 물어 알지 못한 것을 알아내며, 권력을 속이는 방법으로 임금을 모멸할 오만한 생각을 근절시킨다.
  일부러 거슬리는 말을 함으로써 의심했던 바를 확인하고, 일부러 반대되는 주장을 펴 감추어진 못된 짓들을 찾아낸다. 감찰하는 관리를 두어 신하들의 독단을 바로잡고, 법령을 시행하여 잘못을 지적함으로써 간신(姦臣)들의 움직임을 낱낱이 살핀다.

확실하게 상과 벌의 내용을 밝혀 알려줌으로써 죄가 될 일을 저지르지 않게 이끌고, 자기를 낮추고 임금의 뜻에 영합하는 관리가 바른말을 하는가 아첨하는가를 알아낸다. 귀를 크게 열고 널리 들어 몰랐던 비밀을 통하며, 한패끼리 서로 싸우게 하여 도당(徒黨)을 와해(瓦解)시킨다. 군주가 한 가지의 이치를 깊이 알고 있으면 관리들은 군주의 깊은 지혜에 항상 두려워하고 감탄하게 된다. 일부러 다른 일을 누설시켜 신하가 도모하는 일에 대한 고정관념을 바꾸게 만든다.

서로 유사하여 의심이 날 때는 합하여 증거로써 대조해 보고, 신하가 지나친 말을 개진했을 때는 그렇게 된 원인을 밝혀야 한다. 신하의 죄를 알게 된 경우에는 반드시 처벌하여 법을 어기는 일이 없도록 할 것이며, 형벌을 내리면서 밀사(密使)를 쓰던가 때로는 순시를 하여 실정을 잘 살피고, 더 나아가 단계적으로 개혁하여 패거리가 간사한 짓을 하지 못하도록 한다.

재상(宰相)은 모든 신료(臣僚)를 단속하고, 신료는 그 속관(屬官)들을 단속하며, 장교는 그 병사들을 단속하고, 사절(使節)은 그 수행원들을 단속해야 하며, 지방을 다스리는 장관〔顯令〕은 그 지방관속을 단속하고, 낭중(郎中)의 자리에 있는 사람은 임금의 측근에 있는 사람들을 단속하며, 왕후나 후궁들은 궁녀(宮女)들을 잘 단속해야 한다.

이와 같이 되는 것을 위에서 말단까지 통달하는 길(道)이라 일컫는다. 말이 알려지고 일이 누설되어서는 술(術)은 행해지지 않는다.

四立道；參伍[1]之道 行參以謀多[2] 揆伍[3]以責失 行參必折 揆伍必怒[4] 不折則瀆上 不怒則相和 折之徵 足以知多寡 怒之前 不及其衆 觀聽之勢 其徵在罰比周[5]而賞異 誅毋謁[6]而罪同 言會衆端 必揆之以地 謀之以天 驗之以物 參之以人 四徵者符[7] 乃

可以觀矣 參言以知其誠 易視以改其澤[8] 執見以得非常 一用以
務近習 重言以懼遠使 舉往以悉其前 卽邇以知其內 疏置以知其
外 握明以問所闇 詭使以絶黷泄[9] 倒言以嘗所疑 論反以得陰姦
設諫以綱獨爲 擧錯以觀姦動 明說以誘避過 卑適以觀直諂 宣聞
以通未見 作鬪以散朋黨 深一以警衆心 泄異以易其慮 似類則合
其參 陳過則明其固 知罪辟罪以止威 陰使時循以省衷[10] 漸更以
離通比[11] 下約以侵其上 相室約其廷臣 廷臣約其官屬 軍吏約其
兵士 遣使約其行介 縣令約其辟吏 郞中約其左右 后姬約其宮媛
此之謂條達之道 言通事泄 則術不行

1) 參伍(참오) : 여기에서는 여러 가지 증거를 모아 확인한다는 뜻.
2) 行參以謀多(행참이모다) : 행참(行參)은 증거를 모아 대조(對照)를
   행하다이고, 모다(謀多)에 대하여는 여러 가지 설이 있는데 공(功)이
   많음을 헤아리다는 뜻으로 푼다.
3) 揆伍(규오) : 규(揆)는 헤아리다, 오(伍)는 증거를 모으다는 뜻으로
   '규오(揆伍)'란 많은 증거에 의하여 사실을 판단한다는 말.
4) 怒(노) : 책(責)과 뜻이 통하여 책임을 추궁한다는 뜻.
5) 比周(비주) : 비(比)는 아첨하여 사귀는 것을 뜻하고, 주(周)는 정도
   (正道)로 사귀는 것을 말한다.
6) 毋謁(무알) : 못된 짓을 아뢰지 않는 일로 곧 지금의 불고지(不告知)
   죄를 뜻한다.
7) 四徵者符(사징자부) : 사징(四徵)이란 위에서 말한 지리(地理) · 천시
   (天時) · 물리(物理) · 인정(人情)을 뜻하며 부(符)는 들어맞다.
8) 易視以改其澤(역시이개기택) : 이 대목은 여러 가지 해석의 설이 있
   으나 시(視)는 나타내다의 뜻이고, 택(澤)은 임금에 대한 꾸밈(飾)으
   로도 보지만 임금에 대한 관리들의 은총으로도 본다.
9) 詭使以絶黷泄(궤사이절독설) : 궤사(詭使)는 거짓으로 신하를 쓰는
   것. 독설은 독설(黷媟)과 같은 말로 경솔하고 오만하다의 뜻.
10) 陰使時循以省衷(음사시순이성충) : 음사(陰使)는 남몰래 음밀히 사
    신을 보내는 일을 뜻하고 충(衷)은 쇠(衰)로 보는 경우도 있으나 진
    실한 마음으로 본다.

11) 漸更以離通比(점갱이리통비) : 점갱(漸更)은 개혁을 자연스럽게 한다는 풀이도 있으나, 여기서는 단계를 밟아 개혁한다는 뜻으로 관리들의 행동거지를 하나하나 조사한다는 말. 통비(通比)는 못된 짓을 하기 위하여 무리를 만드는 것.

5. 신상필벌을 엄격히 시행해야
다섯 ; 주밀(周密).

현명한 임금에게는 그 다스림에 있어 완전한 비밀이 보장되어 있어야 한다. 임금이 누군가를 좋아하는 것이 얼굴에 나타나면 간신(姦臣)은 그 은덕이 자기 때문인 것으로 조작하여 대가를 치르게 하고, 임금이 누군가에 대해 노여움을 품고 있는 것이 얼굴에 나타나면 간신은 그에게 형벌을 내려 자신의 위세를 나타내므로 권위가 갈라지게 된다.

그러므로 명석한 임금의 말은 사람들 사이의 틈을 막아 누설되지 않게 하며, 완전한 비밀이 보장되어 밖으로 나타나지 않게 한다.

한 사람의 지혜로 열 사람의 못된 자를 찾아내는 것은 하책(下策)이고, 열 사람의 지혜로 하나의 못된 사람을 찾아내는 것을 상책(上策)이라 한다.

명석한 임금은 이 상책과 하책의 두 방법을 함께 쓰기 때문에 간사(姦邪)한 것을 놓치는 일이 없다.

5가구의 조직인 오(伍), 25가구가 모인 조직인 관(官 : 閭), 200가구의 조직인 연(連), 이들이 모여 만든 지방 조직인 현(縣)의 지역을 단위로 묶어 남의 허물을 알리면 상을 주고, 남의 허물을 놓치면 처벌한다. 이같은 일은 윗사람이 아랫사람을 대하는 경우나 아랫사람이 윗사람을 대하는 경우 모두 그렇게 한다. 이러므로 지위의 상하나 신분의 귀천에 상관없이 서로 법 앞에서는 두려워 경계하고, 서로 상을 받아 이롭도록 가르친다.

민중의 본성은 삶을 영위하는 실질적인 것이 갖추어지기를 바라고, 삶의 보람과 가치가 갖추어지기를 바란다. 임금은 현명하고 지혜로운 명예가 갖추어지기를 바라고, 상벌(賞罰)의 실권이 갖추어지기를 바란다.

이렇게 명목과 실질이 함께 갖추어지게 되면 복(福)된 선정(善政)을 베푼다는 소문이 반드시 널리 퍼지게 된다.

五周密；明主其務在周密 是以喜見則德償 怒見則威分 故明主之言 隔塞而不通 周密而不見 故以一得十者 下道也 以十得一者 上道也 明主兼行上下 故姦無所失 伍官連縣而隣[1] 謁過賞失過誅 上之於下 下之於上 亦然 是故上下貴賤 相畏以法 相誨以利 民之性[2] 有生之實 有生之名[3] 爲君者 有賢知之名 有賞罰之實 名實俱至 故福善必聞矣

1) 伍官連縣而隣(오관연현이린) : 오(伍)는 『관자(管子)』 승마편에서 다섯 집(五家)이라는 것을 말했고, 관(官)은 저본에 여(閭)로 되어있으나 같은 뜻으로 보고, 『주례(周禮)』 대사도에 25집(二十五家)을 여(閭)라 했다. 연(連)이란 『국어(國語)』 제어 와 『관자(管子)』 소광(小匡)에 다섯 집을 한 궤(軌)라 했고, 십궤를 일리(一里), 사리(四里)를 일련(一連)이라 했다. 그리고 향(鄕)은 십련(十連)이라 했으니 곧 연(連)은 한 지방을 뜻했다. 나아가 현(縣)은 지방조직의 큰 단위.
2) 民之性(민지성) : 성(性)이란 사람이 공통적으로 바라는 욕구.
3) 有生之實有生之名(유생지실 유생지명) : 실(實)은 사람이 살아가는데 꼭 필요한 사물(事物)을 말하고, 명(名)은 명예와 지위를 뜻한다.

6. 신하의 언행일치를 살펴야

여섯；참언(參言).

임금이 신하의 의견을 듣고 실적을 증거로 하여 살펴보지 않으면 곧 그 책임을 신하에게 추궁할 수 없고, 신하가 진언할 때 그 실효성을 알아보지 않으면 사악한 변설이 임금의 마음을 사로잡아 임금의 눈과 귀를 막을 것이다.
 말이라는 것은 많은 사람이 그렇다고 하면 그렇다고 믿게 된다. 진실이 아닌 것도 열 사람 정도가 그렇다고 하면 의심이 되지만 백 사람이 넘으면 그럴지도 모르겠다는 생각이 들 것이고, 천 사람이 넘으면 확실히 믿게 된다.
 더듬는 사람의 말은 의심이 가지만 달변(達辯)인 사람의 말은 믿게 된다. 간사한 사람이 임금의 마음을 파고들 경우에는 많은 패거리의 힘을 빌리고, 변설(辯舌)도 그럴듯하게 꾸며 믿게 하며, 비슷한 사례(事例)를 들어 사사로운 계책을 아름답게 꾸민다.
 그러한 경우 임금이 분노를 억누르고 증거를 맞춰보는 방법을 쓰지 않으면 그 권세는 신하에게만 쓸모있게 될 것이다.
 도(道)를 터득한 임금은 신하로부터 진언을 들으면 그 효용을 따져 그 실적을 조사하며 조사한 실적에 따라 상벌을 시행한다. 그러므로 쓸데없는 변설을 늘어놓는 사람은 조정에 머무를 수 없게 된다. 관직에 임용된 사람이라도 그 지혜가 맡은 일을 능히 해내지 못할 때는 관직에서 쫓겨나고, 관인(官印)은 빼앗기는 것이다.
 임금에게 진언한 내용이 과장(誇張)되었다면 일의 단서를 추궁받게 되므로 간사한 사람은 붙들려 책임을 지게 된다. 아무 특수한 장애도 없었는데 행한 결과가 진언한 내용과 맞지 않았다면 이는 임금을 헛소리로 속인 것이고, 임금을 속인 신하는 곧 처벌된다.
 신하가 임금에게 올린 진언에는 반드시 실행이 따라야 하고, 변설(辯說)에는 반드시 효용(效用)이 요구된다. 그러므로 붕당(朋黨)안에서 일어난 변설은 함부로 임금의 귀에 들어가지 않는다.
 무릇 진언을 듣는 도(道)라는 것은 신하가 충성된 논조로 밝히는 여러 가지 보고를 듣는 것이다. 여러 가지 잡다한 논설중에 한 가지를 채택하여 받아들임으로써 임금이 도를 알지 못하면 간사한 신하에게 이용되기 쉽다.

　현명한 임금의 도는 자기가 기쁠 때는 신하가 진언코자 하는 뜻의 허실(虛實)을 찾고, 자기가 분노했을 때는 신하가 짜놓은 평가의 옳고 그름을 살피며, 감정이 가라앉은 뒤에 판단을 내리므로 그 훼예(毁譽)의 비평이나 공(公)과 사(私)의 증거가 파악되는 것이다.

　신하가 진언할 때 여러 가지 논설을 펴는 것은 지혜를 사용하여 많은 계략을 표현함으로써 임금에게 그중 하나를 골라잡게 하여 그것이 실패했을 경우 죄를 모면하고자 하는 것이다.

　그러므로 수많은 간언을 임금에게 올리는 것은 실패했을 경우 그 책임을 임금에게 돌리려는 간교인 것이다.

　본래 임금에게 대하여는 다른 말을 더하여 장차 이렇게 될지도 모른다는 가정(假定)을 말하는 것은 용납되지 않고, 다만 처음 말한 내용과 뒤의 결과를 맞춰보아 임금을 기만했는지 아니면 참말을 했는지를 확인하는 것이다.

　현명한 임금의 도는 신하에게 두 가지 간언을 허락하지 않고 반드시 그 하나만을 책임지우며, 말한 것에 대해 함부로 행동함을 인정하지 않고 반드시 증거에 합당하도록 한다. 그러므로 간악한 사람은 나아갈 길이 없는 것이다.

　　六參言[1] ; 聽不參 則無以責下 言不督乎用 則邪說當上 言之爲物也 以多信 不然之物 十人云疑 百人然乎 千人不可解也 吶者言之疑 辯者言之信 姦之食上也[2] 取資乎衆 藉信乎辯 而以類飾其私 人主不饜忿[3]而待合參 其勢資下也 有道之主 聽言督其用 課其功 功課 而賞罰生焉 故無用之辯不留朝 任事者知不足以治職 則放官收璽 說大而誇則窮端 故姦得而怒 無故而不當爲誣 誣則罪臣 言必有報 說必責用也 故朋黨之言不上聞 凡聽之道 人臣忠論以聞姦 博論以納一人主不知 則姦得資 明主之道 己喜則求其所納 己怒則察其所搆 論於己變之後 以得毁譽公私之徵 衆諫以效智 使君自取一以避罪 故衆之諫也 敗君之取也

제11편 팔경(八經) 179

無副言於上 以設將然 令符言於後 以知謖誠 明主之道 臣不得
兩諫 必任其一 語不得擅行 必合其參 故姦無道進矣

1) 參言(참언) : 앞의 5절목을 저본에서는 참언이라 이름하였는데 맞지
   않아서 이 6절목을 참언이라 했다. 참(參)은 대조하다, 참조(參照)하
   다의 뜻이 있다.
2) 食上也(식상야) : 임금의 마음을 파고 들다는 뜻.
3) 厭忿(염분) : 염은 가리다, 억누르다를 뜻하므로 염분(厭忿)은 분노
   (忿怒)를 참다는 말과 같다.

7. 군주나 관리는 법을 따라야
  일곱 ; 임법(任法).

관리의 권력이 두터워지는 것은 법을 무시하기 때문이며, 법률이 효력을 잃는 것은 위에 있는 임금이 어둡기 때문이다.

임금이 나라 일에 어두워 법도(法度)가 없으면 관리들은 함부로 권력을 휘두르게 되고, 관리가 권력을 장악하면 그것에 대항할 사람이 없어진다.

권력을 잡고 그것에 대항할 사람이 없어지면 거두는 세금이 많아지고, 세금을 많이 거두면 관리가 넉넉하게 된다. 관리가 넉넉해지고 권력이 무거워지는 것은 나라가 어지러워지는 까닭이 된다.

명석(明晳)한 임금의 도는 직무에 잘 견디는 사람을 기용(起用)하고, 오로지 관직에 전념하는 사람의 재능을 칭찬하며, 공적을 올린 관리를 상(賞)주는 것이다.

사람을 천거하는 진언(進言)이 들어맞아 임금이 기쁘면 천거한 사람이나 천거된 사람은 다함께 상을 받고, 그렇지 않아 임금의 노여움을 사게 되면 천거한 사람이나 천거된 사람이 함께 처벌되면 사람들은 자기의 부형(父兄)이라 해서 사사롭게 천거하는 일이 없고 자기와 원수지간이라 해서 천거하지 않을 수 없게 된다.

권세는 법률을 시행하는데 충분하고, 봉록은 직무를 수행하는데 넉넉하다면 사사로운 마음이 일어날 까닭이 없고, 민중은 애써 일하면서 관리에 대해 마음을 쓰지 않는다.
 직무를 맡아 일하는 경우 권력을 남용하지 않고, 영광과 은총은 반드시 작위(爵位)에 바탕을 두며, 벼슬자리에 앉았을 때 사사로운 생각을 일으키지 않고, 이익은 반드시 봉록에만 의존하게 된다면 민중은 반드시 벼슬자리를 존중하고 봉록을 소중하게 여길 것이다.
 작위와 봉록은 포상의 표현이며 민중이 그 포상의 방법을 소중하게 여기면 나라는 잘 다스려지게 된다.
 형벌이 끊임없이 행해지는 것은 실적과 공로에 대한 명예의 부여(賦與)가 잘못돼 있기 때문이다.
 위에서 내리는 상과 그 실질적인 명예가 일치하지 않으면 민중은 의심하게 된다. 민중은 명예를 소중하게 여기고 더불어 이로움도 소중하게 여기는데 그 소중함은 균등하다.
 위로부터 상을 받은 사람이 민중 사이에서 비방받는 일이 생긴다면 상으로 장려하는데는 역부족이며, 위에서 벌을 받은 사람이 민중 사이에서 명예롭게 여기는 일이 생긴다면 처벌로 잘못을 금지하는 일을 할 수 없게 된다.
 명석한 임금의 도는 상벌은 반드시 나라의 이익에 바탕을 두고, 명예는 반드시 임금에게 충성하는 것에 바탕을 둔다. 포상과 명예는 같은 기준에 바탕을 두고 비방과 형벌을 함께 시행한다면, 민중은 상받음 없이 영예를 얻지 못할 것이다. 중벌을 받은 사람이 반드시 악명(惡名)을 얻게 되면 민중은 형벌받는 것을 두려워한다.
 형벌은 악을 금지하는 까닭이 되고 민중은 그 악을 금지하는 까닭을 두려워하게 되면, 곧 나라는 잘 다스려지게 되는 것이다.

 七任法¹⁾; 官之重也 毋法也 法之息也 上闇也 上闇無度 則官

擅爲 官擅爲 故奉重無前 奉重無前 則徵多 徵多故富 官之富重
也 亂之所生也 明主之道 取於任 賢於官 賞於功 言程²⁾主喜 俱
必利 不當主怒 俱必害 則人不私父兄 而進其讎仇 勢足以行法
奉足以給事³⁾ 而私無所生 故民勞苦而輕官 任事者毋重 使其寵
必在爵 處官者毋私 使其利必在祿 故民尊爵而重祿 爵祿所以賞
也 民重所以賞也 則國治 刑之煩也 名之繆也⁴⁾ 賞譽不當 則民
疑 民之重名 與其重利也均 賞者有誹焉 不足以勸 罰者有譽焉
不足以禁 明主之道 賞必出乎公利 名必在乎爲上 賞譽同軌 非
誅俱行 然則民無榮於賞之內 有重罰者 必有惡名 故民畏 罰所
以禁也 民畏所以禁 則國治矣

1) 任法(임법) : 나라 다스림의 모든 것을 법에 의거한다는 뜻.
2) 言程(언정) : 언은 사람을 천거하는 말, 정은 법도를 뜻함.
3) 奉足以給事(봉족이급사) : 봉(奉)은 봉록(俸祿)을 뜻하고, 급사(給事)
   는 임금을 받들어 궁중에서 여러 가지 하는 일을 말한다.
4) 名之繆也(명지무야) : 실공(實功)에 대한 명예가 잘못되어 있다는 말
   인데 무(繆)는 틀리다 혹은 속이다로도 쓴다.

8. 권력을 나누면 나라는 어지러워진다
   여덟 ; 유병(類柄).

나라 일을 하는 관리들이 법률의 테두리 밖의 일을 행해 영
예를 드날린다면 임금의 권위는 나뉘어져 약해지고, 인자한 마
음에 정치가 따라간다면 법은 허물어지고 말 것이다

민중은 법률이 있음으로써 임금을 두려워하고, 임금은 위세
(位勢)가 있음으로써 신하나 민중을 내려다 볼 수 있다. 그렇기
때문에 신하가 제멋대로 법을 위반하여 임금을 넘보고, 임금을
가볍게 여기는 풍조가 명예롭게 된다면 임금의 권위는 신하에
게 분할되어 쇠약해진다.

민중은 법이 어지러우면 임금을 넘보고, 임금은 법이 흔들리
면 마음이 인자해진다. 대신이 밝게 은혜를 베풀고 뇌물에 의

한 정치에 힘을 쓴다면 법령은 허물어지고 말 것이다.

사사로운 행위가 숭상(崇尙)되어 임금의 권위에 버금가고 뇌물의 정치가 행해져 법령의 위력이 허물어졌는데, 이를 그대로 따르면 나라의 정치는 어지러워지고 이를 따르지 않으면 임금은 비방받게 된다. 이로써 임금의 지위는 경시(輕視)당하게 되고, 법률은 관리들 사이에서 어지러워진다. 이러한 것을 일컬어 "상도(常道)를 벗어난 나라"라고 말한다.

현명한 임금이 다스리는 도는 신하가 사사로운 일을 행해 명예를 얻지 못하며, 사사로운 가문(家門)의 이익을 꾀하는 일로 공적을 쌓지 못한다.

공로와 명예가 생기는 바는 반드시 국법에 의해서만 된다. 법률에서 벗어나서는 아무리 어려운 일을 했어도, 세상에서 알아주지 않으므로 민중은 사사로운 명예를 위해 애쓰지 않는다.

법도를 제정하여 민중을 통제하고, 상벌을 확실하게 행해 민중의 능력을 다하게 하며, 명예와 비방의 구분을 명확히하여 선(善)을 권하고 악(惡)을 응징한다.

명호(名號)와 상벌과 법령, 이 세 가지를 증거하여 잘 살피도록 한다. 그러므로 대신이 일을 함에 있어서 임금을 존중하게 되고, 백성이 공적을 세우면 임금에게 유익하게 된다. 이를 일컬어 "도가 행해지는 나라"라 한다.

　　八類柄[1]；行義示[2] 則主威分 慈仁聽 則法制毀 民以制畏上 而上以勢卑下 故下肆很觸[3] 而榮於輕君之俗 則主威分 民以法難犯上 而上以法撓慈仁 故下明愛施 而務賕紋[4]之政 是以法令墮 尊私行以貳主威 行賕紋以疑法令 聽之則亂治 不聽則謗主 故君輕乎位 而法亂乎官 此之謂無常之國 明主之道 臣不得以行義成榮 不得以家利爲功 功名所生 必出於官法 法之所外 雖有難行 不以顯焉 故民無以私名 設法度以齊民 信賞罰以盡能 明誹譽以勸沮 名號[5]賞罰法令三隅[6] 故大臣有行則尊君 百姓有功則利上 此之謂有道之國也

1) 類柄(유병) : 임금과 신하의 권세를 쥔 자루가 비슷하다는 뜻인데 저본에서 절목(節目)이 없었던 것을 뒤에 '주위(主威)'라고 이름 붙였으나 마땅하지 않아 이 책에 비로소 '유병(類柄)'이라 했다.
2) 行義示(행의시) : 행의는 사사로운 행동을 뜻함인데 여기서는 '관리가 법령외의 사사로운 은혜를 베푸는 것'을 가리킨다. 시(示)는 뚜렷이 나타내다와 같음.
3) 肆很觸(사흔촉) : 사(肆)는 방자하다이고, 흔촉(很觸)은 따르지 않고 넘본다는 뜻.
4) 賕紋(구문) : 구(賕)는 뇌물(賄賂 : 회뢰)을 뜻하고 문(紋)은 수놓은 비단같은 재물을 뜻함.
5) 名號(명호) : 명예와 비방을 가리킨다.
6) 三隅(삼우) : 모두 합한다는 뜻으로 명호·상벌·법령의 세 가지를 합한다는 뜻.

제12편 이 병(二柄)

　이병(二柄)은 군주가 직접 상벌(賞罰)의 권력을 행사하여, 신하로 하여금 권력을 넘볼 틈을 주어서는 안 된다는 것을 말했다. 그 한 예(例)로써 왕위(王位)를 찬탈(簒奪)한 신하를 들고 있으며 이러한 대신이나 측근에 대한 경계도 설명했다.
　이 편의 특징은 신하가 군주를 넘보는 틈을 주는 계기가 되는 호오(好惡)의 나타냄을 경계하는 대목을 저마다의 중심 과제로 설정하여 이야기로 제시하고 있는 점이다.

1. 신하를 통제하는 두 가지 방법

　현명한 임금이 신하를 통제하는 방법에 두 가지 권병(權柄)이 있다. 이 두 가지 권병이란 형(刑)과 덕(德)이다.
　그렇다면 무엇을 형과 덕이라 말하는가? 그것은 사형에 처하는 것을 형(刑)이라 말하고, 포상(襃賞)하는 것을 덕(德)이라 한다.
　신하된 사람은 누구나 다 형벌을 겁내고 포상을 유익하다고 생각한다. 그러므로 임금이 몸소 그 형과 덕을 진행하면 신하들은 모두 그 위력이 두려워 유익한 포상 쪽으로 돌아간다.
　요즘 세상의 간신(姦臣)들은 그렇지 않다. 교묘한 방법으로 임금을 속여 제마음대로 할 수 있는 권력을 얻어 싫어하는 사람을 처벌하고 자기 마음에 드는 사람은 임금으로부터 제마음대로 할 수 있는 권력을 얻어 그를 포상한다.

지금 만약 상벌의 위력과 이익이 임금으로부터 나가지 않고, 신하들에게 상벌을 제멋대로 행하는 권한을 준다면 한 나라의 모든 민중은 신하를 두려워하고 임금을 깔보게 되어, 임금을 떠나 신하에게로 돌아갈 것이다.

이러한 일은 곧 임금이 형과 덕의 권력을 잃었을 때 일어나는 우환인 것이다.

무릇 범(虎)이 강아지를 굴복시키는 바탕은 날카로운 이빨과 발톱이다. 만약 범의 이빨과 발톱을 뽑아버리고 강아지로 하여금 이것을 쓰게 한다면, 범은 오히려 강아지에게 굴복하게 될 것이다.

임금은 형과 덕으로써 신하를 통제하는 것인데 지금 만약 임금이 형과 덕의 권한을 버리고 신하로 하여금 쓰게 한다면 임금은 오히려 신하의 통제를 받게 될 것이다.

제(齊)나라의 대신 전상(田常)은 임금에게 작위와 봉록을 자기 마음대로 행할 권한을 청하여 여러 신하에게 베풀었고, 아래로 민중에게는 곡물의 씨앗(種子)을 빌려주는데 쓰는 되(升)는 크게 하고 거두어 들이는 되는 작게 하여 민중에게 베풀었다.

이로써 임금인 간공(簡公)은 포상의 권세를 잃고 전상이 그것을 마음대로 휘둘렀기 때문에 마침내 간공은 죽임을 당하게 되었다.

송(宋)나라 대신 자한(子罕)은 임금에게 말하기를

"상을 주고 물건을 하사하는 것은 민중이 기뻐하는 것이므로 임금이 몸소 베푸는 것이 좋습니다. 사형과 형벌은 민중이 모두 싫어하는 것이므로 소신이 감당하겠습니다"

라고 하였다.

이에 송나라 임금은 형벌의 권한을 잃게 되고 자한이 그것을 마음껏 휘두르게 되어 송군(宋君)은 마침내 위협을 당하게 되었다.

전상은 포상의 권한만을 휘둘렀지만 간공은 죽임을 당하였고, 자한은 형벌의 권한만 휘둘렀지만 송군은 위협을 당하고 말았다.

　지금 세상의 신하들은 형벌과 포상의 권한을 모두 제멋대로 쓰고 있으니 세상 임금들이 겪는 위험은 간공이나 송군의 경우보다 더욱 심한 지경이다.

　그러므로 신하에게 위협을 당하고 죽임을 당하며 눈과 귀가 가려지고 막히는 임금은, 형벌과 포상의 권병을 모두 잃고 신하가 그것을 자유로이 쓰게 했기 때문으로, 이렇게 되고도 나라가 위험에 처하거나 망하지 않는 일은 일찍이 있어 본 일이 없었다.

　　　明主之所道[1]制其臣者　二柄而已矣　二柄者刑德[2]也　何謂刑德 曰殺戮之謂刑　慶賞[3]之謂德　爲人臣者　畏誅罰而利慶賞　故人主自用其刑德　則群臣畏其威而歸其利矣　故世之姦臣則不然　所惡則能得之其主而罪之　所愛則能得之其主而賞之　今人主非使賞罰之威利出於己也　聽其臣而行其賞罰　則一國之人皆畏其臣而易其君　歸其臣而去其君矣　此人主失刑德之患也　夫虎之所以能服狗者　爪牙也　使虎釋其爪牙而使狗用之　則虎反服於狗矣　人主者以刑德制臣者也　今君人者釋其刑德而使臣用之　則君反制於臣矣　故田常[4]上請爵祿而行之群臣　下大斗斛[5]而施於百姓　此簡公[6]失德而田常用之也　故簡公見弑　子罕謂宋君[7]曰　夫慶賞賜予者　民之所喜也　君自行之　殺戮刑罰者　民之所惡也　臣請當之　於是宋君失刑　而子罕用之　故宋君見劫　田常徒用德　而簡公弑　子罕徒用刑　而宋君劫　故今世爲人臣者　兼刑德而用之　則是世主之危甚於簡公宋君也　故劫殺壅蔽之主　兼失刑德　而使臣用之　而不危亡者　則未嘗有也

1) 道(도): 저본에는 흔히 '도(導)'로 쓰는 곳도 있으나 '도(道)' 그대로 쓴다.
2) 刑德(형덕): 형상(刑賞)의 뜻과 같고, 덕(德)은 은혜라는 뜻.
3) 慶賞(경상): 포상(褒賞)과 같은 말.

4) 田常(전상) : 춘추시대 진(陳)나라 공자로 제(齊)나라에 망명하여 성을 전씨(田氏)로 바꾸고 간공(簡公)의 재상이 되었다가 그를 죽이고 평공(平公)을 세웠다. 『좌씨전(左氏傳)』·『논어(論語)』에도 나와 있는데, 전성자(田成子) 또는 진성자(陳成子)로도 부른다.
5) 斗斛(두곡) : 둘 다 용량을 재는 단위인데 곡(斛)은 말(斗)보다 큰 단위로 열 말(十斗).
6) 簡公(간공) : 춘추시대 제(齊)나라 임금으로 전상(田常)에 의해 죽음. 재위(在位) 4년.
7) 子罕謂宋君(자한위송군) : 자한(子罕)은 춘추시대 송나라 사람. 이 자한이라는 자(字)를 쓴 사람으로 낙희(樂喜)와 전국시대의 황희(皇喜)가 있었는데, 여기의 자한은 황희가 아닌가 한다. 그는 처음에는 현신(賢臣)이었으나 나중에는 찬신(簒臣 — 임금의 자리를 빼앗은 신하)이 되었다. 송군(宋君)은 송나라 소공(昭公)을 가리킴.

2. 신하의 잘못을 금지시키려면

임금이 신하의 못된 짓을 금지시키려 한다면 실적과 진언이 부합하는가를 잘 살펴야 하는데, 그것은 진언한 내용과 실제로 행한 일을 두고 하는 말이다.

신하가 어떠한 일에 대하여 자기의 의견을 개진(開陳)하면 임금은 그 의견에 따라 일을 추진하도록 맡기는데 오로지 그 일의 성과를 요구하는 것이다.

성과가 그 일에 걸맞고 일이 의견과 합당할 때는 상(賞)을 주지만, 성과가 그 일에 걸맞지 않고 일이 의견과 합당하지 않을 때는 처벌(處罰)하게 된다.

그러므로 신하들은 의견으로는 컸는데 성과가 작있을 경우 곧 벌받게 된다. 그것은 작은 성과를 벌하는 것이 아니라 성과가 당초에 말한 의견에 걸맞지 않은 것을 벌하는 것이다.

신하들은 그 의견은 작았는데 성과가 커어도 역시 벌받게 된다. 그것은 큰 성과를 기뻐하지 않음이 아니라 의견에 들어맞지 않는데서 오는 폐해(弊害)가 큰 성과를 올린 것으로는 보상할 수 없게 극심하다고 판단되기 때문에 처벌하는 것이다.

옛날 한(韓)나라의 임금 소후(昭侯)가 얕은 잠을 자고 있었는데 관(冠)을 관리하는 관관(冠官)이 이를 보고 임금이 추울 것이라 생각하여 옷을 임금에게 입혀 드렸다.

임금은 잠에서 깨어나 기뻐하여 좌우에 서있는 신하에게 물었다.

"누가 나에게 옷을 입혔는가?"

이에 옆에 있던 신하들이 대답하기를

"관관(冠官)입니다."

하였다. 이 말을 듣고 임금은 옷을 맡아 관리하는 의관(衣官)과 관관(冠官) 두 사람 모두를 처벌하였다.

의관을 처벌한 것은 그 맡은 일을 소홀히 했기 때문이며 관관을 처벌한 것은 자기가 맡은 직무 이상의 일에 손을 댔다는 생각에서인데, 추위는 싫어하지만 남의 직무에까지 손을 대는 폐해는 추위보다 더 극심하다고 생각했기 때문이다.

그러므로 명석한 임금이 신하를 양성하는 경우 신하는 자기가 맡은 직무 이상의 일에 손을 써 공적을 올리는 일은 허용되지 않고, 의견을 말해 놓고 그 실적이 의견에 걸맞지 않은 것은 용서하지 않는다.

직무 이상의 일에 월권(越權)하면 사형에 처해지고, 의견과 실적이 걸맞지 않았을 때는 처벌된다. 관리가 직무에 상응하는 일에 힘쓰고 진언에 걸맞는 성과를 올리게 된다면 신하들은 붕당(朋黨)을 만드는 일 따위는 하지 않을 것이다.

人主將欲禁姦 則審合形名[1] 形名者言與事也 爲人臣者陳而言君以其言授之事 專以其事責其功 功當其事 事當其言 則賞 功不當其事 事不當其言 則罰 故群臣其言大而功小者則罰 非罰小功也 罰功不當名也 群臣其言小而功大者亦罰 非不說於大功也 以爲不當名也 害甚於有大功 故罰 昔者韓昭侯[2]醉而寢 典冠者

見君之寒也 故加衣於君之上 覺寢而說 問左右曰 誰加衣者 左右對曰 典冠 君因兼罪典衣與典冠 其罪典衣 以爲失其事也 其罪典冠 以爲越其職也 非不惡寒也 以爲侵官之害甚於寒 故明主之畜臣[3] 臣不得越官而有功 不得陳言而不當 越官則死 不當則罪 守業其官[4] 所言者貞也 則群臣不得朋黨相爲矣[5]

1) 審合形名(심합형명) : 『한비자』에 많이 나오는 말로 '심합(審合)'은 합당한가를 자세하게 생각하는 것을 뜻하고 '형명(形名)'은 사물(事物)의 형태(形)와 사물의 명칭(名稱)을 뜻한다.
2) 韓昭侯(한소후) : 한나라의 임금 소후(昭侯)로 서기전 362에서 전333년까지 재위. 『한비자』에 자주 인용되는 사람인 신불해(申不害)를 재상으로 등용하여 그가 주장한 술(術)을 바탕으로 정치를 행하고 밖으로 나라의 세력을 확장했던 제후.
3) 畜臣(축신) : 축(畜)은 기르다의 뜻인데 여기서는 임금이 신하에게 녹(祿)을 주어 양성(養成)한다는 뜻.
4) 守業其官(수업기관) : 『좌씨전』에 나오는 '능업기관(能業其官)'과 같은 뜻인데 관리가 자기 맡은 일을 주관적으로 지킨다는 뜻.
5) 朋黨相爲矣(붕당상위의) : 무리를 만들어 서로 돕는다는 뜻.

3. 군주에게 있는 두 가지 근심

임금에게는 두 가지 걱정이 있다. 그 하나는 현명한 사람을 임용하자니 신하들이 그 현명함에 의지하여 임금을 위협하지 않을까하는 근심이고, 둘째는 그렇다고 함부로 아무나 등용하면 일을 제대로 추진하지 못해 침체되지나 않을까 하는 걱정이다.

임금이 현명한 사람을 좋아하면 신하들은 자기의 행위를 겉으로만 아름답게 꾸며 임금의 바라는 바에 알맞도록 애쓴다. 그렇게 되면 신하들의 참마음은 명확하게 드러나지 않는다. 신하들의 참마음이 드러나지 않으면 곧 임금과 신하의 분별이 없어지게 된다.

월나라 임금이 용기를 좋아했기 때문에 민중은 죽음을 가볍게 여기는 사람이 많아졌고, 초(楚)나라 영왕(靈王)은 허리가 날씬한 미녀를 좋아했기 때문에 나라의 도읍(都邑)안에는 밥을 굶는 여자들이 많아졌다.

또한 제(齊)나라 임금 환공(桓公)은 질투심이 깊고 여색을 좋아했기 때문에 수조(豎刁)는 스스로 거세(去勢)하여 후궁들이나 궁녀를 단속하는 내시(內侍)가 되었고, 환공이 맛있는 음식을 즐겼기 때문에 역아(易牙)는 자기 자식을 삶아 임금에게 올렸다. 연(燕)나라 왕 자쾌(子噲)는 현명한 사람을 좋아하였으므로 자지(子之)는 위로는 나라를 물려받지 않겠다고 밝히고는 왕위를 빼앗았다.

그러므로 임금이 싫어하는 것을 나타내면 신하들은 생각하고 있는 일에도 모르는 척 마음 꼬리를 감추고, 임금이 좋아하는 일을 나타내면 신하들은 없는 능력도 있는 척 임금을 속이게 된다.

임금이 바라는 바가 밖으로 나타나면 신하들은 그것을 바탕으로 이로움을 얻는다. 자지(子之)는 현인임을 핑계삼아 임금의 자리를 빼앗았고, 수조와 역아(易牙)는 임금이 바라는 바에 편승해 임금의 권력에 차츰 침투한 사람들이다.

그 결과로는 자쾌(子噲)가 내란에 의하여 죽임을 당하였고, 환공(桓公)은 시체에서 벌레들이 문 밖까지 나오도록 장례를 치르지 못했다. 이렇게 된 까닭은 무엇일까? 임금이 자기 본심을 신하에게 나타내 보인 것이 우환의 바탕이다.

신하의 본심은 반드시 임금을 사랑하는 것은 아니며, 자신에게 돌아올 풍족한 이로움을 소중하게 여긴다.

그러므로 지금 만약 임금이 자기의 본심을 가리지 않고 마음의 꼬투리를 숨기지 않아 신하로 하여금 파고 들어올 틈을 주게 된다면, 신하들은 자지(子之)나 전상(田常)같이 되기가 어렵지 않은 일이다.

그러므로 말하기를 "임금이 좋아하고 싫어하는 것을 밖으로 나타내지 않으면 신하들도 있는 그대로의 생각과 능력을 보이게 될 것이다." 하였듯이 신하들이 있는 그대로를 보이게 되면 임금은 눈이 가려지고 귀가 막히는 일이 없어질 것이다.

  人主有二患 任賢 則臣將乘於賢 以劫其君 妄擧 則事沮不勝 故人主好賢 則群臣飾行以要君欲 則是群臣之情不效[1] 群臣之情不效 則人主無以異其臣矣 故越王[2]好勇而民多輕死 楚靈王好細腰[3] 而國中多餓人 齊桓公妬而好內[4] 故豎刁自宮以治內[5] 桓公好味 易牙蒸其首子[6]而進之 燕子噲[7]好賢 故子之明不受國 故君見惡 則群臣匿端 君見好 則群臣誣能 人主欲見 則群臣之情態得其資矣 故子之託於賢 以奪其君者也 豎刁易牙因君之欲 以侵其君者也 其卒子噲以亂死 桓公蟲流出戶而不葬 此其故何也 人君以情借臣[8]之患也 人臣之情 非必能愛其君也 爲重利之故也 今人主不掩其情 不匿其端 而使人臣有緣以侵其主 則群臣爲子之田常不難矣 故曰去好去惡 群臣見素[9] 群臣見素則人君不蔽矣

1) 情不效(정불효) : 실태(實態)가 명확하게 밝혀지지 않는다는 뜻.
2) 越王(월왕) : 월나라 임금인 구천(句踐)을 가리키며 서기전 5세기 전반의 사람으로 이 이야기는 『묵자』『여씨춘추』『회남자』같은데 흔히 보인다.
3) 楚靈王好細腰(초령왕호세요) : 초령왕은 서기전 6세기 중엽의 사람으로 여색을 밝혔다. 그 이야기는 『묵자』『순자』『관자』『전국책』『회남자』에 흔히 보이며, 『순자』에서는 장왕(莊王)이라 했다. 세요(細腰)는 허리가 가느다란 여자를 가리킨다.
4) 齊桓公妬而好內(제환공투이호내) : 제(齊)나라 임금 환공은 서기전7세기 중기 사람으로 춘추시대 최초의 패자(霸者)이며 이름은 소백(小白)이고, 유명한 관중(管仲)을 재상으로 등용했던 오패(五霸)의 한 사람. 호내(好內)는 여색(女色)을 즐긴다는 뜻임.
5) 豎刁自宮以治內(수조자궁이치내) : '수(豎)'는 '수(竪)'로도 쓴다. 곧 수(豎)는 성이고, 조(刁)는 이름인데 역아(易牙)와 함께 이 책 이외에도 『공양전(公羊傳)』『묵자』『대대례(大戴禮)』같은 책에 자주 나온다.

곧 춘추시대 제나라의 궁중 내시(內侍)였음. 여기에서 말하는 '궁(宮)'은 옛날 형벌의 일종인데 남자의 고환을 제거하는 것이다. 치내(治內)는 후궁이나 궁녀를 관리하는 내시(內侍)를 가리킴.
6) 易牙蒸其首子(역아증기수자) : 역아(易牙)는 춘추시대 제나라 사람으로 요리(料理)의 명인으로 적아(狄牙)로도 불리웠다. 옛날 초나라 남쪽의 식인종인 담인(啖人)들이 사는 나라에서는 맏아들의 목을 잘라 먹으며, 임금에게 진상(進上)하는 풍습이 있었다 한다. 중(蒸)은 불에 찌다, 삶다의 뜻.
7) 燕子噲(연자쾌) : 전국시대의 연나라 임금으로 서기전 4세기말의 사람이다.
8) 借臣(차신) : 여러 신하들이 이용한다는 뜻.
9) 群臣見素(군신견소) : 신하들이 소박한 본래의 마음을 나타내는 것을 뜻한다.

제13편 팔간(八姦)

팔간(八姦)은 신하가 임금에게 나쁜 짓을 저지르는 여덟 가지 방법을 말한다.
첫째, 임금과 동침하는 사람을 이용하는 일.
둘째, 임금의 측근에서 일하는 사람을 이용하는 일.
셋째, 임금의 육친이나 친인척을 이용하는 일.
넷째, 임금의 재앙을 조장하는 일.
다섯째, 민중을 이용하는 일.
여섯째, 유창한 변설로 임금의 마음을 움직이는 일.
일곱째, 강한 위력을 이용하는 일.
여덟째, 나라 주위의 강대국을 이용하는 일.

1. 신하가 저지르는 여덟 가지 악

무릇 신하가 임금에 대하여 못된 짓을 성취하는 술법으로 여덟 가지가 있다.
그 하나는 임금과 잠자리를 함께 하는 사람을 이용하는 것이다. 무엇을 잠자리를 같이 한다고 말하는가? 귀한 신분의 부인, 총애받는 후궁, 그리고 임금을 가까이에서 모시는 용모가 아름다운 미인들을 가리키는데 이들은 임금의 마음을 홀리는 것들이다.
그들은 임금이 느긋하게 쉬고 있을 때를 이용하고, 배불리 먹고 술에 취하였을 때를 이용하여 자기가 바라는 일을 청원한다. 이것은 반드시 먹혀들어가는 술법이다.
　신하들은 궁중에서 그들에게 황금이나 보석을 바치고 몰래 섬기면서 그들로 하여금 임금의 마음을 흘려 미혹되게 한다. 이러한 일을 잠자리를 같이 하는 사람을 이용하는 술법이라 일컫는다.
　그 둘째는 임금의 측근에 있는 사람을 이용하는 것이다. 어떠한 사람을 측근에 있는 사람이라 하는가? 남을 웃기는 배우와 광대놀이하는 난쟁이, 또는 임금을 좌우에서 모셔 친근한 자들이다.
　이들은 임금이 아직 무엇을 명령하지도 않았는데 예예하고 대답하며, 아직 일을 시키지도 않았는데 "황공하옵니다"하여 조아리고, 의향을 미리 알고 앞질러 시행하고 수시로 안색을 살펴 임금의 마음을 읽고 받든다.
　이들은 모두 발을 나란히 맞추어 나아가고 물러나는 것을 함께 하고, 모두 말을 맞추어 대응하며, 입밖으로 내는 말은 한결같고, 행동의 기준을 같이 하여, 임금의 마음을 움직이게 한다.
　신하된 사람은 궁중에서 그들에게 황금이나 보석으로 된 노리개를 뇌물로 바치고, 밖으로 불법적인 일을 행하고는 그들로 하여금 임금의 생각을 바꾸게 한다. 이것을 측근의 사람을 이용하는 술법이라 일컫는다.
　그 셋째는 임금의 부형을 이용하는 것이다. 무엇을 부형이라 일컫는가? 그것은 임금의 형제들과 백부, 숙부들로서 그들은 임금이 가장 친근하게 느끼고 사랑하는 바다. 또한 대신(大臣)이나 궁궐에서 일하는 관리들도 같은데 그들은 임금이 계획하는 일을 의논하는 상대인 것이다. 이들이 모두 힘을 다하여 진언한다면 임금은 반드시 그것을 따르게 된다.
　신하된 사람은 임금의 형제들과 백부, 숙부들에게 미녀를 보내 파고들게 하고, 대신(大臣)이나 높은 벼슬아치에게는 교묘한 말로 마음을 사로잡는다. 서로 약속하여 진언하게 하고 그 진언대로 일이 성공하면 벼슬자리는 오르고 봉록은 불어나게 되어 그들의 환심을 산다.

그렇게 하여 그 마음에 이익의 욕망을 권하여 임금의 권한을 침해하도록 만든다. 이러한 것을 부형을 이용한 수법이라 한다.

그 넷째는 임금의 재앙을 조장하는 양앙(養殃)이다. 무엇을 양앙이라 말하는가? 그것은 다음과 같은 것을 가리킨다. 임금이 호화로운 궁궐이나 높은 망루, 아름다운 정원 가꾸기를 즐기며, 아름다운 여자나 개와 말(馬)을 예쁘게 꾸미는 것에 의거하여 그 마음을 기쁘게 한다면 이러한 일은 임금에게 있어 재앙(災殃)이 된다.

신하된 사람은 민중의 노력을 착취하여 궁궐이나 높은 누각, 그리고 정원을 훌륭하게 만들고, 세금을 많이 거두어 미녀나 말·개를 아름답게 꾸며, 그것으로 임금을 기쁘게 하여 마음을 어지럽히고, 욕망을 만족시켜주면서 그 틈에 사사로운 이익을 얻게 된다. 이러한 일을 임금의 재앙을 조장하는 술법이라고 일컫는다.

다섯째는 민중을 이용하는 것을 말한다. 민중을 이용한다는 것은 무엇을 말하는가?

신하된 사람이 나라의 재화(財貨)를 함부로 베풀어 민중을 기쁘게 하고 쓸데없이 사사로운 은혜를 행해 민중의 마음을 사로잡아, 조정사람이나 시정잡배들까지도 자기를 칭찬하도록 하여 임금을 민중으로부터 단절시켜 이로써 자기가 바라던 일을 이루는 것이다. 이러한 일을 민중을 이용하는 술법이라고 일컫는다.

여섯째는 유창한 변설(辯舌)을 이용하는 것을 말한다. 무엇을 두고 유창한 변설이라 말하는가? 임금은 본래 깊은 궁궐에만 있으므로 바깥과의 접촉이 적어 논의를 접할 기회가 막혀 각종 논의를 듣는 일이 드물기 때문에, 말을 꾸며 변설을 늘어놓으면 마음을 움직이기가 쉽다.

신하된 사람은 여러 나라에서 변사(辯士)를 구해 안에서 가장 말 잘하는 사람으로 양성한다. 그리하여 그들로 하여금 자신을 위해 사사로운 이익을 말하게 하는데 있어 교묘한 말과, 사회에서 유행하는 것으로, 임금이 그 말을 따르면 이익이 된다는 것을 주지시켜 주고 재앙(災殃)이나 폐해(弊害)됨을 두려워하게 하며, 헛된 말을 늘어놓아 임금의 마음을 허물어 뜨린다. 이것을 일컬어 유창한 변설을 이용하는 술법이라 한다.

일곱째는 굳센 위력(威力)을 이용하는 것을 말한다. 굳센 위력이란 무엇을 두고 말함인가? 임금이란 여러 신하와 많은 민중을 바탕으로 굳센 힘을 가지게 된 것이다.

신하들과 백성들이 좋다고 여기는 것은 임금도 그것을 좋다고 하며 신하들과 백성들이 좋지 않은 일이라 여기면 임금 또한 좋지 않게 여기는 것이다.

신하된 사람이 칼을 허리에 찬 자객(刺客)들을 불러 모아 필사(必死)의 용기로 싸울 선비를 양성하고, 그것으로 자기의 사사로운 위력을 뽐내 자기를 위하여 일하는 사람은 반드시 이익을 주고 자기를 위하지 않는 사람은 반드시 죽인다는 것을 나타내 신하들과 백성들을 위협하여 두렵게 함으로써 사사로운 이익을 챙긴다. 이것을 굳센 위력을 이용하는 술법이라 일컫는다.

여덟째는 주위에 있는 여러 강대국을 이용하는 것이다. 주위의 힘센 나라들을 이용한다는 것은 무엇을 두고 하는 말인가?

본래 임금이란 나라가 약하고 작으면 힘세고 큰나라를 섬기게 되고, 군대가 약하면 강한 군대를 두렵게 여기는 것이다.

큰나라가 요구해 오면 작은나라는 무엇이나 들어줘야 하고, 강한 군대가 밀고 들어오면 약한 군대는 두려워 반드시 항복하게 된다.

신하는 이를 핑계로 세금을 무겁게 거두고, 나라의 살림을 탕진하며, 나라의 있는 힘을 다하여 큰 나라를 섬겨 그 위력을 빌리고, 그 나라 임금을 자기가 마음 먹는대로 이끌 수 있도록 해 놓는다.

더욱 심할 경우에는 큰나라 군대를 출동시켜 국경지대에 집

결시켜 놓고 국내를 제압하고, 그렇게 하지는 않더라도 빈번하게 외국의 사신(使臣)이나 중신(重臣)을 불러들여 자기 임금을 위협하여 임금으로 하여금 두려워하게 한다. 이러한 일을 일컬어 주위의 강대국을 이용하는 술법이라 하는 것이다.

　　凡人臣之所道成姦者　有八術　一曰同牀[1]　何謂同牀曰　貴夫人愛孺子[2]　便僻好色[3]　此人主之所惑也　託於燕處之虞[4]　乘醉飽之時而求其所欲　此必聽之術也　爲人臣者　內事之以金玉　使惑其主　此之謂同牀　二曰在旁[5]　何謂在旁曰　優笑侏儒[6]　左右近習　此人主未命而唯唯[7]　未使而諾諾[8]　先意承旨　觀貌察色　以先主心者也　此皆俱進俱退　皆應皆對　一辭同軌　以移主心者也　爲人臣者　內事之以金玉玩好　外爲之行不法　使之化其主　此之謂在旁　三曰父兄　何謂父兄曰　側室公子[9]　人主之所親愛也　大臣廷吏[10]　人主之所與度計也　此皆盡力畢議　人主之所必聽也　爲人臣者　事公子側室以音聲子女[11]　收大臣廷吏以辭言　處約言事　事成則進爵益祿以勸其心　此之謂父兄　四曰養殃　何謂養殃曰　人主樂美宮室臺池好飾子女狗馬　以娛其心　此人主之殃也　爲人臣者　盡民力以美宮室臺池　重賦斂以飾子女狗馬　以娛其主　而亂其心　從其所欲　而樹[12]私利其間　此之謂養殃　五曰民萌　何謂民萌曰　爲人臣者　散公財以說民人　行小惠以取百姓[13]　使朝廷市井皆勸譽已　以塞其主而成其所欲　此之謂民萌　六曰流行　何謂流行曰　人主者固壅其言談　希於聽論議　易移以辯說　爲人臣者　求諸侯之辯士　養國中之能說者　使之以語其私　爲巧文之言　流行之辭　示之以利勢　懼之以患害　施屬虛辭　以壞其主　此之謂流行　七曰威強　何謂威強曰　君人者　以群臣百姓爲威強者也　群臣百姓之所善　則君善之　非群臣百姓之所善　則君不善之　爲人臣者　聚帶劍之客　養必死之士以彰其威　明爲己者必利　不爲己者必死　以恐其群臣百姓　而行其私　此之謂威強　八曰四方　何謂四方曰　君人者　國小則事大國　兵弱則畏強兵　大國之所索[14]　小國必聽　強兵之所加　弱兵必服　爲人臣者　重賦斂　盡府庫[15]　虛其國以事大國　而用其威　求誘其君

甚者 擧兵以聚邊境 而制斂於內 薄者 數內大使 以震其主 使之
恐懼 此之謂四方

1) 同牀(동상) : 잠자리를 같이하다. 곧 동침(同寢)이란 뜻이며 상(牀)은 침상(寢床)과 같은 뜻이다.
2) 貴夫人愛孺子(귀부인애유자) : 부인은 임금의 정실(正室) 곧 왕후 또는 왕비(王妃)를 뜻하고 귀(貴)는 최고의 가치를 뜻한다. 유자(孺子)는 일반 민중에는 애첩(愛妾)으로 통하는 측실인데 임금으로서는 희빈(姬嬪) 따위를 뜻하며, 애(愛)는 사랑한다는 말.
3) 便僻好色(편벽호색) : 편벽은 『논어』『맹자』『순자』같은 고전에 자주 나오는 말로 임금의 측근에서 섬기면서 일하는 사람을 말하고 호색(好色)은 용모의 아름다움을 뜻한다.
4) 燕處之虞(연처지우) : 방안에서 느긋하게 쉬고 있다는 뜻인데 연(燕)은 편안하다의 차자이고 처(處)는 방안을 뜻한다. 우(虞)는 즐기다의 잘못된 글자.
5) 在旁(재방) : 임금의 가장 가깝게 붙어 있는 측근 사람을 말한다.
6) 優笑侏儒(우소주유) : 우소는 남을 웃기는 배우(俳優)이고, 주유는 난쟁이로 남을 웃기는 배우와 같이 광대놀이를 하는 사람을 가리킴.
7) 唯唯(유유) : 응답의 하나인데 예예하는 공손한 대답을 뜻하고, 빠른 응대를 말한다.
8) 諾諾(낙락) : 유유(唯唯)와 같이 응답의 하나지만 유유(唯唯)보다는 늦은 대답 곧 황공하옵니다. 알아 모시겠습니다와 같이 천천히 응대하는 대답이다.
9) 側室公子(측실공자) : 측실은 임금의 방계(傍系)에 있는 백숙(伯叔)들을 말하고, 공자(公子)는 서형제(庶兄弟)를 뜻한다.
10) 廷吏(정리) : 궁궐안에서 임금을 모시는 높은 벼슬아치를 가리킨다.
11) 音聲子女(음성자녀) : 음성은 노래를 잘하는 사람을 말하고, 자녀(子女)는 아름다운 여자를 말한다.
12) 樹(수) : 세우다의 뜻도 있으나 여기서는 경영하다는 뜻이 있다.
13) 取百姓(취백성) : 민중의 마음을 사로잡다는 뜻.
14) 索(색) : 요구하나의 뜻.

15) 府庫(부고) : 나라의 중요문서와 재물, 그리고 병기(兵器)같은 것을 저장하는 곳.

2. 여덟 가지 악을 방지하는 방법

무릇 위에서 말한 여덟 가지는 신하가 임금에 대하여 못된 짓을 저지르는 술책(術策)이며, 세상의 임금들이 눈이 멀고 귀가 막혀 위협을 당해 가졌던 나라를 빼앗기는 까닭이 되므로, 잘 살피지 않으면 안 될 일들이다.

명석한 임금은 왕비나 후궁들을 대할 때 그 여색(女色)은 즐기되, 그들이 요구하는 것을 들어주지 않고 사사로이 부탁하는 일을 금지시킨다.

좌우에서 보필하는 문무백관과 측근 신하들은 반드시 진언(進言)한 일에 대하여 그 책임을 지게 하고, 쓸데없는 변명은 허락하지 않는다.

부형이나 대신에 대하여는 그들의 의견을 들어주기는 해도 실패했을 경우에 반드시 일정한 처벌을 받게 하여 자기 멋대로의 행동으로 어지럽히는 일을 방지한다.

반드시 그 출처를 명확하게 나타내고, 함부로 나아가거나 함부로 물러나지 못하게 하여 여러 신하가 임금의 뜻을 미루어 생각하지 못하게 한다.

민중에게 덕(德)을 베푸는 일에 대해 부고(府庫)의 재물을 방출하고 창름(倉廩)의 곡식을 공급하여 민중에게 이익을 주는 것은 반드시 임금에게서 나오는 것임을 널리 알려, 신하의 사사로운 덕으로 베푸는 것이 아님을 알도록 한다.

의견이나 논의를 들을 때는 칭찬하는 사람이 좋다고 하는 내용과 비판하는 사람이 나쁘다고 하는 내용에 대하여 반드시 그 능력을 실제로 확인하고, 그 잘못을 충분히 살펴 여러 신하가 서로를 위해 칭찬하는 일을 방지한다.

또 무용(武勇)을 쓰는 사람에 대하여는 전장에서 이룬 공적이 있더라도 정도를 넘어서 포상(襃賞)하는 일이 없도록 하며, 시정(市井)에서 일어나는 사사로운 싸움은 그 죄를 사면하는 일이 없게 하여 여러 신하가 사사로이 그들을 양성하는 일이 없도록 미리 막는다.

제후(諸侯)들의 요구에 대하여는 법규에 들어맞으면 이를 들어주고, 법규에 어긋나면 이를 거절한다.

이른바 나라를 망친 임금을 보면 형식적으로 나라가 있지 않은 것은 아니나, 가지고 있다는 그 나라가 자기 자신의 것은 아닌 것이다.

가령 신하가 외국의 힘을 빌려 나라 안의 모든 일을 제어(制御)한다면 임금이라는 존재는 있으나마나한 것으로 이미 멸망한 것이나 다름없다.

큰나라의 요구를 들어주는 것은 멸망하는 것에서 구원받기 위함인데 오히려 요구를 들어주는 경우보다 멸망이 빨라진다. 그러므로 요구를 들어주지 않는다.

신하들이 임금이 큰나라의 요구를 들어주지 않음을 알게 되면 큰나라의 제후(諸侯)와 사귀어 나라의 이익을 파는 일을 하지 않는다.

이렇게 되면 큰나라의 제후도 그 나라의 임금이 신하의 의견을 듣지 않음을 알게 되어 그 신하가 자기 나라 임금의 일을 아무리 거짓말로 알려와도 이를 받아들이지 않게 된다.

凡此八者 人臣之所道成姦 世主所以壅劫 失其所有也 不可不察焉 明君之於內也 娛其色 而不行其謁 不使私請 其於左右也 使其身 必責其言 不使益辭[1] 其於父兄大臣也 聽其言也 必使以罰任於後 不令妄擧 其於觀樂玩好也 必令知其所出 不使擅進擅退 不使群臣虞其意 其於德施也 縱禁財[2] 發墳倉[3] 利於民者 必出於君 不使人臣私其德 其於說議也 稱譽者所善 毀疵者所惡 必實其能 察其過 不使群臣相爲語 其於勇力之士也 軍旅之功無偸賞[4] 邑鬪之勇無赦罪 不使群臣行私 其於諸侯之求索也[5] 法則

聽之 不法則距之 所謂亡國者 非莫有其國也 而有之者皆非己有
也 令臣以外爲制於內 則是君人者亡也 聽大國 爲救亡也 而
亡亟於不聽 故不聽 群臣知不聽 則不外市諸侯 諸侯之不聽 則
不受之臣誣其君矣

1) 不使益辭(불사익사) : 꼭 해야 할 일 밖의 쓸데없는 말은 하지 않는 다는 뜻.
2) 縱禁財(종금재) : 임금의 재물을 뿌리다의 뜻. 옛날 임금의 소유물에 는 금원(禁苑)같이 반드시 금(禁)자를 올려 썼다.
3) 發墳倉(발분창) : 큰 창고를 열어 제치다는 말인데 분(墳)은 여기에 서 아주 크다는 뜻.
4) 無偸賞(무투상) : 지나친 포상은 하지 않는다는 말인데 투(偸)는 여 기에서 지나치다, 넘치다의 뜻으로 쓴다.
5) 求索也(구색야) : 재물을 요구하는 것을 뜻한다.

3. 나라가 망하는 풍조

명석한 임금이 관직과 작위(爵位) 그리고 봉록의 제도를 만든 까닭은 현명한 인재를 등용하고, 공로를 세우도록 장려하기 위함이다.

그러므로 "현명한 인재는 많은 봉록(俸祿)을 받고 큰 관직에 임용된다. 공로가 큰 사람은 높은 벼슬에 올라 많은 상을 받는다."고 말하였다.

현명한 사람을 관직에서 일하게 할 때는 그 능력을 헤아리고, 봉록을 주게 될 때는 공로에 걸맞도록 한다.

그렇기 때문에 현명한 사람은 능력을 속여 임금을 섬기지 않는다. 자기의 일에만 열심히 애씀을 즐겁게 여기므로 일은 완성되고 공로가 있게 된다.

그런데 지금은 그렇지가 않다. 현명함과 어리석음을 따지지도 않고, 공로가 있는지 없는지도 가리지 않으며, 다른 나라의 제후(諸侯)가 소중하게 생각하는 사람을 중용하고 좌우(左右)

에 있는 사람이 청탁하는 일은 그대로 따른다. 친족(親族)인 부형과 높은 벼슬에 있는 대신들은 위로는 임금에게 벼슬과 봉록(俸祿)을 청해 받아, 아래로 그것을 팔아 재물을 모아 사사로운 붕당(朋黨)을 만든다.

그러므로 사사로운 재물이 많은 사람은 벼슬을 돈으로 사 높은 관직에 앉고, 임금의 측근과 친히 교제하는 사람은 청원을 일삼아 권세를 얻는다.

이렇게 되면 공로있고 청빈한 신하는 인정을 받지 못하고, 관직의 자리바꿈은 원칙을 잃고 바르게 행해지지 않는다. 따라서 관리는 자기가 해야 할 본분을 뒤로 미룬 채 다른 나라와의 교제에만 힘쓰게 되며, 맡은 일은 팽개친 채 재물과 권력을 가진 자와 친분을 맺기 위해 힘쓴다.

그래서 현명한 사람도 덩달아 자기 일에 게으름을 피워 힘쓰지 않고, 공로가 있는 사람도 나태해져 자기가 맡은 일을 소홀하게 여긴다. 이것이 곧 나라가 망해가는 풍조(風潮)이다.

明主之爲官職爵祿也 所以進賢材 勸有功也 故曰賢材者 處厚祿 任大官 功大者 有尊爵 受重賞 官賢者量其能 賦祿者稱其功 是以賢者不誣能以事其主 有功者樂進其業 故事成功立 今則不然 不課賢不肖 不論有功勞 用諸侯之重 聽左右之謁 父兄大臣上請爵祿於上 而下賣之以收財利 及以樹私黨 故財利多者 買官以爲貴 有左右之交者 請謁¹⁾以成重 功勞之臣不論 官職之遷失謬 是以吏偸官而外交 棄事而親財 是以賢者懈怠而不勸 有功者墮而簡其業 此亡國之風也

1) 請謁(청알) : 특별히 청탁하는 일을 뜻한다.

제 14 편 비 내(備內)

　비내(備內)는 임금이 나라를 다스리기 위해서는 그 누구도 믿어서는 안 되며 오직 법과 술(術)에 의거해야 된다는 내용을 담고 있다.
　특히 가장 믿게 되는 후비(后妃), 태자같은 내적인 존재에 대한 대비책을 말하는데 그 대상은 고관 대작의 측근 신하들과 궁안에서 임금을 모시는 사람도 포함된다. 그 대처 방법은 참오(參伍), 참관(參觀)으로 불리는 '형명참동(形名參同)'의 술(術)로 일관되어 있다.

1. 아내와 자식을 너무 믿으면

　임금의 재앙은 남을 너무 믿는데서 일어난다. 남을 너무 믿게 되면 곧 그 사람에게 억눌리게 된다.
　신하는 임금에 대하여 육친의 사랑과 친함이 있을 까닭이 없고, 그 위세(威勢)에 얽매여 부득이 섬기고 있을 뿐이다.
　그러므로 신하된 사람은 언제나 임금의 마음을 엿보기 위해 한순간도 쉬지 않는데, 임금은 게으름을 피우면서 윗자리에 앉아 뻐기기만 한다. 이렇기 때문에 세상에서는 임금을 위협하거나 죽이는 일이 일어나고 있는 것이다.
　임금이 자기 자식을 너무 믿으면 못된 신하들이 그 자식에게 빌붙어 사사로운 욕심을 이루려 한다. 그렇기 때문에 이태(李兌)라는 사람은 조(趙)나라 혜문왕(惠文王)의 세력을 의지해 혜문왕의 아버지 무령왕(武靈王)을 굶어 죽게 하였다.
 또 임금이 자기의 처(王后)를 너무 믿고 사랑하면 못된 신하는 그 틈을 이용하여 왕후에게 파고들어 사사로운 욕심을 채우게 된다. 그러므로 우시(優施)라는 사람은 여희(麗姬)의 세력에 의지해 태자(太子)인 신생(申生)을 죽이고 여희의 자식인 해제(奚齊)를 태자로 봉하게 하였다.
 무릇 아내처럼 가까운 사람과 자식처럼 친근한 사람마저 더욱 믿을 수 없다면 그밖에 믿을 수 있는 사람은 없는 것이다.
 또한 만승(萬乘) 천자나 천승(千乘) 제후의 왕후나 부인으로서 자신이 낳은 적자(嫡子)가 태자(太子)로 책봉되어 있을 경우에는 간혹 그 임금이 빨리 죽기를 바라는 사람이 있다.
 어째서 그러한 일이 있다는 것을 알 수 있는가? 부부(夫婦)란 육친(肉親)의 은애(恩愛)는 본래 없는 것으로 지아비로부터 사랑을 받을 때는 가깝게 지내지만 사랑이 식어지면 곧 멀어지게 된다.
 세상에서 흔히 말하기를 "그 어미가 사랑스러우면 그 자식을 끌어안는다."고 했는데, 그렇다면 그 반대가 되었을 경우 그 어미가 미워지면 그 자식을 버리게 된다는 뜻이 된다.
 남자는 나이가 오십이 되어도 색욕(色欲)이 줄어들지 않지만 부인은 나이가 삼십만 되어도 아름다움이 쇠퇴한다. 아름다움이 쇠퇴한 부인의 몸으로 색욕이 왕성한 남자를 섬기게 되면 자기 자신은 소외되어 혹시 업신여겨지지나 않을까, 자신의 자식은 후계자의 자리에서 밀려나지나 않을까 하고 의심을 품게 된다. 이것이 후비나 부인이 그 임금이 빨리 죽었으면 좋겠다고 간절히 바라게 되는 이유다.
 어머니는 태후(太后)가 되고 아들은 임금이 되어, 명령을 내리면 행해지지 않는 일이 없고 금령(禁令)을 펴면 어떠한 일도 금지되지 않는 일이 없게 된다. 남녀간의 즐거움도 태후의 권세로써 얼마든지 즐길 수 있으니 선왕(先王)의 생전보다 못하지 않고 만승(萬乘)의 대국을 뜻대로 지배할 수 있음을 추호도 의심하지 않을 것이다. 이것이 짐독(鴆毒)에 의한 독살이나 은밀히 목졸라 죽이는 수법이 쓰여지는 까닭이다.

그러므로 『도올춘추(檮杌春秋)』에 말하기를 "임금으로 병들어 죽은 사람은 절반도 안 된다."고 하였다. 임금이 이를 알지 못하면 곧 어지러움이 일어나는 바탕이 된다. 그러므로 임금의 죽음으로 이익을 얻는 사람이 많으면 그만큼 임금은 위험한 것이다.

왕량(王良)은 말을 사랑했고 월(越)나라 임금 구천(句踐)은 사람을 사랑했는데, 사람을 사랑한 것은 전쟁에 쓰기 위함이요, 말을 사랑한 것은 타고 달리기 위한 것이었다.

의사가 남의 상처를 빨고 남의 나쁜 피를 머금는 것은 육친의 친함이 있어서가 아니다. 그렇게 함으로써 많은 이익을 얻기 때문인 것이다.

수레를 만드는 사람은 수레를 만들 때 사람들이 부귀해지도록 바라고, 관(棺)을 만드는 사람은 관을 만들 때 모든 사람이 일찍 죽기를 바란다.

그것은 수레 만드는 사람은 자애심(慈愛心)이 깊고 관(棺)을 만드는 사람은 잔혹(殘酷)해서가 아니라, 사람들이 부귀하지 않으면 수레가 팔리지 않고 사람들이 죽지 않으면 관이 잘 팔리지 않기 때문이다. 마음속으로 남을 미워하기 때문이 아니라 이익이 사람의 죽음에 의하여 얻어지기 때문이다.

왕후나 부인, 그리고 태자의 도당들이 임금의 죽음을 바라게 되는 것도 임금이 죽지 않으면 자기들의 권세가 강해지지 않기 때문이다. 그것 또한 마음속으로 임금을 미워하기 때문이 아니라 임금의 죽음으로 이익이 얻어지기 때문인 것이다.

그러므로 임금은 자기가 죽으면 이익이 돌아가게 될 사람에게 특별히 경계의 마음을 두지 않으면 안 된다.

그러한 뜻에서 "해와 달의 해무리와 달무리는 비록 바깥쪽에 있지만 그 해무리와 달무리를 조성하는 근원은 내부에 있다. 늘 조심하지만 재앙은 항상 사랑하는 사람으로부터 나온다."고

한다.

 이렇기 때문에 명석한 임금은 증거를 참조하지 않은 일은 거론하지 않고, 평상시 먹던 음식이 아니면 먹지 않는다.

 먼 곳의 일에는 귀를 기울이고, 가까운 곳의 일에는 눈을 돌려, 조정(朝廷)의 안팎에서 일어나는 일을 잘 살펴 잃는 것이 없도록 한다.

 신하들이 개진하는 의견을 듣고 말의 같음과 다름을 살펴 당파(黨派)간의 갈래를 알아낸다. 여러 가지 사실을 증거로 진언을 살피고 진언(進言)의 실적을 따져 책임을 추궁한다. 그 뒤의 성과를 들추어 앞서 말한 의견과 맞추어 보고, 법률에 비추어 사람들을 지배하는데 있어 많은 일의 여러 단서를 참조하고 살펴 결단을 내린다.

 이렇게 되면 선비가 요행으로 상을 받는 일이 없고, 상을 받기 위해 분수에 넘치는 행위를 하지 않게 된다.

 사형은 반드시 죄에 알맞아야 하고 죄를 지으면 반드시 처벌하여 용서가 없으면 곧 간악한 신하도 그 사사로운 욕심을 끼워넣을 여지가 없을 것이다.

　　人主之患 在於信人 信人則制於人 人臣之於其君 非有骨肉之親也 縛於勢而不得不事也 故爲人臣者窺覘其君心也 無須臾之休[1] 而人主怠傲處其上 此世所以有劫君弑主也 爲人主而大信其子 則姦臣得乘於子以成其私 故李兌傅趙王而餓主父[2] 爲人主而大信其妻 則姦臣得乘於妻以成其私 故優施傅麗姬[3] 殺申生而立奚齊 夫以妻之近與子之親 而猶不可信 則其餘無可信者矣 且萬乘之主 千乘之君 后妃夫人 適子爲太子者 或有欲其君之蚤死者 何以知其然 夫妻者非有骨肉之恩也 愛則親 不愛則疏 語曰 其母好者 其子抱 然則其爲之反也 其母惡者 其子釋[4] 丈夫年五十而好色未解也[5] 婦人年三十 而美色衰矣 以衰美之婦人 事好色之丈夫 則身疑見疏賤 而子疑不爲後 此后妃夫人之所以冀其君之死者也 唯母爲后 而子爲主 則令無不行 禁無不止男女之樂

不減於先君 而擅萬乘不疑 此鴆毒扼昧⁶⁾之所以用也 故桃兀春秋⁷⁾曰 人主之疾死者 不能處半 人主不知 則亂多資 故曰 利君死者衆 則人主危 故王良愛馬⁸⁾ 越王句踐愛人 爲戰與馳 醫善吮人之傷 含人之血 非骨肉之親也 利所加也 輿人成輿 則欲人之富貴 匠人成棺 則欲人之夭死也 非輿人仁 而匠人賊也 人不貴則輿不售 人不死 則棺不買 情非憎人也 利在人之死也 故后妃夫人太子之黨成 而欲君之死也 君不死 則勢不重 情非憎君也 利在君之死也 故人主不可以不加心於利己死者 故日月暈圍於外⁹⁾ 其賊在內 備其所憎 禍在所愛 是故明主不擧不參之事 不食非常之食 遠聽而近視 以審內外之失 省同異之言 以知朋黨之分 偶參伍之驗¹⁰⁾ 以責陳言之實 執後以應前 按法以治衆 衆端以參觀 士無幸賞 賞無踰行¹¹⁾ 殺必當 罪不赦 則姦邪無所容其私矣

1) 無須臾之休(무수유지휴) : 조금의 쉴 틈도 없이 일한다는 뜻.
2) 李兌傅趙王而餓主父(이태부조왕이아주보) : 이태(李兌)는 전국시대 조(趙)나라의 대신이며 조왕(趙王)은 혜문왕(惠文王)으로 이름은 하(何). 조나라 무령왕(武靈王)이 작은아들 하(何)에게 왕위를 물려주고 자신은 주보(主父)라 자칭하고 뒤로 물러났고 큰아들 장(章)은 안양군(安陽君)이라 칭하였다. 몇년뒤 장이 난을 일으켜 이태가 정벌하니 장이 아버지가 있는 사구궁(沙丘宮)으로 도망하였다. 이에 이태는 사구궁을 포위하고 장을 죽였는데 주보(主父)의 성을 포위한 죄를 문책받는 것을 두려워하여 포위를 풀지않아 무령왕은 굶어 죽었다. 『열녀전(列女專)』 얼폐전(孼嬖傳)에 자세히 나와 있다.
3) 優施傅麗姬(우시부여희) : 우시(優施)란 춘추시대 진(晋)나라 헌공(獻公)을 섬기던 배우(광대)로 성이 우(優)고, 이름이 시(施)다. 여희(麗姬)는 헌공이 정벌한 여융(驪戎)의 여자로 헌공의 총애를 받아 부인이 되어 아들 해제(奚齊)를 낳았다. 우시와 서로 손잡고 참언하여 태자 신생을 죽이고 다른 공자(公子)들을 국외로 쫓아낸 후 해제(奚齊)를 태자의 자리에 앉혔다. 역시 『열녀전』 얼폐전(孼嬖傳)에 자세히 나와 있다. 그밖에 『좌전(左專)』 『국어(國語)』 『사기(史記)』 등에 나온다.

4) 其子釋(기자석) : 그 자식과 떨어지다는 말인데 석(釋)은 버린다와 같고, 여기서는 가슴에 품었던 자식을 버린다는 뜻.
5) 未解也(미해야) : 해(解)는 해(懈)의 차자로 게으르다는 뜻인바 여기서는 싫증나다 싫어졌다의 뜻.
6) 鴆毒扼昧(짐독액매) : 짐은 독을 가진 새로 이 새의 깃털로 담근 술을, 사람이 마시면 즉사한다. 액매(扼昧)란 캄캄한 곳에서 목을 졸라 죽인다는 말로써 교살(絞殺)과 같다.
7) 桃兀春秋(도올춘추) : 도올(桃兀)은 원저본에 흔히 도좌(桃左)로 쓰여졌으나 잘못이고 도올(桃兀)이 맞다. 이는 『맹자(孟子)』 이루하(離婁下)편에도 나와 있는 초(楚)나라 사서(史書)인 도올(檮杌)을 가리키는 것이고, 『국어(國語)』 초어(楚語)에 나오는 것으로 신숙시(申叔時)가 가르쳤다고 전한다.
8) 王良愛馬(왕량애마) : 왕량(王良)은 춘추시대 진(晋)나라의 조양자(趙襄子)를 섬기던 어자(御者)로 말 잘타는 명인(名人)으로 전해온다. 많은 고전(古典)에 나오는 인물.
9) 日月暈圍於外(일월훈위어외) : 훈(暈)은 해무리·달무리를 말하고, 위어외(圍於外)는 해와 달의 밖에 있다는 뜻으로 다음에 올 글 기적재내(其賊在內)에 대하는 뜻으로 쓰인다.
10) 偶參伍之驗(우참오지험) : 종합적으로 증거를 조사한다는 말로, 우(偶)는 합하다는 뜻이고, 참오(參伍)는 여러 가지 뒤섞인 증거라는 뜻으로 여러 차례 나왔으며, 험(驗)은 조사하다의 뜻.
11) 賞無踰行(상무유행) : 공로(行)에 넘치는 상을 받지 않는다는 뜻인데 유행(踰行)은 분수에 넘치는 행위를 말한다.

2. 권력이 신하에게 집중되면

나라에 부역(賦役)이 많아지면 민중에게는 괴로움이 따르고, 민중이 고단하면 한편으로 권력 작용이 증강한다. 권력작용이 점점 증강하면 부역의 면제에 대한 대가가 커진다. 그 대가가 커지면 귀인은 부유해진다.

이렇게 민중을 괴롭힘으로써 귀인을 부자되게 하며, 권세를 증가시켜 그것을 신하에게 이용하게 하는 것은, 국가의 장기적 이익을 획득하는 일이 아니다.

부역이 적으면 민중은 편안하게 살 수 있고, 민중이 편안하면 밑에 있는 사람들은 권력을 소중하게 여기지 않으며, 아랫사람이 권력을 소중하게 여기지 않으면 권력 행사가 없어지고, 신하가 권세를 행하지 않으면 덕(德)은 임금으로부터 나올 수밖에 없다.

무릇 물(水)이 불(火)을 이긴다는 사실은 명백한 일이다. 그런데 솥이나 남비에 물을 붓고 불위에 얹어 놓으면, 물은 끓어 수증기가 되어 날아가 없어져도 불은 여전히 밑에서 기세좋게 타고 있다. 이것은 물이 불을 이기는 본래의 성질을 잃은 것이다.

무릇 통치를 하면서 법령으로 못된 짓을 금하는 일도 또한 이와 같이 명백한 사실이다.

그런데 법령을 집행하는 관리가 솥이나 남비의 역할을 하게 되면 곧 법령은 다만 임금의 가슴 속에서만 밝음으로 끝나고, 간악한 행위를 금지시키는 역할은 하지 못하고 말 것이다.

아주 옛날부터 전해져 오는 말이나 『춘추(春秋)』같은 기록을 보면 지금까지 법령을 어기고 반란을 일으키는 아주 큰죄가 모두 존귀한 신하에게서 나오지 않은 바가 없었다.

그런데도 법령의 적용범위에 묶이는 대상이나 형벌에 의한 처벌을 받는 대상은 언제나 비천한 사람들이었다.

이로써 민중은 절망하고 억울함을 호소할 곳을 잃었다.

한편 대신들은 패거리를 모아 무리를 만들어 임금의 눈과 귀를 가리고, 숨어서 은밀하게 서로 작당하면서 표면적으로는 서로 사이가 나쁜 것처럼 하여 사적인 정이 없다는 것을 보이면서 서로가 눈이 되고 귀가 되어 임금의 틈을 엿보는 것이다.

이렇게 임금의 귀와 눈이 가려지면 그들의 음모에 대한 실정을 듣고 알 방법이 없다.

임금이라는 이름은 있어도 그 실질적인 알맹이는 없이, 신하가 제멋대로 법령을 운용하게 되니, 주(周)나라 말기의 천자(天子)가 그 예이다.

임금이 그 권세를 한 두 명의 대신에게 모조리 맡기게 되면 위·아래의 자리는 뒤바뀌고 만다.

이 말은 절대로 임금의 권세를 신하에게 맡겨서는 안 된다는 것이다.

徭役[1]多則民苦 民苦則權勢起 權勢起則復除重 復除重則貴人富 苦民以富貴人 起勢以藉人臣 非天下長利也 故曰徭役少則民安 民安則下無重權 下無重權則勢滅 權勢滅則德在上矣 今夫水之勝火亦明矣 然而釜鬵[2]間之 水煎沸竭盡其上 而火得熾盛焚其下 水失其所以勝者矣 今夫法之禁姦 又明於此 然守法之臣 爲釜鬵之行 則法獨明於胸中 而已失其所以禁姦者矣 上古之傳言 春秋[3]所記 犯法爲逆以成大姦者 未嘗不從尊貴之臣也 而法令之所以備 刑罰之所以誅 常於卑賤 是以其民絶望 無所告愬 大臣比周蔽上爲一 陰相善而陽相惡 以示無私 相爲耳目 以候主隙 人主掩蔽 無道得聞 有主名而無實 臣專法而行之 周天子是也 偏借其權勢 則上下易位矣 此言人臣之不可借權勢也

1) 徭役(요역) : 민중을 토목사업 같은데 강제로 끌어다 시키는 부역(賦役)을 뜻한다.
2) 釜鬵(부심) : 부(釜)는 솥이고, 심(鬵)은 큰 가마솥을 뜻한다.
3) 春秋(춘추) : 역사서(歷史書)를 말하는데, 『춘추(春秋)』란 본래 주(周)나라 때 노(魯)나라의 사기(史記) 이름이었으며 공자(孔子)가 다시 편찬한 것을 두고 말한 것이다.

제 15 편 식 사(飾邪)

식사(飾邪)란 사악(邪惡)한 것을 경계한다는 뜻이다.
이 편의 대부분은 임금이 복서(卜筮)의 점술이나 점성(占星) 신앙 그리고 외국의 원조에 의존하거나 옛 선왕들의 말에 따르지 않고 오직 상벌의 법술(法術)을 바탕으로 한다면 나라는 다스려지고 부국강병을 이룰 수 있다는 내용이다.
그 기준이 되는 법을 거울, 저울대, 그림쇠(規)같은 것에 비유하여 설명하였다. 그 행하는 것은 임금과 신하관계를 헤아림〔計〕, 곧 이해타산에 의한 결합이라고 정의(正義)를 내렸다.

1. 거북점을 믿고 전쟁을 일으켰지만

거북의 등껍질에 구멍을 내고 불에 구워 점괘를 내고, 산가지를 헤아려 그 징조가 대길(大吉)하다는 결과를 얻고 연(燕)나라를 침공했던 것이 조(趙)나였다.
똑같이 거북의 등껍질에 구멍을 뚫고 불에 굽고 산가지를 헤아려 점괘가 대길(大吉)하다는 결과를 얻고 조나라를 침공한 것이 바로 연나라다.
극신(劇辛)은 연나라의 장군으로 힘껏 싸우다 아무런 성과도 없이 패하여 나라가 위태로운 지경에 이르렀다. 추연(鄒衍)은 연나라를 위해 계책을 세웠으나 아무런 성과없이 외교적 고립상태에 빠졌다.
한편 조(趙)나라는 먼저 연나라를 쳐 승리하고, 다음에는 제

(齊)나라를 침략하였다. 비록 나라는 어지러웠지만 하늘이 자기를 돕는다 믿은 조나라 왕은 의기양양하여 강대국인 진(秦)나라에 대항할 수 있으리라 생각하였다.
　이것은 결코 조나라의 거북이는 영험(靈驗)이 있고, 연나라의 거북이는 사람을 속인 것이 아니다.
　조나라가 다시 거북의 등껍질을 불에 굽고 산가지를 헤아려 점괘를 모은 뒤, 북쪽으로 연나라를 쳐 승리하고 연나라를 협박하여 공동으로 위세를 몰아 진나라를 공략하려고 다시 점(占)을 치니 또한 길조(吉兆)로 나왔다.
　이에 먼저 위(魏)나라의 수도인 대량(大梁)을 공격하였는데, 진나라는 조나라의 상당(上黨)으로 기습하여 왔다.
　조나라 군대가 이(釐)까지 왔을 때는 이미 조나라의 여섯 성(城)이 진나라에 함락되었고, 다시 양성(陽城)에 이르러서는 진나라가 업(鄴)을 공격하여 점유하였다. 조나라의 장수 방원(龐援)이 군대를 이끌고 남쪽으로 돌아왔을 때는 조나라 땅은 장(鄣)이란 지방까지 모조리 진나라에게 빼앗긴 뒤여서 수도인 한단(邯鄲) 주변의 요새를 전부 잃은 상태였다.
　나(臣)는 그래서 이렇게 말한다.
　"조나라의 거북이는 비록 먼 곳에 있는 연나라에 대하여는 알지 못했다 하더라도 마땅히 가까이 있는 진나라에 대하여는 알았어야 하지 않았겠는가."
　진나라는 길조의 점괘로 인해 영토를 넓히는 실리를 얻었을 뿐만 아니라 연나라를 구원하였다는 명분도 세울 수 있었다.
　조나라는 다같이 길조라는 점괘에 따랐지만 영토는 빼앗기고, 군대는 패하여 치욕을 당했으며, 임금은 뜻을 이루지 못한 채로 죽고 말았다. 이 또한 진나라의 거북은 영험이 있지만 조나라의 거북은 사람을 속였다고는 말할 수 없는 일이다.
　지난날 안리왕(安釐王) 때의 일인데 위(魏)나라는 여러해 동안 동쪽으로 진군하여 도(陶)와 위(衛)를 쳐 정복했는데 그뒤 여러해 동안 서쪽으로 진군하여서는 진나라에게 패하여 오히려 영토를 잃고 말았다.

이것은 위나라가 군사를 진군시킨 방향이 흉방(凶方)으로 풍융(豊隆)·오행(五行)·태을(太乙)·왕상(王相)·섭제(攝提)·육신(六神)·오괄(五括)·천하(天河)·은창(殷槍)·세성(歲星)의 성신(星神)들이 여러해 동안 서쪽의 진나라에 있었기 때문에 위나라가 지고 진나라가 이겼던 것은 아니다.

또한 군사를 진군시킨 방향이 길방(吉方)이라는 천결(天缺)·호역(弧逆)·형성(刑星)·형혹(熒惑)·규(奎)·태(台)같은 성신(星神)이 여러해 동안 동쪽의 도(陶)와 위(衞)에 있있기 때문에 위(魏)나라가 이기고, 도와 위나라가 진 것은 아니다.

그러므로 말한다. "거북점이나 산가지점, 그리고 귀신의 가호(加護)만으로는 번번히 승리한다고 말할 수 없으며, 전후·좌우의 별[星神]자리가 길조(吉兆)라 하여 뜻대로 승리할 수는 없다. 그런데도 이와 같은 점괘나 귀신을 믿고 싸움을 건다면 어리석기 짝이 없는 일이다."

鑿龜數筴[1] 兆曰 大吉 而以攻燕者 趙也 鑿龜數筴 兆曰 大吉 而以攻趙者 燕也 劇辛之事燕[2] 無功而社稷危 鄒衍之事燕[3] 無功而國道[4]絕 趙先得意於燕 後得意於齊 國亂節高 自以爲與秦提衡 非趙龜神 而燕龜欺也 趙又嘗鑿龜數筴 而北伐燕 將劫燕以逆秦 兆曰 大吉 始攻大梁 而秦出上黨[5]矣 兵至釐[6] 而六城拔矣 至陽城[7] 秦拔鄴[8]矣 龐援揄兵[9]而南 則鄣[10]盡矣 臣故曰趙龜雖無遠見於燕 且宜近見於秦 秦以其大吉 辟地有實[11] 救燕有有名 趙以其大吉 地削兵辱 主不得意而死 又非秦龜神 而趙龜欺也 初時者 魏數年東鄕[12] 攻盡陶衞 數年西鄕 以失其國 此非豊隆 五行 太乙 王相 攝提 六神 五括 天河 殷槍 歲星 數年在西也 又非天缺 弧逆 刑星 熒惑 奎 台 數年在東也 故曰 龜筴 鬼神 不足以擧勝 左右背鄕[13] 不足以專戰 然而恃之 愚莫大焉

1) 鑿龜數筴(착구수책) : 착구는 옛날 거북이의 등껍질에 구멍을 뚫고 불에 그슬러 생기는 귀열(龜裂)을 보고 길흉을 점쳤던 것을 말한다.

또한 산가지〔筴〕를 헤아려 역(易)의 괘(卦)를 산출하여 길흉(吉凶)을 점쳤다. 『예기(禮記)』에는 은(殷)나라 때의 점〔卜〕과, 주(周)나라 때의 서점(筮占)을 들고 있는데, 전국시대의 문헌에 따르면 복서(卜筮)가 양립한 것으로 보인다.

2) 劇辛之事燕(극신지사연) : 극신(劇辛)은 조(趙)나라 사람으로 연나라 소왕(昭王)을 섬기다가 뒷날 조나라를 정벌하였는데 방원(龐援)에게 패하여 죽었다. 『사기(史記)』의 연·조세가에 기록이 보인다.

3) 鄒衍之事燕(추연지사연) : 추연(鄒衍)은 제(齊)나라 사람이며, 음양·오행설을 주장하여 기상(禨祥)을 살피기도 했는데 그도 역시 연나라 소왕을 섬겼다. 『사기』 맹자순경열전에 기록이 있다.

4) 國道(국도) : 나라를 이루어 가는 길, 곧 토지와 민중과 법령과 군사 같은 나라의 성립 조건을 뜻한다.

5) 上黨(상당) : 전국시대의 한(韓)나라 땅이었으나 뒤에 조나라에 귀속되었다가 진나라에 빼앗겼다. 지금의 산서성 일대.

6) 釐(이) : 희로도 읽는데, 땅 이름이지만 지금의 어디인지는 알 수 없고, 오직 『전국책(戰國策)』 위책에 기록되어 있을 뿐이다.

7) 陽城(양성) : 『사기』 조세가(趙世家), 『전국책』의 연책(燕策)에 기록되기를 연나라가 제나라로부터 빼앗은 땅으로 지금의 하북성(河北省) 청원현.

8) 鄴(업) : 땅 이름이며 지금의 하남성(河南省) 임장현.

9) 龐援揄兵(방원유병) : 방원(龐援)을 다른 원전에서 방난(龐煖)으로 쓰는 곳도 있다. 조나라의 장수 이름. 유병(揄兵)은 군사를 이끌다는 뜻.

10) 鄣(장) : 장(漳)의 잘못된 글자로, 땅 이름이 아니라 물이름으로 조나라 남쪽에 있었던 탁장(濁漳)을 가리킨다고 문헌에서 밝혔다.

11) 辟地有實(벽지유실) : 벽(辟)은 벽(闢)과 뜻을 같이 하여 넓혔다는 말이고, 실(實)은 실리(實利)를 뜻한다.

12) 鄕(향) : 향하다의 뜻으로 향(向)과 같다.

13) 左右背鄕(좌우배향) : 배(背)는 뒤, 향(鄕)은 향(向)과 같아 앞을 뜻한다. 곧 전후좌우(前後左右)라는 말.

2. 간사한 신하가 많으면 국토는 줄어든다

고대(古代)의 성왕(聖王)들은 민중을 사랑하고 보살피는데 있는 힘을 다했고, 법을 밝히는데 모든 노력을 기울였다. 그 법이 명확하면 충성스런 신하는 나라를 위하여 힘을 다하게 되고, 반드시 벌을 받게 되면 간사한 신하들은 못된 짓을 그치게 된다.

이같이 충신이 나라를 위하여 힘을 다하고, 못된 신하가 간사한 짓을 그쳐 땅은 넓어지고 임금의 권위는 존귀해진 나라가 바로 진(秦)나라다.

신하들이 패거리로 무리를 만들어 바른길은 덮어 감추고 사사로운 이익을 위하여 못된 짓을 일삼은 결과 나라의 땅이 줄어들고, 임금의 권위는 비천해진 나라가 바로 산동(山東)의 여섯 나라인 것이다.

쇠약하고 어지러운 나라가 망하는 것은 사람사는 세상의 당연한 이치이며, 잘 다스려지고 강한 나라가 패왕(霸王)이 되는 것은 예부터의 도이다.

월(越)나라 구천(句踐)은 대붕(大朋)이라는 거북껍질의 점괘를 믿고 오(吳)나라와 싸웠으나 패하여 포위당함으로써 투항하여 사신은 신하가 되어 오나라에 가 노예로 오나라를 섬겼다. 후에 자기 나라로 돌아오자 거북점같은 점괘는 믿을 일이 못된다고 버린 뒤 법을 밝히고, 민중을 따뜻하게 보살피며 나라 다스리기에만 힘쓴 결과 앞서의 패배를 설욕하고, 마침내 오나라 왕 부차(夫差)를 사로잡게 되었던 것이다.

그러므로 귀신을 의지하게 되면 법을 소홀히 하게 되고, 또 강력한 제후(諸侯)들의 도움에 지나치게 의존하면 자기 나라를 위태롭게 한다.

조(曹)나라는 제(齊)나라의 힘만 믿고 송(宋)나라의 말을 듣지 않았다. 그러던 중 제나라가 이웃의 형(荊)나라를 공격하여 싸우는 틈을 타 송나라는 조나라를 쳐 멸망시켰다.

형(邢)나라는 오(吳)나라에 의지하여 제나라를 따르지 않았다. 그러던 중 월나라가 오나라를 치는 틈을 타 제나라는 형(邢)나라를 멸망시켰다.

또 허(許)나라는 형나라의 힘을 믿고 위(魏)나라를 깔보았다. 그랬더니 형나라가 송나라와 싸우는 틈을 타 위나라는 허나라를 쳐 멸망시켰다.

정(鄭)나라는 또 위나라를 의지하여 한(韓)나라를 따르지 않았다. 위나라가 형나라와 싸우는 틈에 한나라는 정나라를 멸망시켰다.

지금 한(韓)나라는 약소국으로 큰나라를 의지하여 임금은 바르게 나라를 다스리는 일에는 힘쓰지 않고, 힘이 센 진나라와 위나라를 따르며, 또한 제나라와 형나라의 원조에 의지하여 이웃 나라와의 국교를 소홀히 하고 있는데 이는 작은나라가 점점 멸망을 재촉하는 일이 된다.

그러므로 다른 나라에 의지하여서는 자기의 땅을 넓힐 수 없다는 것을 한나라는 알지 못하고 있는 것이다.

위나라가 한나라를 공략하자 한나라는 형나라와 제나라에게 도움을 청하였다. 이에 위나라를 공격한 형나라는 겉으로 한나라를 도와주는 체하고는 위나라의 허(許)와 언(鄢)땅을 빼앗았고, 제나라는 위나라의 임(任)과 호(扈)땅을 빼앗아 자신들의 이득만 취하였다. 이렇게 큰 나라의 도움을 얻어 나라의 안전을 꾀하는 것은 불가능한 것임을 한나라는 알지 못한다.

이러한 일들은 모두 법률과 금령을 명확하게 하여 나라를 다스리지 않고 강대국의 힘에만 의존하다가 사직을 보존하지 못한 것이다.

　　古者 先王盡力於親民 加事於明法 彼法明 則忠臣勸 罰必 則邪臣止 忠勸邪止 而地廣主尊者 秦是也 群臣朋黨比周 以隱正道 行私曲[1] 而地削主卑者 山東是也 弱亂者亡 人之性也 治强

제 15 편 식사(飾邪) 217

者王 古之道也 越王句踐恃大朋之龜²⁾ 與吳戰而不勝 身臣入宦
於吳 反國 棄龜明法親民以報吳 則夫差爲擒³⁾ 故恃鬼神者慢於
法 恃諸侯者危其國 曹恃齊而不聽宋 齊攻荊而宋滅曹 邢恃吳而
不聽宋 越伐吳而齊滅邢 許恃荊而不聽魏 荊攻宋而魏滅許 鄭恃
魏而不聽韓 魏攻荊而韓滅鄭 今者 韓國小而恃大國 主慢而聽秦
魏 恃齊荊爲用 而小國愈亡 故恃人不足以廣壤 而韓不見也 荊
爲攻魏而加兵許鄢 齊攻任扈而削魏 不足以存鄭⁴⁾ 而韓弗知也
此皆不明其法禁以治其國 恃外以滅其社稷者也

1) 行私曲(행사곡) : 잘못된 사사로운 행위라는 말. 사(私)는 공석(公的)
  인 것이 아닌 것이고, 곡(曲)은 부정(不正)을 뜻한다.
2) 大朋之龜(대붕지구) : 여러 가지로 해석할 수 있어 어려운 부분인데,
  『역경(易經)』 손괘의 효사에 대붕지구(大朋之龜)라는 말이 나온다.
  붕(朋)은 그 당시의 화폐(貨幣)인 조개껍질을 뜻하고, 오패(五貝)가
  한 붕(朋)이다. 대붕(大朋)은 아주 큰 가치(價値)를 뜻한다.
3) 夫差爲擒(부차위금) : 부차(夫差)는 춘추시대의 오왕(吳王) 합려(闔
  閭)의 아들로, 처음에는 월나라 임금 구천을 쳐 멸망시키고 북쪽으로
  나아가 황지(黃池)의 제후와 합쳤으며 진(晋)나라와도 다투었는데
  마침내 월나라의 보복으로 멸망했다. 금(擒)은 사로잡다는 뜻.
4) 鄭(정) : 한(韓)나라를 가리키며 『사기』 한세가(韓世家)의 사기색은
  (史紀索隱)에 나와 있다.

3. 상과 벌이 권위를 상실하면

나는 말한다.

"임금이 나라를 밝게 잘 다스리는 이법(理法)에 통달해 있으
면 구토가 비록 작아도 넉넉하고, 상벌을 신중하고 확실히 행
하면 민중은 비록 적어도 강한 나라가 될 수 있다."

만약 상벌을 행함에 있어 일정한 법도가 없으면 나라는 비록
크더라도 군사는 약해져 영토가 있어도 임금이 다스릴 수 없는
영토가 되고 민중이 있어도 임금이 다스릴 수 없는 민중이 된

다. 자기가 다스리는 영토가 없고, 자기가 다스리는 민중이 없어지면, 요순(堯舜)같은 성인도 임금이 될 수 없으며, 하(夏)·은(殷)·주(周)의 삼대(三代)에 이르는 왕조(王朝)라도 강대국이 될 수는 없었을 것이다.

임금은 또 실제의 공적보다 더한 상(賞)을 주고, 신하도 또한 공로가 없으면서 상을 받기에 이른다.

그리고도 법을 뒷전에 제쳐놓고 선왕이나 명군(明君)의 공적을 칭송하는 사람이 있으면, 임금은 그러한 사람에게 나라 일을 맡긴다.

나는 말하기를 "이러한 일은 옛날의 공적을 흠모하여 옛날 일을 포상(褒賞)함으로써 요즘 사람이 상받도록 바라는 것이다"라고 한다.

임금은 그러한 까닭에 실제의 공로 이상으로 상을 주게 되고, 신하도 또한 그러한 까닭에 공적이 없으면서 상을 받게 되는 것이다.

임금이 실제의 공로 이상으로 상을 주게 되면 신하는 요행을 바라게 되고, 신하가 아무런 공적없이 상을 받게 되면 실제로 공로가 있어도 존경을 받지 못하게 된다.

공적이 없는 사람이 상을 받게 되면 나라의 재정은 궁핍해지고 민중은 이것을 보고 원망하게 되며, 이렇게 나라의 재정이 궁핍하고 민중이 원망하게 되면 민중은 나라를 위해 힘을 쓰지 않게 된다.

그러므로 "상을 잘못 주면 민중의 마음은 분산되고, 형벌을 적용하는데 법에 의거하지 않으면 민중은 두려움이 없어진다. 비록 상을 내려도 민중을 진작시키지 못하고 형벌을 적용하여도 민중에게 두려움을 주지 못하면 비록 나라가 크고 많은 민중을 가졌다고 하더라도 반드시 위태롭게 된다.

그러므로 "적은 지혜를 가진 사람에게 국가의 정사를 맡겨 꾀하게 하지 않으며, 조그마한 충성이 있는 사람에게 법을 맡겨 운영토록 해서는 안 된다."고 하는 것이다.

옛날 형(荊)나라 임금 공왕(恭王)이 진(晉)나라의 임금 여공(厲公)과 언릉(鄢陵)에서 싸웠을 때, 형나라의 군대는 패하였고 공왕은 부상하였다.

그 싸움에서 형나라의 사마(司馬) 자반(子反)이 목이 말라 물을 청하자 시종인 곡양(穀陽)이 큰 잔에 술을 가득히 채워 권했다.

이에 자반은
"저리 치워라, 이것은 술이 아니냐?"
하고 말하자 곡양은
"이것은 술이 아닙니다."
라고 말하므로 자반은 이를 받아 마셨다.

자반은 본래 술을 좋아하였기 때문에 일단 술을 마셨다하면 입을 떼지 못하는 성격이라 있는대로 마셔 마침내 취하여 잠이 들어 버렸다.

공왕(恭王)이 다시 반격하기 위해 작전을 꾀하려고 사람을 시켜 사마 자반(司馬子反)을 불렀는데 자반은 술에 취하여 있었으므로 가슴이 아프다는 핑계로 가지 않았다.

이에 공왕은 수레를 타고 자반의 병문안을 갔는데 그의 막사에 들어가니 술냄새가 코를 찌르는지라 돌아와 말하기를

"오늘 싸움에서 과인은 눈을 다쳐 믿는 사람은 장군뿐이었는데, 장군은 술에 취해 있었다. 이는 형나라 사직(社稷)의 중요함을 잊고, 형나라 민중을 사랑하지 않은 것이니 과인은 이제 더이상 싸울 방법이 없게 되었다."

하고는 모든 군대를 거두어 전장을 떠나 나라로 돌아오자마자 자반의 목을 베어버렸다.

시종 곡양이 술을 권한 것은 자반을 미워해서가 아니라 진실로 충성된 마음에서 행한 일이었으나 결과는 그를 죽게 하였으니 이는 작은충성이 큰충성을 해치는 적이 되고 만 것이다.

작은충성은 큰충성의 적이라 말한다. 만약 작은충성을 가진 사람에게 법(法)을 집행케 한다면, 반드시 죄인에게 연민의 정

을 느껴 그 형벌을 감해 주거나 면죄시켜줄 것이다. 이것은 하층계급에게 관용을 베푸는 것이기는 하지만 민중을 다스리는데 있어서는 큰 장애가 되는 것이다.

  臣故曰 明於治之數[1] 則國雖小富 賞罰敬信 民雖寡強 賞罰無度 國雖大而兵弱者地非其地 民非其民也 無地無民 堯舜不能以王 三代不能以強 人主又以過予 人臣又以徒取 舍法律而言先王明君之功者 上任之以國 臣故曰 是願古之功以古之賞 賞今之人也 主以是過予 而臣以此徒取矣 主過予 則臣偸幸[2] 臣徒取 則功不尊 無功者受賞 則財匱而民望 財匱而民望[3] 則民不盡力矣 故用賞過者失民 用刑過者民不畏 有賞不足以勸 有刑不足以禁 則國雖大必危 故曰 小知不可使謀事 小忠不可使主法 荊恭王與晉厲公[4]戰於鄢陵 荊師敗 恭王傷 酣戰[5] 而司馬子反渴而求飮 其豎穀陽奉巵酒[6]而進之 子反曰 去之 此酒也 豎穀陽曰 非也 子反受而飮之 子反爲人嗜酒[7] 甘之不能絶之於口 醉而臥 恭王欲復戰而謀事 使人召子反 子反辭以心疾 恭王駕而往視之 入幄中聞酒臭而還曰 今日之戰 寡人目親傷 所恃者司馬 司馬又如此是亡荊國之社稷 而不恤吾衆也 寡人無與復戰矣 罷師而去之 斬子反以爲大戮 故曰豎穀陽之進酒也 非以端惡子反也 實心以忠愛之 而適足以殺之而已矣 此行小忠而賊大忠者也 故曰小忠大忠之賊也 若使小忠主法 則必將赦罪以相愛 是與下安矣 然而妨害於治民者也

1) 治之數(치지수) : 나라를 잘 다스리는 통치의 이법(理法)을 뜻하는데 수(數)는 쉽게 말해 방법 또는 술수(術數)를 뜻한다. 이 저서에는 도수(度數)·술수(術數)·법수(法數)같은 말이 자주 나온다.
2) 偸幸(투행) : 요행(僥倖)과 같은 뜻인데 투(偸)는 훔치다와 같다.
3) 財匱而民望(재궤이민망) : 나라의 재정은 궁핍해지고 민중은 원망한다. 궤는 궁핍하다의 뜻. 망(望)은 여기서 원망의 뜻.
4) 荊恭王與晉厲公(형공왕여진여공) : 형공왕(荊恭王)은 초(楚)나라 임금 공왕을 가리키는데 형(荊)은 춘추시대 초나라. 진여공(晉厲公)은

진나라의 군주로 이름은 수만(壽曼) 경공(景公)의 아들.
5) 酣戰(감전) : 싸움이 한창이라는 뜻.
6) 豎穀陽奉巵酒(수곡양봉치주) : 수곡양은 심부름하는 곡양이란 말인데 수(豎)는 심부름하는 아이를 뜻하고, 곡양(穀陽)은 이름이다. 봉치주(奉巵酒)는 술을 잔에 가득 따라 바치다의 뜻.
7) 子反爲人嗜酒(자반위인기주) : 자반(子反)은 춘추시대의 초나라 공자(公子)로서 자(字)가 자반이고 관직은 사마(司馬), 곧 지금의 군사령관(軍司令官). 기주(嗜酒)란 술을 즐기다의 뜻.

4. 공정한 법의 집행

위(魏)나라가 마침 법을 확립하고 헌법을 중시하여 민중들이 순종할 때는, 공로가 있는 사람은 반드시 상을 받고 죄있는 사람은 반드시 처벌을 받았는데, 그 강함은 세상의 제후(諸侯)들을 바르게 하였고 그 위세는 사방 이웃에까지 미쳤다.

그런데 점점 법률이 경시되어 공이 없는 사람에게도 함부로 상을 주게 되어 국력은 나날이 쇠퇴하여 갔다.

조(趙)나라도 때마침 나라의 법률을 명시하고 대군(大軍)을 이끌고 있을 때에는 민중의 수도 많았고 군사도 강하여 영토를 변방의 제(齊)나라와 연(燕)나라에까지 넓힐 수 있었다. 그러나 그뒤 나라의 법률이 해이해 지고 법을 집행하는 관리의 힘도 약해져 아랫사람을 제압할 수 없게 되자 나라의 영토는 나날이 줄어들게 되었다.

또 연(燕)나라도 힘을 기울여 법률을 신봉하도록 명시하고, 모든 관공서의 재단(裁斷)을 신중하게 처리하여 논공(論功)· 행상(行賞)을 공정히 했을 때는 동쪽으로 제나라를 거느리며, 남쪽으로는 중산(中山)땅을 빼앗아 국토를 넓혀 갔다. 그뒤 법을 신봉하지 않게 되고 관공서에서 일하는 관리들의 재판이 공정하게 행해지지 않게 되자, 임금의 측근들은 서로 다투고 상벌에 대한 시비가 밑에서부터 일어나 병력은 약해지고 영토는 줄어들어 나라는 이웃의 적국에게 지배를 받게 되었다.
  그러므로 말하기를 "법을 밝게 세우는 나라는 강하고, 법을 함부로 행하는 나라는 약하다."고 했는데 나라의 강하고 약함은 이처럼 분명한 것이다. 이러함에도 세상의 임금들은 이에 힘쓰지 않으니 나라가 망하는 것이 마땅한 일이다.
  예부터 전해 오는 말에 따르면 "집안에 일정한 생업(生業)이 있으면 비록 흉년이 들어도 굶지 않으며, 나라에 정해진 법률이 있으면 위험에 처하여도 멸망하지 않는다."고 하였다.
  무릇 한 나라의 임금이 정해진 법률에 따르지 않고 사사로운 의견을 좇는다면 신하는 곧 자기의 재능이나 지식을 위장해 임금의 마음에 들기 위하여 거짓을 꾸미게 된다. 신하가 이와 같이 지식과 재능을 꾸며서 임금을 속이게 되면 법률이나 금령은 확립되지 못한 채 무질서해진다.
  이렇게 되면 망령된 생각이 함부로 행해지고, 나라를 올바르게 다스리는 길이 막히고 만다.
  나라를 다스리는 올바른 길은 법률을 해치는 사람을 당연히 제거하고, 임금은 신하가 재능이나 지식을 꾸며 속이는 일에 홀려서는 안 되며, 치켜올리는 헛된 명예에 끌려서는 안 된다.
  옛날 순(舜)임금은 많은 관리에게 홍수(洪水)를 다스리도록 한 일이 있었는데, 약삭빠른 한 신하가 명령이 내리기에 앞서 공을 세우고자 일을 시작하여 공적을 쌓았는데도 순임금은 그 신하를 죽이고 말았다.
  한편 우(禹)임금은 왕위에 오르자 여러 제후(諸侯)를 회계산(會稽山)으로 모이게 하였는데, 방풍(防風)땅의 임금이 약속을 어기고 지정한 날짜보다 늦게 도착하자 우임금은 그를 사형에 처하였다.
  이같은 일로 미루어보아 세상 사람으로부터 성인이라 추앙을 받은 순임금이나 우임금은 명령이 내려지기에 앞서 일을 한 사람도 죽이고, 명령을 뒤늦게 행한 사람도 죽였다. 이는 곧 옛사람들은 무엇보다도 명령 그대로 실천할 것을 으뜸으로 한 것이다.
 거울은 움직이는 일 없이 맑음을 지켜야 아름다움과 추함을 그대로 비교할 수 있고, 저울은 흔들림 없이 바른 상태를 지켜야 모든 물건의 가볍고 무거움을 헤아릴 수 있는 것이다.
 만약 거울이 움직인다면 아무리 좋은 거울이라도 물건을 밝게 비치지 못할 것이고, 저울이 흔들린다면 아무리 정확한 저울이라도 물건의 무게를 바르게 달 수 없는 것으로, 나라의 법률도 이와 같은 것이라 말할 수 있다. 그러므로 옛날의 성군(聖君)들은 도(道)를 만물의 신조로 삼았고, 법(法)을 나라 다스리는 근본으로 삼았던 것이다.
 근본을 잘 다스린 임금은 그 명성이 존귀해지고 근본이 어지러운 임금은 그 명성이 끊어지고 만다.
 무릇 지혜와 재능은 사물을 밝게 꿰뚫어 볼 수 있어서, 일이 있을 때 소용됨은 물론이나, 일이 없을 때는 아무 쓸모가 없게 된다.
 지혜와 재능은 한 사람 한 사람이 추구한 단편적인 도(道)로 남에게 널리 전할 수는 없는 것이다.
 도와 법은 완전하지만 지혜와 재능으로 다스리게 되면 어떠한 기준이 없어지므로 실수가 많아진다.
 무릇 저울에 달아보면 물건의 평균 무게를 알게 되고 그림쇠(콤파스: 規)를 써 바른 동그라미(圓)를 알 수 있는 것은, 모든 일에 걸쳐 완전한 방법인 것이다.
 명석한 임금은 민중으로 하여금 법에 따르도록 만들고, 도에 관해 알도록 함으로써 즐거운 가운데 공을 세우도록 한다.
 그림쇠를 버리고 자기 기교에 맡기고, 법을 버리고 지혜와 재능에 의지하도록 하는 것은 세상을 혼란에 빠뜨리는 길이 된다. 미혹되고 혼란한 임금은 민중에게 지혜와 재능을 꾸미게 하고, 바른 도는 알지 못한다. 그러므로 수고는 많지만 공을 쌓지는 못한다.
 임금이 법률과 금령을 버리고, 청탁(請托)을 들어준다면 신하들은 윗사람의 비위나 맞추며 뇌물을 써 관직을 팔고 사게 되며, 아랫사람에게는 사사로운 혜택을 베풀고 그 보상을 받게 된다. 이렇게 되면 이익은 중신들의 사사로운 것으로 돌아가고, 권세는 여러 신하들의 것이 되고 만다.

그러므로 민중들은 임금을 위하여 힘을 다하겠다는 마음이 없어지고, 윗사람에게 접근하여 아첨하는 일에 힘쓰게 된다. 민중이 힘있는 윗사람과 사귀는 것을 즐기면, 곧 재물은 뇌물로 윗사람에게 흘러들어가게 되고 교묘한 말로 남을 잘 설득하는 사람이 쓰이게 된다. 만약 이렇게 되면 공있는 사람은 점점 적어진다. 공있는 사람이 적어지면 간신들은 더욱 진출하여 들끓게 되고, 재능있는 신하는 차츰 물러나게 마련이다.

그리하여 임금은 미혹되어 무엇을 해야할지 어찌할 바를 모르게 되고, 민중들은 다만 모여들기만 할뿐 자기들이 가야할 바를 모른다.

나라가 이렇게 되는 까닭은 법률과 금령을 버리고 공로가 있는 사람을 뒷전으로 돌리며, 다만 널리 이름이 드러난 사람만을 채용하고 측근들의 청원을 들어준 허물에 있다.

무릇 법을 깨뜨리는 사람은 반드시 거짓을 꾸며 무엇인가 일을 핑계삼아 임금에게 가까이 가려고 하며 또 세상에 흔히 없는 교묘한 말을 즐겨하는데, 이는 포학한 임금이나 난잡한 임금이 어찌할 바를 모르게 되는 까닭이고, 임금을 보좌하는 신하나 현인들이 임금의 권력을 넘보게 되는 까닭이기도 하다.

신하된 사람이 임금을 몰아낸 이윤(伊尹)이나 적국의 임금을 섬긴 관중(管仲)의 공을 찬양하는 것은 법률을 위반하고 지혜를 꾸미는 빌미가 된다. 또 그들이 임금에게 간하다가 죽은 왕자 비간(比干)을 칭송하고 오자서(伍子胥)가 충성을 다하다 죽임을 당한 것을 나타내 보이는 것은 격심하게 논쟁하고 임금에게 무리한 간언(諫言)을 하기 위한 핑계에 지나지 않는 것이다.

앞의 것은 임금의 현명함을 칭송하는 것이고 뒤의 것은 임금의 난폭함을 지적하는 것으로 군주의 권력행사를 제재하는 수단이 되니 일반적인 유례(類例)가 될 수 없다. 이와 같은 일은 금하지 않으면 안 된다.

임금이 법을 세우는 것은 그것이 바르다고 생각하기 때문이다. 지금 신하들은 사사로운 지혜를 내세우는 사람이 많아 그 법이 옳지 못하다고 한다.

간사한 것을 지혜롭다 하고 법제를 잘못이라 여기며 법을 초월한 지혜를 내세워 자신의 지혜를 시행하고자 하는데 이러한 일은 금하지 않으면 안 된다. 이것이 곧 임금의 참된 길(道)이다.

當魏之方明立辟[1]從憲令之時 有功者必賞 有罪者必誅 强匡天下 威行四隣 及法慢妄予 而國日削矣 當趙之方明國律從大軍之時 人衆兵强 辟地齊燕 及國律慢用者弱 而國日削矣 當燕之方明奉法審官斷之時 東縣齊國 南盡中山之地 及奉法已亡 官斷不用 左右交爭 論從其下[2] 則兵弱而地削 國制於隣敵矣 故曰明法者强 慢法者弱 强弱如是明矣 而世主弗爲 國亡宜矣 語曰[3] 家有常業 雖饑不餓 國有常法 雖危不亡 夫舍常法而從私意 則臣下飾於智能 臣下飾於智能 則法禁不立矣 是妄意之道行 治國之道廢也 治國之道 去害法者 則不惑於智能 不矯於名譽矣 昔者舜使吏決鴻水[4] 先令有功 而舜殺之 禹朝諸侯會稽之上[5] 防風之君後至[6] 而禹斬之 以此觀之 先令者殺 後令者斬 則古者先貴如令矣 故鏡執淸而無事 美惡從而比焉 衡執正而無事 輕重從而載焉 夫搖鏡則不得爲明 搖衡則不得爲正 法之謂也 故先王以道爲常 以法爲本 本治者名尊 本亂者名絶 凡智能明通 有以則行 無以則止 故智能單道[7] 不可傳於人 而道法萬全 智能多失 夫懸衡而知平 設規而知圓 萬全之道也 明主使民飾於法 知道之故 故佚而有功 釋規而任巧 釋法而任智 惑亂之道也 亂主使民飾於智[8] 不知道之故 故勞而無功 釋法禁而聽請謁 群臣賣官於上 取賞於下 是以利在私家 而威在群臣 故民無盡力事主之心 而務爲交於上 民好上交 則貨財上流 而巧說者用 若是則有功者愈少

姦臣愈進而材臣退 則主惑而不知所行 民聚而不知所道 此廢法禁 後功勞 擧名譽 聽請謁之失也 凡敗法之人 必設詐託物以求親 又好言天下之所希有 此暴君亂主之所以惑也 人臣賢佐之所以侵[9]也 故人臣稱伊尹管仲之功 則背法飾智有資 稱比干 子胥之忠而見殺 則疾爭强諫有辭[10] 夫上稱賢明 下稱暴亂 不可以取類[11] 若是者禁 君之立法 以爲是也 今人臣多立其私智 以法爲非者 以邪爲智 過法立智 如是者禁 主之道也

1) 當魏之方明立辟(당위지방명립벽) : 위(魏)나라는 서기전 5세기에서 전4세기에 걸쳐 문후(文侯)·무후(武侯)가 다스리던 나라. 방(方)은 확실하다의 뜻. 벽(辟)은 죄(罪)·법(法)의 뜻인데 명립벽은 법의 제정(制定)을 명시한다는 뜻.
2) 論從其下(논종기하) : 논(論)은 공을 논의한다는 뜻이며 여기서는 형량(衡量)의 뜻이 있다. 곧 상벌의 논의가 아랫사람들의 훼예(毁譽)에 따라 결정된다는 말.
3) 語曰(어왈) : 예부터 내려오는 말. 즉 속담(俗談)을 뜻한다.
4) 決鴻水(결홍수) : 결(決)은 넘치는 물을 끌어들여 이끈다는 뜻인데 홍수를 막는다는 뜻. 홍수(鴻水)는 홍수(洪水)와 같다.
5) 禹朝諸侯會稽之上(우조제후회계지상) : 회계(會稽)는 산 이름. 우임금이 회계산에서 제후들을 불러모아 회동한 것을 뜻한다.
6) 防風之君後至(방풍지군후지) : 방풍(防風)은 옛날 하(夏)나라 때의 제후(諸侯) 이름으로 지금의 서강성 무강현(武康縣) 땅에 방풍씨의 고을이 있었다 한다. 후지(後至)는 뒤늦게 도착했다.
7) 單道(단도) : 다하다는 뜻으로 해석도 하는데 여기서는 단독(單獨)의 도가 마땅하며, 곧 사의(私義)로 해석한다.
8) 亂主使民飾於智(난주사민식어지) : 이 말은 『노자』의 "지혜로써 다스리는 것은 곧 나라의 적이다(以智治國國之賊)"와 통한다.
9) 侵(침) : 여기에서 임금의 권세를 침범하다의 뜻.
10) 則疾爭强諫有辭(즉질쟁강간유사) : 쟁(爭)자는 원전에 없었는데 『묵자』에 필강(畢强)이란 말이 있었고, 『회남자』에 질강(疾强)이라는 말과 같고 곧 아주 강하다는 뜻. 유사(有辭)는 핑계와 같은 뜻.

11) 不可以取類(불가이취류) : 유례가 될 수 없다는 뜻.

5. 한번 내린 명령은 반드시 시행해야

현명한 임금의 도는 반드시 공과 사의 구별을 명확하게 하고, 법률의 제정을 밝게 하여 사사로운 은전(恩典)을 베풀지 않아야 한다.

무릇 한번 내린 명령은 반드시 행하고 한번 금하면 반드시 그치도록 하는 것이 임금이 민중을 위해 해주는 의로움〔公義〕인 것이다.

이와는 다르게 신하가 그 사사로운 일은 반드시 행하고, 동료들과 잘 사귀어 믿음을 얻고, 상으로 권장할 수 없고 형벌로써 금지시킬 수 없는 것은 신하들의 사사로운 의로움〔私義〕인 것이다.

이 사의(私義)가 횡행하게 되면 나라는 어지러워지고, 임금의 공의(公義)가 행해지면 나라는 잘 다스려지므로 공사(公私)는 분명하게 구분되어야 하는 것이다.

신하에게는 사심(私心)도 있고 공의(公義)도 있는데, 수신하여 그 일신(一身)이 결백해져 공정한 행동을 하고, 관직에 있으면서 사사로운 정을 두지 않는 것을 신하의 공의라 한다.

추악한 행동으로 사사로운 욕심을 좇아 자기 한 몸의 편안함과 한 집안의 이익에만 전념하는 것은 신하된 사람의 사심(私心)인 것이다.

현명한 임금이 위에 있을 경우에 신하는 사심을 버리고 공의를 행하지만, 위에 어지럽고 어두운 임금이 있으면 신하는 공의를 버리고 사심을 행하게 된다. 이렇게 임금과 신하의 마음은 다를 수밖에 없는 것이다.

임금은 나라를 잘 다스려 자기의 지위를 굳건히 하려고 신하를 기르고, 신하 또한 자기의 이해를 헤아려 임금을 섬기는 것이다.

이렇게 임금과 신하는 서로의 이해관계를 헤아리게 되는데, 자기의 몸을 해쳐가면서까지 나라를 위하는 신하는 없으며, 나라를 해치면서까지 신하의 이익을 꾀하는 일을 임금은 하지 않는다.

신하의 일반적인 성정(性情)은 자기의 몸을 희생하면 이로움이 없을 것이라 여기고, 임금의 일반적인 성정은 나라를 해치게 되면 친근한 사람이 없을 것이라 여긴다.

임금과 신하는 이렇듯 서로의 이익을 헤아리는 관계를 맺게 되는 것이다.

그런데 나라가 위난을 당하였을 때 죽음을 무릅쓰고, 있는 지혜를 다 짜내고 능력을 다하는 것은 법이 있기 때문에 그렇게 하는 것이다.

그러므로 앞선 성군(聖君)들은 포상(褒賞)제도를 명시하여 신하를 독려하고, 형벌을 엄하게 하여 잘못된 짓을 못하도록 위협했던 것이다. 상벌이 분명하면 민중은 죽을 힘을 다하여 나라 일에 힘쓴다. 민중이 죽음을 무릅쓰고 맡은 일에 충성하면 곧 군대는 강해지고 임금은 존귀해진다.

만약 상벌이 분명하지 않으면 민중은 공로가 없으면서도 상받기를 바라고, 죄가 있으면서도 어떻게든 처벌을 모면하려 하니, 군대는 약해지고 임금의 권위는 떨어진다.

옛날 성군을 보좌하였던 현신(賢臣)들은 지혜와 능력을 다하여 임금을 도왔던 것이다. 그러므로 말하기를 "공과 사를 분명하게 하지 않으면 안 되고, 법률과 금령을 깊이 살피지 않으면 안 되는 것을 선왕들은 알고 있었기 때문에 법을 근본으로 삼아 나라를 잘 다스렸던 것이다."라고 하였다.

明主之道[1] 必明於公私之分 明法制 去私恩 夫令必行 禁必止 人主之公義也 必行其私 信於朋友 不可爲賞勸 不可爲罰沮 人臣之私義也 私義行則亂 公義行則治 故公私有分 人臣有私心 有公義 修身潔白 而行公行正 居官無私 人臣之公義也 汙行從

欲 安身利家 人臣之私心也 明主在上 則人臣去私心 行公義 亂
主在上 則人臣去公義 行私心 故君臣異心 君以計畜臣 臣以計
事君 君臣之交計也 害身而利國 臣弗爲也 害國而利臣[2] 君不行
也 臣之情 害身無利 君之情 害國無親 君臣也者 以計合者也
至夫臨難必死 盡智竭力 爲法爲之 故先王明賞以勸之 嚴刑以威
之 賞刑明 則民盡死 民盡死 則兵强主尊 刑賞不察 則民無功而
求得[3] 有罪而幸免 則兵弱主卑 故先王賢佐盡力竭智[4] 故曰 公私
不可不明 法禁不可不審 先王知之矣

1) 明主之道(명주지도) : 원저에는 금주지도(禁主之道)로 나와 있고, 혹
   은 금(禁)자를 연자(衍字)로 보아 아예 빼버린 저본도 있으나 여기
   에는 명(明)으로 썼다.
2) 害國而利臣(해국이이신) : 해(害)를 원저에는 부(富)로 썼으나 중국
   학자 왕선신(王先愼)은 『의림(意林)』을 인용 증거하여 여기에서와
   같이 해(害)로 고쳤다.
3) 求得(구득) : 억지로 상을 받으려고 애쓴다는 뜻.
4) 故先王賢佐盡力竭智(고선왕현좌진력갈지) : 이 글에 대하여는 여러
   가지 의문을 제기한 학자들이 있는데 질력갈지(盡力竭智) 아래에 다
   른 글이 이어져야 한다고 주장하는 진기유(陳奇猷)는 '어공사지분
   법금지립(於公私之分法禁之立)'의 아홉 글자를 덧붙였다. 이는 진계
   천(陳啓天)도 동의하였다.

제 16 편 간겁시신(姦劫弑臣)

　간겁시신(姦劫弑臣)은 간교한 계략으로 임금을 시해하는 간사한 신하를 말한다. 이 편에서는 국가를 다스리는 법술(法術)을 설명하며 법률을 명확히 제정하고 엄격히 시행하는데 있다는 것을 강조했다.
　또 임금을 협박하고 죽이는 간신(姦臣)이 생기는 까닭을 파헤치고 그 원인을 뿌리 뽑는 방법은 법술(法術)뿐이라는 것도 설명하고 있다.

1. 임금을 마음대로 조종하는 신하

　무릇 간신이란 모두가 임금의 비위를 맞추어 신임과 총애를 받아 요직에 등용되어 권력을 잡고 세력을 유지하려는 사람들이다.
　임금이 좋다고 여기는 것은 간신도 그것을 좇아 칭찬하고 임금이 싫어하는 것은 간신도 그 뜻에 따라 헐뜯어 임금의 뜻에 영합한다.
　사람은 대체적으로 좋고 싫음의 취사선택이 서로 같으면 같은 사람끼리 합치고, 좋고 싫음의 취사선택이 서로 다르면 그들은 서로 배척하게 된다.
　지금 신하가 칭찬하는 바를 임금이 옳다고 좋아하면 이것은 취하는 것이 서로 같다고 한다. 신하가 헐뜯는 바를 임금도 함께 옳지 않다고 미워하는 경우는 버리는 것이 서로 같다고 말한다.
 대저 취하고 버리는 것이 일치하는데도 서로 반목한다는 것은 일찍이 들어본 바가 없다. 이것이 바로 신하가 임금에게서 신임과 총애를 받고 출세할 수 있는 요행의 길이다.
 무릇 간신이 신임과 총애를 받아 권력을 갖게 되면 그 세력을 이용하여 마음에 드는 사람은 칭찬하여 나아가게 하고, 마음에 들지 않으면 물러나게 하여 여러 신하들을 제마음대로 진퇴시킨다. 이것은 임금이 술수(術數)로써 신하를 제어(制御)하지 않고, 신하의 말과 실제 행위를 살펴 공적과 허물을 밝히시도 않으며, 예전부터 지금까지 자기와 뜻이 맞았기에 지금의 말도 믿음으로써 생기는 폐단이다. 이것이야말로 임금의 총애를 받는 신하가 임금을 속이고 사사로운 이익을 챙기는 방법인 것이다.
 그러므로 임금은 반드시 위에서 가려져 속임을 당하고, 신하는 반드시 아래에서 자기의 세력을 굳게 되는 것이니 이러한 일을 들어 신하가 임금을 제멋대로 조종한다고 일컫는다.
 나라에 임금을 제멋대로 조종하는 신하가 있게 되면 많은 신하들은 자기들의 힘과 지혜를 다하여 충성하려 하여도 이루지 못하고, 많은 관리들은 나라의 법률에 맞추어 판결하려 하여도 뜻을 이루지 못한다.
 어떻게 이러한 폐단을 알 수 있는가? 무릇 일신이 편안하고 유익한 것을 좋아하여 취하고, 위태롭고 해로운 것을 싫어하여 버리는 것은 인지상정(人之常情)인 것이다.
 지금 한 신하가 있는 힘을 다하여 공을 세우고 지혜를 다 짜임금에게 충성을 바치려 해도, 그 일신은 고단하고 그 집은 가난에 쪼들려 부자(父子)가 함께 해를 입게 된다. 한편으로 간교한 계략으로 이익을 챙기고 임금의 지혜를 가려 어리석게 만들고 뇌물을 바쳐 중신(重臣)의 자리에 오른 사람은 그 일신은 존귀해지고 그 집은 부유해져 온 가족이 혜택을 입게 된다. 어느 누가 편안하고 유익한 길을 버리고 위태롭고 해로운 길을 택하겠는가?

　나라를 다스리는데 이와 같은 허물이 있으면 임금이 아무리 신하들의 간교함이 없기를 바라고, 관리들이 법령을 받들어 맡은 바 직무에 충실하기를 바라더라도 그것이 먹혀들지 않음은 뻔하다.

　임금을 좌우에서 섬기는 신하들이 충성을 다하고 신의를 지키더라도 자기 일신의 안전함을 보장받지 못함을 알게 되면 그들은 반드시 말할 것이다.

　"나는 진심을 다하여 임금을 섬기며 공로를 쌓아 일신의 편안함을 구해보았지만 이는 마치 장님이 흰 것과 검은 것을 가려내는 것과 같은 것으로 도저히 가망없는 일이다. 또한 도(道)를 바탕으로 한 교화를 통하여 올바른 도리에 따라 행동하고 부귀를 구하지 않고 임금을 섬기면서 일신의 안전을 바란다는 것은 마치 귀머거리가 맑은 소리와 탁한 소리를 구별하여 듣고자 하는 것과 같아 더욱 쓸데없는 짓이다. 이 두 가지 방법으로써 편안함을 얻지 못하니 나도 패거리끼리 무리를 만들어 임금을 속이고, 사사로운 못된 짓으로 중신에게 아첨하여 입신 출세하는 수밖에 없지 않겠는가?"

　신하가 이같은 경우에 도달하면 반드시 임금에 대한 의리(義理)같은 것은 조금도 돌아보지 않게 된다.

　한편 그밖의 많은 관리들도 또한 행동을 바르게 하고 도를 지키는 것으로는 일신상의 편안을 얻기 어려움을 알게 되면 반드시 말할 것이다.

　"나는 청렴결백한 태도로 임금을 섬기며 일신의 편안함을 구했으나 이는 마치 자(尺)나 그림쇠〔製圖器〕 없이 네모나 동그라미를 그리려고 하는 것이나 다름없는 일이라 가망이 없는 짓이다. 또한 나라의 법령을 지키고 패거리끼리 무리를 만들지 않으며 관리로서 성실히 일하여 편안함을 구한다는 것은 마치 발로 머리를 긁으려는 것과 같아 더욱 가망이 없는 짓이다. 이 두 가지 방법으로는 일신의 편안함을 얻지 못하니 어찌 법령을 무시하고 사사롭게 행동하며 권세있는 중신에게 아첨하여 그 힘으로 평안함을 구하지 않을 수 있겠는가?"

이렇게 되면 반드시 임금의 법령을 돌아보지 않게 된다.

그러므로 사사로운 이익을 꾀하여 세력있는 중신을 위해 일하는 사람은 많게 되고, 법령을 지켜 임금을 섬기는 사람은 적어진다. 이로써 임금은 위에 있으면서 고립되고 신하는 아래에서 패거리를 결성하니 저 제(齊)나라의 전성(田成)이 임금인 간공(簡公)을 죽이고 임금자리를 빼앗은 것도 이러한 까닭에서 였다.

凡姦臣皆欲順人主之心 以取信幸之勢者也 是以主有所善 臣從而譽之 主有所憎 臣因而毀之 凡人之大體[1] 取舍同者 則相是也 取舍異者 則相非也 今人臣之所譽者 人主之所是也 此之謂同取 人臣之所毀者 人主之所非也 此之謂同舍 夫取舍合 而相與逆者 夫嘗聞也 此人臣之所以取信幸之道也 夫姦臣得乘信幸之勢 以毀譽進退群臣者 人主非有術數以御之也 非有參驗以審之也 必將以襄之合已[2] 信今之言 此幸臣之所以得欺主成私者也 故主必蔽於上 而臣必重於下矣 此之謂擅主[3]之臣 國有擅主之臣 則群下不得盡其智力以陳其忠 百官之吏不得奉法以致其功矣 何以明之 夫安利者就之 危害者去之 此人之情也 今爲臣盡力以致功 竭智以陳忠者 其身困而家貧 父子罹其害 爲姦利以蔽人主 行財貨以事貴重之臣者 身尊家富 父子被其澤 人焉能去安利之道 而就危害之處哉 治國若此其過也 而上欲下之無姦 吏之奉法 其不可得亦明矣 故左右知貞信之不可以得安利也 必曰 我以忠信事上 積功勞而求安 是猶盲而欲知黑白之情 必不幾[4]矣 若以道術行正理 不趨富貴 事上而求安 是猶聾而欲審淸濁之聲也 愈不幾矣 二者不可以得安 我安能無相比周 蔽主上 爲姦私 以適重人哉 此必不顧人主之義矣 其百官之吏 亦知方正之不可以得安也 必曰 我以淸廉事上而求安 若無規矩[5]而欲爲方圓也 必不幾矣 若以守法不朋黨 治官而求安 是猶以足搔項也 愈不幾也

二者不可以得安 能無廢法行私 以適重人哉 此必不顧君上之法
矣 故以私爲重人者衆 而以法事君者少矣 是以主孤於上 而臣成
黨於下 此田成之所以弑簡公者也

1) 大體(대체) : 대솔(大率)과 뜻이 통하는데『한비자』의 편명에도 '대
   체(大體)'가 있다. 곧 대요(大要)와 같은 뜻으로『맹자』에 '그 대체
   에 따르면 대인(大人)이 되고, 그 소체(小體)에 따르면 소인이 된다'
   는 말이 있다.
2) 曩之合已(낭지합이) : 낭(曩)은 지난날과 같은 뜻이고, 이(已)는 이미
   또는 다하다와 뜻이 같다.
3) 擅主(천주) : 천(擅)은 전(專)과 같은 뜻을 가졌는데, 임금을 제멋대
   로 하는 것.
4) 幾(기) : 기(冀) 혹은 개(覬)의 차자로 보고 바라다는 뜻과 같다.
5) 規矩(규구) : 규(規)는 그림쇠이고 구(矩)는 곧은 잣대를 뜻한다. 이
   말은『맹자』에서부터 기준(基準)의 뜻으로 자주 쓰게 되었는데『순
   자』에도 가끔 쓰였다.

2. 신하가 다스리는 술(術)을 터득하면

　무릇 다스리는 술(術)을 터득한 사람이 신하가 되었을 경우
에는 법도(法度)와 술수(術數)에 대한 의견을 진언하여, 위로는
임금의 법을 밝게 하고 아래로는 간신(姦臣)을 모조리 억제하
여, 임금의 지위는 존엄하게 되고 나라는 안전하게 된다.
　법도와 술수에 대한 의견이 먼저 진언되면, 그 뒤를 이어 상
벌은 반드시 행해지게 된다.
　임금이 만약 성인(聖人)의 치술(治術)에 해박하고, 세상에
떠도는 소문을 따르지 않고 신하의 말과 행동을 바탕으로 옳고
그름을 판단하고, 계획과 실행이 일치하는가를 증거에 의하여
잘 살피게 되면, 좌우에 있는 측근 신하들은 속임수로 일신의
편안을 얻을 수 없다는 것을 알게 된다. 그렇게 되면 그들은 반
드시 말할 것이다.

"간사한 행동을 버리지 않고 힘과 지혜를 다하여 임금을 섬기지 않으면서 패거리로 무리를 만들어 나에게 유리하도록 남을 칭찬하거나 헐뜯어 일신의 편안함을 구한다는 것은 마치 천근이나 되는 무거운 짐을 지고 헤아릴 수도 없이 깊은 물속으로 뛰어들면서 살기를 바라는 것과 마찬가지로 반드시 가망이 없는 것이다."

또 모든 관리들도 간사한 행동과 사사로운 이익으로는 일신의 안전을 얻을 수 없다는 것을 알게 되면 반드시 이렇게 말할 것이다.

"내가 청렴결백한 마음으로 법을 지켜 공정하게 하지 않고 탐욕의 더러운 마음으로 법을 어기면서 사사롭게 이익을 취하는 것은 마치 높고 험한 벼랑에서 험준한 계곡으로 떨어지면서 목숨만은 살려 보겠다는 것과 같아 도저히 바랄 수 없는 일인 것이다."

안전한 길과 위험한 길이 이와 같이 분명한데 좌우 측근 신하들이 어찌 거짓말로 임금을 속일 수 있으며, 모든 관리들이 어찌 탐욕스런 행동으로 감히 민중으로부터 수탈(收奪)할 수 있겠는가?

신하는 충성을 다하여 뜻을 얻을 수 있으니 임금을 속이지 않을 것이며, 아래로 관리들은 아무 거리낌없이 그 직무를 성실히 수행할 수 있으므로 원망함이 없게 된다.

이것이 바로 관중(管仲)이 제(齊)나라를 잘 다스리게 된 까닭이며, 상군(商君)이 진(秦)나라를 강하게 만든 까닭이다.

이와 같은 일을 미루어 생각해 보면 성인(聖人)이 나라를 다스릴 때에는 신하들이 임금을 위하여 일할 수밖에 없도록 하는 도가 확립되어 있어 남이 자신을 사랑하기 때문에 자기를 위하여 일해 줄 것을 바라지 않는다. 만약 남이 자신을 사랑하기 때문에 자기를 위하여 일해 줄 것을 바라는 사람은 매우 위험하고, 이 편에 있는 자기를 위하여 일하지 않으면 안 되게 하는 사람은 안전하다.

무릇 임금과 신하는 본래 남남으로 혈육으로써 맺어진 사이가 아니기 때문에 바른 방법으로 안전과 이익을 얻게 한다면 신하는 힘을 다하여 임금을 섬길 것이다. 그러나 바른 방법으로 안전과 이익을 얻을 수 없게 된다면 곧 그 신하는 사사롭게 이익을 꾀하면서 임금에게 중용(重用)되기를 구할 것이다.
　현명한 임금은 이것을 알기 때문에 "나라의 법을 따르면 상을 받게 되고 법을 어기면 벌을 받는다."는 이해(利害)의 길을 명백히 설정해 놓고, 이를 세상에 널리 나타내 보인다. 이러한 까닭에 임금은 몸소 나서서 많은 관리를 가르치거나 직접 간신을 찾아내거나 하지 않더라도 나라는 잘 다스려지는 것이다.
　임금이라고 해서 눈이 이루(離婁)처럼 밝아서 밝게 살필 수 있는 것도 아니며, 귀가 사광(師曠)처럼 잘 들려 총민한 것도 아니다.
　임금은 눈이 이루처럼 잘 볼 수 없기 때문에 술수(術數)에 맡겨 세상을 다스려야 하는데 그렇지 않고 자기 한 사람의 밝음만 믿고 본다면 설령 보인다 하더라도 그것은 한계가 있어 간신의 농간에 가리워지지 않을 수 없는 술(術)인 것이다.
　또 임금의 귀는 사광처럼 잘 들을 수 없기 때문에 세력에 의지하여 나라를 다스려야 하는데, 자기 한 사람의 총명함만 믿고 듣는다면 실제로 듣는 소리에 한계가 있어 간신에게 속지 않는 술(術)이라고 할 수 없는 것이다.
　현명한 임금은 세상 사람으로 하여금 임금을 위하여 보지 않을 수 없게 하고 세상 사람으로 하여금 임금을 위하여 듣지 않을 수 없게 하여 세상 사람이 모두 자기의 눈과 귀가 되도록 만든다.
　그리하여 몸은 깊숙한 궁궐 속에 있더라도 그 눈의 밝음은 세상에서 일어나는 모든 일을 비추어 보기 때문에 세상 사람들이 이것을 가리지도 못하고 속이지도 못한다.
　이는 어째서인가? 그것은 임금의 마음에 어둡고 어지러운 길은 없어지고 사물을 잘 보고 듣는 세력이 일어나 총명을 돕

제 16 편 간겁시신(姦劫弑臣)

기 때문이다. 그러므로 세태(勢態)에 잘 맡기면 나라는 안전해질 것이고, 세태에 맡길 줄 모르면 나라는 위태해지게 된다.

옛날 진(秦)나라는 모든 신하들이 법을 무시하고 사사로운 욕심을 추구하여, 나라는 어지럽게 되고 군대는 나약해졌으며 임금은 권위를 잃게 되었다.

상군(商君 : 商鞅)은 진나라 임금 효공(孝公)을 설득하여 새롭게 법령을 고치고 관습을 바꾸어 임금의 도를 명확히 하여, 죄를 범한 사람을 밀고한 사람에게 포상(褒賞)하고 상공업(商工業)으로 이익을 많이 챙기는 사람은 괴롭혔으며, 농사와 베 짜는 일을 하면 유리하도록 했다.

그 당시 진나라 민중들은 옛부터 내려오는 습성으로 죄가 있어도 뇌물만 주면 벌을 면할 수 있고, 공이 없어도 권세있는 사문(私門)에 줄만 대면 명예와 지위를 얻을 수 있었기 때문에 새로운 법령을 가볍게 여기고 죄를 범하는 사람이 많았다.

이에 상군은 법을 어긴 사람에게 반드시 무거운 벌을 내렸으며, 범죄를 고발한 사람에게는 반드시 후한 상을 주어 확실하게 이를 믿게 하였다.

범법자는 반드시 잡히지 않을 수 없게 되었고 이들은 법에 따라 엄중히 처벌되었기 때문에 자연히 형벌을 받은 사람이 많아져 날이 갈수록 상군의 개혁을 원망하는 소리가 높아져갔다. 그러니 임금인 효공은 이에 귀를 기울이지 않고 상군을 믿고 그의 법을 수행하였다.

마침내 민중은 죄를 범하면 반드시 처벌받는다는 것을 알게 됐고 범법자를 고발하는 민중이 많아졌으며, 그후로는 죄를 범하는 민중이 없어지고 형벌을 받는 민중도 줄어들게 되었다.

이에 나라는 잘 다스려지고 군내는 강해졌으며, 나라의 영토는 넓어지고 임금의 권위는 점점 존귀해졌다.

이렇게 된 까닭은 범죄를 숨기면 무거운 벌을 받고 못된 짓을 고발하면 두터운 상을 받기 때문이었다. 이 또한 세상 사람으로 하여금 반드시 자기를 위하여 보고 듣도록 만드는 방법인 것이다. 나라가 더욱 잘 다스려지는 바탕인 법술(法術)이 이처럼 명백한데도 세상의 학자들은 이것을 알지 못하고 있다.

夫有術者[1]之爲人臣也 效度數之言 上明主法 下困姦臣 以尊主安國者也 是以度數之言 得效於前 則賞罰必用於後矣 人主誠明於聖人之術[2] 而不苟於世俗之言 循名實而定是非 因參驗而審言辭 是以左右近習之臣 知僞詐之不可以得安也 必曰 我不去姦私之行 盡力竭智以事主 而乃以相與比周 妄毁譽以求安 是猶負千鈞之重 陷於不測之淵而求生也 必不幾矣 百官之吏 亦知爲姦利之不可以得安也 必曰 我不以淸廉方正奉法 乃以貪汚之心 枉法[3]以取私利 是猶上高陵之顚[4] 墮峻谿之下而求生也 必不幾矣 安危之道 若此其明也 左右安能以虛言惑主 而百官安敢以貪漁下[5] 是以臣得陳其忠而不蔽 下得守其職而不怨 此管仲之所以治齊 而商君之所以强秦也 從是觀之 則聖人之治國也 固有使人不得不爲我之道 而不恃人之以愛爲我也 恃人之以愛爲我者危矣 恃吾不可不爲者安矣 夫君臣非有骨肉之親 正直之道 可以得利 則臣盡力以事主 正直之道 不可以得安 則臣行私以干上[6] 明主知之 故設利害之道 以示天下而已矣 夫是以人主雖不口敎百官 不目索姦衺[7] 而國已治矣 人主者 非目若離婁[8] 乃爲明也 非耳若師曠[9] 乃爲聰也 不任其數 而待目以爲明 所見者少矣 非不弊之術也 不因其勢 而待耳以爲聽 所聞者寡矣 非不欺之道也 明主者 使天下不得不爲己視 使天下不得不爲己聽 故身在深宮之中 而明照四海之內 而天下弗能蔽 弗能欺者 何也 闇亂之道廢 而聰明之勢興也 故善任勢者國安 不知因其勢者國危 古秦之俗 群臣廢法而服私 是以國亂兵弱而主卑 商君說秦孝公以變法易俗而明公道 賞告姦 困末作而利本事[10] 當此之時 秦民習故俗之有罪可以得免 無功可以得尊顯也 故輕犯新法 於是犯之者 其誅重而必 告之者 其賞厚而信 故姦莫不得 而被刑者衆 民疾怨而衆過日聞 孝公不聽 遂行商君之法 民後知有罪之必誅 而告姦者衆也 故民莫犯 其刑無所加 是以國治而兵强 地廣而主尊 此其所

以然者 匿罪之罰重 而告姦之賞厚也 此亦使天下必爲己視聽之
道也 至治之法術已明矣 而世學者弗知也

1) 有術者(유술자) : 한비(韓非)가 주장한 임금이 쓰는 법술(法術)을 터
   득한 사람을 뜻한다.
2) 人主誠明於聖人之術(인주성명어성인지술) : 성(誠)은 '송건도본' 같
   은데는 성(成)으로 쓰여져 있으나 여기서는 그대로 성(誠)을 썼는데
   그 뜻은 만약·만일 또는 혹시와 같이 어떤 사물을 가정해서 말할
   때 쓴다. 성인지술(聖人之術)은 한비가 생각하는 이상인(理想人) 곧
   법술을 터득한 최고의 사람이 쓰는 술을 뜻한다.
3) 枉法(왕법) : 법을 제멋대로 왜곡(歪曲)되게 이용하다의 뜻으로 왕
   (枉)은 굽힌다는 뜻.
4) 顚(전) : 가장 높은 꼭대기란 뜻.
5) 安敢以貪漁下(안감이탐어하) : 안(安)은 어찌와 같고 탐어하(貪漁下)
   는 탐욕으로 민중을 수탈한다는 뜻이며, 어(漁)의 본뜻은 고기를 잡
   는다와 같은데 여기서는 자기 이익을 위하여 빼앗는다는 뜻. 하(下)
   는 민중을 뜻한다.
6) 干上(간상) : 임금에게 구하다의 뜻.
7) 衺(사) : 사(邪)와 같은 글자.
8) 離婁(이루) : 옛날에 눈이 아주 밝아 멀리있는 짐승의 털끝까지 보았
   다는 인물. 『맹자』에도 보인다. 흔히 이주(離朱)로도 쓰는데, 가옥(家
   屋)의 경우에는 여무(麗婁)라고 씨서 창(窓)을 뜻하기도 한다.
9) 師曠(사광) : 춘추시대 진(晋)나라 평공(平公) 때의 악사(樂師)로 이
   름은 광(曠)이고 자는 자야(子野)이다. 이는 옛날 귀 밝은 사람의 대
   표적인 지칭이다.
10) 末作而利本事(말작이이본사) : 말작(末作)은 말초적인 일로 상공(商
    工)을 가리키고 본사(本事)는 기본적인 일로서 농업과 직조(織組).

3. 도를 깨달은 자는 적다

무릇 세상의 어리석은 학자들은 어떻게 하면 나라가 잘 다스

러지고 어떻게 하면 나라가 어지러워지는가의 실정도 잘 모르면서, 함부로 말만 많이 늘어놓고 진부한 옛 책을 들추어 외우면서 지금 세상의 정치를 어지럽힌다. 뿐만 아니라 그들의 모자라는 지혜로는 파놓은 함정이나 우물에 떨어지지 못하도록 하는 아주 평범한 일조차 하지 못하면서 함부로 법술을 터득한 선비를 비방한다.

그들의 의견을 듣는 사람은 일신이 위태롭고, 그들의 도모함을 쓰는 사람은 나라를 어지럽게 한다. 이 또한 어리석기 짝이 없는 일로써 세상에 끼치는 우환은 매우 심각한 것이다.

그들은 법술을 터득한 선비와 더불어 담론(談論)으로 명성이 알려져 있지만 사실에 있어 그 서로의 차이는 천리 만리의 거리가 있다. 이는 무릇 명성은 같을지 모르지만 그 진실은 다른 것이라 하겠다.

대체로 세상의 어리석은 학자와 법술을 터득한 선비를 비교하면 마치 개미무덤과 큰 언덕을 서로 견주는 일과 같으니 그 서로의 거리는 엄청나게 먼 것이다.

성인은 옳고 그름을 사실대로 밝히고 다스려짐과 어지러움의 실정을 잘 살핀다. 그러므로 그 나라를 다스림에 있어 명확한 법령을 제정하고 엄중한 형벌을 공포하여 그것으로 만민을 혼란에서 구휼하며 세상의 재앙을 없앤다.

그리하여 힘센 사람이 약한 사람을 깔보고 괴롭히지 못하게 하고, 수가 많다고 하여 수가 적은 쪽에게 함부로 난폭한 짓을 못하게 하며, 늙은 이에게는 일생을 편안하게 보낼 수 있도록 하고, 어린 고아에게는 잘 자랄 수 있게 함은 물론, 국경은 다른 나라의 침범을 막고, 임금과 신하는 서로 화목하고, 어버이와 자식은 서로 감싸고, 전쟁으로 사람이 죽거나 포로가 되는 일이 없도록 하면, 이 또한 공로로서는 지극히 큰 것이라 할 수 있다.

어리석은 사람은 이러한 일은 알지 못하기 때문에 도(道)가 아닌 법술로 나라를 다스리게 되면 폭정(暴政)이라 비방한다.

어리석은 사람은 나라가 잘 다스려지는 것을 바란다고 하면서 나라를 잘 다스리는 방법은 싫어하며, 모두들 나라가 위태한 것은 싫어한다고 하면서 나라가 위태롭게 되는 방법을 기뻐하고 있다.

어떻게 그러한 것을 알 수 있는가? 무릇 엄격한 형(刑)과 무거운 벌(罰)은 민중이 다 싫어하는 바이지만 나라를 다스리는 바탕이다. 민중을 불쌍히 여겨 형벌을 가볍게 하는 것은 모든 민중이 기뻐하는 바이지만 이는 나라를 위태롭게 하는 까닭이 된다.

성인이 법을 제정하여 나라에 시행할 때는 반드시 세속(世俗)의 의견과는 상반되기 마련이지만 근본적으로는 도덕(道德)의 원리에 따른 것이다.

이 성인의 도를 깨달은 사람은 정의(正義)에 찬성하고 세속적인 일에는 반대하지만, 그것을 미처 깨닫지 못한 사람은 의로움을 반대하고 세속적인 의견에 찬성한다.

세상에는 성인의 도를 깨달은 사람이 적으니 의로운 것이 오히려 그릇된 것으로 단정되어 버린다.

且世之愚學[1] 皆不知治亂之情 謳詼[2]多誦先古之書 以亂當世之治 智慮不足以避穽井之陷 又妄非有術之士 聽其言者危 用其計者亂 此亦愚之至大 而患之至甚者也 俱與有術之士有談說之名 而實相去千萬也 此夫名同而實有異者也 夫世愚學之人 比有術之士也 猶螘垤[3]之比大陵也 其相去遠矣 而聖人者 審於是非之實 察於治亂之情也 故其治國也 正明法 陳[4]嚴刑 將以救群生[5]之亂 去天下之禍 使强不陵弱 衆不暴寡 耆老得遂[6] 幼孤得長 邊境不侵 君臣相親 父子相保 而無死亡繫虜之患 此亦功之至厚也 愚人不知 顧以爲暴 愚者固欲治 而惡其所以治者 皆惡危 而喜其所以危者 何以知之 夫嚴刑重罰者 民之所惡也 而國之所以治也 哀憐百姓 輕刑罰者 民之所喜也 而國之所以危也 聖人爲法於國者 必逆於世 而順於道德[7] 知之者 同於義而異於

俗 弗知之者 異於義而同於俗 天下知之者少 則義非矣

1) 愚學(우학) : 어리석은 학자. 현학(顯學)편에서 '우무지학(愚誣之學)'으로 썼는데 대개 한비는 유학(儒學)을 따르는 무리를 지칭하였다.
2) 讘談(섭겹) : 말을 함부로 많이 하는 것을 뜻하는데 『설문』에는 섭(讘)은 다언(多言), 겹(談)은 망언(妄言)이라 했다.
3) 螘垤(의질) : 개미둑을 말한다.
4) 陳(진) : 시행 또는 공포(公布)와 같은 뜻.
5) 群生(군생) : 군신(群臣), 군하(群下)보다 낮은 백성(百姓) 곧 민중(民衆)을 뜻한다.
6) 耆老得遂(기로득수) : 기로(耆老)란 노쇠하다의 뜻. 『예기(禮記)』 곡례(曲禮)에는 60세를 말했는데 흔히는 70세를 일컫는다. 수(遂)는 수명을 다하다는 뜻.
7) 道德(도덕) : 『노자』를 바탕한 자연(自然)의 힘을 뜻한다.

4. 술수(術數)를 터득한 신하를 두었을 경우

바른 도가 인정받지 못하는 조정(朝廷)에 자리하여 많은 대신들로부터 모함을 받고, 모두가 세속적인 의견에 현혹되어 있는데 존엄한 천자(天子)를 받들고 세상의 편안함을 구한다는 것은 지극히 어려운 일이 아니겠는가?

이러한 까닭에 무릇 지사(智士)는 죽을 때까지 그 이름이 세상에 드러나지 못하는 것이다.

초(楚)나라 장왕(莊王)의 아우인 춘신군(春申君)에게 애첩이 있었는데 그 이름을 여(余)라 했고, 춘신군의 정실부인이 낳은 아들은 갑(甲)이라 불렀다.

여는 춘신군으로 하여금 그 부인을 버리게 하려고 일을 꾸몄다. 스스로 자기 몸에 상처를 내고는 그것을 춘신군에게 보이면서 울며 말했다.

"저는 당신의 첩이 된 것만으로도 행복합니다. 그런데 부인의 마음에 들려고 애쓰면 당신을 섬기는 일에 소홀하게 되고,

당신의 뜻을 맞추려고 하면 부인을 섬기는 일에 소홀하게 됩니다. 저는 본래 불초한 사람으로 두 사람을 주인으로 섬기기에는 힘이 모자랍니다. 이 형세로 보아 두 사람을 모두 잘 섬기지 못하니 차라리 부인의 손에 죽느니보다는 사랑하는 당신 앞에서 죽고자 합니다. 첩이 죽은 뒤에 만약 당신이 총애하는 여인을 다시 두게 된다면 반드시 이 점을 잘 살펴 세상 사람들의 웃음거리가 되지 않도록 하소서."

이에 춘신군은 애첩인 여의 거짓말을 그대로 믿고 그 정실부인을 버렸다.

여(余)는 또 춘신군의 적자(嫡子)인 갑(甲)을 죽이고 자기 자식을 춘신군의 후사로 들어 앉히기 위하여 음모를 꾸몄다. 스스로 속옷을 찢어 춘신군에게 보이고 울면서 말하였다.

"저는 당신의 사랑을 받은 지 오래 되었습니다. 이러한 일은 갑(甲)도 잘 알고 있을 것입니다. 그런데도 지금 저를 강제로 희롱하려 하여 이에 항거하다가 저의 속옷이 찢어지고 말았습니다. 자식으로서 이보다 더 큰 불효는 없을 것입니다."

애첩 여의 거짓말에 의해 정실부인은 버림을 받고 그 아들은 죽임을 당하였다.

이러한 일로 미루어보아 그 아버지가 아무리 자식을 사랑한다 하여도 남의 모함으로 훼상시키고 죽일 수도 있는 것이다.

하물며 임금과 신하의 관계는 어버이와 자식의 친애함이 있는 것도 아니며 많은 신하들이 입을 모아 모함하므로 한 사람의 첩이 입을 놀리는 것과는 비교가 되지 못한다. 성인이나 현인(賢人)같이 뛰어난 사람도 죽임을 당하는 것이 어찌 이상한 일이겠는가?

저 상군(商君)이 진(秦)나라에서 마차에 매달려 찢기운 까닭이나 오기(吳起)가 초(楚)나라에서 팔다리가 잘려 죽은 일도 이러한 까닭에서 일어난 것이다.

무릇 모든 신하는 죄가 있더라도 처형당하는 것을 바라지 않으며, 공로가 없으면서도 모두 명예와 지위가 존귀해지기를 바란다.

그런데 성인이 나라를 다스리면 공로가 없는 사람에게는 상(賞)을 주지 않고 한편 죄를 범한 사람에게는 반드시 처벌을 하게 된다.

술수(術數)를 터득한 사람이 신하가 되었을 때, 당연히 임금의 측근에 있는 간신들로부터 방해를 받게 되니 아주 현명한 임금이 아니면 그 의견을 제대로 들을 수가 없는 것이다.

  處非道之位 被衆口之譖 溺於當世之言 而欲當嚴天子而求安 幾不亦難哉 此夫智士所以至死而不顯於世者也 楚莊王[1]之弟 春申君有愛妾曰余[2] 春申君之正妻子曰甲 余欲君之棄其妻也 因自傷其身 以示君而泣曰 得爲君之妾 幸甚 雖然 適夫人[3] 非所以事君也 適君 非所以事夫人也 身故不肖 力不足以適二主 其勢不俱適 與其死夫人所者 不若賜死君前 妾以賜死 若復幸於左右 願君必察之 無爲人笑 君因信妾余之詐 爲棄正妻 余又欲殺甲 而以其子爲後 因自裂其親身衣之裏 以示君而泣曰 余之得幸君之日久矣 甲非不知也 今乃欲强戲余 余與爭之 至裂余之衣 而此子之不孝 莫大於此矣 故妻以妾余之詐棄 而子以之死 從是觀之 父之愛子也 猶可以毁而害也 君臣之相與也 非有父子之親也 而群臣之毁言 非特一妾之口也 何怪夫聖賢之戮死哉 此商君之所以車裂於秦 而吳起之所以枝解於楚者也 凡人臣者 有罪固不欲誅 無功者皆欲尊顯 而聖人之治國也 賞不加於無功 而誅必行於有罪者也 然則有術數者之爲人也 固左右姦臣之所害 非明主弗能聽也

1) 楚莊王(초장왕) : 진(晋)나라 문공에 이어 춘추시대 패왕(霸王)이 된 사람. 서기전 7세기에서 전6세에 걸쳐 살았던 인물.
2) 春申君有愛妾曰余(춘신군유애첩왈여) : 『사기』 춘신군전(春申君傳)에 의하면 춘신군의 성씨는 황(黃), 이름은 헐(歇)로 초나라 경양왕을 섬겼고, 고열왕이 태자로 진나라의 인질이 되었을 때 이를 구하여 춘신군에 봉하였다. 식객 3천명을 거느리고 전국의 사군자(四君子)라

일컬었다. 그래서 학설에 의하면 장왕의 아우라는 것은 맞지 않는 점이다. 여(余)는 춘신군의 애첩(愛妾).

3) 適夫人(적부인) : 적은 마음에 들다로 부인의 비위를 맞추다의 뜻.

5. 상·벌로 굴복시킬 수 없는 신하

세상의 학자들이 임금을 설득하는데 있어 말하기를 "근엄한 위세의 힘만이 간사한 신하를 억누를 수 있습니다." 하지 않고 모두 "인의(仁義)와 자애로써 아랫사람을 대하십시오."라고 말한다.

세상의 임금들이 인의라는 명분을 기뻐하여 그 진실을 살피지 못하고 나라에 도움이 되지 않음을 생각하지 못하기 때문에 인의를 행하여 화가 클 경우에는 나라가 망하고 임금도 죽게 되며, 그 화가 작을 경우에도 영토는 줄고 임금이 권세를 잃게 된다.

그렇게 되는 까닭이 무엇인가? 무릇 가난한 사람에게 은혜 베푸는 것을 이 세상에서는 인의라 하고 불쌍한 민중에게 형벌을 차마 가하지 않는 것을 이 세상에서는 자비(慈悲)라 한다.

만약 가난하다고 은혜를 베푼다면 공로가 없는 사람도 상을 받게 되며, 죄지은 사람에게 차마 벌을 내리지 않는다면 그 때는 난폭한 무리들의 행동을 막을 수 없게 된다.

나라에 공로가 없으면서 상을 받는 사람이 있으면 곧 민중은 밖으로 적을 쳐 수괴의 목을 베려고 애쓰지 않게 될 것이고, 안으로는 힘써 농사를 지어 많은 소출을 내려고 하지 않을 것이다. 모든 사람이 뇌물을 바쳐 부귀한 권문 세도를 섬겨 사사롭게 좋은 일을 하여 명성을 얻고, 높은 벼슬과 후한 봉록을 나내려 애쓸 것이다.

간사하여 사사로운 이익을 챙기는 신하는 점점 많아지고, 난폭한 행동을 일삼는 무리들은 점점 그 폭을 넓혀가니 이 어찌 나라가 망하지 않겠는가?

무릇 엄한 형벌은 민중이 두려워하는 바며, 무거운 처벌은 민중이 모두 싫어한다. 성인은 민중이 두려워하는 형벌로 간악한 행위를 금지하고, 민중이 싫어하는 중벌로 간악한 행위를 방지한다. 이렇게 함으로써 나라는 안정되어 난폭하고 소란스러운 일이 일어나지 않는다.

나는 이러한 까닭에 인의나 자애같은 것은 아무런 소용이 없고 형을 엄격히 하고 벌을 무겁게 하는 것만이 나라를 다스리는 방법임을 밝히는 바이다.

말(馬)을 부리는데 채찍이나 재갈이 준비되어 있지 않다면 비록 조보(造父)같은 사람도 그렇게 말을 잘 부리지는 못했을 것이다. 또한 그림쇠(콤파스)나 자의 법칙과 먹줄의 바름이 없었다면 옛날 명장(名匠)인 왕이(王爾)같은 사람도 네모꼴이나 동그라미를 제대로 그리지는 못했을 것이다.

위엄있는 권세나 공정한 상벌의 방법이 없었다면 비록 요순같은 성군(聖君)도 세상을 잘 다스려 나라를 편안하게 할 수는 없었을 것이다.

지금의 임금들은 모두 경솔하게도 무거운 벌과 엄한 형(刑)을 가볍게 버리고 자애(慈愛)를 베풀어 세상에 패왕의 위업을 이루려고 하지만 그 또한 이룰 수 없는 일이다.

그러므로 훌륭한 임금은 포상(褒賞)을 분명히 하고 이익을 베풀어 공을 이루도록 독려하여 민중으로 하여금 공에 따르는 상을 받게 하지, 인의(仁義)를 바탕으로 상을 베푸는 일은 하지 않는다. 형을 엄히 하고 벌을 무겁게 하여 민중을 제어하며, 그래도 죄를 범하면 벌로써 다스리지, 자혜로써 그 죄를 용서하지는 않는다. 이렇게 함으로써 공로가 없는 사람은 아예 상을 받으려는 생각을 하지 않으며, 죄가 있는 사람은 벌을 면하려는 요행을 바라지 않게 된다.

견고한 수레에 좋은 말(馬)을 매어 몸을 맡기면 육지에서는 아무리 험한 고갯길이라도 넘을 수 있으며, 안전한 배(舟)에 좋은 노를 갖추어 물에 띄우면 양자강이나 황하같이 큰 강이라도 어렵지 않게 건널 수 있을 것이다. 이와 마찬가지로 법술(法術)의 방책을 사용하여 중벌·엄형을 시행하면 천하의 패왕이 되는 공적도 이룰 수 있다.

　나라를 다스림에 있어 법술과 상벌의 제도가 갖추어져 있는 것은 마치 육지에서 견고한 수레에 좋은 말을 매고 달리는 것과 같고, 물을 건널 때 가벼운 배에 좋은 노를 저어감과 같은 것이다.

　위와 같이 잘 이용하는 사람은 일이 잘 성취되고 이를 터득하면 안 되는 일이 없게 된다.

　옛날 이윤(伊尹)은 이 법술을 터득하여 은(殷)나라 탕왕(湯王)을 보필한 나머지 그를 패왕(霸王)이 되게 하였고, 관중(管仲)도 이를 터득하여 제(齊)나라 환공(桓公)을 도와 패왕이 되게 하였다. 상군(商君 : 商鞅) 또한 이를 터득하여 진(秦)나라 효공(孝公)을 도와 천하를 통일하는 강대국이 되게 하였다.

　이같이 이윤·관중·상군 세 사람은 모두 세상에서 패왕이 되는 법술을 터득하고 나라를 잘 다스리고 굳세게 만드는 술수를 살피며 세속의 의견에는 얽매이지 않았다.

　당시 현명한 임금들의 의견과 맞아 한낱 평범했던 민중으로서 등용되어 단숨에 재상이나 중신의 자리에 앉아 그 임금을 도와 나라를 다스리게 되었는데 곧 임금의 지위를 존엄케 하고 나라의 영토를 넓히는 실적을 올렸다. 그야말로 이들은 존경할 만한 신하라고 할 수 있다.

　탕(湯)왕은 이윤을 얻음으로써 불과 백 리를 다스리던 제후의 신분에서 천하를 다스리는 천자(天子)가 되었다.

　환공은 관중을 얻음으로써 어렵지 않게 오패(五霸)의 우두머리가 되어 제후(諸侯)들을 여러 차례나 규합하고 당시의 어지러운 중국 천하를 바로잡았던 것이다.

　효공(孝公)은 상군을 얻어 영토를 넓히고 군대를 강하게 했다.

　그러므로 나라에 충신이 있으면 밖으로 외적의 침략을 당할 환란이 없고, 안으로 내란을 일으킬 난신의 우환이 없게 되니 오래도록 나라는 편안하고 명성은 후세에까지 남는다. 이것을 충신이라 일컫는 것이다.

예양(豫讓)이 지백(智伯)의 신하로 있을 때 위로 임금에게는 법도(法度)와 술수(術數)를 명백히 이해시켜 재앙과 환난을 피해가게 하지 못하였고, 아래로 신하들과 민중을 잘 통솔하여 나라를 편안하게 하지 못했다.

다만 조양자(趙襄子)가 지백을 죽이기에 이르자 예양은 스스로 자기의 얼굴에 문신을 넣고 코를 잘라 그 얼굴을 남이 알아보지 못하게 한 다음 지백의 원수를 갚기 위하여 조양자를 노렸다.

이와 같은 일은 비록 자기 몸을 훼손시키면서까지 임금에게 충성했다는 이름은 남길 수 있었지만 실제에 있어서 지백에게는 추호(秋毫)의 유익함도 주지 못했다.

이것을 나는 아주 천박한 것이라 여기는데 세상의 임금들은 이것을 충성이라 하여 높이 평가하고 있다.

또한 옛날에 백이(伯夷)와 숙제(叔齊)라는 형제가 있었는데, 주(周)나라 무왕(武王)이 그들에게 천하를 물려주겠다고 하자 이를 받아들이지 않고, 두 사람은 수양산(首陽山)에 들어가 굶어 죽었다.

이와 같은 신하는 무거운 벌을 두려워하지 않고 무거운 포상을 이익으로 여기지 않기 때문에 벌로써 위협하여 금할 수가 없고 두터운 상을 주어 부릴 수도 없는 것이다.

이러한 사람을 무익(無益)한 신하라고 일컬어 나는 가벼이 물리치는데, 세상의 임금들은 이들을 청빈하고 유덕하다 하여 존중하고 바라는 것이다.

世之學者說人主 不曰 乘威嚴之勢[1] 以困姦衺之臣 而皆曰 仁義惠愛[2]而已矣 世主美仁義之名 而不察其實 是以大者國亡身死 小者地削主卑 何以明之 夫施與貧困者 此世之所謂仁義 哀憐百

姓 不忍誅罰者 此世之所謂惠愛也 夫施與貧困 則無功者得賞 不忍誅罰 則暴亂者不止 國有無功得賞者 則民外不務當敵斬首 內不急力田疾作 皆欲行貨財 事富貴 爲私善 立名譽 以取尊官厚俸 故姦私之臣愈衆 而暴亂之徒愈勝 不亡何待 夫嚴刑者 民之所畏也 重罰者 民之所惡也 故聖人陳其所畏 以禁其衺 設其所惡 以防其奸 是以國安而暴亂不起 吾是以明仁義愛惠之不足用 而嚴刑重罰之可以治國也 無捶策³⁾之威 銜橛之備 雖造父⁴⁾不能以服馬 無規矩之法 繩墨之端⁵⁾ 雖王爾⁶⁾不能以成方圓 無威嚴之勢 賞罰之法 雖堯舜不能以爲治 今世主皆輕釋重罰嚴誅 行愛惠而欲霸王之功 亦不可幾也 故善爲主者 明賞設利以勸之 使民以功賞 而不以仁義賜 嚴刑重罰以禁之 使民以罪誅 而不以愛惠免 是以無功者不望 而有罪者不幸矣 託於犀車⁷⁾良馬之上 則可以陸犯阪阻之患 乘舟之安 持檝之利⁸⁾ 則可以水絕江河之難⁹⁾ 操法術之數 行重罰嚴誅 則可以致霸王之功 治國之有法術賞罰 猶若陸行之有犀車良馬也 水行之有輕舟便檝也 乘之者遂得其成 伊尹得之 湯以王 管仲得之 齊以霸 商君得之 秦以强 此三人者 皆明於霸王之術 察於治强之數 而不以牽於世俗之言 適當世明主之意 則有直任布衣之士 立爲卿相之處 處位治國 則有尊主廣地之實 此之謂足貴之臣 湯得伊尹 以百里之地 立爲天子 桓公得管仲 爲五霸主 九合諸侯 一匡天下 孝公得商君 地以廣 兵以强 故有忠臣者 外無敵國之患 內無亂臣之憂 長安於天下 而名垂¹⁰⁾後世 所謂忠臣也 若夫豫讓爲智伯臣也¹¹⁾ 上不能說人主使之明法術度數之理 以避禍難之患 下不能領御其衆 以安其國 及襄子之殺智伯也¹²⁾ 豫讓乃自黥劓¹³⁾ 敗其形容 以爲智伯報襄子之仇 是雖有殘形殺身以爲人主之名 而實無益於智伯若秋毫之末 此吾之所下也 而世主以爲忠而高之 古有伯夷叔齊¹⁴⁾者 武王讓以天下而弗受 二人餓死首陽之陵 若此臣者 不畏重誅 不利重賞 不可以罰禁也 不可以賞使也 此之謂無益之臣也 吾所少而去也 而世主之所多而求也

1) 乘威嚴之勢(승위엄지세) : 위엄지세(威嚴之勢)는 위력을 가진 권세

(權勢)를 말하는데 권세란 '엄형중벌'을 행하는 주체인 세력을 말한다. 승(乘)은 오두같은 여러 편에 자주 보이는데 객관적인 강제력에 의지한다는 뜻.

2) 仁義惠愛(인의혜애) : 이 저서의 '오두' '현학' '팔설' 같은 편에 자주 보이는 말로 이는 유가(儒家)의 중심 사상으로 비판의 대상이 되어 있는데 통치에 있어 아무런 효과가 없는 것으로 설명되고 있다.

3) 捶策(추책) : 채찍으로 매를 때린다는 말인데 추(捶)나 책(策)이나 모두 채찍을 뜻한다.

4) 造父(조보) : 옛날 주(周)나라 목왕(穆王)을 섬기던 수레 잘 몰던 명인(名人). 조성(趙城)에 봉하여져 후에 진(晉)이 분열될 때의 조씨(趙氏)가 그 후손이다. 조보(趙父)라고도 한다.

5) 繩墨之端(승묵지단) : 승묵(繩墨)은 목수들이 쓰는 먹줄이고 단(端)은 바르다를 뜻한다.

6) 王爾(왕이) : 『회남자』 본경훈의 주석에 따르면 옛날에 유명했던 교묘한 손재주를 가진 목수라 했다.

7) 犀車(서차) : 물소가죽으로 튼튼하게 만든 수레를 뜻한다.

8) 持楫之利(지즙지리) : 지(持)는 시(恃)의 차자로 의지하다는 뜻이고 즙지리(楫之利)란 배를 젓는데 편리한 노를 뜻한다. 혹은 편즙(便楫)이라고도 쓴다.

9) 絶江河之難(절강하지난) : 양자강이나 황하같은 큰 강의 어려운 곳도 잘 건넌다는 뜻으로 절(絶)은 건너다와 같은 뜻.

10) 垂(수) : 전하다의 뜻.

11) 豫讓爲智伯臣也(예양위지백신야) : 예양(豫讓)은 『사기』 자객열전과 『여씨춘추』 12기의 불침에 자세하게 나와 있으나 서로 다른 점이 조금 있다. 본래는 진(晉)나라 범씨(范氏)와 중항씨(中行氏)를 섬기다가 나중에 지백을 섬겼는데 오두편에서 말한 협(俠)과 그 부류가 통한다. 지백(智伯)의 이름은 요(瑤).

12) 襄子之殺智伯也(양자지살지백야) : 양자(襄子)는 조양자(趙襄子)를 가리키는 말로 예양(豫讓)과 더불어 지백(智伯)의 신하였는데 조양자가 모반하여 지백을 포획하자 지백은 칼로써 스스로 목숨을 끊었

다고 전한다.
13) 黥劓(경의) : 옛날 오형(五刑)중의 하나로 경은 얼굴에 먹물로 글자를 새겨 넣는 형벌이고 의는 코를 베는 형벌.
14) 伯夷叔齊(백이숙제) : 백이숙제는 형제로 중국의 많은 고전(古典)에 충신으로 인용되는 인물. 은나라 말기 고죽국(孤竹國)의 왕자였는데 주나라 무왕이 은나라를 멸망시키자 주나라의 곡식도 먹을 수 없다 하여 수양산에 들어가 굶어 죽었다는 일화가 있다.

6. 문둥이가 임금을 가엾게 여긴다

 속담에 말하기를 "문둥이가 임금을 가엾게 여긴다."고 했는데 이는 분명히 불손한 말임에 틀림없다. 비록 그러하나 옛날부터 내려오는 속담에는 거짓이 없고 진리가 들어 있으므로 잘 살펴 보지 않을 수 없다.
 이것은 임금이 신하로부터 위협 당하거나 죽임을 당하기 때문에 나온 말이다.
 임금이 법술로써 그 신하를 통제하지 못하면 비록 연륜이 길고 재능이 뛰어나더라도 대신들이 바야흐로 권세를 잡고 정사(政事)를 제멋대로 휘두르며 사사로운 욕심을 채우기에 급급해 한다. 그러면서 임금의 부형이나 친족이나 그밖의 정의감에 불타는 선비가 있어 임금의 힘을 빌려 자신들을 벌할 것을 두려워한 나머지 현명하고 경륜이 높은 임금을 죽이고 나이 어린 임금을 후사로 세우거나, 아니면 적자(嫡子)를 몰아내고 어리석은 서자(庶子)를 데려다가 후계자로 삼게 된다.
 그러므로 『춘추(春秋)』에는 다음과 같은 기록이 있다.
 조(楚)나라의 왕지 위(圍)는 임금의 명으로 정(鄭)나라에 사신으로 가게 되었다. 아직 국경을 벗어나지 않았을 때 임금이 중병에 걸렸다는 말을 듣고 되돌아와 임금의 방에 들어가 문병하는 척하면서 갓끈으로 임금을 목졸라 죽인 뒤 스스로 왕위에 올랐다.

또 제(齊)나라에 최저(崔杼)라는 대부(大夫)가 있었는데 그 아내가 대단한 미인으로 임금인 장공(莊公)이 그녀와 간통하기 위하여 자주 최저의 집을 찾게 되었다. 어느날 장공이 최저의 집을 찾아 그 아내의 방에 들어갔을 때를 노리고 있던 최저의 부하 가거(賈擧)가 군대를 이끌고 장공을 습격했다. 장공은 내실에서 포위된 채 "나라를 나눠줄 것이니 살려달라."고 청했으나 최저는 이를 듣지 않았다. 장공은 다시 청하기를 "그러면 묘당에 가 내 스스로 자결하여 최소한의 수모를 겪지 않도록 해달라."고 했으나 최저는 그것마저 들어주지 않았다.

그리하여 장공은 도망하여 마침내 북쪽의 담장을 넘으려 하다가 뒤따라온 가거(賈擧)가 쏜 화살에 다리를 맞고 땅으로 떨어졌다. 장공이 땅에 떨어지자 최저의 무리들이 창으로 찔러 죽이고 그 아우인 저구(杵臼)를 봉립하였으니 이가 경공(景公)이다.

이 이야기는 옛날 일이지만 근세(近世)에 일어난 일도 있다. 이태(李兌)는 조(趙)나라의 대부가 되어 임금의 아버지 주보(主父)를 사구궁에 가둬놓고 굶기기 백일만에 죽게 하였다. 탁치(卓齒)는 제(齊)나라의 대부로 등용되어 권세를 잡고 민왕(湣王)이 그 세력을 제어하려 하자 크게 화가 나 임금 손발의 힘줄을 뽑아 병신을 만들고, 그를 묘당의 대들보에 매달아 하루 밤 사이에 죽게 하였다.

그러므로 문둥이는 비록 피부에 종기가 나 전신이 썩어들어가기는 해도 위로 거슬러 올라가 『춘추』의 이야기에 비교해 볼 때 초왕이나 장공처럼 목이 졸려 죽거나 창에 찔려 죽는 일은 없으며 아래로 근세에 비하여 보더라도 조나라 주보처럼 굶어 죽거나 제나라 민왕처럼 힘줄이 뽑혀 대들보에 매달려 죽는 일은 없다. 그러한 까닭에 신하에게 위협 당하거나 죽임을 당하는 임금은 그 마음의 두려움과 그 육체적 고통은 반드시 문둥이보다 더할 것이다.

이런 것을 볼 때 "문둥이가 임금을 가엾게 여긴다."는 속담도 당연한 것이라 하겠다.

　　諺曰　厲憐王[1]　此不恭之言也　雖然　古無虛諺　不可不察也　此謂　劫殺死亡之主言也　人主無法術以御其臣　雖長年而美材　大臣猶將得勢擅事主斷　而各爲其私急　而恐父兄豪傑之士　借人主之力　以禁誅於己也　故弑賢長而立幼弱　廢正適而立不義[2]　故春秋記之曰　楚王子圍[3]將聘於鄭　未出境　聞王病而反　因入問病　以其冠纓絞王而殺之　遂自立也　齊崔杼[4]其妻美　而莊公通之[5]　數如崔氏之室　及公往　崔子之徒賈擧[6]率崔子之徒而攻公　公入室　請與之分國　崔子不許　公請自刃[7]於廟　崔子又不聽　公乃走踰於北牆　賈擧射公　中其股　公墜　崔子之徒以戈斫公而死之　而立其弟景公近之所見　李兌之用趙也　餓主父百日而死　卓齒之用齊也　擢湣王之筋　懸之廟梁　宿昔而死　故厲雖瘫腫疕瘍　上比於春秋　未至於絞頸射股也　下比於近世　未至於餓死擢筋也　故劫殺死亡之君　此其心之憂懼　形之苦痛也　必甚於厲矣　由此觀之　雖厲憐王可也

1) 諺曰厲憐王(언왈여린왕): 언왈(諺曰)은 속담에 말하기를이고 여(厲)는 나환자(癩)의 차자이며 우리말로 문둥이를 뜻한다. 인(憐)은 가엾다, 불쌍하다와 같다.
2) 廢正適而立不義(폐정적이입불의): 정적(正適)은 정적(正嫡)으로 써야 하며, 정처(正妻)의 아들인 적자(嫡子)를 뜻한다. 불의는 여기서 서자(庶子)가 정적을 몰아내고 대신 후계자가 된다는 의롭지 않은 일을 뜻한다.
3) 王子圍(왕자위):『좌씨전』에 공자위(公子圍)로 되어 있고 초나라 공왕(共王)의 둘째 왕자로 강왕(康王)의 동생. 강왕이 죽은 후 아들이 뒤를 잇고 왕자위는 영윤(令尹)이었다. 임금을 죽여 그 자리에 올랐으니 그가 바로 영왕(靈王)이다.
4) 齊崔杼(제최저): 제(齊)나라 영공(靈公) 때의 내부(人夫)로서 나중에 그 아내 일로 임금 장공을 죽이고 임금의 이복 동생인 저구(杵臼)를 왕위에 앉히고 경공(景公)이라 했다.
5) 莊公通之(장공통지): 장공(莊公)은 서기전 554년부터 전548년까지

재위하였던 제나라 임금으로 영공(靈公)이 죽은 뒤 최저에 의하여 왕위에 올랐다가 또 그의 손에 의하여 죽었다. 통지(通之)는 밀통(密通) 또는 간통을 뜻한다.

6) 崔子之徒賈擧(최자지도가거) : 최자는 최저를 말한 것이고, 가거(賈擧)는 『좌씨전』에 장공의 시신(侍臣)으로 모진 매를 맞고 최저의 신하가 되었다고 했다.

7) 自刃(자인) : 스스로 칼로써 목숨을 끊는다는 뜻인데 이 말은 여기에서 처음 나왔고 『좌씨전』에는 이 외에 자살(自殺)로 기록되었다.

제 17 편 설 의(說疑)

 간사한 신하가 조정에 있게 되면 권력을 남용하여 나라를 위험에 빠뜨리고 임금의 신변도 위협할 수 있다. 그렇기에 신하를 임용할 때 신중하게 살피고 간사한 사람의 교묘한 말을 멀리해야 한다는 것이다.
 이 편은 먼저 바람직한 신하의 자세를 여섯 가지로 분류하고 이어 임금의 자세를 명군(明君)과 난군(亂君)의 두 가지로 분류한데서부터 시작되고 있다. 또 그 분류는 나타난 결과에만 치우치지 않고 일에 앞서 말(言), 말에 앞서 마음(心), 곧 사상의 근본을 파고 드는 점이 심히 날카롭다.
 망국(亡國)의 신하, 불령(不令)의 민중, 질쟁강간(疾爭强諫), 붕당비주(朋黨比周), 패왕(霸王)의 보필, 첨유(諂諛)의 신하 등이 그 여섯 가지 분류이다.

 1. 훌륭한 정치란 어떤 것인가
 무릇 뛰어난 정치라는 것은 상벌이 적당한 것으로는 충분하지 않다.
 물론 공로가 없는 사람에게 상을 준다거니 죄가 없는 사람에게 벌을 준다는 것은 밝게 살피는 일이라고 할 수 없다.
 공로가 있는 사람을 상주고 죄가 있는 사람을 벌하는 것은 그 사람에게 이미 공로나 죄가 있어 개인적으로 명예롭거나 욕된 것 뿐이지 상벌을 명시하여 억지로 공로를 세우게 하거나 잘못을 중지시킬 수는 없는 것이다.
 이렇기 때문에 간악한 짓을 못하게 하는 방법으로는 간악한 마음을 없애는 것이 최상의 방법이고, 그 다음으로는 간악스러운 말을 못하게 하는 것이며, 끝으로 못된 행위를 금지시키는 것이다.
 지금 세상에서 모두들 말하기로는 "임금을 존귀하게 하고, 나라를 편안하게 하는 것은 인의(仁義)와 지능(智能)이다."라고 하는데 임금을 비천하게 만들고 나라를 위태롭게 하는 것도 반드시 인의와 지능이라는 사실을 모르고 있다.
 그러므로 도(道)를 터득한 임금은 인의를 멀리하고 지능을 버려 오직 법으로써 민중을 따르게 한다. 이렇게 되면 칭송은 널리 퍼지고 명성은 떨쳐져, 민중은 다스려지고 나라는 편안해지는데 이것은 민중을 다루는 법을 터득했기 때문이다.
 무릇 상벌을 행하는 법술(法術)은 임금만이 굳게 쥐고 있어야 하는 것이며, 법률이란 관리나 민중이 이를 존중하여 따라 익혀야 하는 것이다.
 임금은 근신(近臣)인 낭중(郎中)을 날마다 성밖으로 내보내 법을 널리 전하여 멀리 국경 땅에까지 이르도록 하고, 나라 안에 날마다 법을 인식하도록 하는 일은 어렵지 않은 것이다.
 옛날 천자인 유호씨(有扈氏) 때에는 실도(失度)라는 신하가 있었고, 환두씨(讙兜氏)시대에는 고남(孤男)이라는 신하가 있었으며, 삼묘(三苗) 때는 성구(成駒)라는 사람이 있었고, 걸왕(桀王) 때는 후치(侯侈)라는 신하가 있었으며, 주왕(紂王) 때는 숭후호(崇侯虎)라 부르는 신하가 있었고 진(晉)나라에는 우시(優施)라는 신하가 있었다.
 이들 여섯 사람은 모두 나라를 망하게 한 신하들이다. 그들은 한결같이 옳은 것을 그르다 하고 그른 것을 옳다고 하며, 그 마음속은 음흉했으면서도 밖으로는 작은 일에도 근신하여 충성을 다하는 체했다. 또 걸핏하면 옛일을 들추어 지금의 좋은 일을 방해하고, 교묘한 방법으로 임금을 마음대로 움직여 은밀한 음모를 이루었으며 임금이 즐기는 것을 이용하여 그 마음을 혼란에 빠지도록 했다. 이들은 대체로 임금을 측근에서 섬기는 낭중(郎中)이나 좌우 신하와 그 비슷한 부류들이었다.

옛날 임금들 가운데는 인재를 잘 구했기 때문에 일신은 편안하고 나라는 번창한 일이 있었고, 한편으로 인재를 얻었기 때문에 일신이 위태롭게 되고 나라가 멸망한 일이 있었다. 인재를 얻었다는 사실은 같지만 그 이해(利害)의 차이는 엄청나게 다른 것이다. 그러므로 임금의 좌우에 있는 신하들에 대하여는 신중하지 않으면 안 된다.

만약 임금이 신하들이 말하는 의견을 잘 살펴 그 현명하고 불초함을 구분하여 흑백을 가리듯이 한다면 반드시 나라는 잘 다스려질 것이다.

凡治之大者 非謂其賞罰之當也 賞無功之人 罰不辜之民 非所謂明也 賞有功 罰有罪 而不失其人 方在於人者也 非能生功止過者也 是故禁姦之法 太上禁其心 其次禁其言 其次禁其事 今世皆曰尊主安國者必以仁義智能 而不知卑主危國者之必以仁義智能也 故有道之主 遠仁義 去智能 服之以法 是以譽廣而名威 民治而國安 知用民之法也 凡術也者 主之所以執也 法也者 官之所以師也 然使郎中日聞道於郎門之外[1] 以至於境內日見法 又非其難者也

昔者有扈氏有失度[2] 讙兜有孤男[3] 三苗有成駒[4] 桀有侯侈[5] 紂有崇侯虎[6] 晉有優施 此六人者 亡國之臣也 言非如是 言是如非 內險以賊 其外小謹 以徵其善 稱道[7]往古 使良事沮 善禪[8]其主 以集精微 亂之以其所好 此夫郎中左右之類者也 往世之主 有得人而身安國存者 有得人而身危國亡者 得人之名 一也 而利害相千萬也 故人主左右不可不慎也 爲人主者 誠明於臣之所言 則別賢不肖如黑白矣

1) 郎中日聞道於郎門之外(낭중일문도어랑문지외) : 낭중(郎中)은 벼슬 이름으로 궁궐 안에 머물면서 임금의 측근에서 시종(侍從)하는 관리

이며, 낭(郞)은 낭(廊)과 뜻이 통한다. 낭문지외(郞門之外)는 궁궐 밖이라는 뜻. 일문(日聞)은 나날이 전하다의 뜻.
2) 有扈氏有失度(유호씨유실도) : 유호씨(有扈氏)는 『상서(尙書)』 감서 『묵자(墨子)』 명귀하에 기록되기를 하(夏)나라가 감(甘)에서 싸울 때의 상대였다고 되어 있으며, 실도(失度)는 유호씨를 섬기면서 제멋대로 정무를 휘둘러 나라를 망하게 했다고 한다.
3) 讙兜有孤男(환두유고남) : 환두(讙兜)는 『상서』 요전에 환두(驩兜)라 기록되어 있고, 요임금의 영신(佞臣)으로 이른바 사흉(四凶)의 한 사람이 되어 남산으로 추방된 사람인데 그 밑에 고남(孤男)이 있어 나라의 법을 지키지 않았다.
4) 三苗有成駒(삼묘유성구) : 삼묘(三苗)는 한(漢)민족을 괴롭힌 민족. 성구(成駒)는 사람의 이름.
5) 桀有侯侈(걸유후치) : 걸(桀)은 하나라를 멸망시킨 폭군으로 유명한 걸왕(桀王)을 지칭하고, 후치(侯侈)는 대희(大戱)와 함께 걸왕의 영신(佞臣)이며 임금에 아첨하여 밝은 슬기를 흐리게 하였다.
6) 紂有崇侯虎(주유숭후호) : 주(紂)는 은(殷)나라 왕조를 멸망시킨 폭군으로 유명한 주왕(紂王)이며, 숭후호(崇侯虎)는 악래(惡來)와 더불어 주왕을 미혹하게 만들어 왕조를 망하게 한 영신(佞臣)이다. 숭(崇)은 나라 이름이고, 후(侯)는 작위이며, 호(虎)가 이름이다.
7) 道(도) : 말·언어·변설을 뜻하며 『묵자』같은 옛날 문헌에 흔히 쓰인다.
8) 禪(선) : 제멋대로와 통하고, 또한 전행(專行)과 같다.

2. 어리석은 임금이 죽음에 이르는 길

요임금 때 허유(許由)나 속아(續牙), 그리고 진(晋)나라의 백양(伯陽), 진(秦)나라의 전힐(顚頡), 위(衛)나라의 교여(僑如), 그리고 호불계(狐不稽)·중명(重明)·동불식(董不識), 또한 은탕(殷湯) 때 변수(卞隨)·무광(務光)과 주(周)나라 무왕(武王) 때 백이(伯夷)·숙제(叔齊)같은 현인(賢人)이 있었다.

이들 열 두 사람은 모두 위로는 명예와 지위같은 유익한 것을 보아도 기뻐하지 않았으며, 아래로는 자신에게 어떠한 어려움이 닥쳐도 두려워하지 않았고, 천하를 물려주려 하여도 받지 않았다. 스스로를 욕되고 수치스럽게 하는 것이라면 두터운 봉록도 기뻐하지 않고 거절했던 것이다.

무릇 이로운 것을 보고도 기뻐하지 않는다면 비록 임금이 두터운 상을 내리면서 나라를 위해 힘써 줄 것을 권하여도 듣지 않을 것이다. 아무리 어려운 일을 당하여도 두려워할 줄 모른다면 비록 임금이 엄한 형벌을 내리더라도 그것으로 위협할 수는 없을 것이다.

이를 명령에 따르지 않는 민중이라 일컫는 것이다.

이 열 두 사람은 동굴에서 엎드려 죽기도 하고, 혹은 초목이 우거진 들판에서 말라 죽기도 했으며, 산골짜기에서 굶어 죽기도 하고, 혹은 몸을 물에 던져 스스로 빠져 죽기도 하였다.

이와 같은 민중들이 세상에 있을 경우 옛날 성인이라 일컫는 임금이라 할지라도 이들을 신하로 쓸 수 없었는데 지금 세상의 군주들이 어떻게 신하로 쓸 수 있겠는가?

무릇 저 걸왕(桀王)시대의 관룡봉(關龍逢)과 주왕(紂王) 때의 왕자 비간(比干), 그리고 수(隨)나라의 계량(季梁)과 진(陳)나라 설야(泄冶), 또한 초(楚)나라의 신서(申胥), 오(吳)나라의 오자서(伍子胥)와 같은 사람은 모두가 현인(賢人)이라 한다.

그러나 이 여섯 사람은 한결같이 심한 논쟁과 강경한 간언(諫言)을 끝까지 고집하여 임금을 설복시켰다.

만약 그들의 진언이 임금에게 받아들여져 실행에 옮겨지면 곧 사도(師徒)들이 융합하듯이 온 힘을 쏟는다. 그렇지 않고 한 마디라도 듣지 않고 한 가지 일이라도 실행에 옮겨지지 않게 되면 말로써 임금을 능멸하고 위세로써 위협하여 어떻게 하선 사기의 의견이 이루어지게 하려고 애쓰다가 되지 않으면 비록 그 일신이 죽음을 당하거나 집안이 파멸되어 목과 허리가 잘리고 손발이 흩어져 나가도 그러한 재난을 두렵게 여기지 않는다.

이와 같은 신하에 대해 옛날의 성왕이라도 인내하지 못하였는데 하물며 지금의 시대에 이를 쓴다는 것이 어찌 있을 수 있겠는가?

또한 저 제(齊)나라의 전항(田恒), 송(宋)나라의 자한(子罕), 노(魯)나라의 계손의여(季孫意如), 진(晋)나라의 교여(僑如), 위(衞)나라의 자남경(子南勁), 정(鄭)나라의 태재흔(太宰欣), 초(楚)나라의 백공(白公), 주(周)나라의 선도(單荼), 연(燕)나라의 자지(子之)와 같은 사람이 있다.

위의 아홉 사람은 신하로서 모두 붕당을 만들어 서로 결탁하여 임금을 섬기는데, 정도(正道)를 숨기고 사사로운 이익을 추구했다. 위로는 임금의 지위를 위협하고 아래로는 치안(治安)을 어지럽히며, 외국의 위력을 빌려 나라 안의 정치를 혼미하게 하고 아래로 민중의 인기를 얻어 위로 임금에게 모반하기를 꾀하니 이러한 일을 하기란 어려운 것이 아니다.

이와 같은 신하는 오직 현명한 임금의 지혜로만이 능히 그들을 통제할 수 있는데 지금의 어리석은 임금이 어찌 제어할 수 있을 것인가?

후직(后稷)·고요(皋陶)·이윤(伊尹)·주공단(周公旦)·태공망(太公望)·관중(管仲)·습붕(隰朋)·백리해(百里奚)·건숙(蹇叔)·구범(舅犯)·조쇠(趙衰)·범려(范蠡)·대부종(大夫種)·봉동(逢同)·화등(華登)같은 열 다섯 사람은 모두 모범되는 신하들로서 아침에는 일찍 일어나고 밤에는 늦게 잠자리에 들었다. 스스로를 높이지 않고 항상 태도를 낮추어 그 마음은 청렴 결백하게 형벌을 밝히고 언제나 그 직무를 완수하는 일에만 힘쓰면서 임금을 섬겼다.

좋은 의견만을 진언했고 나라를 다스리는 도(道)를 터득했으면서도 자기의 뛰어남을 자랑하지 않았으며, 공로를 세워 일을 성취하였으면서도 자기의 공로를 감히 내세우지 않았다.

뿐만 아니라 자기 집안을 희생해서라도 나라의 이익을 꾀하였고, 몸을 죽여서라도 임금의 안전을 꾀하였다. 임금을 하늘이

나 태산같이 우러러 존중했고 자신은 깊은 골짜기나 강물의 모래톱같이 낮추었다.

임금의 명성을 밝히고 영예를 나라 안에 널리 떨칠 수만 있다면, 자기의 위신은 깊은 골짜기처럼 낮은 곳에 떨어지는 천대를 받아도 구애되지 않았다.

이와 같은 신하는 비록 어리석고 아둔한 임금을 만나더라도 공을 이룰 수 있었을 것이니 하물며 현명한 임금을 만남에 있어서랴? 이러한 신하를 일컬어 패왕(霸王)을 보좌(補佐)하는 신하라 한다.

주(周)나라의 활백(滑伯), 정(鄭)나라의 공손신(公孫申), 진(陳)나라의 공손녕(公孫寧)과 의행보(儀行父), 그리고 형(荊)나라의 우윤(芋尹)인 신해(申亥), 수(隨)나라의 소사(少師)인 월(越)과 종간(種干), 오(吳)나라의 왕손락(王孫雒), 진(晋)나라의 양성설(陽成泄), 제(齊)나라의 수조(豎刁)와 역아(易牙)같은 열 두 사람은 신하로서의 자세가 모두 사사롭게 작은 이익에 얽매여 법도를 잊어버렸다. 나아가서는 현명하고 선량한 사람이 그 임금에게 쓰이지 못하도록 가리고 숨겨 음모를 꾀하고, 물러나서는 모든 신하를 교란하여 환란을 일으켰다. 모두 임금을 보좌하면서 임금을 선동하고 그 욕심을 같이하며, 임금의 작은 즐거움을 위해서라면, 설령 나라를 망치고 민중을 죽이는 일이라도 어렵지 않게 저질렀던 것이다.

신하가 이와 같으면 비록 성군(聖君)이 이들을 부렸더라도 나라를 빼앗길 우려가 있는데, 하물며 우매하고 어두운 임금의 경우는 어찌 나라를 빼앗기지 않을 수 있겠는가?

그러한 신하가 있게 되면 임금은 모두 목숨을 잃게 되고 나라는 망하여 세상 사람들의 웃음거리가 된다.

그러므로 주(周)나라 위공(威公)은 죽임을 당하고 나라는 둘로 쪼개졌으며, 정(鄭)나라 자양(子陽)은 죽임을 당하고 나라는 셋으로 나누어졌고, 진(陳)나라 영공(靈公)은 하징서(夏徵舒)라는 신하의 집에서 죽임을 당했으며, 형나라 영공(靈公)은 건계

(乾谿)의 언덕에서 죽었다. 수(隨)나라는 형나라에게 멸망했으며, 오(吳)나라는 월(越)나라에 합병되었고, 지백(智伯)은 진양(晋陽)성 아래에서 죽었으며, 환공(桓公)은 패업을 이루었지만 내란이 일어나 죽은 지 이레 동안이나 시체를 거두지 못하였다.

그러므로 말하기를 아첨하고 사욕을 도모하는 신하는 오직 성군(聖君)만이 이를 알 뿐, 어지럽고 우매한 임금은 오히려 이러한 신하를 가까이 하기 때문에 죽임을 당하고 나라는 멸망하는 결과에 이르는 것이라고 했다.

若夫許由 續牙 晉伯陽[1] 秦顚頡[2] 衛僑如 狐不稽[3] 重明 董不識[4] 卞隨 務光[5] 伯夷 叔齊 此十二人者 皆上見利不喜 下臨難不恐 或與之天下而不取 有萃辱之名 則不樂食穀[6]之利 夫見利不喜 上雖厚賞 無以勸之 臨難不恐 上雖嚴刑 無以威之 此之謂不令之民也 此十二人者 或伏死於窟穴 或槁死於草木 或飢餓於山谷 或沈溺於水泉 有民如此 先古聖王皆不能臣 當今之世將安用之

若夫關龍逢 王子比干 隨季梁[7] 陳泄冶[8] 楚申胥[9] 吳子胥 此六人者 皆疾爭强諫以勝其君 言聽事行 則如師徒之合 一言而不聽 一事而不行 則陵其主以語 從之以威 雖身死家破 要領不屬 手足異處 不難爲也 如此臣者 先古聖王皆不能忍也 當今之時將安用之

若夫齊田恒 宋子罕 魯季孫意如[10] 僑如[11] 衛子南勁[12] 鄭太宰欣 楚白公[13] 周單荼[14] 燕子之 此九人者之爲其臣也 皆朋黨比周以事其君 隱正道而行私曲 上逼君 下亂治 援外以撓內 親下以謀上 不難爲也 如此臣者 唯賢王智主能禁之 若夫昏亂之君能見之乎

若夫后稷[15] 皐陶[16] 伊尹[17] 周公旦[18] 太公望[19] 管仲 隰朋 百里奚 蹇叔[20] 舅犯 趙衰[21] 范蠡 大夫種[22] 逢同[23] 華登[24] 此十五人者之爲其臣也 皆夙興夜寐 卑身賤體 竦心白意 明刑辟 治官職以事其君 進善言 通道法 而不敢矜其善 有成功立事 而不敢伐

其勞 不難破家以便國 殺身以安主 以其主爲高天泰山之尊 而以其身爲壑谷鬴洧之卑 主有明名廣譽於國 而身不難受壑谷鬴洧之卑 如此臣者 雖當昏亂之主 尙可致功 況於顯明之主乎 此謂霸王之佐也

若夫周滑伯[25] 鄭公孫申[26] 陳公孫寧 儀行父 荊芊尹申亥[27] 隨少師越[28] 種干 吳王孫頯[29] 晉陽成泄[30] 齊豎刁 易牙 此十二人[31]者之爲其臣也 皆思小利而忘法義 進則揜蔽賢良以陰闇其主 退則撓亂百官而爲禍難 皆輔其君 共其欲 苟得一說於主 雖破國殺衆 不難爲也 有臣如此 雖當聖主 尙恐奪之 而況昏亂之君 其能無失乎 有臣如此者 皆身死國亡 爲天下笑 故周威公身殺 國分爲二 鄭子陽身殺[32] 國分爲三 陳靈公身死於夏徵舒氏 荊靈公死於乾谿之上 隨亡於荊 吳幷於越 智伯滅於晉陽之下 桓公身死七日不收 故曰諂諛之臣 唯聖王知之 而亂主近之 故至身死國亡

1) 續牙晋伯陽(속아진백양) : 『여씨춘추(呂氏春秋)』 본미(本味)에 인용하기를 '요순은 백양(伯陽)과 속이(續耳:續牙)를 얻어…'라 했고, 『전국책(戰國策)』 제책(齊策) 4에 요(堯)임금 때 순(舜)의 일곱 벗을 나열하였는데 웅도(雄陶)·방회(方回)·속아(續牙)·백양(伯陽)·동불비(東不訾:不識)·진불허(秦不虛:不空)·영보(靈甫)다. 『한서(漢書)』에는 백양(栢陽), 속신(續身)이라 기록되어 있다.

2) 秦顚頡(진전힐) : 순유칠우(舜有七友)의 한 사람이며, 『한서』 고금인표(古今人表)에 따르면 진불허(秦不虛)를 가리킨다. 본래는 진(晋)나라 사람이었는데 문공(文公)의 총신으로 사냥시간에 늦었다 하여 등(背)에 칼을 맞은 일이 있은 뒤 죽었는데 이름 위에 진(秦)이 있는 것은 뒷날 잘못된 기재로 보는 설이 있다.

3) 狐不稽(호불계) : 『장자』 '대종사편'에 호불해(狐不偕)로 인용하였는데 『경전석문(經典釋文)』에는 옛날의 현인(賢人)이라 적어 놓았다.

4) 重明董不識(중명동불식) : 동명은 순유칠우(舜有七友)의 한 사람인 영보(靈甫)와 같은 사람이라 했다. 동불식은 순유칠우(舜有七友)의 한 사람이며 『한서(漢書)』의 고금인표(古今人表)에는 동불비(東不訾)로 나와 있어 같은 사람이다.

5) 卞隨務光(변수·무광) : 두 사람 다 하(夏)·은(殷)시대의 현인 은사(隱士). 『장자』'양왕편'과 『순자』'성상편'에 나와 있다.

6) 食穀(식곡) : 곡(穀)은 녹(祿)과 같은 뜻이며, 곡(穀)을 쓴 것은 벼슬에 나아가 봉록을 받는 뜻을 새기기 위한 것.

7) 隨季梁(수계량) : 수(隨)나라의 현신으로 수나라를 침략하려는 초(楚)나라의 책략을 틈타 수나라가 초를 치려는 것을 간하여 그 내정을 다스렸다는 기록이 『좌씨전』 환공 6년조에 나와 있다.

8) 陳泄冶(진설야) : 진(陳)나라의 대부(大夫)로 임금 영공(靈公)이 공손녕(公孫寧)과 의행보(儀行父) 두 사람의 장관과 함께 대부 어숙(御叔)의 아내인 하희(夏姬)와 밀통하여 조정을 희롱하는 것을 보고 이를 간하다가 죽임을 당했다. 『좌씨전』 선공(宣公) 9년조에 기록되어 있다.

9) 楚申胥(초신서) : 초(楚)는 주(周)나라 왕조 때의 나라 이름으로 성왕(成王)이 웅역(熊繹)을 초(楚)의 제후로 봉하여 단양(丹陽)에 도읍하였는데 춘추시대에 이르러 왕이라 칭하고 전국칠웅(戰國七雄)의 하나가 되었다. 뒷날 진(秦)나라에 의하여 멸망하였고 신서(申胥)는 당시 초나라 문왕의 관리였다.

10) 魯季孫意如(노계손의여) : 노나라의 권신 가운데 한 사람으로 그 세력이 임금을 능가하므로 소공(昭公)이 이를 공략하니 이른바 삼환(三桓)이 합심하여 되받아 쳐 오히려 소공(昭公)이 나라 밖으로 쫓겨났다. 『좌씨전』 소공 25년조에 기록되어 있다.

11) 僑如(교여) : 원전 3본에는 진교여(晋僑如)로 적었으나 진(晋)은 연문(衍文)에 불과하고, 춘추시대의 노나라 권신으로 숙손교여(叔孫僑如)라 하여 임금 성공(成公)의 모후인 목강(穆姜)과 밀통하고, 성공과 진후(晋侯)를 움직여 계손(季孫)과 맹손(孟孫)을 제지하려다 실패하여 제나라로 추방되었는데 그곳에서도 죄를 범하여 위나라에 망명했다. 『좌씨전』 성공 16년조에 자세히 기록되었다.

12) 衛子南勁(위자남경) : 태전방(太田方)이 쓴 『한비자익취』에 의하면 『사기』주본기를 인용하여 위나라 장수 문자는 자남미모(子南彌牟)이고, 그 뒤에 자남경(子南勁)이 있었다고 썼는데, 처음에는 위(魏)

나라 조정을 섬겼다가 나중에 혜성왕(惠成王)은 위(衛)나라로 가 자남(子南)으로 하여금 제후에 봉하였다고 기록되어 있다.

13) 楚白公(초백공) : 초나라 임금 평왕(平王)의 태자 건(建)의 아들인 승(勝)을 가리켜 백공(白公)이라 한다.

14) 周單荼(주선도) : 선(單)을 흔히 단으로 읽으나 여기서는 선으로 발음한다. 주선도에 대하여는 자세한 기록은 없으나 주(周)나라 왕조 때 임금의 권신으로 선양공(單襄公)·선헌공(單獻公)·선목공(單穆公) 같은 이가 있었다는 기록이 있는 바 아마 선도를 가리키는 것이 아닌가도 여겨진다. 『좌씨전』에 따르면 소공(昭公) 26년에 주나라 왕실의 왕자 반란을 기록한 대목에서 선도(單荼)라는 말이 나와 있을 뿐이다.

15) 后稷(후직) : 후직(后稷)이란 본래 곡식을 간수하는 관리를 말하는데 주나라의 시조인 기(棄)가 요순시대의 후직으로 직무를 잘 이행하였다. 그후로 후직하면 기를 말하는 것으로 되었다.

16) 皐陶(고요) : 『상서(尙書)』에는 순(舜)임금의 신하라 하였는데 우(禹)와 함께 섬겼다고도 하며 옥리(獄吏)를 맡은 장관이었다.

17) 伊尹(이윤) : 이름은 지(摯), 은나라 탕(湯)임금의 어진 신하.

18) 周公旦(주공단) : 주나라 무왕의 아우로 무왕이 죽은 뒤 어린 성왕(成王)을 도와 삼감(三監)의 반란을 평정하여 주왕조(周王朝)의 기초를 튼튼히 하였다. 단(旦)은 이름이다.

19) 太公望(태공망) : 본성은 강(姜)씨이고, 선대에 여(呂)땅에 봉했기에 여(呂)씨가 되어 나중에 여상(呂尙)이라 불렸다. 바로 그 유명한 강태공(姜太公)을 이르는데 태공(太公)이란 존칭이고, 망(望)은 이름임. 주나라 문왕과 무왕의 스승으로 뒷날 제(齊)의 제후로 봉해졌다.

20) 百里奚蹇叔(백리해건숙) : 백리해는 진(秦)나라 목공(穆公) 때의 재상이며 자는 정백(井伯)으로 서쪽을 제패하는데 공을 세웠다. 『시기』 진본기(秦本紀)같은데를 보면 백리해(百里奚)가 자기의 현명함이 미치지 못하자 현인으로서의 친구인 건숙(蹇叔)을 추천했다고 한다.

21) 趙襄(조쇠) : 춘추시대 진(晋)나라의 대부로 자는 자여(子餘). 문공이 망명 중일 때 고언(孤偃)과 함께 보필하여 군사면에서 큰 공을

세웠다. 그의 자손들은 그 공로로 세경(世卿)이 되었으며 전국시대에 들어 조(趙)나라로 분립했다.

22) 范蠡大夫種(범려·대부종) : 월왕(越王) 구천(句踐)을 도와 오(吳)나라를 멸망시키는데 큰공을 세운 두 사람. 오나라를 멸망시킨 후 구천이 변해가자 범려가 멀리 가버릴 것을 권하였으나 대부인 종은 듣지 않고 그대로 있다가 죽임을 당하였고, 범려는 제(齊)나라로 망명하여 부(富)를 누렸다. 대부종의 성은 문(文)씨이고 종은 이름.

23) 逢同(봉동) : 『사기』월왕구천세가(越王句踐世家)편에 의하면 구천(句踐)을 섬기다가 오나라에게 패하여 복수에 초조한 구천에게 오나라를 치도록 설득하고, 침공하였는데 오원(伍員 : 吳子胥)의 궤언에 공모되어 실패하였다.

24) 華登(화등) : 『좌씨전』에 기록하기를 본래 송나라 사마(司馬)인 화비수(華費遂)의 아들로 화씨가 난을 일으키므로 소공(昭公) 20년에는 오나라로 망명하였다가 22년에 초나라에 망명했다.

25) 周滑伯(주활백) : 주나라 위공(威公)의 신하라 했다. 주대(周代)의 활국(滑國)의 주인. 춘추시대에 진(秦)나라에 의하여 멸망하였다.

26) 鄭公孫申(정공손신) : 여러 구본에는 공(公)을 왕(王)으로 잘못 썼는데 여기서는 바로잡아 공(公)으로 썼다.

27) 荊芋尹申亥(형우윤신해) : 형(荊)은 초(楚)나라의 옛땅 이름이고, 우윤(芋尹)은 당시의 벼슬이름이다. 신해(申亥)는 초나라 대부인 신무우(申無宇)의 아들. 초나라 영왕(靈王)이 사냥을 갔다가 서(徐)나라를 포위했을 때 반란이 일어나 평왕(平王)이 입성하였기 때문에, 임금은 도중에서 도망하여 신해(申亥)의 집에서 자살했다. 이는 『좌씨전』소공 13년조에 기록되어 있다.

28) 隨少師越(수소사월) : 수나라 대부로 소사(少師)는 관명이다. 『좌씨전』환공 6년조에 초나라가 수나라를 침공하였다가 소사(少師)가 임금에게 아첨하는 것을 보고, 일부러 군사를 줄이고 소사를 거만하게 굴도록 하여 초나라 군사를 쫓게 하려 하였으나 현신인 계량(季梁)이 있어 이를 막았다고 기록되어 있다.

29) 吳王孫頜(오왕손락) : 낙(頜)은 낙(雒)으로 쓴다. 『국어(國語)』오어

(吳語)에 오왕 부차(夫差)가 북쪽의 황지(黃池)에서 여러 제후(諸侯)와 회동할 때 월왕 구천(句踐)이 습격했는데 오나라 대부인 왕손락(王孫雒)이 진(晉)나라를 먼저 쳐야 한다고 주장하므로 월나라 토벌의 기회를 놓쳤다고 기록하였다.
30) 晉陽成泄(진양성설): 자세한 문헌의 참고가 없는데 『여씨춘추』당염(當染) 같은데의 기록으로 장무(張武)의 기록이 잘못된 것이 아닌가 한다.
31) 十二人(십이인): 열 두 사람이라 했는데 열 한 사람 뿐이라 역아(易牙)의 뒤에 한 사람의 이름이 빠진 것 같다.
32) 鄭子陽身殺(정자양신살): 『사기』정세가(鄭世家)에 의하면 정나라 수공(繻公)은 재상인 자양(子陽)을 죽였는데 자양의 무리들이 공을 죽이고 그 아우를 임금의 자리에 앉혔다.

3. 원수라도 능력이 있으면 등용한다

성왕(聖王)이나 명군(明君)은 다르다. 안으로 일가 친척 가운데 뛰어난 인재가 있으면 이를 피하지 않고 등용하는가 하면 밖으로 자기의 원수라 하더라도 뛰어난 인재가 있으면 이를 피하지 않고 등용한다.

옳다고 여겨지면 곧 그를 등용하고 그르다고 여겨지면 곧 그를 처벌한다. 이로써 어진 사람은 뜻을 이루어 나아가고, 간사한 사람은 물러나게 되는 것이다. 그러므로 관리의 등용에 능히 제후(諸侯)들이 복종하고 따르는 것이다.

그러한 일은 옛날의 기록에도 있으니 요임금에게는 단주(丹朱)라는 아들이 있었고, 순임금에게는 상균(商均)이라는 아들이 있었으며, 또한 하(夏)나라 천자인 계(啓)에게는 오관(五觀)이라는 아들이 있었고, 상(商)나라 탕(湯)에게는 태갑(太甲)이라는 손자가 있었으며, 주(周)나라 무왕(武王)에게는 관숙(管叔)·채숙(蔡叔)이라는 두 아우가 있었다.

이들 다섯 임금이 주살(誅殺)한 사람들은 모두 부자(父子)

형제(兄弟)같은 근친관계에 있는 사람들이었지만 그들을 단호하게 처벌하여 그 일신은 죽임을 당하고 그 집안은 파멸에 이르렀으니 무엇 때문인가?

그것은 그들이 나라를 해치고 민중을 괴롭혔으며 국법을 어기고 친족인 임금의 주변 사람들에게까지 누를 끼쳤기 때문이다.

한편 그들 임금이 등용한 사람들을 살펴보면 혹은 숲이 우거진 산속이나, 후미진 못, 아니면 동굴에 숨어 살던 사람이었고, 혹은 감옥속에 갇혀 있었거나 포박당한 사람도 있었으며, 요리사나 소몰이꾼 같은 비천한 일을 하던 사람도 있었다.

그러함에도 현명한 임금은 그들의 비천한 신분을 부끄럽게 여기지 않고 가까이 두어, 그 능력이 법을 밝히고 나라를 편리하게 하며 민중을 이롭게 할 수 있다고 생각되면 주저하지 않고 등용했다. 그래서 그들은 편안하고 세상에 명성을 떨칠 수 있었다.

슬기가 모자라고 마음이 어지러운 임금은 그렇지가 못했다. 신하의 마음을 속속들이 알지 못하면서 남의 말만 믿고 나라의 일을 맡겨 버린다.

그 화가 다행히도 작을 경우에는 임금의 명성이 비천해지고 침략을 받아 영토가 깎이는데 그치지만 그 화가 클 경우에는 나라가 망하고 일족이 몰살당했다. 이것은 신하를 쓰는 일에 밝지 못한 탓이다.

무릇 술수(術數)에 의하여 그 신하의 사람됨을 헤아리지 못하면 반드시 주위의 많은 사람들의 말에 따라 판단하게 된다.

주위에서 칭찬하는 사람이 많으면 쓸모없는 사람도 그들의 말에 따라 등용하게 되고, 쓸모있는 사람도 주위의 많은 사람이 헐뜯으면 그들의 말에 따라 미워하게 된다.

그러므로 신하는 집안을 파탄시키고 재산을 남김없이 써서라도 많은 사람을 매수하여 조정(朝廷)안에는 붕당을 만들고, 밖으로는 호족(豪族)들과 접촉하여 자기 명성을 조작하며, 몰래 외국의 세력과 결탁하여 관계를 공고히 하고 벼슬이 오르고 봉록이 많아지도록 하겠다고 꾀이면서 말하기를 "내 편이 되면 유익하지만 그렇지 못하면 크게 해로울 것이다."라고 위협하는 것이다.

본래 관리들은 그 이로움을 탐하고 그 위력을 겁내기 때문에 "저 사람이 기뻐하면 나에게도 이롭겠지만 만약 화를 낸다면 나에게 해로울 뿐이다."라고 생각한다.

관리들은 그 신하 편으로 몰리고 민중의 마음은 그쪽으로 쏠려 명성이 나라 안에 가득하고 마침내 임금의 귀에까지 들리게 되면, 임금은 그 실정에 아랑곳 없이 그대로 어질고 슬기로운 신하라 여길 것이다.

또한 그 신하는 변설에 뛰어난 선비를 포섭하여 외국의 제후(諸侯)가 총애하는 사신으로 가장시켜 마차를 빌려주고, 부절(符節)로써 신분을 증명시켜 주고, 사령(辭令)으로써 신중하게 하고, 온갖 패물을 대주어 예를 다하게 하면서 임금의 마음을 어지럽히는 진언을 하게 하고, 내심으로는 사욕을 품으면서 나라 일을 의논하게 한다.

소위 사신이라는 사람이 다른 나라 임금의 이름을 빌어 거짓으로 임금 좌우에 있는 간신들을 위해 그들을 비호한다. 임금은 이러한 사실도 모르고 그 사신의 말에 기뻐하며 변설을 그대로 믿고 그가 칭찬한 신하를 세상에서 가장 뛰어난 현인이라 생각하게 된다.

이렇게 되면 나라 안팎과 측근 신하들의 소문이 일치하여 그 비평은 한결같아지는데 심할 경우에는 임금이 스스로 몸을 낮추어 자리를 굽히게 되고, 그렇게까지는 아니더라도 그 신하의 벼슬을 높이고 봉록을 더하여 이익을 주게 된다.

무릇 간사(姦邪)한 사람의 벼슬이 높아지고 봉록(俸祿)이 많아지면 그를 둘러싼 파당은 더욱 늘어나게 되는데 그 위에 더하여 간악하고 사사로운 뜻을 품게 된다.

이렇게 되면 간사한 무리들은 간신에게 충돌질하여 말한다.

"옛날의 성군(聖君)이나 명왕(明王)들도 나이나 서열에 따라 부자(父子)·형제(兄弟)가 차례대로 임금의 자리를 물려받은 것은 아닙니다. 당파를 만들고, 친족을 규합하여 임금을 위협하거나 죽여 자기들의 이익을 구하고 권력을 빼앗았던 것입니다."

이 말에 간신은 묻기를

"어떻게 그러함을 아는가?"

하면 간사한 무리들은 대답하기를

"요임금이 왕위를 순임금에게 물려주었다고 하지만 사실은 순임금이 협박하여 요임금으로부터 빼앗은 것이고, 이와 같이 우(禹)임금은 순임금을 협박했고, 은(殷)나라의 탕임금은 하(夏)나라의 걸왕을 추방했으며, 주(周)나라 무왕은 은(殷)나라 주왕을 정벌했던 것입니다. 이들 네 임금은 모두 신하의 신분으로 그 임금을 죽이거나 내쫓은 사람들인데도 세상 사람들은 네 임금을 칭송하고 있습니다.

이들 네 임금의 마음을 살펴 보면 탐욕스러워 그 욕심을 채운 것에 불과하며 그 행위를 헤아려 보면 난폭한 살상에 지나지 않습니다. 그러나 네 임금이 자기의 영토를 넓히니 세상 사람들은 위대한 임금이라고 칭송했으며 스스로 명성을 빛내니 세상 사람들은 현명하다고 칭송하여 마침내 천하에 군림하고 그 은총과 이익은 세상을 뒤덮으니 세상이 이에 따르지 않을 수 없었던 것입니다."

그들은 또 말한다.

"지금까지의 말은 옛날 이야기지만 요즘 시대에도 그러한 일이 있다고 들었습니다. 다름 아니라 전성자(田成子)는 제나라를 탈취했고, 사성(司城) 자한(子罕)은 송나라를 취했으며, 태재흔(太宰欣)은 정나라를 빼앗았고, 선씨(單氏)도 주나라를 탈취했으며, 역아(易牙)는 위(衛)나라를 빼앗았고, 한(韓), 위(魏), 조(趙)나라는 본래 하나인 진(晉)나라였는데 그 나라 대부들이 모반하여 셋으로 나누었던 것이니 이 여섯 사람 또한 신하가 그 임금을 죽이고 나라를 찬탈한 것입니다."

이 말을 듣고 간신은 귀가 솔깃하여 과연 옳은 말이라고 생각한다. 그리하여 조정(朝廷)에서는 패끼리 무리를 짜고, 밖으로는 호족(豪族)들과 손을 잡고 때를 노렸다가 일을 꾸며 단숨에 나라를 탈취해 버리는 것이다.

게다가 나라 안에서는 당파를 만들어 임금을 위협하거나 죽이고, 나라 밖으로는 제후(諸侯)의 권세를 빌려 내정(內政)을 고치거나 뒤바꾸며 올곧은 일은 덮어 감추고 사사로운 이익을 주장하여, 위로는 임금의 힘을 제압하고 아래로 정치를 어지럽히는 신하가 얼마나 많은지 헤아릴 수가 없다.

어째서 이렇게 되는 것인가? 그것은 임금이 신하를 골라 쓰는데 밝지 못한 탓이다.

전하여 오는 기록에 의하면 주(周)나라 선왕(宣王)이래로 멸망한 나라가 수십에 이르는데 신하가 그 임금을 죽이고 나라를 빼앗은 것이 많다고 했다.

그렇다면 환란은 나라 안에서 일어난 것과 나라 밖에서 일어난 것이 반(半) 반인 것임을 알 수 있다.

임금이 민중의 힘을 하나로 모아 국난의 방어를 다하게 했으면서도 부득이 나라가 망하고 그 몸이 죽임을 당했다면 오히려 현명한 임금이라고 모두들 동정한다.

만약 그렇지 않고 아무런 저항도 못하고 나라를 간신에게 빼앗긴 신하와 지위기 바뀐 임금은 민중을 상하게 한 일은 없지만 가장 뼈아픈 재앙인 것이다.

聖王明君則不然 內擧不避親 外擧不避仇 是在焉 從而擧之 非在焉 從而罰之 是以賢良遂進 而姦邪並退 故一擧而能服諸侯 其在記曰 堯有丹朱 而舜有商均 啓[1]有五觀 商有太甲 武王有管蔡[2] 五王之所誅者 皆父兄子弟之親也 而所以殺亡其身 殘破其家者 何也 以其害國傷民敗法圮類也[3] 觀其所擧 或在山林藪澤巖穴之間 或在囹圄縲紲縲索之中 或在割烹芻牧飯牛之事[4] 然明主不羞其卑賤也 以其能爲可以明法便國利民 從而擧之 身安名

尊

　亂主則不然 不知其臣之意行 而任之以國 故小之名卑地削 大之國亡身死 不明於用臣也 夫無數以度其臣者 必以衆人之口斷之 衆之所譽 從而說之 衆之所非 從而憎之 故爲人臣者 破家殘賂[5] 內構黨與 外接巷族[6]以爲譽 從陰約結以相固也 虛與爵祿以相勸也 曰 與我者 將利之 不與我者 將害之 衆貪其利 劫其威 彼誠喜 則能利己 誠怒 則能害己 衆歸而民留之 以譽盈於國 發聞於主 主不能理其情 因以爲賢 彼又使譎詐之士 外假爲諸侯之寵使 假之以輿馬 信之以瑞節[7] 鎭之以辭令[8] 資之以幣帛 使諸淫說其主 微挾私而公議 所爲使者 異國之主也 所爲談者 左右之人也 主說其言而辯其辭 以此人者天下之賢士也 內外之於左右 其諷[9]一而語同 大者不難卑身撙[10]位以下之 小者高爵重祿以利之 夫姦人之爵祿重 而黨與彌衆 又有姦邪之意 則姦臣愈反而說之 曰 古之所謂聖君明主者 非長幼世及以次序也 以其構黨與聚巷族 偪上弒君 而求其利也 彼曰 何知其然也 因曰 舜偪堯 禹偪舜 湯放桀 武王伐紂 此四王者 人臣弒其君者也 而天下譽之 察四王之情 貪得之意也 度其行 暴亂之兵也 然四王自廣措也[11] 而天下稱大焉 自顯名也 而天下稱明焉 則威足以臨天下 利足以蓋世 天下從之 又曰 以今時之所聞 田成子取齊 司城子罕取宋 太宰欣取鄭 單氏取周 易牙之取衛 韓魏趙三子分晉 此亦人臣之弒其君者也 姦臣聞此 蹶然擧耳[12]以爲是也 故內構黨與 外擄巷族 觀時發事 一擧而取國家 且夫內以黨與劫弒其君 外以諸侯之權矯易其國 隱正道 持私曲 上禁君 下撓治者 不可勝數也 是何也 則不明於擇臣也 記曰 周宣王以來 亡國數十 其臣弒君而取國者衆矣 然則難之從內起與從外作者 相半也 能一盡其民力 破國殺身者 尙皆賢主也 若夫轉身易位 全衆傳國 最其病也

1) 啓(계) : 하(夏)나라 우(禹)임금의 아들.
2) 武王有管蔡(무왕유관채) : 주(周)나라 무왕의 아우들인 관숙(管叔)과 채숙(蔡叔). 무왕이 죽고 어린 성왕(成王)을 주공(周公)이 보필하자

제 17 편 설의(說疑) 273

은(殷)의 후손인 무경(武庚)과 손잡고 주나라에 반기를 들어 주공 (周公)에 의해 평정되었다. 관숙은 처형당하고 채숙은 나라에서 쫓겨났다.
3) 圮類也(비류야) : 비(圮)는 무너뜨린다는 뜻이고, 유(類)는 종족 곧 일가 친척을 뜻한다.
4) 割烹芻牧飯牛之事(할팽추목반우지사) : 할팽(割烹)은 고기를 베어 삶는다는 말인데 곧 요리사를 뜻하고, 추목(芻牧)이란 꼴을 먹인다는 말인데 곧 목동(牧童)을 뜻하며 반우(飯牛) 또한 소먹이 곧 목부를 뜻한다.
5) 殘晬(잔취) : 재물을 탕진하다는 뜻. 취(晬)는 『광운(廣韻)』에 화(貨)로 새겼다.
6) 巷族(항족) : 호족(豪族). 즉 족당(族黨)을 뜻한다.
7) 瑞節(서절) : 사신으로 가는 사람을 신임하게 하는 표시로 가져가는 부절(符節). 제후(諸侯)는 구슬 대신 규각(圭角)을 썼다.
8) 鎭之以辭令(진지이사령) : 진(鎭)은 신중(愼重)을 뜻하고 사령(辭令) 이란 외교에 필요한 인사말.
9) 諷(풍) : 떠도는 소문을 뜻한다.
10) 身撙(신준) : 준(撙)은 구본에 존(尊)으로 되어 있으나 여기에서는 스스로 임금의 자리를 굽힌다는 뜻으로 쓴다.
11) 廣措也(광조야) : 조(措)는 시설을 뜻하며, 광조(廣措)란 곧 세력을 넓힌다는 뜻.
12) 蹶然擧耳(궐연거이) : 궐연(蹶然)은 서둘러 일어나는 모양을 뜻하고, 거이(擧耳)는 귀를 기울이다의 뜻.

4. 나라를 쉽게 다스릴 수 있는 법

임금된 자가 나의 말을 명료하게 이해하고 참되게 받아들인다면 비록 활을 쏘아 사냥을 하면서 말을 달려 즐기고, 종을 울리면서 무희들로 하여금 춤을 추게 하여 향락에 빠지더라도 그 나라는 안전하게 존립할 수 있다.

나의 말을 분간하지 못하여 미혹한 상태라면 비록 근검하고 절약하여 남루한 옷차림과 험한 음식을 먹으면서 나라 다스림에 애쓴다 하여도 그 나라는 자연히 망할 것이다.

조(趙)나라의 선군(先君)인 경후(敬侯)는 덕행을 닦지 않고 제멋대로 행동하기를 좋아 했으며, 일신의 편안함과 관능적인 이목의 쾌락만을 추구하여 겨울에는 그물이나 창으로 사냥을 일삼고, 여름에는 물놀이를 즐겼다. 밤낮을 가리지 않고 며칠 동안이나 술잔을 손에서 놓지 않음은 물론, 술을 마시지 못하는 신하에게는 대롱을 입에 물고 억지로 마시게 했으며, 나아가고 물러남이 정숙하지 않고 임금을 대하는 태도가 예의에 조금이라도 불손하다 싶으면 당장 그 자리에서 목을 베었다.

경후(敬侯)의 일상생활은 이와 같이 절도가 없었으며, 그 형벌은 이와 같이 무자비하게 헤아림이 없었다. 그러함에도 경후는 수십년 동안이나 나라를 보존하였고, 군세(軍勢)는 적국에게 패한 적이 없으며, 영토는 이웃 나라의 침략으로 깎이는 일이 없고, 나라 안으로는 군신(群臣) 백관의 반란도 없었으며, 나라 밖으로 이웃 제후(諸侯)들로부터 침략을 받은 일이 없었으니 그것은 임금이 신하를 거느리는 방법이 현명하였기 때문이다.

한편 연(燕)나라 임금 자쾌(子噲)는 옛날 주공(周公)과 함께 나라를 다스리던 소공석(召公奭)의 자손이었다. 그 영토는 사방 수천 리에 달하였고, 창을 잡고 나라를 지키는 군사의 수는 수십만 명에 이르렀다. 그런데도 그는 아름다운 여자들과 더불어 즐기지 않았고, 종이나 경같은 악기로 음악을 들으려 하지 않았으며, 궁궐 안에 못을 파거나 누각을 세워 주연을 베풀지 않았음은 물론, 밖으로 나가 그물이나 창으로 사냥을 즐기지도 않으면서 몸소 괭이나 쟁기를 손에 들고 농사를 지었다.

자쾌는 이와 같이 스스로의 일신을 고단하게 하면서 민중을 매우 걱정하였다. 비록 옛날의 성왕(聖王)·명군(明君)이라도 자기를 검소하게 하고 민중을 걱정하면서 세상을 근심하는 바가 이같이 극심할 수는 없었다.

　그런데도 자쾌는 굳게 믿었던 신하에 의하여 죽임을 당했고 나라는 망해 임금 자리를 자지(子之)에게 빼앗겨 세상 사람들의 웃음거리가 되었던 것이다.

　이러한 일은 어찌된 까닭인가? 그것은 임금이 신하를 부리는 방법에 밝지 못했기 때문이다.

　그러므로 말하기를 "신하에게는 다섯 종류의 간사(姦邪)한 부류가 있는데 임금은 그것을 알아차리지 못한다."고 한다.

　그 신하된 사람은 재물과 뇌물로써 명예를 취하려는 자, 높은 지위를 이용하여 칭찬하고 상을 주어 많은 사람의 인기를 얻으려는 자, 패거리를 만드는데 힘써 선비의 계략을 믿고 권력을 잡고 전횡하려 야심을 키우는 자, 죄지은 사람을 사면하고 옥에 갇힌 사람을 풀어주어 자기 위세를 부리는 자, 민중들이 행하는 모든 것을 비판없이 다 받아들여 특이한 언행이나 이상한 옷차림으로 사람들의 주목을 끌어 민중의 이목을 현혹시키는 자다.

　이 다섯 가지 부류의 신하를 현명한 임금이라면 의심하고 성왕(聖王)이라면 금지시킨다.

　이 다섯 가지 부류의 존재를 제거한다면 많은 말로써 거짓을 지껄이는 사람은 감히 신하가 되어 말재간으로 임금을 속이는 짓을 못하게 될 것이며, 말로만 꾸미고 실행에 옮기지 않고 법을 어기는 사람은 실정을 거짓으로 꾸며 말재주로 농간하지 못하게 된다.

　그러므로 군신(群臣)들은 평소에 늘 몸을 닦고 행동을 삼가며, 맡은 일을 하는데 있어 있는 힘을 다하고, 임금의 명령이 없으면 감히 제멋대로 행동하거나 일을 도모하여 현혹시키는 일이 없을 것이니 이러한 것이 성왕(聖王)으로서 신하를 이끄는 방법이다.

　그들 성왕이나 현명한 임금은 의심을 품고 그 신하를 살펴볼 뿐이다. 의심스러운 것을 보고 돌아보지 않는 사람은 세상에 드물다.

 그러므로 "서자(庶子) 가운데 적자(嫡子)에 견줄 만한 아들이 있고, 정실이 아닌 첩가운데 정처에 견줄 만한 첩이 있을 때와 조정 안에 재상에 견줄 만한 신하가 있으며, 신하 가운데 임금에 견줄 만한 총신(寵臣)이 있는 이 네 가지는 나라를 위태롭게 할 바탕이다."라 한다.

 또 말하기를 "임금의 총애를 받는 후궁이 왕후와 어깨를 견주고, 총신(寵臣)이 재상(宰相)과 정권을 둘로 나누며, 서자가 적자와 함께 자리에 서고, 대신이 임금으로 의심받을 만큼 구별이 되지 않는다면 나라가 어지럽게 되는 길이다."라고 했다.

 『주기(周紀)』에 말하기를 "첩(妾)을 존중하여 처(妻)를 업신여기면 안 되고, 적자를 서자의 대열에 세워 서자를 높여서는 안 되며, 총애하는 신하를 높여 재상(上卿)과 동격이 되게 하면 안 되고, 대신을 존경하여 임금에 견주게 해서는 안 된다."

 이 네 가지 비견되는 존재가 없어지면 위로 임금은 과도한 의심을 하지 않게 되고 아랫사람들은 반역을 꾀할 괴이한 행위를 하지 않을 것이다. 만약 위의 네 가지 비견되는 존재가 없어지지 않으면 곧 임금은 죽임을 당하게 되고, 나라는 멸망한다.

　爲人主者 誠明於臣之所言 則雖畢弋馳騁[1] 撞鐘舞女[2] 國猶且存也 不明臣之所言 雖節儉勤勞 布衣惡食 國猶自亡也 趙之先君敬侯[3] 不修德行 而好縱慾 適身體之所安 耳目之所樂 冬日畢弋 夏日浮淫[4] 爲長夜 數日不廢 御觴[5]不能飲者 以筒灌其口 進退不肅 應對不恭者 斬於前 故居處飲食 如此其不節也 制刑殺戮 如此其無度也 然敬侯享國數十年 兵不頓於敵國 地不虧於四隣 內無群臣百官之亂 外無諸侯隣國之患 明於所以任臣也 燕君子噲 召公奭[6]之後也 地方數千里 持戟數十萬 不安子女之樂 不聽鐘石[7]之聲 內不湮污池臺榭[8] 外不畢弋田獵 又親操耒耨以修畎畝 子噲之苦身以憂民 如此其甚也 雖古之所謂聖王明君者 其勤身而憂世 不甚於此矣 然而子噲身死國亡 奪於子之 而天下笑

之 此其何故也 不明乎所以任臣也 故曰 人臣有五姦 而主不知
也 爲人臣者 有侈用財貨 賂以取譽者 有務慶賞賜予 以移衆者
有務朋黨 徇智尊士 以擅逞者 有務解免 赦罪獄 以事威者 有務
奉下 直曲怪言[9] 偉服瑰稱 以眩民耳目者 此五者 明君之所疑也
而聖主之所禁也 去此五者 則謏詐之人不敢北面立談 文言多 實
行寡 而不當法者 不敢誣情以談說 是以群臣居則修身 動則任力
非上之令 不敢擅作疾言誣事 此聖王之所以牧臣下也 彼聖主明
君不適疑物以闚其臣也 見疑物而無反者 天下鮮矣 故曰 孼有擬
適之子 配有擬妻之妾 廷有擬相之臣 臣有擬主之寵 此四者國之
所危也 故曰 內寵並后[10] 外寵[11]貳政 枝子[12]配適 大臣擬主 亂之
道也 故周紀[13]曰 無尊妾而卑妻 無孼適子而尊小枝 無尊嬖臣而
匹上卿 無尊大臣以擬其主也 四擬者破 則上無意 不無怪也 四
擬不破 則隕身滅國矣

1) 畢弋馳騁(필익치빙) : 필익(畢弋)은 날짐승을 잡는다든가 짐승을 잡
는 사냥에 쓰는 무기로 필(畢)은 긴 막대기를 달아 새잡기에 편리하
도록 만든 그물이고 익(弋)은 작살에 끈을 매어 날짐승이나 짐승을
잡을 수 있게 만든 창 종류. 치빙(馳騁)이란 말을 달린다는 말이지만
사냥을 뜻한다.
2) 撞鍾舞女(당종무녀) : 임금이 탐욕에 빠지는 예(例)를 들 때 쓰는 말
인데, 그 뜻은 종(鍾 ; 악기의 하나)을 치고, 무희로 하여금 춤을 추
게 한다는 뜻.
3) 趙之先君敬侯(조지선군경후) : 조나라 경후(敬侯)는 서기전 386년에
서 전375년까지 재위하였고 이름은 장(章)이며 조나라 임금 열후(烈
侯)의 아들.
4) 夏日浮淫(하일부음) : 원전 구본에는 일(日)자가 빠져있다. 부음(浮
淫)은 물 위에 배를 띄우고 놀이를 즐기는 것을 말한다. 곧 뱃놀이를
뜻한다.
5) 御觴(어상) : 임금이 내리는 술잔을 말하는데 상(觴)은 술잔.
6) 召公奭(소공석) : 주(周)나라 문왕(文王)의 서자로 주공(周公) 단
(旦)과 함께 주나라 왕조 창업에 공을 세웠고, 나중에 연(燕)의 제후

로 봉하여졌다.
7) 鐘石(종석) : 악기인 종(鐘)과 돌로 만든 경석(磬石)을 뜻한다.
8) 湮汚池臺榭(인오지대사) : 인(湮)은 파묻히다, 또는 빠지다와 같고 오지(汚池)는 웅덩이 또는 연못을 말하며, 대사(臺榭)는 정자(亭子)나 누각(樓閣)과 같은 뜻이다.
9) 有務奉下直曲怪言(유무봉하 직곡괴언) : 유무봉하(有務奉下)를 봉하직곡(奉下直曲)으로 끊는 설도 있다. 민중의 훼예(毁譽)된 바를 받들어 행하고, 아래에 아첨하다의 뜻.
10) 內寵竝后(내총병후) : 내총(內寵)은 임금이 총애하는 후궁을 뜻하고 후(后)는 왕후을 뜻한다.
11) 外寵(외총) : 임금이 총애하는 신하를 뜻한다.
12) 枝子(지자) : 서자(庶子)와 같은 뜻.
13) 周紀(주기) : 주기(周記)로도 쓰는데 주나라 왕조의 기록(記錄).

제 18 편 유 도(有度)

　유도(有度)란 나라를 다스리는데 있어 꼭 필요한 법도로, 도수(度數)와 도량(度量)같은 용어로도 흔히 쓰인다. 본래는 물건을 재는 척도(尺度)의 뜻이었다. 도량형(度量衡)이 법의 뜻으로 쓰이는 경우가 많아지면서 법도라는 말이 생겼다.
　편의 내용은 크게 다섯 마디로 나누어 설명하고 있다.
　그 첫째는 제(齊)·초(楚)·연(燕)·위(魏)의 네 나라에 대한 흥망성쇠를 말하는데 있어 오직 그 나라 법도(法度)의 집행이 어떠하였는가에 따라 좌우됐다는 것을 설명하였다.
　둘째는 현명한 임금은 법률에 의거하여 인재를 등용하고 그 공적에 따라 상벌의 시행을 집행한다고 밝히고 있다.
　셋째는 현명한 신하는 염(廉)·충(忠)·의(義)·지(智)같은 덕행에 있지 아니하고 오직 공법(公法)을 존중하고 사사로운 술책(私術)을 버림에 있다고 설명했다.
　넷째는 임금이란 감각에 의한 개인적인 능력만을 믿을 것이 아니라 객관적인 법도와 상벌에 의거하여 다스려야 신하들도 기만적인 잔재주로 임금을 농락하지 못한다고 밝혔다.
　다섯째는 임금이 나라를 다스림에 있어 신하가 그 권세를 침해 못하도록 대비하는 방법에 대하여 집중적으로 설명했다.

1. 왕이 죽자 멸망한 나라들

　영구히 강하기만 한 나라는 없고 그렇다고 언제나 약하기만

한 나라도 없다. 그 나라의 법을 관장하는 사람이 굳고 곧으면 그 나라는 강하고 법을 관장하는 사람이 약하여 법을 엄하게 집행하지 못하면 그 나라는 약해지는 것이다.

형(荊:楚)나라 장왕(莊王)은 다른 나라 26개국을 합병하였고 그 영토를 사방 3천리에 이르도록 넓혔지만 장왕이 세상을 떠나자 곧 형나라는 쇠락하고 말았다.

제(齊)나라 환공(桓公)도 다른 나라를 30개국이나 합병하였고 영토를 사방 3천리에 이르도록 넓혔는데 환공이 세상을 떠나자 곧 나라를 다스리지 못하여 제나라는 멸망하게 되었다.

마찬가지로 연(燕)나라의 소왕(昭王)은 황하를 국경으로 삼고, 계(薊)땅에 수도를 두어, 탁(涿)과 방성(方城)을 요새로 삼아 제(齊)나라를 부수고, 중산(中山)을 평정하여 연나라와 우호관계에 있었던 나라는 든든한 세력을 얻었고, 그렇지 않은 나라는 업신여김을 당할 정도였는데, 소왕(昭王)이 세상을 떠나자 연나라는 점점 쇠약해지고 말았다.

또한 위(魏)나라의 안리왕(安釐王)은 연나라를 쳐 조나라를 구하고 하동(河東)의 땅을 빼앗았으며, 도(陶)·위(衞)의 두 나라를 공략했고, 제나라에 군사를 진격시켜 평륙(平陸)을 쳐 차지했으며, 한(韓)나라를 침공하여 관(管)땅을 빼앗은 뒤 기하(淇下)의 큰 싸움에서도 이겼다. 수양(睢陽)의 싸움에서는 형나라 군사가 오랜 싸움에 지쳐 견디다 못하여 패주하였고, 채(蔡)나라 소릉(召陵)의 싸움에서도 형나라 군사는 기어코 패하여 뿔뿔이 흩어지고 말았다.

위(魏)나라 군사는 천하에 널리 위세를 떨쳤지만 안리왕이 세상을 떠나자 멸망했다.

형나라 장왕이나 제나라의 환공같은 임금이 있었기에 형나라와 제나라는 패업(霸業)을 이루었고, 연나라 소왕이나 위나라 안리왕같은 임금이 있었기에 연나라와 위나라는 강성한 나라가 될 수 있었다.

그 나라들이 모두 멸망한 것은 그 신하들과 관리가 모두 나라를 어지럽히는 일에만 힘쓰고, 나라를 다스리는 일에는 힘쓰지 않았던 까닭이다.

어떠한 나라가 어지러워져 약하게 되었을 경우에는 그에 더하여 모두들 국법을 무시하고 법 밖에서 사사로운 이익을 도모하게 되는데 이는 마치 섶을 지고 불속으로 뛰어들어 불을 끄려는 것과 같으므로 나라가 어지럽고 쇠약해지는 것은 점점 더 심할 수밖에 없는 것이다.

國無常强 無常弱 奉法者强 則國强 奉法者弱 則國弱 荊莊王幷國[1]二十六 開地三千里 莊王之氓社稷也[2] 而荊以亡 齊桓公[3] 幷國三十 啓地三千里 桓公之氓社稷也 而齊以亡 燕昭王[4]以河爲境 以薊爲國[5] 襲涿方城[6] 殘齊 平中山 有燕者重[7] 無燕者輕 昭王之氓社稷也 而燕以亡 魏安釐王攻燕救趙[8] 取地河東 攻盡陶衛之地 加兵於齊 私平陸之都 攻韓拔管[9] 勝於淇下[10] 睢陽之事[11] 荊軍老而走 蔡召陵之事 荊軍破 兵四布於天下 威行於冠帶之國[12] 安釐王死 而魏以亡 故有荊莊 齊桓 則荊齊可以霸 有燕昭 魏安釐 則燕魏可以强 今皆亡國者 其群臣官吏皆務所以亂而不務所以治也 其國亂弱矣 又皆釋國法而私其外 則是負薪而救火也 亂弱甚矣

1) 荊莊王幷國(형장왕병국) : 형(荊)은 땅 이름으로 초(楚)나라의 옛 이름. 장왕(莊王)은 서기전 613년부터 전591년까지 재위했고, 필(邲)의 싸움에서 당시 패자(霸者)였던 진(晋)나라를 이겨 춘추오패(春秋五霸)의 한 사람이 되었다. 병국(幷國)은 다른 나라를 침공하여 합병시킨다는 뜻.

2) 氓社稷也(맹사직야) : 맹(氓)은 백성, 민중, 천민으로 새기나 여기서는 진계천(陳啓天)의 해석에 의하여 죽다의 뜻이고, 사직(社稷)은 국가를 뜻함.

3) 齊桓公(제환공) : 서기전 685년에서 전643년까지 재위했고 이름은 소백(小白). 관중(管仲)이 재상으로 있을 때 춘추시대에 처음으로 패주(霸主)가 된 사람.

4) 燕昭王(연소왕) : 문헌에 의하여 흔히 양왕(襄王)으로 되어 있으나 소왕(昭王) 그대로가 마땅하다. 『사기(史記)』 육국년표에도 양왕(襄王)은 없고 연세가(燕世家)에도 없기 때문이다.
5) 以薊爲國(이계위국) : 계(薊)는 지금의 북경(北京)으로 아주 오래된 나라이며 요임금이나 황제(黃帝), 아니면 연나라의 시조 소공(召公)의 후예가 봉해졌다고 전한다.
6) 襲涿方城(습탁방성) : 습(襲)은 본래 밖에 덮어 입는 옷을 뜻함인데 여기서는 밖을 굳게 둘러싸는 요새(要塞)를 말한다. 탁(涿)과 방성(方城)은 지금의 하북성(河北省)에 있는 두 땅 이름.
7) 有燕者重(유연자중) : 연나라의 도움을 받는 나라는 존중된다는 말인데 곧 연나라와 우호(友好)관계가 있으면 존중된다는 뜻.
8) 魏安釐王攻燕救趙(위안리왕공연구조) : 안리왕(安釐王)은 위나라 소왕(昭王)의 아들로 이름은 어(圉)이며, 재위 34년으로 그의 5년에 연나라를 쳐서 조나라를 구했다고 『사기』에 기록했다.
9) 攻韓拔管(공한발관) : 한나라를 쳐서 관(管)을 빼앗았다는 말인데 관(管)은 지금의 하남성 정현(鄭縣)으로 주나라 초기에는 숙선(叔鮮)의 봉지였다가 춘추시대에 와 정나라 땅으로 귀속되었다.
10) 勝於淇下(승어기하) : 기하의 싸움에서 이겼다는 말인데 기(淇)는 산이름으로 지금의 하남성 휘현(輝縣)의 서북방에 위치하여 기수(淇水)의 발원지.
11) 睢陽之事(수양지사) : 수양(睢陽)은 지금의 하남성 상구현(商丘縣)이며 사(事)는 쟁(爭)을 잘못 쓴 것.
12) 威行於冠帶之國(위행어관대지국) : 옛날 중국 대륙의 중앙에서 의관(衣冠)·속대(束帶)를 갖추고 생활하는 중화족을 가리키며, 그밖의 민족은 오랑캐라 했다.

2. 인재가 뒤로 물러나는 것은

지금과 같은 때에는 신하들이 사사로운 욕심을 버리고 나라를 위한 공적인 법률에 따라 업무를 처리한다면 민중은 편안하고 나라는 잘 다스려지게 될 것이다.

　신하가 사사로운 행동을 그만두고 공적인 법을 이행한다면 그 나라의 무력은 강해지고, 적(敵)은 약화될 것이다.

　그러므로 나라의 이해(利害)・득실(得失)을 잘 살피고, 제정된 법도를 잘 지키는 사람을 골라 군신(群臣)의 윗자리에 앉히면 임금을 거짓으로 속이는 일은 없어질 것이다. 또 얻고 잃음을 잘 살펴 사리(事理)의 경중을 헤아리는 신중한 사람을 골라 외국의 일에 주관토록 하여 먼 곳에서 진행되는 일을 듣는다면 임금을 속이려는 사람이 발붙이지 못하게 될 것이다.

　지금 만약 사람들 사이에서 전해지는 평판을 바탕으로 능력이 있는 것으로 여기고 등용한다면 신하는 임금을 떠나 아랫사람들과 어울려 사욕을 생각하게 될 것이다. 만약 사사로이 당파의 관계를 바탕으로 관리를 등용한다면 민중은 사사로운 친교에만 힘쓰고 법률에 따른 임용(任用)은 바라지도 않게 된다.

　그렇게 되면 관리를 등용하면서 유능한 사람은 잃게 될 것이고, 그 나라는 어지러워질 것이다.

　신하들 사이에 평판이 좋다고 하여 상을 주고 평판이 나쁘다고 처벌한다면, 상(賞)을 좋아하고 처벌을 싫어하는 것이 사람의 심리이니 공적인 법도를 버리고 사사로운 이익의 술책을 행하여 패거리끼리 결탁하고 서로를 감싸게 될 것이다.

　임금의 일 따위는 잊고, 밖으로 사귀는 데에만 애쓰며, 자기의 패거리를 추천하기에 이르게 되므로 그때에는 아랫사람들이 임금을 위한 일에 성의가 희박해진다.

　교제가 넓어지고 패거리가 많아지면 조정(朝廷) 안팎에 파당을 만들어 세력이 커지고 세력이 커지면 비록 그 허물이 크다 할지라도 덮어 숨기는 일이 많아진다.

　그러므로 충신은 죄가 없는데도 위난을 당하거나 죽임을 당하고, 간사한 신하는 공로가 없는데도 편안하게 살면서 많은 이익을 챙긴다.

　이렇게 죄가 없는 충신이 위난을 겪고 죽임을 당하게 되면 뛰어난 신하들은 몸을 숨기는 일에 힘쓴다.

한편 간사한 신하가 안락하게 살면서 많은 이익을 챙기는데 그들이 공로가 없으면서도 그러하다는 것을 타인이 알게 되면 곧 간신들이 진출하여 판을 치게 된다. 이러한 일은 모두 나라가 망하는 바탕이다.

이렇게 되면 곧 신하들은 법을 버리고 사사로운 권위를 존중하고 나라의 법도는 가볍게 여기게 된다.

총신(寵臣)의 문전에는 많은 사람이 성시(盛市)를 이루고 있으나 임금의 조정에는 한 사람도 나오지 않게 되고, 권문(權門)·세가(勢家)의 편의를 위하여는 많은 도모가 있지만 임금과 나라를 위한 도모는 하나도 없다.

조정에 속한 관리의 수는 비록 많지만 임금의 존엄을 높이려는 사람은 별로 없고, 만조 백관은 갖추어져 있으나 나라의 큰 일을 맡길 만한 사람은 하나도 없다.

이렇게 되면 임금은 임금이라는 이름만 있을 뿐이지 사실은 여러 신하의 집에 더부살이 하는 꼴이 된다.

그러므로 나는 말하기를 "망하는 나라의 조정에는 사람이 없다."고 했는데 "조정에 사람이 없다."고 한 것은 조정에 신하가 한 사람도 없다는 것이 아니라 대부(大夫)들은 서로 사사로운 이익에만 힘쓰고, 나라를 위하여 힘쓰지 않는다는 것이며 대신들은 서로의 지위를 존중하기에 애쓰지만 임금의 존엄을 지키려고 애쓰는 사람은 하나도 없고 아랫자리에 있는 신하들은 봉록을 올리려고 애쓰면서 사사로운 사귐에 힘쓸 뿐 맡은 바 관직에는 태만하다는 것이다.

이와 같이 된 까닭은 임금이 위에서 법에 의하여 결단하지 않고 아래의 신하에게 맡겨버리는데 그 바탕이 있다.

그러므로 현명한 임금은 법에 의해 사람을 고르고 자기의 생각대로 등용하지 않으며 또한 법에 의해 공로를 헤아리고 자기 판단에 따라 함부로 헤아리지 않는다.

그래서 능력있는 사람을 덮어 숨기지 않고, 능력이 열등한 사람을 능력있는 양 꾸밀 수도 없으며, 사람들의 평판이 좋다고 해 등용될 수도 없고, 평판이 나쁘다고 하여 자리에서 물러나는 일도 없다.

그렇게 되면 임금과 신하간에는 한계가 분명하여 질서가 확립되고 어려운 문제가 쉽게 다스려지게 된다. 그러므로 임금은 법에 비추어 판단하면 되는 것이다.

故當今之時 能去私曲 就公法者 民安而國治 能去私行 行公法者 則兵强而敵弱 故審得失 有法度之制者 加於群臣之上 則主不可欺以詐僞 審得失 有權衡之稱者 以聽遠事 則主不可欺以天下之輕重 今若以譽進能 則臣離上 而下比周 若以黨擧官 則民務交 而不求用於法 故官之失能者 其國亂 以譽爲賞 以毁爲罰也 則好賞惡罰之人 釋公行 行私術 比周以相爲也 忘主外交 以進其與 則其下所以爲上者薄矣 交衆 與多 內外朋黨 雖有大過 其蔽多矣 故忠臣危死於非罪 姦邪之臣安利於無功 忠臣危死而不以其罪 則良臣伏矣 姦邪之臣 安利不以功 則姦臣進矣 此亡之本也 若是則群臣廢法而行私重 輕公法矣 數至能人之門 不壹至主之廷 百慮私家之便 不壹圖主之國 屬[1]數雖多 非所以尊君也 百官雖具 非所以任國也 然則主有人主之名 而實託於群臣之家也 故臣曰 亡國之廷無人焉 廷無人者 非朝廷之衰也 家[2]務相益 不務厚國 大臣務相尊 而不務尊君 小臣奉祿養交[3] 不以官爲事 此其所以然者 由主之不上斷於法 而信下爲之也 故明主使法擇人 不自擧也 使法量功 不自度也 能者不能弊 敗者不能飾[4] 譽者不能進 非者弗能退 則君臣之間明辯而易治 故主讎法[5]則可也

1) 屬(속) : 관속(官屬) 곧 소속된 관리를 뜻한다.
2) 家(가) : 대부(大夫)를 뜻하며 대신(大臣)으로 해석해도 무방하다.
3) 小臣奉祿養交(소신봉록양교) : 소신(小臣)은 대신(大臣)에 대칭하는 말로 하급신하를 뜻하며 봉록양교(奉祿養交)는 나라에서 주는 녹(祿)을 갉아 먹으면서 실제로는 사사로운 일에 전념한다는 뜻.

4) 敗者不能飾(패자불능식) : 패자(敗者)는 유능하지 못한 사람이라는 뜻이고, 식(飾)은 꾸며 능력이 있는 체한다는 뜻.
5) 讎法(수법) : 법에 비추어 잘 쓴다는 뜻인데 수(讎)는 쓰다, 또는 비추다라는 뜻.

3. 나라에 충성하는 신하란

　현명한 사람이 신하가 되는 모습은 우선 임금을 향하여 북면(北面)한 뒤에 예물을 바치고 신하가 된 다음에는 두 마음을 품지 않는다. 조정에 있을 때는 아무리 낮은 자리라도 감히 사양하지 않고, 군진(軍陣)에 나아가서는 어떠한 어려움을 당하여도 감히 피하지를 않으며, 임금이 시키는 일은 무조건 따르고 임금의 법도에 좇아 사사로움을 희생하며 명령을 기다릴 뿐 옳고 그름을 비판하지 않는다.
　그러므로 입은 있어도 사사로운 말을 하지 않고 눈은 있어도 사사로운 것을 보지 않으며 임금이 모든 것을 지배한다.
　임금의 신하된 사람을 손에 비유할 수 있는데, 위로는 머리를 다듬고, 아래로는 발을 닦아야 하는 것이다. 서늘하고, 따뜻하고, 춥고, 더운 기온의 변화에 따라 몸을 간수하지 않으면 안 되며, 막야(鏌鎁)와 같은 무기가 몸에 닥쳐올 때 감히 막지 않으면 안 된다.
　현철(賢哲)한 신하라 하여 사사로이 친숙할 수 없고 지혜롭고 유능하다 하여 사사롭게 대하지 않는다. 그러한 까닭에 민중은 고을을 벗어나 서로 사귀는 일이 없고, 백리 밖의 먼 곳에 사는 친척이나 친구가 없다.
　또 귀천의 신분이 뚜렷하여 서로 넘보지 않으며, 현명하고 어리석은 사람이 각각 제 나름대로 알맞은 자리에서 서로 도우며 살게 되므로 참으로 나라가 잘 다스려지게 된다.
　무릇 지금의 세상에는 작위나 봉록을 가벼이 여기고, 쉽게 지위를 버리거나 나라를 떠나 망명(亡命)하여 스스로 임금을 선택하는 사람이 있는데 나는 이것을 청렴〔廉〕이라고 부르지 않는다.

  말을 꾸미고, 거짓을 늘어놓아 법을 어기며 임금의 뜻에 반하면서 강경한 간언을 하는 사람을 나는 충성스러운 사람이라고 하지 않는다.

  또 신하로서 은밀하게 혜택을 베풀고 이익을 행하여 아랫사람들로부터 명성을 얻어 칭찬받는 사람을 나는 인자하다고 말하지 않는다.

  속세를 떠나 숨어 살면서 거짓을 꾸며 임금을 비방하는 사람이 있는데 이러한 것을 두고 나는 의롭다고 말하지 않는다.

  밖으로 제후(諸侯)들과 친교를 맺고 안으로 국력을 소모하다가 나라가 위급하여 존망(存亡)의 갈림길에 놓였을 때, 틈을 타 임금에게 협박하여 말하기를 "내가 아니면 여러 제후와 친교할 수 없고, 내가 아니면 그들의 원한을 풀어줄 수 없다."고 하여 임금은 그대로 믿고 나라 일을 그에게 맡겨 버린다. 그렇게 되면 임금의 명성을 손상시켜 자기의 명예를 빛내고, 나라의 재물을 훔쳐 자기 집의 이익을 도모하게 되는데 나는 이러한 것을 지혜롭다고 말하지 않는다.

  위에서 말한 몇 가지 일은 난세(亂世)에나 있을 일로써 현명한 선왕(先王)의 법으로는 마땅히 천박하게 여겨 물리쳐야 할 것이다.

  선왕의 법도에 말하기를 "신하는 강한 위세를 휘두르지 말고 사사로운 이익을 만들지 말며 임금의 뜻에만 따르고, 제멋대로 남에게 은혜를 베푼다거나 증오를 일으키는 일도 하지 말며 오직 임금의 정책을 따를 뿐이다."라고 했다.

  옛날 잘 다스려진 시대의 민중은 국법을 준수하고, 사술(私術)을 버렸으며, 오직 마음을 하나로 모아 행동할 준비를 갖추고 임금의 부름만을 기다렸던 것이다.

  賢者之爲人臣 北面委質[1] 無有二心 朝廷不敢辭賤 軍旅[2]不敢

辭難 順上之爲 從主之法 虛心以待令 而無是非也 故有口不以
私言 有目不以私視 而上盡制之 爲人臣者 譬之若手 上以修頭
下以修足 淸暖寒熱 不得不救 鏌鋣傅體[3] 不敢弗搏 無私賢哲之
臣 無私智能之士 故民不越鄕而交 無百里之慼[4] 貴賤不相踰 愚
智提衡[5]而立 治之至也 今夫輕爵祿 易去亡 以擇其主 臣不謂廉
詐說逆法 倍主强諫 臣不謂忠 行惠施利 收下爲名 臣不謂仁 離
俗隱居 而以非上 臣不謂義 外使諸侯 內耗其國 伺其危亡 險陂
以恐其主 曰 交非我不親 怨非我不解 而主乃信之 以國聽之 卑
主之名以顯其名 毁國之厚以利其家 臣不謂智 比數物者 險世所
說也 而先王之法所簡也 先王之法曰 臣毋或作威 毋或作利 從
王之指 毋或作惡 從王之路 古者世治之民 奉公法 廢私術 專意
一行 具以待任

1) 委質(위질) : 위란 드리다는 뜻이고, 질(質)은 높은 사람에게 드리는
   예물 즉 폐백을 뜻한다.
2) 軍旅(군려) : 군대. 『주례(周禮)』에 의하면 군대의 조직으로 군(軍)의
   아래에 사(師)가 있고 그 아래에 여(旅)가 있다고 했다. 지금의 군단
   (軍團)·사단(師團)·여단(旅團)의 조직과 비슷하다.
3) 鏌鋣傅體(막야부체) : 막야(鏌鋣)는 옛날 오나라의 유명한 칼로 이에
   얼킨 전설이 많다. 부(傅)는 가까이 와 붙는다는 뜻에서 부(附)의 차
   자로 본다.
4) 慼(척) : 본래 조심하다는 뜻인데 여기서는 척(戚)으로 보아 친척이
   나 친지(벗)로 해석하는 것이 마땅하다.
5) 提衡(제형) : 저울(衡)로 달아 힘의 균형을 잘 유지한다는 뜻. 제(提)
   는 유지와 같은 뜻이다.

4. 군주가 지향하는 것을 신하는 따른다

무릇 임금으로서 아무리 현명하고 능력이 있더라도 자기 한 사람만으로 백관(百官)이 하는 일을 살피기에는 시간이 모자랄 뿐 아니라 능력도 모자란다.

또한 임금이 몸소 눈으로 보는 것을 통해 살피게 되면 아래의 신하들은 눈치만 살펴 행동을 꾸밀 것이며, 임금이 몸소 듣는 것으로 살피려 하면 신하들은 소문을 듣기 좋게 잘 꾸밀 것이고, 임금이 스스로의 생각으로 판단하려 하면 신하들은 변설을 늘어놓아 임금의 판단을 흐리게 할 것이다.

때문에 옛날의 현명한 임금들은 이 세 가지만으로는 부족하다고 여겨 자기의 재능을 버리고 법술(法術)에 의거하여 상벌(賞罰)을 살펴 명확히 했던 것이다.

이렇게 선왕이 지킨 바는 간략했으므로 아무도 이를 범하는 사람이 없게 되었다. 임금은 홀로 세상의 광대한 지역을 다스렸으나 아무리 총명한 신하라도 그 속임수를 쓰지 못하고, 간신도 그 변설을 늘어놓아 틈을 엿보지 못하였으니, 간사한 사람은 의지할 곳이 없게 되었다.

멀리 천 리 밖에 있는 사람도 감히 임금 앞에서 했던 말을 바꾸지 못하고, 측근에서 임금을 모시는 낭중(郎中)이라도 감히 남의 선(善)함을 덮고 자기의 잘못을 좋게 꾸미지 못했다.

조정의 여러 신하들은 낮은 신분에 이르기까지 감히 분수 이상의 일에 서로 넘보지 못하였다.

그러므로 다스리는 일은 적어지고 시간은 남아돌아 가니 임금이 권세를 운용하여 만사를 잘 처리했기 때문이다.

夫爲人主而身察百官 則日不足 力不給 且上用目 則下飾觀 上用耳 則下飾聲 上用慮 則下繁辭 先王以三者爲不足 故舍己能 而因法數[1] 審賞罰 先王之所守要 故法省而不侵[2] 獨制四海之內 聰智不得用其詐 險躁不得關其佞[3] 姦邪無所依 遠在千里外 不敢易其辭 勢在郎中 不敢敝善飾非 朝廷群下 直湊[4] 單微 不敢相踰越 故治不足 而日有餘 上之任勢使然也

1) 因法數(인법수) : 인(因)은 바탕이라는 뜻이며 법수(法數)는 법도(法度)와 뜻이 같다.
2) 法省而不侵(법성이불침) : 성(省)은 정밀하고 간략(簡略)하다는 뜻으

로 법이 아무리 간략하여도 범하지 아니한다는 뜻.
3) 險躁不得關其佞(험조부득관기녕) : 험조(險躁)는 흔히 음흉하고 조급한 것을 말하는데 여기서는 험(險)을 험(憸)으로 보아 간사하여 아첨하는 것으로 풀이하고, 조(躁)는 말이 많다의 뜻으로 본다. 영(佞)은 말재주를 부리다의 뜻.
4) 直湊(직주) : 주(湊)는 여러 갈래의 물이 한 곳으로 모이듯이 많은 의견이 임금에게로 모인다는 뜻이며, 직(直)은 다른 길을 경유하지 않고 곧바로 닿는다는 뜻.

5. 준엄한 법은 죄과를 억제한다

무릇 신하가 임금의 권위를 침해하는 것은 마치 길을 걸을 때에 느끼는 지형(地形)과 같다. 조금씩 서서히 침식하여 감으로 임금은 바른 방향을 잃게 되고, 동(東)과 서(西)의 방향이 뒤바뀌어도 스스로는 알지 못하게 된다.

그러므로 선왕들은 나침판을 설치하여 두고 동과 서를 바르게 잡았던 것이다.

현명한 임금은 신하들로 하여금 함부로 법을 벗어난 일에 생각을 두지 못하도록 하고, 또한 사사로운 은혜를 법 안으로 끌고 들어와 베풀지 못하도록 했다. 그래야 일체의 행동이 법에 의거하지 않는 바가 없게 되기 때문이다.

준엄한 법은 죄과를 억제하고 사심을 버리게 하는 까닭이며, 엄격한 형벌은 법령을 철저히 지키게 하고, 민중을 징계하는 수단인 것이다.

권위는 두 사람에 의하여 행해지면 안 되므로 신하에게 빌려주어서는 안 되며, 지배(支配) 역시 두 곳에서 함께 나와서는 안된다.

권위와 지배를 임금과 신하가 함께 공유하면 많은 잘못된 일이 나타나게 된다. 뿐만 아니라 법이 정하여진대로 행해지지 않으면 곧 임금은 믿음을 잃게 되어 위태로운 지경에 이른다.

형벌이 엄격하게 단행되지 않으면 곧 사악(邪惡)을 억제하지 못한다. 그러므로 말하기를 "뛰어난 목수는 눈짐작만으로도 먹줄을 써서 잰 것처럼 바르게 맞출 수 있지만 반드시 먹줄과 그림쇠를 사용함을 법도로 삼고, 훌륭한 지혜를 갖춘 사람은 재빨리 일을 처리해도 사리에 맞지만 반드시 선왕의 법도를 표준으로 한다."고 했다.

먹줄은 반듯해야 굽은 나무를 바로잡아 깎아내고, 수평기는 평평해야 고르지 못한 면을 깎으며, 저울에 얹어 무게를 달아야 무거운 쪽을 덜어 가벼운 쪽에 얹어 균형을 이루고, 곡식을 재는 말(斗)을 사용하여야 많은 쪽을 덜어 적은 쪽에 보탤 수 있는 것과 같은 것이다.

그러므로 법으로써 나라를 다스리게 되면 손을 들었다 내리는 것만큼 만사가 어렵지 않게 되는 것이다.

법이란 신분이 귀하다고 하여 아첨하지 않으니 마치 먹줄을 굽은 모양에 따라 굽혀서 사용하지 않는 것과 같다. 법이 가해지면 아무리 슬기로운 사람이라도 논쟁으로 벗어날 수 없으며, 아무리 용기있는 사람이라도 감히 다투어 이길 수 없다.

허물을 벌함에 있어 대신이라도 이를 피하지 못하며, 착한 일을 상줌에 있어서는 아무리 미천한 보통 사람이라도 빼놓지 않는다.

그러므로 위에 있는 사람의 허물을 바로잡고, 아래에 있는 사람들의 사악(邪惡)을 꾸짖으며, 어지러움을 다스리고, 매듭을 풀며, 남아 넘치는 것은 깎아 줄이고, 틀린 것은 바르게 하며, 민중이 지켜야 할 규범을 통일하는 방법으로는 법보다 더한 것은 없다.

관리를 독려하고, 민중을 위압하며, 사악한 사람을 물리치고, 간사한 거짓을 못하게 하는 방법으로는 형벌보다 더한 것은 없다.

형벌이 엄중하면 지위가 존귀하다 하여 감히 비천한 사람을 업신여기지 못하며, 법이 명확하면 임금의 존엄은 감히 침해받지 않는다.

 위에 있는 임금의 존엄이 침해받지 않고 우뚝하면 곧 임금은 강력해지고 권위를 방어하는 요령을 터득하게 된다. 옛날 현명한 임금들은 이 법을 존중하여 이를 후세에 전하였던 것이다. 만약 임금이 이러한 법을 버리고 사사로움을 남용한다면 곧 위아래의 구별이 허물어지고 말 것이다.

　　夫人臣之侵其主也　如地形焉　積漸以往　使人主失端　東西易面而不自知　故先王立司南以端朝夕[1]　故明主使其群臣不遊意於法之外　不爲惠於法之內　動無非法　峻法　所以禁過外私也　嚴刑　所以遂令懲下也　威不貸錯　制不共門　威制共　則衆邪彰矣　法不信則君行危矣　刑不斷　則邪不勝矣　故曰　巧匠目意中繩　然必先以規矩爲度　上智捷擧中事　必以先王之法爲比　故繩直而枉木斲　準夷而高科削[2]　權衡縣而重益輕　斗石設而多益寡　故以法治國　擧措而已矣　法不阿[3]貴　繩不撓曲　法之所加　智者弗能辭　勇者弗敢爭　刑過不避大臣　賞善不遺匹夫　故矯上之失　詰下之邪　治亂決繆　絀羨齊非[4]　一民之軌　莫如法　厲官威民　退淫殆　止詐僞　莫如刑　刑重則不敢以貴易賤　法審則上尊而不侵　上尊而不侵　則主强而守要　故先王貴之而傳之　人主釋法而用私　則上下不別矣

1) 司南以端朝夕(사남이단조석) : 사남(司南)은 남쪽을 가리킨다는 뜻인데 곧 나침판을 뜻하며 단(端)은 바르다는 뜻이며, 조석(朝夕)이란 아침은 동(東)이고, 저녁은 서(西)를 뜻한다.
2) 準夷而高科削(준이이고과삭) : 준(準)은 수준기(水準器)로 곧 수평을 재는 기구. 이(夷)는 요철(凹凸)이라는 뜻인데 고(高)는 철(凸)이고, 과(科)는 요(凹)이며 감(坎)의 뜻.
3) 阿(아) : 아첨하다.
4) 絀羨齊非(출선제비) : 출선(絀羨)은 남는 것을 덜어 적은 것에 더한다는 뜻인데 출(絀)은 물리치다와 같고, 선(羨)은 남는다라는 뜻. 제비(齊非)는 바르지 못한 것을 고르게 바로잡는다는 뜻이다.

제 3 권

제 19 편 세난…/294
제 20 편 고분…/306
제 21 편 화씨…/319
제 22 편 난언…/325
제 23 편 문전…/333

제 19 편 세 난(說難)

　세(說)는 설득(說得)을 뜻하는데 설득은 남이 잘 알아듣도록 하여 자기의 의견에 따르도록 하는 것이다.
　이 편은 다섯 단계로 구성되어 있다.
　그 첫째는 유세(遊說)가 얼마나 어려운 것인가를 설명하고, 상대방의 심리를 파악하여 그에 알맞은 말로 설득함으로써 효과를 얻을 수 있음을 밝혔고,
　둘째는 설득의 열 다섯 가지 사정을 들면서 만약 그 설득이 들어 맞지 않을 때는 자기의 목숨마저 위태함을 설명하였다.
　셋째로는 설득의 대상인 임금의 심리를 간파하여 그에 적응하는 이론으로 설득할 것이 아니라 오히려 적극적으로 상대인 임금에게 파고 들어 설득해야 한다는 이론을 전개하였다.
　넷째는 임금을 설득함에 있어 강조되는 것은 진실을 아는 그 자체가 아니라 알고 있는 진실을 어떻게 처리하는가가 어려운 것이라고 설명하고 있다.
　다섯째는 설화를 이용하여 위나라 미자하(彌子瑕)와 같은 행위가 임금의 애증(愛憎) 변화에 따라 전혀 다르게 평가받는다는 사실을 설명했다. 또 용(龍)의 예를 들어 설득이란 임금에 대한 진언(進言)이 가능한 상황을 만들었다 하더라도 임금이 유세자에 대한 심중을 좋게 갖도록 세심한 노력이 필요함을 다시 역설하였다.

1. 임금을 설득하는 방법

무릇 남을 설득하는 일이 어렵다는 것은 자기의 지식을 가지고 설명하여 상대를 설득하기가 어렵다는 것이 아니며, 또한 자신의 변설로써 자신의 뜻을 충분히 밝히기가 어렵다는 것도 아니며, 또 나아가서 대담하게 변설을 다하여 자신의 능력을 다 발휘하기가 어렵다는 것은 더욱 아니다.

남을 설득하는 것이 어렵다는 것은 설득 당하는 상대의 마음을 알아 자기의 의견을 그 마음에 얼마나 맞추느냐에 있는 것이다.

설득하려는 상대가 명예나 고결한 말로 명성을 떨치는 일을 좋아하는데도 불구하고 그에게 많은 이익을 추구하는 길을 이야기한다면 뜻이 낮은 사람이라 여겨 비천하게 대우하고 반드시 멀리 내쫓을 것이다.

또 설득하려는 상대가 많은 이익을 추구하고자 하는데 그에게 명예나 고결한 말로 얘기를 꺼낸다면 상대는 이쪽을 마음이 비어 세상 물정에 소홀하다 생각하고 반드시 받아들이지 않을 것이다.

또 설득하려는 상대가 속으로는 많은 이익을 얻으려고 하면서 겉으로는 명예와 의를 내세워 고결한 척하고 있는데, 거기에다 명예에 대한 말만 늘어놓게 되면 겉으로는 그 의견을 듣는 듯하지만 실제로는 멀리하는 것이다. 그와는 반대로 그 상대에게 많은 이익을 얻을 수 있는 방법을 설득하면 그 상대는 이쪽의 의견을 채용하면서도 겉으로는 자신의 속마음을 들키지 않으려고 그 설늑자를 버리고 만나.

이와 같이 남을 설득하기란 지극히 어려운 것이므로 잘 살피지 않으면 안 되는 것이다.

무릇 일이라는 것은 비밀을 지켜야 이루어지며 모의하는 일은 밖으로 누설되면 실패하는 것이다.

반드시 상대방이 비밀을 직접 누설하지 않아도 말을 서로 나누는 동안에 어쩌다보면 상대의 숨겨진 비밀을 알게 되는데 이러한 경우에는 설득자의 목숨은 위태롭게 된다.

또한 상대는 겉으로는 이러한 취지로 이러한 일을 하고 있다는 말을 해놓고, 실제로는 다른 일을 추진하는 경우가 있다. 이러한 경우 설득자가 단지 겉으로 나타난 일만 아는 것이 아니라 상대가 은밀하게 추진하는 일까지 알아차리게 됐다면 그 설득자의 목숨은 위태롭다.

앞서 설득자가 계획한 어떠한 일이 상대의 마음에 우연하게 들어맞았는데 외부의 어떤 지혜로운 사람이 그 상대의 계획을 짐작하여 그 일이 밖으로 누설되었을 때, 상대는 반드시 설득자가 누설했다고 의심할 것이니 이같은 때에 설득자의 목숨이 위태롭게 된다.

또한 임금과 친밀하지도 임금의 은총이 아직 두텁지도 않은데 지극히 친근한 어조로 설득해 그 일이 행하여져 공로가 있으면 질투하는 사람이 있게 되고, 설득이 이루어지지 않아 실패했을 때는 의심을 받게 되어 그 목숨은 위태로워진다.

귀인 곧 설득하려는 임금의 어떤 허물을 봤을 때, 설득자가 예의(禮義)를 말하며 그 잘못을 지적하면 상대는 자기를 책망하는 것으로 알게 되어 이와 같은 경우에 설득자는 그 목숨이 위태롭다.

임금이 어떤 좋은 계책을 얻어 그것을 자기의 공로로 삼으려는데 설득자가 그 일의 내막을 알게 되면 그 설득자의 목숨은 위태롭다.

뿐만 아니라 상대가 실제로 할 수 없는 일을 설득자가 억지로 권한다거나 상대가 아무래도 그만두지 못할 일을 설득자가 억지로 그만 두도록 권한다면 이와 같은 경우에도 설득자의 목숨은 위태롭다.

대신들에 대하여 비평하게 되면 임금은 설득자가 자신과 신하 사이를 이간시키려는 것으로 여길 것이며, 미천한 아랫사람에 대하여 비평하게 되면 임금은 설득자가 자기의 권력을 팔아 아랫사람에게 사은(私恩)을 베푸는 것으로 여길 것이다. 임금이 총애(寵愛)하는 사람을 이러쿵 저러쿵하게 되면 임금은 설득자가 자기에게 가까이 접근하기 위해 그들의 힘을 빌리려 한다고 생각할 것이며, 임금이 미워하는 사람에 대하여 비평하게 되면 임금은 자기의 속마음을 떠보려고 하는 짓이라 여길 것이다.

설득할 때 말을 거두절미하고 요점만을 말하면 지혜가 모자라는 사람으로 여길 것이며, 그와는 반대로 자세하게 설명하여 장광설(長廣舌)을 늘어놓으면 지나치게 말이 많아 잡학하다고 생각할 것이다.

사실을 생략하고 결론만 말하면 임금은 설득자를 할 말도 제대로 못하는 겁쟁이로 여길 것이며, 일을 잘 꾸며 먼 앞일까지 자세하게 설명하면 임금은 설득자를 비천한 촌사람이 오만하다고 생각할 것이다.

이러한 것이 바로 설득의 어려움이기에 잘 알아두지 않으면 안 되는 일이다.

凡說之難 非吾知之有以說之之難也 又非吾辯之能明吾意之難也 又非吾敢橫佚[1]而能盡之難也 凡說之難 在知所說之心 可以吾說當之 所說出於爲名高者[2]也 而說之以厚利 則見下節而遇卑賤 必棄遠矣 所說出於厚利者也 而說之以名高 則見無心而遠事情[3] 必不收矣 所說陰爲厚利而顯爲名高者也 而說之以名高 則陽收其身 而實疏之 說之以厚利 則陰用其言 顯棄其身矣 此不可不察也

夫事以密成 語[4]以泄敗 未必其身泄之也 而語及所匿之事 如此者身危 彼顯有所出事 而乃以成他故 說者不徒知所出而已矣 又知其所以爲 如此者身危 規異事而當 智者揣之外而得之 事泄於外 必以爲己也 如此者身危 周澤未渥也[5] 而語極知 說行而有功 則見忌[6] 說不行而有敗 則見疑 如此者身危 貴人有過端 而說者明言禮義以挑其惡 如此者身危 貴人或得計 而欲自以爲功

說者與知焉 如此者身危 彊以其所不能爲 止以其所不能已 如此者身危 故與之論大人 則以爲間己 與之論細人 則以爲賣重⁷⁾ 論其所愛 則以爲藉資 論其所憎 則以爲嘗己也 徑省其說 則以爲不智而拙之 米鹽博辯⁸⁾ 則以爲多而交之 略事陳意 則曰怯懦而不盡 慮事廣肆⁹⁾ 則曰草野而倨侮¹⁰⁾ 此說之難 不可不知也

1) 吾敢橫佚(오감횡일) : 오(吾)는 설득자인 자기를 뜻한다. 횡(橫)은 종횡(縱橫)무쌍하다의 뜻인 광종(狂縱)과 같은 뜻이고, 일(佚)은 일(逸)과 같이 분치(奔馳)의 뜻.

2) 出於爲名高者(출어위명고자) : 출어(出於)는 '…에 뜻이 있다.'는 뜻, 명고(名高)는 명예와 절의가 높다는 뜻과 같다.

3) 無心而遠事情(무심이원사정) : 무심(無心)은 마음을 쓰지 않는다는 뜻이며 원사정(遠事情)이란 세상 물정을 모른다는 뜻.

4) 語(어) : 서로 상담(相談)하는 것을 뜻한다.

5) 周澤未渥也(주택미악야) : 주택(周澤)은 은혜가 깊고 혜택이 두텁다는 말인데 주(周)는 친밀과 같고, 택(澤)은 은택의 뜻. 악(渥)은 두텁다의 뜻.

6) 則見忌(즉견기) : 기(忌)를 구본에서는 망(忘)으로 보아 여러 가지 설이 있으나 여기서는 그대로 기(忌)로 보며 견기견의(見忌見疑)에 의거하여 미워하다, 또는 시기하다의 뜻.

7) 賣重(매중) : 임금의 권력을 사사로운 은혜로 판다는 말인데 곧 임금의 권력을 빙자하여 사사롭게 은혜를 베푼다는 뜻.

8) 米鹽博辯(미염박변) : 쌀이나 소금같이 세세한 것까지 말을 늘어놓는 것을 뜻한다. 곧 장광설과 같다.

9) 廣肆(광사) : 제멋대로 휘두른다는 뜻.

10) 倨侮(거모) : 오만하다는 뜻. 거(倨)는 거만하다와 같다.

2. 남을 설득하는 데 필요한 것

무릇 남을 설득하는데 있어 힘써야 할 요점은 설득할 상대가 자랑으로 여기는 것을 은근히 칭찬하고, 부끄럽게 생각하는 것을 말하지 말고 은근히 덮어주는 요령을 터득해야 한다.
 상대가 급하게 하고 싶어 하는 일이 있으면 설득자는 반드시 공적으로 합당함을 알려주고 장려해야 한다. 상대가 마음속으로 좋지 않은 일이라 생각하면서도 그 일을 그만두지 못할 때에 설득자는 그를 위하여 좋은 점을 꾸며 격려해 주면서도 한편으로는 이를 실행하지 않으면 참으로 유감스러운 일이라고 한다.
 또 상대가 마음속에 고상한 이상을 가지고 있으면서도 실제로 행하기에는 힘이 미치지 못할 경우 설득자는 그 일을 실행했을 때의 문제점이나 실행한 뒤에 일어날 수 있는 부작용을 드러내고 실행하지 않고 있는 것에 대해 현명하다고 칭찬한다.
 설득할 상대가 자기의 재능이나 지혜를 자랑하고 싶어 할 경우 그것을 직접적으로 칭찬하면 아첨이 되므로 그와 비슷한 예를 들려주어 반응을 살펴보고 이쪽의 설득을 채택하게 하는 자료로 이용하여 모르는 척하면서 상대의 지혜를 도와주는 것이다.
 또 국가 공론에 대한 의견을 인정받고자 할 때는 반드시 훌륭한 명분을 밝혀야함은 물론 그에 못지 않게 개인적인 이익에도 합당함을 은밀하게 나타내면서 그 일을 하면 이익이 된다는 것을 깨닫도록 한다.
 반대로 나라와 임금에게 위해(危害)가 되는 일을 말하고자 할 때는 명분상 비난받을 만한 일을 밝히고, 임금 스스로에게도 위해가 됨을 깨닫도록 해야 한다.
 또 임금을 칭찬해야 할 경우에는 직접 임금을 칭찬하지 않고 그와 비슷한 다른 사람의 예를 들면서 칭찬해야 하며, 임금의 과실을 책망할 경우에는 임금에게 직접 경고하지 않고 다른 비슷한 계획을 예로 들어 충고한다.
 더불어 임금과 함께 불명예스러운 일을 했을 때는 반드시 해로울 것이 없음을 크게 강조하고 임금과 함께 실패한 일이 있을 때는 반드시 실책이 없음을 크게 꾸며서 말한다.

또 그 상대가 스스로 역량이 뛰어나다고 자랑할 때는 굳이 그가 하기 어려운 일을 들어 그의 능력이 남과 다르지 않다는 것을 밝힐 필요가 없다.

임금이 뛰어난 결단력을 뽐내면 굳이 그의 잘못을 지적하여 화나게 해서는 안 된다. 스스로의 계획이 현명하다고 생각하고 있으면 실패한 예를 들어 추궁해서는 안 된다.

설득하는 사람의 대의(大意)가 상대의 뜻에 거슬리지 않도록 하고, 설득하는 사람의 말씨가 상대의 감정을 자극하는 일이 없도록 한 연후에 비로소 자기의 주장을 있는 그대로 발휘하는 것이다. 이와 같은 방법이 상대와 충분히 친근하면서 의심받지 않고 자신이 하고 싶은 말을 다하여 의견이 채택되도록 하는 길인 것이다.

이윤(伊尹)이 재상이 되기 전에 요리사 노릇을 하고, 백리해(百里奚)가 진나라의 재상이 되기 전에 포로생활을 한 것은 모두 그 임금에게 등용되기를 바라서였던 것이다.

이 두 사람은 다 성인(聖人)이었지만 비천한 일을 통하지 않았으면 일신의 영달을 이루지 못했을 것이다.

지금 자신의 신분이 미천한 요리인이나 포로같은 천직으로 떨어졌지만 그로 인하여 장차 자신들의 의견이 임금에게 받아들여져 세상을 구제할 수 있다면 이러한 일은 능력있는 선비로서 부끄러운 일이라 할 수 없는 것이다.

무릇 오랜 세월이 지나 임금의 신임이 두터워지면 임금을 위하여 깊이 계책을 꾸며도 의심받지 아니하며, 임금 앞에서 충간하고 논쟁을 하여도 벌받지 않게 된다. 그때에 이르러서 비로소 이해관계를 밝혀 공을 세우고, 옳고 그름을 지적하여 임금의 덕행을 꾸며 빛나게 할 수 있다. 이렇게 임금과 신하가 서로 믿고 충성하면 그 설득은 성공한 것이다.

凡說之務 在知飾所說之所矜 而滅其所恥 彼有私急也 必以公義示而强之 其意有下也 然而不能已 說者因爲之飾其美 而少其

不爲也 其心有高也 而實不能及 說者爲之擧其過而見其惡 而多
其不行也 有欲矜以智能 則爲之擧異事之同類者 多爲之地 使之
資說於我[1] 而佯不知也 以資其智 欲內相存之言[2] 則必以美名明
之 而微見[3]其合於私利也 欲陳危害之事 則顯其毁誹 而微見其
合於私患也 譽異人與同行者 規異事與同計者 有與同汚者 則必
以大飾其無傷也 有與同敗者 則必以明飾其無失也 彼自多其力
則毋以其難槪之 自勇其斷 則毋以其謫[4]怒之 自智其計 則毋以
其敗窮之[5] 大意無所拂忤 辭言無所擊摩[6] 然後極騁[7]智辯焉 此
所道親近不疑 而得盡之辭也 伊尹爲宰 百里奚爲虜 皆所以干
其上也 此二人者 皆聖人也 然猶不能無役身以進 如此其汙也
今以吾爲宰虜 而可以聽用而振世 此非能士之所恥也 夫曠日彌
久[8] 而周澤旣渥 深計而不疑 引爭[9]而不罪 則明割利害以致其功
直指是非以飾其身 以此相持 此說之成也

1) 資說於我(자설어아) : 설득하는 자료로 이용할 수 있도록 한다는 뜻.
2) 欲內相存之言(욕내상존지언) : 내(內)는 바치다의 뜻이고, 상존(相存)
   은 서로의 안정을 꾀한다는 뜻의 공존을 말한다.
3) 微見(미견) : 은근히 알려주다.
4) 謫(적) : 허물 또는 상처, 약점을 뜻한다.
5) 窮之(궁지) : 추궁하다는 뜻.
6) 擊摩(격마) : 저촉, 또는 속박을 뜻하는데 여기서는 상대의 뜻을 건드
   리다는 뜻으로 봄이 마땅하다.
7) 極騁(극빙) : 마음 내키는대로 구사(驅使)한다는 뜻.
8) 曠日彌久(광일미구) : 광일(曠日)은 오랜 세월을 겪으면서 장구한 시
   일을 소모하다란 뜻이고, 미구(彌久) 또한 아주 오랜 시간을 지내다
   의 뜻이다.
9) 引爭(인쟁) : 간(諫)하여 다투다는 뜻이며, 흔히 인(引)을 다급하다로
   보지만 오히려 다투어 바로잡다의 뜻이 있다.

3. 잘못한 한마디가 목숨을 앗아간다

옛날 정(鄭)나라의 무공(武公)은 호(胡)나라를 치려고 생각했기 때문에 먼저 그 딸을 호나라 임금의 아내로 시집보내 환심을 사놓았다.

그런 뒤 여러 신하에게 말하기를

"내가 군사를 일으키려고 한다. 어느 나라를 먼저 정벌하면 좋겠는가?"

고 물으니 대부(大夫)인 관기사(關其思)가 대답하기를

"호나라를 정벌하는 것이 좋겠습니다."

라고 했다. 이에 무공은 크게 노하여 그를 죽이며 말하기를

"호나라는 우리와 형제의 나라인데 이를 정벌하라 하니 어찌 된 말인가?"

하였다. 호나라 임금이 이 말을 듣고 정나라는 자기 나라와 매우 친밀하다고 생각해 정나라에 대해서는 아무런 방비도 취하지 않았다. 그 틈을 타 정나라는 호나라를 쳐 빼앗고 말았다.

송(宋)나라에 큰 부자가 살았는데 큰 비가 내려 담장이 허물어졌다. 그러자 그 아들이 말하기를

"무너진 담을 다시 쌓지 않으면 반드시 도둑이 들 것입니다."

하였고, 이웃의 늙은이도 같은 말로 충고하였다.

밤이 되니 과연 도둑이 들어 많은 재물을 잃었는데 그 집 아들의 예언은 아주 슬기롭다고 칭찬받았지만 같은 말을 한 이웃 늙은이에 대하여는 수상히 여겨 의심을 받았다.

위의 두 사람인 관기사(關其思)와 이웃 늙은이의 말은 모두 옳았는데도 심한 사람은 죽임을 당했고 덜 심한 쪽은 의심을 받았다. 이로 미루어보면 곧 어떤 사실을 안다는 것이 어려운 일이 아니라 그 알고 있는 사실로 어떻게 대처하느냐가 어려운 것이다.

그러므로 진(秦)나라 요조(繞朝)의 진(晉)나라 사회(士會:

사람 이름)에 대한 평은 합당하였지만, 진(晉)나라에서는 그를 성인(聖人)이라 칭송하였고 진(秦)나라에서는 그를 죽였던 것이다. 이러한 일은 잘 살피지 않으면 안 되는 일이다.

옛날 미자하(彌子瑕)라는 사람이 있었는데 위(衛)나라 임금의 총애를 받고 있었다. 위나라의 법률에 따르면 허락을 받지 않고 몰래 임금의 수레를 타는 사람은 월(刖)이라 하여 발뒤꿈치를 잘라 버리는 형벌에 처하도록 되어 있었다.

어느 날 미자하의 어머니가 병이 나자 어떤 사람이 몰래 밤에 찾아와 미자하에게 알렸다.

이에 미자하는 임금의 명령이라 속이고 임금의 수레를 몰아 밖으로 나갔다. 임금이 이 말을 듣고 현명한 일이라고 칭찬하여 말하기를

"효성스럽도다! 어미를 걱정한 나머지 발꿈치가 잘리는 형벌도 잊었구나!"

하였다. 그뒤 어느 날, 미자하는 임금을 따라 과수원에 노닐다가 복숭아를 먹었는데 너무나 그 맛이 좋았으므로 다 먹지 않고 반을 남겨 먹던 것을 임금에게 바쳤다.

이에 임금이 말하기를

"나를 매우 사랑하는구나. 그 맛있는 것을 참고 나에게 먹이려 하다니."

하고 칭찬하였다.

그뒤 미하자의 용모가 점점 쇠약하여 총애가 식어졌을 때 임금에게 죄를 얻었다. 임금은 말하기를

"이놈은 지난날 임금의 명령이라 속이고 나의 수레를 탔으며, 또 먹다 남은 복숭아를 나에게 주었다."

고 했다.

이로 미루어 잘 생각해 보면 미자하의 행동은 지금까지 조금도 변하지 않았는데 전에는 임금으로부터 어질다고 칭찬을 받았고 나중에 벌을 받게 되었으니 그 까닭은 임금의 애증(愛憎)이 변했기 때문이다.

그러므로 임금에게 총애하는 마음이 있을 때는 짜내는 지혜가 임금의 뜻에 맞아 더욱 친숙해 지겠지만 임금의 총애가 미운 마음으로 변하게 되면 이쪽의 지혜는 임금의 뜻에 들어맞지 않으므로 벌을 받게 되어 점점 멀어지게 되는 것이다.

그러므로 임금에게 간언(諫言)을 하거나 논의를 하고자 하는 선비는 자기가 과연 임금으로부터 총애를 받고 있는지 미움을 사고 있는지를 잘 살핀 뒤에 진언하지 않으면 안 된다.

무릇 용(龍)이라는 동물은 본래 유순하여 사람이 잘 길들이면 타고 다닐 수도 있다. 그러나 그 턱 밑에 한 자나 되는 역린(逆鱗)이 있어 만약 사람이 그것을 건드리면 용을 길들인 사람이라도 반드시 죽임을 당하게 된다.

임금도 또한 역린이 있어서 설득자가 그 역린을 건드리지 않도록 한다면 곧 그 설득은 성공할 수 있다.

昔者 鄭武公欲伐胡[1] 故先以其女妻胡公 以娛其意 因問於群臣 曰 吾欲用兵 誰可伐者 大夫關其思對曰 胡可伐 武公怒而戮之曰 胡兄弟之國也 子言伐之 何也 胡君聞之 以鄭爲親己 遂不備鄭 鄭人襲胡取之 宋有富人 天雨牆壞 其子曰 不築 必將有盜 其隣人之父亦云 暮而果大亡其財 其家甚智其子 而疑隣人之父 此二人 說者皆當矣 厚爲戮 薄者見疑 則非知之難也 處知則難也 故繞朝[2]之言當矣 其爲聖人於晉 而爲戮於秦也 此不可不察

昔者 彌子瑕[3]有寵於衛君 衛國之法 竊駕君車者罪刖[4] 彌子瑕母病 人間往夜告彌子 彌子矯駕[5]君車以出 君聞而賢之曰 孝哉 爲母之故 忘其犯刖罪 異日 與君遊於果園 食桃而甘 不盡 以其半啗君 君曰 愛我哉 忘其口味 以啗[6]寡人 及彌子色衰愛弛 得罪於君 君曰 是固嘗矯駕吾車 又嘗啗我以餘桃 故彌子之行 未變於初也 而以前之所以見賢 而後獲罪者 愛憎之變也 故有愛於主 則智當而加親 有憎於主 則智不當 見罪而加疏 故諫說談論之士 不可不察愛憎之主而後說焉 夫龍之爲蟲也 可柔狎而騎也 然其喉下有逆鱗徑尺 若人有嬰[7]之者 則必殺人 人主亦有逆鱗

說者能無嬰人主之逆鱗 則幾[8]矣

1) 鄭武公欲伐胡(정무공욕벌호) : 정무공(鄭武公)은 서기전 8세기 전반의 정나라 임금이며, 주(周)나라 선왕(宣王)의 서제(庶弟)로 정나라의 처음 봉주(封主)인 환공(桓公)의 아들이다. 호(胡)는 흔히 고대 중국의 동북에 살았던 오랑캐를 가리키지만 여기서는 『사기정의(史記正義)』에 따라 정나라의 남쪽 언성현(偃城縣)에 위치했다고 기록한다.

2) 繞朝(요조) : 진(秦)나라 대부(大夫). 『좌씨전(左氏傳)』에 나오는 고사(故事)에 따르면 진(晋)나라 사회(士會)가 진(秦)나라로 도망하였는데 진(晋)에서는 사회가 진(秦)나라에 등용될 것을 두려워하였다. 그래서 수여(壽餘)를 파견하였는데 반란을 가장하여 진(秦)나라에 투항하게 하여 사회와 접촉케 했다. 진(晋)의 계략을 알아차린 요조가 목공(穆公)에게 사회가 가지 못하도록 막으라고 간언하였으나 목공은 듣지 않았다. 떠나가는 사회를 전송하며 "진(秦)나라에 고명한 인물이 없는 것이 아니고 내 계략이 채용되지 않았을 뿐이다." 하였다. 다만 요조(繞朝)가 죽임을 당한데 대하여는 『좌씨전』에는 기록되지 않았고 『사기』에도 실려있지 않다.

3) 彌子瑕(미자하) : 춘추시대 위나라 영공(靈公)의 총신(寵臣)으로 『좌씨전』 정공(定公) 6년조에 나와 있다. 임금의 총애를 빙자하여 위나라의 정치를 휘둘렀다.

4) 罪刖(죄월) : 옛날 중국에서 행하여지던 형벌의 하나로 발뒤꿈치를 자르는 것을 말한다.

5) 矯駕(교가) : 임금의 명령이라 사칭(詐稱)하는 것을 뜻한다.

6) 啗(담) : 啖(담)과 뜻이 같은데, 자기가 먹을 때는 啖(담)이고, 남이 먹어 줄 때는 啗(담)이다.

7) 嬰(영) : 건드리다는 뜻.

8) 幾(기) : 가깝다는 뜻.

제 20 편 고 분(孤憤)

고분(孤憤)은 자기의 주장을 아무도 인정해 주지 않아 홀로 분통을 터뜨린다는 뜻으로 붙여진 것으로 본다.
　내용은 다섯 단계로 나누어 쓰고 있는데 전체의 내용을 훑어 보면 먼저 법술의 선비와 중요한 권세를 가진 사람의 정의를 말하는 것으로부터 이 두 부류는 양립할 수 없는 원수의 관계에 있음을 설명했다.
　또 요로에서 일하는 사람을 둘러싼 네 가지 방조자와 그를 둘러싸고 있는 다섯 가지의 유리한 필승(必勝)조건을 하나하나 들고, 그로 인하여 법술의 선비들은 매장되고 사문(私門)의 도당들만 번창하여 중용(重用)되는 것을 말했다. 이렇게 된 원인은 임금이 참험(參驗)에 의한 실제의 공적을 기준으로 상벌을 행하지 않는데 있다고 밝혔다.
　이로써 임금의 권위는 은폐되고 대신들의 전권(專權)이 횡행하는 나라는 존재하되 멸망한 나라와 다를 바 없고, 아무리 현명한 지혜가 있는 선비도 임금을 둘러싸고 있는 어리석은 측근들의 의견에 의하여 그 평가가 정해지는 결과를 낳게 된다고 개탄했다.
　신하가 붕당을 만들어, 임금을 거슬리는 일을 일으키게 되는 것은 그 신하 뿐 아니라 임금의 큰 실책에서 기인한다고 설명했다. 첫째로 중신(重臣)과 재야선비의 처지에 따른 기반과 조건에 대하여 자세하게 분석했으며, 다음으로 국가의 존립이란 오직 임금의 지배권을 확립하는 것이라고 강조하였다. 셋째로는 임금과 신하관계는 이해(利害)를 바탕으로 한 모순 대립관계에 있음을 밝히고 신하의 은폐와 붕당에 대항하여 임금은 참험(參驗)을 바탕으로 밝게 밝혀내야 한다고 경고했다.

그러나 이러한 희망은 저멀리에 있고 이미 철저하게 배신당한 현실에 처하여 있기 때문에 '고독(孤獨)한 비분(悲憤)'으로 나타나는 것이다.

1. 남을 꿰뚫어 볼 수 있는 지술(知術)

임금이 신하를 통제하는 방법을 알고 있는 이른바 지술(知術)의 선비는 반드시 먼 앞날을 꿰뚫어 보는 능력이 있고, 모든 사물(事物)을 밝게 관찰하는 혜안(慧眼)이 있다. 만약 그렇지 못하고 밝게 관찰하지 못하면 남의 사사로운 마음을 꿰뚫어 보지 못한다.

법에 따라 나라를 다스리는 방법을 터득한 이른바 능법(能法)의 선비는 반드시 의지가 굳건하여 바르게 행동한다. 만약 그가 강직하지 못하면 남의 잘못된 일을 바로잡을 수가 없다.

임금의 신하로서 명령에 따라 일을 처리하고, 법에 따라 직무를 수행하는 사람은 많은 권력을 가진 이른바 중인(重人)이 아니다.

중인(重人)이라는 것은 임금의 명령을 무시하고 제멋대로 권력을 휘두르며, 법을 어기고 함부로 사사로운 이익을 추구하며, 나라의 재정을 소모시켜 자기 가문의 편의를 도모하고, 임금을 자기 생각대로 조종하는 힘을 가진 사람을 중인(重人)이라 말한다.

지술(知術)의 선비는 사물을 명확히게 통찰하기 때문에 임금에게 그 의견이 받아들여져 일단 능용되면 중인(重人)들의 숨겨진 사실들을 낱낱이 밝혀낼 것이다.

능법(能法)의 선비는 의지가 굳고 행동이 바르므로 임금에게 그같은 행동이 받아들여져 일단 등용되면 중인(重人)들의 간사한 행동은 바로잡혀질 것이다.

그러므로 지술·능법의 선비가 발탁되어 조정의 일을 하게 되면, 곧 신분이 높고 권력이 많은 이른바 귀중한 신하들은 반드시 법도를 벗어난 사람이 되어 쫓겨나게 될 것이다.

이러한 까닭에 지술(知術)과 능법(能法)의 선비는 요로(要路)에 있는 이른바 당도(當塗)의 사람과 양립할 수 없는 적대관계에 있는 것이다.

조정(朝廷) 요로에 있는 사람이 정치의 요점을 멋대로 휘두르게 되면 다른 나라의 제후로부터 나라 안의 대신과 관리에 이르기까지 그 사람을 위하여 일을 하게 된다. 외국의 제후(諸侯)는 그 사람에게 의지하지 않으면 도모하는 일을 이루지 못하기 때문에 그 사람을 칭찬하며 아첨을 하게 된다.

나라 안의 대신이나 모든 관리들도 그 사람을 거치지 않으면 맡은 일이 제대로 수행되지 않으므로 신하들은 그 사람의 손발이 되어 일하게 되는 것이다.

임금의 측근인 낭중(郞中)마저도 그 사람에게 의탁하지 않으면 임금을 가까이 할 수 없기 때문에 좌우의 측근들도 그 사람을 위하여 나쁜 일을 숨겨주게 된다.

학자들도 마찬가지로 그 사람을 통하지 않고는 봉록이 적어지고 예우가 낮아지기 때문에 그를 위하여 담론(談論)을 늘어놓게 된다.

이와 같은 위의 네 가지 방조자(幇助者)는 간사한 신하들이 자기의 잘못을 은폐하기 위하여 스스로 꾸미는 일의 앞잡이가 되는 셈이다.

중인(重人)은 임금에게 충성하여 원수지간인 법술의 선비를 천거하지 않으며, 임금은 이같은 네 가지 앞잡이가 막고 있는 벽을 뛰어넘어 그 간신들을 밝게 살피지 못하기 때문에 임금의 눈과 귀는 점점 가리워지고, 대신은 점점 그 세력이 커지는 것이다.

무릇 요로에 있는 사람은 임금으로부터 믿음이나 총애를 받지 않는 경우는 극히 드물며 그들은 또한 예로부터 오랫동안 친숙한 사이이다.

  그들은 임금 마음의 틈을 비집고 들어가 좋아하고 싫어하는 것을 함께 하는 것을 자진하여 행함으로써 출세의 지름길로 삼는다. 그리하여 관직과 작위는 높고, 붕당의 따르는 패거리가 많아 온 나라가 그를 칭송한다.

  법술의 선비로서 임금에게 등용되고자 바라는 사람은 임금에게 믿음이나 총애받는 친숙함이 없을 뿐 아니라 예부터 혜택받을 기회가 없었다. 그런데 또한 법술이라는 정론을 펴고, 임금의 편협하고 왜곡된 마음을 바로잡아 주려 하니 임금의 마음과 서로 상반된 입장인 것이다.

  그러니 법술의 선비는 그 지위는 낮고 무리도 없어 홀로 외로워지게 된다.

  무릇 이와 같이 임금으로부터 소외당한 처지에서 임금에게 총애와 믿음을 받고 있는 사람들과 다투면 도저히 이기지 못할 것은 뻔한 이치이다.

  신참의 신분으로 오래된 임금의 측근과 다툰다는 것은 이겨낼 도리가 없다.

  또 임금의 의향에 늘 반대하는 처지에 있는 신분으로서 언제나 임금과 좋아하고 싫어하는 것을 함께 하여 아첨하는 사람들과 다툰다는 것은 이기지 못할 것이 뻔하다.

  신분이 비천하고 낮으면서 신분이 높은 귀인들과 다툰다는 것은 이길 도리가 없는 것이다.

  단지 한 사람의 입으로 온 나라 사람이 칭송하는 사람과 다툰다는 것은 이길 수 없는 일이다.

  이렇게 법술의 선비는 위의 다섯 가지 이길 수 없는 바탕에서 몇년이 걸려도 임금을 알현할 기회를 얻지 못한다. 한편 당도지인(當塗之人)은 위와 같은 다섯 가지 이길 수 있는 발판을 타고 앉아 아침 저녁 단독으로 임금에게 의견을 말한다.

  그러므로 법술의 선비가 어떻게 임금 앞에 나갈 수 있겠으며, 임금 또한 어느 때가 되어야 진실을 깨달을 수 있겠는가? 바탕이 절대로 이길 수 없게 되어 있고, 정세로도 또한 절대로 양립할 수 없으니 법술의 선비는 어찌 그 몸이 위태롭지 않겠는가.

만약 법술의 선비에게 무고로 죄를 덮어 씌울 수 있는 구실이 있으면 국법을 적용하여 죽일 것이고, 죄를 덮어 씌울 구실이 없는 경우에는 자객을 시켜 암살해 버릴 것이다.

법술로 밝혀 임금에게 강력히 간언하여 임금의 뜻에 거슬리면 형리의 손에 죽지 않으면 자객의 칼에 죽는다.

知術之士[1] 必遠見而明察 不明察 不能燭私 能法之士[2] 必强毅而勁直 不勁直 不能矯姦 人臣循令而從事 案法而治官 非所謂重人也 重人也者 無令而擅爲 虧法以利私 耗國以便家 力能得其君 此所謂重人也 知術之士明察 聽用[3]且燭重人之陰情 能法之士勁直 聽用且矯重人之姦行 故知術能法之士用 則貴重之臣必在繩之外矣[4] 是知術能法之士與當塗之人[5] 不可兩存之仇也

當塗之人擅事要 則外內爲之用矣 是以諸侯不因 則事不應 故敵國爲之訟[6] 百官不因 則業不進 故群臣爲之用 郎中不因 則不得近主 故左右爲之匿 學士不因 則祿薄 禮卑 故學士爲之談也 此四助者 邪臣之所以自飾也 重人不能忠主而進其仇 人主不能越四助而燭察其臣 故人主愈蔽 而大臣愈重 凡當塗者之於人主也 希不信愛也 又且習故[7] 若夫卽主心[8] 同乎好惡 固其所自進也 官爵貴重 朋黨又衆 而一國爲之訟 則法術之士欲干上者 非有所信愛之親 習故之澤也 又將以法術之言 矯人主阿辟之心 是與人主相反也 處勢卑賤 無黨孤特[9] 夫以疏遠與信愛爭 其數不勝也 以新旅[10]與習故爭 其數不勝也 以反主意與同好惡爭 其數不勝也 以輕賤與貴重爭 其數不勝也 以一口與一國爭 其數不勝也 法術之士 操五不勝之資 以歲數而又不得見 當塗之人 乘五勝之資 而旦暮獨說於前 故法術之士奚道得進 而人主奚時得悟乎 故資必不勝 而勢不兩存 法術之士焉得不危 其可以罪過誣者 以公法

而誅之 其不可被以罪過者 以私劍而窮之[11] 是明法術而逆主上者 不僇於吏誅 必死於私劍矣

1) 知術之士(지술지사) : 『묵자』경설(經說)에도 나오는 말인데 임금이 신하를 통제하는 술(術)을 터득한 선비를 말한다.
2) 能法之士(능법지사) : 법치에 유능하여 실행케 하는 선비를 말한다.
3) 聽用(청용) : 의견이 수용되어 임금에게 등용된다는 뜻.
4) 貴重之臣必在繩之外矣(귀중지신필재승지외의) : 귀중지신(貴重之臣)은 권세가 많고 벼슬이 높은 신하이고, 재승지외(在繩之外)는 법도에 어긋나므로 쫓겨난다는 말인데 승(繩)은 여기에서 법도(法度)로 쓴다. 먹줄은 기준이기 때문이다.
5) 堂塗之人(당도지인) : 요로(要路)와 같은 뜻인데 도(塗)는 곧 노(路)이다. 전체의 뜻은 중요한 자리에 있는 사람을 말한다.
6) 訟(송) : 송(頌)과 뜻을 같이 하며 공덕을 칭송하다의 뜻.
7) 習故(습고) : 익숙하게 친하다의 뜻. 고(故)는 오래전부터라는 뜻.
8) 卽主心(즉주심) : 임금의 마음에 접근하여 달라 붙는다는 뜻. 그 반대되는 말이 반주의(反主意)이다.
9) 孤特(고특) : 혼자 외롭다는 말과 같은데 본래 특(特)이란 희생(犧牲)되는 한 마리 소라는 뜻이므로 독(獨)과 통한다.
10) 新旅(신려) : 여(旅)를 손님으로 보고, 지금까지 섬겨오던 사람이 아닌 새로 몸을 의탁해 오는 사람 곧 신참(新參)을 뜻한다. 습고(習故)와 상대되는 말.
11) 以私劍而窮之(이사검이궁지) : 사검(私劍)은 합법적으로 인정되지 않는 무력 곧 자객(刺客)을 뜻한다. 궁(窮)은 목숨을 다한다는 뜻.

2. 임금의 세력이 쇠약해지는 원인

한편으로 붕당을 만들어 패거리들끼리 임금의 눈과 귀를 가리고, 사리에 맞지 않는 왜곡된 말로 중인(重人)의 사사로운 편의를 도모하는 사람은 반드시 중인으로부터 신용을 얻게 된다. 그들 가운데 공로가 있다는 구실만 있으면 관직이나 작위를 주어 귀하게 만들고, 그들 가운데 명예로써 핑계삼을 만한 것만 있으면 외국의 힘을 빌려 그를 중요한 존재로 만든다.

이로써 임금의 눈과 귀를 가리고 사사로운 권문 세도의 문전을 찾는 사람은 관직이나 작위로써 영달하거나 아니면 외부의 권력으로 중요한 존재가 된다.

지금 임금은 증거를 맞추어 보지도 않고 무거운 형벌을 행하고, 공로가 나타나지 않는데도 작위와 봉록을 주고 있다. 그러므로 법술의 선비가 어찌 죽음을 무릅쓰고 그 의견을 진언할 수 있겠으며, 또 간악한 신하가 어찌 눈앞의 이익을 버리고 그 지위에서 물러나려 하겠는가.

이러한 까닭에 임금의 권위는 점점 비천해지고, 권문세도의 중인(重人)들은 그 세력이 점점 커지고 높아지는 것이다.

무릇 저 월(越)나라는 비록 나라가 부유하고 군사가 강한데도 중원 여러 나라의 임금들은 모두 자기에게는 아무런 도움이 되지 않음을 알고 말하기를 "월나라는 멀리 변방에 떨어져 있으므로 내가 지배할 바가 아니다."라고 한다.

지금 나라를 소유한 사람이 있어 비록 그 나라의 토지는 넓고 사람은 많더라도 임금의 눈과 귀는 가려지고 대신이 권력을 제멋대로 휘두른다면 월나라와 다를 바 없는 것이다.

자기 나라가 자유롭게 지배할 수 없는 월나라와는 동류(同類)가 아님을 알면서 자기 나라가 이미 예전과 같지 않음을 알지 못한다면 사물의 유별을 판단할 수 없는 어리석은 임금이 되는 것이다.

세상 사람들이 제(齊)나라가 망했다고 말하는 까닭은 국토와 성곽이 없어져 망했다고 하는 것이 아니다. 본래의 임금인 여씨(呂氏)가 나라를 지배하여 이끌지 못하고, 신하인 전씨(田氏)가 나라를 다스리게 된 것을 말하는 것이다.

또 진(晉)나라가 망했다고 하는 까닭도 국토나 성곽이 없어진 것을 말하는 것이 아니라 지금까지 임금이었던 희(姬)씨가 나라를 지배하여 이끌지 못하고, 신하인 육경(六卿)이 권력을 잡았기 때문이다.
  지금 대신이 권력을 잡고 독단(獨斷)으로 정치를 행하는데도 임금이 그것을 돌려 받을 줄을 모르니 그것은 임금이 명석하지 못한 탓이다. 죽은 사람과 같은 병에 걸렸다면 살아날 수 없는 것이며, 멸망한 나라와 같은 일이 벌어진다면 그 나라는 존립하지 못한다.
  지금 멸망한 제(齊)나라와 진(晉)나라가 행하였던 일을 답습하면서 나라의 안전한 존속을 아무리 희망해도 그것은 이룰 수 없는 것이다.

  朋黨比周以蔽主 言曲以便私者 必信於重人矣 故其可以功伐借者[1] 以官爵貴之 其可以美名借者 以外權重之 是以蔽主上而趨於私門者 不顯於官爵 必重於外權矣 今人主不合參驗而行誅 不待見功而爵祿 故法術之士安能蒙死亡而進其說 姦邪之臣安肯棄利而退其身 故主上愈卑 私門益尊 夫大越雖國富兵强 中國[2]之主皆知無益於己也 曰 非吾所得制也 今有國者 雖地廣人衆 然而人主壅蔽 大臣專權 是國爲越也[3] 知不類越 而不知不類其國 不察其類者也 人之所以謂齊亡者 非地與城亡也 呂氏[4]弗制而田氏用[5]之也 所以謂晉亡者 亦非地與城亡也 姬氏[6]不制 而六卿[7]專之也 今大臣執政獨斷 而上弗知收 是人主不明也 與死人同病者不可生也 與亡國同事者 不可存也 今襲迹於齊晉[8] 欲國安存 不可得也

1) 功伐借者(공벌차자) : 공벌은 공로(功勞)라는 뜻인데 벌(伐)은 자랑하다의 뜻. 차(借)는 핑계삼다. 구실삼다는 뜻.
2) 中國(중국) : 당시 중원(中原)의 여러 나라를 가리켜 부르던 말로 변두리에 있는 나라는 이적(夷狄)이라 했다. 월나라도 이적에 속했다.
3) 是國爲越也(시국위월야) : 임금이 자기가 다스려야 될 나라인데도 자기 마음대로 지배할 수 없는 점에서는 지리적으로 멀리 변방에 떨어져 있는 월(越)나라와 마찬가지라는 뜻.
4) 呂氏(여씨) : 제(齊)나라는 주나라 초에 여상(呂尙)에게 봉해진 나라

이기 때문에 그 임금을 여씨(呂氏)라 부르게 되었다.
5) 田氏用(전씨용) : 전씨(田氏)는 본래 진(陳)나라 공자(公子)인 완(完)이 제나라에 망명함에 비롯되었는데 성을 전씨(田氏)로 고쳐 조정에서 일하다가 '권병편'에 나오는 권신(權臣) 전상(田常) 때에 이르러 임금 간공(簡公)을 죽이고 권력을 찬탈했다. 세상에서는 '전제(田齊)'라 불렀다. 용(用)은 다스리다의 뜻.
6) 姬氏(희씨) : 진(晋)나라는 주초(周初)에 성왕(成王)의 아우인 당숙우(唐叔虞)를 봉한 나라로 주나라와 같이 성을 희라 했다.
7) 六卿(육경) : 경공(景公) 때부터 권력을 장악했던 여섯 대부(大夫)로서 한(韓)·위(魏)·조(趙)의 세 집안과 범(范)·중항(中行)·지(智)의 세 집(家)을 가리킨다. 뒷날 전국시대에 들어와 한·위·조로 각각 삼분되었다.
8) 今襲迹於齊晋(금습적어제진) : 습(襲)은 거듭하다는 뜻이고, 적(迹)은 사적(事蹟) 또는 행적(行迹)을 뜻한다. 전체의 뜻은 지금 제나라와 진나라가 멸망한 것 같은 일을 되풀이한다면 이라는 뜻.

3. 탐관오리들이 들끓게 되는 이유

법술(法術)의 시행이 어려운 것은 비단 만승의 큰나라만이 아니라 천승(千乘)의 작은나라도 마찬가지다.

임금의 좌우에서 일하는 측근이 반드시 지혜롭지는 않다. 임금이 어떤 사람을 슬기로운 사람이라 인정하고 그 사람의 의견을 들은 뒤 측근의 좌우 신하에게 평론케 하는데 이렇게 되면 어리석은 사람과 함께 지혜를 의논하게 되는 것이다.

또 임금의 좌우에는 반드시 현명한 사람만 있는 것이 아니다. 임금이 어떤 사람을 현명한 사람이라 생각하여 예우하고 나중에 좌우의 신하들과 그의 행실에 대하여 논평하면 이는 어리석은 사람과 함께 현명함을 논평하게 되는 것이다.

지혜로운 사람의 정책이 어리석은 사람에 의하여 옳고 그름이 결정되고, 현명한 사람의 행동이 불초한 사람에 의하여 선악(善惡)의 가치가 평가되면 현명하고 지혜로운 선비는 부끄러워 임금에게 진언하지 않을 것이고, 임금의 판단은 계속하여 잘못을 거듭하게 될 것이다.

신하로서 높은 벼슬을 얻고자 하는 자로 행실을 바르게 닦은 선비는 청렴결백으로 그 몸을 다스리고, 지혜로운 선비는 일을 슬기롭게 처리하는 능력으로 공적을 쌓아 나가려 하지 뇌물로 남을 섬기지 않는다.

수행하는 선비는 오로지 청렴결백을 으뜸으로 하고, 지혜로운 선비는 일을 처리하는 능력으로 공적을 쌓는 것에 바탕을 두기 때문에 법을 벗어나 편의만을 도모하는 정치를 하지 않는다. 수행한 선비나 지혜로운 선비는 임금의 측근에 있는 신하에게 아첨하여 섬기지도 않으며, 뒤로 청탁하는 일을 받아들이지도 않는다.

임금의 좌우 측근들은 모두 반드시 옛날 백이(伯夷)처럼 그 행실이 고결하지 못하다. 그러므로 수행한 선비나 지혜로운 선비에게 무엇을 구해도 얻지 못하고 뇌물도 바치지 않으니 청렴이나 일의 처리 능력이 인정되지 못하도록 비방이나 거짓 모함이 일어나게 된다.

교묘하게 처리된 일의 공로가 임금의 측근에 의해 제지당하고 청렴결백한 행실이 훼예(毀譽)·포폄(褒貶)에 따라 결정된다면, 행실을 바르게 닦고 지혜가 있는 관리는 관직에서 폐위되고 임금의 밝아야 할 눈과 귀는 막히고 만다.

임금이 실제의 공적에 따라 신하의 지혜나 행실을 평가하지 않고, 증거를 모아 대조하여 죄과를 살피지 않으며, 오직 측근이나 좌우에 있는 신하들의 의견만 듣는다면 무능한 선비들이 조정에 있게 되고, 어리석고 부정한 탐관오리들이 관직에 임하여 정치를 하게 된다.

凡法術之難行也 不獨萬乘 千乘亦然 人主之左右 不必智也 人主於人有所智而聽之 因與左右論其言 是與愚人論智也 人主

於人有所賢而禮之 因與左右論其行 是與不肖論賢也 智者決策
於愚人 賢士程¹⁾行於不肖 則賢智之士羞 而人主之論悖矣 人臣
之欲得官者 其修士且以精潔固身 其智士且以治辯進業 不能以
貨賂事人 恃其精潔治辯 而更不能以枉法爲治 則修智之士 不事
左右 不聽請謁矣 人主之左右 行非伯夷也 求索不得 貨賂不至
則精辯之功息²⁾ 而毀誣之言起矣 治辯之功制於近習 精潔之行決
於毀譽 則修智之吏廢 而人主之明塞矣 不以功伐決智行 不以參
伍³⁾審罪過 而聽左右近習之言 則無能之士在廷 而愚汚之吏處官
矣

1) 程(정) : 본래 곡식을 측량하는 것을 뜻하나 여기서는 덕행(德行)을
 헤아리다의 뜻.
2) 精辯之功息(정변지공식) : 정변(精辯)은 정결(精潔)과 치변(治辯)을
 합한 뜻. 곧 수사(修士)의 결백과 지사(智士)의 처리능력을 뜻한다.
3) 參伍(참오) : 여러 가지 자료를 모아 대조하고 조사한다는 말이다.

4. 큰나라나 작은나라의 걱정거리

 만승을 자랑하는 큰나라의 걱정거리는 대신들의 권력이 너무
큰 데에 있고, 천승의 작은나라는 걱정거리가 임금의 좌우 측
근들이 너무 신임이 두터운 데 있다. 이것은 임금들의 공통된
걱정거리이다. 이는 신하로서 큰 죄가 되며, 임금으로서 커다란
과실이 된다.
 신하와 임금의 이익은 서로 다른데 어떻게 그것을 밝힐 수
있는가? 말하자면 임금에게 유익한 일은 능력있는 사람을 관
리에 등용하는 것인데, 신하의 이익은 능력이 없어도 높은 직
책을 얻는 일이다. 또 임금의 이익은 공로있는 사람에게 벼슬
과 봉록을 주는 일인데 신하의 이익은 아무 공로가 없어도 부
귀하게 되는 일이다. 임금에게 유익한 일은 걸출(傑出)한 사람
으로 하여금 그 능력을 발휘하도록 하는 것인데 신하는 붕당을
만들어 사사로운 일을 도모하는 일에 이익이 있는 것이다.

이러한 까닭에 나라의 영토는 깎여 줄어들어도 사사로운 가문(家門)은 넉넉하여지고, 임금의 권위는 낮아지는데 대신의 권세는 막중하여진다.

임금은 위세를 잃고 대신(大臣)은 나라를 얻게 된다. 드디어 임금의 처지는 바뀌어져 번신(蕃臣)이라 칭하게 되고, 대신은 권력을 휘둘러 마음대로 벼슬을 내리게 되는데 이것은 오직 신하가 임금을 속이고 사사로이 이익을 도모했기 때문이다.

그러므로 지금 세상의 중신들 가운데, 임금이 자기의 과실을 깨닫고 집권하여 정세가 변했을 경우 지금까지와 같이 임금의 총애를 받을 신하는 열 사람 가운데 두 세 사람에 지나지 않을 것이다.

이와 같이 된 까닭은 무엇인가? 그것은 대신들의 죄가 너무 크기 때문이다.

신하로서 큰 죄가 있다는 것은 그 행실이 임금을 속인 것으로 그 죄는 마땅히 죽임을 당해야 할 것이다.

지혜로운 선비는 앞을 내다 볼 줄 알기 때문에 죽을 것을 두려워하여 반드시 중인(重人)들을 따르지 않는다.

자기 행실을 바르게 닦는 현명한 선비는 청렴으로 몸을 다스리기 때문에 간신들과 더불어 그 임금을 속이는 것을 부끄럽게 여겨 반드시 중인(重人)을 따르지 않는다.

이로써 요로의 중신들을 따르는 패거리들은 어리석어 장래에 닥칠 재앙을 짐작 못하거나 마음이 더러워져 나쁜 일을 저지르지 않고는 못견디는 악당일 것이다.

대신들은 이러한 어리석고 더러운 사람들을 끼고, 위로는 임금을 속이고, 아래로는 이들과 한패가 되어 이익을 위하여 투망으로 고기잡듯 민중들을 수탈한다. 붕당을 만들어 패거리끼리 어울리고, 행동을 같이 하면서 입을 맞추어 임금을 현혹시키고 법을 왜곡시켜 선비와 민중들의 삶을 어지럽힌다. 나라를 위험에 빠뜨려 영토가 깎이게 하고, 임금을 욕되게 하여 고통스럽게 한다. 이것이 곧 신하로서 큰 죄인 것이다.

신하에게 이러한 큰 죄가 있는데도 임금이 이를 금지시키지 못하는 것은 임금의 큰 실수이다.

임금은 위에서 커다란 실수를 범하고, 아래로 신하가 또한 큰 죄를 저지른다면, 이러한 상황에서 나라가 망하지 않기를 바라는 것은 불가능한 일이다.

萬乘之患 大臣太重 千乘之患 左右太信 此人主之公患也 且人臣有大罪 人主有大失 臣主之利 與相異者也 何以明之哉曰 主利在有能而任官 臣利在無能而得事 主利在有勞而爵祿 臣利在無功而富貴 主利在豪傑使能 臣利在朋黨用私 是以國地削而私家富 主上卑而大臣重 故主失勢而臣得國 主更稱蕃臣[1] 而相室剖符[2] 此人臣之所以譎主便私也 故當世之重臣 主變勢而得固寵者 十無二三 是其故何也 人臣之罪大也 臣有大罪者 其行欺主也 其罪當死亡也 智士者遠見 而畏於死亡 必不從重人矣 賢士者修廉[3] 而羞與姦臣爲伍 必不從重人矣 是當塗者之徒屬 非愚而不知患者 必汚而不避姦者也 大臣挾愚汚之人[4] 上與之欺主 下與之收利侵漁[5] 朋黨比周 相與一口 惑主敗法 以亂士民 使國家危削 主上勞辱 此大罪也 臣有大罪 而主弗禁 此大失也 使其主有大失於上 臣有大罪於下 索國之不亡者 不可得也

1) 蕃臣(번신) : 번신(藩臣)과 뜻이 같고 임금을 지키는 신하를 뜻한다.
2) 而相室剖符(이상시부부) : 상실(相室)은 정승들이 사는 집을 말하는데 여기서는 '상국(相國)'으로 본다. 부부(剖符)는 증거가 될 부신(符信)을 쪼개 각자 한 쪽씩 가지는 것을 뜻한다. 구체적으로 말하면 임금이 신하를 봉(封)하든지 관직을 줄 때 사용하는 것. 여기서는 임금의 일이 거꾸로 되어 신하가 권력을 쥐고 있다는 뜻.
3) 修廉(수렴) : 청렴·결백으로 행실을 닦는다는 뜻.
4) 挾愚汚之人(협우오지인) : 협(挾)은 껴안는다는 말. 우오(愚汚)는 어리석고 더럽다는 뜻인데 여기서는 탐관오리(貪官汚吏)를 말함.
5) 侵漁(침어) : 고기를 낚듯이 민중의 재물을 빼앗는다는 뜻.

제 21 편 화 씨(和氏)

　화씨(和氏)라는 사람과 오기(吳起), 상앙(商鞅)의 고사를 인용하여 세 단계로 나누어 각자의 설화(說話)와 해설(解說), 그리고 사례(史例)를 들어 이론을 전개했다.
　중요한 것은 법술(法術)의 선비가 은폐되어 있어 주장이 임금에게 전달되지 못하는 것을 서술하고 있다.

1. 화씨(和氏)의 보옥
　초(楚)나라에 화씨(和氏)라는 사람이 있었는데 어느날 초산(楚山)에서 옥돌을 발견하여 그것을 여왕(厲王)에게 가져다 바쳤다.
　이에 여왕은 옥을 다듬는 세공사(細工師)를 불러 감정을 시켰는데 그는 말하기를 "이것은 돌멩이에 불과합니다."라고 하였다. 임금은 화씨가 자기를 속인 것으로 알고 왼쪽 발뒤꿈치를 자르는 형벌을 가했다.
　그뒤 여왕이 죽고 무왕(武王)이 즉위하자 화씨는 다시 그 옥돌을 무왕에게 바쳤다. 무왕 또한 세공사를 불러 감정케 하니 역시 말하기를 "이것은 다만 돌멩이에 지나지 않습니다."라고 말하였다.
　이에 무왕도 화씨가 자기를 속인 것으로 알고 노하여 이번에는 오른쪽 발뒤꿈치를 잘라 버렸다.
　무왕이 죽고 문왕(文王)이 임금자리에 오르자 화씨는 그 옥돌을 안고 초산 아래에서 통곡하기를 사흘 밤낮에 걸쳐 울었다. 나중에는 눈물이 말라 피눈물이 쏟아지는 지경에 이르렀다. 임금이 이 소식을 듣고 사람을 시켜 그 까닭을 묻기를
"세상에 발뒤꿈치 잘리는 월형(刖刑)을 받은 사람이 많은데 그대는 왜 그처럼 슬피 울고 있는가?"
하니 화씨가 대답하였다.
"나는 월형을 당해서 슬피 울고 있는 것이 아니라 이와 같이 훌륭한 보옥을 한낱 돌멩이라 하며, 올곧은 선비인데도 임금을 속이는 거짓말쟁이라고 하니 이것이 억울하여 슬퍼하는 것입니다."
이 말을 듣고 임금은 세공인에게 그 옥돌을 쪼고 갈아 다듬게 하였는데 과연 보옥을 얻게 되었다. 그래서 임금은 그 옥에 이름 붙이기를 '화씨지벽(和氏之璧)'이라 했다.
무릇 주옥(珠玉)같은 보물은 임금이 몹시 갖고자 바라는 것이다. 화씨가 바친 원석[玉璞]이 비록 잘 다듬어진 보옥이 아니었다 하더라도 임금에게 해될 것은 없다.
그런데도 화씨는 임금의 노여움을 사 두 발이 잘리는 월형(刖刑)을 당하고 난 후 비로소 보옥임을 평가받게 되었다. 보옥(寶玉)임을 평가 받기도 이와 같이 어려운 일이다.
요즘의 임금이 법술을 대하는 태도는 반드시 화씨의 구슬을 구하듯 열렬히 신하들과 선비, 그리고 민중의 사사로운 잘못을 금지시키려 하지 않는다.
법술의 도(道)를 터득한 선비가 죽임을 당하지 않는 것은 단지 제왕(帝王)이 가질 만한 옥박(玉璞)같은 법술이 아직 바쳐지지 않았기 때문이다.
만약 임금이 법술을 써서 나라를 다스리게 되면, 대신들은 국정을 전단(專斷)할 수 없게 되고 임금의 측근들도 감히 임금의 권력을 팔 수 없게 된다.
관청에서 법술을 행하면 떠돌던 민중들은 농업에 힘쓸 것이며, 떠돌이 병사들은 전장에서 위험을 무릅쓰고 싸우게 될 것

이다.

그렇다면 법술이라는 것은 많은 신하나 선비와 민중에게는 재앙이 된다는 것이다.

임금이 대신들의 의론을 거슬리고, 민중의 비방마저 억누른 채 혼자만이 법술의 도에 탐닉한다면 법술의 선비는 비록 죽음에 이르더라도 그 법술의 도는 절대로 진가를 평가받지 못할 것이다.

楚人和氏得玉璞楚山[1]中 奉而獻之厲王 厲王使玉人相之[2] 玉人曰 石也 王以和爲誑 而刖其左足 及厲王薨[3] 武王卽位 和又奉其璞而獻之武王 武王使玉人相之 又曰 石也 王又以和爲誑 而刖其右足 武王薨 文王卽位 和乃抱其璞而哭於楚山之下 三日三夜 泣盡而繼之以血 王聞之 使人問其故 曰 天下之刖者多矣 子奚哭之悲也 和曰 吾非悲刖也 悲夫寶玉而題[4]之以石 貞士而名之以誑 此吾所以悲也 王乃使玉人理其璞 而得寶焉 遂命曰 和氏之璧[5]

夫珠玉 人主之所急也 和雖獻璞而未美 未爲王之害也 然猶兩足斬 而寶乃論 論寶若此其難也 今人主之於法術也 未必和璧之急也 而禁群臣士民之私邪 然則有道者之不僇也 特帝王之璞未獻耳[6] 主用術 則大臣不得擅斷 近習不敢賣重 官行法 則浮萌[7]趨於耕農 而游士危於戰陳 則法術者 乃群臣士民之所禍也 人主非能倍大臣之議 越民萌之誹 獨周乎道言也 則法術之士 雖至死亡 道必不論矣

1) 和氏得玉璞楚山(화씨득옥박초산) : 화씨(和氏)는 초나라 사람으로 『사기』 정양열전(鄭陽列傳)에 변화(卞和)라는 이름으로 기록되어 있다. 옥바(玉璞)은 박옥(璞玉)으로 아직 깎아 다듬지 않은 옥돌을 말한다. 나무에 비유하면 원목과 같다. 초산(楚山)은 지금의 호북성(湖北省)으로 옛날 초나라의 산이름.

2) 厲王使玉人相之(여왕사옥인상지) : 『사기(史記)』 초세가(楚世家)에는 여왕(厲王)이 없는데 다만 무왕(武王)의 앞에 분모(蚡冒)는 17년에

죽었다는 기록에 의하여 여왕(厲王)은 이 분모(蚡冒)의 시호(諡號)로 보는 견해가 있다. 옥인(玉人)은 구슬을 잘 다듬고 감정하는 사람이며, 상(相)은 감정한다는 뜻.
3) 薨(훙) : 존귀한 사람의 죽음을 말할 때 쓰는 것으로 곧 서거(逝去)와 같다.
4) 題(제) : 여기에서 '…보고 단정하다'라는 뜻.
5) 和氏之璧(화씨지벽) : 벽(璧)은 둥글고 평평하며 가운데 구멍이 뚫린 구슬. 화씨가 초산에서 얻은 보옥.
6) 特帝王之璞未獻耳(특제왕지박미헌이) : 특(特)은 단지 같다는 뜻으로 쓰이고 이(耳)는 어조사이다. 제왕지박(帝王之璞)이란 채용된다면 천하통일의 패왕(霸王)을 실현시킬 수 있는 법술이라는 뜻.
7) 浮萌(부맹) : 정처없이 떠도는 민중을 말하는데, 맹(萌)은 백성과 같은 뜻이다.

2. 상앙은 사지가 찢겨 죽었다

옛날에 오기(吳起)는 초나라 습속으로 초나라 도왕(悼王)을 가르쳤다.

"대신들의 권세가 너무 강하고 영주(領主)가 지나치게 많습니다. 이렇게 되면 위로 임금은 신하의 세력으로부터 위협받고, 아래로는 민중이 학대 당하므로 이는 나라가 가난해지고 군대는 약해지는 길이 됩니다.

이렇게 되지 않으려면 영주들의 자손은 3대가 되면 작록(爵祿)을 회수하고, 일반 관리의 봉급이 높은 것은 깎고, 불필요한 직책을 없애 그 남는 경비로 정예의 병사를 양성하는 것이 무엇보다도 앞서야 합니다."

도왕(悼王)은 이 의견을 받아들여 1년을 시행하다가 세상을 떠났다. 그러자 오기(吳起)는 그의 제안으로 해를 입은 사람들에 의해 손발이 잘리는 형벌을 받고 죽었다.

상군(商君)은 진(秦)나라 효공(孝公)을 가르쳤는데 열 집, 다섯 집씩을 한 조로 하는 십오(什伍)의 연대(連帶)조직을 만들어, 서로 잘못을 고발하는 밀고(密告)제도와 한 사람이 잘못해도 그 조가 모두 책임을 지는 연좌(連座)제도를 세우게 하였다.

『시경(詩經)』이나 『상서(尙書)』같은 책을 불태우고 법령만을 분명히 하도록 하였으며, 권문(權門)·세가(勢家)에 줄을 대 청탁하는 길을 막았고 공로있는 사람으로 하여금 관청에 나아가 일하게 할 것과, 능력도 없으면서 관직을 찾아 고향을 떠나는 일이 없도록 금지하여 농사나 병역(兵役)에 힘쓰는 사람이 출세 영달할 수 있게 만들라고 권하였다.

효공(孝公)이 이렇게 실행하니 임금의 지위는 안정되고 나라는 부강(富强)해졌다. 8년 뒤 효공이 세상을 떠나자 상군(商君)은 그동안 불평 불만을 품었던 자들에 의하여 진나라에서 수레에 매달려 사지(四肢)가 찢기는 처형을 받았다.

이렇듯이 초(楚)나라는 오기(吳起)의 주장을 실행하지 않았기 때문에 영토는 깎이고 나라는 문란해졌으며, 진(秦)나라는 상군(商君)의 법을 오래 시행하였기 때문에 나라가 부강하였다.

두 사람의 주장은 모두 마땅하였던 것인데, 오기(吳起)는 손발이 잘리는 극형을 당하여 죽었고, 상군(商君) 또한 수레에 매달려 사지가 찢기는 처형으로 죽었으니 어찌된 까닭인가?

그것은 대신들이 법의 바른 시행을 괴로워했고, 민중들은 나라가 잘 다스려짐을 싫어했기 때문이다.

요즘 세상의 대신들은 권력을 탐하고, 민중들은 어지러운 정치에 젖어있는데 이것은 옛날 진나라와 초나라보다 더하다.

그런데도 임금은 도왕(悼王)이나 효공(孝公)이 오기(吳起)나 상군(商君)의 주장을 받아들였던 것과 같이 귀가 열려 있지 않으니 법술(法術)을 터득한 선비들이 어찌 오기나 상군과 같은 위험을 무릅쓰고 자기의 주장을 밝힐 수 있겠는가? 이러한 까닭에 세상은 어지럽기만 할 뿐 천하 통일의 패왕(霸王)은 나타나지 않는다.

昔者 吳起敎楚悼王以楚國之俗 曰 大臣太重 封君[1]太衆 若此
則上偪主 而下虐民 此貧國弱兵之道也 不如使封君之子孫 三世
而收爵祿 裁減百吏之祿秩 損不急之枝官[2] 以奉選練之士 悼王行
之期年而薨矣 吳起枝解[3]於楚 商君敎秦孝公以連什伍 設告坐之
過 燔詩書[4]而明法令 塞私門之請 而遂公家之勞 禁游宦[5]之民
而顯耕戰之士[6] 孝公行之 主以尊安 國以富强 八年而薨 商君車
裂[7]於秦 楚不用吳起而削亂 秦行商君法而富强 二子之言也已當
矣 然而枝解吳起 而車裂商君者 何也 大臣苦法 而細民惡治也
當今之世 大臣貪重[8] 細民安亂 甚於秦楚之俗 而人主無悼王 孝
公之聽 則法術之士 安能蒙二子之危 而明己之法術哉 此世所以
亂無霸王也

1) 封君(봉군) : 전국시대에 영토를 받은 영주(領主)를 군(君)이라 칭했
   다. 예를 들면 신릉군(信陵君)·춘신군(春申君)과 같다.
2) 枝官(지관) : 불필요한 관리 또는 직책(職責)을 말하는데 한대(漢代)
   에 와서는 용관(冗官)이라 했다.
3) 枝解(지해) : 사지(四肢) 곧 손·발을 잘라 죽이는 형벌(刑罰)을 말
   한다.
4) 燔詩書(번시서) : 번(燔)은 불사르다는 뜻이고, 시서(詩書)는 『시경』
   과 『상서(尙書)』같은 유가(儒家)에서 쓰는 책을 말함.
5) 游宦(유환) : 유(游)는 유(遊)이고, 유환(游宦)이란 고향을 떠나 벼슬
   살이를 찾는다는 뜻.
6) 而顯耕戰之士(이현경전지사) : 현(顯)은 영달(榮達)하다 곧 입신(立
   身) 출세를 뜻하고, 경전(耕戰)이란 농사와 병역(兵役)을 말한다.
7) 商君車裂(상군거열) : 상군(商君)은 서기전 4세기 중기의 사람으로
   이름은 공손앙(公孫鞅)으로 본래 위(衞)나라의 서공자(庶公子)였다.
   뒤에 진나라를 섬겼고 상군(商君)으로 봉하여져 상앙(商鞅)으로도
   불렀다. 거열(車裂)은 두 대의 수레에 손·발을 묶어 끌므로써 사지
   (四肢)가 찢기는 극형을 뜻한다.
8) 貪重(탐중) : 권력을 탐한다는 뜻.

제 22 편 난 언(難言)

 난언(難言)이란 말하기가 어렵다는 뜻으로 크게 두 절목으로 나누어 풀어 썼다.
 첫번째로 임금에게 진언하여 그것이 받아들여지는 일이 얼마나 어려운가를 설명하였고 그 진언의 형태와 받아들여지는 열 두 가지 조항을 들었다.
 둘째로는 신하의 진언이 인정되지 않을 때 당하는 불행에 대하여 자세하게 밝히고 있다.

 1. 말을 하기란 극히 어려운 것
 신(臣) 비(非)는 말하는 자체를 어렵게 여기지 않습니다. 다만 말을 어렵게 여기는 까닭이 있습니다.
 말이란 듣는 편의 마음에 맞도록 매끄럽게 잘 진행되면 듣는 쪽은 생각하기를 겉은 화려하나 알맹이가 부실하다고 오해하기 쉽고, 정중하여 삼가함이 깊고 확고하여 빈틈이 없으면 듣는 쪽은 옹졸하고 조리가 없다고 여깁니다.
 말에 꾸밈이 많고 비슷한 예(例)를 많이 인용하게 되면 듣는 쪽은 내용이 공허하여 쓸모가 없다고 여기며, 요점만을 간추려 말하고 꾸밈없이 간략하게 말하면 듣는 쪽은 남의 감성만 상하게 할 뿐 화술이 모자란다고 여기게 됩니다.
 측근을 비판하고 남의 실정을 깊이 더듬어 말하면 듣는 쪽은 불쾌하게 생각하여 겸손하지 못하다고 여길 것입니다. 말의 범위가 넓고 커 그 내용의 오묘함을 헤아릴 수 없다면 듣는 쪽은 과장(誇張)되어 쓸 만한 말이 못된다고 여길 것입니다.

또 보잘것없는 이해관계를 헤아려 자질구레한 말로 구체적인 예를 들게 되면 듣는 쪽은 졸렬하고 야비하다고 여길 것이며, 말이 너무 세속적이고 남의 비위를 거스르거나 어긋나지 않아 어느 누가 들어도 그럴듯하다고 생각되는 것은 듣는 쪽이 삶을 탐하여 임금에게 아첨한다고 여길 것입니다.

한편 말이 세속을 떠나고 일반적인 사람들의 일을 귀찮은 내용으로 늘어놓으면 듣는 쪽은 대수롭지 않게 여길 것이며, 민첩한 말로 누군가 들어도 그럴듯하게 늘어놓고 말에 꾸밈이 많아 듣는 사람이 기분좋은 소리만 지껄인다면 듣는 쪽은 사관(史官)처럼 말 많은 사람으로 여길 것입니다.

학문적인 것은 버리고 꾸밈없이 실질적인 본성만을 말하게 되면 듣는 쪽은 야비하여 조금도 교양미가 없다고 여길 것이며, 때때로 『시경』이나 『서경』에 있는 말을 인용하여 옛날 성현의 가르침을 본받아야 한다고 설명하면 듣는 쪽은 옛말을 외우는데 불과하다고 여길 것입니다.

이와 같은 여러 가지가 신(臣) 비(非)로 하여금 함부로 말하기 어렵게 만드는 까닭이고 크게 걱정하는 바입니다.

臣非 非難言也 所以難言者 言順比滑澤[1] 洋洋纚纚然[2] 則見以爲華而不實 敦厚恭祇 鯁固愼完[3] 則見以爲拙而不倫 多言繁稱 連類比物 則見以爲虛而無用 總微說約 徑省而不飾 則見以爲劌[4]而不辯 激急親近 探知人情 則見以爲譖而不讓 閎大廣博 妙遠不測 則見以爲夸而無用 家計小談[5] 以具數言 則見以爲陋 言而近世 辭不悖逆 則見以爲貪生而諛上 言而遠俗 詭躁人間[6] 則見以爲誕 捷敏辯給 繁於文采 則見以爲史 殊釋文學 以質性言 則見以爲鄙 時稱詩書 道法往古[7] 則見以爲誦 此臣非之所以難言而重患也

1) 言順比滑澤(언순비활택) : 말이 상대의 뜻에 맞도록 하여 원활하고

곱게 이루어진다는 뜻인데, 순비(順比)는 『시경(詩經)』 대아(大雅) 황의(皇矣)나 『순자』 의병(議兵)에 나오는 말이다.
2) 洋洋纚纚然(양양사사연) : 양양은 넓은 모양이고, 사사연은 실타래가 풀리듯 길게 연이은 모양을 말한다.
3) 鯁固愼完(경고신완) : 골자가 있고 신중하다는 말인데 경고는 확고(確固)와 그 뜻이 같으며, 신완은 신중하다와 같은 뜻임.
4) 劌(귀) : 상처를 낸다는 뜻인데 여기서는 상대의 아픈 곳을 찌른다는 뜻이 된다. 『노자』에 염이불귀(廉而不劌)라는 말이 있다.
5) 家計小談(가계소담) : 보잘것없는 이익을 헤아려서 자질구레한 말을 늘어놓는다는 뜻.
6) 詭躁人間(궤조인간) : 궤조(詭躁)는 괴이한 말로 속인다는 뜻인데 조(躁)는 속이다와 같다. 전체의 뜻은 '세속과 동떨어진 말로…'와 같다.
7) 道法往古(도법왕고) : 옛 것을 바탕으로 한다는 뜻이며 도(道)는 바탕을 뜻한다.

2. 현명한 사람도 죽임을 당한다

무릇 임금에게 진언할 경우 마치 저울이나 자로 재듯이 한치의 착오도 없이 법도에 맞도록 설명한다 하여도 반드시 받아들여진다고 단언할 수 없으며, 비록 내용의 줄거리가 도리(道理)상으로 완전하다 하더라도 반드시 쓰인다고는 할 수 없는 것입니다.

만약 임금께서 위와 같은 이유로 비록 나라를 위하는 사람의 말이라도 믿지 않는다면, 그 설득자는 작게는 경박하여 남의 잘못이나 헐뜯는 사람으로 취급될 것이고, 심하면 여러 가지 재앙을 입거나 아니면 죽임을 당하게 될 것입니다.

그러므로 오자서(伍子胥)는 헤아림이 뛰어났는데도 오히려 오(吳)나라 임금인 부차(夫差)의 노여움을 사 죽임을 당하였고, 중니(仲尼)도 많은 사람에게 좋은 도리를 가르쳤지만 광(匡)

땅에서 포위당하여 곤욕을 겪었으며, 관이오(管夷吾)도 참으로 현명한 선비였는데 노(魯)나라는 그를 잡아 가두었습니다.
 이 세 대부(大夫)가 어찌 현명한 사람이 아니었겠습니까만은 세 임금이 이를 밝게 살피지 못했던 것입니다.
 아주 옛날 은(殷)나라의 탕(湯)임금은 훌륭한 성왕(聖王)이었으며, 이윤(伊尹)이라는 재상은 아주 뛰어난 슬기를 가진 사람이었습니다.
 무릇 이 뛰어난 지혜자가 그 훌륭한 성왕(聖王)을 설득하기를 무려 일흔 번이나 진언하였는데도 받아들여지지 않았습니다. 이윤은 몸소 솥과 도마를 쥐고 요리를 익혀 훌륭한 요리사가 되어 가까이 접근한 뒤에야 탕왕은 겨우 그가 뛰어난 현자임을 알고 등용했습니다.
 그러므로 아무리 뛰어난 현자가 훌륭한 성인을 설득하더라도 반드시 받아들여지지 않는다는 사실은 이윤이 탕왕을 설득한 경우가 그 좋은 예(例)입니다.
 자기에게 지혜가 있다 하더라도 상대가 어리석고 어두운 임금이라면 그 참뜻을 인정받기란 더욱 어려운 것인데 그 경우가 주(周)나라 문왕(文王)이 은(殷)의 주왕(紂王)을 설득한 경우입니다.
 문왕이 주왕을 설득하려 하니 주왕은 문왕을 잡아 가두었습니다. 뿐만 아니라 익후(翼侯)를 화형시켜 죽였고, 귀후(鬼侯)는 죽인 뒤 포를 떠 볕에 말렸으며, 비간(比干)은 주왕에게 직간(直諫)했다가 심장을 도려내는 형벌을 당했고, 매백(梅伯)은 죽어 소금에 절여졌습니다.
 한때 관이오(管夷吾)는 새끼줄에 묶여 곤욕을 당했고 조기(曹覊)는 조나라의 충신이었지만 출병하지 말도록 간하다가 받아들여지지 않자 진(陳)나라로 망명했고, 백리자(伯里子:百里奚)는 길바닥에서 구걸해야 했으며, 부열(傅說)은 노예가 되어 전전하다가 은(殷)나라 고종(高宗)에게 발견되었고, 손자(孫子)는 위(魏)나라로 불려갔다가 다리를 잘렸습니다.

오기(吳起)는 안문(岸門)에서 슬피 울며 그가 지키던 서하(西河)가 진나라 땅이 될 것을 통탄했으나 마침내는 초(楚)나라에서 손발이 잘리는 극형을 받고 죽었으며, 공숙좌(公叔痤)는 한 나라의 정치를 맡길 만한 사람으로 공손앙(公孫鞅)을 추천했다가 도리어 패역하다고 받아들여지지 않아 공손앙은 진나라로 망명하지 않을 수 없게 되었고, 관룡봉(關龍逢)이란 하(夏)나라의 대신은 걸왕(桀王)을 간했다가 죽임을 당했습니다.

주(周)나라의 장굉(萇宏)은 임금에게 항의했다가 죽임을 당하여 창자까지 잘렸고, 윤자(尹子)라는 사람은 가시덤불에 던져져 죽었으며, 초나라의 공자인 사마자기(司馬子期)는 백공(白公)의 난에 연루되어 죽임을 당하여 양자강에 던져져 그 시체는 고기밥이 되었고, 전명(田明)은 못박혀 죽었습니다.

공자의 제자인 복자천(宓子賤)과 위나라의 서문표(西門豹)는 싸움을 하지도 않았는데 남의 손에 죽었고, 춘추시대의 진(晋)나라 신하였던 동안우(董安于)는 임금에게 진언했다가 도리어 죽임을 당하여 저자거리에 내걸렸으며, 공자의 제자인 재여(宰予)는 제(齊)나라 재상인 전상(田常)의 내란에 말려들었다가 죽음을 면하지 못했고, 범수(范雎)라는 위나라 신하는 제나라에 사신으로 갔다가 상(賞)을 받았다는 오해를 받아 위나라 재상에게 매를 맞아 갈빗대가 부러졌습니다.

위에서 말한 이들 수많은 사람은 모두 세상에서 뛰어난 덕을 갖추고, 슬기로우며, 충성스럽고, 선량하여 도술을 터득한 선비인데도 불행하게 도리에 벗어난 어리석고 어두운 임금을 만나 자기들의 주장을 펴보지도 못하고 죽임을 당했습니다. 비록 현인이나 성인이었지만 죽음을 면치 못하고, 욕됨을 피하지 못한 것은 무슨 까닭이겠습니까?

그것은 어리석은 사람을 설득하기가 그만큼 어려운 것이며, 그렇기 때문에 군자는 말하는 것을 어려워 하는 것입니다.

또 이치에 합당한 지극한 말은 본래 귀에 거슬려 마음에 반감을 일으키는 것이며, 현명한 임금이나 성왕(聖王)이 아니면 올곧게 듣지를 못하나니 부디 바라건대 대왕(大王)께서는 이를 깊게 살펴주시옵소서.

故度量¹⁾雖正 未必聽也 義理雖全 未必用也 大王若以此不信 則小者以爲毁訾誹謗 大者患禍災害死亡及其身 故子胥善謀 而吳戮之 仲尼善說 而匡圍之 管夷吾實賢 而魯囚之 故此三大夫 豈不賢哉 而三君不明也 上古 有湯 至聖也 伊尹 至智也 夫至智說至聖 然且七十說而不受 身執鼎俎爲庖宰 昵近習親 而湯乃僅知其賢而用之 故曰以至智說至聖 未必至而見受 伊尹說湯是也 以智說愚 必不聽 文王說紂²⁾是也 故文王說紂 而紂囚之 翼侯炙³⁾ 鬼侯腊⁴⁾比干剖心 梅伯醢⁵⁾ 夷吾束縛 而曹覊奔陳⁶⁾ 伯里子⁷⁾道乞 傅說轉鬻⁸⁾ 孫子臏脚於魏⁹⁾ 吳起抆泣於岸門 痛西河之爲秦 卒枝解於楚 公叔痤言國器反爲悖¹⁰⁾ 公孫鞅奔秦 關龍逢斬 萇宏分胣¹¹⁾ 尹子穽於棘¹²⁾ 司馬子期死而浮於江 田明辜射¹³⁾宓子賤¹⁴⁾ 西門豹不鬪而死人手 董安于死而陳於市¹⁵⁾ 宰予不免於田常 范雎折脅於魏¹⁶⁾ 此十數人者 皆世之仁賢忠良有道術之士也 不幸而遇悖亂闇惑之主而死 然則雖賢不能逃死亡 避戮辱者 何也 則愚者難說也 故君子難言也 且至言忤於耳而倒於心 非賢聖莫能聽 願大王熟察之也

1) 故度量(고도량): 고(故)는 무릇, 또는 대저의 뜻이다. 도량(度量)은 본래 물건을 재는 저울과 자같은 것을 말하나 법도(法度)의 기준을 뜻한다.

2) 文王說紂(문왕설주): 문왕(文王)은 은나라의 제후로 이름은 창(昌)이며 서백(西伯)이라 했다. 은(殷)나라 주(紂)왕을 설득하다가 유리(羑里)라는 곳에서 갇혔다가 풀려난 일이 있다.

3) 翼侯炙(익후자): 익후(翼侯)에 대하여는 여러 가지 설이 있는데 『좌씨전』 은공(隱公) 5·6년조에 기록되기는 진(晋)나라 익(翼)과 악(鄂)이란 땅을 병칭하고 있는데, 『사기』 은본기의 기록을 살펴보면, 주(紂)는 서백창(文王) 구후(九侯)·악후(鄂侯)를 삼공(三公)으로 삼았는데, 구후를 소금으로 절여 처형했을 때, 악후가 이를 간하다가

자형(炙刑)을 당했다고 했다. 익후(翼侯)는 바로 이 악후(鄂侯)인 것이다.

4) 鬼侯腊(귀후석) : 귀후(鬼侯) 또한 『사기』 은본기에 의하면 구후(九侯)와 동일 인물로서 주왕에 의하여 죽임을 당했다. 석(腊)은 고기를 포(脯)로 떠 소금에 절인다는 뜻.

5) 梅伯醢(매백염) : 매백(梅伯) 역시 주왕의 제후로서 소금에 절여지는 형을 당했다는 기록이 『초사(楚辭)』・『여씨춘추』・『안자춘추(晏子春秋)』 같은 문헌에서 볼 수 있다.

6) 而曹羈奔陳(이조기분진) : 조기(曹羈)는 조(曹)나라의 대부로 『공양전(公羊傳)』 장공 24년의 기록에 임금을 간하다가 듣지 않자 진(陳)나라로 망명했다.

7) 伯里子(백리자) : 백리해(百里奚)와 동일인으로 『곡량전(穀梁傳)』 희공 13년의 석문에 백리해(百里奚)의 백(百)을 백(伯)으로 쓴다는 기록이 있다.

8) 傅說轉鬻(부열전죽) : 부열(傅說)은 은(殷)나라 무정(武丁)의 현몽(顯夢)으로 토목공사장에서 발견되어 등용된 삼공(三公)의 한 사람으로 처음에 노예로서 팔려다니다가 고종(高宗)에게 등용되었다. 전죽(轉鬻)이란 팔려다니다와 같은 뜻이다.

9) 孫子臏脚於魏(손자빈각어위) : 『사기』의 열전(列傳)에 따르면 제나라에서 오나라를 섬겼던 손무(孫武)와 그 후손인 손빈(孫臏)의 기록이 있는데, 그 손빈은 위(魏)나라의 장군인 방연(龐涓)과 함께 병법(兵法)을 배웠는데, 방연은 그의 능력이 손빈에게 미치지 못하자 시기하여 손빈의 무릎뼈를 꺾는 형(刑)을 가하였다. 그러나 뒷날 방연은 제나라의 군사(軍師)가 된 손빈과 싸웠을 때 마릉(馬陵)이란 곳에서 패사(敗死)당했다.

10) 公叔痤言國器反爲悖(공숙좌언국기반위패)・공손좌(公叔痤)는 위(魏)나라 혜왕 때의 재상으로 그가 중병에 걸려 임종이 가깝자 혜왕이 찾아와 재상의 후계자를 추천해 달라는 부탁을 했다. 이에 공숙좌는 자기 측근인 중서자(中庶子) 공손앙(公孫鞅)을 추천하면서 그를 죽이든지 아니면 등용(登用)하든지 하라고 단언했다. 이에 다른 신하

들이 공숙좌는 중병으로 머리가 돌았으니 받아들이지 않도록 임금에
게 간언했다. 곧 공숙좌(公叔痤)가 죽으니 공손앙도 진(秦)나라로 망
명하여 효공(孝公)을 섬겼고, 도리어 위나라를 정벌했다. 그 공손앙
(公孫鞅)이 곧 상군(商君)이다.

11) 萇宏分胣(장굉분이) : 장굉은 주(周)나라의 경왕(景王)과 경왕(敬
王)을 섬겼던 대부(大夫)로 직간을 하다가 창자(內腸)를 가르는 형
벌을 받고 죽임을 당하였다. 분이(分胣)는 배를 갈라 창자를 가르는
형벌을 뜻한다.

12) 尹子穽於棘(윤자정어극) : 윤자(尹子)는 전기(傳記)가 분명하지 않
은데 흔히 『좌씨전』에 기록된 주(周)나라의 왕자 조(朝)를 세웠다가
죽임을 당한 윤씨고(尹氏固)를 지칭한 것으로 보는 견해가 있다. 정
(穽)은 함정을 뜻하고, 극(棘)은 가시나무를 말함인데, 정어극(穽於
棘)은 가시나무로 만든 함정을 뜻한다.

13) 田明辜射(전명고사) : 전명(田明)에 대하여는 분명한 기록이 없고
고사(辜射)는 고책(辜磔)과 같은 뜻으로 기둥이나 판자에 결박하여
놓고 못질을 하여 죽이는 형벌을 뜻한다.

14) 宓子賤(복자천) : 공자의 제자이며 이름은 부제(不齊)라 했다.

15) 董安于死而陳於市(동안우사이진어시) : 동안우(董安于)는 춘추시대
진(晉)나라 조앙(趙鞅)의 신하. 『좌씨전』 정공 13·14년조에 의하면
동안우(董安于)는 범(范)과 중행(中行) 등의 제후에 대비할 것을 진
언했다가 모함을 당하여 죽은 시체가 저자거리에 걸렸다 한다.

16) 范雎折脅於魏(범수절협어위) : 범수(范雎)는 전국시대 위나라 사람
으로 자를 숙(叔)이라 불렀는데 그가 제나라의 사신으로 갔다가 그
곳에서 칭찬받고 상(賞)으로 수레를 선물받은 것이 의심을 사 재상
인 위제(魏齊)에게 갈비뼈가 부러지는 고문을 당하였다. 나중에 소양
왕(昭襄王) 때 진(秦)나라의 재상이 되었다.

제 23 편 문 전(問田)

　문전(問田)이란 이 편의 앞 글자를 땄으며 그 내용은 두 단계로 나뉘어져 있으나 각기 연관성은 아주 희박한 것 같다.
　앞부분에 나오는 전구(田鳩)는 묵가(墨家)로 한비(韓非)의 말이라 여길 만한 내용이 없으며 또 한비와의 직접적인 관계도 없는 것 같다.
　뒷부분에 나오는 당계공(堂谿公)은 한비(韓非)보다 백년전 사람으로 한비와의 문답이 그 진실성에 문제가 있다고 하겠다. 이 편은 한비가 직접 저술한 것이 아니라 훨씬 뒤에 그의 후학들에 의하여 여론(餘論)으로 모아져 편찬된 것으로 여겨진다.
　또 후반부에 나오는 한비를 한자(韓子)로 쓰고 있는 사실도 다른 편에서는 보기드문 일로 더욱 후학에 의한 서술일 가능성을 짙게 한다.
　후반부는 법술(法術)·도수(度數)를 들었는데 그것은 『한비자』사상의 본류(本流)에 입각하고 있지만 전(全)·수(遂)와 같은 도가(道家)사상과의 대결을 앞둔 면에서 차원을 조금 달리하여 변명적인 처지에 쫓기고 있음을 놓칠 수가 없다. 이러한 점에서 이 논술은 일관성이 없고 두 가지 줄거리를 하나로 모아 놓은 형대인 셈이다.

1. 먼저 시험한 후에 등용한다
　서거(徐渠)라는 사람이 전구(田鳩)에게 묻기를

"제가 듣기로 지혜있는 사람은 낮은 자리부터 차례로 오르지 않고 처음부터 임금에게 대우를 받으며, 성인(聖人)은 공적이 없어도 임금의 측근으로 대접을 받습니다.

그러나 요즘에 와서는 그렇지가 않습니다. 양성의거(陽成義渠)는 이름난 지혜로운 장군인데도 겨우 다섯 사람을 이끄는 장(長)에서 입신(立身)하였고, 공손단회(公孫亶回)는 성인(聖人)이라 칭송받는 재상인데도 처음에는 지방 관청의 말단 관리였음은 어째서입니까?"

라고 물었다. 이에 전구(田鳩)는 대답하기를

"별다른 까닭이 있어서가 아니라 임금이 법도를 지키고, 통제하는 술(術)을 터득하고 있었기 때문입니다.

그대는 초나라가 송고(宋觚)라는 사람을 장군으로 등용하였기에 정치를 실패하였고, 위(魏)나라는 풍리(馮離)라는 사람을 재상으로 등용하였기 때문에 그 나라가 멸망하였다는 것을 듣지 못하였는지요?

위의 두 임금은 그 명성에 감동하고, 그 변설(辯說)에 홀려, 다섯 사람의 수장(首長)으로 시험해 보지도 않았고, 지방 관청의 말단 관리로서 일을 시켜 보지도 않았기 때문에 정치는 실패하고 나라는 멸망하는 재앙을 초래하기에 이르렀던 것입니다.

이같은 까닭을 잘 살펴보면, 먼저 둔백(屯伯)이나 지방관청의 말단같은 낮은 자리에 두고 그의 능력을 충분히 시험한 뒤에 등용하는 것이 아니라면 어찌 현명한 임금으로서 마음가짐을 갖추었다고 할 수 있겠습니까?"

라고 말하였다.

　　徐渠問田鳩[1]曰　臣聞智士不襲下而遇君　聖人不見功而接上　今陽成義渠[2]　名將也　而措於屯伯[3]　公孫亶回[4]　聖相也[5]　而關於州部何哉　田鳩曰　此無他故異物　主有度　上有術之故也　且足下[6]不聞楚將宋觚而失其政　魏相馮離而亡其國　二君者　驅於聲詞[7]　眩乎

辯說 不試於屯伯 不關乎州部 故有失政亡國之患 由是觀之 夫
無屯伯之試 州部之關 豈明主之備哉

1) 徐渠問田鳩(서거문전구) : 서거(徐渠)는 전구(田鳩)의 제자인듯 하지만 그의 사적은 어느 기록에도 나타나지 않았고, 전구는 제(齊)나라 사람으로 묵자(墨子)의 제자. 『한서(漢書)』 예문지에 '전구자(田俅子)' 3편이 있다고 기록되어 있는데 구(俅)는 구(鳩)와 비슷한 발음으로 같은 사람으로 통한다.

2) 陽成義渠(양성의거) : 『여씨춘추』에 의하면 조간자(趙簡子)의 신하로 "동안우(董安于)가 있었던 광문(廣門)의 관리에 양성서거(陽成胥渠)라는 사람이 있었다"고 기록되어 있는 것으로 미루어 같은 사람으로 본다.

3) 措於屯伯(조어둔백) : 조(措)는 조치(措置)하다의 뜻이고, 둔백(屯伯)은 여러 가지 설이 있으나 다섯 사람을 거느리는 수장(首長)을 뜻한다. 둔(屯)은 군대가 주둔한다는 뜻이고 백(伯)은 수장(首長)을 말함인데 둔백(屯伯)은 가장 작은 단위의 지휘관 곧 지금의 분대장(分隊長)격을 말한다.

4) 公孫亶回(공손단회) : 사람 이름으로 그 행적의 기록은 자세하지 않으나 『문심수룡(文心雕龍)』이란 문헌의 서기(書記)에 손단회(孫亶回)라는 이름이 있을 뿐이다.

5) 聖相也(성상야) : 성왕(聖王)·성군(聖君)처럼 뛰어난 대신을 가리켜 성상(聖相) 또는 성신(聖臣)으로 부르기도 한다.

6) 足下(족하) : 대부(大夫)의 존칭으로 쓰는데 『사기』에는 군주(君主)의 존칭(尊稱)으로도 썼다.

7) 驅於聲詞(구어성사) : 구(驅)는 구사하다와 같은 말이며, 성사(聲詞)는 성명(聲明) 또는 변설(變說)과 같다.

2. 오기가 사지를 찢긴 까닭은

당계공(堂谿公)이 한자(韓子)에게 말했다.
"제가 듣기로는 예의를 지키고 언제나 겸손한 태도를 가지는 것이 몸을 온전히 하는 술(術)이며, 행실을 삼가고 지혜를 감추는 것이 삶을 지탱하는 도(道)라는 것입니다.

지금 선생께서는 법술을 주장하고 도수(度數)를 내세우고 있는데 저는 마음 한구석에 선생의 신변에 위태로운 일이 일어나지 않을까 두렵습니다.

듣는 바에 의하면 선생의 술(術) 가운데 이렇게 말한 것이 있습니다. '초(楚)나라는 오기(吳起)를 등용하지 않았기 때문에 영토가 깎이고 문란하여졌지만 진(秦)나라는 상군(商君)을 등용하여 나라가 부강해졌다. 이 두 사람이 내세운 주장은 똑같이 타당했지만 오기(吳起)는 손발이 잘려지고, 상군은 수레에 사지(四肢)가 찢기는 형벌을 받았다. 이는 제대로 된 세상을 만나지 못했고, 현명한 임금을 섬기지 못한데서 온 재앙이다.'

그렇다고 제대로 된 세상이나 현명한 임금을 반드시 만나리라는 기대는 할 수 없고, 재앙을 멀리 할 수도 없습니다.

무릇 일신을 온전하게 하여 살아가는 길(道)을 버리고, 위태로운 처신을 하고 계시니 저는 선생을 위하는 뜻에서 그러지 않기를 바랍니다."

이에 한자(韓子)가 말하였다.

"선생의 견해에 대하여 밝혀 드리겠습니다. 무릇 세상을 다스리기 위한 권병(權柄)이나 민중을 가지런히 하기 위한 법도(法度)는 지극히 어려운 일입니다.

그런데도 선생의 가르침을 버리고 저의 선택한 바를 실행하는 까닭은, 법술을 주장하고 도수(度數)를 앞세우는 일이 민중에게 이익을 주고, 뭇사람들을 편하게 하는 도(道)라고 생각하기 때문입니다.

난폭한 임금이나 우매한 임금으로부터 받을 재앙에도 불구하고 모든 민중의 이익을 위하여 마음을 쓰는 것은 어질고 슬기로운 행위인 것입니다.

이와는 반대로 난폭하고 우매한 임금으로부터 받는 재앙을 두려워하고 죽음을 가져올 해로움을 피하여 자기의 일신만을 온전히 하기 위하여 민중의 이익을 돌아보지 않는 것은 탐욕(貪慾)스럽고 비열한 행위입니다.

저는 탐욕스럽고 비열한 행동으로 나아가는 것은 참을 수 없으며, 어질고 슬기로운 행위를 감히 손상시킬 수 없습니다.

선생께서 저에게 호의를 가지고 충고해 주는 것은 고맙지만 실제로는 저를 해치는 결과이므로 따를 수가 없습니다."

堂谿公謂韓子[1]曰 臣聞服禮辭讓 全之術也 修行退智 遂之道也 今先生立法術 設度數 臣竊以爲危於身而殆於軀 何以效之[2] 所聞先生術曰 楚不用吳起而削亂 秦行商君而富彊 二子之言已當矣 然而吳起支解 而商君車裂者 不逢世遇主之患也 逢遇不可必也 患禍不可斥也 夫舍乎全遂之道 而肆乎危殆之行 竊爲先生無取焉 韓子曰 臣明先生之言矣 夫治天下之柄 齊民萌之度 甚未易處也 然所以廢先生之敎 而行賤臣之所取者 竊以爲立法術 設度數 所以利民萌 便衆庶之道也 故不憚亂主闇上之患禍 而必思以齊民萌之資利者 仁智之行也 憚亂主闇上之患禍 而避乎死亡之害 知明夫身 而不見民萌之資利者 貪鄙之爲也 臣不忍嚮貪鄙之爲 不敢傷仁智之行 先生有幸臣之意 然有大傷臣之實

1) 堂谿公謂韓子(당계공위한자): 당계공은 한나라 소후(昭侯)와 같은 시대 사람으로 한비(韓非)보다 100년 전이 되기 때문에 이 사람과의 문답에는 의문이 있다고 문제를 제기하는 설이 많다. 한자(韓子)는 한비(韓非)를 뜻한다. 한편 한비의 제자라는 설도 있다.
2) 效之(효지): 효(效)는 증명하여 보인다는 뜻.

제 4 권

제 24 편 난일…/340
제 25 편 난이…/369
제 26 편 난삼…/392
제 27 편 난사…/420

제 24 편 난 일(難一)

　난(難)이란 논란(論難)과 문란(問難)의 뜻이 함축되어 있고, 역사적 설화(說話)를 먼저 명제로 삼아 차례로 그에 대하여 혹왈(或曰)이라는 형태를 취하여 자신의 사상적 견해를 아홉 항목으로 묶어 논박한 문장이다.

　처음 설화에는 유가적(儒家的)인 내용이 짙은 편이며, 아홉 항목 가운데 여덟 항목이 춘추시대의 설화이다. 그 가운데 세 항목은 제(齊)나라 환공(桓公)에 대한 것이다. 이같은 유가적인 내용의 설화를 대상으로 이어지는 혹왈(或曰)의 논란에는 법가적(法家的)인 내용이 뚜렷한 논리를 가지고 서술하였다.

　혹왈(或曰)을 인용하여 쓰여진 내용에는 먼저 역사설화(歷史說話) 자체에 포함되어 있는 이론적 모순을 지적하고 있는 점이 특이하다. 그것은 그 역사설화에서 말한 내용이 좁은 시야(視野)에 한정되어 다른 측면을 전혀 고려하지 않는 일면성(一面性)에 치우치고, 또한 쉽사리 자기중심에 몰두하여 엄한 객관성이 결핍되어 있는 점을 지적하였다고나 할까.

　쓰여진 말투를 살펴보면 설화(說話)를 공리(功利)라는 면에서 보기도 하고, 난세(難勢)에서도 말했던 모순론(矛盾論)에 의하여 이론적으로 성립되지 않는 점을 들고 있는 것도 엿볼 수 있다. 이와 같이 이론적으로 양립할 수 없다고 지적하는 것은 '오두'나 '현학'에서도 썼던 논법이다.

　난(難)은 일(一)에서부터 사(四)까지 있다.

1. 만세의 이익을 터득한 진문공

진(晉)나라 문공(文公)이 초(楚)나라와 싸우고자 생각하고, 구범(舅犯)을 불러 물어보았다.

"과인은 장차 초나라와 전쟁을 하려하오. 초나라의 군사는 수가 많고, 우리는 수가 적으니 어찌하면 좋겠는가?"

구범이 대답하기를

"신(臣)이 듣기로는 예의를 닦은 군자는 충신(忠信)을 싫어하지 않고 전쟁을 할 때는 속임수를 꺼리지 않는다고 했으니 임금께서는 적을 속이는 술책을 쓰셔야 합니다."

고 말했다. 이에 문공은 구범을 물리친 뒤 옹계(雍季)를 불러 같은 것을 물었다.

"과인은 장차 초나라와 싸우고자 하는데 초나라의 군사는 많고, 우리 군사는 수가 적으니 어찌하면 좋겠는가?"

옹계가 대답하기를

"사냥을 할 때 숲을 태워버리면 당장에는 많은 짐승을 잡을 수 있겠지만 그 뒤에는 반드시 짐승이 없어져 버릴 것입니다. 이와 마찬가지로 속임수로써 민중을 대하면 한 때는 눈앞의 이익을 얻을 수 있겠지만 그 뒤로는 민중의 신망을 돌이킬 수 없을 것입니다."

고 말했다. 이에 문공은

"과연 좋은 말이로다."

하고 찬성한 뒤에 옹계를 물리치고 구범의 계략에 따라 초나라 군대와 싸워 격파하였다. 나라로 돌아와 논공(論功) 행상(行賞)을 행하는데 옹계를 먼저 하고, 구범을 그 뒤로 미루었다.

이에 여러 신하들이 간하기를

"성복(城濮)의 싸움은 구범의 계략으로 이겼는데 그 사람의 의견을 썼으면서 어찌하여 그를 뒤로 돌리십니까?"

라고 물으니 문공이 말하였다.
"이는 그대들이 알지 못하는 바다. 무릇 구범의 의견은 일시적인 권도(權道)일 뿐이며, 옹계의 의견은 만세에 걸쳐 이로움이 되는 말이기 때문이다."
공자가 이 말을 듣고 말하였다.
"문공이 천하의 패자(霸者)가 된 것은 마땅한 일이다. 그는 이미 일시적인 권도를 터득했을 뿐 아니라 또한 만세의 이익마저 터득했기 때문이다."
어떤 사람은 위와 같은 일에 대하여 말하였다.
옹계(雍季)의 대답은 문공의 물음에 마땅하지 않았다. 무릇 물음에 대한 답을 할 경우에는 그 물음의 내용을 잘 살펴 크고 작음과, 급한 일인지 천천히 하여도 되는 일인지를 알아 대답해야 한다.
그런데도 물음은 높고 큰데 대답은 낮고 좁은 내용이면 현명한 임금은 이를 받아들이지 않을 것이다.
지금 문공은 적은 수의 군사로 많은 군사를 대적하는 술을 물었는데 그 물음에 대하여 "그 뒤로는 반드시 민중의 신망을 두번 다시 되돌릴 수 없습니다."고 답한 것은 질문에 대한 마땅한 답이 아니다.
또한 문공은 일시적인 권도가 무엇인지 알지 못하였고, 또 만세에 걸쳐 이익이 되는 것이 무엇인지도 알지 못하였다.
싸워서 이기면 곧 나라가 편안하고 몸이 안정되며 병력이 강해지고 나라의 위엄은 서게 되므로 비록 뒤에 민중의 신망을 얻는다 하더라도 이보다 더 큰 이익을 얻지는 못할 것이니 만세에 걸친 이익에 이르지 못한다고 어찌 걱정할 것인가?
싸워서 만약 이기지 못했다면 나라는 멸망하고 군사는 약해지며 그 몸은 죽고 명예는 사라질 것이다. 그렇게 되면 당장 눈앞의 죽음에서 벗어나려 해도 능력이 미치지 못할 것인데 어찌 만세에 걸친 이익을 기대할 수 있겠는가?
만세에 걸친 이익을 기대할 수 있는 것은 당장의 눈앞에 있는 승리이며, 적을 속이는데 있다. 그러므로 "옹계의 대답은 문공의 물음에 마땅하지 않다."고 한 것이다.

뿐만 아니라 문공은 또 구범의 말도 알아듣지 못하였다. 구범이 속임수를 꺼리지 말라고 한 말은 자기의 백성을 속이라는 말이 아니라 적(敵)을 속이라는 진언이었다. 적이란 정벌하고자 하는 상대의 나라이며, 뒤에 비록 두번 다시 같은 일이 되풀이되지 않더라도 어찌 걱정할 필요가 있겠는가.

문공이 논공행상을 함에 있어 옹계를 먼저 한 까닭은 그 공적에 있었던가? 초나라의 군대를 격파하고 이길 수 있었던 것은 구범의 계책 때문이 아닌가.

그렇다면 옹계의 진언이 뛰어났기 때문인가? 옹계는 그 뒤로 백성의 신망을 두번 다시 돌이킬 수 없다고 말했을 뿐이다. 그렇다면 이는 뛰어난 진언이 될 수 없는 것이다.

그러나 구범은 두 가지 모두를 갖추고 있었던 것이다.

구범이 말한 바는 "예의를 닦아 행하는 군자는 충신(忠信)을 꺼리지 않는다."는 것이었는데 그 충(忠)이라 함은 아래로 백성을 사랑하는 길(道)이요, 신(信)이라 함은 민중을 속이지 않는 길(道)인 것이다.

무릇 백성을 사랑하고 민중을 속이지 않는다는 말은 가장 좋은 말로 이 위에 더 뛰어난 것이 있겠는가? 그러나 그러함에도 반드시 적을 속임수로 대하라는 말을 하지 않을 수 없었던 것은 군사 병법상의 계략이었을 뿐이다.

구범은 처음에 훌륭한 말을 했고 나중에는 전쟁을 승리로 이끌었다. 그러므로 구범은 두 가지 공로를 세웠는데도 논공(論功)에는 뒤로 돌려졌고, 옹계는 한 가지도 공적이 없음에도 행상(行賞)에 있어서는 앞서게 되었다.

"문공이 천하의 패자가 된 것은 마땅하지 않은가"라고 말한 공자는 참으로 좋은 상(賞)이 어떤 것인가를 터득하지 못한 것이다.

晉文公將與楚人戰 召舅犯問之曰 吾將與楚人戰 彼衆我寡 爲之奈何 舅犯對曰 臣聞之 繁禮君子 不厭忠信 戰陣之間 不厭詐僞 君其詐之而已 文公辭舅犯 因召雍季[1]而問之曰 我將與楚人戰 彼衆我寡 爲之奈何 雍季對曰 焚林而田 偸取多獸 後必無獸 以詐遇民 偸取一時 後必無復 文公曰 善 辭雍季 以舅犯之謀與楚人戰以敗之 歸而行爵[2] 先雍季而後舅犯 群臣曰 城濮[3]之事 舅犯謀也 夫用其言而後其身可乎 文公曰 此非若所知也 夫舅犯言一時之權也[4] 雍季言萬世之利也 仲尼聞之曰 文公之霸也 宜哉 旣知一時之權 又知萬世之利

或曰 雍季之對 不當文公之問 凡對問者有因 因大小緩急而對也 所問高大 而對以卑狹 則明主弗受也 今文公問以少遇衆 而對曰 後必無復 此非所以應也 且文公不知一時之權 又不知萬世之利 戰而勝 則國安而身定 兵强而威立 雖有後復 莫大於此 萬世之利 奚患不至 戰而不勝 則國亡兵弱 身死名息 祓拂[5]今日之死不及 安暇待萬世之利 萬世之利 在今日之勝 今日之勝 在於詐敵而已 故曰 雍季之對 不當文公之問 且文公又不知舅犯之言 舅犯所謂不厭詐僞者 不謂詐其民 謂詐其敵也 敵者 所伐之國也 後雖無復 何傷哉 文公之所以先雍季者 以其功耶 則所以勝楚破軍者 舅犯之謀也 以其善言耶 則雍季乃道其後之無復也 此未有善言也 舅犯則以兼之矣 舅犯曰 繁禮君子 不厭忠信者 忠所以愛其下也 信所以不欺其民也 夫旣以愛而不欺矣 言孰善於此 然必曰出於詐僞者 軍旅之計也 舅犯前有善言 後有戰勝 故舅犯有二功而後論 雍季無一焉而先賞 文公之霸也 不亦宜乎 仲尼不知善賞也

1) 雍季(옹계) : 여러 문헌에도 그 자료를 찾기 어려운데 다만 『좌씨전』에 문공 6년조의 공자옹(公子雍)에 해당한다는 설이 있다. 공자옹은 문공의 아들로 양공(襄公)의 서제(庶弟), 곧 두기(杜祁)의 아들이다.

2) 行爵(행작) : 행(行)은 임금이 신하에게 내리다는 뜻이고, 작(爵)은 상을 주다는 뜻인 바 전체의 뜻은 논공(論功)행상(行賞)을 말한다.

3) 城濮(성복) : 성복땅의 싸움을 말하는 것인데 성복은 지금의 하남성

(河南省)의 복현(濮縣).
4) 一時之權也(일시지권야) : 한 때의 임기응변(臨機應變)이라는 뜻이며, 권(權)은 본래 저울의 추를 말하는 것으로 평형(平衡)을 헤아리는 역할을 했다.
5) 祓拂(불불) : 흔히 연문(衍文)으로 보는 견해도 있으나 불(祓)은 불(拂)과 같은 뜻으로 면제(免除)받는다는 뜻.

2. 몸소 모든 것을 변화시킨 순임금

역산(歷山)의 농민들은 서로 남의 밭이랑을 침범하여 농사를 짓는 일이 많았는데 순(舜)이 그곳에 가 농사짓기 1년이 지나자 밭고랑과 논둑이 바로잡혔다.

한편으로 황하(黃河)의 어부들은 그물을 치는 모래톱을 놓고 다투는 일이 자주 있었는데 순(舜)이 그곳에 가 고기잡이를 한지 1년만에 다툼은 그치고 어른에게 양보하는 좋은 풍습이 생겼다.

또 동이(東夷)의 도공(陶工)들이 만드는 질그릇은 거칠고 약해서 깨지기 쉬웠는데 순(舜)이 그곳으로 가 질그릇을 굽기 시작한 지 1년이 되자 그릇이 굳고 단단해졌다.

중니(仲尼)는 이 일에 대해 감탄하여 말하기를 "농사를 짓고, 고기를 잡고, 또한 질그릇을 굽는 일은 본래 순(舜)의 본업이 아니었다. 그런데도 순이 몸소 그곳에 가 그런 일을 한 것은 민중들의 폐습을 고쳐주기 위한 것이었다. 순은 참으로 어진 사람이 아닌가! 스스로 밭을 갈고 고통스러운 일을 함으로써 민중들은 그를 따랐다. 그러므로 '성인(聖人)의 덕(德)은 남을 감화(感化)시킨다'고 말한다." 하였다.

이에 어떤 사람이 유가(儒家)의 선비에게 물었다.
"이 때에 요(堯)는 어디에 있었을까?"
하자 그 선비가 대답하였다.
"요(堯)는 그 때 천자(天子)였소."

"그렇다면 공자가 요임금을 성인이라고 한 것은 어찌된 까닭인가? 성인이 사리(事理)를 밝게 살펴 천자의 자리에 있는 것은 바야흐로 세상에 간사함이 없도록 하기 위해서다. 지금 농사를 짓거나 고기를 잡는데 다툼이 없고, 질그릇을 굽는데 약하여 깨어지지 않는다면 순(舜)이 또한 덕(德)으로 민중을 새삼스럽게 감화(感化)시킬 필요가 있겠는가?

만약 순이 백성들의 폐습을 고쳐주었다면 이는 요임금에게 허물이 있었다는 말이 된다. 순을 현명하다고 한다면 곧 요임금의 명찰함을 부인해야 하고, 요임금을 성인이라 한다면 순이 덕으로 민중을 감화시킨다는 것을 부인하는 것이 되니 이 두 가지 모두를 같이 긍정하기란 어려운 일이다.

초(楚)나라 사람으로 방패와 창을 파는 사람이 있었는데 그가 자기의 방패를 자랑하여 말하기를 "내 방패는 매우 단단하여 어떠한 것으로도 뚫을 수가 없다."고 한 뒤에 이어 또 창을 자랑하여 말하기를 "내 창은 매우 날카로워 어떤 것이라도 뚫리지 않는 것이 없다."고 하였다.

이에 어떤 사람이 말하기를 "그렇다면 그대의 창으로 그대의 방패를 찌른다면 어떻게 되겠는가?"고 물으니 그 사람은 아무런 대답도 하지 못하였다.

무릇 어떤 물건으로도 뚫을 수 없는 방패와, 어떠한 물건이라도 뚫을 수 있는 창은 이 세상에서 동시에 존립할 수 없는 것이다.

지금 요순을 동시에 칭찬할 수 없는 것도 창과 방패를 말하는 이론과 같은 것이다.

또한 순(舜)이 민중의 폐습을 바로잡는데, 1년 걸려 한 가지의 허물을 고쳤으니 3년 동안 세 가지의 허물을 고친 셈이다.

순과 같은 성인도 수명(壽命)에는 한계가 있는 법이며 세상의 허물은 다함이 없는 것이다. 한계가 있는 수명으로 다함이 없는 허물을 바로잡으려 하면 고쳐지는 것이 적을 수밖에 없는 것이다.

상벌(賞罰)이 세상을 다스리는데 반드시 시행되도록 법령을 내리기를 "법규를 따르는 사람은 상을 주고, 법령을 어기는 사람은 벌한다."고 한다.

그 법령이 아침에 내려지면 저녁이면 폐습이 고쳐질 것이고, 그 법령이 저녁에 내려지면 폐습은 아침에 고쳐질 것이다. 그렇게 하기를 열이 되면 세상의 모든 폐습은 고쳐질 것인데, 어째서 1년 동안이나 기다리겠는가?

순은 이같은 말을 요임금에게 간하여 요임금의 영을 따르게 하지 않고 몸소 실천하였으니 이 또한 아무런 술(術)도 터득하지 못했던 것이 아니었던가?

무릇 괴로움을 겪음으로써 민중을 감화시키는 일은 요순같은 성인도 하기 어려운 일이지만 권세의 자리에 있으면서 백성을 바로잡는 일은 평범한 임금도 쉽게 할 수 있는 일이다.

장차 천하를 다스리려는 사람은 평범한 임금도 쉽게 할 수 있는 일을 버리고 요순같은 성인도 하기 어려운 길(道)을 말하는 사람과는 함께 정치를 논할 수 없는 것이다.

歷山之農者侵畔[1] 舜往耕焉 朞年甽畝正[2] 河濱[3]之漁者爭坻 舜往漁矣 朞年而讓長 東夷之陶者器苦窳[4] 舜往陶焉 朞年而器牢 仲尼嘆曰 耕漁與陶 非舜官也 而舜往爲之者 所以救敗也 舜其信仁乎 乃躬藉處苦而民從之 故曰聖人之德化乎 或問儒者[5]曰 方此時也 堯安在 其人曰 堯爲天子 然則仲尼之聖堯奈何 聖人明察在上位 將使天下無姦也 今耕漁不爭 陶器不窳 舜又何德而化 舜之救敗也 則是堯有失也 賢舜 則去堯之明察 聖堯 則去舜之德化 不可兩得也 楚人有鬻楯與矛者 譽之曰 吾楯之堅 物莫能陷也 又譽其矛曰 吾矛之利 於物無不陷也 或曰 以子之矛 陷子之楯 何如 其人弗能應也 夫不可陷之楯 與無不陷之矛 不可同世而立 今堯舜之不可兩譽 矛楯之說也 且舜救敗 朞年已一過 三年已三過 舜壽有盡 天下過無已者 以有盡逐無已 所止者寡矣 賞罰使天下必行之 令曰 中程[6]者賞 弗中程者誅 今朝至暮變 暮

至朝變 十日而海內畢矣 奚待朞年 舜猶不以此說堯令從己 乃躬
親 不亦無術乎 且夫以身爲苦而後化民者 堯舜之所難也 處勢而
矯下者 庸主[7]之所易也 將治天下 釋庸主之所易 道堯舜之所難
未可與爲政也

1) 歷山之農者侵畔(역산지농자침반) : 역산(歷山)은 지금의 산동성(山東省) 역성현 남쪽이며 천불산(千佛山)이 위치한 땅 이름. 그러나 『맹자』에는 동이인(東夷人)이라 했고, 『사기』 오제본기(五帝本紀)에는 기주인(冀州人)이라고도 했다. 반(畔)은 밭두둑 곧 밭의 경계를 이루는 두둑을 뜻한다.
2) 朞年甽畝正(기년견묘정) : 기년(朞年)은 만 1년을 뜻하는데 기(朞)는 기(期)와 같고, 견(甽)은 견(畎)과 같은 뜻으로 밭도랑(밭 사이의 수로(水路))을 말하며, 묘(畝)는 그 뜻이 반(畔)과 같다.
3) 河濱(하빈) : 황하를 가리킨다. 『묵자』『여씨춘추』『사기』같은 문헌에는 강가의 고기잡는 모래톱을 뜻한다 했다.
4) 東夷之陶者器苦窳(동이지도자기고유) : 동이(東夷)는 동쪽에 사는 이민족(異民族)이 사는 땅 이름인데 『맹자』에는 순(舜)을 동이인이라 했다. 『고유(苦窳)』는 그릇이 거칠고 흠이 있어 약하다는 뜻.
5) 儒者(유자) : 요순에 대하여 쓴 내용이기 때문에 그 상대를 유자로 규정한 것인데 일반적으로는 유가(儒家)에 속하는 선비를 뜻한다.
6) 中程(중정) : 정(程)은 본래 곡물을 헤아리는 단위로 도량형(度量衡)을 통틀어 가리킴인데, 중정(中程)은 법도에 알맞다는 뜻.
7) 庸主(용주) : 평범한 임금의 뜻. 곧 현명하지도 않고 어리석지도 않은 중간의 임금이라는 뜻.

3. 자신의 성기를 제거한 수조

관중(管仲)이 병석에 눕자 환공(桓公)이 문병 와 묻기를
"중보(仲父)께서 병으로 계신데 만약 불행하게도 수명을 다한다면 바야흐로 과인에게 어떠한 말을 남기고 싶소?"
라고 말했다. 관중이 대답하기를

"임금께서 말씀이 없었더라도 신(臣)이 말씀 드리고자 하였습니다. 바라건대 임금께서는 수조(豎刁)를 없애시고, 역아(易牙)를 제거하시고, 위(衛)나라 공자 개방(開方)을 멀리하십시오.

역아(易牙)는 임금의 음식을 맛보는 요리사로서 임금께서 오직 사람 고기만을 맛보지 못하였다 하여 자기 자식의 머리를 삶아 바친 일이 있습니다. 무릇 사람의 정으로 제 자식을 사랑하지 않는 부모가 없는 법인데 역아는 자기 자식마저 사랑하지 못하는 사람이 어찌 임금을 사랑할 수 있겠습니까?

임금께서는 여색(女色)을 좋아하고 질투심이 많은데 수조(豎刁)는 스스로 남성(男性)을 거세하고 후궁들을 단속하는 내시(內侍)가 되었습니다. 사람의 정은 자기 몸을 사랑하지 않는 사람이 없는데, 스스로 자기를 사랑하지 않는 수조같은 사람이 어찌 임금을 사랑할 수 있겠습니까?

공자 개방(開方)은 임금을 섬기기 15년 동안 제(齊)나라와 위나라는 불과 며칠이면 오갈 수 있는 거리인데도 그 어머니를 버리고 오래도록 돌아가지 않고 있습니다. 그 어머니를 사랑하지 않는 사람이 어찌 임금을 사랑할 수 있겠습니까?

신이 듣기로는 '무리하게 거짓으로 자기를 꾸며도 오래 가지는 못하며, 허구를 속이려 감추어도 오래지 않아 들통이 나고 만다'고 했습니다. 바라건대 임금께서는 그 세 사람을 제거토록 하십시오."

라고 말하였다. 관중은 죽었고, 환공은 이 말을 실천하지 않았다. 뒤에 환공은 그 세 사람의 내란에 의하여 목숨을 잃었으며, 시체에서 구더기가 나올 때까지 장사를 치르지 못하였다.

어떤 사람이 위의 이야기를 듣고 비평하여 말하였다.

관중(管仲)이 환공(桓公)을 만나 한 말은 법도를 터득한 사람의 말은 아니다. 관중이 말한 수조와 역아를 제거해야 하는 까닭은 자기들의 몸을 사랑하지 않고 임금의 욕망을 채워주려 했다는데 있다.

관중은 "자기 몸을 사랑하지 않는 사람이 어찌 임금을 사랑하겠는가?"고 했는데 그렇다면 만약 신하 가운데 목숨을 바쳐 임금을 섬기는 충신이 있다면 관중은 이를 등용하여 쓰지 않겠다는 것이다.

말하기를 "자기의 사력(死力)을 소중하게 여기지 않으면서 어찌 임금을 위하여 사력을 다하겠는가?"고 하면서 임금에게 충신을 배척하도록 바라는 꼴이 된다.

또 자기 몸을 사랑하지 않는 것으로 임금을 사랑하지 않을 것이라고 추측한다면 지난날 관중이 공자규(公子糾)를 임금으로 섬겼을 때 그를 위하여 목숨을 바치지 않았음을 들어 지금의 임금인 환공을 위하여도 목숨을 바치지 못한다는 추측을 할 수 있는 셈이며 이러한 논리라면 관중도 또한 제거되어야 할 범위에 들어가는 꼴이 된다.

현명한 임금의 길(道)이란 그러한 것이 아니다. 민중이 바라는 바를 내세워서 공을 세우도록 독려하고, 그래서 벼슬과 봉록을 베풀어 민중을 격려하는 것이다. 민중이 싫어하는 바를 내세워 간사한 짓을 못하도록 금지하고, 엄한 형벌을 만들어 민중을 위협하는 것이다.

공로가 있는 사람에게 주는 포상(褒賞)은 반드시 신의가 있고 법도를 어기는 사람에게 내리는 형벌은 확실하게 한다. 그러므로 임금은 공적이 있는 신하를 등용하고 간사한 사람이 높은 지위에 오르는 일이 없도록 한다면 비록 수조(豎刁)와 같은 사람이 있어도 임금을 누가 어찌할 수 있겠는가?

또 신하는 죽을 힘을 다하여 임금을 섬기면서 관계를 공고히 할 것이고, 임금은 벼슬과 봉록을 줌으로써 신하와 끊어질 수 없는 관계가 맺어질 것이다.

임금과 신하간의 관계는 부자(父子)와 같이 혈육관계가 아니라 이해 타산을 바탕으로 맺어진다. 임금이 바른 도를 걸으면 신하는 힘을 다하여 섬기므로 간사한 일이 생겨나지 않지만, 임금이 바른 도를 행하지 않으면 신하는 위로 임금의 밝은 슬기를 가리고 아래로는 사사로운 욕심을 꾀하게 된다.
　관중은 이러한 기준의 법도를 환공에게 분명히 말하지 않아 수조를 제거하면 또다른 수조가 나타날 것이므로 이것은 간사함을 근절하는 길이 아닌 것이다.
　또 환공이 죽었을 때 구더기가 기어나와 창문 밖으로 흘러나오도록 장사를 지내지 못한 까닭은 신하의 권세가 너무 컸기 때문이다. 신하의 권세가 커지면 임금을 멋대로 휘어잡게 된다. 임금을 제멋대로 휘두르는 신하가 있게 되면 임금의 명령은 아래의 민중에게까지 이르지 않고 신하의 실정이 위로 임금에게 전달되지 못한다. 단지 한 사람의 신하가 휘두르는 권력이 임금과 신하들의 사이를 가로막아 좋은 일이건 나쁜 일이건 듣지 못하고 재앙과 복됨이 통하지 않는다. 그래서 죽은 뒤에 장사를 치르지 못하는 재앙이 일어났던 것이다.
　현명한 임금의 길(道)이란 한 사람에게 여러 가지 관직을 겸하게 하지 않고, 하나의 관직에 여러 가지 일을 시키지 않는 것이다.
　신분의 비천(卑賤)이나 존귀(尊貴)를 가리지 말고 공적이 있으면 누구나 직접 등용하고, 대신들은 언제든지 측근을 통하지 않고도 임금을 만나 진언할 수 있어야 한다.
　모든 관리(百官)는 자기가 맡은 바 일을 수행할 때 정연하게 임금과 소통하고, 여러 신하들(群臣)은 수레바퀴의 살처럼 그 힘이 임금에게로 모아져야 한다.
　상을 줄 사람의 공적을 임금이 환하게 알고 있으며, 형벌을 가하게 될 사람의 죄상을 임금이 분간할 수 있어야 한다. 미리 틀림없는 사실을 확인한 뒤에 그 결과에 따라 사사롭지 않게 상벌(賞罰)을 행한다면 어찌 죽은 뒤에 장사를 치르지 못하는 재앙이 일어났겠는가?
　관중은 이러한 의견을 환공에게 분명히 설명하지는 않고 다만 세 사람만을 제거하라고 했기 때문에 "관중(管仲)은 법도(法度)를 깨닫지 못하였다."고 지적을 받는 것이다.

管仲有病 桓公往問之曰 仲父[1]病 不幸卒於大命 將奚以告寡人 管仲曰 微[2]君言 臣故將謁之 願君去豎刁 除易牙 遠衛公子開方[3] 易牙爲君主味 君惟人肉未嘗 易牙烝其首子而進之 夫人情莫不愛其子 今弗愛其子 安能愛君 君妬而好內 豎刁自宮以治內 人情莫不愛其身 身且不愛 安能愛君 開方事君十五年 齊衛之間不容數日行 棄其母 久宦不歸 其母不愛 安能愛君 臣聞之 矜僞不長 蓋虛不久 願君去此三子者也 管仲卒死 而桓公弗行 及桓公死 蟲出戶不葬

或曰 管仲所以見告桓公者 非有度者之言也 所以去豎刁易牙者 以不愛其身 適君之欲也 曰 不愛其身 安能愛君 然則臣有盡死力以爲其主者 管仲將弗用也 曰 不愛其死力 安能愛君 是欲君去忠臣也 且以不愛其身 度其不愛其君 是將以管仲之不能死子糾 度其不死桓公也 是管仲亦在所去之域矣 明主之道不然 設民所欲 以求其功 故爲爵祿以勸之 設民所惡 以禁其姦 故爲刑罰以威之 慶賞信而刑罰必 故君擧功於臣 而姦不用於上 雖有豎刁 其奈君何 且臣盡死力以與君市[4] 君垂爵祿以與臣市 君臣之際 非父子之親也 計數之所出也 君有道 則臣盡力 而姦不生 無道 則臣上塞主明 而下成私 管仲非明此度數於桓公也 使去豎刁 一豎刁又至 非絕姦之道也 且桓公所以身死 蟲流出戶不葬者 是臣重也 臣重之實 擅主也 有擅主之臣 則君令不下究 臣情不上通 一人之力 能隔君臣之間 使善敗不聞 禍福不通 故有不葬之患也 明主之道 一人不兼官 一官不兼事 卑賤不待尊貴而進 大臣不因左右而見 百官修通 群臣輻湊[5] 有賞者君見其功 有罰者君知其罪 見知不悖於前 賞罰不弊[6]於後 安有不葬之患 管仲非明此言於桓公也 使去三子 故曰管仲無度矣

1) 仲父(중보) : 일반적으로 아버지의 형제 가운데 둘째로 말하며 흔히 '작은 아버지'라는 뜻이지만 여기서는 제(齊)나라 환공이 관중을 존중하여 칭하는 부름이다.
2) 微(미) : 없다는 뜻.
3) 衛公子開方(위공자개방) : 본래 환공의(桓公)의 어머니는 위(衛)나라

에서 시집왔는데 『관자(管子)』계(戒)에 기록되기를 공자개방(公子開方)은 위(衛)나라의 천승(千乘)을 사양하고 제(齊)나라를 섬겼다고 했으며, 소칭(小稱)에는 환공(桓公)이 죽자 서사(書社 : 토지문서) 7백을 가지고 다시 위(衛)나라로 돌아갔다고 기록하였다.
4) 市(시) : 서로 교역(交易)한다는 뜻인데 이해 관계로 사귄다는 뜻.
5) 輻湊(복주) : 수레바퀴의 살이 축(軸)에 모인다는 뜻.
6) 不弊(불폐) : 잃어버리지 않는다의 뜻과 같다.

4. 훌륭하다. 조양자의 상 내림이여!

조(趙)나라 양자(襄子)는 진양(晉陽)의 성에서 지백(知伯)의 군사에게 포위당했는데, 그 뒤 그 포위망을 벗어나 공로가 있는 다섯 사람에게 상(賞)을 주면서 고혁(高赫)에게 으뜸가는 상을 주었다.

장맹담(張孟談)이 묻기를

"진양의 싸움에서 고혁은 별다른 큰 공을 세우지 않았는데도 그에게 으뜸가는 상을 내리시니 어찌된 까닭입니까?"

고 묻자 양자가 대답하였다.

"진양의 싸움은 과인과 나라를 위태롭게 하는 것이었고, 사직 또한 위태로웠소. 모든 신하들은 나에 대하여 오만하게 대하고 업신여기지 않는 사람이 없었는데 오직 혁(赫)만이 임금에 대한 신하의 예의를 잃지 않았기 때문에 그에게 으뜸가는 상을 주었던 것이오."

공자는 이 말을 듣고 "참 훌륭하게 내린 상이로다! 비록 양사는 고혁 한 사람에게 상을 주었지만 온 세상의 신하된 사람에게 감히 예의를 잃지 않게 하였구나."라고 칭송했다.

어떤 사람이 위의 말에 대하여 비평하였다.

공자는 훌륭하게 상주는 방법을 모르고 있다. 무릇 상벌을 잘 내리는 경우에는 아래로 모든 관리가 남의 직무를 넘보지 않고, 모든 신하는 남에 대하여 예의를 잃지 않는 법이며, 위로 기준이 되는 법을 설치하면 아랫사람들이 간사한 마음을 갖지 않는다. 이와 같은 것이 임금으로서 훌륭하게 상벌하는 것이라 할 수 있다.

만약 양자가 진양성에 포위되어 있을 때 명령을 내려도 행하여지지 않고, 금지하여도 그치지 않았다면 양자에게는 나라가 없고, 진양성에는 임금이 없는 셈이 되는데 그렇다면 더욱 누구와 함께 나라를 지켰다는 말인가!

실제로 양자가 진양성에 있을 때 지백(知伯)이 물로써 공격했으므로 부엌에서 개구리가 헤엄을 칠 정도였는데도 민중들은 한 사람도 반감을 갖는 사람이 없었다. 이것은 임금과 신하가 서로 친밀했기 때문이었다.

양자는 임금과 신하가 서로 친밀할 만큼 평소에 은혜를 베풀었고, 명령하면 행하여졌으며 금지하면 그치도록 법을 조종하고 있었는데도 임금을 업신여기는 신하가 있었다는 것은 양자가 벌(罰)주는 것을 잊었기 때문이다.

신하가 일을 도모하여 공을 세웠을 때는 마땅히 상을 주어야 하는데 지금 고혁(高赫)은 단지 오만하지 않고 임금을 업신여기지 않았다는 이유로 양자가 그에게 으뜸가는 상을 내린 것은 상주는 법이 잘못된 것이다.

현명한 임금은 공적이 없는 사람에게 상을 주지 않으며, 죄짓지 않은 사람은 처벌하지 않는다.

지금 양자는 오만하여 업신여기는 신하를 벌하지 않고, 아무런 공로가 없는 고혁을 포상하였으니 어찌 양자가 훌륭하게 상을 내렸다고 할 수 있겠는가?

그러므로 "공자는 훌륭하게 상주는 법을 모른다"고 하는 것이다.

襄子圍於晉陽中[1] 出圍 賞有功者五人 高赫[2]爲賞首 張孟談[3] 曰 晉陽之事 赫無大功 今爲賞首何也 襄子曰 晉陽之事 寡人國家危 社稷殆矣 吾群臣無不有驕侮之意者 惟赫不失君臣之禮 是

以先之 仲尼聞之曰 善賞哉 襄子賞一人 而天下爲人臣者 莫敢失禮矣

或曰 仲尼不知善賞矣 夫善賞罰者 百官不敢侵職 群臣不敢失禮 上設其法 而下無姦詐之心 如此則可謂善賞罰矣 使襄子於晉陽也 令不行 禁不止 是襄子無國 晉陽無君也 尙誰與守哉 今襄子於晉陽也 知氏[4]灌之 臼竈生䵷[5] 而民無反心 是君臣親也 襄子有君臣親之澤 操令行禁止之法 而猶有驕侮之臣 是襄子失罰也 爲人臣者 乘事[6]而有功則賞 今赫僅不驕侮 而襄子賞之 是失賞也 明主賞不加於無功 罰不加於無罪 今襄子不誅驕侮之臣 而賞無功之赫 安在襄子之善賞也 故曰仲尼不知善賞

1) 襄子圍於晋陽中(양자위어진양중) : 양자(襄子)는 조양자(趙襄子)를 일컫는데 이름은 무휼(無恤)이고, 간자(簡子)의 아들. '초현진편'에는 조양주(趙襄主)로 나와 있고, 춘추시대 말기의 진(晋)나라 육경(六卿)의 한 사람이다. 진양(晋陽)은 지금의 산서성(山西省)의 태원(太原)이다.
2) 高赫(고혁) : 조씨(趙氏)의 가신(家臣)으로 『여씨춘추』에는 고사(高赦)로 기록되어 있고 『사기』에는 고공(高共)으로 되어 있다.
3) 張孟談(장맹담) : 조양자(趙襄子)의 재상으로 『국어(國語)』 진어구(晋語九)에는 장담(張談)으로 기록되어 있다.
4) 知氏(지씨) : 지백(知伯)을 가리키는 것, 진(晋)나라 육경(六卿)의 한 사람이며, 순요(荀瑤)라고도 불렀다.
5) 臼竈生䵷(구조생와) : 구조는 절구통같이 움푹 파인 부엌을 뜻하며, 와는 개구리를 말한다.
6) 乘事(승사) : 일을 계획하다는 뜻. 승(乘)은 헤아리다의 뜻.

5. 임금을 거역하는 자 없다

진(晋)나라 평공(平公)이 여러 신하와 함께 술자리를 하다가 술에 취할 무렵 말하기를

"이 세상에 임금이 된 것보다 더 즐거운 것은 없다! 오직 이

떠한 말을 하여도 이를 거역하는 사람이 없도다."
하였다. 이때 사광(師曠)이 앞에 앉아 있다가 거문고를 들어 평공을 쳤다. 이에 평공은 황급하게 피하고 거문고는 벽에 부딪쳐 부숴지고 말았다.
평공이 묻기를
"태사(太師)는 누구를 치려 했는가?"
하자 사광이 대답하기를
"지금 소인(小人)이 무엇인가 지껄이기에 그를 쳤습니다."
하니 평공이 그 말을 받아 말하기를
"그 소인은 과인(寡人)일세."
라고 했다. 이에 사광은 다시 말하기를
"아아 그것은 임금된 분이 하실 말씀이 아닙니다."
고 하였는데 임금의 좌우에 있던 신하들이 사광을 벌하여 물리치도록 임금에게 청하니 평공이 말하였다.
"그대로 두어라 과인의 계명으로 삼겠다."
위의 일에 대하여 어떤 사람이 말하였다.
평공은 임금의 도를 잃었고, 사광은 신하의 예의를 잃었다.
무릇 신하의 행위에 잘못이 있으면 그를 벌하는 것이 임금이 신하를 대하는 태도이다. 임금의 행위가 도에 어긋났다면 말로 간(諫)해야 하며 훌륭한 말로 간하는데도 이를 듣지 않으면 자기가 물러나는 것이 신하가 임금을 대하는 태도인 것이다.
그러함에도 지금 사광은 평공의 행위를 간함에 있어 신하로서 취해야 할 예의로 하지 않고, 임금이나 해야 할 벌(罰)의 수단을 행하여 거문고로 임금의 옥체(玉體)를 치려 했으니 이것은 상하의 지위를 거슬리고 신하의 예의를 잃은 것이다.
무릇 신하된 사람은 임금이 허물이 있으면 즉시 이를 간언(諫言)해야 하고, 간하여도 듣지 않으면 벼슬과 봉록 따위는 가볍게 버리고 물러날 각오로 임금의 깨달음을 기다리는 것이 바로 신하의 예의인 것이다.
지금 사광은 평공의 허물을 책망하여 거문고를 던져 그 옥체를 치려 했는데, 비록 엄한 아버지도 아들에게 할 수 없는 행동을 사광은 감히 임금에게 저질렀으니 이것은 대역죄(大逆罪)의 술(術)이다. 신하가 중대한 반역을 범하였는데도 평공은 기꺼이 이를 받아들이고 있으니 이는 임금의 도를 잃은 것이다.

그러므로 이러한 평공의 행적은 밝게 드러내서는 안 되는 일이며 임금이 신하의 말을 무조건 듣기만 하고 그의 과실은 깨닫지 못한 것이다. 사광과 같은 행동도 또한 드러내서는 안 되는 일이다. 이는 간신으로 하여금 무례한 행동으로 임금을 시역하여도 좋다는 선례를 남기게 하는 계기가 되는 것으로 이 모두가 쌍방이 다 현명한 것이 아니라 쌍방이 모두 허물이라고 일컫는다.

그러므로 말하기를 "평공은 임금의 도를 잃었고, 사광은 신하의 예의를 잃었다."고 하는 것이다.

晉平公[1]與群臣飮 飮酣[2] 乃喟然歎曰 莫樂爲人君 惟其言而莫之違 師曠侍坐於前 援琴撞之 公披袵[3]而避 琴壞於壁 公曰 太師[4]誰撞 師曠曰 今者有小人言於側者 故撞之 公曰 寡人也 師曠曰 啞 是非君人者之言也 左右請塗之 公曰 釋之 以爲寡人戒

或曰 平公失君道 師曠失臣禮 夫非其行而誅其身者 君之於臣也 非其行而陳其言 善諫不聽則遠其身者 臣之於君也 今師曠非平公之行 不陳人臣之諫 而行人主之誅 擧琴而親其體 是逆上下之位 而失人臣之禮也 夫爲人臣 君有過則諫 諫不聽則輕爵祿以待之 此人臣之禮義也 今師曠非平公之過 擧琴而親其體 雖嚴父不加於子 而師曠行之於君 此大逆之術也 臣行大逆 平公喜而聽之 是失君道也 故平公之迹 不可明也 使人主過於聽而不悟其失 師曠之行 亦不可明也 使姦臣襲極諫而飾弑君之道 不可謂兩明 此謂兩過 故曰 平公失君道 師曠亦失臣禮矣

1) 晉平公(진평공) : 서기전 557년에서 전 532년까지 재위했던 임금이다. '십과편'에도 사광(師曠)이 간하는 이야기가 있다.
2) 飮酣(음감) : 술을 거나하게 마셔 주흥이 한창 일어남을 뜻한다.

3) 披衽(피임) : 옷깃이 열린다는 말인데 여기서는 회피한다는 뜻.
4) 太師(태사) : 악관(樂官)의 장(長)을 뜻하는데, 일반적으로는 삼공(三公)의 하나.

6. 초야의 선비를 다섯 번 찾아간 환공

제(齊)나라 환공 때 한 사람의 처사(處士)가 있었는데 그 이름을 소신직(小臣稷)이라 하였다. 환공이 세 번이나 찾아갔으나 만나주지를 않았다.

이에 환공이 말하기를

"내가 듣기로는 벼슬을 하지 않고 초야에 묻혀 사는 선비는 벼슬이나 봉록도 가볍게 생각하여 돌아보지 않으니 한 나라의 임금도 그를 쉽게 만나지 못하고, 만승의 임금이라도 인의(仁義)를 숭상하지 않고는 초야에 묻혀 벼슬도 사양하는 선비를 신하로 삼을 수 없다고 했다."

하면서 다섯 번이나 그를 찾아가 마침내 만날 수 있었다.

이에 대하여 어떤 사람이 논란하여 말했다.

환공은 인의(仁義)가 무엇인지를 잘 모르는 사람이다.

무릇 인의라는 것은 세상의 재해를 걱정하고, 한 나라에 환란이 있을 때는 그 일을 해결하기 위하여 자기 한 몸의 치욕을 피하지 않는 것을 인의라 일컫는 것이다.

이윤(伊尹)은 중국의 정치가 어지럽다고 생각되었을 때, 스스로 탕왕의 요리사가 되어 그의 신용을 얻은 후 재상이 되어 나라를 평정시켰다. 백리해(百里奚)는 진(秦)나라의 정치가 어지러워지자 스스로 노예가 되어 목공(穆公)을 섬기다가 재상이 되어 나라를 바로잡았다.

이 두 사람은 모두 세상의 재해를 걱정하고, 나라의 환란을 구하기 위하여 어떠한 치욕도 물리치지 않았으니 이것을 인의(仁義)라고 일컫는 것이다.

지금 환공이 만승대국의 권세를 가졌으면서도 한낱 초야에 묻혀있는 선비에게 머리를 숙인 것은 바야흐로 제(齊)나라의 위난을 구하고자 했기 때문이다. 그런데도 소신직은 임금이 여러 차례 찾아갔는데도 만나주지 않았으니 그는 민중을 잊은 것이며, 민중을 잊었다는 것은 인의(仁義)라 할 수 없다.

인의라는 것은 신하의 예(禮)를 벗어나지 않고, 임금과 신하의 지위를 손상시키지 않는다. 그러므로 사방 영토 안에서 사냥하여 잡은 짐승이나 토산품을 들고 임금을 배알하는 것을 신(臣)이라 하고, 또 신으로서 임금을 섬기며 직분을 맡아 일하는 관리를 맹(萌)이라 부른다.

지금 소신직이 민(民)과 맹(萌)의 민중 속에 있으면서도 임금의 소망을 거역했으니 인의라고 할 수 없는 것이다. 이렇게 인의가 없는데도 환공은 그에게 예의를 다하였던 것이다.

만약 소신직이 재능이 있는데도 일부러 환공을 피하여 숨으려고 했다면 이는 형벌을 가해야 마땅하고, 만약 재능도 없이 오만 불손하여 환공을 피했다면 이는 임금을 속인 일이 되기 때문에 마땅히 죽여야 할 것이다.

이렇게 소신직의 행위는 처벌이나 사형에 처했어야 함에도 그렇게 하지 않았다.

환공이 군신의 도리를 터득하지 못하고 처형해야 할 사람을 예의로 대접하였으니, 이것은 위를 가볍게 보고 임금을 업신여기게 하는 풍습을 제나라에 가르치는 셈이 되므로 나라를 잘 다스리는 일이 못된다.

그러므로 "환공은 인의(仁義)를 알지 못했다."고 말하는 것이다.

齊桓公時 有處士曰小臣稷[1] 桓公三往而弗得見 桓公曰 吾聞布衣之士[2] 不輕爵祿 無以易萬乘之主 萬乘之士 不好仁義 亦無以下布衣之士 於是五往 乃得見之

或曰 桓公不知仁義 夫仁義者 憂天下之害 趨一國之患 不避卑辱 謂之仁義 故伊尹以中國爲亂 道爲宰干湯[3] 百里奚以秦爲

亂 道爲虜干穆公 皆憂天下之害 趣一國之患 不辭卑辱 故謂之
仁義 今桓公以萬乘之勢 下匹夫之士 將欲憂齊國 而小臣不行見
是小臣之忘民也 忘民不可謂仁義 仁義者 不失人臣之禮 不敗君
臣之位者也 是故四封之內 執禽而朝[4] 名曰臣 臣吏分職受事 名
曰萌 今小臣在民萌之衆 而逆君上之欲 故不可謂仁義 仁義不在
焉 桓公又從而禮之 使小臣有智能而遁桓公 是隱也 宜刑 若無
智能 而虛驕矜[5]桓公 是誣也 宜戮 小臣之行 非刑則戮 桓公不
能領臣主之理[6] 而禮刑戮之人 是桓公以輕上侮君之俗敎齊國也
非所以爲治也 故曰 桓公不知仁義

1) 處士曰小臣稷(처사왈소신직) : 처사(處士)는 초야에 묻혀 벼슬을 거부
하고 은거하는 선비를 말하는데 흔히 다른 편에서는 거사(居士)로 쓰
기도 한다. 소신(小臣)은 신분이 낮은 신하를 말하기도 하지만 여기
서는 성씨(姓氏)로 보고, 직(稷)은 이름이다.
2) 布衣之士(포의지사) : 평범한 선비를 뜻하는 것. 포의(布衣)란 삼베로
만든 옷으로 옛날 서민(庶民)들이 입는 옷을 뜻한다.
3) 道爲宰干湯(도위재간탕) : 도(道)는 일반적으로 사람이 걸어야 할 길
(道)을 말하지만 이곳은 말미암아의 뜻이고, 재(宰)는 음식을 만드는
요리(料理) 담당이고, 간(干)은 쓰이다의 뜻과 같다.
4) 執禽而朝(집금이조) : 여러 가지 설이 있으나 신하가 처음 임금을 배
알할 때 그 신분에 알맞는 짐승을 사냥하여 예로 바치는 것을 뜻함.
5) 虛驕矜(허교긍) : 겉으로만 긍지를 가지고 으스대는 것을 뜻한다. 즉
알맹이는 없이 남을 속여 뽐내는 것을 말한다.
6) 領臣主之理(영신주지리) : 임금과 신하간의 질서를 통제하는 법도를
뜻한다.

7. 그 죄상을 군중(軍中)에 널리 포고하라

미계(靡笄)의 싸움에서 장수인 한헌자(韓獻子)가 어떤 사람
을 참형에 처하려 한다는 말을 들은 극헌자(郤獻子)가 급히 수
레를 몰고 달려가 구하려 했으나 이미 처형당한 뒤였다.

이에 극헌자가 말하기를
"어찌하여 이 사실을 전군에 널리 알리지 않는가?"
하고 묻자 그를 모시던 노복이 말하기를
"앞서까지는 그를 구하러 오신 것이 아닙니까? 그런데 어찌 그의 죄를 널리 공포하라 하십니까?"
하자 극헌자가 말하였다.
"설혹 그에게 죄가 없다 하더라도 이미 죽은 뒤에야 시비를 가릴 수 없다. 내 어찌 한헌자와 함께 비난을 받지 않을 수 있겠는가."
이에 대하여 어떤 사람이 말하였다.
극헌자의 말을 잘 살펴보지 않을 수 없는 것이, 그는 한헌자의 비난을 함께 나누어 가졌다고는 생각할 수가 없다.
한헌자가 참형한 사람이 만약 죄인이었다면 마땅히 구할 수 없었던 것이니 죄인을 구제함은 법을 어기는 일이며, 법을 어기면 나라는 어지러워지기 때문이다.
또한 만약 그 처형당한 사람이 죄인이 아니었는데도 극헌자가 한헌자에게 권하여 그 죄상을 전군에 널리 알렸다면 이것은 무실(無實)의 죄를 이중으로 덮어씌워 민중의 원망을 사게 되고, 민중의 원망을 사게 되면 나라는 위태로운 지경에 빠진다.
극헌자의 말은 나라를 위태롭게 하거나 아니면 어지럽게 하는 일이 되므로 잘 살펴보지 않으면 안 된다.
또한 한헌자가 참형한 사람이 만약 죄인이었다면 이를 저형하는 것은 마땅한 일로 굳이 세상의 비방을 받을 필요가 없었던 것인데 극헌자가 어찌 나누어 가지려 했는가? 그리고 설령 죄인이 아니었다 해도 이미 참형한 뒤에 극헌자가 갔기 때문에 그것은 한헌자에 대한 비방이 이루어진 뒤라 극헌자는 그와 아무런 관련도 없는 것이다.
무릇 극헌자가 말한 "군중에 널리 포고하라"는 것은 비난을 함께 나누자는 것이 아니라 오히려 잘못 처형한 사실을 포고하여 새로운 비난을 불러 일으키게 하는 것이 된다.

이로써 극헌자의 말은 비난을 나누는 것이 아니고 비난을 더하는 것이다.

옛날 은(殷)나라 주왕(紂王)은 잔혹(殘酷)한 포락(炮烙)의 처형법을 만들어 집행했는데, 주왕의 중신(重臣)인 숭후(崇侯)와 오래(惡來)는 더하여 겨울날 강을 건너는 사람들의 정강이가 어떻게 생겨 그 차가움을 견딜 수 있는지 알아보자고 사람의 정강이를 자르게 하였다.

이들이 그러한 잘못을 저질렀다고 해서 주왕에 대한 비난을 함께 나눌 수는 없는 것이다.

또 민중이 윗사람에 대하여 거는 기대는 큰 것인데 한헌자의 조치가 마땅하지 않았다면, 다음으로 극헌자의 올바른 조치를 민중들은 바라고 있는 것이다.

극헌자마저 그 기대를 저버렸으니 민중은 윗사람에 대한 기대를 잃게 된 것이다. 그래서 "극헌자의 말은 한헌자와 비방을 함께 나누는 것이 아니라 오히려 비방을 더하게 하는 짓이다."라고 말하는 것이다.

또 극헌자가 달려가 죄인을 구하고자 한 일은 한헌자가 잘못을 저질렀다고 생각했기 때문이다. 그런데도 한헌자의 잘못은 깨우쳐 주지 않고 이를 권하여 전군에 널리 알리게 했으니 이것은 한헌자로 하여금 스스로의 허물을 깨달을 수 있는 틈을 빼앗고 만 것이 된다.

무릇 아래로는 민중의 윗사람에 대한 기대를 잃게 하였고 또 한헌자에게는 스스로 깨달을 수 있는 기회를 잃게 하였으니, 나로서는 극헌자가 한헌자와 비방을 함께 나누겠다고 한 까닭을 알지 못하겠다.

靡笄之役[1] 韓獻子[2]將斬人 郤獻子[3]聞之 駕往救之 比至 則已斬之矣 郤子因曰 胡不以徇[4] 其僕曰 曩不將救之乎 郤子曰 吾敢不分謗乎

或曰 郤子之言 不可不察也 非分謗也 韓子之所斬也 若罪人

則不可救 救罪人 法之所以敗也 法敗則國亂 若非罪人 則勸之
以徇 是重不辜也 重不辜 民所以起怨者也 民怨則國危 郤子之
言 非危則亂 不可不察也 且韓子之所斬 若罪人 郤子奚分焉 斬
若非罪人 則已斬之矣 而郤子乃至 是韓子之謗已成 而郤子且後
至也 夫郤子曰 以徇 不足以分斬人之謗 而又生徇之謗 是郤子
之言 非分謗也 益謗也 昔者紂爲炮烙[5] 崇侯惡來[6] 又曰斬涉者之
脛也 奚分於紂之謗 且民之望於上也甚矣 韓子弗得 且望郤子之
得也 今郤子俱弗得 則民絶望於上矣 故曰 郤子之言 非分謗
也 益謗也 且郤子之往救罪也 以韓子爲非也 不道[7]其所以爲非
而勸之以徇 是使韓子不知其過也 夫下使民望絶於上 又使韓子
不知其失 吾未得郤子之所以分謗者也

1) 靡筓之役(미계지역) : 미계(靡筓)는 제(齊)나라 땅 이름으로 지금의
   산동성(山東省) 제남의 천불산(千佛山). 역(役)은 싸움이란 뜻이며,
   이 이야기는 『좌씨전』 성공 2년(서기전 589년)조에 기록되었다.
2) 韓獻子(한헌자) : 한궐(韓厥)을 말하며, 헌자(獻子)는 시호이다. 한
   씨(韓氏)의 3세손으로 이때 사마(司馬) 벼슬 자리에 있었다.
3) 郤獻子(극헌자) : 극극(郤克)을 말함이고, 헌자(獻子)는 시호이며, 극
   결(郤欠)의 아들로서 이 싸움에서 총사령관의 자리에 있었던 것으로
   추정된다.
4) 胡不以徇(호불이순) : 호(胡)는 어찌하여라는 뜻이고, 순(徇)은 빠짐
   없이 골고루 여러 사람에게 알린다라는 뜻으로 쓴다.
5) 紂爲炮烙(주위포락) : 주(紂)는 은(殷)나라 주왕이고, 포락(炮烙)은
   죄인을 처형하는 방법의 하나인데 구리기둥(銅柱)에 기름을 발라 숯
   불위에 걸쳐놓고 그 위로 죄인을 걷게 하면 미끄러워 불 위에 떨어지
   면 그 광경을 본 왕비가 웃었는데 주왕은 왕비 달기의 웃음을 위하여
   그것을 즐겼다.
6) 崇侯惡來(숭후오래) : 『사기』 은본기(殷本紀)에는 숭후(崇侯)·오래
   (惡來) 두 사람이 주왕의 신하로 기록되어 있다. 숭후의 숭(崇)은 나
   라 이름이고 후(侯)는 벼슬이며 이름은 호(虎)였는데 주왕을 간하다
   가 죽임을 당하였다. 오래는 성이 영(嬴)으로 비렴(飛廉)의 아들이며

주(周)나라 무왕이 주왕을 쳤을 때 그 아비와 함께 죽었다.
7) 不道(부도) : 불언(不言)과 뜻이 같다.

8. 포로에서 재상이 된 관중

제(齊)나라 환공은 관중(管仲)의 속박을 풀어주고 재상으로 삼았다.
이에 관중은 말하기를
"신은 임금의 총애를 받고 있습니다만 신분이 미천합니다."
고 하였다. 환공이 대답하기를
"그렇다면 그대의 지위를 고씨(高氏)와 국씨(國氏)보다 위에 두도록 하겠소."
라 하였다. 관중은 다시 말하기를
"저의 신분은 귀하게 되었으나 아직도 가난합니다."
고 호소하였다. 이에 환공은 대답하였다.
"그대에게 세 첩을 거느릴 수 있을 만큼의 부(富)를 주겠소."
그 뒤 관중은 다시 말하기를
"신은 이제 부자는 되었지만 공실(公室)과의 인연이 소원하여 곤란합니다."
하였다. 환공은 이를 받아들여 중보(仲父)라고 불렀다.
이렇게 되자 소략(霄略)이라는 사람이 말하였다.
"관중은 신분이 낮으면 귀족들과 나라를 다스릴 수 없다고 여겼기 때문에 고씨·국씨의 윗자리에 서기를 바랐고, 가난하면 부자들을 다스릴 수 없다고 생각했기 때문에 3귀(三歸:세 부인을 두는 것)의 집을 바랐으며, 공실과 인연이 멀면 임금의 친인척을 다스릴 수 없다고 여겼기 대문에 중보의 자리를 바랐던 것이다. 결코 관중은 탐욕스러워서가 아니라 나라를 잘 다스리기 위함이었다."
어떤 사람이 위의 일에 대하여 말하였다.
지금 신분이 미천한 장획(臧獲:노비)으로 하여금 임금의 명을 받들어 공경(公卿)이나 재상(宰相)에게 지시하게 하더라도 감히 듣지 않을 사람이 없을 것이다. 그것은 공경이나 재상이 미천하고, 장획의 신분이 존귀하기 때문이 아니라 임금의 명을 받은 사람을 감히 따르지 않을 수 없기 때문이다.

지금 관중이 나라를 다스림에 있어 환공의 명에 의지하지 않는다는 것은 나라에 임금이 없는 것과 마찬가지인 셈이며, 나라에 임금이 없으면 다스려질 수가 없는 것이다.

만약 환공의 권위를 업고 환공의 명을 대신 내린다면 그 때는 굳이 관중이 아니라 미천한 장획의 말이라도 누구나 따르게 마련인데, 어찌 고씨·국씨나 중보같은 존귀한 신분이 된 뒤에라야 명령을 내릴 수 있단 말인가?

요즘 세상에 있어 사역(使役)의 관리나 지방의 보좌관이 징집(徵集)의 명령을 내리는 경우에도 지위가 높은 사람이라도 피하지 않으며 신분이 미천한 사람만 상대하지 않는다.

그러므로 일을 하는데 있어 법에 따른다면 비록 말단 관리가 행하더라도 존귀한 대관(大官)에까지 그대로 통하지만, 그 일이 법에 의하지 않으면 아무리 대관이 행하는 일이라도 민중이나 말단 관리를 굴복시킬 수 없는 것이다.

관중은 임금의 존엄을 높이고 법을 밝히는 일에는 힘쓰지 않고 임금의 총애를 더 받고 작위를 높이는 일에만 애쓰고 있으니, 그것은 관중이 부귀를 탐하는 것이 아니라면 반드시 그는 어리석어 다스리는 술을 알지 못하는 것이다.

그래서 말하기를 "관중은 행동이 틀렸고, 소략(霄略)은 지나친 칭찬을 했다."고 하는 것이다.

桓公解管仲之束縛而相之 管仲曰 臣有寵矣 然而臣卑 公曰 使子立高國[1]之上 管仲曰 臣貴矣 然而臣貧 公曰 使子有三歸之家[2] 管仲曰 臣富矣 然而臣疏 於是立以爲仲父 霄略[3]曰 管仲以賤爲不可以治貴 故請高國之上 以貧爲不可治富 故請三歸 以疏爲不可治親 故處仲父 管仲非貪 以便治也

或曰 今使臧獲[4]奉君令 詔卿相 莫敢不聽 非卿相卑而臧獲尊也 主令所加 莫敢不從也 今使管仲之治 不緣桓公 是無君也 國無君不可以爲治 若負桓公之威 下桓公之令 是臧獲之所以信也 奚待高 國 仲父之尊而後行哉 當世之行事[5]都丞[6]之下徵令者 不辟尊貴 不就卑賤 故行之而法者 雖巷伯[7]信乎卿相 行之而非法者 雖大吏詘乎民萌 今管仲不務尊主明法 而事增寵益爵 是非管仲貪欲富貴 必闇而不知術也 故曰管仲有失行 霄略有過譽

1) 高國(고국) : 춘추시대 제(齊)나라 양대 귀족의 성씨로 태공망(太公望)의 후예들.
2) 三歸之家(삼귀지가) : 귀(歸)는 여자가 시집가는 것을 말하는데 삼귀는 세 명의 첩을 둔다는 말. 가(家)는 대부(大夫)의 호칭으로 썼다.
3) 霄略(소략) : 뚜렷한 기록은 없으나 『좌씨전』 장공 12년조에 소숙대심(蕭叔大心)이라는 사람으로 추측되는 바, 그 시대가 비슷하며 소(霄)는 그 발음이 소(蕭)와 같아 같은 사람으로 보는 설이 마땅함.
4) 臧獲(장획) : 노비 또는 노복과 같다.
5) 行事(행사) : 관명(官名)으로 여러 곳으로 돌아다니면서 법을 집행하는 관리.
6) 都丞(도승) : 관명인데 지방의 수장(首長)을 보좌하는 관리.
7) 巷伯(항백) :『시경(詩經)』항백편에 기록되기를 항(巷)은 궁궐안의 길(道)이고, 백(伯)은 장(長)과 뜻이 같다고 했다.

9. 외국과 내통하는 신하

한(韓)나라 선왕(宣王)이 규류(樛留)에게 물었다.

"나는 공중(公仲)과 공숙(公叔) 두 사람을 함께 쓰려고 하는데 어떻겠는가?"

이에 규류가 대답하였다.

"옛날 위(魏)나라는 누비(樓鼻)와 적강(翟強)을 같이 썼다가 서하(西河)를 잃었고, 초(楚)나라는 소해휼(昭奚恤)과 경사(景舍)를 함께 썼다가 언(鄢)과 영(郢)을 잃었습니다.

지금 임금께서 공중과 공숙을 함께 쓰시면 반드시 그들 두 사람은 권력다툼을 해 외국과 내통하여 자기들의 세력을 넓히려 할 것이니 그렇게 되면 나라는 반드시 위태로워질 것입니다."

이에 대하여 어떤 사람이 말했다.

옛날 제(齊)나라의 환공은 관중과 포숙(鮑叔) 두 사람을 함께 썼고 은(殷)나라 탕왕은 이윤과 중훼(仲虺)를 함께 썼다. 만약 신하 두 사람을 함께 쓰는 것이 나라의 근심이 된다면 환공은 패자가 될 수 없었을 것이며, 탕왕도 왕자가 될 수 없었을 것이다.

한편 제(齊)나라의 민왕(湣王)은 요치(淖齒) 한 사람만을 쓰고도 그 몸은 동묘(東廟)에 유폐되어 죽임을 당했고, 조(趙)나라의 주보(主父)는 이태(李兌) 한 사람만을 썼으나 굶주려 죽었다.

임금이 술(術)을 단단히 장악하고 있으면 두 신하를 함께 써도 아무런 걱정이 없다. 만약 술을 장악하지 못한 채 두 사람을 함께 쓴다면 그들은 서로 권력을 다투고 외국과 내통하게 되며, 한 사람만 쓰는 경우에 신하는 정사를 제멋대로 휘둘러 임금을 위협하거나 죽이게 될 것이다.

지금 규류(膠留)는 법술을 바탕으로 임금을 바로 섬길 생각은 아니히고 단지 두 사람의 신하를 함께 쓰지 말고 한 사람만을 쓰라고 하니, 이로써 서하(西河)·언(鄢)·영(郢)을 잃은 것 같은 걱정이 생기지 않는다면, 반드시 임금 자신이 죽임을 당하거나 굶어 죽을 근심이 생길 것이다.

그래서 규류는 임금에게 훌륭한 진언을 했다고는 말할 수 없는 것이다.

韓宣王問於樛留[1]曰 吾欲兩用公仲公叔[2] 其可乎 樛留對曰 昔魏兩用樓翟而亡西河[3] 楚兩用昭景而亡鄢郢[4] 今君兩用公仲公叔 此必將爭事而外市 則國必憂矣

或曰 昔者齊桓公兩用管仲鮑叔 成湯兩用伊尹仲虺 夫兩用臣

者國之憂 則是桓公不霸 成湯不王也 湣王一用淖齒[5] 而身死乎東廟 主父一用李兌 滅食而死 主誠有術 兩用不爲患 無術 兩用則爭事而外市 一用則專制而劫殺 今留無術以規上 使其主去兩用一 是不有西河鄢郢之憂 則必有身死滅食之患 是繆留未有善以知言也

1) 韓宣王問於繆留(한선왕문어규류) : 한(韓)나라 선혜왕(宣惠王)을 일컫는데 서기전 332년부터 전 312년까지 재위했다. 규류(繆留)는 한나라 신하.
2) 公仲公叔(공중공숙) : 공중(公仲)은 공중명(公仲明)이며, 선왕과 양왕 때의 재상이었음. 공숙(公叔)은 공중(公仲)의 뒤를 이은 재상으로 이 왕 때까지 이어짐.
3) 魏兩用樓翟而亡西河(위양용루적이망서하) : 누(樓)는 누비(樓鼻)를 말함인데 흔히 누완(樓緩)으로 일컫고 『회남자』 범론훈에는 누적(樓翟)을 한 사람으로 기록하였다. 적(翟)은 적강(翟强)으로도 쓴다. 서하(西河)는 지금의 산서성(山西省)의 서쪽 황하가 흐르는 지역을 말한다.
4) 昭景而亡鄢郢(소경이망언영) : 소(昭)는 소해휼(昭奚恤)을 가리키고, 경(景)은 경사(景舍)를 말함인데 두 사람 모두 초나라의 두 성씨이다. 언(鄢)과 영(郢)은 다 같이 초나라의 도읍(都邑)이다.
5) 湣王一用淖齒(민왕일용요치) : 민왕(湣王)은 제(齊)나라 임금으로 민왕(閔王)으로도 쓰며, 서기전 300년에서 전 284년까지 재위했다. 요치(淖齒)는 민왕이 연(燕)나라에 패하여 거(莒)로 망명했을 때 초나라 경양왕(頃襄王)의 장수로서 민왕을 구출하였고 뒤에 제나라 재상이 되었다가 임금을 죽였다.

제 25 편 난 이(難二)

난이(難二)는 '난일'의 성격과 체제를 그대로 답습하고 있다. 다만 전제(前提)로 하는 설화가 다를 뿐이다. 혹왈(或曰)의 문체는 '난일'과 같다.

인용된 모든 내용은 법치(法治)사상을 바탕으로 하여 일곱 가지로 나뉘어져 있다. 그 안의 설화는 주(周)나라 문왕(文王)의 앎에 대한 것과 그것을 평한 공자에 대한 것, 그리고 춘추(春秋) 설화가 다섯 있는데 그 가운데에는 제(齊)나라의 환공에 대한 설화가 셋 있다. 거기에 전국시대의 이극(李克)에 대한 설화가 끼어 있다.

설화의 내용은 한결같이 사상적으로 유가적(儒家的)인 윤리의 규범에 얽매인 그야말로 위선적(僞善的)이고, 낙관적이며, 안이(安易)하고, 소극적인 경향인 것들로서, 그것을 법가적(法家的)인, 즉 현실의 인간을 바탕으로 한 논리와 분석을 통하여 효율성과 필연성으로 핵심을 꿰뚫은 논란으로 분쇄하였다.

이 편의 중심이 되는 법치(法治)사상은 이해(利害)에 따라 움직이는 인간성을 바탕으로 한 통치의 법술인 상벌(賞罰)을 민중이 따를 수 있는 필연의 세(勢)로 삼기 위하여는 공(功)과 과(過)에 대한 확증으로 벗어날 수 없는 대응을 도모하고, 끊임없이 도수(度數)와 형명(形名)으로 규제하지 않으면 안 되는 것을 강조했다. 전체적인 내용은 묵가적인 내용도 포함하고 있어 다방면의 체취가 풍긴다.

1. 발목을 잘린 신발값은 비싸다

제(齊)나라 경공(景公)이 재상인 안자(晏子)의 집에 들려 말하였다.

"그대의 집은 너무 작고 저자거리와 가까우니 그대가 바란다면 녹나무(樟木) 숲이 있는 들판으로 옮겨줄까 하오."

이에 안자는 재배하고 사양하여 말하기를

"저의 집은 가난하여 저자거리에 의존하여 살아갑니다. 아침저녁으로 저자에 다녀야 하므로 멀어서는 아니됩니다."

고 대답하였다. 이 말을 듣고 경공은 웃으면서 말하였다.

"그대의 집이 저자거리와 가깝다고 하니 그렇다면 물가가 비싼지 싼지를 알고 있는가?"

그때는 경공이 너무 빈번하게 형벌을 주고 있을 때라 안자가 대답하기를

"발목을 잘린 사람(踊)의 신발은 값이 비싸고, 보통사람의 신발은 값이 싼 것으로 압니다."

고 말했다. 이에 경공은

"어째서 그러한가?"

고 되묻자 안자가 대답하기를

"형벌이 많기 때문입니다."

하니 경공이 놀라 얼굴색이 변하며 말하기를

"과인이 그처럼 난폭했단 말인가?"

하고 형벌을 다섯 가지나 줄였다.

어떤 사람이 위의 말을 듣고 말하였다.

안자가 발목 잘린 사람의 신발 값을 비싸다고 말한 것은 사실이 아니라 방편(方便)을 써 많은 형벌을 없애려고 한 것이지만 이는 정치를 잘 모르는데서 오는 우환이다.

무릇 형벌이란 그 판결이 정당하다면 아무리 많아도 결코 많다고 할 수 없고, 그 판결이 부당하다면 아무리 적어도 결코 적

다고 할 수 없는 것인데도 안자는 형벌의 부당함을 간하지는 않고 그저 많다고만 했으니 이는 정치하는 법술을 터득하지 못한 폐단이다.

싸움에 패하여 도망가는 군사는 백이나 천 명을 벌하여도 그것으로 도망가는 것을 멈추게 할 수는 없다. 이와 마찬가지로 어지러운 세상을 다스리는 경우의 형벌은 지나쳐 두려워할 만큼 무거워도 그것으로는 간사한 행위가 없어지지 아니한다.

그런데도 안자는 지금 형벌의 집행이 정당한지 아닌지를 살피지도 않고, 단지 지나치게 많다고만 말하였으니 이 또한 헛된 것이 아니겠는가?

무릇 논밭의 잡초 뽑는 것을 아끼면 애써 가꾼 벼의 소출이 줄 것이고, 도적에게 은혜를 베풀면 선량한 민중에게 해를 입히는 것이 된다.

지금 형벌을 완화하고 관대하게 베풀면 그것은 간사한 사람에게 득이 되고 선량한 사람에게 해를 입히는 것이니 이것은 나라를 잘 다스리는 길이 아니다.

景公過晏子[1]曰 子宮小近市 請移子家豫章之圃[2] 晏子再拜而辭曰 且嬰家貧 待市食而朝暮趨之 不可以遠 景公笑曰 子家習市[3] 識貴賤乎 是時景公繁於刑 晏子對曰 踊[4]貴而屨賤 景公曰 何故 對曰 刑多也 景公造然[5]變色曰 寡人其暴乎 於是損刑五

或曰 晏子之貴踊 非其誠也 欲便辭[6]以止多刑也 此不察治之患也 夫刑當無多 不當無少 無以不當聞 而以太多說 無術之患也 敗軍之誅 以千百數 猶北[7]且不止 即治亂之刑 如恐不勝 而姦尙不盡 今晏子不察其當否 而以太多爲說 不亦妄乎 夫惜草茅者耗禾穗[8] 惠盜賊者傷良民 今緩刑罰 行寬惠 是利姦邪而害善人也 此非所以爲治也

1) 景公過晏子(경공과안자) : 경공(景公)은 춘추시대 제나라의 임금으로 장공(莊公)의 이복동생이며 이름을 저구(杵臼)라 하였다. 서기전547년에서 전490년까지 재위했고, 영공(靈公)의 아들이기도 하다. 안자

(晏子)는 안영(晏嬰)을 말함인데 그 시호는 평중(平仲)이라 했다. 제나라의 영공·장공·경공의 3대에 걸쳐 재상 자리에 있었고, 『좌씨전』의 소공 3년조와 『안자춘추』 내편에도 기록이 있다.
2) 移子家豫章之圃(이자가예장지포) : 이(移)는 옮기다 또는 이사라는 뜻인데 구본에는 사(徙)로 쓰여 있다. 예장(豫章)이란 땅 이름이라는 설도 있으나 마땅하지 않고, 장목(樟木) 즉 녹나무를 말한다. 포(圃)는 나무를 심어놓은 채원(菜園)을 뜻한다.
3) 習市(습시) : 습(習)은 가깝다는 뜻인데 여기서는 잘 통한다는 말로도 통하고, 시(市)는 저자거리를 뜻한다.
4) 踊(용) : 발뒤꿈치를 자르는 형벌 곧 월형(刖刑)을 받은 사람의 발을 말하며 껑충껑충 절름거린다는 뜻.
5) 造然(조연) : 깜짝놀라 침착하지 못한 모양.
6) 便辭(편사) : 방편으로 적당한 말을 둘러댄다는 뜻.
7) 北(배) : 두 사람이 서로 등진다는 뜻의 글자인데 여기서는 패배(敗北)하여 도망하는 것을 말한다.
8) 草茅者耗禾穗(초모자모화수) : 초모(草茅)는 논밭에 나는 잡초(雜草)를 말하며 모(耗)는 곡식의 소출을 줄인다는 뜻이며, 화수(禾穗)는 벼이삭 즉 곡식을 말한다.

2. 술에 취해 관(冠)을 잃어버린 환공

제(齊)나라 환공은 술에 취해 쓰고 있던 관(冠)을 잃어버렸는데 이를 부끄럽게 생각하고 사흘동안 조회에 나오지 않았다.
이에 관중(管仲)이 말하기를
"이것은 나라를 다스리는 임금으로서 부끄럽게 생각할 일이 아닙니다. 공께서는 어찌 정치를 잘 베푸셔서 그 부끄러움을 씻으려 하지 않으십니까?"
하고 위로하였다. 환공은
"참 좋은 말이로다."
하고는 나라의 창고를 열고 가난한 사람들에게 곡식을 나누어 주었으며, 감옥에 갇힌 죄수들의 죄를 다시 조사하여 가벼운 사람은 모두 풀어주었다.
　이러한 일이 있은 사흘 뒤에 민중들은
　"임금이시어 임금이시어! 어찌 다시 관을 잃으시지 않으십니까?"
　하고 노래를 불렀다.
　이와 같은 일에 대하여 어떤 사람이 말하였다.
　관중은 환공의 수치를 소인(小人)들에게는 씻게 하였지만, 군자들에게는 또 하나의 수치를 만들어 놓게 했다.
　만약 환공이 정부의 창고를 열고 가난한 사람들에게 곡식을 나누어 주고, 감옥에 갇힌 죄수들의 죄를 다시 조사하여 가벼운 죄인을 풀어준 것이 정의(正義)로운 일이 아니었다면 그것으로 부끄러움을 씻었다고는 할 수 없다.
　또한 환공의 일이 정당한 행위라면 환공은 정당한 일을 하지 않고 있다가 관을 잃어버린 뒤에야 비로소 옳은 일을 행한 셈이니, 그렇다면 환공이 의로움을 행한 것으로 관을 잃은 수치를 씻지는 못한 것이다.
　이는 비록 관을 잃은 수치를 소인에게는 씻었다 하더라도, 군자에게는 당연하게 해야 할 일을 미루어 왔다는 부끄러움을 또힌 남기게 된 것이다.
　또 나라의 창고를 열어 가난한 사람에게 베푼 것은 공로가 없는 사람에게 상을 준 셈이고, 감옥에 갇힌 죄인을 다시 논죄(論罪)하여 죄가 가벼운 사람을 석방한 일은 허물을 벌하지 않는 셈이 되는 것이다.
　무릇 공로가 없는 사람을 상줄 경우에는 민중이 함부로 임금에게 요행을 바라게 되며, 허물이 있는 사람을 벌하지 않게 되면 민중들은 응징을 겁내지 않고 함부로 못된 짓을 저지르게 된다.
　이것은 나라를 어지럽히는 바탕이니 어찌 부끄러움을 씻을 수 있겠는가?

齊桓公飲酒醉 遺其冠 恥之 三日不朝[1] 管仲曰 此非有國之恥
也 公胡不雪[2]之以政 公曰 善 因發倉囷賜貧窮 論囹圄出薄罪
處[3]三日 而民歌之曰 公乎 公乎 胡不復遺其冠乎
　或曰 管仲雪桓公之恥於小人 而生桓公之恥於君子矣 使桓公
發倉囷而賜貧窮 論囹圄而出薄罪 非義也[4] 不可以雪恥使之而義
也 桓公宿義 須遺冠而後行之 則是桓公非行義 爲遺冠也 是雖
雪遺冠之恥於小人 而亦生宿義之恥於君子矣 且夫發困倉而賜貧
窮者 是賞無功也 論囹圄而出薄罪者 是不誅過也 夫賞無功 則
民偸幸而望於上 不誅過 則民不懲而易爲非 此亂之本也 安可以
雪恥哉

1) 朝(조) : 임금이 조정(朝廷)에서 신하들로부터 조례를 받고 집정(執
政)하는 일을 뜻한다.
2) 胡不雪(호불설) : 호(胡)는 어째서와 같은 의문사이며, 설(雪)은 씻어
낸다, 설욕(雪辱)한다는 뜻.
3) 處(처) : 시행하다(施行)의 뜻.
4) 非義也(비의야) : 의(義)는 군자가 마땅히 행하여야 할 기준(基準).
이 의(義)는 유가에서도 인의(仁義)로 많이 쓰고 있으나 특히 묵자
(墨子)에서는 중심적인 주의(主義)를 의(義)로 나타냈다.

3. 천 리 땅으로 인심을 얻은 문왕

　옛날 주(周)나라 문왕(文王)은 우(盂)를 침략하고 거(莒)와
싸워 이기고, 풍(豊)을 함락하여 자기 영토로 삼았다. 이렇게
세 번이나 전쟁을 일으켰기 때문에 주왕(紂王)은 이를 미워하
여 벼르고 있었다.
　문왕은 이것을 두려워하여 낙수(洛水)의 서쪽에 있는 기름진
땅 사방 천 리를 바칠 것이니 그 대신 포락형(炮烙刑)만은 없
애달라고 청하자 세상 사람들은 모두 기뻐하였다.
　공자가 이 말을 듣고 말하였다.
　"인자하도다. 문왕이시어! 사방 천 리나 되는 나라 땅을 아

끼지 않고 포락형을 없애달라고 청하였으니! 슬기롭도다. 문왕이시어! 사방 천 리의 땅을 주고 세상 모든 사람들의 마음을 얻었구나."

이 일에 대하여 어떤 사람이 말하였다.

공자는 문왕이 한 일을 슬기롭다고 했으나 그것은 잘못이 아닌가.

무릇 슬기로운 사람은 환란의 경우를 미리 알아 몸에 화가 미치지 않도록 하는 것이다.

문왕이 주왕의 미움을 산 까닭이 그 민심을 얻지 못해서 인가? 그렇다면 민심을 얻어 주왕의 미움을 풀면 될 것이다.

주왕의 미움은 문왕이 민심을 크게 얻었기 때문인데, 그 위에 또 땅을 아낌없이 헌납하여 사람들의 마음을 얻었으니 더욱 큰 의심을 받아 그는 뒷날 손발이 묶이는 형을 받아 유리(羑里)라는 곳에 갇히게 된 것이다.

정장자(鄭長者)가 말하기를

"도(道)를 체득한 사람은 남이 알도록 행동하지 않아 밖으로 나타나지 않는다. 이것이 곧 무위(無爲)이다."

라고 했다. 이것이야말로 문왕에게 가장 바람직한 일이었는데 그렇게 했더라면 남의 의심을 받지 않았을 것이다.

공자는 문왕을 슬기로운 사람이라고 하였으니 이 정장자의 이론에는 미치지 못한다.

昔者文王侵孟[1] 克莒 擧豊[2] 三擧事而紂惡之 文王乃懼 請入洛西[3]之地 赤壤[4]之國 方千里 以解炮烙之刑 天下皆說 仲尼聞之曰 仁哉文王 輕千里之國 而請解炮烙之刑 智哉文王 出千里之地 而得天下之心

或曰 仲尼以文王爲智也 不亦過乎 夫智者知禍難之地而辟之者也 是以身不及於患也 使文王所以見惡於紂者 以其不得人心耶 則雖索人心以解惡可也 紂以其大得人心而惡之已 又輕地以收人心 是重見疑也 固其所以桎梏囚於羑里也 鄭長者[5]有言 體

道無爲 無見也 此最宜於文王矣 不使人疑之也 仲尼以文王爲智 未及此論也

1) 盂(우) : 상(商)나라 때의 나라 이름으로 지금의 하남성(河南省) 심양현 서북쪽에 있는 곳.
2) 克莒擧豐(극거거풍) : 거(莒)는 춘추시대 동방에 있던 나라 이름이라는 설이 유력하고 삼거(三莒)중의 하나로 짐작되는데 『사기』주본기에는 기(耆)로도 쓰였다. 지금의 산동성(山東省) 거현(莒縣)이다. 풍(豐) 역시 땅 이름으로 지금의 섬서성(陝西省) 호현(鄠縣).
3) 洛西(낙서) : 낙수이서(洛水迤西)를 가리키는 말인데, 낙수(洛水)는 섬서성 낙남현(雒南縣)에서 시작하여 하남성 노씨(盧氏)와 낙양(洛陽)을 거쳐 공현(鞏縣)에 이르는 황하(黃河)를 가리킨다.
4) 赤壤(적양) : 여러 가지 설이 있으나 비옥(肥沃)한 토지의 뜻.
5) 鄭長者(정장자) : 정(鄭)은 전국시대에 한(韓)나라가 침략하여 그곳에 도읍을 정했기로 정나라로 부르기도 했다. 장자(長者)에 대해서는 그저 장로(長老) 또는 어른(老人)으로 볼 수도 있다. 『한서(漢書)』예문지의 도가(道家)에는 정장자(鄭長者) 한 편이 실려 있다.

4. 임금이 어질어야 신하도 어질다

진(晉)나라 평공(平公)이 숙향(叔向)에게 물었다.

"옛날 제(齊)나라의 환공(桓公)이 제후들을 여러 차례 규합하여 천하를 하나로 바로잡았는데 그것은 신하의 힘인가 아니면 임금의 힘에 의한 것인가?"

이에 대하여 숙향이 대답하기를

"제나라에서 가장 뛰어난 신하인 관중은 옷감의 재단을 잘하였고, 그 다음의 빈서무(賓胥無)는 그 재단된 옷감을 잘 꿰매었으며, 습붕(隰朋)이라는 신하는 만들어진 옷에 여러 가지 장식을 다는데 뛰어나 마무리를 잘 지었는데, 이렇게 완성된 옷을 임금인 환공은 입기만 하면 되었습니다. 이는 신하의 힘일 뿐이지 어찌 임금의 힘이라 할 수 있겠습니까?"

고 말하니 이를 듣고 있던 사광(師曠)이 거문고에 엎드려 웃었다. 이를 본 평공이 말하여

"태사는 어찌하여 웃는거요?"

하니 사광이 대답하였다.

"신은 숙향이 임금께 대답하는 말을 듣고 웃었습니다. 무릇 남의 신하된 사람은 마치 요리사가 다섯 가지 맛을 골고루 조화시켜 음식을 만들어 임금에게 바치는 것과 같은데, 만약 임금이 그 음식을 먹지 않는다면 누가 감히 이를 억지로 권할 수 있겠습니까? 신이 비유를 들어 말씀을 드린다면 임금은 땅과 같고, 신하는 초목(草木)과 같아서 반드시 땅이 기름져야만 비로소 초목이 크게 잘 자라는 것인데 이를 임금의 힘이 아니고 어찌 신하의 힘이라 할 수 있겠습니까?"

위의 일에 대하여 어떤 사람이 말했다.

숙향(叔向)과 사광(師曠)의 대답은 모두 편벽한 말에 지나지 않는다. 무릇 세상을 하나로 바로잡고 제후를 여러 차례 규합한 일은 아주 훌륭한 것으로 이는 단지 임금 혼자의 힘으로만 되는 것이 아니고 또 신하의 힘만으로도 되는 일이 아니다.

옛날 궁지기(宮之奇)가 우(虞)나라에 있었고, 희부기(僖負羈)가 조(曹)나라를 섬기고 있었다. 이 두 신하는 슬기가 뛰어나 그들이 말하는 의견은 사실에 들어맞고 실제를 행하면 공적을 세웠는데도 우나라와 조나라는 어째서 망했을까? 그것은 유능한 신하는 있었지만 현명한 임금이 없었기 때문이다.

또 건숙(蹇叔)이 우(虞)나라에 있을 때는 우나라가 멸망했지만 진(秦)나라를 섬길 때는 진이 패자(霸者)가 되었다.

이것은 건숙이 우나라에 있을 때는 어리석었고, 진나라에 있을 때는 슬기로웠던 것이 아니라 훌륭한 임금이 있었느냐 없었느냐에 따른 것이다.

이로 미루어 향숙이 말한 "신하의 힘에 따른 것입니다."고 한 것은 옳지 않다.

옛날 제나라 환공(桓公)은 궁궐에 저자거리를 두 곳이나 만

들고, 부녀자들이 사는 여리(閭里)를 2백 곳이나 두어 그곳에서 의관(衣冠)도 갖추지 않고 머리를 풀어헤친 채 부인들의 수레를 몰며 즐겼지만 관중(管仲)을 신하로 쓰고는 오패(五霸)의 수장(首長)이 되었다.

관중이 죽고, 수조(豎刁)를 신하로 등용하자 환공 자신은 죽임을 당하고 그 시체에서 구더기가 창 밖으로 기어나올 때까지도 장사지내지 못하였다.

만약 신하의 힘에 의하지 않는다면 또한 관중을 신하로 등용하였더라도 패업을 이루지는 못했을 것이다. 임금의 힘에 의한다면 또한 수조를 신하로 등용했더라도 내란이 일어나지는 않았을 것이다.

옛날 진(晉)나라 문공(文公)은 망명시절에 제(齊)나라 공주를 사모하여 자기 나라에 돌아가는 것을 잊고 있었는데 구범(咎犯)이 극구 간했기 때문에 진나라로 돌아와 패자(霸者)가 되었다.

이로 미루어보면 환공은 관중의 힘으로 제후(諸侯)를 규합하였고, 문공은 구범의 힘으로 패자(霸者)가 되었는데도 사광은 말하기를 "임금의 힘이다."라고 한 것은 또한 잘못이다.

무릇 오패(五霸)가 세상에 공명을 세웠던 것은 반드시 임금과 신하의 힘이 함께 갖추어졌기에 이루어진 것이다. 그러므로 숙향과 사광의 대답은 모두 편벽된 말이다.

晉平公問叔向[1]曰 昔者齊桓公九合諸侯 一匡天下 不識臣之力也 君之力也 叔向對曰 管仲善制割 賓胥無善削縫[2] 隰朋善純緣[3] 衣成 君擧而服之 亦臣之力也 君何力之有 師曠伏琴而笑之 公曰 太師奚笑也 師曠對曰 臣笑叔向之對君也 凡爲人臣者 猶炮宰和五味而進之君 君弗食 孰敢强之也 臣請譬之 君者壤地也 臣者草木也 必壤地美然後草木碩大 亦君之力也 臣何力之有

或曰 叔向師曠之對 皆偏辭也 夫一匡天下 九合諸侯 美之大者也 非專君之力也 又非專臣之力也 昔者宮之奇在虞 僖負羈在

曹[4] 二臣之智 言中事 發中功 虞曹俱亡者 何也 此有其臣而無
其君者也 且蹇叔處虞[5]而虞亡 處秦而秦霸 非蹇叔愚於虞而智於
秦也 此有君與無君也 向曰 臣之力也 不然矣 昔者桓公宮中二
市 婦閭[6]二百 被髮而御婦人[7] 得管仲 爲五伯長 失管仲 得豎刁
而身死蟲流出戶不葬 以爲非臣之力也 且不以管仲爲霸 以爲君
之力也 且不以豎刁爲亂 昔者晉文公慕於齊女而忘歸 咎犯[8]極諫
故使得反晉國 故桓公以管仲合 文公以舅犯霸 而師曠曰 君之力
也 又不然矣 凡五霸所以能成功名於天下者 必君臣俱有力焉 故
曰叔向師曠之對 皆偏辭也

1) 叔向(숙향) : 춘추시대 진나라 대부(大夫)인 양설힐(羊舌肸)을 일컫는
   데 숙향(叔向)은 그의 자다.
2) 賓胥無善削縫(빈서무선삭봉) : 신서무(賓胥無)는 춘추시대 제나라 환
   공을 섬기던 현신이며 강경한 기백으로 제나라의 서쪽 지방을 잘 다
   스렸다는 기록이 있다. 삭봉(削縫)은 말라 놓은 옷감을 꿰매는 일을
   말한다. 곧 제봉(製縫)을 뜻한다.
3) 純緣(순연) : 의복에 꾸미는 여러 가지 장식.
4) 僖負羈在曹(희부기재조) : 희부기(僖負羈)는 조(曹)나라 공공(共公)의
   현신이며 '십과'에서는 이부기(釐負羈)로 나와 있다. 조(曹)는 지금
   의 산동성 정도현(定陶縣)의 서쪽에 있었는데 주(周) 무왕(武王)의
   아우 진탁(振鐸)에게 봉했던 나라.
5) 蹇叔處虞(건숙처우) : 건숙(蹇叔)은 춘추시대 백리해(百里奚)의 막역
   한 친구로 그의 천거에 따라 진(秦)나라 목공(穆公)의 대부로 등용되
   었다. 우(虞)는 다른 저본에 간(干)으로 쓰여져 있으나 적당하지 않
   고 흔히 우(于)로도 쓰여 있다. 뿐만 아니라 건숙(蹇叔)을 백리해(百
   里奚)로 보는 설도 흔히 있다.
6) 閭(여) : 본래 25가구(二十家口)의 행정구역을 말하는데 여기서는 거
   실(居室)을 뜻한다.
7) 被髮而御婦人(피발이어부인) : 피발(被髮)은 머리를 풀어헤친 채 관
   (冠)을 쓰지 않은 모습을 말하며, 어부인(御婦人)이란 부인의 수레잡
   이(僕御)를 뜻한다.

8) 咎犯(구범) : 구범(舅犯)을 말한다.

5. 사람을 얻으면 임금은 편안하다

제(齊)나라 환공(桓公) 때 진(晉)나라에서 귀한 손님이 와 접대를 맡은 관원이 환공에게 손님을 접대하는 예를 어떻게 하면 좋을지 물었는데 환공이 말하기를

"관중에게 고하여 의논하라."

고 세 번에 걸쳐 대답하였다. 이를 보고 있던 광대가 말하기를

"임금 노릇하시기는 참 쉽습니다. 하나에도 중보, 둘에도 중보하시니."

하자 이에 환공이 대답하였다.

"내가 듣기로는 임금이란 쓸 만한 사람을 찾기는 힘들지만 찾은 뒤에 그를 부리면 편안한 것이다. 내가 중보를 얻는데는 어려움이 많았지만 이미 중보를 얻은 뒤니 어찌 편안하지 않을 수 있겠느냐?"

이에 대하여 어떤 사람이 말했다.

환공이 광대에게 한 대답은 임금으로서는 마땅하지 못한 말이다. 환공은 임금으로서 인재를 찾는 일이 힘들다고 했는데, 어째서 인재를 찾기가 힘들다는 것인가?

이윤(伊尹)은 스스로 요리사가 되어 은(殷)나라 탕왕의 신하 되기를 바랐고, 백리해(百里奚)는 스스로 포로가 되어 진(秦)나라 목공(穆公)에게 중용되기를 바랐다. 포로가 되는 것은 치욕스러운 일이고, 요리사는 수치스러운 자리인데도 이 두 사람이 욕되고 수치스러운 것을 무릅쓰고 임금을 섬기고자 한 것은 현자로서 세상의 어지러움을 걱정했기 때문이다.

그런즉 임금은 현자를 물리치지만 않으면 되는 것으로 임금이 현자 찾는 일이 어렵다고는 볼 수 없다.

무릇 관직은 현자를 등용하기 위한 방편이며, 작록(爵祿)은

공로에 대하여 상주기 위해 있는 것이다. 관직제도를 만들고 작위와 봉록을 벌여 놓으면 선비들은 스스로 모여들게 마련이니 임금으로서 사람 구하는 일이 어찌 힘들겠는가! 오히려 구한 사람을 부리기가 쉽지 않을 것이다.

　임금이 사람을 부릴 때는 반드시 법도를 바탕으로 바르게 다루어야 하고 진언과 실적을 참조하여 이를 확인해야 한다.

　진언한 일을 실행에 옮겼을 때 법도에 맞으면 그대로 추진하고 법도에 맞지 않으면 제지해야 하며, 실행한 결과가 진언과 맞으면 포상하고 맞지 않으면 처벌해야 한다.

　이렇게 실적과 진언을 바탕으로 신하를 장악하고 법도에 따라 아랫사람을 단속해야 하는 것으로 이를 소홀하게 관리해서는 안 되는 것이니 어찌 임금이 사람 부리는 일을 편안하게 할 수 있다는 것인가?

　실제로 쓸모있는 사람을 찾기란 어렵지 않고 그 사람을 부리기는 쉽지 않은 것인데 환공은 말하기를 "사람 찾기는 어렵고 사람 부리기는 쉽다."고 했으니 그것은 그렇지 않다.

　환공이 관중을 신하로 얻은 것은 그리 어려운 일이 아니었다. 관중은 그 임금을 위하여 죽지 않고 적이었던 환공에게 귀의하였으며, 포숙(鮑叔)은 관직을 가볍게 여기고 능력있는 관중에게 물려주어 재상으로 추천하였으니 환공이 관중을 신하로 얻은 것이 또한 어렵지 않았음을 밝게 알 수 있다.

　이미 관중을 신하로 삼은 뒤에도 어찌 편안할 수 있었겠는가? 관중은 비범한 인재였지만 옛날의 성인인 주공단(周公旦)과는 다른 인물이다.

　주공단은 천자(天子)의 섭정으로 7년 동안이나 집권하였으나 어린 성왕(成王)이 장성하자 성권을 물려주었는데 세상을 차지하고자 하는 욕심없이 그 맡은 바 직무를 다했던 것이다.

　무릇 나이 어린 임금으로부터 지위를 빼앗아 천하를 차지하려고 하지 않는 사람은 반드시 죽은 임금을 배반하고 그 적을 섬기는 일은 하지 않을 것이다.

죽은 임금을 배반하고 그 원수를 섬기는 사람이라면 어린 임금의 자리를 빼앗아 세상을 차지하는 일쯤은 예사롭게 할 수 있을 것이다. 어린 임금의 자리를 빼앗아 세상을 차지하는 것을 어려워하지 않는 사람이라면 반드시 그 임금의 나라를 빼앗는 것도 어려워하지 않을 것이다.

관중은 본래 공자(公子) 규(糾)의 신하였는데 그는 공자 규를 위하여 환공(桓公)을 죽이려다 뜻을 이루지 못했고, 그 임금이 죽자 환공에게로 와 신하가 된 것이다.

이러한 일로 미루어 관중의 취하고 버림은 주공단과는 견줄 바가 되지 못함이 분명하다.

그리고 그가 현명한지 현명하지 않은지도 알지 못한다. 만약 관중이 뛰어난 현자였다면 은(殷)나라의 탕왕이나 주(周)나라의 무왕같은 큰 일을 해냈을 것이다.

탕왕과 무왕은 하(夏)나라의 걸왕과 은(殷)나라 주왕의 신하였는데 걸왕과 주왕의 행동이 난폭하여 탕왕과 무왕은 그 임금 자리를 빼앗았던 것이다.

지금 환공(桓公)은 편안하게 관중의 윗자리에서 임금 노릇을 하고 있지만 이는 걸왕·주왕과 같이 난폭한 행동을 하면서 탕왕·무왕의 윗자리에 있는 것으로 환공은 위태로운 것이다.

만약 관중이 현명하지 못한 인물이었다면 전상(田常)과 같았을 것이다. 전상은 제(齊)나라 간공(簡公)의 신하였지만 그 임금을 죽이고 왕위를 찬탈해 버렸다.

지금 환공이 편안하게 관중의 윗자리에 있는 것은 마치 간공이 쉽게 전상의 윗자리에 앉아있는 것과 같으니 환공은 또한 위태로운 셈이다.

관중이 주공단과 다르다는 것은 이미 밝혔지만 그러나 탕왕이나 무왕같은지 전상같은지는 모를 일이다. 탕왕이나 무왕같다면 걸왕이나 주왕의 위태로움이 있을 것이고, 전상같다면 간공의 국란이 있을 것이다.

이미 관중을 중보로서 대접한다고 해서 환공이 어찌 편안할 수 있겠는가? 만약 환공이 관중을 등용한 까닭이 반드시 자기를 속이지 않으리라고 믿었다면 이는 환공이 임금을 속이지 않는 신하를 분별할 수 있다는 것이다.

 비록 임금을 속이지 않는 신하를 분별할 수 있었더라도 환공은 관중에게 맡겼던 정무를 수조와 역아에게 넘겨 그들의 반란으로 죽음을 당하였고, 그 시체에서 구더기가 창문으로 기어 나올 때까지 장사지내지도 못했다.

 환공은 신하가 자신을 속일 것인지 속이지 않을 것인지 분별하지 못한 것이 분명한데 그럼에도 신하인 관중에게 정사(政事)를 맡겼던 것은 환공이 우매한 임금이었던 까닭이다.

 齊桓公之時 晉客至 有司請禮[1] 桓公曰 告仲父 者三[2] 而優笑[3]曰 易哉爲君 一曰仲父 二曰仲父 桓公曰 吾聞君人者勞於索人 佚於使人 吾得仲父已難矣 已得仲父之後 何爲不易乎哉

 或曰 桓公之所應優 非君人者之言也 桓公以君人爲勞於索人 何索人爲勞哉 伊尹自以爲宰干湯 百里奚自以爲虜干穆公 虜所辱也 宰所羞也 蒙羞辱而接君上 賢者之憂世急也 然則君人者無逆賢而已 索賢不爲人主難 且官職所以任賢也 爵祿所以賞功也 設官職 陳爵祿 而士自至 君人者奚其勞哉 使人又非所佚也 人主雖使人 必以度量準之 以形名參之 事遇於法則行 不遇於法則止 功當其言則賞 不當則誅 以形名收臣[4] 以度量準下 此不可釋也 君人者焉佚哉 索人不勞 使人不佚 而桓公曰 勞於索人 佚於使人者 不然 且桓公得管仲又不難 管仲不死其君而歸桓公 鮑叔輕官讓能而任之 桓公得管仲又不難 明矣 已得管仲之後 奚遽易哉[5] 管仲非周公旦 周公旦假爲天子七年 成王壯 授之以政 非爲天下計也 爲其職也 夫不奪子而行天下者 必不肯死君而事其讎 背死君而事其讎者 必不難奪子而行天下 不難奪子而行天下者 必不難奪其君國矣 管仲公子糾之臣也 謀殺桓公而不能 其君死 而臣桓公 管仲之取舍 非周公旦亦以明矣 然其賢與不賢未可知也 若使管仲大賢也 且爲湯武 湯武桀紂之臣也 桀紂作亂

湯武奪之 今桓公以易居其上 是以桀紂之行 居湯武之上 桓公危矣 若使管仲不肖人也 且爲田常 田常簡公之臣也 而弑其君 今桓公以易居其上 是以簡公之易 居田常之上也 桓公又危矣 管仲非周公旦以明矣 然爲湯武與田常 未可知也 爲湯武 有桀紂之危 爲田常 有簡公之亂也 已得仲父之後 桓公奚遽易哉 若使桓公之任管仲 必知不欺己也 是知不欺己之臣也 然雖知不欺己之臣 今桓公以任管仲之專 借竪刁易牙 蟲流出戶而不葬 桓公不知欺主與不欺主已明矣 而任臣如彼其專也 故曰桓公闇主

1) 有司請禮(유사청례) : 유사(有司)는 어떤 일을 맡은 관리를 뜻하며 청례(請禮)는 접대하는 예의를 묻는다는 뜻.
2) 者三(자삼) : 거듭 세 번이나 말했다는 뜻.
3) 優笑(우소) : 광대라는 뜻이며 주도(酒徒)로 쓰고 있다.
4) 以形名收臣(이형명수신) : 형명(形名)은 실적과 진언을 뜻한다. 수신(收臣)은 신하를 잘 장악한다는 뜻.
5) 奚遽易哉(해거이재) : 어찌 편안할 수 있었겠는가?라는 말인데 거(遽)는 수(遂) 또는 거(居)와 같은 뜻이다.

6. 술(術)을 터득하지 못한 처사

이극(李克)이 중산(中山)을 다스리고 있을 때, 고형(苦陘)의 현령이 한해 동안의 회계 보고서를 제출했는데 장부의 수입이 많았다. 이를 본 이극이 말하였다.

"말이 유창하면 듣는 이는 기뻐하지만 의로움의 법도에 맞지 않으면 밖으로만 번드르하고 속이 비어있는 공허한 말이라고 한다.

산림이 우거져 짐승을 잡든가 계곡이 깊어 고기를 잡는 것도 아닌데 장부의 수입이 많으면 이를 가리켜 허황된 재화(財貨)라 한다.

군자는 밖으로 꾸미고 속이 빈 말은 듣지 않으며, 허황된 재화는 받지 않는 법이니 그대를 잠시 동안 면직시키겠소."

어떤 사람이 위의 이야기를 듣고 말하였다.

이자(李子)는 "말이 유창하면 듣는 이는 기뻐하지만 의로움의 법도에 맞지 않으면 그것은 허황된 말이라 한다."고 했는데, 말이 유창하다는 것은 말하는 사람의 일이고, 기뻐하는 것은 말을 듣는 사람의 일이다. 말하는 사람과 듣는 사람은 서로 상대여서, 유창한 말과 기쁜 것은 별개의 문제이다.

여기서 말하는 의로움의 법도에 맞지 않는다는 것은 듣는 사람과 관계가 있는 것이 아니라 들리는 말의 내용을 가리키는 것이다.

듣는 쪽은 언제나 소인(小人)이 아니면 군자이다. 듣는 사람이 소인이라면 의(義)에 대한 분별이 없으므로 말의 내용이 법도에 들어 맞는지를 알지 못한다. 듣는 사람이 군자(君子)라면 말의 내용을 의로움의 법도에 맞춰보기 때문에 아무리 유창한 말이라도 그것을 받아들이지 않고 버리면 되는 것이다.

무릇 "말이 유창하면 그것을 듣는 사람은 기뻐하여도, 의로움의 법도에 맞지 않으면"이라고 한 말은 반드시 진실된 말이라 할 수 없다.

따라서 "장부의 수입이 많은 것은 허황된 재화(財貨)이다."라는 말도 널리 통용되지는 못할 것이다.

이극(李克)이 간사(姦邪)한 일을 일찍 금지하지 못하고, 현령으로부터 1년 회계의 보고서를 제출하기까지 기다렸다는 것은 허물을 그대로 방관한 셈이 된다.

수입이 많아지는 까닭을 알아내는 술(術)을 터득하지 못한다면 비록 수입이 많아졌어도 장차 어찌할 것인가.

장부의 수입이 많은 것은 본래 풍년이 들어 평년의 배에 해당되는 수확을 거두었다면 조금도 이상한 일은 아니다.

농사를 지을 때는 음양의 조화에 신중하고, 씨를 뿌리고 나무를 심을 때는 계절에 알맞도록 하며, 때를 늦추거나 빠르게 함이 없이 때를 잃지 아니하고, 춥고 더운 천재지변의 재앙이 없으면 세입은 증가하여 장부의 수입은 많아지기 마련이다.

작은 이익을 추구하여 큰 일을 그르치지 않고, 사사로운 욕심을 위하여 사람의 본분을 해치지 않으며, 남자는 농사에 힘을 다하고, 부녀자는 길쌈에 애쓰면 세입은 많아진다.

또 가축 기르는 법을 연구하고, 토질의 적합성을 살펴서 육축(六畜)을 번식시키고, 오곡(五穀)을 증산하게 되면 세입은 늘어난다.

물건의 계량(計量)을 밝게 하고, 지세(地勢)를 상세하게 살펴 배〔舟〕나 수레같은 기계를 만들어 편리를 도모하여, 적은 힘을 들여 큰 성과를 얻도록 하면 세입은 많아진다.

시장(市場)이나 관공서, 교량 등의 통행을 편리하게 하고, 남는 물자를 모자라는 곳으로 보내도록 하며, 다른 곳의 장사치들이 와 머물고, 외국의 재화가 모여들게 하고, 재정은 검소하게 쓰며, 의식(衣食)은 절약하고, 건물이나 기구(器具)는 생활에 필요한 만큼 갖추어 쓰며, 오락이나 취미생활에 마음을 돌리지 않으면 세입은 많아진다.

이렇게 해서 세입이 많아지는 것은 모두 사람의 힘으로 되는 것이다.

자연이 하는 일로써 비바람이 때에 맞게 내리고, 춥고 따뜻함이 계절에 따라 알맞으면 땅이 넓지 않더라도 풍년이 들어 수확이 늘어나게 되어 세입 또한 많아진다.

이렇게 사람의 힘으로 되는 일과 자연적으로 되는 두 가지 모두가 세입을 늘어나게 하는 것이다. 산림이 우거지고 강과 계곡이 윤택해야만 이로운 것은 아니다.

무릇 "산·숲·못·골짜기에서 수입이 없다고 하여 늘어난 세입을 공허한 재화(財貨)"라고 말하는 것은 술(術)을 아직 터득하지 못한 말이다.

李克治中山[1] 苦陘令上計[2]而入多 李克曰 言語辯 聽之說 不度於義 謂之窕言[3] 無山林澤谷之利而入多者 謂之窕貨 君子不聽窕言 不受窕貨 子姑[4]免矣

或曰 李子設辭曰 夫言語辯 聽之說 不度於義者 謂之窕言 辯在言者 說在聽者 言非聽者也 則辯非說者也 所謂不度於義 非謂聽者 必謂所聽也 聽者非小人 則君子也 小人無義 必不能度之義也 君子度之義 必不肯說也 夫曰 言語辯 聽之說 不度於義者 必不誠之言也 入多之爲窕貨也 未可遠行也 李子之姦弗蚤禁使至於計 是遂過也 無術以知而入多 雖倍入 將奈何 入多 者穰也 擧事愼陰陽之和 種樹節四時之適 無早晩之失 寒溫之災 則入多 不以小功妨大務 不以私欲害人事 丈夫盡於耕農 婦人力於織絍 則入多 務於畜養之理 察於土地之宜 六畜遂[5] 五穀殖[6] 則入多 明於權計 審於地形 舟車機械之利 用力少 致功大 則入多 利商市關梁[7]之行 能以所有致所無 客商歸之 外貨留之 儉於財用 節於飮食 宮室器械 周於資用[8] 不事玩好[9] 則入多 入多 皆人爲也 若天事風雨時 寒溫適 土地不加大 而有豊年之功 則入多 人事天功二物者皆入多 非山林澤谷之利也 夫無山林澤谷之利入多 因謂之窕貨者 無術之言也

1) 李克治中山(이극치중산) : 이극(李克)은 이태(李兌)로 전국시대 위(魏)나라 사람으로 자하(子夏)의 문인이었으나 뒤에 문후(文侯)의 재상이 되어 중산(中山)을 다스렸다. 유명한 이야기로는 조(趙)나라 주보(主父)인 무령공을 굶겨 죽인 권력자였다.『한서』예문지의 유가저록에는 이극(李克)편이 실려있다. 중산(中山)은 전국시대의 한 나라로 지금의 하북성 정현(定縣) 일대를 가리킨다.

2) 苦陘令上計(고형령상계) : 고형(苦陘)은 중산국(中山國)에 소속된 한 현(縣)으로 지금의 하북성 무극현(無極縣)의 동북지방을 가리킨다. 영(令)은 고을(縣)의 장관을 뜻한다. 상계(上計)는 매년 고을에서 정부에 올리는 1년 동안의 회계 보고서를 말한다.

3) 窕言(조언) : 경박한 말을 뜻하는데 여기서는 밖으로만 번드르하고 속은 텅비어 있는 허황스런 말이란 뜻.

4) 子姑(자고) : 자(子)는 그대라는 뜻. 고(姑)는 잠시 동안의 뜻.

5) 六畜遂(육축수) : 수(遂)는 기른다는 뜻이고, 육축(六畜)은 집에서 기르는 짐승으로 말·소·돼지·양·개·닭을 말한다.

6) 五穀殖(오곡식) : 식(殖)은 생산한다는 뜻이고, 오곡(五穀)은 벼·기장·조·보리·콩 같은 곡식을 말한다.
7) 市關梁(시관량) : 시는 시장(市場), 관은 지금의 세관같은 관공서이며, 양은 교량(橋梁)을 말한다.
8) 周於資用(주어자용) : 주(周)는 갖추다는 뜻으로 쓰이며, 자용(資用)이란 공급하여 쓴다의 뜻.
9) 玩好(완호) : 애완물(愛玩物)을 말하며 여기서는 오락이나 취미생활을 뜻한다.

7. 능력 없는 임금

진(晋)나라의 조간자(趙簡子)가 위(衛)나라 도성의 외곽을 포위했을 때, 소가죽으로 만든 크고 작은 방패를 세우고 적의 화살이나 돌멩이가 날아와 닿지 않는 곳에 서서 공격을 독려하는 북을 쳤지만 전사(戰士)들은 분연히 일어나지 않았다.

이에 간자는 북채를 던지면서 한탄하며 말하기를

"아아! 나의 군사들이 지치고 말았구나!"

고 했는데, 이 말을 들은 행인(行人) 촉과(燭過)가 투구를 벗고 대답하였다.

"신이 알기로는 이는 임금께서 능력이 없는 것일 뿐 군사들 가운데는 한 사람도 지친 사람이 없습니다.

옛날 우리의 선군(先君)이신 헌공(獻公)은 합병한 나라가 열일곱이고, 정복한 나라는 서른 여덟이며, 싸워서 이기기를 열두 번에 이르렀는데 그 때도 이 민중을 썼습니다.

헌공이 승하하시고 혜공(惠公)이 즉위하셨지만 성품이 음란하고 포학하여 여색을 탐하였기로 진(秦)나라 군사가 침범하여 도읍인 강(絳)에서 물러나기 70리나 되었으니 그 때도 또한 이 민중들을 썼습니다.

그뒤 혜공이 돌아가시고 문공이 왕위를 이어 받았을 때, 위나라를 포위하여 업(鄴)을 빼앗았고, 성복(城濮)의 싸움에서는 다섯 차례나 형(荊)나라 군사를 격파하여 세상에 그 이름을 떨쳤는데 그 때도 또한 지금의 이 민중을 썼던 것입니다.

이로 미루어 본다면 임금에게 능력이 없는 것이지 결코 군사들이 지친 것은 아닙니다."

이 말을 듣고 간자는 작고 큰 방패를 걷고 화살과 돌멩이가 닿는 곳으로 나아가 서서 공격하라는 북을 울리니 군사들은 사기가 올라 싸운 결과 크게 이겼다.

이에 간자가 말하였다.

"천 대의 혁거(革車 : 전투용마차)를 얻는 것보다 행인 촉과의 한마디 말이 더 좋았다."

이에 대하여 어떤 사람이 말했다.

행인 촉과의 말에는 명백한 요지가 없다. 혜공은 같은 민중을 썼는데도 패하였고, 문공은 같은 사람을 썼는데도 이겨 패자(霸者)가 되었다고 말했을 뿐으로, 아직 사람을 쓰는 술(術)에 대해서는 말하지 않았다. 그래서 간자가 더 빨리 크고 작은 방패를 걷지 않은 것이다.

아버지가 적에게 포위되었다면 화살이나 돌멩이를 가릴 것 없이 뚫고 들어가는 것이 효자가 부모를 사랑하는 일일진대, 이렇게 부모 사랑하는 효자는 백을 헤아려 한 사람 정도가 있을 뿐이다. 그런데 지금 조간자는 자기 몸을 위태로운 지경에 두고 군사들을 독려하면 사람들이 그것으로 싸워주리라 기대했을 것이다. 이는 많은 민중의 자식인 군사들이 임금과의 관계에서 모두 효자가 부모를 사랑하는 것처럼 행동하기를 바란 것이니 촉과가 임금에게 무모한 계책을 멋대로 말한 것이 된다.

이(利)로움을 좋아하고 해되는 것을 싫어하는 것은 사람이면 모두가 똑같다.

상이 두텁고 믿음이 확고하면 사람들은 누구나 적을 두려워하지 않고 가벼이 생각하며, 형벌이 무거워 누구나 빠져나가지 못하도록 균등하게 시행된다면 사람들은 이것이 두려워 적을 만나도 도망하지 않는다.

절개를 지켜 임금에게 충성으로 따르는 사람은 백을 헤아려 한 사람도 되지 않겠지만 이로움을 좋아하고 죄를 두려워하는 것은 사람이면 누구나 그렇지 않을 수 없다.

바야흐로 많은 사람을 통솔하는 사람으로서 누구나 행하는 법도(法度)를 행하지 않고 백에 한 명 있을 뿐인 덕행(德行)을 표준으로 삼았으니 행인 촉과는 아직 많은 사람을 부리는 도(道)를 터득하지 못한 것이다.

  趙簡子圍衞之郛郭[1] 犀楯犀櫓[2] 立於矢石之所不及 鼓之而士不起 簡子投枹曰 烏乎 吾之士數弊也[3] 行人燭過免冑[4]而對曰 臣聞之 亦有君之不能耳 士無弊者 昔者吾先君獻公[5]幷國十七 服國三十八 戰十有二勝 是民之用也 獻公沒 惠公[6]卽位 淫衍暴亂 身好玉女[7] 秦人來侵 去絳[8]七十里 亦是人之用也 惠公沒 文公受之 圍衞取鄴 城濮之戰 五敗荊人 取尊名於天下 亦此人之用也 亦有君不能耳 士無弊也 簡子乃去楯櫓 立矢石之所及 鼓之而士乘之 戰大勝 簡子曰 與吾得革車千乘[9] 不如聞行人燭過之一言也

  或曰 行人未有以說也 乃道惠公以此人是敗 文公以此人是霸 未見所以用人也 簡子未可以遽去楯櫓也 嚴親在圍 輕犯矢石 孝子之所愛親也 孝子愛親 百數之一也 今以爲身處危而人尙可戰 是以百族之子於上 皆若孝子之愛親也 是行人之諛也 好利惡害 夫人之所有也 賞厚而信 人輕敵矣 刑重而必 人不北矣 長行徇上[10] 數百不一人 喜利畏罪 人莫不然 將衆者不出乎莫不然之數 而道乎百無一人之行 行人未知用衆之道也

1) 郛郭(부곽): 『설문(說文)』에서 부(郛)와 곽(郭)은 같은 뜻으로 성곽(城郭)을 뜻하는데 부(郛)는 곽(郭)보다 큰 것을 말한다.

2) 犀楯犀櫓(서순서로): 순(楯)은 방패(盾)이며 노(櫓) 또한 방패인데 순(楯)보다 큰 방패.

3) 數弊也(삭폐야): 삭(數)을 『여씨춘추』에서 속폐(遬弊)로 썼는데 빠르다는 뜻이며 폐(弊)는 피곤하여 지쳤다는 말과 같다.

4) 行人燭過免冑(행인촉과면주) : 행인(行人)은 임금 곁에서 빈객을 접대하는 관리를 말함인데, 여기서는 시종관(侍從官)을 뜻한다. 촉과(燭過)는 사람 이름인데 문헌에는 기록이 없다. 주(冑)는 옛날 군사가 쓰던 투구를 뜻한다. 면주(免冑)는 투구를 벗다는 뜻.
5) 獻公(헌공) : 혜공(惠公)·문공(文公)의 부군(父君)으로 서기 전676년에서 전651년까지 재위한 진(晋)나라의 임금.
6) 惠公(혜공) : 문공(文公)의 이복 아우로서 이름을 이오(夷吾)라 했고 서기 전650년에서 전637년까지 재위했다.
7) 玉女(옥녀) : 『여씨춘추』의 고주(高注)에 따라 아름다운 여자로 설명했다.
8) 絳(강) : 춘추시대 진(晋)나라의 도성(都城)으로 산서성 익성현(翼城縣) 동남지방을 가리킨다.
9) 革車千乘(혁거천승) : 혁거(革車)는 화살이나 돌멩이의 공격을 막기 위하여 가죽으로 장치된 전차를 말함. 승은 수레를 헤아리는 단위.
10) 長行徇上(장행순상) : 장행(長行)은 고상하고 앞선 행동을 뜻하며, 순(徇)은 따르다는 뜻과 같다.

제 26 편 난 삼(難三)

 난삼(難三)이란 '난일·난이' 등과 같은 체제이며 같은 방식으로 이루어졌고 또 이야기의 구성은 모두 여덟 가지로 나뉘어졌다.
 특히 이 편은 한비의 상벌론으로 일관한 느낌이 있다. 임금의 개인적인 비판이나 능력의 한계와 폐해를 대조하고, 객관화와 법제화를 같이 한 세(勢)와 술(術)의 단계에서 이론적으로 설득하는 것이 뛰어나 보인다. 또 정법(定法)과 흡사한 법의 공시성(公示性), 술(術)의 내장성(內藏性)에 대한 해설이 더욱 돋보이고 전체의 흐름에서는 독특한 점이 있는 것을 주의깊게 살펴볼 필요가 있다.

1. 노나라 목공이 자사를 존경한 이유
 노(魯)나라의 목공(穆公)이 자사(子思)에게 물었다.
 "내가 듣기로는 방간(龐繝)의 아들이 불효자라는데 그 행동이 어느 정도로 불량한가?"
 자사는 대답하기를
 "군자는 본래 현자를 존경하고 덕(德)을 숭상하며, 착한 점을 드러내어 민중에게 권장할 뿐입니다. 남의 잘못된 행동은 소인이나 알 일이지 신은 알지 못합니다."
 하고 자사는 물러갔는데 이번에는 자복여백(子服厲伯)이 뵈러 들어왔다. 임금은 그에게 방간의 아들에 대하여 물었다.

자복여백은 대답하기를

"그의 허물은 세 가지가 있는데 임금께서는 아직 들어 본적이 없을 정도의 것들입니다."

고 말했는데 그 뒤로부터는 임금이 남의 말을 하지 않는 자사를 귀하게 여기고 자복여백은 천하게 여겼다.

어떤 사람이 이 말을 듣고 비평하여 말했다.

노나라 왕실이 삼대에 걸쳐 계씨(季氏)로부터 위협당한 것은 마땅하지 아니한가?

명석한 임금은 착한 사람을 찾아내 포상하고 못된 사람을 찾아내 처벌하는데 그 찾아낸다는 점에 있어서는 하나인 것이다.

그러므로 남의 착한 것을 알고 위에 보고하는 사람은 착한 것을 좋아하는 점에서 임금에게 동조하는 것이다. 남의 못된 짓을 알고 이를 위에 보고하는 것은 악(惡)을 미워하는 점에서 임금에게 동조하는 것이다. 이러한 경우에는 마땅히 포상과 명예를 주어야 한다.

남의 간사한 것을 알고 있으면서도 이를 보고하지 않는 것은 임금과 좋아하고 싫어하는 것을 달리하여 아래로 악인과 작당하는 것이니 이는 마땅히 비방하고 처벌해야 할 것이다.

지금 자사(子思)는 남의 허물을 알면서도 보고하지 않았다 하여 목공은 이를 존중하고, 자복여백은 남의 잘못을 알고 이를 보고하였는데도 목공은 이를 경시하였다.

사람의 상정(常情)으로서는 모두 존경받기를 기뻐하며, 경시당하는 것을 싫어하는 법이다. 그러므로 계씨의 반란준비가 꾸며지고 있음을 알면서 아무도 위에 보고하지 않았으므로 노나라 임금은 협박을 당했던 것이다.

또한 이러한 일은 나라가 망하는 징조인데도 유도(儒道)를 신봉하는 추(鄒)나라와 노(魯)나라의 민중들은 찬미하고, 목공도 오히려 그것을 존중하였으니 이 또한 전도(轉倒)된 일이 아니겠는가.

魯穆公問於子思[1]曰 吾聞龐𤦎氏[2]之子不孝 其行奚如 子思對曰 君子尊賢以崇德 擧善以勸民 若夫過行 是細人之所識也 臣不知也 子思出 子服厲伯[3]入見 問龐𤦎氏子 子服厲伯對曰 其過三 皆君之所未嘗聞 自是之後 君貴子思 而賤子服厲伯也

或曰 魯之公室 三世劫於季氏[4] 不亦宜乎 明君求善而賞之 求姦而誅之 其得之一也 故以善聞之者 以說善同於上者也 以姦聞之者 以惡姦同於上者也 此宜賞譽之所及也 不以姦聞 是異於上而下比周於姦者也 此宜毁罰之所及也 今子思不以過聞 而穆公貴之 厲伯以姦聞 而穆公賤之 人情皆喜貴而惡賤 故季氏之亂成而不上聞 此魯君之所以劫也 且此亡王之俗 鄒[5]魯之民自以爲美而穆公獨貴之 不亦倒乎

1) 魯穆公問於子思(노목공문어자사) : 노목공(魯穆公)은 노나라 원공(元公)의 아들로 이름은 현(顯)이며, 서기전 409년부터 전377년까지 재위했다. 자사(子思)는 공자의 손자로 이름은 급(伋)이며 자사(子思)는 그의 자이다. 『사기』의 맹자열전에는 맹자(孟子)도 자사의 제자라고 기록되어 있다.

2) 龐𤦎氏(방간씨) : 문헌에 뚜렷한 기록은 없으나 『사기』혹리열전(酷吏列傳)에 따르면 방(龐)은 고을 이름이고, 간씨(𤦎氏)가 성으로 되어 있을 뿐이다.

3) 子服厲伯(자복여백) : 『좌씨전』의 기록에 따르면 노나라 대부 맹헌자(孟獻子) 즉 중손멸(仲孫蔑)의 아들로 이름을 타(它)라 했고 자를 자복(子服)이라 했다고 기록하고 있다. 자복(子服)을 성씨(姓氏)로 한 것은 그 아들대부터인데 자복숙(子服椒) 자복회경백(子服回景伯) 자복하소백(子服何昭伯)으로 썼다.

4) 三世劫於季氏(삼세겁어계씨) : 삼세(三世)는 노나라의 소공(昭公), 정공(定公), 애공(哀公)의 3대를 말하며, 계씨(季氏)는 계무자(季武子), 계평자(季平子), 계강자(季康子)를 말하는데 소공(昭公)은 25년에 계씨(季氏)의 반란에 쫓겨 제나라로 망명하였다가 뒤에 진나라 건후(乾侯)에서 죽었다.

5) 鄒(추) : 주왕조(周王朝) 때의 나라 이름으로 지금의 산동성 추현(鄒

縣)지방 일대에 있었다.

2. 죽이려던 신하를 다시 쓴 진문공

진(晉)나라 문공(文公)이 도성을 벗어나 망명의 길에 올랐을 때 그 부왕인 헌공(獻公)은 환관(宦官)인 피(披)를 시켜 뒤쫓게 하였다. 피는 포성(蒲城)이라는 곳에서 만나 문공을 공격하였는데 피는 문공을 칼로 쳐 옷소매 밖에 자르지 못했고 문공은 적(翟)이라는 곳으로 망명했다.

그뒤 헌공이 죽고 혜공(惠公)이 왕위에 올랐을 때 다시 문공을 혜두(惠竇)에서 공격하였으나 잡는데 뜻을 이루지 못하였다. 문공은 13년이라는 긴 세월의 망명생활을 마치고 귀국하여 왕위에 올랐는데 그때 문공을 뒤쫓아 공격했던 피(披)가 찾아와 알현을 청하였다. 이에 문공이 말하기를

"포성에서 나를 공격했을 때 임금인 헌공은 하룻밤을 지난 뒤에 치라고 명령하였는데 너는 곧 나를 공격했고, 혜두의 환란 때도 임금인 혜공은 사흘 뒤에 공격하라고 했는데도 너는 하룻밤을 지난 뒤에 공격해 왔다. 이렇듯 너는 나를 치기에 재빨랐던 것이다. 어째서 그러하였는가?"

하고 물었다. 이에 피(披)가 대답하기를

"신하가 임금의 명령을 수행함에는 둘이 있을 수 없고, 임금이 미워하는 사람을 제거하는데 있어서는 오직 힘이 모자라 실패하지나 않을까 두려울 뿐입니다.

임금께서 포(蒲)나라로 망명했을 때는 포나라 사람일 뿐이었고, 적(翟)나라로 망명했을 때는 단지 적나라 사람일 뿐이어서 저외는 아무런 관계가 없었던 것이 아니겠습니까?

지금은 왕위에 올라 계시니 임금께서는 포나라 사람도 아니며 적나라 사람도 아닌 것입니다. 말은 다릅니다만 저 제(齊)나라 환공(桓公)은 일찍이 자기의 허리띠를 쏘아 죽이려 했던 관중(管仲)을 재상으로 등용한 일도 있었습니다."

고 말하니 문공은 피(披)를 받아들였다.

위의 일에 대하여 어떤 사람이 비평하여 말했다.

제(齊)나라와 진(晉)나라가 멸망하여 후사(後嗣)가 끊어진 것은 이 또한 마땅하지 않은가?

환공이 관중의 능력을 인정하여 자기의 허리띠를 쏘아 죽이려던 원한을 잊었고, 문공은 환관인 피(披)의 말을 듣고 자기를 죽이려다 옷소매를 자른 죄를 잊었으니, 환공과 문공은 능히 두 사람을 용서하여 받아들였다.

후세의 임금들은 총명하기가 두 임금에 미치지는 못할 것이고, 후세의 신하들도 현명하기가 관중이나 피에게 미치지는 못할 것이다.

이것은 곧 충성스럽지 못한 신하가 총명하지 못한 임금을 섬기는 셈이 되는데 그때 임금이 신하의 불충을 헤아리지 못한다면 옛날의 연(燕)나라 장수 공손조(公孫操)나 제(齊)나라의 자한(子罕)이나 전상(田常)같은 역적이 나타나 임금자리를 빼앗을 것이다. 임금이 신하의 불충을 미리 알고 제어할 경우 관중이나 환관인 피의 예를 들어 자기 행위의 구실로 삼을 것이다.

그렇게 되면 임금은 반드시 처벌하지 않고 넘길 수 있고, 자기에게 환공이나 문공과 같은 덕이 있다고 자부하게 된다.

이렇게 되면 신하가 임금을 원수로 여기더라도 거울에 비쳐 보듯이 신하의 마음을 살필 수가 없으며, 신하에게 만사를 맡겨 놓고는 스스로 현명한 임금이라고 자만하여 조금도 경계하지 않으니 비록 후사가 끊어진다고 하여도 이 또한 마땅한 일이 아니겠는가?

또한 환관인 피(披)의 말은 단지 임금의 명령을 거역하지 않고 집행하는 사람이 올곧고 충성된 신하라는 것이다.

죽었던 임금이 다시 살아와도 부끄럽지 않은 일을 했을 때만이 비로소 정절(貞節)을 지켰다고 할 수 있는 것이다.

지금 피는 아침에 혜공이 죽으니 저녁에는 벌써 문공을 섬기는데도 임금을 배신하지 않았다고 하는 것은 어찌된 까닭인가?

　　文公出亡 獻公使寺人披攻之蒲城[1] 披斬其袪[2] 文公奔翟[3] 惠公卽位 又使之惠竇[4] 不得也 及文公反國 披求見 公曰 蒲城之役 君令一宿 而汝卽至 惠竇之難 君令三宿 而汝一宿 何其速也 披對曰 君令不二[5] 除君之惡 惟恐不堪 蒲人 翟人 余何有焉 今公卽位 其無蒲翟乎 且桓公置射鉤[6] 而相管仲 公乃見之

　　或曰 齊晉絶嗣 不亦宜乎 桓公能用管仲之功 而忘射鉤之怨 文公能聽寺人之言 而棄斬袪之罪 桓公文公能容二子者也 後世之君 明不及二公 後世之臣 賢不如二子 以不忠之臣 事不明之君 君不知 則有燕操[7] 子罕 田常之賊 知之 則以管仲 寺人自解 君必不誅 而自以爲有桓文之德 是臣讎君而明不能燭 多假之資[8] 自以爲賢而不戒 則雖無後嗣 不亦可乎 且寺人之言也 直飾君令 而不貳者 則是貞於君也 死君復生 臣不愧 而後爲貞 今惠公朝卒 而暮事文公 寺人之不貳何如

1) 獻公使寺人披攻之蒲城(헌공사사인피공지포성): 헌공(獻公)은 진(晋)나라 문공의 부왕(父王)으로 서기전 676년에서 전651년까지 재위하였으며 우(虞)나라의 길을 빌려 괵(虢)을 공략한 이야기도 있다. 사인피(寺人披)는 환관(宦官)인 피(披)라는 사람을 말하는데 사인(寺人)은 곧 시인(侍人)과 뜻이 같아 환관이다. 포성(蒲城)은 지금의 산서성 포현(蒲縣).

2) 披斬其袪(피참기거): 참(斬)은 자르다는 뜻이고, 거(袪)는 옷소매라는 뜻. 이 말은 곧 피(披)는 문공의 옷소매만 잘랐을 뿐 죽이지는 못했다는 뜻이다.

3) 文公奔翟(문공분적): 문공은 적(翟)이라는 나라로 도망(奔)갔다는 말인데 적(翟)은 지금의 산서성 북쪽의 오랑캐가 살던 땅이었다. 혹은 적(狄)으로도 쓴다.

4) 惠竇(혜두):『좌씨전』이나『국어(國語)』에는 위병(渭浜)으로 기록되어 있으나『경전석문(經典釋文)』에 따라 독(瀆)을 두(竇)로 써 그대로 혜두(惠竇)라 하였다.

5) 君令不二(군령불이) : 임금의 명령에는 둘이 있을 수 없다는 말인데 이는 곧 임금의 명령은 어길 수가 없다는 뜻. 『좌씨전』에는 군명무이 (君命無二)라는 말이 있는데 뜻이 같다.
6) 置射鉤(치사구) : 치(置)는 잊어버리다 곧 용서하다는 뜻이고, 구(鉤) 는 허리띠를 말하며, 사(射)는 활로 쏘다는 뜻임.
7) 燕操(연조) : 연나라의 공손조(公孫操)를 말하는데 전국시대 후기의 연나라 장수로 『사기』 조세가(趙世家)에 의하면 혜문왕(惠文王) 28년 조에 그 임금인 혜왕을 죽이고 왕위를 찬탈했다는 기록이 있다.
8) 多假之資(다가지자) : 가(假)는 주다라는 뜻. 자(資)는 빙자하다는 뜻. 곧 권세를 넘겨주다는 뜻과 같다.

3. 난일·난이·난삼(難一·二·三)이란 무엇인가

한 사람이 있었는데 어느 날 제(齊)나라 환공에게 수수께끼를 내 말하기를

"일난(一難)·이난·삼난이란 무엇입니까?"

하니 환공이 대답을 못하고 관중(管仲)에게 되물었다. 관중이 대답하기를

"일난이란 광대(俳優)를 가까이 하고 어진 선비를 멀리하는 것이며, 이난(二難)은 임금이 나라 일을 쉬고 도읍을 떠나 때때로 바닷가에 유람하는 것이며, 삼난은 임금이 늙어서야 겨우 태자(太子)를 책봉하는 것입니다."

고 말했다. 이 말을 듣고 환공은

"옳은 말이로다."

하고 칭찬한 뒤 좋은 날을 잡을 틈도 없이 서둘러 태자를 책봉하고 종묘(宗廟)에서 예의를 올렸다.

위의 일을 두고 어떤 사람이 말했다.

관중은 수수께끼의 정답을 맞히지 못하였다. 어진 선비를 쓰는데는 임금의 가까이에 있고 멀리 있고는 무관하다. 광대나 악사(樂士)는 본래 임금이 곁에 가까이 두고 즐기는 것이 마땅

한 일이니, 그렇다면 광대를 가까이 하고 선비를 멀리 하더라도 정치를 잘하는데 있어서는 어려움이 될 수 없는 것이다.
 또 무릇 권세있는 자리에 있으면서 그 권력을 쓰지 못하고 갈피를 잡지 못하여 멀리 바닷가로 유람도 떠나지 못하는 것은 곧 자기 한 사람의 힘으로 온 나라 전체를 다스려 보겠다고 했기 때문인데, 이렇듯 한 사람의 힘으로 나라 전체를 지배하려면 그것은 감당하기 어려운 일이다.
 만약 임금이 명석하여 먼 곳의 잘못된 일도 밝게 비추어 알 수 있다면 명령은 반드시 실행될 것이며, 비록 멀리 바닷가로 유람하더라도 나라 안에서 변란같은 일이 일어나지 않을 것이다.
 그렇다면 임금이 도읍을 떠나 멀리 바다로 나가 있어도 위협을 당하거나 죽임을 당하지 않도록 대비하는 일은 어려운 일이 아닐 것이다.
 또한 초(楚)나라 성왕(成王)은 일찍이 상신(商臣)을 태자로 책봉하였다가 그 뒤에 다시 공자 직(職)을 태자로 세우려 했기 때문에 상신이 난을 일으켜 성왕을 죽이고 왕위를 찬탈했다.
 또 공자(公子)인 재(宰)는 주(周)나라의 태자였는데, 공자 근(根)이 임금의 총애를 받았으므로 끝내는 동주(東周)에서 반란을 일으켜 주(周)나라는 쪼개져 두 나라가 되고 말았다.
 이같은 일은 태자를 늦게 책봉했기 때문에 일어난 환란이 아닌 것이다. 무릇 임금이 태자와 서자의 권세를 둘로 나누지 않고, 서자의 신분은 비천하니 총애하더라도 권력을 빙자하지 못하게 하면 비록 늙어 정신이 몽롱하여져 늦게 태자를 책봉하더라도 상관없을 것이다.
 늦게 태자를 책봉하더라도 서자가 반란을 일으키지 않도록 하는 일은 어렵지 않다.
 사물(事物)에 있어 이른바 어렵다(難)는 것은 반드시 남에게 권력을 빌리더라도 자신을 침해하지 못하도록 하는 것이 일난(一難)이며, 후궁을 총애하여 신분을 높이면서도 왕후(王后)의 반열에 두지 않는 일을 이난(二難)이라 한다. 마지막으로 서자(庶子)를 사랑하더라도 적자(嫡子)가 위태롭게 하지 않고 한 신하의 의견만을 들으면서도 그 신하가 임금과 세력을 겨루지 못하게 하는 일이 또한 어려운데, 이와 같은 것을 말하여 삼난(三難)이라 한다.

  人有設桓公隱者[1]曰 一難 二難 三難 何也 桓公不能射[2] 以告管仲 管仲對曰 一難也 近優而遠士 二難也 去其國而數之海 三難也 君老而晚置太子 桓公曰 善 不擇日而廟禮太子
  或曰 管仲之射隱 不得也 士之用 不在近遠 而俳優侏儒固人主之所與燕也 則近優而遠士 而以爲治 非其難者也 夫處勢而不能用其有 而徒[3]不去國 是以一人之力禁一國 以一人之力禁一國者 少能勝之 明能照遠姦而見隱微 必行之令 雖遠於海 內必無變 然則去國之海 而不劫殺 非其難者也 楚成王置商臣[4]以爲太子 又欲置公子職 商臣作亂 遂弑成王 公子宰周太子也 公子根有寵 遂以東周反 分而爲兩國 此皆非晚置太子之患也 夫分勢不二 庶孼卑 寵無藉 雖處耄老[5] 晚置太子可也 然則晚置太子 庶孼不亂 又非其難者也 物之所謂難者 必借人成勢 而勿使侵害己 可謂一難也 貴妾不使二后 二難也 愛孼不使危正適 專聽一臣而不敢偶君 此則可謂三難也

1) 隱者(은자) : 은어(隱語)를 말한 것인데 수수께끼를 뜻한다.
2) 射(사) : 구본에는 흔히 대답하다로 쓰여 있는데 여기서는 맞히다 또는 풀다의 뜻과 같은 사(射) 그대로 쓴다.
3) 徒(도) : 『송건도본』같은 책에는 패(悖)로 쓰여져 있고, 그 뜻은 함부로 하다와 같다.
4) 成王置商臣(성왕치상신) : 성왕(成王)은 춘추시대의 초나라 임금으로 문왕(文王)의 아들이며 이름은 웅휘(熊輝)로 서기전671년에서 전626년까지 재위했다. 상신(商臣)은 성왕(成王)의 세자(世子)였다가 서제(庶弟)인 공자직(公子職)에게 태자 자리를 빼앗기자 그 부왕인 성왕을 죽이고 자립하여 초나라 목왕(穆王)에 즉위했다.

5) 耄老(모로) : 늙어 정신이 몽롱하여지는 것을 말하는데, 흔히 여든(八十)살, 또는 아흔(九十)살의 늙은이를 가리켜 말할 때 쓴다.

4. 정치는 어떻게 하는 것입니까 ?

어느날 섭(葉)나라 임금 자고(子高)가 중니(仲尼 : 孔子)에게 정치가 무엇인지를 물었다.

이에 중니가 대답했다.

"정치란 가까이 있는 사람에게는 기쁘게 하고 멀리 있는 사람에게는 사모하면서 오게 하는 것입니다."

노(魯)나라 애공(哀公)도 정치에 대해 물으니 중니가 대답했다.

"정치의 요점은 뛰어나게 슬기로운 현인(賢人)을 가려 쓰는 일입니다."

또 제(齊)나라 경공(景公)이 정치의 요점을 중니에게 물으니 중니는 대답했다.

"정치를 잘하는 것은 재물을 아껴 쓰는 일에 있습니다."

이렇게 세 임금에게 다른 말로 대답하는 것을 듣고 있던 제자 자공(子貢)은 세 임금이 물러가자 스승에게 물었다.

"세 임금은 하나같이 정치의 요점을 물었는데 선생님께서는 그에 대해 각각 다른 대답을 하셨습니다. 그 까닭이 무엇입니까 ?"

이에 중니가 대답했다.

"섭(葉)나라는 도읍이 큰 데 비해 영토는 작고, 민중에게 모반(謀反)심이 있기 때문에 가까이 있는 사람에게는 기쁘게 하고, 멀리 있는 사람에게는 넉을 사모하여 오게 하라고 대답했다.

노나라 애공에게는 맹손(孟孫), 숙손(叔孫), 계손(季孫)같은 세 사람의 세력있는 대신이 있다. 그들은 제멋대로 권력을 휘둘러 밖으로는 현인이 들어오는 것을 막고, 안으로는 저희끼리 서로 어울려 붕당을 만들고 임금의 총명을 흐리게 하고 있다. 이렇게 되면 노나라는 망하여 종묘(宗廟)의 청소도 못하게 될 것이고, 사직(社稷)에 제사도 지내지 못하게 될 것이다. 이는 세 대신 때문이니 그래서 현인을 가려 쓰도록 대답한 것이다.

또한 제나라 경공은 옹문(雍門)을 높이 쌓고, 화려한 정전(正殿)을 지었으며, 하루아침에 3백승(三百乘)의 녹(祿)을 세 사람에게 주었기 때문에 정치의 요점은 재물을 아끼는데 있다고 대답했던 것이다."

어떤 사람이 이 일에 대해 비평하여 말했다.

"중니의 대답은 나라를 망치는 말이다. 섭나라 민중이 모반하는 마음을 품었다고 두려워하여 섭나라 임금 자고에게 '가까운 사람을 기쁘게 하고 멀리 있는 사람에게 덕을 사모하여 오도록 하라'고 말했는데 이것은 민중에게 항상 은혜를 기대하도록 가르치는 것이다.

은혜를 베풀어 정치를 하게 되는 경우에는, 공로가 없는 사람에게 상을 주게 되고 죄를 범한 사람에게 벌을 사면해 주게 되는데 이렇게 되면 법이 무너지는 바탕이 된다. 법의 기강이 무너지면 정치는 어지러워진다. 어지러운 정치로 난폭한 민중을 다스리는 것을 아직 보지 못했다.

무릇 민중이 모반할 마음을 품게 되는 것은 위로 임금이 밝지 못한 까닭인 것이다. 섭나라의 임금이 밝지 못한데도 이를 고쳐 주려고는 하지 않고 '가까운 사람을 기쁘게 하고 멀리 있는 사람을 덕으로 사모하게 하여 오도록 하라'고 말한 것은 임금에게 자기의 권세로 억제할 것은 버리고, 신하와 민중에게 은혜를 베풀어 서로 다투게 하는 것이니 이것은 권세를 보유하여 나라를 잘 다스리는 길(道)이 아닌 것이다.

무릇 요임금의 현명함은 당시 여섯 임금 가운데 으뜸이었다. 그러나 순(舜)이 거처를 옮길 때마다 그 주위에 민중이 모여들어 도읍(都邑)을 이루게 되니 요임금은 민중의 마음이 자기를 떠났음을 알고 순에게 천하를 물려주었던 것이다.

지금 한 임금이 있어 민중의 배반을 막을 아무런 방책없이 다만 순임금이 한 일을 본받아 민중에게 은혜나 베풀면서 백성을 잃지 않으려 한다면 이 또한 치술(治術)이 없는 것 아니겠는가?

 현명한 임금은 드러나지 않은 작은 잘못도 꿰뚫어 보기 때문에 민중은 큰 모반을 일으킬 수 없고 아무리 작은 범법이라도 이를 처벌하기 때문에 민중은 이를 두려워하여 감히 큰 변란을 일으키지 않는다.

 이러한 것을 '어려운 일이 생기기에 앞서 해결하기 쉬울 때 대책을 세워 해결하고, 중대한 일의 처치는 작은 일부터 잘 대처해야 한다.'고 일컫는 것이다.

 지금 공로를 세운 사람이 반드시 상을 받게 된다면 상을 받은 사람은 임금으로부터 은혜를 입은 때문이 아니라 자기의 능력으로 이룩한 것이라 생각한다. 죄를 지은 사람이 반드시 벌을 받게 되면 처벌을 받은 사람은 임금을 원망하지 않고 자기가 지은 죄 때문임을 알게 된다.

 민중들이 모든 상(賞)과 벌(罰)은 모두 자신의 행실에서 비롯된다는 것을 알게 되면 공적(功績)이나 이익은 노력으로 얻고자 애쓸 뿐 위로 임금에게 아첨하여 은혜를 받고자 생각하지 않는다.

 '가장 훌륭한 임금은 민중들이 임금이 있다는 사실조차 모르고 지내게 한다.'는 이 말은 아주 훌륭한 임금의 아래에 있는 민중은 그 덕이나 은혜를 바라거나 기뻐하지 않는다는 것인데, 어떻게 은혜와 덕으로 민중을 감싸 인심을 얻을 수 있겠는가?

 뛰어난 임금이 다스리는 민중은 이해(利害)에 따라 미혹되지 않는데 가까운 사람을 기쁘게 하고 멀리 있는 사람에게 덕을 사모하여 오도록 말한다는 것은 옳지 않다.

 노(魯)나라 애공(哀公)에게는 권신(權臣)이 있어 밖으로는 현명한 선비를 막아 임금에게 근접하지 못하도록 하고 안으로는 서로 결탁하여 무리를 만들어 임금을 어리석게 만들기 때문에 중니는 애공에게 현인(賢人)을 뽑아 쓰도록 말했다.
 이는 공적에 따라 사람을 평가하는 것이 아니라 임금의 주관(主觀)에 의하여 현인을 뽑으라는 뜻이다.
 만약 애공이 세 대신이 결탁하여 밖으로는 현명한 선비의 접근을 막고, 안으로는 서로 손잡고 임금을 미욱하게 만들고 있는 것을 알았다면 그 세 대신은 단 하루도 조정에서 일을 보지 못했을 것이다.
 애공은 현명한 선비를 뽑아 쓸 줄을 모르고 다만 자기가 현명하다고 생각한 선비를 골랐기 때문에 세 사람의 대신이 정사(政事)를 제멋대로 휘둘렀던 것이다.
 연(燕)나라 임금 자쾌(子噲)는 자지(子之)를 현명한 선비로 믿고 손경(孫卿)을 배척했기 때문에 내란이 일어나 죽임을 당했고, 죽은 뒤에도 다시 시신(屍身)이 참형을 당하는 치욕을 받았으며 나라는 신하에게 빼앗겼던 것이다.
 뿐만 아니라 오(吳)나라의 임금 부차(夫差)도 태재비(太宰嚭)를 슬기로운 사람으로 알고 자서(子胥)를 어리석은 사람이라 생각했기 때문에 월(越)나라에게 망했다.
 노나라 임금은 현자를 알아보지 못하는데도 중니가 그에게 현인을 뽑아 쓰도록 말한 것은 마치 애공(哀公)을 오나라의 부차나 연나라의 자쾌와 같이 환란의 전철을 밟게 하는 것과 같다.
 현명한 임금은 스스로의 판단에 따라 신하를 등용하지 않고 현명한 신하들이 서로 모여들게 하며, 또 임금 스스로 공로를 세우도록 장려하지 않고 신하들이 서로 격려하여 자연스럽게 공적을 세우도록 한다.
 신하에게 임무를 맡겨 의견을 듣고 그것을 실천하게 하여 시험하며, 그 공적에 따라 평가하기 때문에 모든 신하는 공정(公正)하여 사사로움이 없고, 현명한 선비를 막아 숨기려 하지 않으며, 무능하고 미욱한 사람을 천거하지 않는데 임금이 어찌 현명한 사람을 뽑는 수고를 하겠는가?

다음으로 제나라 경공(景公)은 백승(百乘)의 가록(家祿)을 세 사람에게 내려 주었다 하여 재물을 아껴 쓰라고 중니가 말했다는데 이것은 경공에게 법술(法術)을 써서 부(富)하더라도 사치에 빠지지 않도록 분수를 가르치지는 않고 다만 위에 있는 임금으로서 몸소 절약하도록 한 것이니, 군주가 절약하는 것만으로는 가난을 벗어나지 못한다.

만약 어떤 임금이 사방 천 리의 국토에서 생기는 수입으로 자기의 욕망을 채운다면 비록 하(夏)나라의 걸왕이나 은(殷)나라의 주왕도 그보다 더 사치스럽지 못할 것이다. 제나라의 국토는 사방 3천리나 되는 넓은 땅으로 거기에서 나오는 수입의 반으로 환공은 자기 자신을 위하여 호화로운 생활을 했으니 그것은 걸왕이나 주왕보다 더한 사치를 한 셈이다. 그러함에도 오패(五霸)의 으뜸이 되었으니 그것은 사치와 검약(儉約)이 다른 술(術)을 알았기 때문이다.

임금으로서 신하를 통제하지 못하면서 스스로를 억제하는 것을 겁(劫)이라 하고, 아래에 있는 신하를 바로잡지 못하면서 스스로를 바로잡는 것을 난(亂)이라 일컬으며, 신하로 하여금 절약하게 하지 못하고 스스로 절약하는 것을 빈(貧)이라 한다.

명석한 임금은 관리를 임용하는데 있어 사사로이 한쪽으로 치우치지 않고, 남을 속여 지위와 녹봉을 구하는 것을 엄하게 금하며, 힘을 다해 일하게 하고, 임금을 위하여 이익을 도모하는 사람이 있을 때는 반드시 위에 알리도록 하여 포상(褒賞)하며, 더러운 짓으로 사사로이 이익을 도모하는 사람은 반드시 위에 알리게 하여 처벌한다.

이러한 까닭으로 충신은 나라를 위하여 충성을 다하게 되고, 민중과 선비들은 집안을 위하여 있는 힘을 다하게 되며, 모든 관리는 임금을 위하여 성성을 바치게 될 것이니 이러한 경우에는 경공(景公)보다 더한 사치를 하더라도 나라의 환란은 되지 않는다.

공자가 경공에게 재화(財貨)를 아끼라고 말한 것은 급박한 문제를 말한 것이 못된다.

무릇 세 임금에게 할 말은 한 마디로 말해 세 임금이 재앙(災殃)을 당하지 않으려면 아랫사람을 알아야 한다는 말뿐이다.

임금이 아랫사람을 분명히 알게 되면 미세한 부분까지 금지할 수 있고 미세한 부분까지 금지하게 되면 간악한 일이 쌓일 수가 없으며 간악한 일이 쌓이지 않으면 민중들은 모반할 생각을 일으키지 않는다.

또 임금이 아랫사람을 분명히 알게 되면 공(公)과 사(私)가 구별되고, 공사(公私)가 뚜렷해지면 무리가 흩어지며, 무리가 흩어지면 밖으로 현명한 선비를 막지 못하고, 안으로는 끼리끼리 무리를 짓는 폐단이 없어진다.

뿐만 아니라 임금이 아랫사람을 밝게 알게 되면 사물을 보는 눈이 세밀하고 맑아 구석구석으로 스며들지 않는 곳이 없게 되고 그렇게 되면 상벌(賞罰)이 공정하게 행해지며, 상벌이 공정하게 행해지면 나라는 가난해지지 않는다.

그래서 단지 한 마디의 대답으로 세 임금의 재앙을 없게 하려면 "아랫사람을 밝게 아는 것이다."라고 말할 수 있다.

葉公子高問政於仲尼[1] 仲尼曰 政在悅近而來遠 魯哀公問政於仲尼 仲尼曰 政在選賢 齊景公問政於仲尼 仲尼曰 政在節財 三公出 子貢問曰 三公問夫子政一也 夫子對之不同 何也 仲尼曰 葉都大而國小 民有背心 故曰政在悅近而來遠 魯哀公有大臣三人[2] 外障距諸侯四隣之士 內比周而以愚其君 使宗廟不掃除[3] 社稷不血食者[4] 必是三臣也 故曰政在選賢 齊景公築雍門[5] 爲路寢[6] 一朝而以三百乘之家賜[7]者三 故曰政在節財

或曰 仲尼之對 亡國之言也 葉民有倍心 而說之悅近而來遠 則是敎民懷惠 惠之爲政 無功者受賞 而有罪者免 此法之所以敗也 法敗而政亂 以亂政治敗民 未見其可也 且民有倍心者 君上之明有所不及也 不紹葉公之明 而使之悅近而來遠 是舍吾勢之所能禁 而使與下行惠以爭民 非能持勢者也 夫堯之賢 六王之冠

也[8] 舜一徙而成邑 而堯無天下矣 有人無術以禁下 恃爲舜而不
失其民 不亦無術乎 明君見小姦於微 故民無大謀 行小誅於細
故民無大亂 此謂圖難者於其所易也 爲大者於其所細也 今有功
者必賞 賞者不德君 力之所致也 有罪者必誅 誅者不怨上 罪之
所生也 民知誅賞之皆起於身也 故疾[9]功利於業 而不受賜於君
太上 不知有之[10] 此言太上之下民無說也 安取懷惠之民 上君之
民無利害 說以悅近來遠 亦可舍已 哀公有臣外障距 內比周 以
愚其君 而說之以選賢 此非功伐之論也 選其心之所謂賢者也 使
哀公知三子外障距 內比周 則三子不一日立矣 哀公不知選賢 選
其心之所謂賢 故三子得任事 燕子噲賢子之而非孫卿[11] 故身死爲
僇 夫差智太宰嚭而愚子胥[12] 故滅於越 魯君不必知賢 而說以選
賢 是使哀公有夫差燕噲之患也 明君不自舉臣 臣相進也 不自賢
功 功相徇也 論之於任 試之於事 課之於功 故群臣公正而無私
不隱賢 不進不肖 然則人主奚勞於選賢 景公以百乘之家賜 而說
以節財 是使景公無術知侈儉之施 而獨儉於上 未免於貧也 有君
以千里養其口腹 則雖桀紂不侈焉 齊國方三千里 而桓公以其半
自養 是侈於桀紂也 然而爲五霸冠者 知侈儉之施也 爲君不能禁
下而自禁者 謂之劫 不能飾下而自飾者 謂之亂 不能節下而自節
者 謂之貧 明君使人無私 以詐而食者必禁 力盡於事 歸利於上
者必聞 聞者必賞 汙穢爲私者必知 知者必誅 然故忠臣盡忠於公
民士竭力於家 百官精剋[13]於上 侈倍景公 非國之患也 然則說之
以節財 非其急者也 夫對三公 一言而三公可以無患 知下之謂也
知下明則禁於微 禁於微則姦無積 姦無積則無背心 知下明則公
私分 公私分則朋黨散 朋黨散則無外障距 內比周之患 知下明則
見精沐[14] 見精沐則誅賞明 誅賞明則國不貧 故曰一對而三公無患
知下之謂也

1) 葉公子高問政於仲尼(섭공자고문정어중니) : 섭공자고(葉公子高)는 춘
   추시대 초나라의 한 읍(邑)의 이름인 섭(葉)의 장관인 심제량(沈諸
   梁)을 말하고 자고(子高)는 그의 자이며 초나라 대부 심윤술(沈尹戌)
   의 아들이다. 중니(仲尼)는 공자의 자이며 이름은 구(丘).

2) 大臣三人(대신삼인) : 『설원』, 『상서대전』같은 문헌에는 대(大)가 없다. 신삼인(臣三人)은 맹손(孟孫)·숙손(叔孫)·계손(季孫)의 세 대부(大夫)를 말한다.
3) 使宗廟不掃除(사종묘불소제) : 나라가 멸망하여 대를 잇지 못하고 역대 임금을 모신 종묘(宗廟)가 쑥대밭이 되도록 청소(淸掃)하지 못한다는 말인데, 곧 나라가 멸망한다는 뜻.
4) 社稷不血食者(사직불혈식자) : 토지신(土地神)과 천신에게 희생(犧牲)물을 바쳐 제사도 지내지 못한다는 뜻으로 역시 나라가 멸망한다는 뜻.
5) 雍門(옹문) : 제나라의 성문(城門) 이름으로 서쪽에 축조한 성.
6) 路寢(노침) : 천자(天子)나 제후(諸侯)의 정전(正殿)을 말함인데 『안자춘추(晏子春秋)』에 그 기록이 있다.
7) 三百乘之家賜(삼백승지가사) : 다른 저본에는 삼(三)이 빠져 있다. 승(乘)은 사방 6리의 토지를 한 단위로 한 것이고, 가(家)는 대부(大夫)를 뜻하며, 임금이 대부에게 내리는 땅을 뜻한다.
8) 六王之冠也(육왕지관야) : 이에 대하여 여러 가지 설이 있으나 육왕(六王)은 당요(唐堯), 우순(虞舜), 하우(夏禹), 상탕(商湯), 주문왕(周文王)과 주무왕(周武王)의 여섯 임금을 말하고 관(冠)은 으뜸이란 뜻으로 요(堯)와 순(舜)을 가리킨다.
9) 疾(질) : 약삭빠르다는 뜻이며 여기서는 애쓴다와 같다.
10) 太上不知有之(태상부지유지) : 태상(太上)은 일반적으로 시대적 개념으로 '아주 옛날'이지만, 여기서는 '아주 뛰어난 임금'을 뜻하며, 불지유지(不知有之)는 민중들이 위로 임금이 있는지 없는지의 그 존재를 느끼지 못할 만큼 태평성대라는 뜻이다.
11) 孫卿(손경) : 순경(荀卿)을 말함이고, 경(卿)은 존칭이다. 즉 전국시대의 대학자 순자(荀子)를 뜻하는데, 여러 가지 설이 있다.
12) 太宰嚭而愚子胥(태재비이우자서) : 초(楚)나라 백비(伯嚭)로 그 가족이 죽음을 당하자 오나라로 망명하여 부차(夫差)의 재상(太宰)이 되었다. 자서(子胥)는 오원(伍員)을 가리키며, 그도 본래 초나라 사람으로 아버지와 형이 죽음을 당하자 오나라로 망명하여 부차(夫差)를 섬

기면서 초나라와 월나라를 공략했지만 태재비(太宰噽)가 월나라와 화친(和親)을 주장하므로 이를 강언하다가 죽임을 당하였다.
13) 精剋(정극) : 정렴극기(精廉剋己)한다는 뜻으로 바꾸어 말하면 정성(精誠)을 다한다는 뜻.
14) 精沐(정목) : 정밀(精密)하고 명확(明確)하다는 뜻.

5. 울음소리를 듣고 범인을 잡은 자산

정(鄭)나라 자산(子産)이 새벽에 집을 나와 동장(東匠)이라는 마을을 지나가는데 어떤 부인의 곡하는 소리가 들렸다. 수레를 멈추게 하고 가만히 듣고 있다가 그곳 관리를 시켜 곡하던 부인을 잡아오게 하여 다그쳐 물어보니 제 손으로 남편을 목졸라 죽게 한 사람이었다.

다른 날 수레를 몰았던 마부가 물었다.

"대부께서는 어떻게 그 일을 알 수 있었습니까?"

했더니 자산(子産)이 대답하였다.

"그 울음소리는 겁에 질려 있었다. 무릇 사람이란 친하고 사랑하는 사람이 병들면 걱정하고, 죽을 지경에 이르면 두려워하며, 마침내 죽으면 슬퍼하는 법이다. 그러나 그 부인의 울음소리는 남편이 죽었는데도 슬퍼하지 않고 두려워하는 울음소리였기 때문에 그녀가 나쁜 짓을 저질렀다는 사실을 알게 된 것이다."

이에 대하여 어떤 사람이 비판하여 말했다.

자산(子産)의 다스림은 또한 번잡하지 않은가? 나쁜 짓에 대하여 반드시 자기의 귀로 듣고 눈에 직접 보이는 것을 기다려 비로소 알게 된다면, 정나라에서 잡히는 간사한 사람은 아주 적을 것이다.

소송을 관장하는 관리에게 맡기지 않고, 또 증거를 맞추는 정술(政術)을 살피지 않으며, 법도(法度)의 테두리를 명확하게 해두는 일 없이 단지 자기의 총명에만 맡겨 슬기와 생각을 소모하여 비로소 나쁜 짓을 찾아내고자 한다면 이 또한 법술(法術)이 없는 것 아니겠는가?

무릇 세상에는 온갖 사물(事物)은 많은데 사람의 슬기와 힘은 적다. 적은 것이 많은 것을 이기지 못하는 까닭에 한계가 있는 사람의 지력(知力)만으로 세상의 모든 사물을 알고 다스리지는 못한다. 그래서 사물에 의거하여 사물을 다스리는 것이다.

아래로 민중은 많은데 위에 있는 사람은 적으니 중과부적(衆寡不敵)으로 적은 편이 당하지 못한다. 윗자리에 있는 임금은 신하들을 모두 알 수가 없으니 결국 남에게 의지하여 사람을 알 수밖에 없다.

이렇게 하면 임금은 몸소 수고롭지 않아도 정사(政事)는 잘 다스려지고 지혜를 활용하지 않아도 간사한 짓을 찾아낼 수가 있다.

송(宋)나라 사람들의 말에

"활쏘기의 명인인 예(羿)의 앞을 날아가는 모든 새를 예가 반드시 맞혀 잡는다고 하면 그것은 예의 망상이다. 그러나 온 세상에 그물을 쳐놓는다면 예가 놓치는 새는 한 마리도 없을 것이다."

라는 내용이 있다.

무릇 세상의 나쁜 짓을 찾아내는데도 또한 이와 같은 큰 그물이 있다면, 빠져나갈 수 있는 죄인은 하나도 없을 것이다.

이 이치를 깨달아 법망을 정비하지 않고, 자기의 지혜에서 나온 억측을 예의 화살같이 생각하여 세상의 죄인을 모조리 잡겠다는 것은 자산(子産)의 망상이다.

노자(老子)는 말하기를

"지혜로써 나라를 다스리려는 것은 나라를 망하게 하는 것이다."

라고 했으니 이는 자산(子産)을 두고 하는 적절한 말이라 하겠다.

鄭子產[1]晨出 過東匠之閭[2] 聞婦人之哭 撫其御之手而聽之 有間 遣吏執而問之 則手絞其夫者也 異日 其御問曰 夫子何以知之 子產曰 其聲懼 凡人於其親愛也 始病而憂 臨死而懼 已死而哀 今哭已死 不哀而懼 是以知其有姦也

或曰 子產之治 不亦多事乎 姦必待耳目之所及而後知之 則鄭國之得姦者寡矣 不任典成之吏[3] 不察參伍之政 不明度量 恃盡聰明 勞智慮 而以知姦 不亦無術乎 且夫物衆而智寡 寡不勝衆 故因物以治物 下衆而上寡 寡不勝衆 故因人以知人 是以形體不勞而事治 智慮不用而姦得 故宋人語曰 一雀過羿 羿必得之 則羿誣矣 以天下爲之羅[4] 則羿不失矣 夫知姦亦有大羅 不失其一而已矣 不修其羅 而以己之胸察爲之弓矢 則子產誣矣 老子[5] 曰 以智治國 國之賊也 其子產之謂矣

1) 鄭子產(정자산) : 정(鄭)나라 대부(大夫)인 공손교(公孫僑). 그의 자가 자산(子產)이었고 사는 곳이 동리(東里)였기 때문에 동리자산(東里子產)이라고도 불렀다. 정(鄭)은 주(周)나라 선왕(宣王)의 서제에게 봉(封)했던 나라.

2) 東匠之閭(동장지려) : 동장(東匠)은 자산(子產)이 살던 고장인 동리(東里)의 잘못이고 여(閭)는 마을(里)을 뜻하는데 『논어(論語)』에도 동리자산(東里子產)이라는 말이 있다.

3) 不任典成之吏(불임전성지리) : 불임(不任)은 맡기지 않는다는 말이고, 전성지리(典成之吏)는 송사(訟事)를 올바르게 다루는 관리, 즉 지금의 재판관을 뜻한다.

4) 以天下爲之羅(이천하위지라) : 세상을 온통 그물이 되게 한다는 뜻인데 나(羅)는 날짐승(鳥獸)을 잡는 그물을 뜻한다.

5) 老子(노자) : 성이 이(李)씨, 이름은 이(耳)이며, 자는 담(聃)으로 춘추시대 초(楚)나라 고현(苦縣)사람이다. 도가(道家)의 조사(祖師)로 『노자도덕경』이 있다.

6. 한(韓)과 위(魏)는 예전보다 강한가

진(秦)나라 소왕(昭王)이 좌우에 있는 신하에게 물었다.
"요즘 한(韓)나라와 위(魏)나라는 옛날에 견주어 강하다고 생각하는가?"
이에 좌우 대신이 대답하기를
"옛날보다 약해졌습니다."
고 말하자 임금은 다시 물었다.
"과인이 듣기로는 지금 여이(如耳)는 위제(魏齊)와 함께 위나라를 섬기고 있다는데, 옛날의 맹상(孟嘗)과 망묘(芒卯)에 비하여 어떠한가?"
이에 좌우 대신들이 대답하기를
"그에 미치지 못합니다."
하고 말했다. 임금은 다시 말하기를
"지난날 맹상과 망묘는 강력한 한나라와 위나라를 이끌고도 과인을 어찌할 수 없지 않았는가?"
하니 신하들이 대답하였다.
"너무나도 당연하신 말씀입니다."
그러자 중기(中期)가 거문고를 밀치고 임금에게 대답하기를
"임금께서 세상을 그렇게 판단하심은 잘못된 일입니다. 무릇 진(晉)나라 육경(六卿)의 시대에는 지(知)씨가 가장 강하여 범(范)씨와 중항(中行)씨를 멸망시키고, 그 다음에는 한(韓)나라와 위(魏)나라의 군사를 이끌고 조(趙)나라를 쳤을 때 진수(晉水)의 물살을 끊어 진양성(晉陽城)으로 돌려 물에 침몰되지 않은 것은 겨우 여섯 자 정도의 성벽만 남았을 뿐이었습니다.
이렇게 조나라를 정벌한 지백(知伯)이 진(陣)밖으로 나와 위선자(魏宣子)가 모는 수레에 한강자(韓康子)와 함께 타고 가면서 말하기를 '본래 나는 물로써 남의 나라를 멸망시키리라고는 생각조차 못하였는데, 지금에야 비로소 알게 되었소. 분수(汾

水)를 끊어 돌리면 위나라의 도읍인 안읍(安邑)을 수몰(水沒)시킬 수 있고, 강수(絳水)로는 한나라의 도읍인 평양(平陽)을 침공할 수 있을 것이오.' 하였습니다.

이 말을 듣고 있던 위선자는 한강자의 팔꿈치를 쳐 조심하라는 신호를 보냈고, 한강자는 위선자의 발을 밟아 알았다는 응답을 했는데, 이와 같이 팔꿈치와 발로 수레 안에서 마음이 맞은 결과, 지씨(知氏)는 진양성(晋陽城) 아래에서 그 영토가 셋으로 쪼개지는 운명을 맞이했습니다.

지금 임금께서 강하다고 하시지만 아직 지씨에게는 미치지 못하고 한나라와 위나라가 약하다고 하시지만 아직 진양성 아래에 있을 때 만큼 되어 있지는 않습니다.

지금이야말로 세상의 모든 제후가 팔꿈치와 발을 쓰듯이 서로 마음을 통하여 임금을 넘보고 있을 때이니, 아무쪼록 바라건대 임금께서는 남을 쉽게 여기지 마십시오."

라고 말했다.

위의 말을 들은 어떤 사람이 비판하였다.

"소왕(昭王)의 물음도 잘못이 있었고, 좌우의 신하들이나 중기(中期)의 대답에도 허물이 있다.

무릇 현명한 임금이 나라를 다스릴 때에는 모든 일을 권세에 맡기는 법이다. 그 권세가 허물어지지 않고 강하면 비록 강대한 천하의 제후(諸侯)인들 어찌할 도리가 없는 것이다. 하물며 맹상(孟嘗)이나 망묘(芒卯)가 거느리는 한나라나 위나라라도 어찌 침범할 수 있겠는가?

그러나 그 권세가 흐트러져 다른 나라가 침해할 틈이 생기면 비록 어리석은 여이(如耳)나 위제(魏齊)같은 사람이 한나라와 위나라 군대를 거느리더라도 능히 침해할 수 있을 것이다. 그렇듯 그 나라가 침해를 당하느냐 않느냐는 자기 권세를 믿느냐 않느냐에 달린 것인데 어째서 남의 강하고 약함만을 묻는 것인가?

자기 자신의 권세를 믿고 침해당하지 않게 한다면 굳이 상대가 강한가 약한가를 따질 필요가 있겠는가? 무릇 스스로 자기 권세를 믿을 수 없는데 무엇을 어찌하겠다고 남의 형세를 묻는 것인가. 침범당하지 않는 것만도 다행인 것이다.

　신자(申子)는 말하기를
"객관적인 술수(術數)에 의하지 않고 남의 말을 믿는다면 미혹(迷惑)하기 마련이다."
　고 했는데, 이는 곧 소왕(昭王)을 두고 한 말이다.
　지백(知伯)은 법도를 터득하지 못했으면서 한강자(韓康子)와 위선자(魏宣子)를 거느리고 물로써 두 사람의 나라를 멸망시킬 것을 도모하는 말을 했다. 이로 인하여 지백은 나라는 망하고, 자기 몸은 죽음을 당하였으며, 그 두개골은 술잔으로 쓰이는 봉변을 당하였다.
　그런데 지금 소왕은 한나라와 위나라는 옛날에 비하여 얼마나 강한가를 물었으니, 어떻게 하여 남에게 물로 공격하여 재앙을 줄 것인가를 걱정하겠는가?
　또 비록 좌우에 신하는 있었지만 한(韓)과 위(魏)의 두 임금은 아닌데, 팔꿈치와 발로 신호하여 음모가 꾸며지는 일이 어찌 있겠는가? 그런데도 중기(中期)는 "쉽게 여기지 말라"고 했으니, 그것은 근거가 없는 거짓말인 셈이다.
　또 중기가 맡은 일은 거문고를 타는 악사(樂士)인데, 거문고 줄(弦)의 가락이 맞지 않고, 타는 곡조가 훌륭하지 않으면 그것은 중기의 책임으로 이것이 중기가 소왕을 섬기는 까닭이다. 중기는 자신의 직무를 잘 수행하여 소왕을 만족시키는 자기의 맡은 일을 젖혀두고 잘 알지도 못하는 간언을 했으니 어찌 망령된 일이 아니겠는가?
　또한 좌우의 측근 대신들이 임금의 물음에 대답하여 "옛날보다 약합니다."고 한 것까지는 덮어두고 "미치지 못합니다."라는 대답도 그렇다치더라도 "진실로 그렇습니다."고 한 것은 아첨인 것이다.
　신자(申子)가 말하기를 "사무처리를 함에 있어 자기 직분이

상은 참견하지 말 것이며 비록 알고 있다 하더라도 말하지 않아야 한다."고 했다.

지금 중기(中期)는 잘 알지도 못하면서 말을 뇌까리고 있으니, 그러므로 "소왕의 물음은 잘못된 것이고, 좌우의 측근 신하들과 중기의 대답도 허물이 많다"고 말한 것이다.

　　秦昭王¹⁾問於左右曰　今時韓魏孰與始强　左右對曰　弱於始也　今之如耳魏齊孰與曩之孟嘗芒卯²⁾　對曰　不及也　王曰　孟嘗芒卯率强韓魏　猶無奈寡人何也　左右對曰　甚然　中期伏瑟³⁾而對曰　王之料天下過矣　夫六晉之時　知氏最强　滅范中行　而從韓魏之兵以伐趙　灌以晉水　城之未沈者三板⁴⁾　知伯出　魏宣子御　韓康子爲驂乘⁵⁾　知伯曰　始吾不知水可以滅人之國　吾乃今知之　汾水可以灌安邑⁶⁾　絳水可以灌平陽　魏宣子肘韓康子　康子踐宣子之足　肘足接乎車上　而知氏分於晉陽之下　今足下⁷⁾雖强　未若知氏　韓魏雖弱　未至如其晉陽之下也　此天下方用肘足之時　願王勿易之也

　　或曰　昭王之問也有失　左右中期之對也有過　凡明主之治國也任其勢　勢不可害　則雖强天下　無奈何也　而況孟嘗芒卯韓魏　能奈我何　其勢可害也　則不肖如如耳魏齊及韓魏　猶能害之　然則害與不侵　在自恃而已矣　奚問乎　自恃其不可侵　則强與弱奚其擇焉　夫不能自恃　而問其奈何也　其不侵也幸矣　申子⁸⁾曰　失之數而求之信　則疑矣　其昭王之謂也　知伯無度　從韓康魏宣　而圖以水灌滅其國　此知伯之所以國亡而身死　頭爲飮杯之故也　今昭王乃問孰與始强　其畏有水人之患乎　雖有左右　非韓魏之二子也　安有肘足之事　而中期曰　勿易　此虛言也　且中期之所官　琴瑟也　絃不調弄⁹⁾不明　中期之任也　此中期所以事昭王者也　中期善承其任　未慊昭王也　而爲所不知　豈不妄哉　左右對之曰　弱於始　與不及　則可矣　其曰　甚然　則諛也　申子曰　治不踰官　雖知不言　今中期不知而尙言之　故曰昭王之問有失　左右中期之對皆有過也

1) 秦昭王(진소왕) : 전국시대 진나라 임금으로 소양왕(昭襄王)이라고도 부른다. 이름을 직(稷)이라 했고 혜문왕(惠文王)의 아들이며 무왕(武

王)의 이복(異腹)동생. 서기전306년에서 전251년까지 재위했다.
2) 如耳魏齊孰與龔之孟嘗芒卯(여이위제숙여낭지맹상망묘) : 여이(如耳)는 위(魏)나라의 대부(大夫)였지만 이 때는 한나라를 섬기고 있었다. 위제(魏齊)는 위나라의 재상이었고, 맹상(孟嘗)은 그 유명한 제(齊)나라의 맹상군(孟嘗君)을 말하는 것으로 전영(田嬰)의 아들인 전문(田文)이다. 처음에 진나라에 초청되어 갔다가 제나라로 돌아왔고, 다시 위나라에 가 소왕(昭王)의 재상이 되었다. 망묘(芒卯)는 제나라 사람으로 양왕·소왕 때에 위나라의 장수였다. 흔히 문헌에 맹묘(孟卯)라는 이름으로 나오는데 현인(賢人)으로도 이름을 날렸다. 낭(龔)은 지난 때를 뜻한다.
3) 中期伏瑟(중기복슬) : 중기(中期)는 옛날 문헌에 여러 가지 설이 있으나 전국시대 진나라의 악관(樂官)을 말함. 복슬(伏瑟)은 거문고를 밀쳐놓는다는 뜻.
4) 板(판) : 『전국책(戰國策)』에는 넓이 두 자(二尺)의 판자를 말한다고 했으며 『사기』에는 판(板)을 판(版)으로 썼다. 옛날 중국에서 성(城)이나 담장을 쌓을 때, 높이 열 자(一丈), 넓이 두 자(尺)의 판자(板子)와 판자 사이에 흙을 쌓아 축조하였다.
5) 驂乘(참승) : 존귀한 사람을 모시고 함께 수레를 탄다는 뜻인데, 옛날 말이 끄는 수레를 탈 때는 수레몰이가 채찍을 들고 가운데 앉으며 가장 존귀한 사람이 왼쪽, 수행하는 사람이 오른쪽에 앉았다.
6) 汾水可以灌安邑(분수가이관안읍) : 분수(汾水)는 태원(太原)의 북쪽에서 흘러나와 산서성을 서남쪽으로 흘러 황하(黃河)로 합치는 강. 안읍(安邑)은 위나라의 성이며, 관(灌)은 물살을 터놓는 것.
7) 足下(족하) : 옛날 신하가 임금에게 쓰는 존칭으로 지금의 전하(殿下)와 같은 말이다.
8) 申子(신자) : 신불해(申不害)를 뜻하며 법가(法家)의 한 사람으로 여섯 권의 책을 남겼으나 송대(宋代)에 와 실전(失傳)되었다. 본서가 주장하는 법술(法術)도 법은 상앙(商鞅), 술은 신불해(申不害)로 계통이 이어졌다.
9) 弄(농) : 거문고를 뜯는다는 뜻이며, 흔히 농현(弄絃)이란 말을 쓴다.

7. 임금은 반드시 상벌을 행해야

관자(管子)가 말하였다.

"임금이 신하를 보아 마땅하고 좋게 보였을 때는 그 증거로 상을 주어야 하고, 그 행위가 마땅하지 않고 미울 때는 그 표시로써 처벌해야 한다. 상벌(賞罰)을 임금이 알고 있는 범위에서 뚜렷하게 행한다면 임금이 보지 않는 곳이라 해서 감히 못된 짓을 하겠는가?

이와 반대로 마땅한 일을 보고도 기뻐하는 증거로써 상을 주지 않고 부당한 일을 보고 미워하면서도 처벌하지 않는 경우가 있다. 이와 같이 임금이 알고 있는 범위에서 상벌을 뚜렷이 행하지 않으면 민중은 상벌에 대하여 믿지 않을 것이므로 임금이 보고 듣지 않는 곳에서 신하가 나쁜 짓 하지 않기를 바란다는 것은 있을 수 없는 일이다."

위의 말을 듣고 어떤 사람이 비판했다.

넓은 조정의 위엄있는 곳에서는 많은 사람이 모이면 누구나 엄숙해지고, 편안하게 홀로 방안에 들어앉아 있을 때는 증삼(曾參)이나 사추(史鰌)같은 이도 해이해지기 마련이다.

사람은 겉으로 근신하는 것만을 보고는 그 사람의 진실을 알지 못한다. 무릇 임금앞에서 신하들은 모두 임금의 뜻에 맞추려고 자신을 꾸미기 마련이다.

임금이 보고 판단하는 잘못의 경우 신하들이 자신들의 간악함을 꾸며 보여주는 것이어서 임금을 속이는 일이 반드시 일어나게 된다.

때문에 임금의 명철함이 멀리 떨어져 있는 곳의 간악한 짓을 비추어 숨은 비행을 찾아내지 못하고, 눈앞의 꾸며진 행위만을 보고 상벌을 정한다는 것은 이 또한 눈이 가려진 장님이나 다를바 없지 않은가?

管子曰 見其可 說之有證 見其不可 惡之有形 賞罰信於所見 雖所不見 其敢爲之乎 見其可 說之無證[2] 見其不可 惡之無形 賞罰不信於所見 而求所不見之外 不可得也

或曰 廣廷嚴居[1] 衆人之所肅也 晏室獨處[2] 曾史之所慢也 觀人之所肅 非得情也 且君上者 臣下之所爲飾也 好惡在所見 臣下之飾姦物以愚其君必也 明不能燭遠姦見隱微 而待以觀飾行 定罰賞 不亦弊乎

1) 廣廷嚴居(광정엄거) : 광정(廣廷)은 넓고 큰 궁궐의 조정을 뜻하고, 엄거(嚴居)는 누구나 단정하고 위엄있게 행동한다는 뜻.
2) 晏室獨處(안실독처) : 안실(晏室)은 어두운 방을 뜻하며, 독처(獨處)는 혼자 생활하는 곳을 말한다.

8. 술(術)은 마음속에 몰래 간직하는 것

관자(管子)가 이렇게 말했다.

"방(室)에서 말하면 방안의 모든 사람이 알아듣게 하고, 당(堂)에서 말하면 집안 모든 사람이 알아듣게 하여 천하의 임금이라는 말을 듣게 된다."

위의 말에 대하여 어떤 사람이 비평했다.

관중이 말한 "방에서 말하면 방안의 모든 사람이 알아듣게 하고 당에서 말하면 당안 모든 사람이 알아듣게 한다."는 말은 아마도 놀이를 즐기거나 음식을 먹을 때 하는 말이 아니라 반드시 큰 일을 가리키는 말이었을 것이다. 임금에게 있어 큰 일이란 법(法)이 아니면 술(術)이다.

법이란 먼저 문서로 엮어 관청에 비치하고 확정된 법을 민중에게 널리 알리는 것이다.

술(術)이란 오직 임금의 마음속에 깊이 간직해 두었다가 많은 증거와 대조하여 몰래 신하들을 통제하는 것이다.

그러므로 법은 명확하게 드러날수록 좋고, 술(術)은 남에게 드러나 보이면 좋지 않다.

제 26 편 난삼(難三) 419

  이로써 현명한 임금이 법을 말하면 나라 안의 신분이 비천한 사람에게까지도 들려 모르는 사람이 없으니 단지 방안의 사람만이 들을 수 있는 것이 아니다.
  술(術)이란 남몰래 쓰는 것이므로 임금이 총애하는 측근이나 가까이에서 섬기는 신하도 들을 수 없으니 방안의 모든 사람이 들을 수 없는 것이다.
  관중은 "방안에서 말하면 방안의 모든 사람이 그 말을 알아듣고, 당에서 말하면 그 집안의 모든 사람이 알아듣는다."고 했는데 이는 법술(法術)을 터득하지 못한 사람의 말이다.

  管子曰 言於室 滿於室 言於堂 滿於堂 是謂天下王[1]
  或曰 管仲之所謂言室滿室 言堂滿堂 非特謂遊戲飮食之言也 必謂大物[2]也 人主之大物 非法則術也 法者 編著之圖籍 設之於官府 而布之於百姓者也 術者 藏之於胸中 以偶衆端 而潛御群臣者也 故法莫如顯 而術不欲見 是以明主言法 則境內卑賤莫不聞知也 不獨滿於室 用術 則親愛近習 莫之得聞也 不得滿室 而管子猶曰 言於室滿室 言於堂滿堂 非法術之言也

 1) 天下王(천하왕) : 세상의 임금이란 뜻인데, 『관자(管子)』라는 책에는 성왕(聖王)이라 쓰여져 있다.
 2) 大物(대물) : 임금에 있어 가장 큰 일을 뜻함.

제 27 편 난 사(難四)

　난사(難四)는 '난일·난이·난삼'과는 그 체제(體制)가 다른 점을 엿볼 수 있다.
　지금까지는 내용속의 전제가 되는 설화(說話)를 대상으로 하여 그 난(難)에 혹왈(或曰)이 하나뿐이었으나 이 편에는 그 혹왈이 각각 둘씩 붙어있다.
　뿐만 아니라 첫번째 혹왈은 명제(命題)인 이야기(說話)를 비판한 난(難)으로 되어 있으나 다음의 혹왈은 다시 앞서의 혹왈을 받아 비판하는 난으로 엮어져 있다.
　전체의 글을 네 절(節)로 나누었는데 첫째 임금과 신하가 지켜야 할 본분을 말했고, 둘째 임금이 법술을 활용하는데 있어 반드시 아주 작은 것에도 명확하고 엄격하여 함부로 특사하는 것이 없어야 하는 것을 강조했다. 셋째 임금으로서 법에 의하여 형벌을 행하는 것이 마땅하고 함부로 감정에 의거하면 민중의 역심(逆心)을 불러 일으킨다는 내용이다. 끝으로 임금의 용인(用人)에 대한 말이 있다.
　이 편 전체의 특징으로는 각 절마다 처음의 혹왈은 전제 설화에 대한 엄한 비판으로 다분히 도전적이며, 유가적(儒家的)인 인간관·군신관·상벌관(賞罰觀)을 타파하고 현실적이며 강력한 객관적 이론을 제시하고 있다.
　뒤의 혹왈(或曰)은 앞의 혹왈을 되바꾸어 전제 설화를 변호하면서 부여된 윤리와 체제 속에서 순응하여 안주하려는 경향이 있다.

1. 손문자는 반드시 망할 것이다

위(衛)나라의 손문자(孫文子)가 노(魯)나라의 초청을 받아 사신으로 갔는데, 노나라 임금이 한 계단 오르면 그도 동시에 한 계단 오르는 무례를 범하고 말았다.

이를 지켜보던 노나라 대부인 숙손목자(叔孫穆子)가 총총걸음으로 나아가 손문자에게 말하기를

"제후(諸侯)의 회합에서 지금까지 우리 임금께서는 위나라 임금을 뒤따른 적이 없었소. 지금 당신은 신하의 신분이면서 우리 임금보다 한 계단 뒤떨어지는 양보가 없고 우리 임금께서는 그대의 무례를 알지 못하시오. 그대는 한 계단 떨어져 뒤따르도록 하시오."

라고 했다. 그러나 손문자는 아무 대답도 없을 뿐 아니라 또한 잘못을 고치려고도 하지 않았다.

이에 목자는 물러나와 사람들에게 말하였다.

"손문자는 반드시 망할 것이다. 신하이면서 임금의 뒤를 따를 줄 모르고 허물을 고칠 줄 모르니 이는 멸망할 바탕인 것이다."

위의 일에 대하여 어떤 사람이 말하였다.

천자(天子)가 올바른 길을 걷지 않으면 제후(諸侯)가 대신하는 법이니 그러므로 탕왕(湯王)과 무왕(武王)이 있었다. 제후가 그 올바른 길을 걷지 않으면 대부(大夫)가 그 일을 대신하는 것이니 그래서 제(齊)나라의 전씨(田氏)와 진(晋)나라에 삼경(三卿)이 나타났던 것이다.

신하이면서 임금을 내신 사람이 반드시 멸망한다면 탕왕이나 무왕은 임금이 되지 못했을 것이며, 제나라의 전씨나 신나라의 삼경(三卿)도 다시 나라를 세우지 못했을 것이다.

손문자는 위나라에서 임금에 버금가는 권력자였기에 노나라에 사신으로 와서도 노나라의 임금에게 신하로서 예의를 지키

지 않았던 것이다. 임금의 신하이면서 임금을 대신한다는 것은 임금이 권세를 잃었기 때문으로 그 결과는 신하가 권력을 잡게 되는 것이다.

그런데 목자(穆子)는 멸망한다는 예언을 하면서 권력을 잃은 임금에 대하여 말하지 않고, 권력을 얻은 신하가 멸망한다고 했으니 이는 사물을 잘못 살핀 것이다.

노나라는 힘이 약해 무례를 범한 위나라의 대부(大夫)를 벌할 수 없고 위나라 임금은 허물을 고치지 않는 신하를 간파할 만큼 현명하지 못하니, 손문자가 무례를 범하고 또 그 허물을 고치지 못하는 두 가지 과실을 저질렀다고 어찌 그것으로 멸망할 수 있겠는가?

손문자는 자신의 과실을 생각하지 않음으로써 임금의 권세를 얻은 것이다.

또 이 말을 듣고 어떤 사람이 말했다.

신하와 임금의 관계는 각각 그 본분이 있다. 신하로서 그 임금의 자리를 뺏는 것은 그럴 만한 세력과 요인이 있었기 때문이다. 그러므로 자기의 본분이 아닌데도 빼앗는 경우는 얼마 가지 않아 세력이 많은 사람에게 또 빼앗기게 된다. 자기의 분수에 맞는데도 이를 사양하다 지위를 얻게 되면, 민중이 이를 주는 것으로 민중의 지지를 받는 바다.

이렇기 때문에 옛날 하(夏)나라의 걸왕(桀王)은 민산(岷山)의 아름다운 여인을 손에 넣었고, 은(殷)나라의 주왕(紂王)은 자기에게 바른말로 간한 비간(比干)의 심장을 갈라 그로 인하여 세상 사람들은 그들을 떠났던 것이다.

은(殷)나라 탕왕(湯王)은 그 이름을 바꾸어 하(夏)나라를 섬겼고 주(周)나라의 무왕(武王)은 한 때 왕문(王門)의 굴욕을 당했으나 세상 사람들이 모두 복종하고 따랐다.

조선자(趙宣子)는 국경의 산속으로 도망하였고 전성자(田成子)는 타국으로 망명하여 신하가 되었지만 결국은 제나라와 진나라의 백성이 따랐다.

이러한 일로 미루어 옛날 탕왕이나 무왕이 천자가 되고, 제나라와 진나라가 새로 맞은 임금은 본래부터 임금의 지위에 있었던 것이 아니고 자질이 갖추어진 연후에 임금의 지위에 앉게 된 것이다.

지금 손문자는 바탕이 되는 자질이 갖추어져 있지도 않으면서 마치 임금의 자리에 앉아 있는 태도를 했으니, 이것은 의(義)에 어긋나고 덕(德)을 벗어난 것이다.

의리에 어긋나면 모든 일이 실패하는 바탕이 되고, 덕을 거슬리면 원한이 모이는 바탕이 된다. 그런데도 패망하는 바탕을 살피지 못하는 것은 어찌된 일인가?

衛孫文子[1]聘於魯 公登亦登 叔孫穆子趨進[2]曰 諸侯之會 寡君未嘗後衛君也[3] 今子不後寡君一等 寡君未知所過也 子其少安[4] 孫子無辭 亦無悛容 穆子退而告人曰 孫子必亡 臣而不後君 過而不悛 亡之本也

或曰 天子失道 諸侯代之 故有湯武 諸侯失道 大夫代之 故有齊晉 臣而代君者必亡 則是湯武不王 齊晉不立也 孫子君於衛而後不臣於魯 臣之君也 君有失也 故臣得也 不命亡於有失之君 而命亡於有得之臣 不察 魯不得誅衛大夫 而衛君之明不知不悛之臣 孫子雖有是二也 臣[5]以亡 其所以忘其失 所以得君也

或曰 臣主之施 分也 臣能奪君者 以得相踦也 故非其分而取者 衆之所奪也 辭其分而取者 民之所予也 是以桀索崤山之女 紂求比干之心 而天下離 湯身易名[6] 武身受詈[7] 而海內服 趙宣走山 田氏外僕 而齊晉從 則湯武之所以王 齊晉之所以立 非必以其君也 彼得之 而後以君處之也 今未有其所以得 而行其所以處 是倒義而逆德也 倒義則事之所以敗也 逆德則怨之所以聚也 敗亡之不察何也

1) 衛孫文子(위손문자) : 위나라 대부(大夫)인 손량부(孫良夫)의 아들 손림보(孫林父)를 가리킨다. 위나라 정공(定公)과 헌공의 미움을 사 자주 진나라와 제나라에 망명한 적이 있었고, 마침내는 척(戚)의 사읍

(私邑)에서 은퇴한 후 생을 마쳤다.
2) 叔孫穆子趨進(숙손목자추진) : 노나라의 유력한 대부로 이른바 삼환(三桓)중의 숙손씨(叔孫氏)의 한 사람. 이름은 표(豹)이고 자는 목자(穆子). 추진(趨進)이란 총총걸음으로 나오다의 뜻.
3) 寡君未嘗後衞君也(과군미상후위군야) : 이 말은 노(魯)나라와 위(衞)나라는 같은 제후(諸侯)국으로 서열이 동등하다는 뜻을 나타내는 구절이다. 『논어』에는 그 정(政)은 형제(兄弟)이고, 직위도 같은 후(侯)이며, 예(禮)도 동등하다고 했다.
4) 子其少安(자기소안) : 자(子)는 그대 또는 당신이고, 안(安)은 천천히를 뜻한다.
5) 巨(거) : 거(巨)는 옛책에 신(臣)으로 썼으나 옳지 않고, 거(詎)의 빌린 글자로 봐 '어찌'와 뜻이 같다.
6) 湯身易名(탕신역명) : 은(殷)나라 탕왕은 『논어』에서 말한 이(履)가 본래 이름이었는데, 하(夏)나라 걸왕(桀王)의 이름인 이계(履癸)와 거듭된다 하여 을(乙)이라 바꾸었다.
7) 武身受詈(무신수리) : 주(周)나라 무왕(武王)이 은나라의 주(紂)왕으로부터 꾸짖음을 들었다는 뜻.

2. 죄인은 처단해야

노(魯)나라의 대부인 양호(陽虎)는 삼환(三桓)인 맹손(孟孫)·숙손(叔孫)·계손(季孫)을 멸하기 위해 공격했으나 이기지 못하고 제(齊)나라로 망명했다. 이때 제나라 임금 경공(景公)은 그를 정중한 예로 맞이하였다.

이를 본 포문자(鮑文子)가 간하여 말하기를

"옳지 않은 일입니다. 양호는 본래 계씨(季氏)의 총애를 받아 중용되었는데도 그 계손(季孫)을 치려고 했음은 다름아니라 그 부(富)를 탐한 것입니다. 지금 임금께서는 계손보다 더 부유하고 제나라는 노나라보다 더 큰나라입니다. 양호(陽虎)는 거짓을 일삼는 사람이니 물리쳐야 합니다."

고 아뢰었다. 이에 경공은 양호를 잡아 옥에 가두었다.

위의 일에 대하여 어떤 사람이 비판하여 말했다.

천금을 가진 부잣집의 자식들을 보면 인자(仁慈)하지 못한데, 그것은 사람이 이익을 추구함에만 급급하기 때문이다. 제나라의 환공(桓公)은 오패(五霸)의 으뜸인데도 나라를 서로 차지하려고 다투다가 그 형(兄)을 죽였으니 그 이익이 컸기 때문이었다.

신하와 임금의 관계란 형과 아우사이처럼 친밀하지 못하다. 임금을 협박하고 죽인 공적으로 만승(萬乘)의 대국을 차지하여 큰 이익을 얻을 수만 있다면, 여러 신하들 가운데 누가 양호(陽虎)처럼 하지 않겠는가? 일이란 은밀하고 교묘하게 추진하면 성공하고, 크게 벌리고 조잡하면 실패한다. 여러 신하가 난(亂)을 일으키지 않는 것은 아직 그 준비가 갖추어져 있지 않기 때문이다. 여러 신하가 모두 양호와 같은 마음을 품고 있는데도 임금이 이를 모르고 있었다면, 그것은 신하들이 교묘하고 은밀하게 처신하기 때문이다.

양호가 부귀를 탐내 윗사람을 쳤다는 사실을 세상 사람들이 알게 된 것은, 그가 엉성하고 졸렬하게 처신했기 때문이다. 어떻게 되었건 경공(景公)에게 엉성하고 졸렬한 양호를 처벌토록 한 것은 포문자의 생각이 모자라는 것이 된다. 신하가 진심으로 충성을 다하는가 아니면 거짓으로 속이는 가는 그 임금이 하기에 달려있다. 임금이 명철하고 엄정하면 모든 신하는 충성할 것이며, 임금이 태만하고 우둔하면 모든 신하는 거짓으로 속이게 된다.

아주 미세하여 감추어진 것이라도 밝혀내 꿰뚫어 보는 것을 명철하다고 말하며, 일체의 범죄를 용서하시지 않는 것을 엄정(嚴正)하다고 말한다.

제나라에도 교묘하고 은밀하게 일을 꾸미는 사람이 있음을 살펴 알지 못하면서, 노나라에서 이미 난을 일으켰다가 실패하여 도망온 양호만을 체포하는 것은 이 또한 엉터리같은 일이 아닌가 !

　이 말을 받아 어떤 사람이 다시 논란하여 말했다.

　사람의 마음이란 혹은 탐욕스럽고 혹은 인자하여 서로 같지 않다. 그러므로 송(宋)나라 공자(公子) 목이(目夷)는 송나라의 임금자리에서 물러났고, 초(楚)나라 공자 상신(商臣)은 자기를 폐하려는 부왕(父王)을 죽였으며, 정(鄭)나라 공자인 거질(去疾)은 아우에게 임금자리를 물려주었고, 노(魯)나라 환공(桓公)은 형인 은공(隱公)을 죽이고 임금이 되었다. 오패(五霸)는 다른 나라를 병합하였으니 제나라 환공을 기준하여 사람을 평가한다면 세상에 정렴(貞廉)한 사람은 아무도 없을 것이다.

　무릇 임금이 밝고 엄하면 모든 신하는 충성을 다할 것이다. 양호는 노나라에서 반란을 일으켰다가 실패하여 제나라로 망명했는데, 제나라에 들어온 양호를 처벌하지 않는다면 반란을 일으킨 사람을 받아들이는 꼴이 된다.

　임금이 현명하면 양호를 처벌함으로써 자기 나라의 반란을 미리 다스려 막을 수 있다는 것을 아는데 이것이 숨은 징조를 꿰뚫어 볼 줄 아는 것이다.

　옛말에 이르기를 "제후는 나라를 바탕으로 모든 친교를 맺는다."고 했다.

　임금이 엄정하면 양호와 같은 반란의 죄를 눈감아 주지 않으니 그것이 죄를 용서하지 않는 실정(實政)인 것이다.

　그렇다면 양호를 처벌하는 것은 여러 신하에게 충성을 다하도록 하는 바탕이 되는 것이다. 제나라에서 은밀하고 교묘하게 내란을 꾀하는 신하를 파악하지 못하면서 명확하게 반란을 일으킨 사람도 처벌하지 않는다. 아직 일으키지도 않은 죄를 다 그치면서 밝혀진 죄를 처벌하지 않으면 망령된 처사이다.

　지금 노나라에서 반란을 일으킨 죄인을 처벌함으로써 자기 나라의 못된 마음을 품은 신하들을 두렵게 하고 계손(季孫)이나 맹손(孟孫)·숙손(叔孫)과 친교를 맺을 수 있는데 포문자(鮑文子)의 의견이 어찌 불합리하다는 것인가?"

제 27 편 난사(難四)   427

魯陽虎欲攻三桓[1] 不克而奔齊 景公禮之[2] 鮑文子[3]諫曰 不可 陽虎有寵於季氏 而欲伐季孫 貪其富也 今君富於季孫 而齊大於魯 陽虎所以盡詐也 景公乃囚陽虎

或曰 千金之家 其子不仁 人之急利甚也 桓公 五霸之上也 爭國而殺其兄 其利大也 臣主之間 非兄弟之親也 劫殺之功 制萬乘而享大利 則群臣孰非陽虎也 事以微巧成 以疏拙敗 群臣之未起亂也 其備未具也 群臣皆有陽虎之心 而君上不知 是微而巧也 陽虎以貪欲攻上 知於天下 是疏而拙也 必使景公加誅於拙虎 是鮑文子之說反也 臣之忠詐 在君所行也 君明而嚴 則群臣忠 君懦而闇 則群臣詐 知微之謂明 無赦之謂嚴 不知齊之巧臣 而誅魯之成亂[4] 不亦妄乎

或曰 仁貪不同心 故公子目夷辭宋[5] 而楚商臣弑父 鄭去疾予弟[6] 而魯桓弑兄 五伯兼幷 而以桓律人[7] 則是皆無貞廉也 且君明而嚴 則群臣忠 陽虎爲亂於魯 不成而走 入齊而不誅 是承爲亂也 君明 則知誅陽虎之可以濟亂也 此見微之情也 語曰 諸侯以國爲親 君嚴 則陽虎之罪不可失 此無赦之實也 則誅陽虎 所以使群臣忠也 未知齊之巧臣 而廢明亂之罰 責於未然 而不誅昭昭之罪 此則妄矣 今誅魯之罪亂 以威群臣之有姦心者 而可以得季孟叔孫之親 鮑文之說 何以爲反

1) 魯陽虎欲攻三桓(노양호욕공삼환) : 양호(陽虎)는 노나라 대부인 계손씨(季孫氏)의 가신(家臣)으로 계평자(季平子)가 죽은 뒤 계씨의 권력을 빼앗고 삼환과 임금을 위협하여 반란을 일으켰으나 실패하고 제나라로 망명했다. 삼환(三桓)은 노나라 환공(桓公)에서 나온 맹손(孟孫)·숙손(叔孫)·계손(季孫)의 삼대 대부(大夫)를 가리키는데, 그 중에도 계손이 가장 큰 세력을 잡고 있었다.

2) 景公禮之(경공예지) : 경공이 망명한 양호(陽虎)를 예우하여 받아들인다는 뜻인데 경공(景公)은 서기 전547년에서 전490년까지 재위한 제나라의 임금.

3) 鮑文子(포문자) : 제나라 대부인 포국(鮑國)을 가리키는 말로 앞서 노나라의 대부인 시씨(施氏)를 섬겼다고 기록되어 있다.

4) 成亂(성란) : 이미 지난 반란을 어찌하겠는가의 전제이다. 곧 성(成)은 제(濟)와 같다.
5) 公子目夷辭宋(공자목이사송) : 송(宋)나라 환공(桓公)이 병들어 죽자 태자 자부(玆父)는 환공의 서형(庶兄)인 목이(目夷)가 인자하다 하여 왕위에 오를 것을 추천하였으나, 목이(目夷)는 왕위를 사양하는 것이 더 큰 인이며, 한편 순리가 아니라고 말하며 사양하여 태자가 즉위하였는데 그가 양공(襄公)이다.
6) 鄭去疾予弟(정거질여제) : 정(鄭)나라 임금 영공(靈公)이 공자 귀생(歸生)에게 죽음을 당하자 정나라 사람들이 그 아우인 거질(去疾)을 왕위에 앉히고자 했으나 거질은 서형(庶兄)인 공자 견(堅)에게 사양하여 견(堅)이 왕위에 올라 양공(襄公)이 되었다.
7) 桓律人(환율인) : 환(桓)은 제나라 환공(桓公)을 뜻하고, 율인(律人)이란 사람을 평가하는 표준이라는 뜻.

3. 죽임을 당한 것은 마땅한 것 아닌가

정백(鄭伯)이 바야흐로 고거미(高渠彌)라는 사람을 대부(大夫)로 등용하려 했는데, 소공(昭公)이 그를 미워해 굳이 말렸으나 끝내 듣지 않았다.

그뒤 소공이 임금으로 즉위하자 고거미는 소공이 자기를 죽이지 않을까 두려워하여 신묘일(辛卯日)을 택해 소공을 죽이고, 그의 아우인 자단(子亶)을 세웠다.

이 일에 대하여 어느 군자는 말하기를

"고거미는 소공이 미워하는 것을 미리 알고 있었다."

고 하였으며, 노나라 대부인 공자 어(圉)는 말하기를

"고백(高伯 : 고거미)은 반드시 죽음을 당할 것이다. 미움에 대한 보복은 잔혹했기 때문이다."

라고 했다.

이에 대하여 어떤 사람이 비평하여 말했다.

공자 어(圉)의 말은 사리에 맞지 않음이 있지 아니한가? 소공이 환란을 당한 것은 미움에 대한 보복이 늦었기 때문이다. 고백(高伯)이 소공보다 뒤에 죽은 것은 소공을 앞질러 제거했기 때문이다.

현명한 임금은 노여움을 밖으로 드러내지 않는다. 임금이 노여움을 밖으로 드러내면 신하들은 죄를 두려워하고, 자기가 죽음을 당할 것에 앞서 임금을 제거할 음모를 경솔하게 꾸미게 되므로 임금은 위태롭게 된다.

그러므로 위나라 임금이 영대(靈臺)에서 연회를 베풀었을 때, 위나라 임금이 저사(褚師)의 무례함에 진노했을 뿐 처벌하지 않았으므로 저사가 먼저 반란을 일으켜 임금이 다른 나라로 도망치는 변을 당하였다.

정(鄭)나라 영공이 초나라에서 보내온 자라국을 먹을 때, 자공(子公)이 먼저 먹는 무례를 저질렀으나 진노하였을 뿐 처벌하지 않았으므로 자공에 의하여 목숨을 잃었다.

앞서 어느 군자가 말한 "미워해야 할 자를 미리 알고 있었다."고 지적한 것은, 소공의 지혜가 뛰어났다고 할 수 없는 일이다. 그만큼 확실하게 알고 있으면서도 처벌하지 않았기 때문에 죽음을 당했다는 것을 말해주는 것이다. 그러므로 "미워해야 할 자를 알고 있었다."는 것도 소공에게 임기응변하는 술(術)이 없었음을 나타내는 것이다.

임금의 재앙은 환란을 예견하는 능력이 부족해서 뿐 아니라 때로는 그것을 미리 알고도 가차없이 제단할 만한 능력이 모자라 오는 경우도 있다.

지금 소공은 미움을 밖으로 나타내고도 죄를 그대로 두고 처벌하지 않았고 고거미는 임금에게 증오심을 품고 죽음을 당할까 두려워 앞질러 반란을 일으켜 요행히 살게 되었다. 그러므로 오히려 소공이 죽음을 면하지 못한 것은 그 신하의 불의를 미워하면서도 제거하는데 있어 잔혹하지 못한 결과다.

위의 말에 또 한 사람이 비평하여 말했다.

미워하는 상대에 대한 보복이 철저한 사람은 작은 죄에 대하여 큰 처벌로 보복한다. 작은 죄를 중형으로 다스리는 것은 무거운 옥살이를 자초하는 일이다. 이른바 옥살이의 걱정거리는 본래 처벌의 이유가 부당한데 있는 것이 아니라 원한을 가진 사람이 많다는데 있다.

이로써 진(晉)나라 여공(厲公)은 세 극씨(郤氏)의 집안을 멸망시켰기 때문에 뒷날 난씨(欒氏)와 중항씨(中行氏)가 반란을 일으켜 죽음을 당했고, 정나라 자도(子都)는 백훤(伯咺)을 죽였기 때문에 식정(食鼎)의 화를 자초하였으며, 오나라 임금 부차(夫差)는 오자서(伍子胥)를 죽여 월왕(越王) 구천(句踐)으로 하여금 패업(霸業)을 이루게 하였다.

이러한즉 위나라 임금이 쫓겨나고 정나라 영공이 신하에게 죽음을 당한 것은, 저사(褚師)를 죽이지 않아서가 아니며 자공(子公)을 처벌하지 않아서도 아니라, 노여움을 드러내지 않아야 하는데도 노여움을 밖으로 드러냈고 죽여서는 안 되는데 죽이려했기 때문이다.

노여움을 드러낼 만큼 그 죄가 마땅하고, 처벌하더라도 인심에 거슬릴 정도가 아니었다면, 비록 노여움을 드러내었다 하더라도 어찌 해가 되었겠는가?

무릇 임금으로 즉위하기 전에 지은 죄를 처벌하지 않고 있다가 즉위한 뒤에 옛날의 죄까지 들춰내 처벌한 것이 제(齊)나라 호공(胡公)이 추마수(騶馬繻)에게 죽임을 당한 까닭이다. 임금이 이렇게 그릇된 일을 신하에게 행하는데도 후환이 있었는데, 하물며 신하로서 이러한 일을 임금에게 행하는 것에 있어서야 말할 나위가 있겠는가?

죄를 처벌함이 이치에 맞지 않는데도 미워하는 마음을 다하여 처벌하는 것은 세상의 모든 사람과 원수를 맺는 것과 다름없으니, 비록 죽음을 당한다 해도 이 또한 마땅한 일이 아니겠는가!

鄭伯將以高渠彌[1]爲卿 昭公[2]惡之 固諫不聽 及昭公卽位 懼其

殺己也 辛卯弑昭公而立子亶³⁾也 君子曰 昭公知所惡矣 公子圉⁵⁾
曰 高伯其爲戮乎 報惡已甚矣

　或曰 公子圉之言 不亦反乎 昭公之及於難者 報惡晚也 然則
高伯之晚於死者 報惡未甚也 明君不懸怒 懸怒則臣懼罪 輕擧以
行計 則人主危 故靈臺⁵⁾之飮 衛侯怒而不誅 故褚師⁶⁾作難 食黿
之羹 鄭君怒而不誅 故子公弑君⁷⁾ 君子之擧 知所惡 非甚之也 曰
知之若是其明也 而不行誅焉 以及於死 故曰 知所惡 以見其無
權也 人君非獨不足於見難而已 或不足於斷制 今昭公見惡 稽罪
而不誅 使渠彌含憎懼死以徼幸 故不免於殺 是昭公之報惡不甚
也

　或曰 報惡甚者 大誅報小罪 大誅報小罪也者 獄之至也 獄之
患 故非在所以誅也 以讎之衆也 是以晉厲公滅三郤 而欒中行⁸⁾
作難 鄭子都殺伯咺 而食鼎起禍⁹⁾ 吳王誅子胥 而越句踐成霸 則
衛侯之逐 鄭靈之弑 不以褚師之不死 而子公之不誅也 以未可以
怒而有怒之色 未可誅而有誅之心 怒其當罪 而誅不逆人心 雖懸
奚害 夫未立有罪 卽位之後 宿罪而誅 齊胡之所以滅也 君行之
臣 猶有後患 況爲臣而行之君乎 誅旣不當 而以盡爲心 是與天
下爲讎也 則雖爲戮 不亦可乎

1) 鄭伯將以高渠彌(정백장이고거미) : 정백(鄭伯)은 정나라 장공(莊公)을
　 가리키며, 서기전743년부터 전701년까지 재위했음. 고거미(高渠彌)는
　 고백(高伯)이라고도 부르는데, 환공(桓公) 5년에 주(周)나라가 정나
　 라를 침략했을 때 고백(高伯)은 원번(原繁)과 더불어 중군이 되어 임
　 금을 도와 주나라를 격파했다.
2) 昭公(소공) : 장공(莊公)의 아들로 서기전696년에서 전695년까지 1년
　 동안 재위했다. 이때는 아직 태자로서 이름을 홀(忽)이라 했다.
3) 子亶(자단) · 『좌씨전』과 『사기』에는 공자단(公子亶)으로 쓰고 있으
　 며, 소공(昭公)의 아우로 임금에 즉위했다가 이듬해에 제나라 양공에
　 의하여 고거미(高渠彌)와 함께 죽임을 당했다.
4) 公子圉(공자어) : 『좌씨전』에 공자달(公子達)로 쓰고 있으며 노나라의
　 대부(大夫).

5) 故靈臺(고영대) : 고(故)는 옛날을 말하며, 영대(靈臺)는 위나라 출공(出公)이 축조한 누각(樓閣)인데 『시경(詩經)』에 보이는 주나라 문왕이 세웠다는 누각과 이름이 같음. 출공(出公)은 서기전492년에서 전470년까지 재위.
6) 褚師(저사) : 일반적으로 저자(市場)을 관장하는 관리를 말했으나, 여기서는 성씨로 쓰는데 이름은 비(比), 자를 성자(聲子).
7) 子公弑君(자공시군) : 자공(子公)은 공자송(公子宋)을 가리킨다. 그가 공자귀생(公子歸生)과 함께 궁궐로 들어가면서 손가락을 움직였으므로 이를 본 사람이 손가락을 입으로 빨았다고 오해를 했다. 그래서 정공(鄭公)은 화가 나 초나라에서 보내온 자라 요리를 자공(子公)에게 주지 않았다는 기록이 있다.
8) 欒中行(난중항) : 난(欒)은 춘추시대 진나라의 대부 난서(欒書)이며, 중항(中行) 역시 진나라 대부였다.
9) 鄭子都殺伯咺而食鼎起禍(정자도살백훤이식정기화) : 정자도(鄭子都)는 정나라 여공(厲公)인 돌(突)을 가리키는데, 장공(莊公)의 아들로, 소공(昭公)의 아우이다. 백훤(伯咺)은 『사기』 정세가(鄭世家)에 기록하기를 백부(伯父) 원(原)이라 했다. 식정(食鼎)에 대하여는 어느 문헌에도 자세한 기록이 없다.

4. 나의 꿈이 잘 들어 맞았다

위(衛)나라 영공(靈公) 때 미자하(彌子瑕)는 임금의 총애를 받고 나라의 정치를 제멋대로 휘둘렀다.

어느 날 난쟁이가 임금을 뵙고 말하기를

"저의 꿈은 잘 들어맞습니다."

하니 임금이 묻기를

"어떤 꿈을 꾸었는가?"

고 말했다. 이에 난쟁이가 대답하기를

"꿈에 아궁이를 보았는데, 이는 임금을 알현할 조짐이었습니다."

고 말하니 임금은 화를 내면서 말했다.

"내가 들은 바에 따르면 임금을 알현하는 사람은 꿈에 태양을 본다고 했는데, 너는 어째서 과인을 만나기 위하여 꿈에 아궁이를 보았다는 말인가?"

난쟁이가 대답하기를

"무릇 태양은 세상 만물을 골고루 비추므로 하나의 사물만이 그 빛을 받는 일이 없습니다. 한 나라의 임금은 온 나라를 골고루 비추므로 한 사람이 그 빛을 막을 수 없습니다. 그러므로 임금을 알현하는 사람은 꿈에 해를 본다고 했던 것입니다. 무릇 아궁이는 한 사람이 그 앞을 가로막고 앉아 불을 쬐면, 뒤에 있는 사람들은 그 아궁이의 불빛을 볼 수가 없습니다. 지금 혹여 한 사람의 신하가 임금의 빛을 가로막고 있지 않은지요? 그렇다면 제가 비록 아궁이 꿈을 꾸었다고 해서 틀린 것은 아니지 않습니까?"

라고 하였다. 이 말을 듣고 영공은

"참 옳은 말이다."

하고 신하인 옹서(雍鉏)를 멀리하고, 미자하를 물리친 다음 사공구(司空狗)라는 사람을 등용하였다.

위의 일에 대하여 어떤 사람이 비평하여 말했다.

난쟁이는 꿈을 빙자하여 임금의 도리를 가르쳤으나 영공은 난쟁이의 말을 제대로 이해하지 못했다. 임금이 옹서를 멀리하고 미자하를 물리치고는 사공구를 등용한 것은 총애하는 사람을 버리고, 현명하다고 생각되는 사람을 등용한 것이다.

정나라 자도(子都)는 경건(慶建)을 현명하다고 등용했는데 오히려 자기의 총명이 가려졌고, 연나라 자쾌(子噲)는 자지(子之)를 현명하다고 생각하여 등용했는데 오히려 자기의 총명이 막히고 말았다.

총애하는 사람을 물리치고 현명하다고 생각되는 사람을 등용하더라도, 한 사람이 아궁이를 가로막는 것을 면하지는 못한다. 어리석은 신하는 임금 앞을 가로막는다 하여도 임금의 총명을 그르치지 못한다. 지금 임금이 신하를 알기 위한 슬기를 더하지는 않고, 현명한 신하로 하여금 자기를 가로막게 한다면 임금은 반드시 위태로워질 것이다.

위의 말을 듣고 또 어떤 사람이 비평하여 말했다.

초나라 굴도(屈到)는 마름(菱苬)열매를 즐겨 먹었고, 주나라 문왕(文王)은 창포(菖蒲) 뿌리를 초에 절여 먹기를 즐겼다. 이것은 다같이 일반적으로는 맛있는 음식이 아닌데도 두 현자는 이를 즐겼으니 남이 좋아하는 음식이 다 맛있는 것은 아니다.

진(晋)나라의 영후(靈侯)는 참무휼(參無恤)을 좋아하여 중용했고, 연나라의 임금 쾌(噲)는 자지(子之)를 현자라고 생각했다. 사실 그들은 신하로서 정상적인 사람이 아니었지만 그런데도 두 임금은 이들을 존중하였으니 남이 현자라고 하더라도 반드시 그가 현자인 것은 아니다.

실제로는 현자가 아닌데도 현자라 여기고 등용하는 것은 총애하는 사람을 등용하는 것과 같으며 진실로 현명한 사람을 현자로 등용하는 경우는 총애하는 사람을 중용하는 것과는 그 정황이 다르다.

초나라 장공(莊公)은 손숙오(孫叔敖)를 등용해 패자(霸者)가 되었고, 은나라 주왕(紂王)은 비중(費仲)을 등용했기 때문에 나라가 망하였는데, 이것은 다 같이 현자라 생각된 사람을 등용했지만 그 결과는 판이하게 달랐던 것이다.

연나라 임금 쾌(噲)는 현자라 생각하고 등용했지만 실은 총애하는 사람을 등용했다.

위나라 영공의 경우는 어찌 그렇다고 할 수 있겠는가? 난쟁이를 만나 이야기 듣기 전에는 임금의 총명이 신하에 의해 가려져 있어도 그것을 몰랐으며, 난쟁이를 만난 뒤에 그 가려진 사실을 깨달아 총명을 가렸던 신하를 물리친 것은 자기의 슬기를 더한 것이다.

앞서 말하기를 "임금이 신하를 아는 일에 슬기를 더하지는 않고 현자를 등용하여 자기 앞을 가로막게 한다면 임금은 반드

시 위태로워진다."고 했는데, 이미 미자하와 같은 신하를 물리
쳤으니 신하를 살피는 슬기를 더한 것이다. 그렇다면 비록 자
기의 총명을 가로막았더라도 위태롭다고 할 수는 없는 것이다.

   衛靈公之時 彌子瑕有寵於衛國 侏儒有見公者[1]曰 臣之夢踐矣[2]
公曰 奚夢 夢見竈者 爲見公也 公怒曰 吾聞見人主者夢見日 奚
爲見寡人而夢見竈乎 侏儒曰 夫日兼照[3]天下 一物不能當也 人
君兼照一國 一人不能雍也 故將見人主而夢日也 夫竈 一人煬焉
則後人無從見矣 或者一人煬君邪 則臣雖夢竈 不亦可乎 公曰
善 遂去雍鉏[4] 退彌子瑕 而用司空狗[5]
   或曰 侏儒善假於夢以見主道矣 然靈公不知侏儒之言也 去雍
鉏 退彌子瑕 而用司空狗者 是去所愛而用所賢也 鄭子都賢慶建[6]
而雍焉 燕子噲賢子之而雍焉 夫去所愛而用所賢 未免使一人煬
己也 不肖者煬己 不足以害明 今不加知 而使賢者煬己 則必危
矣
   或曰 屈到嗜芰[7] 文王嗜菖蒲葅[8] 非正味也 而二賢尙之 所味
不必美 晉靈侯說參無恤[9] 燕噲賢子之 非正士也 而二君尊之 所
賢不必賢也 非賢而賢用之 與愛而用之同實 誠賢而擧之 與用所
愛異狀 故楚莊擧孫叔而霸 商辛[10]用費仲而滅 此皆用所賢而事
相反也 燕噲雖擧所賢 而同於用所愛 衛奚距然哉 則侏儒之未見
也 君雍而不知其雍也 已見之後 而知其雍也 故退雍臣 是加知
之也 曰 不加知 而使賢者煬己 則必危 而今已加知矣 則雖煬己
必不危矣

1) 侏儒有見公者(주유유현공자) : 주유(侏儒)는 아주 키가 작은 사람, 곧
  난쟁이를 말하고, 현(見)은 신하가 임금을 알현한다는 뜻.
2) 夢踐矣(몽천의) : 천(踐)은 다른 책에서 천(淺)으로 쓰는 경우도 있으
  나 그대로가 마땅하며, 몽천(夢踐)은 꿈냄을 뜻한다.
3) 兼照(겸조) : 골고루 비춘다는 뜻.
4) 雍鉏(옹서) : 춘추시대 위나라의 환관(宦官)이며, 『사기』 공자세가(孔
  子世家)의 기록에도 위나라 영공의 지나친 총애를 받은 사실이 기록

되어 있다.

5) 司空狗(사공구) : 『좌씨전』 양공 29년조에 사조(史朝)의 아들로 문자(文子)라고도 불렸다. 사공(司空)이란 토목(土木)을 관장하는 관명이기도 하나 성씨로도 쓰였다.

6) 慶建(경건) : 여공의 신하라는 사실 이외의 자세한 기록이 없다.

7) 屈到嗜芰(굴도기기) : 굴도(屈到)는 춘추시대 초나라 대부로 굴탕(屈蕩)의 아들이며 자를 자석(子夕)이라 했다. 기(芰)는 흔히 능(菱)으로도 쓰는데 바늘꽃과에 속하는 일년생 수초(水草)의 열매. 마름.

8) 菖蒲菹(창포저) : 창포(菖蒲)는 다년생 식물로 물가에 나는 풀로 잎이 칼날같이 생겼고 그 뿌리를 김치담아 먹는 예가 있다. 잎을 삶은 물로 머리를 감기도 한다. 저(菹)는 저(菹)와 같고 절여 저장한다는 뜻.

9) 晉靈侯說參無恤(진령후열참무휼) : 진령후(晉靈侯)는 진나라 영공을 말함인데 서기전620년에서 전602년까지 재위했고 후(侯)는 공(公)과 같다. 참무휼(參無恤)은 흔히 범무휼(范無恤)로도 쓰는데 『사기』에 진나라와 진(秦)나라가 하곡(河曲)에서 싸울 때 공을 세웠다고 기록되어 있다. 열(說)은 기뻐하다의 뜻으로, 여기에서는 좋아했다와 같다.

10) 商辛(상신) : 상(商)은 은(殷)나라를 뜻하고, 신(辛)은 상나라 주왕(紂王)의 본래 이름이라고 『사기』 은본기(殷本紀)에 기록되어 있다.

제 5 권

제 28 편 내저설상…/438
제 29 편 내저설하…/490
제 30 편 외저설좌상(하권)…/10
제 31 편 외저설좌하(하권)…/68
제 32 편 외저설우상(하권)…/106
제 33 편 외저설우하(하권)…/155

제 28 편 내저설상 : 칠술(內儲說上 : 七術)

　저(儲)는 '갖추어 모아둔다'는 뜻이고 설(說)은 어떠한 일을 설명하기 위한 사례를 말하는 것이다.
　내저설상(內儲說上)은 임금이 신하를 통제하는 일곱 가지 술(術)을 설명한 것이 주종을 이루고 있다.

1. 신하를 통제하는 일곱 가지 술(術)

　임금이 나라를 다스리는데 사용할 일곱 가지 술책이 있고 살펴야 할 여섯 가지 기미가 있다.
　일곱 가지 술책이란, 첫째 여러 가지 단서를 바탕으로 서로 비교·검토하여 참고하는 것, 둘째 죄를 범한 사람은 반드시 처벌하여 임금의 권위를 명확하게 하는 것, 셋째 공적을 올린 사람은 반드시 상을 주어 신하의 능력을 다하게 하는 것, 넷째 신하의 말을 하나 하나 정확하게 들어 그 실적에 대해 문책하는 것, 다섯째 임금의 명령을 의심하는 신하를 꾸짖는 것, 여섯째 임금 스스로는 분명하게 알고 있으면서 모르는 척 신하에게 물어보는 것, 일곱째 일부러 반대되는 말을 하고 거꾸로 일을 행하여 신하를 살피는 것을 말한다. 이 일곱 가지 일은 임금이 스스로 사용해야 할 술책인 것이다.

　첫째 경(經一) 참관(參觀)
　임금이 신하의 행동을 살피고 신하의 말을 들을 때는 여러 사람의 말을 종합하여 비교·검토하지 않으면 그 진실을 듣지 못하며, 신하의 의견을 들을 때는 마치 드나드는 문이 하나인 것처럼 단지 한 사람만을 통하여 듣게 되면 신하와 임금의 통로가 막혀 통하지 못할 것이다.

이 설명에 따른 예증(例證)으로는, 옛날 위(衛)나라 임금이 미자하(彌子瑕)라는 신하를 총애하니 난쟁이가 아궁이꿈 이야기로 풍자한 일이 있고, 노(魯)나라 애공이 말로는 "여러 사람의 의견을 들으면 미혹되는 일이 없다."고 하면서 실제로는 측근의 말만 듣다가 공자에게 비난받은 일이 있었다.

그러므로 제(齊)나라의 어떤 사람이 황하의 신(神) 하백(河伯)을 임금에게 보여주겠다며 속이고, 위(魏)나라의 혜자(惠子)가 임금에게 나라의 반을 잃은 것이라고 말한 적도 있었다.

그 폐단으로는 노나라 수우(竪牛)가 그 임금인 숙손(叔孫)을 굶주려 죽게 한 일과 강을(江乙)이라는 위(魏)나라 사람이 형나라 풍습을 비평한 일이 있다.

위나라 사공(嗣公)은 나라를 잘 다스리기를 바랐지만 그 술(術)을 알지 못하여 신하의 전횡을 막지 못하고 적을 만들었다.

이러한 까닭에 현명한 임금은 쇠(鐵)로 담장을 쌓아 화살을 막듯이 간사한 신하에 대비하여 나라의 동정을 잘 살핀다.

둘째 경(經二) 필벌(必罰)

임금에게 인자한 마음이 많으면 법령이 서지 않고, 위엄(威嚴)이 모자라면 아랫사람이 위를 침해한다. 이로써 형벌이 필요하지 않고 금령(禁令) 또한 행해지지 않는다.

이 설명에 따른 예증으로는 조나라 대부 동알우(董閼于)가 석읍(石邑)을 지나가고, 정(鄭)나라 재상 자산(子産)이 유길(游吉)을 가르친 일이 있었다.

그러므로 중니(仲尼)는 노나라 애공에게 서리가 내려도 초목이 시들지 않는 이치를 설명한 일이 있고, 은(殷)나라 법률에는 길바닥에 재를 버리면 엄벌에 처하였으며, 중산(中山)에서 행렬을 통솔하는 사람이 악지(樂池)의 밑을 떠났으며, 진(秦)나라에 중용된 공손앙(公孫鞅)은 가벼운 죄라도 엄히 다스려 반드시 중한 처벌을 했던 것이다.

이로써 초나라 여수(麗水)에서 생산되는 사금(沙金)을 지키지 못했고, 노나라 적택(積澤)의 불을 끄지 못했다.

제(齊)나라의 성환(成讙)이라는 사람은 임금이 너무 인자하여 나라가 약화된다고 간언한 일이 있고, 위(魏)나라 사람 복피(卜皮)는 임금이 지나치게 자애로워 민중이 법을 두려워하지 않으므로 장차 나라가 멸망할 것이라고 생각하였다.

관중(管仲)은 이미 이러한 일들을 알고 터득하였기 때문에 죽은 사람도 다시 처벌할 수 있는 제도를 만들었고, 사공(嗣公)도 필벌의 중요성을 터득하였기 때문에 달아난 죄인에게 현상금을 걸어 다시 잡아다가 처형했던 것이다.

셋째 경(經三) 신상(信賞)

상을 주는데 있어 인색하고 적절하지 않아 신뢰성이 없으면 신하들은 임금의 명령을 따르지 않는다. 상을 주는데 있어 후하고 적절하여 신뢰성이 있으면 신하들은 죽음을 가볍게 여긴다.

그 설명에 따른 예증(例證)으로, 월(越)나라의 문자(文子)는 노루(鹿)가 풀을 쫓듯, 신하는 포상을 쫓아 일을 게을리하지 않는다고 하였다.

그러므로 월나라 임금이 궁궐을 불사르고 오기(吳起)는 위(魏)나라의 서하(西河)를 다스릴 때, 수레의 끌채에 의지하였다.

위(魏)나라의 이회(李悝)는 활쏘는 솜씨를 바탕으로 소송(訴訟)을 판가름하였고, 송(宋)나라 숭문(崇門)안에 사는 민중들은 부모의 상을 당하여 슬퍼하다가 말라 죽는 사람이 많았다.

월나라 구천(句踐)은 이 술(術)을 터득하였기 때문에 분노한 청개구리에게 수레 위에서 예(禮)를 행하였고, 한(韓)나라의 소후(昭侯)도 신상(信賞)하는 술을 터득하였기 때문에 낡은 바지를 간직하여 두었다가 공로를 세운 사람에게 상으로 주었다.
　포상함이 후하면 누구나 맹분(孟賁)이나 전제(專諸)와 같은 용사(勇士)가 된다. 부녀자들이 누에를 손으로 만지고 어부가 바다상어를 손으로 잡는 것이 모두 그 효과를 충분히 증명해 주는 것이다.

　넷째 경(經四) 일청(一聽)
　임금이 신하 한 사람, 한 사람의 말을 들어보아야만 어리석은 사람인가 슬기로운 사람인가를 알 수 있고, 신하에게 진언하도록 질책하여야 신하들이 제시하는 의견을 들어 참고할 수 있다.
　이 설명의 예증(例證)으로는, 위(魏)나라 임금이 정(鄭)나라에게 두 나라는 합쳐야 된다고 한 것을 정나라 임금이 물리친 일이 있었고, 제(齊)나라 임금이 피리를 불게 한 일이 있다.
　이의 폐해를 실증하는 예로써 한(韓)나라 대부 신자(申子)가 조소(趙紹)와 한답(韓沓)으로 하여금 한나라 임금의 뜻을 미리 알아내게 한 다음 자신에게 유리하게 사용한 이야기가 있다.
　그러므로 진나라 공자(公子) 범(氾)은 적과 강화하기 위한 조건으로 하동(河東)의 땅을 떼주는 계책을 임금 앞에서 논의하였고 진나라 재상 응후(應侯)는 상당(上黨)이라는 땅을 포기하고 군사를 옮기자는 계책을 임금 앞에서 논의한 일이 있었다.

　다섯째 경(經五) 궤사(詭使)
　임금이 한 신하를 자주 만나고 오래도록 가까이에 두면 실제로 일을 맡기지 않았어도 간사한 사람은 거짓이 탄로날까봐 사슴떼처럼 흩어진다. 또한 사람을 시켜 이것 저것을 탐지하게 하면 임금을 속여 사사로이 욕심을 꾀할 수 없게 된다.
　그러므로 방경(龐敬)은 공대부(公大夫)를 다시 불러들여 관리들의 부정을 막았고, 송(宋)나라 재상 대환(戴讙)은 이사(李史)의 집을 감시하는데 덮개가 있는 수레까지 살피도록 했으며, 주나라 임금은 일부러 옥비녀를 잃었고, 상(商)나라 태재

(太宰)는 쇠똥을 논하였다.

여섯째 경(經六) 협지(挾知)

이미 알고 있으면서도 모르는 척 물어 보면 알지 못했던 일까지 알게 되고, 한 가지 일에 대하여 깊이 정통하게 되면 감추어져 있던 비밀이 모두 드러난다.

이를 뒷받침하는 예증으로는, 한(韓)나라 소후(昭侯)가 손톱 하나를 손으로 감춘 일이 있다. 그래서 남문(南門) 밖의 동정을 반드시 살피게 하여 동·서·북문 밖의 사정을 샅샅이 알게 되었다.

주왕(周主)은 꼬부랑 지팡이를 몰래 숨겨 놓고는 신하들이 두려워하게 하고 복피(卜皮)는 소서자(小庶子)를 시켜 부하들의 비행을 찾아내게 했으며, 서문표(西門豹)는 현령으로 있을 때 거짓으로 수레의 빗장을 잃어버렸다.

일곱째 경(經七) 도언(倒言)

일부러 거꾸로 말하거나 마음에 없는 행동을 하여 의심스러운 바를 찾아보면 간신(姦臣)의 진상을 알게 된다.

그러므로 산양군(山陽君)은 거짓으로 규수(樛豎)를 비방하여 임금을 성나게 해 자기를 의심한다는 본심을 알아냈고, 제(齊)나라의 요치(淖齒)는 자기의 심복을 진(秦)나라 사신으로 꾸몄다.

제나라 사람은 반란을 일으키기에 앞서 자기 심복을 임금의 측근으로 잠입시켜 동정을 살폈고, 연(燕)나라 간신 자지(子之)는 문밖으로 흰말이 뛰어나갔다고 거짓말을 하여 그 답을 보고 좌우에 있는 측근들의 성실성을 시험했다.

정나라 대부 자산(子産)은 서로 옳다는 소송 당사자를 따로 떼어놓은 후 그 진상을 가려냈고, 위(衛)나라의 임금 사공(嗣公)은 측근으로 하여금 몰래 관소(關所)를 염탐하게 하여 관리들의 비행을 알아냈다.

제 28 편 내저설상(內儲說上) 443

　　主之所用也 七術 所察也 六微[1] 七術 一曰 衆端參觀 二曰 必罰明威 三曰 信賞盡能 四曰 一聽責下 五曰 疑詔詭使 六曰 挾知而問 七曰 倒言反事 此七者 人主之所用也
　　經一 參觀 觀聽不參 則誠不聞 聽有門戶 則臣壅塞 其說 在侏儒之夢見竈 哀公之稱 莫衆而迷 故齊人見河伯 與惠子之言亡其牛也 其患 在豎牛之餓叔孫 而江乙之說荊俗也 嗣公欲治不知 故使有敵 是以明主推積鐵之類 而察一市之患[2]
　　經二 必罰 愛多者 則法不立 威寡者 則下侵上 是以刑罰不必則禁令不行 其說 在董子之行石邑[3] 與子產之教游吉也[4] 故仲尼說隕霜 而殷法刑棄灰 將行去樂池[5] 而公孫鞅重輕罪 是以麗水[6]之金不守 而積澤之火不救 成讙以太仁弱齊國 卜皮以慈惠亡魏王 管仲知之 故斷死人 嗣公知之 故買胥靡[7]
　　經三 信賞 賞譽薄而謾者[8] 下不用 賞譽厚而信者 下輕死 其說 在文子稱若獸鹿 故越王焚宮室 而吳起倚車轅 李悝斷訟以射 宋崇門以毀死 句踐知之 故式怒鼃 昭侯知之 故藏弊袴 厚賞之使人爲賁諸也 婦人之拾蠶 漁者之握鱣足以效之
　　經四 一聽 一聽則愚智分 責下則人臣參 其說 在索鄭與吹竽 其患在申子之以趙紹 韓沓[9]爲嘗試 故公子氾議割河東 而應侯謀弛上黨[10]
　　經五 詭使 數見久待而不任 姦則鹿散 使人問他 則不鬻私[11] 是以龐敬還公大夫[12] 而戴讙詔視輼車[13] 周主亡玉簪 商太宰論牛矢[14]
　　經六 挾知 挾知而問 則不知者至 深知一物 則衆隱皆變 其說在昭侯之握一爪也 故必審南門而三鄉得 周主索曲杖而群臣懼 卜皮使庶子 西門豹佯遺轄[15]
　　經七 倒言 倒言反事[16] 以嘗所疑 則姦情得 故山陽謾樛豎 淖齒爲秦使 齊人欲爲亂 子之以白馬 子產離訟者 嗣公過關史

1) 微(미): 아주 작은 일 또는 감추어진 것을 뜻한다.
2) 而察一市之患(이찰일시지환): 저자거리에서 많은 사람이 떠드는 말에 미혹되기 쉬움을 잘 살펴 폐해가 없도록 하라는 뜻으로 단 한 사

람이 시장에 범이 나왔다고 말하면 믿지 않지만 세 사람이 거짓으로라도 범이 나왔다면 믿게 된다는 뜻이다.
3) 在董子之行石邑(재동자지행석읍) : 동자(董子)는 춘추시대 진(晋)나라 조앙(趙鞅)의 신하로 동알우(董閼于)를 가리킨다. '난언편'에는 동안우(董安于)로 나와 있었다. 석읍(石邑)은 땅 이름.
4) 子産之敎游吉也(자산지교유길야) : 자산(子産)은 정나라의 공손교(公孫僑)이며, 자를 자산(子産)이라 했다. 정나라의 목공(穆公)으로부터 나온 일곱 성씨의 하나로 나중에 재상이 되었다. 유길(游吉)은 자산(子産)과 같이 목공으로부터 나온 성씨의 하나로 유(游)씨이며 이름은 길(吉)이고 자는 대숙(大叔)으로 자산의 뒤를 이어 재상에 올랐다.
5) 將行去樂池(장행거악지) : 장행(將行)은 행렬(行列)을 지휘하는 통솔자. 악지(樂池)는 일설에 중산(中山)의 대부라 하였고 『사기』 진본기(秦本紀)에는 혜문군(惠文君) 7년에 진나라의 대부였다는 기록이 있다.
6) 麗水(여수) : 일설에 따르면 초나라 남쪽에 있는 강 이름. 지금의 운남성에 있는 금사강(金沙江)이 곧 여수(麗水) 또는 여강(麗江)이라 한다. 옛날부터 사금이 생산된다고 했다.
7) 胥靡(서미) : 여기서는 반드시 죄인을 처벌한다는 뜻으로 도망간 죄수를 현상금 붙여 처벌하는 것을 말한다.
8) 謾者(만자) : 함부로 거짓말하는 것을 뜻함.
9) 趙紹韓沓(조소한답) : 조소(趙紹)는 조나라의 공족이고, 한답(韓沓)은 한나라의 공족이다.
10) 而應侯謀弛上黨(이응후모이상당) : 응후(應侯)는 진(秦)나라 재상인 범수(范雎)를 말한다. 응(應)은 봉지(封地)의 이름. 이(弛)는 활을 쏜다는 뜻인데 여기서는 옮기다(移)와 같다. 상당(上黨)은 지금의 산서성 장치현(長治縣) 지방이다.
11) 鬻私(죽사) : 죽(鬻)은 판다는 뜻과 같은데 죽사(鬻私)는 사사로운 은혜를 판다는 뜻.
12) 龐敬還公大夫(방경환공대부) : 방경(龐敬)은 방공(龐恭)과 같은 사람인데 위(魏)나라의 신하였다. 환(還)이란 여기에서 '부른다'는 뜻이

고, 공대부(公大夫)는 『한서(漢書)』 백관공경표(百官公卿表)에 따르면 벼슬의 품계(品階)로 20등급의 열 세번째 벼슬이다.
13) 輼車(온거) : 와거(臥車)라고도 하여 누워서 쉴 수 있는 수레로, 뚜껑과 창이 있어 닫으면 따뜻하고 뚜껑을 열면 시원해지는 수레이기 때문에 온거라는 이름이 붙여졌다 한다.
14) 商太宰論牛矢(상태재논우시) : 상(商)은 옛날 은(殷)나라를 가리켰으나 음(音)이 비슷한 송(宋)나라를 말한다. 태재(太宰)는 재상(宰相)을 뜻하고 우시(牛矢)는 쇠똥을 가리킨다.
15) 西門豹佯遺轄(서문표양유할) : 서문표(西門豹)는 위(魏)나라 문후(文侯)의 신하로 업(鄴)의 현령을 지냈다. 양(佯)은 속이다, 거짓이다와 같다. 유할(遺轄)은 수레의 빗장을 잃었다는 뜻.
16) 倒言反事(도언반사) : 도언(倒言)은 진실과는 다른 말 즉 전도(轉倒)된 말을 뜻하며 반사(反事)는 마음에 없는 일 즉 반대되는 일을 뜻한다.

2. 첫째 전(傳一)

가. 여러 신하와 의논하면 어떻겠습니까
위(衛)나라 영공(靈公) 때 미자하(彌子瑕)는 임금의 총애를 한 몸에 받아 나라의 정치를 제멋대로 휘둘렀다.
어느 날 난쟁이 한 사람이 임금을 만나 뵙고 말하기를
"신의 꿈이 딱 들어 맞았습니다."
고 하니, 임금이 물었다.
"무슨 꿈을 꾸었는가?"
난쟁이가 대답하기를
"꿈에 아궁이를 보았는데 꿈땜을 하느라 임금을 뵙게 되었습니다."
하니, 임금은 몹시 화를 내면서 말했다.
"내가 듣기로는 임금을 배알하려면 꿈에 태양(太陽)을 본다고 했다. 그런데 너는 꿈에 아궁이를 보고 과인을 만나러 왔다니 어찌된 일인가?"
 하고 물으니 난쟁이는 태연하게 대답하였다.
 "무릇 해는 언제나 세상을 골고루 비추니 한 물건으로는 그 빛을 가릴 수가 없습니다. 한 나라 임금의 총명도 그와 같아 온 나라를 골고루 비추기 때문에 한 사람만으로는 그 총명을 가리지 못합니다. 그러므로 임금을 알현하고자 하는 사람은 꿈에 해를 보는 것입니다.
 무릇 아궁이의 불은 한 사람이 가로막아 쬐고 있으면 그 뒤에 있는 사람들은 그 빛을 볼 수가 없게 됩니다. 지금 혹 어떤 한 사람이 임금의 앞을 가로막고 있지나 않은지요? 그렇다면 제가 꿈에 아궁이를 본 것을 옳다고 하지 않을 수 있겠습니까?"
 노(魯)나라 애공(哀公)이 공자에게 묻기를
 "속담에 말하기를 여러 사람의 의견을 들어 일을 처리하면 미혹되지 않는다고 했는데, 과인은 요즘 모든 일을 행하는데 있어 여러 신하와 상의하는데도, 나라의 다스림은 점점 더 어지러워지는 까닭은 무엇이오?"
 하였다. 이에 공자가 대답하였다.
 "현명한 임금이 신하에게 의견을 물을 때 어떤 사람은 그 뜻을 알아 듣지만 어떤 사람은 알아듣지 못하는 경우가 있습니다. 이와 같으면 위에 현명한 임금이 있고 아래의 여러 신하가 서로 솔직하게 의견을 논의하는 것입니다. 요즘 나라의 조정을 살펴보면 여러 신하는 권세있는 계손(季孫)의 비위만 맞추고 하나같이 그와 행동을 같이 하지 않는 사람이 없으니, 온 나라 전체가 한 사람에 의하여 움직입니다. 비록 임금이 나라 안의 모든 사람과 의논을 하더라도 나라가 어지러워지는 것을 면하지는 못할 것입니다."
 일설에 이러한 이야기가 있다.
 제(齊)나라 안자(晏子)가 노(魯)나라의 초청으로 노나라에 갔을 때 애공(哀公)이 묻기를

"옛말에 이르기를 '세 사람이 모여서 서로 의논하면 미혹됨이 없다'고 했소. 요즘 과인은 온 나라 사람과 상의하는데도 노나라가 어지러움을 면하지 못하는 것은 어찌된 것이오?"

라고 했다. 이에 안자(晏子)는 대답하였다.

"옛말에 '세 사람이 모여 의논하면 미혹되지 않는다'는 것은, 세 사람 가운데 한 사람이 잘못되더라도 두 사람이 성취하면 세 사람 모두가 만족한 것과 같다는 뜻입니다. 그래서 세 사람이 모이면 미혹되지 않다는 것입니다.

요즘 노나라의 신하들은 그 수가 몇 백, 몇 천명이나 되지만 모두 한결같이 계씨(季氏)의 사사로운 이익을 위한 말만 하고 있습니다. 사람 수는 많아도 민중이 아니며 입으로 하는 말은 한 사람이 하는 것과 같으니, 이와 같아서야 어찌 세 사람이라 할 수 있겠습니까?"

제(齊)나라의 어떤 사람이 그 나라 임금에게 말하였다.

"황하(黃河)의 수신(水神)인 하백(河伯)은 훌륭한 신(神)입니다. 임금께서 시험삼아 잠시 만나보지 않겠습니까? 신(臣)이 만날 수 있도록 주선해 보겠습니다."

하고는 이내 황하의 강가에 제단(祭壇)을 만들고 임금과 함께 서있었다. 조금 있으니까 큰 물고기가 움직이며 물속에서 나타났는데 이 기회를 놓치지 않고 제나라 사람이 말했다.

"저것이 황하의 신이라는 하백입니다."

傳一[1] 衛靈公之時 彌子瑕有寵 專於衛國 侏儒有見於公者曰 臣之夢 踐矣 公曰 何夢 對曰 夢見竈 爲見公也 公怒曰 吾聞見 人主者 夢見日 奚爲見寡人而夢見竈 對曰 夫日兼燭天下 一物 不能當也 人君兼燭一國 一人不能壅也 故將見人主者 夢見日 夫竈 一人煬焉 則後人無從見矣 今或者一人有煬君者乎 則臣雖 夢見竈 不亦可乎

魯哀公問於孔子曰 鄙諺[2]曰 莫衆而迷 今寡人擧事 與群臣慮 之 而國愈亂 其故何也 孔子對曰 明主之問臣 一人知之 一人不

知也 如是者 明主在上 群臣直議[3]於下 今群臣無不一辭同軌[4]乎 季孫者 擧國盡化爲一 君雖問境內之人 猶不免於亂也

一曰[5] 晏子聘魯[6] 哀公問曰 語曰[7] 莫三人而迷 今寡人與一國慮之 魯不免於亂 何也 晏子曰 古之所謂莫三人而迷者 一人失之 二人得之 三人足以爲衆矣 故曰 莫三人而迷 今魯國之群臣 以千百數 一言於季氏之私 人數非不衆 所言者一人也 安得三哉

齊人有謂齊王曰 河伯大神也[8] 王何不試與之遇乎 臣請使王遇之 乃爲壇場[9]大水之上[10] 而與王立之焉 有間 大魚動 因曰 此河伯

1) 傳一(전일) : '송건도본'이나 원본(元本)같은데는 그냥 '일(一)'만 쓰여 있는데 이 책에서는 전일(傳一)로 썼고, 이 전(傳)은 옛부터 전하여 오는 이야기(說)라는 뜻이다.
2) 鄙諺(비언) : 세속에 널리 퍼져 쓰이는 말, 곧 속담(俗談)과 같다.
3) 直議(직의) : 숨김없이 솔직하게 의견을 말한다는 뜻.
4) 一辭同軌(일사동궤) : 한 사람 입에서 나온 말처럼 한결같고 하나같이 행동한다는 뜻.
5) 一曰(일왈) : 이 편에서 가끔 나오는 글귀인데 그 쓰임이 여러 가지가 있다. 『산해경』『안자춘추(晏子春秋)』는 물론 중국 고전(古典)에 흔히 쓰이는 글귀로, 또 하나의 암시(暗示)를 나타내는 말로 쓰인다.
6) 晏子聘魯(안자빙노) : 안자(晏子)는 안영(晏嬰)으로 영(嬰)은 이름이고 평중(平仲)은 시호이다. 제나라 영공(靈公)·장공(莊公)·경공(景公)의 3대에 걸친 재상이었다. 빙(聘)이란 제후(諸侯)가 경상(卿相)을 다른 나라에 방문시킬 때 행하는 예우(禮遇)이며, 규모가 작을 때는 대부(大夫)를 보내는데 그때는 문(問)이고, 제후가 스스로 갈 때는 조(朝)라 일컫는다.
7) 語曰(어왈) : 옛날부터 전해 내려오는 말, 곧 속담을 뜻한다.
8) 河伯大神也(하백대신야) : 옛날부터 황하(黃河)에 있다는 수신(水神)이며, 대신(大神)은 위대한 신(神)이란 뜻.
9) 壇場(단장) : 신에게 제사하기 위하여 땅을 청소하고 깨끗이 하여 제단을 만드는 것을 뜻한다.

10) 大水之上(대수지상) : 대수(大水)는 여기에서 큰 강인 황하(黃河)를 말하며, 상(上)은 강둑을 뜻한다.

나. 민중의 반을 잃은 것입니다.
 장의(張儀)는 진(秦)나라 한(韓)나라 위(魏)나라 군사가 연합하여 제(齊)나라와 형(荊 : 楚)나라를 정벌하자고 주장하였고 혜시(惠施)는 제나라와 형나라를 정벌하기 위한 거병(擧兵)을 막았으므로 두 사람은 서로 다투었다.
 위나라의 임금을 측근에서 섬기는 좌우 신하와 대신들은 모두 장의의 주장인 제나라와 형나라를 정벌하는 것이 이롭다고 생각하고 혜시의 주장에 편드는 사람이 없었다. 이에 위나라 임금은 마침내 장의의 의견을 옳다고 받아들였으며, 혜시의 주장은 옳지 않은 것으로 거부되었다.
 이렇게 제나라와 형나라를 공격하는 일은 이미 결정되고 말았다. 그때 혜시가 궁궐로 들어가 임금을 알현하였는데, 임금은 잘라 말하기를
 "선생 이제는 아무 말도 마시오. 제·형의 정벌이 나라에 이롭다는 사실은 모든 사람이 결정한 바이오."
 하니, 혜시가 말하였다.
 "사람들의 의견은 이를 잘 살피지 않으면 안 됩니다. 무릇 제나라와 형나라를 정벌하는 일이 진실로 이익이 되고 나라 안의 모든 사람이 이익됨을 알고 있다면 어찌 위나라에는 그리도 지나칠 만큼 슬기로운 사람이 많은 것입니까? 반대로 형나라와 제나라를 정벌함이 불리한데도 모든 사람이 이익이라고 주장한다면 어찌 위나라에는 어리석은 사람이 그리도 많은 것입니까?
 무릇 남과 더불어 일에 대하여 서로 상의하는 것은 생각하는 이해·득실이 의심스럽기 때문인데, 그 의심스러움이 진실로 의심스럽다면 옳다는 사람이 반(半), 옳지 않다고 생각하는 사람이 반수 가량 되어야 합니다. 그런데 지금 나라 안에는 제·

형을 정벌함이 이익이 된다고 하는 사람이 전부이니 임금께서는 나라의 반을 잃은 것이 됩니다.
　간신에게 위협 당하는 임금은 언제나 그 나라의 반수에 달하는 의견을 잃고 있으니 결국 민중의 반을 잃은 셈입니다."

　張儀[1]欲以秦韓與魏之勢伐齊荊 而惠施欲以齊荊偃兵[2] 二人爭之[3] 群臣左右皆爲張子言 而以攻齊荊爲利 而莫爲惠子言 王果聽張子 而以惠子言爲不可 攻齊荊事已定 惠子入見 王言曰 先生毋言矣 攻齊荊之事果利矣 一國盡以爲然 惠子因說 不可不察也 夫攻齊荊之事也 誠利 一國盡以爲利 是何智者之衆也 攻齊荊之事誠不利 一國盡以爲利 何愚者之衆也 凡謀者 疑也 疑也者 誠疑 以爲可者半 以爲不可者半 今一國盡以爲可 是王亡半也 劫主者[4] 固亡其半者也

1) 張儀(장의) : 진(秦)나라에서 위(魏)나라로 와 재상이 되었고, 소진(蘇秦)과 더불어 귀곡자(鬼谷子) 문하에서 수학하였다는 기록이 있다. 특히 연횡책(連衡策)을 주창한 것으로 유명하다.
2) 而惠施欲以齊荊偃兵(이혜시욕이제형언병) : 혜시(惠施)는 전국시대 송(宋)나라 사람으로 위나라 관리였다가 나중에 혜왕 때는 재상(宰相)에 올랐는데 변론(辯論)에 아주 능하였다 하며 『장자(莊子)』에도 나온다. 특히 장자(莊子 : 莊周)와는 각별히 친숙하였다. 언병(偃兵)이란 군사가 출동하는 것을 막았다는 뜻.
3) 二人爭之(이인쟁지) : 옛날 의견이 다른 두 사람이 임금 앞에서 옳고 그름(是非)을 토론하는 것을 말한다.
4) 劫主者(겁주자) : 간신(姦臣)에게 위협을 당하는 임금을 말한다.

다. 두 아들을 죽인 노나라의 숙손
　숙손(叔孫)은 노(魯)나라의 재상으로 그 지위가 높아 나라의 정치를 멋대로 휘둘렀다. 또한 그 숙손의 총애를 받는 수우(豎牛)라는 사람은 숙손의 명령을 제마음대로 처리했다.
　숙손에게는 아들이 있어 그 이름을 임(壬)이라 하였다. 수우는 그 아들을 질투하여 틈만 있으면 죽이려 생각했다.
 어느 날 수우는 임을 데리고 유람하다가 노나라 임금을 알현하게 되었는데, 임금이 임에게 옥환(玉環)을 하사했다. 임은 이것을 황공하게 받기는 하였지만 감히 함부로 차고 다닐 수가 없어 수우로 하여금 자기 아버지인 숙손의 허락을 받아오도록 부탁했다.
 그러자 수우는 임에게 거짓말을 하였다.
 "내가 당신을 위하여 부친에게 청하였던 바 차고 다녀도 좋다는 허락을 받았소."
 임은 마음놓고 옥환을 허리에 차고 다녔다. 그러자 수우가 일부러 숙손을 찾아가서 말하기를
 "아드님인 임을 어째서 임금에게 알현시키지 않습니까?"
 고 물었다. 이에 숙손은
 "임은 아직 어린아이인데 어찌 임금을 배알하겠는가?"
 하고 대답하니, 수우가 말하기를
 "임은 이미 여러 차례 임금을 배알하였고 옥환까지 하사받아 몸에 차고 다닙니다."
 라고 고자질하자 숙손은 임을 불러 살펴보니 과연 옥환을 차고 있는지라 숙손은 화가 치밀어 아들을 죽이고 말았다.
 죽은 임에게는 형이 있었는데 이름을 병(丙)이라 하였다. 수우는 또 이를 질투하여 병마저 죽일 마음을 먹고 틈을 노리고 있었다.
 어느 날 숙손이 아들인 병을 위하여 종(鐘)을 만들어 주었는데 병은 이 종을 감히 치지 못하고 있다가 수우에게 부탁하여 아버지인 숙손의 허락을 받아오게 하였다.
 이에 수우는 허락을 받으러 가지 않고, 또 병에게 거짓말로
 "나는 이미 당신을 위하여 허락을 받았으니 종을 치도록 하시오."
 하였더니 병이 이 말을 믿고 종을 쳤다. 숙손은 그 종소리를 듣고 말하기를

"병은 나의 허락도 없이 제멋대로 종을 치는구나."

하며 화를 내고 그를 쫓아냈다. 병이 쫓겨나 제(齊)나라로 망명한 지 1년이 지나자 수우는 병을 대신하여 숙손에게 용서를 빌었다. 숙손은 수우로 하여금 병을 불러오도록 하였다. 그런데 병을 부르지 않고 또 숙손에게 거짓으로 보고하기를

"제가 아드님을 부르러 갔으나 병은 몹시 화를 내면서 돌아오지 않겠다고 했습니다."

고 말했다. 이에 숙손은 크게 노하여 사람을 시켜 그를 죽이고 말았다.

이렇게 두 아들이 이미 죽고 숙손이 병들어 누우니 수우는 혼자서 그를 돌보면서 좌우에 있는 사람들을 모두 몰아낸 뒤 아무도 안으로 들어오지 못하게 한 다음 소문을 퍼뜨리기를

"숙손은 누구의 소리도 들으려 하지 않는다."

고 빙자하고는 아무 음식도 먹이지 않아 숙손을 굶어 죽게 만들었다. 수우는 숙손이 죽었는데도 장사를 치르지 않고 이를 속여 그 집의 곳간에서 귀중한 보물을 모조리 훔쳐가지고 제나라로 도망하였다.

무릇 믿는 사람의 말만 듣고 자식을 그 어버이가 죽이게 되는 것이야말로 남의 의견을 서로 참고하여 맞추어 보지 않는데서 오는 우환이다.

叔孫相魯 貴而主斷 其所愛者 曰豎牛 亦擅用叔孫之令 叔孫有子 曰壬[1] 豎牛妬而欲殺之 因與壬游於魯君所[2] 魯君賜之玉環 壬拜受之而不敢佩 使豎牛請之叔孫 豎牛欺之曰 吾已爲爾請之矣 使爾佩之 壬因佩之 豎牛因謂叔孫 何不見壬於君乎 叔孫曰 孺子 何足見也 豎牛曰 壬固已數見於君矣 君賜之玉環 壬已佩之矣 叔孫召壬見之 而果佩之 叔孫怒而殺壬 壬兄曰丙 豎牛又妬而欲殺之 叔孫爲丙鑄鐘 鐘成 丙不敢擊 使豎牛請之叔孫 豎牛不爲請 又欺之曰 吾已爲爾請之矣 使爾擊之 丙擊聞之曰 丙不請而擅擊鐘 怒而逐之 丙出走齊 居一年 豎牛爲謝叔孫 叔孫

使豎牛召之 又不召而報之曰 吾已召之矣 丙怒甚 不肯來 叔孫
大怒 使人殺之 二子已死 叔孫有病 豎牛因獨養之 而去左右 不
內人 曰 叔孫不欲聞人聲 因不食而餓死 叔孫已死 豎牛因不發
喪也[3] 徙其府庫重寶空之 而奔齊 夫聽所信之言 而子父爲人僇
此不參之患也

1) 壬(임) : 숙손표의 아들로 숙손표가 제나라에 있을 때 국씨(國氏)와
   결혼하여 두 아들을 낳았는데 맏이가 맹병(孟丙)이고 그 아우가 중임
   (仲壬)으로 임(壬)이 곧 아우인 중임(仲壬)이다.
2) 魯君所(노군소) : 노나라 임금이 있는 궁궐을 말하는데 소(所)는 곧
   궁궐을 뜻한다.
3) 發喪也(발상야) : 죽음을 알려 상을 치르는 일을 말한다.

라. 술(術)을 터득하지 못한 사공(嗣公)

강을(江乙)이라는 사람이 위(魏)나라 임금을 대신하여 형나
라에 사신(使臣)으로 가 형나라 임금에게
"신이 임금님의 나라 안으로 들어오면서 풍습을 물었더니 말
하기를 '군자는 남의 좋은 점을 숨기지 아니하고 남의 잘못을
말하지 않는다'고 했는데 그것이 사실이옵니까?"
라고 물었다. 임금이 대답하기를
"사실이 그렇소."
하니, 강을이 다시 말하였다.
"그렇다면 백공승(白公勝)과 같이 반란을 꾀하는 사람이 있
어도 이러한 것을 말하지 않는다면 나라가 위태로워지는 일이
없겠습니까? 진실로 그와 같다면 신(臣)같은 사람도 죽을 죄
를 짓고도 면할 수 있겠습니다."
위(衛)나라 사공(嗣公)은 대부(大夫)인 여이(如耳)를 중용하
고 세희(世姬)를 총애하면서도 이 두 사람이 모두 자기의 사랑
을 빙자하여 자신의 총명을 막을까 두려워한 나머지 박의(薄
疑)를 높은 관직에 앉혀 여이와 맞서게 하고, 위희(魏姬)의 지
위를 높여 세희와 견주게 하면서 말하였다.

"이로써 서로 의견을 제시하고 참고하는 것이다."

사공은 자기의 총명이 가려지지 않기를 바랐으나 그 술(術)은 터득하지 못하였다.

무릇 신분이 낮은 사람으로 하여금 마음대로 귀한 사람을 비평하고 아랫사람이 윗사람의 자리에 앉지 못하게 하고 권세의 균형을 맞춘 뒤 서로 나라 일을 의논하도록 하는 것은 더욱 임금의 총명을 가로막는 신하를 늘리는 결과가 된다. 사공의 총명이 신하로 하여금 가로막혀지는 까닭이 이에서 비롯되었다.

무릇 화살이 일정한 방향에서 날아온다면 그 쪽만 철판을 쌓아 막으면 되지만, 화살이 어느 쪽에서 날아오는지 모를 때는 철판으로 방을 만들어야 한다. 그렇게 막아야 몸에 상처를 입지 않는다.

병사가 화살을 막기 위하여는 모든 방향에 철판으로 대비해야 몸에 상처를 입지 않는 것과 같이 임금이 신하를 대할 때 모든 신하를 적으로 여기고 대처한다면 간신이 발을 붙일 곳이 없게 된다.

　　江乙[1]爲魏王使荊 謂荊王曰 臣入王之境 聞王之國俗曰 君子不蔽人之美 不言人之惡 誠有之乎 王曰 有之 然則若白公之亂[2] 得無危乎 誠得如此 臣免死罪矣

　　衛嗣公重如耳 愛世姬[3] 而恐其皆因其愛重而壅己也 乃貴薄疑以敵[4]如耳 尊魏姬以耦[5]世姬曰 以是相參也 嗣公知欲無壅 而未得其術也 夫不使賤得議貴 下必坐上 而必待勢重之鈞也 而後敢相議 則是益樹壅塞之臣也 嗣公之壅乃始

　　夫矢來有鄕 則積鐵以備一鄕 矢來無鄕 則爲鐵室[6]以盡備之 備之則體不傷 故彼以盡備之無傷 此以盡敵之[7]無姦也

1) 江乙(강을) : 구본에 강걸(江乞)로도 기록되었고 전국시대 위나라 사람이었으나 뒤에 초나라를 섬겼다.
2) 白公之亂(백공지란) : 백공(白公)은 초나라 평왕(平王)의 태자 건(建)의 아들로 전해지고 있다. '유로편'에 백공승(白公勝)이 반란을 꾀했

3) 衞嗣公重如耳愛世姬(위사공중여이애세희) : 사공(嗣公)은 다른 문헌에 흔히 사군(嗣君)으로 쓰였고 위나라 평후(平侯)의 아들이다. 여이(如耳)는 위(魏)나라 사람으로 위(衞)를 섬겼고 『사기』 위세가(魏世家)의 기록에는 그가 위군(衞君)을 만나서는 위병(魏兵)을 막는 계책을 세웠고, 위왕(魏王)을 만나고는 위(衞)나라 군사의 포위를 벗어나는 계책을 말해 주었다. 또 『사기정의(史記正義)』에는 여이(如耳)를 위(魏)의 대부로 쓰고 있다. 세희(世姬)는 사공(嗣公)의 애첩이다.
4) 薄疑以敵(박의이적) : 박의(薄疑)는 처음에는 조나라에 있다가 나중에 위나라를 섬겼는데 특히 사공(嗣公)에게 충성하였다. 적(敵)이란 맞서다의 뜻.
5) 魏姬以耦(위희이우) : 위희(魏姬)는 『순자』에서 위비(魏妃)로 썼는데 역시 사공의 애첩이고, 우(耦)는 나란히 견주다의 뜻.
6) 鐵室(철실) : 사방을 철판으로 쌓아 만든 방공호를 뜻한다. 옛책의 주석에는 온 몸을 쇠로 덮는 것을 말했다.
7) 敵之(적지) : 임금이 신하를 적으로 여기고 대비(對備)한다는 뜻.

마. 세 사람이 똑같은 말을 하면 믿는다.

방공(龐恭)이 위(魏)나라 태자와 함께 조(趙)나라 도읍인 한단(邯鄲)으로 볼모가 되어 잡혀가게 되었을 때 위나라 임금에게 말하기를

"지금 어떤 한 사람이 저자거리에 범이 나왔다고 말하면 임금께서는 그 말을 믿으시겠습니까?"

고 물었다. 이에 임금은

"믿지 않는다."

고 대답했다.

"그렇다면 두 사람이 저자거리에 범이 나왔다고 말하면 그때는 임금께서 믿으시겠습니까?"

하고 묻자 임금은 역시

"믿지 않겠다."

고 대답했다. 방공은 다시 묻기를

"세 사람이 똑같은 말로 저자거리에 범이 나왔다고 한다면 임금께서 믿으시겠습니까?"

하니 임금은 말하기를

"과인은 믿겠다."

고 대답했다. 이에 방공은 말했다.

"무릇 저자거리에 범이 나타나지 않았음은 분명하지만, 그런데도 세 사람이 다같이 범이 나타났다고 말했으니 범이 나타난 것으로 되버렸습니다.

지금 저희들이 볼모로 떠나는 한단은 위나라와의 거리가 저자거리보다 훨씬 먼 곳이니 신(臣)이 없는 동안 신에 대해 비판을 하는 사람이 세 사람 뿐이겠습니까? 원컨대 임금께서는 이 점을 잘 살펴주시기 바랍니다."

하고는 떠났다. 그뒤 방공이 한단에서 돌아왔을 때 임금은 여러 신하의 말에 홀려 끝내 그를 만나주지 않았다.

龐恭與太子質於邯鄲 謂魏王曰 今一人言市有虎 王信之乎 曰 不 二人言市有虎 王信之乎 曰 不 三人言市有虎[1] 王信之乎 王曰 寡人信之 龐恭曰 夫市之無虎也明矣 然而三人言而成虎 今邯鄲之去魏也遠於市 議[2]臣者過於三人 願王察之 龐恭從邯鄲反 竟不得見

1) 三人言市有虎(삼인언시유호) : 『후한서(後漢書)』에는 삼인언성시유호(三人言誠市有虎)라 했는데, 이 뜻은 없는 사실도 세 사람이 주장하면 있는 것으로 되고 만다는 것이다.

2) 議(의) : 비방하다와 같이 쓰인다.

3. 둘째 전(傳二)

가. 이제야 좋은 통치를 할 수 있다.

동알우(董閼于)가 조(趙)나라 상지(上地)고을의 태수(太守)

가 되어 석읍(石邑)이라는 산중을 순시하다가, 깊고 험한 산골 짜기를 보았는데 깎아 세운듯한 절벽의 높이가 백인(百仞)이나 되는 곳이었다.
 부근에 사는 그 고장 사람과 수행원에게 묻기를
 "지금까지 이 골짜기에 들어가 본 사람이 있는가?"
 고 말하자, 대답하기를
 "없습니다."
 했다. 다시 묻기를
 "아이라던지, 장님이나 귀머거리, 아니면 미치광이 같은 사람이라도 지금까지 들어가 본 사람이 있는가?"
 고 말하자 역시
 "없습니다."
 고 대답하자
 "그렇다면 소나 말, 개나 돼지 같은 짐승이라도 들어간 일이 있는가?"
 고 묻자
 "없습니다."
 고 대답했다. 이에 동알우(董閼于)는 크게 탄식하여 말하였다.
 "나는 이제야 좋은 통치를 할 수 있게 되었다. 내가 법을 집행함에 있어 죄를 짓는 사람은 절대 용서하지 않는 것을 마치 이 골짜기에 한번 들어가면 죽음을 면할 수 없는 것과 같이 한다면 모든 사람이 형벌을 두려워하여 감히 죄를 짓는 사람이 없을 것이니 어찌 잘 다스려지지 않겠는가?"
 자산(子産)은 정(鄭)나라의 재상이었는데, 병이 들어 임종이 가까워지자 평소에 가까이 지내던 유길(游吉)을 불러 말하기를
 "내가 죽은 뒤에는 그대가 정나라의 정권을 잡게 될 것이니 반드시 엄한 태도로 사람을 다스리도록 하오. 무릇 불은 보기에 그 기세가 엄하기 때문에 사람들이 겁을 먹고 불을 피하므로 타죽는 사람이 드물고, 물은 보기에 유약하므로 사람들이 얕보았기 때문에 빠져죽는 사람이 많은 법이오. 그러니 그대는

반드시 태도를 엄하게 하여, 물처럼 유약하게 보여 빠져죽게 하는 일이 없도록 하기 바라오."

하고는 죽었다. 이렇게 자산이 죽은 뒤, 유길은 그가 엄하게 하라는 당부대로 하지 않았다.

그래서 정나라의 젊은이들은 무리를 지어 다니면서 도둑질을 일삼고 억새가 우거진 늪을 근거로 삼아 바야흐로 반란을 일으키려고 했다. 유길은 그냥 버려둘 수가 없어 전차대와 기병대를 이끌고 하루 밤 낮을 꼬박 그들과 싸워 겨우 도적떼를 토벌했다. 그리고 유길은 탄식하여 말하였다.

"내 일찍이 그 분의 가르침을 실행하였더라면 반드시 이러한 꼴을 당하여 후회하지는 않았을 것이다."

傳二 董閼于爲趙上地守[1] 行石邑山中 見深澗 峭如牆 深百仞[2] 因問其旁鄕 左右[3] 曰 人嘗有入此者乎 對曰 無有 曰 嬰兒 盲聾 狂悖之人 嘗有入此者乎 對曰 無有 牛馬 犬彘 嘗有入此者乎 對曰 無有 董閼于喟然太息曰 吾能治矣 使吾法之無赦 猶入澗之必死也 則人莫之敢犯 何爲不治

子產相鄭 病將死 謂游吉[4]曰 我死後 子必用鄭 必以嚴莅人 夫火形嚴 故人鮮灼 水形懦 故人多溺 子必嚴子之形 無令溺子之懦 子產死 游吉不肯嚴形 鄭少年相率爲盜 處於藋澤[5] 將遂以爲亂 游吉率車騎與戰 一日一夜 僅能尅之 游吉喟然嘆曰 吾蚤行夫子之敎 必不悔至於此矣

1) 上地守(상지수) : 상지(上地)는 지대가 높은 곳을 말하는 경우도 있으나 여기서는 땅 이름으로 보아 『순자』 의병편의 주석에 따라 상당지지(上黨之地)로 본다. 수(守)는 한 고을(地方)을 다스리는 태수(太守)를 뜻한다.

2) 百仞(백인) : 한 인(仞)이 두 팔을 벌린 길이로서 옛날에는 일반적으로 일곱 자(七尺)를 단위로 인(仞)이라 했다. 곧 백인(百仞)이란 사람 키의 백길을 뜻한다.

3) 旁鄕左右(방향좌우) : 방향(旁鄕)이란 여기에서 골짜기가 있는 근처

고장을 뜻함. 방(旁)은 곧 방(傍)과 같은 뜻이고, 좌우(左右)는 옆에 있는 사람 곧 수행원을 뜻한다.
4) 游吉(유길) : 자산(子產)에 이어 정나라 재상이 된 사람으로 자를 태숙(太叔)이라고도 했다.
5) 雚澤(관택) : 관은 물억새풀을 말하고 택(澤)은 늪을 뜻한다.

나. 콩이 시들지 않은 것을 왜 기록했나.
어느 날 노(魯)나라 임금 애공(哀公)이 중니(仲尼 : 공자)에게 물었다.
"『춘추(春秋)』의 기록에 보면 겨울인 12월(十二月)에 서리가 내렸는데도 콩이 시들지 않았다는 말이 쓰여져 있는데 어째서 이것을 기록한 것입니까?"
하자 중니가 대답하였다.
"이 말은 시들어야 할 것이 시들지 않았을 때를 말한 것입니다. 무릇 시들어야 마땅한 것이 시들지 않으면 복숭아나 자두가 겨울에 열매를 맺게 됩니다. 하늘이 그 도(道 : 季節)를 잃으면 초목도 자연의 법도를 어기는 것인데 하물며 임금의 경우에 있어서는 어떠하겠습니까?"
은(殷)나라의 법률에는 재(灰)를 길바닥에 버리는 사람을 처벌하게 되어 있었다. 자공(子貢)은 이를 너무 무거운 벌이라고 생각하여 중니에게 물으니 중니가 대답했다.
"그것은 나라를 다스리는 도(道)를 터득한 것이다. 무릇 재를 길바닥에 버리면 바람에 날려 반드시 사람의 몸에 붙게 될 것이고 재가 몸에 붙게 되면 사람은 반드시 화를 내게 된다. 화를 내면 서로 다투게 될 것이고 다투면 반드시 양편의 삼족(三族)이 죽고 상하는 일이 생길 것이다. 이렇게 삼족이 살상하는 원인이 되는 것이니, 비록 사형을 받아도 마땅한 일이다.
또 무릇 무거운 형벌은 사람이면 누구나 싫어하는 바요, 재를 길바닥에 버리지 않는 일은 사람이면 누구나 할 수 있는 쉬운 일이다. 사람이 쉽게 행할 수 있는 일로 하여금 누구나 싫어하는 중형에 걸리지 않게 하는 일, 이것이야말로 나라를 잘 다스리는 도(道)가 된다."

일설에 이러한 말도 있다.

은(殷)나라 법률에는 재를 큰길 바닥에 버린 사람은 그 손목을 자른다고 했다. 이에 자공(子貢)이 말하기를

"재를 길바닥에 버리는 죄는 가벼운 것인데 손목을 자르는 무거운 형벌을 내렸으니 옛사람들은 어째서 이처럼 형벌을 무겁게 했던 것입니까?"

하고 물으니, 공자가 대답했다.

"재를 버리지 않는 것은 쉬운 일이고, 손을 잘리는 일은 사람이면 누구나 싫어하는 일이다. 쉬운 일을 행하여, 누구나 싫어하는 일에 걸리지 않게 하는 것이 옛날 사람들도 쉽다고 여겼기 때문에 그 법을 제정하여 시행한 것이다."

魯哀公問於仲尼曰 春秋之記[1]曰 冬十二月 霣霜不殺菽[2] 何爲記此 仲尼對曰 此言可以殺而不殺也 夫宜殺而不殺 桃李冬實 天失道 草木猶犯干之[3] 而況於人君乎

殷之法 刑棄灰於街者 子貢以爲重 問之仲尼 仲尼曰 知治之道也 夫棄灰於街 必掩人 掩人 人必怒 怒則鬪 鬪必三族相殘[4]也 此殘三族之道也 雖刑之可也 且夫重罰者 人之所惡也 而無棄灰 人之所易也 使人行之所易 而無離[5]其所難 此治之道也

一曰 殷之法 棄灰於公道者 斷其手 子貢曰 棄灰之罪輕 斷手之罰重 古人何太毅也 曰 無棄灰 所易也 斷手 所惡也 行所易 不關所惡 古人以爲易 故行之

1) 春秋之記(춘추지기) : 여기에 쓰인 이야기가 글귀는 조금 다르나 『춘추(春秋)』희공(僖公) 30년의 경(經)에 실린 내용이다.
2) 霣霜不殺菽(운상불살숙) : 운(霣)은 내린다 또는 떨어지다의 뜻이고 숙(菽)은 『춘추』의 경(經)에는 풀(草)로 쓰여 있으나 여기서는 콩으로 쓰고 있다.
3) 犯干之(범간지) : 침범한다는 뜻인데, 초목을 두고 말할 때는 자연(自

然)의 도를 어기는 것을 뜻하고 임금을 두고 말할 때는 신하가 그 권위를 침범한다는 뜻.
4) 鬪必三族相殘(투필삼족상잔) : 삼족(三族)은 여러 가지 설이 있으나 일반적으로 부족(父族) 즉 친족과 외족(母族)·처족(妻族)을 말한다. 상잔(相殘)은 서로 죽이고 다치게 하는 것을 뜻한다.
5) 離(이) : 이(罹)로도 쓰는 경우가 있는데 걸리다의 뜻.

다. 사물을 다스리는 길을 모르는 재상

중산국(中山國)의 재상인 악지(樂池)가 수레 백 승(百乘)을 거느리고 조(趙)나라에 사신으로 갈 때, 지혜와 재능이 있는 사람을 뽑아 따르는 일행을 통솔하게 했는데, 가는 도중에 행렬이 어지러워졌다.

이에 악지가 말했다.

"내가 그대의 지혜와 재능을 인정하고 종자의 행렬을 통솔하게 했는데 도중에 어지러워짐은 무슨 까닭인가?"

고 꾸짖자 통솔을 맡았던 그 식객은 그 직책에서 물러나면서 말하였다.

"재상께서는 사물을 잘 다스리는 이치(理致)를 모르고 계십니다. 위엄으로 사람을 복종시킬 수 있고 이익(利)으로 남을 권면할 수 있다면 그것이 곧 잘 다스리는 것입니다. 지금 저는 재상의 한 말단 식객에 불과합니다. 무릇 젊은 사람이 어른을 바로잡고 비천한 사람이 존귀한 사람을 다스리면서, 이해(利害) 관계를 제어할 권력을 쥐고 있지 못하고 다스리는 것이 행렬이 어지럽게 되는 까닭입니다. 시험삼아 저에게 따르는 일행 가운데, 옳다고 여겨지는 사람에게는 벼슬을 주고 옳지 않은 사람에게는 목을 자르는 긴찬을 준다면 어찌 잘 다스리지지 않겠습니까?"

위(衛)나라 공손앙(公孫鞅)이 말하는 법이란 가벼운 죄(罪)도 무서운 벌(罰)로 다스리는 것이었다. 중죄는 누구나 쉽게 범하기 어려우며, 가벼운 허물은 사람이 조금만 주의하면 쉽게 범하지 않을 수 있다.

　그래서 사람으로 하여금 범하기 쉬운 작은 허물을 범하지 못하게 하고 범하기 어려운 것에 걸리지 않게 하는 일이 바로 세상을 잘 다스리는 도(道)인 것이다. 무릇 작은 허물이 일어나지 않게 하고 큰 죄를 짓지 않게 한다면, 이로써 죄인은 없어지고 어지러운 반란도 일어나지 않을 것이다.

　일설에 이러한 이야기가 있다.

　공손앙은 다음과 같이 말했다고 한다.

　"형벌을 시행함에 있어 가벼운 허물을 무겁게 처벌하면 가벼운 죄도 범하는 사람이 없어지고 무거운 죄를 범하는 사람도 나타나지 않을 것이니 이것이야말로 형벌로써 형을 없애는 것이다."

　　中山之相　樂池　以車百乘使趙　選其客之有智能者以爲將行　中道而亂　樂池曰　吾以公爲有智能　而使公爲將行　中道而亂　何也　客因辭而去曰　公不知治　有威足以服之　而利足以勸之　故能治之　今臣　君之少客[1]也　夫從少正長　從賤治貴　而不得操其利害之柄而治之　此所以亂也　嘗試使臣　彼之善者　我能以爲卿相　彼不善者　我得以斬其首　何故而不治

　　公孫鞅之法也　重輕罪　重罪者　人之所難犯也　而小過者　人之所易去也　使人去其所易　而無離其難　此治之道　夫小過不生　大罪不至　是人無罪　而亂不生也

　　一曰　公孫鞅曰　行刑　重其輕者　輕者不至　重者不來　此謂以刑去刑

1) 君之少客(군지소객) : 군(君)은 여기에서 재상(宰相)인 악지(樂池)를 가리키고 소객(少客)은 말단 식객이라는 뜻. 객(客)은 전국시대에 임금이나 귀족같은 권세가(權勢家)에 의지하여 자유로운 신분으로 출입하면서 포섭되어 있는 사람들로 빈객(賓客) 또는 식객(食客)이라 불렀다. 신하(臣下)와는 그 신분이 다르다.

라. 사형을 가해도 도둑이 그치지 않는 이유

　옛날 형(荊 : 楚)나라 남쪽지방의 여수(麗水)라는 강에서 사금(沙金)이 많이 생산되었는데, 많은 사람들이 이 금을 몰래 채취해 훔쳐갔다.
　이에 나라에서는 금을 훔치지 못하도록 금령을 내렸는데, 잡히면 곧 저자거리에다 고책(辜磔)의 형에 처하여 효시(梟示)한다고 했으나 사금을 훔치는 사람은 더욱 많아져 형을 받고 죽은 시체가 강물을 막을 정도였는데도 금을 훔치는 사람은 없어지지 않았다.
　무릇 형벌 가운데, 고책하여 저자거리에 효시하는 것보다 무거운 형벌은 없었는데도 이와 같이 그치지 않은 까닭은 범인이 모두 반드시 잡힌 것은 아니기 때문이다.
　지금 어떤 사람이 여기에 있다고 가정하고 말하기를 "너에게 천하를 다 주는 대신 너를 죽이겠다."고 한다면 아무리 어리석은 사람이라도 세상을 가지려고 하지 않을 것이다. 무릇 세상을 다 가지는 것이 큰 이익이지만, 그렇게 하지 않는 까닭은 반드시 죽을 것임을 알기 때문이다.
　그러므로 반드시 붙잡히는 것은 아니라는 것을 알면 비록 저자거리에 효시되는 형벌을 가하더라도 사금을 훔치는 일은 그치지 않고, 반드시 잡혀 죽는다는 사실을 알면 비록 세상을 준다해도 가질 사람은 없을 것이다.
　노(魯)나라 사람들이 사냥을 하기 위하여 적택(積澤)이라는 곳에 불을 질렀는데, 마침 북풍이 불어와 불길이 남쪽으로 번져 자칫하면 도성(都城)이 타게 될 위험에 처하였다.
　임금인 애공(哀公)은 걱정스러워 몸소 종지의 무리를 이끌고는 불을 끄려고 나섰다. 그런데 좌우 측근의 사람들이 모두 짐승을 쫓는데만 정신이 팔려 불을 끌 수가 없었다.
　이에 애공은 중니를 불러 대책을 묻자 공자가 대답하였다.
　"무릇 짐승을 잡으려고 쫓는 일은 즐거우면서 벌을 받는 일도 없지만, 불을 끄는 일은 고통스러우면서 상도 받지 못하기 때문에 이처럼 불을 끌 수 없는 것입니다."

이 말을 듣고 애공이

"참 옳은 말이오."

하니 중니가 다시 말하기를

"사태가 위급하니 상을 줄 틈이 없습니다. 그렇다고 불을 끄는 모든 사람에게 다 상을 주게 되면 나라의 재력을 다하여도 모자랄 것이니 불을 끄지 않는 사람만 처벌하는 것이 좋을 듯합니다."

고 하니 애공 또한

"옳은 말이오"

하였다. 이에 중니가 명령을 내리기를

"불을 끄지 않는 사람은 적에게 항복하거나 전장에서 도망하는 사람과 같은 죄로 처벌할 것이며, 짐승을 사냥하려고 쫓는 사람은 출입금지의 땅에 들어가는 사람과 같은 죄로 다스리겠다."

고 하자 그 명령이 미처 두루 퍼지기도 전에 불은 꺼지고 말았다.

荊南之地 麗水之中生金 人多竊采金 采金之禁 得而輒辜磔於市[1] 甚衆 壅離[2]其水也 而人竊金不止 夫罪 莫重辜磔於市 猶不止者 不必得也 故今有人於此曰 予汝天下 而殺汝身 庸人不爲也 夫有天下 大利也 猶不爲者 知必死也 故不必得 則雖辜磔竊金不止 知必死 雖予之天下 不爲也

魯人燒積澤[3] 天北風 火南倚[4] 恐燒國 哀公懼 自將衆 趣救火 左右無人 盡逐獸 而火不救 乃召問仲尼 仲尼曰 夫逐獸者樂而無罰 救火者苦而無賞 此火之所以無救也 哀公曰 善 仲尼曰 事急 不及以賞 救火者盡賞之 則國不足以賞於人 請徒行罰 哀公曰 善 於是仲尼乃下令曰 不救火者 比降北之罪 逐獸者 比入禁之罪[5] 令下未遍 而火已救矣

1) 得而輒辜磔於市(득이첩고책어시) : 이(而)는 여기에서 곧(則)의 뜻이고, 첩(輒)은 번번히와 같은 뜻. 고책(辜磔)은 옛날 형벌의 하나인데, 죄인을 죽여 찢어발겨 판자에 못박아 저자거리에 내거는 것을 말한다.
2) 壅離(옹리) : 여기에 대하여는 여러 가지 설이 있으나 막는다는 뜻으로 새김.
3) 積澤(적택) : 여기 이야기로 미루어 노나라 도성(都城)의 북쪽에 있는 땅 이름으로 짐작된다.
4) 火南倚(화남의) : 불기운이 남쪽으로 번지다의 뜻. 의(倚)는 기울다와 같다.
5) 入禁之罪(입금지죄) : 출입을 금하는 땅에 침입하는 것을 말함.

마. 군주가 인정이 너무 지나치면

성환(成驩)이라는 사람이 제(齊)나라 임금에게 말했다.

"임금께서는 인자함이 너무 지나치시고 혹독하지 못하며 인정에 넘칩니다."

이에 임금은 말하기를

"인자함이 참을 수 없이 지나친 것은 참으로 명예로운 일이 아닌가?"

하니 성환은 대답하였다.

"그것은 신하로서 착한 일이지 임금으로서는 행할 바가 아닙니다. 무릇 신하로서 인자하다면 반드시 그와 더불어 일을 도모할 수 있고 잔혹하지 않고 인정이 있다면 그와 가까이 할 수 있습니다. 인자하지 못한 신하와는 일을 함께 도모할 수 없고 인정이 없는 신하는 가까이 두면 안 됩니다."

이에 임금은 말했다.

"그렇다면 과인은 어떤 점이 너무 인자하며 어떤 점이 혹독하지 못하고 인정에 넘친다고 하는가?"

고 물으니 성환이 대답했다.

"임금께서는 설공(薛公)에 대하여 지나치게 인자하고 전씨

(田氏) 일족에 대하여 지나치게 인정이 많으십니다. 설공에 대하여 지나치게 인자하시면 다른 대신의 권위가 가벼워지고 전씨 일족에게만 지나치게 인정을 베풀면 임금의 친·인척들이 법을 어기게 될 것입니다. 대신의 권위가 가벼워지면 군사가 밖으로 적에게 약해지고 임금의 친·인척들이 법을 어기게 되면 나라 안의 정치가 어지러워집니다. 이렇게 군사가 밖으로 적에게 약해지고 안으로 정치가 어지러워지는 이것이야말로 나라가 망하는 바탕입니다."

위(魏)나라 혜왕(惠王)이 복피(卜皮)에게 묻기를

"그대는 과인에 대한 평판을 들었을텐데 어떠했는가?"

고 물었다. 복피가 대답하기를

"예 신이 듣기로는 임금께서 자애로우시다 했습니다."

고 했다. 이에 임금이 매우 기뻐하며 말하기를

"그렇다면 그 효과는 어느 정도에 이르렀는가?"

고 묻자 복피는 대답하기를

"임금께서 베푼 자혜(慈惠)의 효과는 나라가 멸망하는데 이르렀습니다."

고 말했다. 이에 임금이 말하기를

"자혜는 좋은 일인데, 이를 행하여 나라가 멸망하는데 이르렀다니 도대체 무슨 말인가?"

고 물으니, 복피가 대답했다.

"무릇 인자(仁慈)한 것이란 사람의 고통을 보고 참지 못하는 마음을 말하는 것이며, 시혜(施惠)라 하는 것은 남에게 베풀기를 좋아하는 마음을 뜻하는 것입니다. 남의 고통을 보고 정에 못이겨 참지 못하면 허물이 있어도 벌하지 못하며 남에게 베풀기를 좋아하면 공을 세우지 않아도 상을 주게 됩니다. 이렇듯 허물이 있어도 벌하지 않고 공적이 없는데도 상을 주게 되면 비록 나라가 망하여도 당연한 것 아니겠습니까?"

成驩[1]謂齊王曰 王太仁 太不忍人 王曰 太仁 太不忍人 非善

名邪$^{2)}$ 對曰 此人臣之善也 非人主之所行也 夫人臣必仁而後可與謀 不忍人而後可近也 不仁則不可與謀 忍人則不可與近也 王曰 然則寡人安所太仁 安所不忍人$^{3)}$ 對曰 王太仁於薛公$^{4)}$ 而太不忍於諸田$^{5)}$ 太仁薛公 則大臣無重 太不忍諸田 則父兄犯法 大臣無重$^{6)}$ 則兵弱於外$^{7)}$ 父兄犯法 則政亂於內 兵弱於外 政亂於內 此亡國之本也

　魏惠王謂卜皮$^{8)}$曰 子聞寡人之聲聞亦何如焉 對曰 臣聞王之慈惠也 王欣然喜曰 然則功且安至 對曰 王之功至於亡 王曰 慈惠行善也 行之而亡 何也 卜皮對曰 夫慈者不忍 而惠者好與也 不忍 則不誅有過 好予 則不待有功而賞 有過不罪 無功受賞 雖亡不亦可乎

1) 成驩(성환) : 성환은 문헌에 그 자취가 없다.
2) 非善名邪(비선명야) : 어찌 좋은 평판이 아닌가? 라는 말인데 선명(善名)은 좋은 평판의 뜻.
3) 安所不忍人(안소불인인) : 안소(安所)는 다른 책에 소(所)가 없으나 여기서는 그대로, 어떤 점으로 풀이한다. 불인인(不忍人)은 차마 사람에게 잔혹하게 행하지 못하는 것을 말한다.
4) 薛公(설공) : 맹상군(孟嘗君) 전문(田文)의 아버지인 정곽군(靖郭君) 전영(田嬰)을 말한다.
5) 而太不忍於諸田(이대불인어제전) : 태불인(太不忍)은 아주 많은 정을 참을 수 없이 베푼다는 뜻이고 제전(諸田)은 전국시대 제(齊)나라 왕실의 일족으로 전제(田齊)로도 불렀다.
6) 大臣無重(대신무중) : 이 구절은 여러 가지 설이 있으나 "다른 대신들은 권위가 없어졌다"는 뜻, 여기서는 설공(薛公)에게 권력이 집중된 결과 다른 대신들에게는 권위가 없게 되었다는 뜻이다.
7) 兵弱於外(병약어외) : 대신들의 권위가 없어지면 군사들이 그 명령에 따르지 않게 되므로 외적과 싸울 때 약하다는 뜻.
8) 魏惠王謂卜皮(위혜왕위복피) : 위혜왕(魏惠王)은 전국시대의 위나라 임금으로 무후(武侯)의 아들. 『맹자』같은 문헌에는 양혜왕(梁惠王)이라 일컬었다. 복피(卜皮)는 위나라의 관리로 현령(縣令)을 지냈다는

설이 있다.

바. 화려한 장례를 처벌하는 이유

제(齊)나라에서는 사람이 죽었을 때 장례를 후하게 치르는 습관이 있었다. 그래서 나라 안의 베(布)나 비단은 거의가 죽은 사람의 수의로 사용되었고 재목(材木)은 거의 시체를 넣는 관곽 등을 만드는데 쓰여졌다.

환공(桓公)은 이를 걱정하여 관중(管仲)에게 말하기를

"베와 비단이 없어지면 전쟁이 나 적과 맞섰을 때 사용할 포장을 만들 수 없고, 나라 안의 재목이 다 없어지면 적을 막을 수 있는 방책을 만들지 못하는데도 후하게 장례지내는 것을 그치지 아니하니 이를 금하려면 어떻게 하는 것이 좋겠소?"

하니 관중이 대답했다.

"무릇 사람이 무슨 일을 하는 것은 명예를 위한 것이 아니면 이익을 위한 것입니다."

이에 환공은 곧 명령을 내려 말했다.

"지금부터 관곽(棺槨)을 도에 지나치게 만들면, 그 시체를 파헤쳐 욕보이고 아울러 그 상주를 처벌한다."

무릇 시체를 파헤쳐 욕보이는 것은 명예롭지 못하고 상주가 처벌되는 것은 이롭지 못한 일이다. 사람으로서 어찌 이런 사실을 알고 그러한 일을 하겠는가?

위(衛)나라 사공(嗣公)이 나라를 다스릴 때 한 죄수가 위(魏)나라로 도망하여 그곳에서 위나라 양왕(襄王)의 부인[王后]을 치료하여 낫게 하였다. 위나라 사공은 이 소식을 듣고 사람을 보내 50금(金)으로 그 죄수를 사려고 다섯 차례나 왕복하였으나 위나라 양왕이 듣지 않자 마침내 좌씨(左氏)라는 고을과 바꾸자고 했다.

이에 좌우의 모든 신하들이 간하여 말하기를

"무릇 한 고을로써 한 죄수와 바꾸려는 것이 과연 옳습니까?"

하니 임금이 대답했다.

"내 뜻을 그대들은 알지 못한다. 나라를 다스림에 있어서는 아무리 작은 일이라도 함부로 보아 넘기지 않는 것이며, 아무리 큰 반란이라도 크게 보고 겁을 먹지 않는 것이다.

법률이 확립되어 있지 않고, 처벌이 제대로 행해지지 않는다면 비록 좌씨고을 같은 고을이 열 곳이 있더라도 유익함이 없지만, 법률이 확립되고 반드시 처벌이 행해지면 비록 좌씨고을 같은 영토를 열 곳이나 잃더라도 아무런 손해가 없다."

이 말을 전해 들은 위나라의 양왕은 말하기를

"임금으로서 나라를 다스리고자 하는 마음이 그같이 간절한데 들어주지 않는 것은 상서롭지 않다."

고 하며 죄수를 곧장 수레에 태워 아무런 대가도 받지 않고 돌려 보냈다.

齊國好厚葬 布帛盡於衣衾[1] 材木盡於棺椁[2] 桓公患之 以告管仲曰 布帛盡則無以爲蔽 材木盡則無以爲守備 而人厚葬之不休 禁之奈何 管仲對曰 凡人之有爲也 非名之 則利之也 於是乃下令曰 棺椁過度者戮其尸[3] 罪夫當喪者 夫戮尸無名 罪當喪者無利 人何故爲之也

衞嗣公之時 有胥靡[4]逃之魏 因爲襄王[5]之后治病 衞嗣公聞之 使人以五十金買之 五反而魏王不予[6] 乃以左氏[7]易之 群臣左右曰 夫以一都買一胥靡 可乎 公曰 非子之所知也 夫治無小而亂無大 法不立而誅不必 雖有十左氏無益也 法立而誅必 雖失十左氏 無害也 魏王聞之曰 主[8]欲治 而不聽之 不祥 因載而往 徒獻之

1) 布帛盡於衣衾(포백진어의금) : 포백(布帛)은 일반적으로 천을 뜻하는데 베와 비단을 말하고 의금(衣衾)이란 옷과 이부사리를 말하는 것인데 여기서는 죽은 사람에 입히는 수의를 뜻한다.

2) 棺椁(관곽) : 시체를 넣는 내관(內棺)과 외곽(外槨)을 말하는데, 곽(椁)은 곽(槨)과 같은 글자.

3) 戮其尸(육기시) : 죽은 시체를 다시 무덤에서 꺼내 욕보이는 것을 말함인데 앞에는 단사인(斷死人)이라 했고 육사(戮死)라고도 쓴다. 시(尸)는 시체(屍體)를 뜻한다.
4) 胥靡(서미) : 중형(重刑)이 가해진 죄수를 말한다.
5) 襄王(양왕) : 위(魏)나라 혜왕(惠王)의 아들로 이름을 사(嗣)라 불렀으며 『맹자』에도 쓰여 있다.
6) 五反而魏王不予(오반이위왕불여) : 반(反)은 여기에서 왕복(往復)을 뜻하고, 여(予)는 돌려주다를 뜻한다.
7) 左氏(좌씨) : 좌씨(左氏)는 송건도본 주석에는 위나라의 도읍(都邑)이름이라 했다. 도(都)는 본래 사람이 많이 모이는 곳을 뜻한다.
8) 主(주) : 전국시대에 임금 또는 대부(大夫)를 가신(家臣)들이 그렇게 불렀다.

4. 셋째 전(傳三)
가. 신하들은 상이 두터운 쪽으로 몰린다

제(齊)나라 임금이 문자(文子)에게 묻기를
"나라를 잘 다스리려면 어떻게 하는 것이 좋은가?"
고 물으니 문자가 대답했다.
"무릇 나라를 다스림에는 상벌(賞罰)의 도(道)를 행하는 것이 이로운 무기(武器)이니 반드시 임금께서 굳게 장악하시어 남에게 보여서는 안 됩니다. 신하는 마치 들판에 노니는 사슴과 같아 오직 무성한 풀이 있는 풀밭으로 모여들 듯이 상이 두터운 곳을 따르기 마련입니다."

월(越)나라 임금 구천(句踐)이 대부인 종(種)에게 묻기를
"과인은 오(吳)나라를 치고자 하는데 괜찮겠는가?"
고 물으니 대부종이 대답했다.
"좋겠습니다. 우리는 상은 적절하고 후하게 틀림없이 주고 벌은 엄하게 다스려 반드시 실행하였습니다. 임금께서 이를 확실하게 알고자 하시면 궁궐을 불태워 민심이 어떠한가를 시험

하심이 어떻겠습니까?"

그리하여 구천은 궁궐에 불을 질렀는데 아무도 불을 끄려는 사람이 없었다. 이에 명령하기를

"누구든지 불을 끄다 죽은 사람은 싸움터에서 적과 싸우다가 죽은 사람과 같은 상(賞)을 줄 것이고 불을 끄고 죽지 않은 사람은 적과 싸워서 이긴 사람과 같은 상을 줄 것이며, 만약 불을 끄지 않는 사람이 있다면 싸움터에서 적에게 항복하거나 도망하는 사람과 같은 처벌을 할 것이다."

고 했더니 온 몸에 진흙을 칠하고 물에 젖은 옷을 입은 채 앞을 다투어 불을 끄려고 불속으로 뛰어드는 사람이 왼편에 3천명, 오른편에 3천명이나 되었다. 이것으로 보아 오(吳)나라와 싸우면 반드시 이길 수 있음을 알았다.

傳三 齊王問於文子[1]曰 治國何如 對曰 夫賞罰之爲道 利器也[2] 君固握之 不可以示人 若如臣者 猶獸鹿也 唯薦草[3]而就
越王問於大夫種[4]曰 吾欲伐吳 可乎 對曰 可矣 吾賞厚而信 罰嚴而必 君欲知之 何不試焚宮室 於是遂焚宮室 人莫救之 乃下令曰 人之救火者 死 比死敵之賞 救火而不死者 比勝敵之賞 不救火者 比降北之罪 人之塗其體 被濡衣而赴火者 左三千人 右三千人 此知必勝之勢也

1) 齊王問於文子(제왕문어문사) : 제왕(齊王)은 제나라 어느 때의 어느 임금인지 뚜렷하지 않고, 문자(文子) 또한 그 실적이나 존재가 기록된 바 없다.
2) 利器也(이기야) : 일반적으로 이롭게 쓰이는 도구(道具)인데 나라를 다스리는 처지의 이기(利器)란 날카롭고 편리한 무기와 같다.
3) 薦草(천조) : 짐승들이 뜯어 먹는 꼴.
4) 越王問於大夫種(월왕문어대부종) : 월왕(越王)은 월나라 임금 구천(句踐)을 가리키며, 대부종(大夫種)은 대부인 문종(文種)을 말하는 것인데 본래 초(楚)나라 사람이었으나 월나라의 대부가 되었다가 구천의 원수인 오나라 임금 부차(夫差)를 멸망시킨 뒤 죽었다.

나. 힘들이지 않고 망대를 빼앗은 오기

　오기(吳起)는 위(魏)나라 임금 무후(武侯)를 섬겨 서하(西河)라는 지방을 다스리는 태수(太守)가 되었는데, 진(秦)나라와의 접경(接境)에 작은 망대(望臺)가 있어 늘 그것이 마음에 걸려 오기는 이것을 쳐 없애려 했다. 이를 제거하지 않으면 농사에 매우 해로웠고 제거하려면 많은 군사를 징발하지 않으면 안 되었다.
　이에 오기는 덮개가 있는 수레 한 대를 북문 밖에 세워두고 널리 명령을 내리기를
　"누구든지 이 수레를 남문 밖으로 옮겨 놓으면 비옥한 전답과 좋은 집을 상으로 주겠다."
　고 했다. 그러나 누구 한 사람 그 명령을 믿고 수레를 옮겨 놓으려 하지 않았다. 그러다가 마침내 그 수레를 옮겨 놓은 사람이 있어 곧 포고한 대로 상을 주었다.
　이러한 일이 있은 뒤에 또 팥 한 섬(石)을 동문(東門)밖에 두고 포고령을 내리기를
　"이것을 서문 밖으로 옮겨 놓는 사람에게는 앞서와 같이 기름진 전답과 좋은 집을 상으로 주겠다."
　고 하니 사람들이 앞다투어 이를 옮기려고 하였다. 이것을 본 오기는 이내 명령을 내리기를
　"내일 국경에 있는 진나라의 망대를 공격하려고 하는데 가장 먼저 올라가서 망대를 점령하는 사람에게 나라의 대부(大夫) 벼슬을 내리고 아울러 기름진 전답과 집을 상으로 주겠다."
　고 하자 많은 사람들이 앞다투어 망대를 공격하여 한나절만에 빼앗아 버렸다.
　이회(李悝)는 위(魏)나라 임금 문후(文侯)를 섬기면서 상지(上地)라는 지방의 태수로 있었는데, 민중들이 활을 잘 쏠 수 있기를 바라 이내 명령을 내리기를
　"옳고 그름을 가리기가 어려운 송사(訟事)가 있을 때는 두

당사자에게 활을 쏘게 하여 과녁을 맞힌 사람이 이기고 맞히지 못하는 사람은 지게 된다."

고 했다. 이러한 포고(布告)가 나가자 모든 사람이 활쏘기를 익히느라 밤낮을 잊고 쉴 줄을 몰랐다.

그뒤 얼마되지 않아 진나라와 싸우게 되어 진나라를 크게 쳐 부쉈는데 이는 모든 사람의 활솜씨가 뛰어났기 때문이었다.

송(宋)나라 숭문(崇門) 근처에 사는 동네 사람들은 부모의 상을 당하면 너무 애통해 한 나머지 몸이 몹시 수척해졌다. 임금은 그러한 일을 두고 어버이를 진심으로 사랑하는 효자라 하여 적절한 벼슬자리를 주었다.

이렇게 되자 이듬해부터 사람들 가운데는 어버이의 상(喪)을 당해 말라 죽는 사람이 한 해에도 열 사람이 넘었다.

자식이 어버이의 상을 당하여 복(服)을 입는 것은 효성에서 우러나는 것이지만 더욱 상(賞)을 받기 위하여 말라 죽기까지 이르렀으니, 하물며 임금과 민중과의 사이야말로 상으로 격려할 수밖에 없지 않은가?

吳起爲魏武侯西河之守 秦有小亭臨境[1] 吳起欲攻之 不去則甚害田者 去之則不足以徵甲兵 於是乃倚一車轅於北門之外 而令之曰 有能徙此於南門之外者 賜之上田上宅 人莫之徙也 及有徙之者 還賜之如令 俄又置 ·石[2]赤菽於東門之外 而令之曰 有能徙此於西門之外者 賜之如初 人爭徙之 乃下令曰 明日且攻亭 有能先登者 仕之國大夫 賜之上田上宅 人爭趨之 於是攻亭 一朝而拔之

李悝爲魏文侯上地之守 而欲人之善射也 乃下令曰 人之有狐疑之訟[3]者 令之射的 中之者勝 不中者負 令下 而人皆疾習射 日夜不休 及與秦人戰 大敗之 以人之善射也

宋崇門之巷人[4] 服喪而毀甚瘠 上以爲慈愛於親 擧以爲官師[5] 明年 人之所以毀死者 歲十餘人 子之服親喪者 爲愛之也 而尙可以賞勸也 況君上之於民乎

1) 小亭臨境(소정임경) : 정(亭)은 상대의 동태를 살피기 위하여 세운 망대(望臺)를 뜻하고, 임경(臨境)은 국경(國境)을 말한다.
2) 一石(일석) : 석(石)은 곡식을 재는 단위.
3) 狐疑之訟(호의지송) : 옳고 그름을 가리기 어려운 의심스런 송사(訟事)를 말하는데, 호의(狐疑)란 의심이 많은 여우(狐)를 빗대어 아주 의심스럽다는 뜻.
4) 宋崇門之巷人(송숭문지항인) : 송(宋)은 주(周)나라 때의 나라인데 은(殷)나라 유신(遺臣)인 미자계(微子啓)에게 봉한 나라이고, 도읍을 상구(商丘)에 두었다. 숭문(崇門)은 『장자』 외물편에도 여기와 비슷한 이야기가 쓰여 있고 다른 문헌에는 동문(東門)으로도 기록했다. 항인(巷人)은 주민(住民)을 뜻한다.
5) 擧以爲官師(거이위관사) : 거(擧)는 등용(登用)한다는 뜻이고 관사(官師)는 『예기』 제법(祭法)에 '적사(適師)……관사(官師)' 같은 벼슬의 품계가 있는데 관사(官師)는 중간 쯤의 벼슬로 대부(大夫) 아래에 속하였다.

다. 상이 후하면 목숨도 바친다.

월(越)나라 임금 구천(句踐)은 장차 오(吳)나라를 치려는 생각을 하면서 민중들이 죽음을 가벼이 여기고 싸우기를 바랐다.

어느 날 구천이 바깥 나들이를 하다가 성난 개구리를 보고 수레 안에서 예를 올렸다.

이를 본 시종(侍從)이 묻기를

"임금께서는 어째서 그 개구리에게 경의(敬意)를 표하십니까?"

하니 임금이 대답했다.

"그 개구리는 기운이 가득차 있기 때문이다."

이듬해부터 많은 사람들이 스스로 제 머리를 임금에게 바치겠다는 사람이 해마다 열 사람이 넘었다. 이러한 일로 미루어 보면 임금의 한마디 칭찬만으로도 사람의 목숨을 바치게 만들 수가 있는 것이다.

일설에 이러한 이야기가 있다.

월나라 임금 구천이 성난 개구리를 보고 예를 올리니 모시던 시종이 묻기를

"임금께서는 어째서 개구리를 보고 예를 올리십니까?"

하니 임금이 대답했다.

"개구리에게 저와 같은 기운이 있는데 어찌 경의를 표하지 않을 수 있겠느냐?"

고 하는 말을 모든 사람이 듣고는

"개구리에게 기운이 있어도 임금은 저렇게 경의를 표하는데, 하물며 사람에게 용기가 있다면 얼마나 극진히 대우하겠는가?"

고 했다. 바로 그 해에 사람들은 스스로 목을 잘라 머리를 임금에게 바치는 사람이 나타났다.

그래서 월왕은 오나라에 대하여 장차 복수하기 위한 훈련을 시험해 보고자 망대(望臺)에 불을 지르고 북을 치면서 진격을 북돋우자 민중들은 용감하게 불을 향하여 돌진했는데 그것은 불속에 상(賞)이 있기 때문이다. 또 강(江)가에서 북을 치면, 민중들은 물을 두려워하지 않고 강에 뛰어들었는데 그것 또한 물속에 상(賞)이 있기 때문이다.

마침내 전쟁이 벌어져 북을 둥둥 쳐 사람의 머리가 잘리고 배가 갈라져도 뒤돌아보는 마음 없이 용감하게 싸우니 싸움에 상이 있기 때문이다. 하물며 법에 따라 어진 사람을 등용하고 격려한다면 그 효과가 얼마나 크겠는가!

한(韓)나라 임금 소후(昭侯)는 낡은 바지를 잘 간직하도록 했는데 시종이 이를 보고 말하기를

"임금께서는 너무나 인자하시지 못하십니다. 낡은 바지쯤이야 좌우 측근에게 내리셔도 되는 일인데 몸소 간직하시다니."

하자 이에 소후가 대답하기를

"그대는 아직 알지 못한다. 과인이 듣기로 현명한 임금은 한 번 눈살을 찌푸리거나 한 번 웃는데도 인색하여 함부로 얼굴에

나타내지 않는다고 했다. 임금이 눈살을 찌푸리거나 웃는 데는 그만한 까닭이 있어야 한다. 그런데 지금 옷가지인 바지를 어찌 찌푸리거나 웃는 얼굴 표정 정도에 비할 수 있겠는가? 바지를 주는 것은 얼굴을 찌푸리거나 웃는 것과는 그 영향이 크게 다르다. 과인은 앞으로 공을 세운 사람에게 그 옷가지를 내려주고자 그때까지 간직해 두려는 것이다."

　물에 사는 뱀장어(鱣)는 뭍에 사는 뱀을 닮았고, 누에는 곤충의 애벌레와 비슷하다. 사람이 뱀을 보면 놀라고 애벌레를 보면 소름이 끼치는데도 부인들은 누에를 예사롭게 치고 어부는 뱀장어를 손으로 잡는다. 그것은 이로움이 거기에 있기 때문에 누구나 싫은 것을 잊고 모두 맹분(孟賁)과 전제(專諸)같이 용감해지는 것이다.

　　越王慮[1]伐吳　欲人之輕死也　出見怒䵷　乃爲之式　從者曰　奚敬於此　王曰　爲其有氣故也　明年　人之請以頭獻王者　歲十餘人　由此觀之　譽之足以勸人矣
　　一曰　越王句踐見怒䵷而式之　御者曰　何爲式　王曰　䵷有氣如此　可無爲式乎　士人聞之曰　䵷有氣　王猶爲式　況士人之有勇者乎　是歲　人有自刎死　以其頭獻者　故越王將復吳而試其敎　燔臺而鼓之[2]　使民赴火者　賞在火也　臨江而鼓之　使人赴水者　賞在水也　臨戰而鼓之　使人絶頭刳腹而無顧心者　賞在兵也　又況據法而進賢　其功甚此矣
　　韓昭侯使人藏弊袴[3]　侍者曰　君亦不仁矣　弊袴不以賜左右而藏之　昭侯曰　非子之所知也　吾聞之　明主愛一嚬一笑　嚬有爲嚬　而笑有爲笑　今夫袴　豈特嚬笑哉　袴之與嚬笑　相去遠矣　吾必待有功者　故藏之未有予也
　　鱣似蛇　蠶似蠋[4]　人見鱣則驚駭　見蠋則毛起　然而婦人拾蠶　漁人握鱣　利之所在　則忘其所惡　皆爲賁諸[5]

1) 越王慮(월왕려) : 월왕은 구천을 가리키며 여(慮)는 꾀하다의 뜻.
2) 燔臺而鼓之(번대이고지) : 번(燔)은 불사르다는 뜻이고 고지(鼓之)는

북을 쳐 진군(進軍)을 독려한다는 뜻.
3) 韓昭侯使人藏弊袴(한소후사인장폐고) : 한소후(韓昭侯)에 대하여는 자주 등장하는 한(韓)나라 임금으로 의후(懿侯)의 아들이며 신불해(申不害)를 재상으로 등용하여 실행. 법술(法術)로 나라를 다스려 태평성대를 이루었는데 다른 제후가 감히 넘보지 못했고 재위 26년이다. 폐(弊)는 낡았다와 뜻이 같고, 고(袴)는 남자가 입는 바지를 말한다.
4) 鱣似蛇蠶似蠋(전사사잠사촉) : 전(鱣)은 철갑상어과에 속하는 바다물고기인데, 두렁허리라고도 한다. 뱀을 닮아 뱀장어라고 하며 촉(蠋)은 나비의 유충(幼蟲)으로 애벌레는 누에와 비슷하다.
5) 賁諸(분제) : 구본에는 맹분(孟賁)으로 썼다. 분제(賁諸)는 옛날 용사(勇士)의 상징적 대명사로 맹분과 전제. 맹분(孟賁)은 전국시대 위(衛)나라의 용사로 소뿔(牛角)을 뽑았다는 전설이 있으며 전제(專諸)는 춘추시대 오(吳)나라 사람으로 전한다.

5. 넷째 전(專四)
가. 합병을 중지시킨 공자(公子)
위(魏)나라 임금이 정(鄭)나라 임금에게 말하기를
"처음에는 정나라와 양(梁 : 魏)나라가 한 나라였는데 나중에 갈라졌으니 지금 다시 정나라를 양나라에 합병하고자 합니다."
라고 했다. 정나라 임금은 이를 매우 걱정하여 모든 신하를 불러 모아 위나라 임금에게 대답할 것을 의논하였다.
이 때 정나라 공자(公子)가 임금에게 말하기를
"그에 대한 응답은 아주 쉽습니다. 임금께서는 위나라 임금에게 이렇게 대답하십시오. 정나라가 처음에 위나라와 한 나라였다면 예전처럼 두 나라를 하나로 합병함은 참 좋은 일입니다. 우리 나라 또한 그것을 바라는 바이니 우리 정나라에 양나라가 합병해 오면 좋겠다고 생각합니다."
정나라 임금이 위나라 임금에게 이렇게 회답을 보내자 위나라 왕은 이내 합병할 것을 중지하였다.

제(齊)나라 선왕(宣王)은 피리를 불게 할 때는 언제나 300명으로 하여금 합주하도록 했다.

성곽 남쪽에 사는 한 처사(處士)가 임금을 위하여 피리를 불겠다고 청하자 선왕은 이를 기쁘게 생각하였다. 이렇게 하여 관(官)으로부터 양식을 타먹는 사람이 수 백명에 이르게 되었다.

그뒤 선왕이 죽고 민왕(湣王)이 왕위에 올랐는데, 선왕과는 달리 한 사람씩 독주(獨奏)를 하게 하자 남곽의 처사는 본래 엉터리였으므로 그 일이 탄로날까봐 달아나 버렸다.

일설에 이러한 이야기가 있다.

한(韓)나라 소후(昭侯)가 말하기를

"피리를 부는 사람은 많은데 그중에 누가 잘 부는지를 알 수 없다."

고 하니 전엄(田嚴)이 대답했다.

"한 사람, 한 사람씩 불게 하면 알 수 있습니다."

조(趙)나라는 사람을 한(韓)나라에 보내 재상인 신불해(申不害)를 통하여 원군(援軍)을 빌려 그것으로 위(魏)나라를 치려고 했다.

신불해는 이 일을 임금에게 말하고자 하였으나 자기가 조나라와 내통하여 뇌물이라도 받지 않았을까 하는 임금의 의심을 받을까 두렵고, 말하지 않았을 경우 조나라의 미움을 살까봐 걱정되었다.

그는 측근 조소(趙紹)와 한답(韓沓)을 시켜 먼저 임금의 동정을 살핀 뒤에 조나라의 부탁을 전달하였다. 이것으로 신불해는 안으로는 한나라 임금인 소후(昭侯)의 뜻을 알 수 있었고, 밖으로는 조나라의 인심을 얻는 효과를 거두었다.

傳四 魏王謂鄭王[1]曰 始鄭梁 一國也 已而別 今願復得鄭而合之梁 鄭君患之 召群臣而與之謀所以對魏 鄭公子謂鄭君曰 此甚易應也 君對魏曰 以鄭爲故魏而可合也 則弊邑亦願得梁而合之鄭 魏王乃止

齊宣王使人吹竽[2] 必三百人 南郭處士[3]請爲王吹竽 宣王說之
廩食[4]以數百人 宣王死 湣王立 好一一聽之 處士逃
　一日 韓昭侯曰 吹竽者衆 吾無以知其善者 田嚴對曰 一一而聽之
　趙令人因申子於韓請兵 將以攻魏 申子欲言之君 而恐君之疑己外市也[5] 不則恐惡於趙 乃令趙紹 韓沓嘗試君之動貌而後言之 內則知昭侯之意 外則有得趙之功

1) 魏王謂鄭王(위왕위정왕) : 위(魏)는 본래 도읍을 안읍(安邑)에 뒀다가 나중에 혜왕(惠王)이 즉위하면서 대량(大梁)으로 천도하였기 때문에 나라 이름을 또한 양(梁)으로도 불렀다. 정(鄭)나라 역시 한(韓)나라가 멸망한 뒤에 나라를 일으켜 붙여진 이름이다.
2) 齊宣王使人吹竽(제선왕사인취우) : 제선왕(齊宣王)은 전국시대 제나라 임금으로 위왕(威王)의 아들이며, 이름을 벽강(辟彊)이라 했고, 서기전 319년에서 전301년까지 재위하였다. 우(竽)는 대로 만든 피리인데 관악기로 생(笙)과 비슷하지만 36개의 관으로 되어 있다.
3) 南郭處士(남곽처사) : 처사(處士)란 글공부를 하는 선비로서 벼슬에 나아가지 않는 평민(平民)을 말하고 남곽(南郭)은 성곽(城廓)의 남쪽에 사는 사람들의 일반적인 성씨(姓氏)로 통칭.
4) 廩食(늠식) : 관청으로부터 품삯으로 받는 양식을 말하는데 늠(廩)은 곡물을 보관하는 창고를 말한다.
5) 疑己外市也(의기외시아) : 의기(疑己)는 자기가 남으로부터 의심받는 것을 뜻하고 외시(外市)란 다른 나라와 교역(交易)하는 곳을 뜻하는 것인데, 여기서는 외국을 위하여 원군을 보내고 사사로이 이익을 꾀하는 것을 뜻한다.

나. 강좌해도 후회 안 해도 후회
　위(魏)·한(韓)·제(齊)나라 연합군이 진(秦)나라를 공격하기 위하여 함곡관(函谷關)에 이르렀는데, 진나라 임금이 이를 알고 측근에 있는 누완(樓緩)을 보고 말하기를
　"세 나라 군사가 나라안 깊숙히 쳐들어오고 있다. 과인은 하

동(河東)땅을 떼어주고 강화코자 하는데 어떠한가?"
라고 하자 누완이 대답하기를
"무릇 하동지방을 떼어주는 것은 큰 손실이지만 나라를 혼란으로부터 구하는 일은 큰 공적이 됩니다. 그런데 이러한 일은 사직(社稷)에 관한 중대한 일로 부형같은 공족(公族)에게도 책임이 있는 것인데 임금께서는 어째서 공자(公子) 범(氾)을 불러 의논하지 않으십니까?"
라고 했다. 이에 임금은 공자 범을 불러 이 일을 알렸다. 그가 대답하기를
"강화가 잘 되어도 임금께서는 후회하실 것이고 강화하지 않더라도 후회하실 것입니다. 임금께서 지금 하동땅을 떼어주고 강화하게 되면 세 나라는 돌아가겠지만 임금께서는 반드시 이렇게 말씀하실 것입니다. '그냥 두어도 세 나라는 물러갔을 텐데 공연히 하동땅의 세 성을 떼어주었구나.' 그리고 강화하지 않으면 세 나라 군대는 함곡관으로 쳐들어와 나라는 반드시 크게 위험해질텐데 그때는 임금께서 반드시 크게 후회하시기를 '하동땅의 세 성을 떼어주지 않았기에 온 나라가 환란을 당하는구나.'고 말할 것입니다. 그러므로 신은 '임금께서는 하동땅을 떼어주고 강화를 하셔도 후회하실 것이고 강화를 하지 않으셔도 후회하실 것이라고 말씀드리는 것입니다.'"
했다. 이에 임금이 말하였다.
"어차피 내가 후회하게 될 바에야 차라리 나라를 잃고 후회하기보다는 하동땅의 세 성을 떼어주고 나라의 위급을 없애는 것이 낫겠다. 과인은 강화하기를 결심하였노라."
응후(應侯)가 진(秦)나라 임금에게 말하기를
"임금께서는 초(楚)나라의 원(宛)·섭(葉)·남전(藍田)·양하(陽夏)의 네 고을을 손에 넣었고 하내(河內)를 잘라 받았으며, 양나라와 정(鄭)나라를 공격하여 괴롭혔는데도 아직 천하통일의 패업(霸業)을 이루지 못했는데 그 까닭은 조(趙)나라를 굴복시키지 못했기 때문입니다.

상당(上黨)에 주둔하고 있는 군사를 옮겨 동양(東陽)을 바싹 공략하면 조나라의 도읍인 한단(邯鄲)은 마치 입속에 든 이(虱)와 같아 단숨에 깨물어 버릴 수가 있습니다. 이렇게 되면 임금께서는 팔짱을 끼고 앉아 세상의 제후들로부터 조회를 받을 수 있고 늦게 참석하는 사람은 군사로 쳐도 좋을 것입니다.
　그러나 상당(上黨)이라는 곳은 안정되고 풍요한 땅이라서 임금께서 몹시 탐하고 계십니다. 그래서 신(臣)은 감히 그곳의 군사를 옮기자는 말을 임금께 말씀드리기를 두려워할 뿐인데 어떠하신지요?"
　하니 임금이 말했다.
　"내 그대의 말대로 군사를 옮기겠다."

　　三國兵至函¹⁾ 秦王謂樓緩²⁾曰 三國之兵深矣 寡人欲割河東而講 何如 對曰 夫割河東 大費也 免國於患 大功也 此父兄之任也³⁾ 王何不召公子汜而問焉 王召公子汜而告之 對曰 講亦悔 不講亦悔 王今割河東而講 三國歸 王必曰 三國固且去矣 吾特以三城送之⁴⁾ 不講 三國必入函 則國必大擧矣 王必大悔曰 不獻三城也 臣故曰 王講亦悔 不講亦悔 王曰 爲我悔也 寧亡三城而悔 無危乃悔 寡人斷講矣
　　應侯謂秦王曰 王得宛 葉 藍田 陽夏 斷河內⁵⁾ 困梁 鄭 所以未王者 趙未服也 弛上黨兵⁶⁾ 而以臨東陽 則邯鄲口中虱⁷⁾也 王拱而朝天下 後者以兵中之 然上黨之安樂 其處甚劇⁸⁾ 臣恐弛之而不聽 奈何 王曰 必弛易之矣

1) 三國兵至函(삼국병지함):『전국책(戰國策)』진책사(秦策四)에는 삼국 공진입함곡(三國攻秦入函谷)으로 기록되어 있는데 함(函)은 지금의 하남싱 영보현(靈寶縣)의 서남쪽에 있는 진나라 동관(東關)이었다. 삼국(三國)은 제(齊)·한(韓)·위(魏)의 세 나라를 말한다.
2) 秦王謂樓緩(진왕위누완):진왕(秦王)은 진나라 소양왕(昭襄王)을 가리키며 무왕(武王)의 이복아우로 이름은 직(稷)이다. 누완(樓緩)은 본래 전국시대 조(趙)나라의 신하였으나 이 때는 진나라의 재상으로

있었다.

3) 此父兄之任也(차부형지임야) : 부형(父兄)이라는 말은 일반적으로는 부모·형제를 말하지만 여기서는 임금의 동성(同姓) 원로(元老) 즉 공족(公族)을 뜻한다. 임(任)은 책임 또는 임무(任務)를 말한다.
4) 三城送之(삼성송지) : 삼성(三城)은 하동(河東)에 있는 것으로 『사기(史記)』에 의하면 무수(武遂)는 한나라에게, 봉릉(封陵)은 위나라에, 제성(齊城)은 제나라에 주었다는 기록이 있다.
5) 河內(하내) : 황하가 굽이치는 안쪽의 땅을 가리키는 것인데 『사기』의 기록에 따르면 진소왕 18년에 위나라는 하동(河東)을 헌납했지만 위나라 하내(河內)가 빠져있었는데 그 가운데 반을 할양받았다는 것이다.
6) 弛上黨兵(이상당병) : 이(弛)는 배치한 군사를 풀다는 뜻이며, 상당(上黨)은 전국시대 한(韓)나라에 속했던 땅.
7) 口中虱(구중슬) : 슬(虱)은 슬(蝨)의 속자로 포유동물의 피를 빨아먹고 사는 작은 곤충인 이를 말한다. 구중슬이란 입속에 든 이와 같이 도저히 벗어나 도망하지 못한다는 뜻.
8) 其處甚劇(기처심극) : 그곳에 매우 힘을 쏟는다는 말로 애착(愛着)하는 곳을 뜻함. 극(劇)은 힘을 쏟는다(勮)의 빌린 글자.

6. 다섯째 전(傳五)
가. 시장안에서의 부정을 없앤 사례

방경(龐敬)은 위나라 변경의 한 고을을 다스리는 현령(縣令)이었는데, 어느날 저자거리〔市場〕를 단속하는 관리들을 순시에 내보내고는 그들을 관장하던 공대부(公大夫)를 불러들여 한참 서 있게 한 뒤 아무 지시도 내리지 않고 다시 저자거리 순찰에 나가도록 했다.

이에 저자거리를 단속하는 관리들이 생각하기를 현령과 공대부 사이에 무엇인가 묵계가 있었으리라 짐작하여 서로 믿지 않게 되었고 그 결과 못된 일을 하지 않게 되었다.

대환(戴驩)은 송(宋)나라의 재상이었는데, 어느 날 밤 사람을 시켜 말하기를
"내가 듣기로는 요사이 여러 밤에 걸쳐 덮개가 있는 온거(輼車)를 타고 남의 눈을 피하여 법을 맡은 관리집에 드나드는 사람이 있다하니 삼가 주의하여 그 집을 살피고 오너라."
고 시켰다. 얼마 뒤에 심부름갔던 사람이 돌아와 아뢰었다.
"온거를 타고 온 사람은 보지 못했으나 상자를 들고와 사법관리와 이야기하는 사람은 있었는데 조금 있다가 사법관리는 그 상자를 받았습니다."
주(周)나라 임금이 옥비녀를 잃어버리고 관리들에게 그것을 찾도록 명령하였는데 사흘이 지나도록 이를 찾지 못했다.
이에 주나라 임금은 직접 다른 사람을 구해 찾도록 명령했는데 어느 민가의 지붕에서 이를 찾아냈다.
임금이 말하기를
"나는 이제 관리들이 직무에 충실하지 않다는 사실을 알게 되었다. 사흘 동안이나 비녀를 찾아도 찾지 못했는데, 내가 직접 사람을 시켜 찾으니 하루가 지나지 않아 이를 찾게 되었다."
고 하자 관리들은 모두 황송해 하며 임금에게는 신통한 현명함이 있다고 했다.
상(商:宋)나라 재상이 측근에 있는 소서자(少庶子)로 하여금 저자거리를 돌아보게 한 뒤에 묻기를
"저자거리에서 무엇을 보았는가?"
하자 서소자가 대답하기를
"아무 것도 보지 못했습니다."
고 했다. 이에 재상이 다시 묻기를
"비록 그렇더라도 무엇인가를 보았을 것이건가?"
하자 서소자가 대답했다.
"저자거리의 남문 밖에 소달구지가 너무 많아 겨우 지나올 수 있었습니다."
이 말을 듣고 재상이 그에게 다짐하기를

"내가 너에게 무엇인가를 물었다는 것을 다른 누구에게도 말해서는 안 된다."

하고는 곧 저자거리를 단속하는 관리를 불러 꾸짖기를

"저자거리의 남문 밖에 무슨 쇠똥이 그렇게 많은가?"

하니 저자거리를 단속하는 관리가 생각하기를 재상은 멀리 떨어져 있으면서도 저자거리의 동정을 어떻게 그처럼 알고 있는지를 기이하게 여겨 송구한 나머지 그 뒤로는 더욱 직무에 충실하였다.

傳五 龐敬 縣令也 遣市者行 而召公大夫而還之 立有間 無以詔之 卒遣行 市者以爲令與公大夫[1]有言 不相信 以至無姦

戴驩 宋太宰 夜使人曰 吾聞數夜有乘輼車至李史[2]門者 謹爲我伺之 使人報曰 不見輼車 見有奉笥而與李史語者 有間 李史受笥

周主亡玉簪 令吏求之 三日不能得也 周主令人求 而得之家人之屋間 周主曰 吾知吏之不事事也 求簪三日不得之 吾令人求之 不移日而得之 於是吏皆聳懼 以君爲神明也

商太宰使少庶子之市[3] 顧反而問之曰 何見於市 對曰 無見也 太宰曰 雖然 何見也 對曰 市南門之外甚衆牛車 僅可以行耳 太宰因誡使者 無敢告人吾所問於女 因召市吏而誚之曰 市門之外何多牛屎 市吏甚怪太宰知之疾也 乃悚懼其所也

1) 市者以爲令與公大夫(시자이위령여공대부): 시자(市者)는 저자거리를 단속하는 말단 관리이고, 공대부(公大夫)는 시자(市者)들을 감독하는 상급 관리.
2) 李史(이사): 이사(李史)에 대하여 여러 가지 설이 있으나 이(李)는 이(理) 또는 이(吏)의 빌린 글자로 보아 사법(司法)을 관장하는 관리.
3) 少庶子之市(소서자지시): 소서자는 경대부(卿大夫)의 자제들에게 내렸던 왕궁의 수위(守衛)에 해당하는 관직이었다. 지시(之市)는 저자거리에 보내다는 뜻인데, 지(之)는 왕(往)과 같은 뜻으로 가다의 뜻.

7. 여섯째 전(傳六)

가. 신하들이 두려워하는 군주들

한(韓)나라 임금 소후(昭侯)는 손톱 하나를 주먹에 쥐고는 손톱 하나가 없어졌다고 이를 급히 찾으라고 야단을 치니 측근에 있던 한 사람이 자기 손톱을 잘라 찾았다고 하면서 내놓았다. 소왕은 이것으로써 좌우 측근 신하들이 성실하지 못한 것을 살필 수 있게 되었다.

소후(昭侯)는 기사(騎士)로 하여금 지방을 시찰시켰다. 그뒤 기사가 돌아 그에게 묻기를

"지방을 돌아보면서 무엇을 보았는가?"

라고 하자 기사는 대답하기를

"아무 것도 보지 못했습니다."

라고 했다. 이에 소후가 다시 묻기를

"비록 그렇다 하더라도 무엇인가를 보았을 것 아닌가?"

하고 다그치자 대답하기를

"남문 밖에서 누런 송아지가 길가 왼쪽에서 어린 싹을 뜯고 있는 것을 보았습니다."

고 하자 소후는 그에게 다짐하여 말했다.

"네가 내게 한 말을 감히 누구에게도 누설하지 말라."

하고는 곧 명령을 내리기를

"요즘 마침 어린 싹이 자랄 때인데 소나 말 등의 짐승이 논밭에 들어가서는 안 된다는 법령이 있음에도 관리들의 단속이 소홀하여 소와 말이 함부로 남의 논밭에 들어가는 듯하다. 관리들은 재빨리 그 수를 조사하여 상부에 보고하라. 그렇지 않으면 그 죄를 엄히 처벌하리라."

이에 세 곳의 마을에서 자세하게 조사하여 보고했는데 별일이 없다는 내용이었다. 소후가 다시 말하기를

"아직 철저하지 못하다."

고 하자 관리들이 나아가 다시 조사해 보니 남문 밖에 누런 송아지가 어린 싹을 뜯고 있는 것이 보였다. 이것을 본 관리들은 소후의 명찰한 데에 감탄하여 모두 송구한 나머지 감히 부정을 행하려 하지 않았다.

주(周)나라 임금이 굽은 지팡이를 찾으라는 명령을 내렸는데, 관리들이 며칠을 찾아도 이를 찾지 못하자 주왕이 몸소 다른 사람을 시켜 찾게 하니 날이 저물기도 전에 찾아냈다.

임금은 곧 관리들에게 말하기를

"과인은 이제 관리들이 얼마나 맡은 일에 충실하지 못한가를 알게 되었다. 굽은 지팡이를 찾는 일쯤은 매우 쉬운 일인데도 관리들은 이를 찾지 못했는데, 내가 사람을 시켜 찾게 했더니 하루가 저물기 전에 찾아냈다. 어찌 너희들이 충실하다고 할 수 있겠느냐?"

이 말을 듣고 관리들은 모두 황송하여 두려워하면서 임금의 신통함에 감탄하였다.

복피(卜皮)라는 사람이 한 지방의 현령(縣令)으로 있을 때, 그 밑에서 감찰을 맡은 한 어사(御史)가 온갖 부정을 저지르고 애첩(愛妾)까지 두고 있는지라, 복피(卜皮)는 참다 못해 소서자 자리에 있는 측근으로 하여금 그 애첩과 밀통하게 하여 어사의 못된 비밀들을 알아냈다.

서문표(西門豹)라는 사람이 업(鄴)이라는 고을의 현령이 되었는데, 거짓으로 수레의 바퀴빗장을 잃어버린 척하고는 담당하는 관리에게 이를 찾도록 명령했으나 찾지 못했다. 그래서 직접 다른 사람으로 하여금 찾게 해 그는 민가(民家)의 집안에서 쉽게 찾아냈다.

　　傳六　韓昭侯握爪　而佯亡一爪　求之甚急　左右因割其爪而效[1]
之　昭侯以此察左右之不誠
　　韓昭侯使騎於縣[2]　使者報　昭侯問曰　何見也　對曰　無所見也
昭侯曰　雖然　何見　曰　南門之外　有黃犢食苗道左者　昭侯謂使者

毋敢洩吾所問於女 乃下令曰 當苗時 禁牛馬入人田中 固有令 而吏不以爲事 牛馬甚多入人田中 亟擧³⁾其數上之 不得 將重其 罪 於是三鄕擧而上之 昭侯曰 未盡也 復往審之 乃得南門之外 黃犢 吏以昭侯爲明察 皆悚懼其所 而不敢爲非

周主下令索曲杖 求之數日不能得 周主私使人求之 不移日 而得之 乃謂吏曰 吾知吏不事事也 曲杖甚易得也 而吏不能得 我令人求之 不移日而得之 豈可謂忠哉 吏乃皆悚懼其所 而以君 爲神明

卜皮爲縣令 其御史汚穢⁴⁾而有愛妾 卜皮乃使少庶子佯愛之 以 知御史陰情⁵⁾

西門豹爲鄴令⁶⁾ 佯亡其車轄⁷⁾ 令吏求之不能得 使人求之 而得 之家人屋間

1) 效(효) : 바치다와 뜻이 같다.
2) 使騎於縣(사기어현) : 기(騎)는 말을 탄 관리를 뜻하고, 현(縣)은 고 을〔地方〕을 뜻한다. 사(使)는 돌아보게 하는 일.
3) 亟擧(극거) : 극(亟)은 재빨리라는 뜻이고, 거(擧)는 여기에서 헤아리 다의 뜻.
4) 其御史汚穢(기어사오예) : 어사(御史)는 고대(古代) 법령에 관한 문서 를 관장하는 관리였으나 그 다음에는 시정의 감찰을 담당하는 관리 (官吏)였다. 오예(汚穢)는 더럽다는 뜻인데, 여기서는 탐관오리(貪官 汚吏)를 말한다.
5) 陰情(음정) : 숨겨둔 비밀스런 일들을 뜻한다.
6) 西門豹爲鄴令(서문표위업령) : 서문표(西門豹)는 전국시대 위(魏)나라 사람으로 문후(文侯)때 업현(鄴縣)의 현령이었다. 훌륭한 치적이 기 록되어 있고 업(鄴)은 지금의 하남성 임장현(臨漳縣)의 서쪽 지방.
7) 車轄(거할) : 수레바퀴가 굴대에서 벗어나지 않게 굴대머리에 끼는 빗 장을 말한다.

8. 일곱째 전(傳七)
가. 임금의 본심을 알게 된 산양군

산양군(山陽君)은 위(衛)나라의 재상이었는데, 임금이 자기를 의심하고 있다는 말을 듣고는 일부러 임금의 신임을 받고 있는 규수(樛豎)라는 사람을 비방하였다. 화가 난 규수가 임금이 산양군을 의심하고 있다는 말을 해 임금의 본심을 알게 되었다.

요치(淖齒)는 제(齊)나라 임금이 자기를 미워한다는 말을 듣고 곧 거짓으로 자기의 측근을 진(秦)나라 사신으로 위장시켜 임금을 만나게 한 다음 그 마음을 알아냈다.

제(齊)나라 사람으로 반란을 일으키려는 자가 있었는데, 임금이 이를 알까 두려워하고, 거짓으로 자신의 심복을 내쫓아 궁궐로 도망가게 하여 임금의 마음을 알아내게 하였다.

자지(子之)는 연(燕)나라의 재상이었는데, 방안에 앉아 거짓말로 "지금 문밖으로 달려나간 것이 무엇인가? 흰말이 아니냐."고 물었다. 그 좌우에 있던 사람들이 아무도 보지 못하였다고 대답했으나 그중 한 사람이 문밖으로 뛰어나가 보고 들어와 말하기를 "흰말이 있었습니다."고 했다.

자지는 이로써 측근에 있는 근신들이 성실하지 못하다는 것을을 알게 되었다.

두 사람이 서로 송사(訟事)가 있어 다투게 되었는데, 정(鄭)나라의 재상인 자산(子産)은 이 두 사람을 따로 떼어놓고 한쪽에서 한 말을 거꾸로 뒤집어 다른 쪽에 알려주는 방법을 써 다툼의 진상을 알게 되었다.

위(衛)나라 사공(嗣公)은 어떤 사람으로 하여금 나그네 차림으로 관소를 통과하게 했다. 관소의 관리들은 지나치게 까다로워 돈을 받고서야 겨우 통과하도록 허가했다.

그뒤 사공은 관소의 관리들에게 말하기를

"어느 날 어느 때 한 나그네가 너희들이 지키는 관소를 통과할 때 너희에게 돈을 주자 그냥 지나가게 한 일이 있는가?"
하고 관소의 관리들을 크게 꾸짖자 그들은 크게 두려워하면서 사공의 명철함에 놀라 그 뒤로는 부정을 저지르지 않았다.

　　傳七 山陽君相衞 聞王之疑己也 乃僞謗樛豎¹⁾以知之
　　淖齒聞齊王之惡己也 乃矯爲秦使²⁾以知之
　　齊人有欲爲亂者 恐王知之³⁾ 因詐逐所愛者 令走王知之
　　子之相燕 坐而佯言曰 走出門者何也 白馬也 左右皆言不見 有一人走追之 報曰 有 子之以此知左右之不誠信
　　有相與訟者 子產離之 而無使得通辭⁴⁾ 倒其言以告而知之
　　衞嗣公使人爲客過關市⁵⁾ 關吏苛難之 因事關吏以金 關吏乃舍之 嗣公謂關吏曰 某時有客過而所 與汝金 而汝因遣之 關吏乃大恐 而以嗣公爲明察

1) 樛豎(규수) : 여러 가지 설이 있는데 규류(樛留)의 잘못이라는 말도 있고 규(樛)는 성(姓)이요, 수(豎)는 낮은 벼슬이라는 설도 있다.
2) 矯爲秦使(교위진사) : 교(矯)는 거짓(僞)의 뜻이므로 거짓으로 진(秦)나라 사신처럼 꾸미다의 뜻이다.
3) 恐王知之(공왕지지) : 임금에게 탄로날까 두려워하다의 뜻.
4) 而無使得通辭(이무사득통사) : 이 구절은 많은 문헌에서 볼 수 있는데 옛날 송사(訟事)를 밝힐 때 쓰는 방법의 하나였다.
5) 爲客過關市(위객과관시) : 위(爲)는 위장(僞裝)을 뜻하며, 객(客)은 장사하는 나그네를 뜻한다. 관시(關市)는 지금의 세관과 같은 기관.

제 29 편 내저설하 : 육미(內儲說下 : 六微)

　내저설(內儲說)은 상편에서 이미 설명했다. 육미(六微)는 신하(臣下)들에게 감추어진 여섯 가지 기미(機微)라는 뜻으로 군주(君主)가 살펴야 한다는 뜻이다.
　임금과 신하의 이해관계는 언제나 서로 반대되는 것으로 임금에게 이로우면 신하에게 해가 되고 신하에게 이로우면 반대로 임금에게는 해가 되기 마련이다.
　육미(六微)란 칠술(七術)과 함께 대척적인 숫자에 불과하지만, 달리 예(例)로서도 대칭되는 경우가 있어 경(經)의 설명에는 여섯 가지가 있고 다음 묘공(廟攻)이란 항목이 있어 실질적으로는 일곱 가지가 되는 셈이다.
　다시 말해서 분명히 일곱이라는 숫자가 붙게 된다.

1. 육미(六微)란 무엇인가?

　육미(六微)의 첫째는 임금의 권력을 신하에게 빌려 주어 운용하게 하는 것을 말하며, 둘째는 임금과 신하의 이해(利害)가 다르므로 신하가 외국의 세력을 빌려오는 것을 말하고, 셋째는 신하가 임금을 현혹하기 위해 유사한 일을 내세워 사사로운 이익을 도모하는 일을 말하며, 넷째는 서로의 이해(利害)가 언제나 상반(相反)되므로 그 기미를 살피는 것을 말하고, 다섯째는 신하가 임금의 세력에 버금가는 권세를 길러 내분을 일으키는 것을 말하며, 여섯째는 상대방 적국이 내정에 간섭하여 본국의 대신을 임면(任免)하는 것을 말하는 것인데, 이 여섯 가지야말로 임금으로서 잘 살펴야 될 일이다.

첫째 경(經一) 권차(權借)

임금은 그 권세를 남에게 빌려주어서는 안 된다. 만약 임금이 신하에게 한 개의 권세를 잃으면, 신하는 이를 이용하여 백배의 권세를 휘두르게 된다.

신하가 임금의 권세를 빌려 얻게 되면 그 세력은 점점 커지고 세력이 커지면 조정 안팎의 신하들을 이용하게 되고 조정 안팎의 신하들을 이용하게 되면 임금의 총명이 가려지게 된다.

그 예증으로 노자(老子)가 "물고기를 물밖으로 몰아내지 말라."고 말했었다.

그렇기 때문에 임금이 신하와 오래도록 이야기하게 되면 좌우 측근에 있는 이 신하는 이를 핑계로 하여 임금의 은총을 팔아 부자가 된다.

그러한 것이 폐해가 되는 예증으로 서동(胥僮)이 여공(厲公)을 간한 일, 초나라 양공(襄公)이 주후(州侯)를 의심하자 측근 신하들이 하나같이 입을 모아 변명했던 일, 연(燕)나라 사람이 개똥물을 뒤집어 쓰고 목욕했던 일들을 들 수 있다.

둘째 경(經二) 이이(利異)

임금과 신하의 이익(利益)은 서로 다른 까닭에 진실한 충신(忠臣)이란 없다. 그러므로 신하의 이로움이 성립되면 임금의 이이은 소멸되고 만다.

이러한 까닭에 간신(姦臣)은 다른 적국으로부터 군사를 불러들여 나라 안의 성쟁지를 제거하고, 나라 밖의 일을 내세워 임금을 현혹시켜 오직 자기의 사사로운 이익만 도모할 뿐 나라의 환란은 돌아보지 않는다.

이에 대한 예증(例證)을 든다면, 위(衛)나라 사람인 한 부부가 행복을 원하는 기도를 하는데 그 내용은 각각 다르다는 것이었다. 그래서 초(楚)나라 대헐(戴歇)은 임금의 아들을 외국에 보내려 할 때 간한 일이 있고, 노(魯)나라 대부 삼환(三桓)은 임금인 소공(昭公)을 위협했다.

한(韓)나라 공숙(公叔)은 제(齊)나라 군사를 끌어들여 자기의 위치를 확보했고, 위(魏)나라 적황(翟黃)은 한(韓)나라 군사를 불러들여 자기의 지위를 높였으며, 오(吳)나라 태재비(太宰嚭)는 월(越)나라 대부 종(種)에게 오나라를 멸망시키도록 설득했고, 조(趙)나라 대성우(大成牛)는 한나라의 신불해(申不害)에게 서로 존중하는 방법을 가르쳤으며, 중산의 사마희(司馬喜)는 조나라 임금에게 중산의 계책을 알렸고, 위(衛)나라 여창(呂倉)은 진(秦)나라와 초(楚)나라에 자기 나라의 계략을 알리면서 국사력을 강화토록 충고하여 자기의 지위를 높였으며, 위(魏)나라의 송석(宋石)은 초나라 위군(衛君)에게 편지를 보내 싸움을 피하도록 했고, 위나라 백규(白圭)는 한나라 폭견(暴譴)에게 화합하는 일을 가르쳤던 것이다.

셋째 경(經三) 사류(似類)

비슷한 일을 들춰 임금을 그럴듯하게 속이면 임금은 처벌하는 일에 실수하게 되고, 대신들은 그래서 사사로운 이익을 챙기는 바탕이 된다.

궁궐을 지키는 문지기는 바닥에 물을 뿌려놓고는 이사(夷射)가 오줌을 쌌다고 거짓말을 했고, 위(魏)나라 제양군(濟陽君)은 스스로 왕명을 꾸며 반란을 일으키게 하여 두 신하가 처벌당하게 했으며, 사마희(司馬喜)는 원건(爰騫)을 죽이고 계신(季辛)의 짓이라 하여 그를 죽였고, 초(楚)나라 임금의 애첩인 정수(鄭袖)는 새로운 애첩이 임금의 몸에서 악취가 난다고 말했다고 거짓 고자질을 하여 코가 잘리는 형벌을 받게 하였으며, 비무기(費無忌)는 극완(郤宛)에게 영윤(令尹)이 무기(武器)를 좋아한다고 가르쳤기 때문에 영윤은 극완을 죽였고, 진수(陳需)는 장수(張壽)를 죽이고는 서수가 죽였다고 모함하여 망명하게 했다.

그러므로 중산의 임금은 사료창고에 불이 나자 공자(公子)를 죽였고, 늙은 선비가 죽자 제양군(濟陽君)은 식객을 포상하였던 것이다.

넷째 경(經四) 유반(有反)

어떠한 일이 생겼을 경우 거기에서 이익을 챙기는 사람이 있다면 그 일은 그가 앞장서서 일으킨 것이고, 손해를 보는 사람이 있다면 반드시 그 반대쪽에서 이익을 얻는 사람을 잘 살펴야 할 것이다.

현명한 임금은 일을 처리할 때 나라에 해가 되는 일에는 그로 인하여 이익을 얻는 사람을 살피고, 신하가 손해를 입는 경우에는 그로 인하여 이익을 얻는 사람을 잘 살펴야 한다.

이러한 경우를 설명하기 위한 예증(例證)으로는, 일부러 초(楚)나라 군사를 불러들여 재상이 된 위나라 진수(陳需)가 있고, 한나라에서는 조(黍)값이 폭등하자 창고지기를 문초한 일이 있다.

이로써 초(楚)나라의 소해휼(昭奚恤)은 곳집에 불이 나자 띠풀(茅) 파는 사람을 범인으로 잡을 수 있었고, 한나라의 희후(僖侯)는 요리사의 다음 사람을 문책하였고, 진(晉)나라 문공(文公)은 고기구이에 감긴 머리카락을 가지고 문책한 일이 있고, 진(秦)나라 재상인 양후(穰侯)는 왕(王)을 황제(皇帝)로 옹립하여 자기의 자리(封)가 높아질 것을 바랐던 것이다.

다섯째 경(經五) 참의(參疑)

권세가 서로 엇비슷하게 뒤섞여 있는 상황은 분란이 일어날 바탕이 되므로 임금은 이에 신중히 대처하지 않으면 안 된다.

그러한 까닭에 진(晉)나라 여희(驪姬)는 태자인 신생(申生)을 죽였고, 정(鄭)나라 왕후는 임금이 애첩의 자식을 태자로 봉할까 두려워하여 독약을 먹여 임금을 죽였으며, 위(衛)나라 주우(州吁)는 애첩의 자식이었으나 세력이 있어 왕후의 아들 완(完)을 죽였고, 공자(公子) 근(根)은 동주(東周)를 빼앗았으며, 초(楚)나라 왕자 직(職)이 임금의 지극한 총애를 받았기 때문에 상신(商臣)은 태자이면서 결국 반란을 일으켰다.

한(韓)나라에서는 엄수(嚴遂)와 한외(韓庵)가 서로 세력을 다투었기 때문에 임금인 애후(哀侯)는 적의 손에 넘어가 죽음을 당했으며, 제(齊)나라의 전항(田恒)과 감지(闞止)가 서로 세력다툼을 하다가 마침내 간공(簡公)을 죽였고, 송(宋)의 대환(戴驩)과 황희(皇喜)가 서로 맞서 다투다가 송군(宋君)이 죽음을 당하였다.

이러한 사실을 설명하는 예증(例證)으로 진(晋)나라의 호돌(狐突)이라는 사람은 임금이 미녀와 미소년을 다 좋아한다고 말했으며, 정소(鄭昭)라는 사람은 태자(太子)가 아직 태어나지 않은 것이나 다름없다고 말한 일이 있다.

여섯째 경(經六) 폐치(廢置)

적국이 가장 애쓰는 일은 상대국 임금의 현명함을 어지럽혀 정세를 잘 살피지 못하게 하는 것이다. 임금이 정세를 잘 살피지 못하면 적국이 내정을 간섭하여 대신(大臣)들의 임면(任免)을 조종하기에 이른다.

주(周)나라 문왕(文王)은 은(殷)나라 비중(費仲)에게 뇌물을 주어 주왕(紂王)의 마음을 홀렸고, 진왕(秦王)은 초(楚)나라 사신의 현명함을 걱정하여 죽이려 했으며, 제(齊)나라 여저(黎且)는 중니(仲尼)를 떠나게 했고, 초(楚)나라 대신인 간상(干象)은 현인인 감무(甘茂)를 진(秦)나라에 보내지 못하도록 간하였다.

이러한 까닭으로 오(吳)나라 자서(子胥)는 일부러 초(楚)나라에 헛소문을 퍼뜨려 자상(子常)을 등용케 했고, 진(晋)나라 헌공(獻公)은 미인(美人)과 뇌물을 보내 우(虞)나라와 괵(虢)나라를 멸망시켰으며 진나라 숙향(叔向)의 거짓 편지로 장홍(萇弘)이 죽었고, 정(鄭)나라 환공(桓公)은 닭과 수퇘지로 회

(鄙)나라의 현인들을 모조리 처형당하게 했다.

이렇듯 세력과 세력이 뒤섞이는 일과 적국의 모략으로 이쪽 대신들의 임면이 좌우되는 일은, 현명한 임금이라면 나라 안으로는 뿌리를 뽑고 나라 밖에 대하여는 오히려 그렇게 되도록 이쪽에서 먼저 도모한다.

이럴 때 이용하려는 적국 신하의 권세가 얕으면 지원해 주고, 세력이 약하면 도와 강하게 해야 하는데 이러한 방법을 두고 묘공(廟攻)이라 한다.

묘공이란 무엇인가? 안으로 여러 가지 증거를 참작하여 의논을 거듭한 뒤 판단을 내리고, 한 편으로 나라 밖의 일을 잘 정찰하여 적의 속임수에 넘어가지 않는 것이다.

위와 같은 일을 설명하기 위한 예증(例證)으로, 진(秦)나라 난쟁이가 초(楚)나라 임금과 가까이 지내면서 초나라의 정보를 혜문공(惠文公)에게 밀고한 일이 있다.

그러므로 위(魏)나라 양자(襄疵)는 조왕(趙王)의 측근과 가까이 하면서 업(鄴)을 침공하려는 정보를 위왕에게 미리 알려 주었고, 위(衞)나라 사공(嗣公)은 현령(縣令)에게 방석을 하사하였다.

　　　六微 一曰 權借在下 二曰 利異外借 三曰 託於似類 四曰 利害有反 五曰 參疑內爭 六曰 敵國廢置 此六者 主之所察也
　　　經一 權借 權勢不可以借人 上失其一 下以爲百 故臣得借則力多 力多則內外爲用[1] 內外爲用則人主壅 其說 在老聃之言失魚也[2] 是以故人富久語 而左右鬻懷[3]刷 其患 在胥僮[4]之諫厲公 與州侯之一言[5] 而燕人浴矢也[6]
　　　經二 利異 君臣之利異 故人臣莫忠 故臣利立 而主利滅 是以姦臣者 召敵兵以內除 擧外事以眩主 苟成其私利 不顧國患 其說 在衞人之夫妻禱祝[7]也 故戴歇議子弟 而三桓攻昭公 公叔內齊軍 而翟黃召韓兵 太宰嚭說大夫種 大成午敎申不害 司馬喜告趙王 呂倉規秦楚 宋石遺衞君書 白圭敎暴譴

經三 似類 似類之事 人主之所以失誅 而大臣之所以成私也 是以門人捐水⁸⁾而夷射誅 濟陽自矯而二人罪 司馬喜殺爰騫而季辛誅 鄭袖言惡臭而新人劓 費無忌教郄宛而令尹誅 陳需殺張壽而犀首走 故燒芻廥而中山罪 殺老儒而濟陽賞也

經四 有反 事起而有所利 其尸主之⁹⁾ 有所害 必反察之 是以明主之論也 國害 則省其利者 臣害 則察其反者 其說 在楚兵至而陳需相 黍種貴而廩吏覆¹⁰⁾ 是以昭奚恤執販茅 而僖侯譙其次 文公髮繞炙 而穰侯請立帝

經五 參疑 參疑之勢 亂之所由生也 故明主愼之 是以晉驪姬殺太子申生 而鄭夫人用毒藥 衞州吁殺其君完 公子根取東周 王子職甚有寵 而商臣果作亂 嚴遂 韓廆爭 而哀侯果遇賊 田恒 闞止 戴驩 皇喜敵 而宋君 簡公殺 其說 在狐突之稱 二好¹¹⁾ 與鄭昭之對 未生也

經六 廢置 敵之所務 在淫察而就靡¹²⁾ 人主不察 則敵廢置矣 故文王資費仲 而秦王患楚使 黎且去仲尼 而干象沮甘茂 是以子胥宣言而子常用 內美人而虞虢亡 佯遺書而萇弘死 用雞猳而鄶傑盡 參疑廢置之事 明主絕之於內 而施之於外 資其輕者 輔其弱者 此謂廟攻¹³⁾ 參伍既用於內 觀聽¹⁴⁾又行於外 則敵僞得¹⁵⁾ 其說在秦侏儒之告惠文君也 故襄疵言襲鄴 而嗣公賜令席

1) 內外爲用(내외위용) : 조정(朝廷)의 안팎에 있는 사람들이 그 권력있는 사람의 사사로운 이익을 위하여 일하게 된다는 뜻.
2) 在老聃之言失魚也(재노담지언실어야) : 노담지언(老聃之言)이란 노자(老子)가 "고기는 물을 떠나서 살 수 없고, 나라에 이로운 기밀은 남에게 보여서는 안 된다"고 한 것을 뜻하는 것으로 어(魚)는 임금이며, 연(淵)은 권세를 뜻한다. 담(聃)은 노자(老子)의 이름이다.
3) 鬻懷(죽회) : 임금의 총애를 빙자하여 권세를 판다는 뜻인데, 죽(鬻)은 팔다와 같이 쓰며, 회(懷)는 내리다와 같은 뜻.
4) 胥僮(서동) : 『좌씨전』에 서동(胥童)으로 기록되어 있다. 진(晉)나라 옛 신하인 서신(胥臣)의 자손으로 여공(厲公)을 섬겨 당시 육경(六卿)의 모든 권력을 휘두르고 있다가 삼경(三卿)들의 반발로 뜻을 이

루지 못하고 뜻을 같이 했던 장어교(長魚矯)는 망명하고, 서동(胥僮)은 여공에 의하여 죽임을 당했다.
5) 與州侯之一言(여주후지일언) : 주후(州侯)는 『전국책』 초책사(楚策四)에 따르면 초나라 양왕(襄王) 때의 재상으로 기록되었고, 일언(一言)이란 다른 문헌에 흔히 일구(一口)로 쓰기도 한다.
6) 而燕人浴矢也(이연인욕시야) : 이(而)는 여기에서 여(與)와 같은 뜻이고, 욕시야(浴矢也)에 대하여는 여러 가지 설이 있다. 시(矢)는 찌꺼기 또는 똥과 같은 뜻으로 쓰였다. 당시의 풍습으로는 사람이 마귀에 홀렸을 때 남으로부터 개똥을 뒤집어 쓰게 하면 낫는다는 일이 있었고, 또 모진 병이 걸렸을 때 말과 소의 똥을 짜 그 물을 마시는 민간요법도 있었던 점에 비추어, 이 귀절도 여기에서 나온 듯하다.
7) 禱祝(도축) : 축(祝)은 입으로 신에게 잘 되도록 비는 것을 뜻하고, 도(禱)는 마음속으로 행복을 신에게 비는 것을 뜻한다.
8) 門人捐水(문인연수) : 문인(門人)이란 여기에서 문지기 또는 수문장(守門將)을 말하나 일반적으로는 한 문벌의 사람을 말한다. 연수(捐水)는 물을 뿌린다는 뜻.
9) 其尸主之(기시주지) : 시(尸)는 일반적으로는 시체(屍體)를 뜻하는데 주체(主體)라는 뜻으로도 통용된다. 여기서는 그 이익의 주체되는 사람이 그 일을 일으켰다는 뜻으로 본다.
10) 黍種貴而廩吏覆(서종귀이름리복) : 서종(黍種)은 오곡의 하나인 기장(조) 종류이며, 귀(貴)는 품귀하여 값이 오르다는 뜻이고 늠(廩)은 곡물을 보관하는 창고를 말하며 늠리(廩吏)는 창고를 지키는 관리(官吏)이며, 복(覆)은 여기에서 자세하게 조사한다는 뜻.
11) 狐突之稱二好(호돌지칭이호) : 호돌(狐突)은 중이(重耳)로 뒷날 진(晋)나라 문공(文公)의 외조부가 된 사람인데, 자는 백행(伯行)이다. 처음에 진나라 헌공(獻公)의 태자 신생(申生)의 어자(御者)였는데 나중에 임금을 간하다가 죽임을 당했다. 이호(二好)란 미소녀(內嬖)와 미소년(外嬖)을 즐긴다는 뜻.
12) 淫察而就靡(음찰이취미) : 음찰(淫察)은 밝음을 어지럽게 만든다는 뜻이고, 취미(就靡)란 사치에 치우치도록 한다는 뜻.

13) 廟攻(묘공) : 선조(先祖)의 위패가 모셔져 있는 사당(祠堂)에서 일을 도모하여 적국을 침공한다는 말인데, 그 참뜻은 앉아서 계략을 세워 멀리 천 리 밖의 적을 쳐부순다는 뜻. 『손자(孫子)』『상군서(商君書)』에는 싸움에 앞서 우열을 헤아리는 것을 묘산(廟算)이라 했다.
14) 觀聽(관청) : 이목(耳目) 즉 보고 듣는 것을 잘 활용하여 정탐하는 일을 뜻한다.

2. 첫째 전(傳一)

가. 권세는 임금에게 연못과 같다.

권세의 소중함은 임금에게는 연못과 같은 것으로 신하는 그 권력의 연못 속에서 길러지는 물고기와 같다. 만약 물고기가 연못을 잃으면 두번 다시 얻지 못하듯이, 임금이 그 권세를 신하에게 빼앗기면 다시는 돌이킬 수가 없다.

노자(老子)는 이것을 임금과 신하에 관계되는 일이므로 바른 말을 하기 어려워 물고기에 비유한 것이다.

상벌(賞罰)은 예리(銳利)한 무기와 같은 것이라, 임금이 그것을 잡고 있으면 신하를 마음대로 통제할 수 있고, 신하가 이것을 쓰게 되면 임금의 권세는 막힌다.

그러므로 임금이 상(賞)줄 사람을 앞질러 나타내면 곧 신하가 그것을 상대에게 팔아 자기 덕으로 상을 타게 되는 것처럼 생색을 내고, 임금이 미리 처벌할 사람을 알려주면 신하는 앞질러 자기가 주장하여 처벌하는 것처럼 권위를 팔게 된다.

그래서 옛날 노자(老子)가 말하기를 "나라를 다스리기 위한 이기(利器)는 함부로 남에게 보여서는 안 된다"고 했던 것이다.

정곽군(靖郭君) 전영(田嬰)이 제(齊)나라의 재상으로 있을 때, 옛 친구와 오래도록 이야기를 나누었다. 남들은 이것을 보고 정곽군이 그 사람을 신임하는 것으로 알고 많은 뇌물을 보내 그 친구는 곧 부자가 되었다.

또 정곽군이 좌우 측근들에게 은전을 베풀었다. 측근들은 이것을 이용하여 한층 강한 세력을 갖게 되었다.

이렇게 오랫동안 이야기를 한다거나 은전을 베푸는 것은 사소한 일인데도 그것을 밑천삼아 부자도 되고 세력도 얻는데, 하물며 관리가 임금의 위력을 빌려 이용한다면 그 정도에 비길 수가 있겠는가?

진(晋)나라 여공(厲公) 때는 육경(六卿)의 지위가 지나치게 높고 귀하였다. 그래서 서동(胥僮)과 장어교(長魚矯)가 임금에게 간하기를

"대신의 자리가 너무 높고 권세가 무거워 임금에 버금가고 국사(國事)를 멋대로 움직이기 위해 다투며 외국과 거래하여 사사롭게 붕당을 만들고, 아래로는 나라의 법을 어지럽히며, 위로는 임금을 위협하고 나라가 위태로우니 굽어 살피십시오."

하고 말하니 임금은

"옳도다."

하고 곧 육경 가운데 세 사람을 죽였다. 그러자 서동과 장어교는 다시 간하기를

"무릇 같은 죄를 지은 사람을 함께 처벌하지 않고 그 일부만 처형하게 되면 살아남은 사람이 원한을 품고 있을 것이므로 보복할 틈을 주는 꼴이 됩니다."

고 말했다. 이에 임금이 말하기를

"과인은 하루 아침에 삼경(三卿)을 죽였는데, 남은 사람까지 다 죽인다는 것은 나로서는 참을 수 없는 일이오."

하니 장어교가 대답하기를

"임금께서는 차마 다 죽일 수가 없다 하시지만 저들은 반드시 임금을 해칠 것입니다."

고 했다. 임금은 이를 끝내 듣지 않았는데, 불과 3개월만에 살아남은 경(卿)들이 반란을 일으켜 여공을 죽이고, 그 땅을 나눠 가졌다.

주후(州侯)라는 사람은 형나라 재상이었는데 지위가 너무 높아 나라의 정치를 멋대로 휘두르고 있었다.

이에 형나라 양왕(襄王)은 그를 의심하고 좌우 측근들에게 물었다. 그들은 대답하기를 "의심되는 바가 전혀 없습니다."했다. 그들의 말은 한 사람의 입에서 나오는 말처럼 한결같았다.

연(燕)나라 사람이 정신이 돌지도 않았는데 개똥물에 목욕을 했다는 이야기가 있다.

그 연나라 사람의 아내는 젊은 선비와 밀통하고 있었다. 어느 날 그 남편이 밖에 나갔다가 예정보다 일찍 돌아왔는데 때마침 밀통한 선비가 집 밖으로 나가고 있었다. 남편이 묻기를
"저 손님은 누구요?"
하자 그 아내가 대답하기를
"손님이라고는 없었습니다."
하고 시치미를 뗐다. 그는 다시 좌우의 사람들에게 물으니 그들 또한 대답하기를
"손님이라고는 아무도 없었습니다."
라고 이구동성(異口同聲)으로 말했다. 그 아내가 말하기를
"당신은 무엇인가에 홀려서 정신이 돌았는가 보오."
하면서 귀신을 쫓겠다고 개똥물에 목욕을 시켰다.

일설에 이러한 이야기가 있다.

연나라에 이계(李季)라는 사람이 있었는데 멀리 나들이 하기를 즐겼는지라 아내는 그 사이에 젊은 사내와 밀통하고 있었다. 어느 날 이계가 돌연 집으로 돌아왔다. 그 때 사내는 방안에 있었으므로 그 아내는 당황하여 어찌할 바를 몰랐다.

이에 몸종이 말하기를
"그분을 발가벗기고, 머리는 산발한 채로 곧바로 문밖으로 나가게 하시면 우리들은 보지 못한 척하겠습니다"
라고 했다. 이에 사내는 몸종이 시키는대로 문밖으로 도망쳤다. 남편인 계(季)가 이 꼴을 보고
"저 사람은 누구인가?"
고 물으니 집안 사람이 모두 한결같은 소리로 말하기를
"아무도 없습니다."

하고 대답하자 계는
"그렇다면 내가 귀신을 보았다는 말인가?"
하니 그 아내가 말했다.
"그런 것 같습니다."
계는 걱정이 되어
"어떻게 하면 되겠느냐?"
고 묻자, 아내는
"오생(五牲)의 똥오줌을 모아 목욕을 하면 좋다고 들었습니다."
고 말하니 계가
"좋다. 그렇게 하지."
하고 말하며 곧 똥물로 목욕을 했다.
또 일설에는 난초를 끓인 물에 목욕을 했다는 말도 있다.

傳一 勢重者 人主之淵也 君者 勢重之魚也[1] 魚失於淵 而不可復得也 人主失其勢重於臣 而不可復收也 古之人難正言[2] 故託之於魚 賞罰者 利器也 君操之以制臣 臣得之以壅主 故君先見所賞 則臣鬻之以爲德 君先見所罰 則臣鬻之以爲威 故曰 國之利器 不可以示人

靖郭君相齊 與故人久語 則故人富 懷左右刷[3] 則左右重 久語懷刷 小資也 猶以成富取重 況於吏勢乎

晋厲公之時 六卿貴 胥僮長魚矯諫曰 大臣貴重 敵主爭事 外市樹黨 下亂國法 上以劫主 而國不危者 未嘗有也 公曰 善 乃誅三卿 胥僮長魚矯又諫曰 夫同罪之人 偏誅而不盡 是懷怨而借之間也 公曰 吾一朝而夷三卿[4] 予不忍盡也 長魚矯對曰 公不忍之 彼將忍公 公不聽 居三月 諸卿作難 遂殺厲公 而分其地

州侯相荊 貴而主斷 荊王疑之 因問左右 左右對曰 無有 如出一口也

燕人無惑 故浴狗矢[5] 燕人 其妻有私通於士[6] 其夫早自外而來 士適出 夫曰 何客也 其妻曰 無客 問左右 左右言 無有 如出一口 其妻曰 公惑易[7]也 因浴之以狗矢

一日 燕人李季好遠出 其妻有私通於士 季突至 士在內中[8] 妻患之 其室婦曰 令公子裸而解髮 直出門 吾屬佯不見也 於是公子從其計 疾走出門 季曰 是何人也 家室皆曰 無有 季曰 吾見鬼乎 婦人曰 然 爲之奈何 曰 取五牲之矢浴之 季曰 諾 乃浴以矢 一曰 浴以蘭湯[9]

1) 君者勢重之魚也(군자세중지어야) : 군자(君者)는 구본에는 신자(臣者)로 되어 있으나 뜻은 같고, 경(經)에는 노담지언실어(老聃之言失魚)로 쓰여져 있으나 일반적으로『노자』의 해석과는 다른 점이 있다.
2) 古之人難正言(고지인난정언) : 고지인(古之人)은 여기에서 노자(老子)를 뜻하고 정언(正言)은 직설적인 말을 말한다.
3) 懷左右刷(회좌우쇄) : 좌우 측근에서 섬기는 사람들에게 은전(恩典)을 베푼다는 뜻인데, 쇄(刷)는 다른 문헌에 위(尉)로 쓴 곳도 있다.
4) 吾一朝而夷三卿(오일조이이삼경) : 오(吾)는 임금 스스로를 가리키는 것이고, 일조(一朝)란 하루 아침에 곧 단번을 뜻하며, 이(夷)는 죽이다와도 통하지만 멸하다는 뜻.
5) 燕人無惑故浴狗矢(연인무혹고욕구시) : 혹(惑)은 여기에서 정신이 돌았다는 뜻인데, 곧 미쳤다(狂惑)를 말한다. 고(故)는 일부러의 뜻이 있고, 구시(狗矢)는 개똥을 말한다.
6) 私通於士(사통어사) : 사통(私通)은 일반적으로 간통(姦通)을 뜻하며, 사(士)는 미혼의 젊은 남자를 뜻한다.
7) 惑易(혹역) : 정신이 돌아 감각이 이상(異常)해졌다는 뜻.
8) 內中(내중) : 침실(寢室)안을 말함.
9) 浴以蘭湯(욕이난탕) : 난초를 삶은 물로 목욕을 함으로써 몸을 깨끗이 하고, 신(神)에게 빌어 부정(不淨)함을 제거한다는 뜻.

3. 둘째 전(傳二)
가. 어찌 바라는 것이 그다지도 적은가
　위(衛)나라 사람으로 신(神)에게 기도하는 부부가 있었는데, 그 아내가 축수하기를

"아무쪼록 우리에게 아무런 재앙도 일어나지 않고, 베(布) 백 필만 얻게 하여 주시옵소서."

하고 빌자 그 남편이 말하기를

"어찌 그렇게 바라는 것이 적은가?"

하고 묻자 아내가 대답하였다.

"이 보다 더 많으면 당신은 첩을 얻으려고 할 것입니다."

형(荊)나라 임금이 여러 아들을 이웃 나라에 보내 벼슬을 시키려 하자 신하인 대헐(戴歇)이 이를 간하여 말하기를

"옳지 않습니다."

고 하니 임금이 말하였다.

"공자(公子)들을 이웃 나라에 보내면 큰 나라인 형나라의 공자라 하여 반드시 중용(重用)할 것이다."

이에 대헐이 다시 간하였다.

"공자들이 이웃 나라에 나가면 반드시 중용될 것입니다. 중용되면 공자들은 반드시 중용된 나라를 위하여 힘을 다하게 될 것이고 서로 어울려 돕게 될 것입니다. 그렇게 되면 또한 외국과 결탁하여 사리사욕을 꾀하는 것을 가르치는 셈이 되니 우리 나라를 위하는 것이 못됩니다."

노(魯)나라의 맹손(孟孫)·숙손(叔孫)·계손(季孫)의 세 성씨는 서로 힘을 합해 소공(昭公)을 위협하여 마침내 나라를 빼앗고 저들끼리 멋대로 정치를 휘둘렀다. 노나라의 정치가 왜 이러한 지경에 놓였는가? 그 까닭은 다음과 같다.

노나라의 삼환(三桓)이 왕실(公室)에 위협을 가하므로 소공(昭公)은 계손씨를 먼저 공격하였는데, 맹손씨와 숙손씨가 서로 계략을 세우면서 의논하기를

"계손을 도와줘야 할 것인가?"

하고 주저하고 있을 때, 숙손씨를 섬기는 비서가 말하기를

"저는 대신을 모시는 가신(家臣)으로 조정이야 어떻게 되든 알 바 없지만 무릇 계손씨가 있는 것과, 없는 것 중에 어느 쪽이 우리에게 유익하겠습니까?"

하고 물으니 모두가 대답하기를
"계손이 없어지면 다음은 반드시 숙손이 망할 것이오."
"그러하니 힘을 합하여 계손씨를 도와야 합니다."
라고 했다. 이렇게 되어 숙손씨는 서북쪽의 포위망을 뚫고 중앙으로 들어갔으며, 맹손씨도 중앙에 꽂힌 숙손씨의 깃발을 보고 계손씨를 도왔다.

이렇게 삼환이 하나가 되어 소공은 이기지 못하고 제(齊)나라로 쫓겨갔다가 마침내 건후(乾侯)에게 죽었다.

공숙(公叔)은 한(韓)나라의 재상으로 제(齊)나라에 상당한 공적을 가지고 있었고, 한편 공중(公仲)은 한나라 임금의 지극한 신임을 받고 있는 처지였다.

공숙은 임금이 공중을 재상으로 삼지 않을까 두려워하여 제나라와 한나라가 동맹하여 위(魏)나라를 공격하자고 하고는 기회를 엿보아 제나라 군사를 한나라 도읍인 정(鄭)에 끌어들였다. 그것으로써 임금을 위협하여 자기의 자리를 굳혔으며, 두 나라의 맹약을 확고히 했다.

적황(翟璜)은 위왕(魏王)의 신하이면서도 한(韓)나라와 친교를 맺고 있었다. 그래서 몰래 한나라의 군사를 불러들여 위나라를 침공하게 하고는 앞장서서 위나라 임금을 위하여 한나라와 강화하는 척하여 자기의 위치를 더욱 튼튼히 했다.

월(越)나라 임금인 구천(句踐)이 오(吳)나라 임금을 공격하자 오나라 임금인 부차(夫差)는 사죄하고 항복했으므로 월나라 임금은 이를 받아들이려 했다.

범려(范蠡)와 대부인 종(種)이 간하여 말하기를
"안 됩니다. 지난날 회계산(會稽山) 싸움에서는 하늘이 월나라를 오나라에 주었는데도 오나라는 받지 않았습니다. 이번에는 하늘이 도리어 오나라의 부차를 뒤엎으니 하늘이 내린 재화(災禍)입니다. 오나라를 우리 월나라에 주는 것이니 재배하고 이를 받아 용서하지 말아야 합니다."
고 했다. 그 때 오나라의 태재비(太宰嚭)는 월나라 대부인 종

(種)에게 편지 보내기를

"잡아먹을 토끼가 다 없어지면 뛰어난 사냥개는 쓸모가 없어져 삶아 먹히고, 적국이 멸망하면 계략을 꾸며야 할 모신(謀臣)은 죽음을 당하게 되오. 대부께서는 어째서 오나라를 용서하여 월나라의 걱정거리로 삼지 않으십니까?"

하니, 대부종이 그 편지를 받아 읽은 뒤에 크게 탄식하며 말하였다.

"나는 장차 피살될 것이나 월나라가 오나라를 병합하여 멸망시키는 것은 하늘이 정한 운명인 것이다."

조(趙)나라 재상인 대성오(大成午)는 한(韓)나라에 사신으로 가 그 나라 재상인 신불해(申不害)에게 청하여 말하였다.

"당신이 한나라의 힘으로 나를 조나라에서 중용(重用)토록 도와주시면, 나는 조나라에 청하여 당신을 한나라에서 중용토록 돕겠소. 그렇게 되면 당신은 한나라를 둘이나 갖게 되는 셈이고, 나 또한 조나라를 둘 갖는 셈이 되는 것이오."

사마희(司馬喜)는 중산군(中山君)의 신하였는데 조(趙)나라와도 친숙하였다. 그래서 언제나 중산군의 계략을 몰래 빼내어 조나라 임금에게 알려 사사로운 이익을 꾀하였다.

여창(呂倉)은 위(魏)나라 임금의 신하였는데, 진(秦)나라와 형나라와도 친교가 두터웠다. 그래서 그는 몰래 진나라와 형나라를 부추겨 위나라를 공격하게 한 뒤 위나라를 위하여 화친을 맺음으로써 지위를 더욱 튼튼하게 만들었다.

송석(宋石)은 위(魏)나라 장군이며 위군(衞君)은 형(荊 : 楚)나라 장군이었다. 앞서 두 나라가 전쟁을 일으켰을 때 두 사람은 제각기 자기 나라의 군사를 이끄는 장군으로 출전했었다.

그때 송석은 위군에게 편지를 써보냈다.

"양쪽 군사는 서로 대치하여 쌍방의 깃발이 바라보이는 위치까지 다달았으니 이제는 오직 한판 싸움밖에 없는데 그렇게 되면 반드시 양쪽이 다 살아남을 수 없다. 이 싸움은 두 나라 임금의 일이요. 그대와 나는 아무런 사사로운 원한이 없는지라 잘 생각하여 서로 싸움을 피하는 것이 옳지 않겠소."
  백규(白圭)는 위(魏)나라의 재상이고, 폭견(暴譴)은 한(韓)나라의 재상이었다.
  어느 때 백규가 폭견에게 편지를 보냈다.
  "그대는 한나라의 힘으로 내가 위나라의 높은 지위에 있도록 도와주고, 나는 위나라의 힘으로 그대가 한나라에서 지위가 확보되도록 노력하겠소. 그렇게 되면 나는 위나라에서 오래도록 통치하고, 그대는 한나라에서 오래도록 통치하게 될 것이오."

  傳二 衛人有夫妻禱者 而祝曰 使我無故 得百束布 其夫曰 何少也 對曰 益是 子將以買妾
  荊王欲宦子弟於四隣 戴歇曰 不可 宦公子於四隣 四隣必重之 曰 公子出者重 重則必爲所重之國黨 則是敎子於外市也 不便
  魯孟孫 叔孫 季孫相戮力劫[1]昭公 遂奪其國 而擅其制 魯三桓偪公 昭公攻季孫氏 而孟孫氏 叔孫氏相與謀曰 救之乎 叔孫氏之御者曰 我家臣[2]也 安知公家 凡有季孫與無季孫 於我孰利 皆曰 無季孫 必無叔孫 然則救之 於是擅西北隅而入 孟孫見叔孫之旗入 亦救之 三桓爲一 昭公不勝 遂之齊 死於乾侯
  公叔相韓而有攻齊[3] 公仲甚重於王 公叔恐王之相公仲也 使齊韓約而攻魏 公叔因內齊軍於鄭 以劫其君 以固其位 而信兩國之約
  翟璜 魏王之臣也 而善於韓 乃召韓兵令之攻魏 因請爲魏王搆之[5] 以自重也
  越王攻吳王 吳王謝而告服 越王欲許之 范蠡 大夫種曰 不可 昔天以越與吳 吳不受 今天反夫差 亦天禍也 以吳予越 再拜受之 不可許也 太宰嚭遺大夫種書曰 狡兎盡則良犬烹 敵國滅則謀臣亡 大夫何不釋吳而患越乎 大夫種受書讀之 太息而歎曰 殺之 越與吳同命
  大成午從趙謂申不害於韓曰 子以韓重我於趙 請以趙重子於韓 是子有兩韓 我有兩趙

司馬喜 中山君之臣也 而善於趙 常以中山之謀 微⁴⁾告趙王
呂倉 魏王之臣也 而善於秦荊 微諷⁵⁾秦荊 令之攻魏 因請行和 以自重也
宋石 魏將也 衞君 荊將也 兩國搆難⁶⁾ 二子皆將 宋石遺衞君書曰 二軍相當 兩旗相望 唯毋一戰 必不兩存 此乃兩主之事也 與子無私怨 善者相避也
白圭相魏 暴譴相韓 白圭謂暴譴曰 子以韓輔我於魏 我請以魏持子於韓 臣長用魏⁹⁾ 子長用韓

1) 相戮力劫(상륙력겁) : 육(戮)은 죽인다는 말이지만 여기서는 힘을 합친다와 같은 뜻으로 통하고, 겁(劫)은 위협(威脅)하다는 뜻.
2) 家臣(가신) : 경대부(卿大夫)의 사가(私家)에 따르는 사람을 뜻함.
3) 有攻齊(유공제) : 공(攻)은 예부터 공(功)으로 통용되어 왔으므로 유공제(有攻齊)는 제나라에도 공적(功績)이 있었다는 뜻.
4) 微(미) : 비밀(祕密)과 같은 뜻.
5) 微諷(미풍) : 미는 몰래하는 것이고 풍은 넌즈시 남을 부추기는 것.
6) 搆難(구난) : 구난(搆難)은 전쟁을 일으킨다는 뜻.

4. 셋째 전(傳三)
가. 님온 술을 아끼다 사형당한 대부

제(齊)나라의 중대부(中大夫) 중에 이사(夷射)라는 사람이 있었는데, 어느 날 임금을 모시고 술을 마시다가 너무 취해 밖으로 나와 낭하(廊下)의 문에 기대어 있었다. 그 때 월형을 당하여 한쪽 발꿈치가 없는 문지기가 다가와 말하기를

"족하께서는 저에게 은전을 베풀어 남은 술이 있으면 주실 수 없겠습니까?"

하자 이사가 꾸짖어 말하기를

"썩 물러가거라. 전과자인 주제에 어찌 감히 어른에게 술을 달라고 한단 말인가?"

고 했다. 이에 월형을 당한 문지기는 그 자리를 피해 달아나

버렸다. 이사도 그곳을 떠났는데, 월형을 당한 문지기가 돌아와 낭문(廊門)의 처마 밑 담벽에 물을 뿌려 마치 오줌을 싼 것 같이 해두었다.

이튿날 임금이 밖에 나왔다가 이것을 보고 꾸짖기를
"누가 여기에 오줌을 쌌느냐?"
고 묻자, 문지기가 대답하기를
"신(臣)은 보지 못했습니다만 어제 중대부인 이사가 이곳에서 있었습니다."
라고 말하자, 임금은 이사를 벌하여 사형에 처하였다.

위(魏)나라 임금의 신하중에 두 사람이 제양군(濟陽君)과 사이가 좋지 못하였다. 제양군은 일부러 사람을 시켜 거짓으로 왕명을 꾸며 자기를 공격하도록 계략을 세우게 하였다.

그런 일이 임금의 귀에 들어가게 하여 마침내 임금이 사람을 시켜 제양군에게 묻기를
"그대는 누구와 원한이 있었는가?"
하니 그가 대답하기를
"신(臣)은 누구와도 원한을 산 일이 없습니다. 그러나 일찍이 두 사람과는 사이가 좋지 않았는데, 설마 이렇게 되리라고는 생각하지 않았습니다."
고 말했다. 또 좌우 측근들에게 물었더니 모두가 말하기를
"과연 그러하옵니다."
고 하자 임금은 마침내 두 신하를 죽였다.

중산국(中山國)의 관리인 계신(季辛)과 원건(爰騫)은 서로 원한관계에 있었는데, 사마희(司馬喜)가 새로 앙심을 품어 서로 미워했다. 사마희가 몰래 사람을 시켜 원건을 죽이니 중산의 임금은 평소에 사이가 나빴던 계신이 한 짓으로 여겨 계신을 죽였다.

형(荊)나라 회왕(懷王)에게는 정수(鄭袖)라는 애첩이 있었는데 그 뒤 임금은 또 새로운 미녀를 얻었다.

투기심이 생긴 정수는 계략을 꾸밀 마음으로 그 미녀에게 가

르치기를
 "임금께서는 남이 입을 가리는 것을 매우 좋아하시니, 그대도 임금을 가까이 모실 때는 반드시 입을 가리도록 하오."
 라고 말했다. 미녀는 정수가 시키는대로 궁궐로 들어가 임금을 가까이 모시면서 손으로 입을 가렸다. 이것을 본 임금이 이상하게 여겨 정수에게 그 이유를 묻자 정수가 대답했다.
 "그 여인은 늘 임금의 몸에서 냄새가 난다 하여 싫어하고 있었습니다."
 그러한 일이 있은 뒤의 어느 날 임금과 정수, 그리고 미녀, 세사람이 한 자리에 앉게 되었는데 정수는 미리 시종(侍從)에게 이르기를
 "오늘 임금께서 무슨 분부가 있거든 지체하지 말고 즉각 거행하도록 하라."
 라는 말로 다짐해 두었다.
 그날도 미녀는 앞으로 나아가 임금 가까이 다가가자 여러번 입을 가렸다. 이를 본 임금은 분을 참지못하고 말하기를
 "이 계집의 코를 당장 베어버려라."
 하니 시종이 재빠르게 칼을 빼 그 미녀의 코를 베어버렸다.
 또 일설에 이러한 이야기가 있다.
 위(魏)나라 임금이 매우 아름다운 미녀 한 사람을 형나라 임금에게 보냈는데 형나라 임금은 이를 매우 기뻐하였다.
 부인 정수(鄭袖)는 임금이 그 미녀를 매우 사랑하는 것을 알고는 한 가지 계략을 품고 자기도 그 미인을 임금 못지않게 사랑하는 척하기 위해 많은 옷가지와 노리개를 내주어 갖고 싶은 내로 고르게 했다.
 이를 알게 된 임금이 말하기를
 "부인은 새로 들어온 사람을 과인이 사랑하는 것을 알고도 과인보다 더 사랑하니 이는 효자가 어버이를 받들고, 충신이 임금을 섬기는 까닭과 같소."
 라고 칭찬했다. 이에 부인은 자기가 질투함을 임금이 모르고

있음을 알고는 새로 들어온 미인에게 말하기를

"임금은 그대를 매우 사랑하시오. 그런데 그 코만은 미워하고 계시니 다음부터는 그대가 임금을 대할 때 늘 코를 가리면 임금은 오래도록 그대를 사랑할 것이오."

라 했다. 이에 새로운 미인은 부인 정수의 말에 따라 임금을 대할 때마다 늘 코를 가렸다.

임금은 그 행동이 이상하여 부인에게 묻기를

"새로 온 미인은 과인을 대할 때마다 늘 코를 가리는데 어찌 된 일이오?"

하니 정수는

"저도 잘 모르겠습니다."

고 대답했다. 그러자 임금이 거듭 다그쳐 물었다. 이에 정수는 대답하기를

"요즈음 그녀가 늘 말하기를 임금께 나는 몸냄새가 싫다고 했습니다."

고 하니 임금은 크게 노하여 명령했다.

"그 계집의 코를 당장 베어버려라."

부인 정수는 이에 앞서 시종(侍從)에게 다짐하여 일러두기를

"임금께서 무슨 분부가 계시거든 반드시 거행토록 하라."

고 했기 때문에 시종은 곧 칼을 빼 미인의 코를 베어버렸던 것이다.

비무극(費無極)은 형나라 영윤(令尹)의 측근이었다. 극완(郄宛)이라는 사람이 새로 영윤을 섬겼는데, 영윤은 그를 매우 총애하였다.

무극은 한 가지 계략을 품고 영윤에게 말하기를

"영윤께서는 극완을 매우 총애하시면서 어째서 그의 집에서 술자리 한 번 가지지 않으십니까?"

했다. 영윤은

"참 좋은 일이다."

하고 대답했다. 그후 무극에게 명하여 극완의 집에다 술자리

를 베풀도록 준비하게 했다. 무극이 극완에게 일러 말하기를
 "영윤은 본래 매우 오만한 사람으로 창과 칼같은 무기를 구경하는 것을 좋아하니 그대는 반드시 그의 뜻을 받들어 무엇보다 먼저 서둘러 무기를 안방이나 사랑채는 물론 마당에 이르기까지 놓아두는 것이 좋을 것이오."
 라 했다. 극완은 비무극이 시키는 그대로 준비를 했는데, 영윤이 와 보고는 크게 놀라 말하기를
 "이것이 어찌된 일인가?"
 하고 묻자 무극이 대답하기를
 "신변이 매우 위태롭습니다. 어떤 일이 일어날지 모르겠습니다."
 고 하자 영윤은 크게 노하여 군사를 일으켜 극완의 죄를 탓하여 죽이고 말았다.
 위(魏)나라의 서수(犀首)는 장수(張壽)와 서로 원한관계에 있었는데, 진수(陳需)라는 사람이 새로 들어와 임금을 섬기게 되었다.
 이 진수 또한 서수와 사이가 좋지 못해 계략을 세운 끝에 진수는 사람을 시켜 장수를 죽였다. 위나라 임금은 지금까지의 소행으로 미루어 서수의 짓으로 단정하고 곧 그를 처형했다.
 중산(中山)국에 신분이 미천한 공자(公子)가 있었는데, 말은 몹시 야위었고, 수레는 매우 낡아 부서질 지경이었다. 그런데 임금의 측근 신하로 공자와 사이가 나빴던 사람이 마음속으로 계략을 세우고, 공자를 위하는 척 임금에게 말하기를
 "공자는 매우 가난하여 말이 아주 야위었는데 임금께서는 어찌 말먹이를 늘려주지 않으십니까?"
 하였다. 임금은 이를 들어주지 않았다.
 그 측근 신하는 가까운 사람을 시켜 밤에 몰래 사료창고에 불을 질렀는데, 임금은 이를 공자의 소행으로 여기고 곧 그를 처형했다.
 위(魏)나라에 한 늙은 유생(儒生)이 있었는데 제양군(濟陽

君)과 사이가 좋지 않았다.

　제양군의 식객 가운데 이 늙은 유생에게 사사로운 원한을 품은 사람이 있었는데 마침 그 유생을 죽이고는 그것으로 제양군에 대한 은덕을 갚았다고 핑계하여 말하기를

　"신(臣)은 그 늙은 유생과 군(君)의 사이가 나쁜 것을 알고 당신을 위하여 그를 죽였습니다."

　했다. 제양군은 앞뒤 사정을 잘 살펴보지도 않고 그 식객을 포상했다.

　일설에 이러한 이야기가 있다.

　제양군의 소서자(少庶子)로 있는 사람 가운데, 아직 인정을 받지 못하여 늘 군(君)으로부터 총애를 받고자 애쓰는 사람이 있었다.

　이때 제(齊)나라에서는 마침 늙은 유생을 시켜 마리산(馬梨山)에서 약초를 캐오도록 하였는데, 제양군의 소서자는 이것을 미끼로 공을 세우고자 생각하고 제양군을 만나 말하기를

　"제나라에서 늙은 유생을 시켜 마리산에서 약초를 캐오게 했는데, 그것은 약초를 캔다는 구실을 내세워 사실은 우리 위나라를 염탐하려는 것입니다. 군께서 그를 죽이지 않으시면 장차 제나라의 염탐으로 인해 위나라 임금은 제양군을 죄주려 할 것입니다. 저에게 그를 죽이도록 허락하여 주십시오."

　하고 청하니 제양군은

　"좋다."

　고 말했다. 그리하여 이튿날 그 늙은 유생은 성(城)의 북쪽에서 붙들려 서소자의 손에 찔려죽고 말았는데, 그는 이 일로 인하여 제양군의 사랑을 받게 되었다.

　　傳三 齊中大夫有夷射[1]者 御飮於王 醉甚而出 倚於郞門 門者刖跪[2]請曰 足下無意賜之餘瀝乎 夷射叱曰 去 刑餘之人 何事乃敢乞飮長者 刖跪走退 及夷射去 刖跪因捐水郞門霤下 類溺[3]者之狀 明日 王出而訶之曰 誰溺於是 刖跪對曰 臣不見也 雖然

昨日中大夫夷射立於此 王因誅夷射而殺之

　魏王臣二人不善濟陽君⁴⁾　濟陽君因僞令人矯王命而謀攻己　王使人問濟陽君曰　誰與恨　對曰　無敢與恨　雖然　嘗與二人不善　不足以至於此　王問左右　左右曰　固然　王因誅二人者

　季辛與爰騫⁵⁾　相怨　司馬喜新與季辛惡⁶⁾　因微令人殺爰騫　中山之君以爲季辛也　因誅之

　荊王所愛妾有鄭袖者　荊王新得美女　鄭袖因敎之曰　王甚喜人之掩口也　爲近王　必掩口　美女入見　近王　因掩口　王問其故　鄭袖曰　此固言惡王之臭　及王與鄭袖　美女三人坐　袖因先誡御者曰　王適有言　必亟聽從王言　美女前　近王甚　數掩口　王悖然⁷⁾怒曰　劓之　御者因揄刀而劓美人

　一曰　魏王遺荊王美人　荊王甚悅之　夫人鄭袖知王悅愛之也　亦悅愛之甚於王　衣服玩好　擇其所欲爲之　王曰　夫人知我愛新人也　其悅愛之甚於寡人　此孝子之所以養親　忠臣之所以事君也　夫人知王之不以己爲妬也　因謂新人曰　王甚悅愛子　然惡子之鼻　子見王常掩鼻　則王長幸子矣　於是新人從之　每見王　常掩鼻　王謂夫人曰　新人見寡人　常掩鼻　何也　對曰　不己知也　王强問之　對曰　頃嘗⁸⁾言惡聞王臭　王怒曰　劓之　夫人先誡御者曰　王適有言　必可從命　御者因揄刀而劓美人

　費無極　荊令尹⁹⁾之近者也　郄宛¹⁰⁾新事令尹　令尹甚愛之　無極因謂令尹曰　君愛宛甚　何不一爲酒其家　令尹曰　善　因令之爲具於郄宛之家　無極敎宛曰　令尹甚傲而好兵　子必謹敬　先亟陳兵堂下及門庭　宛因爲之　令尹往而大驚　曰　此何也　無極曰　君殆去之　事未可知也　令尹大怒　擧兵而誅郄宛　遂殺之

　犀首與張壽¹¹⁾爲怨　陳需¹²⁾新入　不善犀首　因使人微殺張壽　魏王以爲犀首也　乃誅之

　中山有賤公子　馬甚瘦　車甚弊　左右有私不善者　乃爲之請於王曰　公子甚貧　馬甚瘦　王何不益之馬食　王不許　左右因微令人夜燒芻廐　王以爲賤公子也　乃誅之

　魏有老儒　而不善濟陽君　客有與老儒私怨者　因攻老儒殺之　以

德於濟陽君曰 臣爲其不善君也 故爲君殺之 濟陽君因不察而賞之 一曰 濟陽君有少庶子者 不見知 欲入愛於君 齊使老儒掘藥於馬梨之山 濟陽少庶子欲以爲功 入見於君曰 齊使老儒掘藥於馬梨之山 名掘藥也 實間[13]君之國 君不殺之 是將以濟陽君抵罪於齊矣 臣請刺之 君曰 可 於是明日得之城陰而刺之 濟陽君還親之

1) 中大夫有夷射(중대부유이사) : 중대부(中大夫)는 궁궐 안의 일을 맡아보는 대신(大臣)을 말하는데, 궁내부대신(宮內部大臣)과 같다. 이사(夷射)는 사람 이름.
2) 門者刖跪(문자월궤) : 문자(門者)는 문지기를 말하는데, 옛날에는 발꿈치가 잘린 형벌자를 문지기로 썼다. 월궤(刖跪)란 발꿈치를 자른다는 뜻인데 옛날 중국에는 월형(刖刑)이란 처벌이 있었다.
3) 類溺(유익) : 익(溺)은 소변(小便)을 말하고 유(類)는 같다는 뜻.
4) 濟陽君(제양군) : 전국시대 위(魏)나라의 관리로 여러 문헌에도 그의 행적은 기록된 곳 없다.
5) 季辛與爰騫(계신여원건) : 계신(季辛)과 원건(爰騫)은 전국시대 중산국의 관리로 기록되어 있을 뿐이다.
6) 司馬喜新與季辛惡(사마희신여계신오) : 사마희(司馬喜)는 역시 전국시대의 중산국 관리로 증삼(曾三) 다음에 재상이 된 사람이며, 오(惡)는 미워하다는 뜻과 같다.
7) 悖然(발연) : 갑자기 얼굴색이 변하는 모양을 말하는데 발(悖)은 패로 읽으나 여기서는 발(勃)과 같은 뜻으로 발로 읽는다.
8) 頃嘗(경상) : 요즘 늘. 경은 요사이, 상은 늘과 통용되는 말.
9) 費無極莿令尹(비무극형영윤) : 비무극(費無極)은 경(經)에서 비무기(費無忌)라 했으나 같은 인물. 춘추시대 초나라의 대부(大夫)로 일찍이 초나라 평왕(平王)의 즉위에 공이 컸던 조오(朝吳)를 무고하였고, 다음에는 태자 건(建)을 모함하여 그 스승인 오사(伍奢)를 이간하고 실권을 잡았다가 나중에 영윤에게 죽임을 당했다. 영윤(令尹)은 초나라 평왕(平王)과 소왕(昭王) 때의 재상으로 있었던 낭와(囊瓦)를 말하는데 자는 자상(子常)이었다.

10) 郄宛(극완) : 자를 자오(子惡)라 하였고, 춘추시대 초나라의 좌윤(左尹) 곧 좌상(左相)이었는데, 성품이 정직 온순하여 비무극의 모함으로 죽임을 당했다. 극(郄)은 극(郤)의 속자이며 같은 글자이다.
11) 犀首與張壽(서수여장수) : 서수(犀首)는 전국시대 위나라 사람으로 성은 공손(公孫), 이름은 연(衍)이며, 장수와는 정적이었으나 나중에 재상이 되었다. 장수는 자세한 기록이 없다.
12) 陳需(진수) : 『전국책』 또는 『사기(史記)』에는 전수(田需)로 기록되었고 나중에 재상이 된 사람.
13) 實間(실간) : 실(實)은 실제(實際)에 있어서라는 뜻이고, 간(間)은 염탐하다는 뜻.

5. 넷째 전(傳四)

가. 외국을 등에 업고 재상이 된 사람

진수(陳需)는 위(魏)나라 임금의 신하인데, 형나라 임금과도 친숙하였으므로 그는 계략을 세워 먼저 형나라로 하여금 위나라를 치게 하였다.

이렇게 하여 형나라가 위나라를 침공하니, 진수는 스스로 위나라 임금에게 청하여 두 나라를 화해시키고는 형나라의 세력을 등에 업고 위나라의 재상에까지 올랐다.

한(韓)나라 소후(昭侯) 때 기장의 종자가 매우 귀하여 값이 폭등한 일이 있었다. 소후는 사람을 보내 창고지기를 자세하게 조사한 바 예상했던대로 창고에서 기장 종자를 훔쳐내 아주 많은 양을 외국으로 팔아 넘긴 일이 있었다.

소해휼(昭奚恤)은 형나라에 등용되어 있었는데, 곡물과 사료를 저장해 둔 창고에 불이 났으나 불을 지른 사람을 알지 못했다. 소해휼은 관리들에게 명령하여 띠〔茅〕를 파는 사람들을 잡아 문초하도록 했는데, 과연 그가 범인이었다.

한(韓)나라 소희후(昭僖侯) 때 요리사가 수라상을 임금에게 올렸는데, 국 속에 생간(生肝)이 들어있었다.

이에 소희후는 요리당번의 아래 자리에 있는 요리사를 불러
들여 꾸짖어 말하기를
"너는 어찌하여 과인의 국에 생간을 넣었는가?"
하자 그는 머리가 땅에 닿도록 조아리며 죽을 죄를 지었다고
사죄하여 고백하였다.
"몰래 이러한 실수를 저질러 요리장을 몰아내고 제가 그 자
리를 차지하고자 했던 것입니다."
일설에 이러한 이야기가 있다.
소희후(昭僖侯)가 어느 날 목욕을 하려고 탕(湯)에 들어갔는
데, 그 속에 자갈이 들어 있었다. 이에 소희후는 말하기를
"목욕탕을 담당하는 사람이 쫓겨나면 그 뒤를 대신할 사람이
있는가?"
고 물으니 좌우 측근에 있던 신하가 대답하기를
"예 있습니다."
하니 소희후는
"곧 그 사람을 불러라."
라고 말했다. 그를 문초하여 말하기를
"너는 어째서 욕탕 속에 자갈을 넣었느냐?"
고 하니 그가 대답했다.
"목욕탕을 담당하는 책임자가 파면되면 제가 그 대신으로 자
리를 얻게 될 것이므로 자갈을 욕탕 속에 넣었습니다."
진(晉)나라 문공(文公) 때 요리사가 임금에게 고기구이를 올
렸는데 거기에 머리카락이 감겨 있었다. 이에 문공이 요리사를
불러 꾸짖어 말하기를
"너는 과인의 목구멍이 막히기를 바라느냐? 어째서 고기구이
에 머리카락을 감았는가?"
고 물었다. 요리사는 머리를 조아리며 말하기를
"신(臣)은 세 가지 죽을 죄를 범하였습니다. 먼저 숫돌에 칼
을 갈아 그 날카롭기가 명검인 간장(干將)에 못지않았는데 그
칼로 고기는 잘랐지만 머리카락은 자르지 못했으니 신이 지은

죄의 하나입니다. 그 다음은 나무꼬챙이로 고기살점은 꿰었으면서 머리카락을 보지 못했으니 신이 지은 죄의 두번째입니다. 그 고기를 숯불이 활활 타는 화로에다 속까지 익도록 구웠는데도 머리카락은 태우지 못했으니 신이 지은 죄의 세번째입니다. 당(堂)아래 시중드는 사람 가운데 저를 질투하는 사람이 있는 것 같이 여겨지지 않으십니까?"
고 대답했다. 문공은
"옳은 말이다."
하고 곧 당하(堂下)에서 시중드는 사람을 불러 문책한 결과 과연 범인이 밝혀져 그를 처형했다.
또 일설에 이러한 이야기가 있다.
진(晋)나라 평공(平公)이 손님과 술자리를 함께 하고 있을 때 소서자(少庶子)가 올리는 고기구이에 머리카락이 감겨 있는 것을 보고는, 평공이 화가 나 당장 요리사를 죽이라고 명령하고 이 명령은 돌이킬 수 없다고 했다.
이에 요리사는 너무 억울하여 하늘을 우러러보며 부르짖기를
"아아 신은 세 가지 죽을 죄를 지었으면서 스스로 죽을 것을 알지 못했으니 어쩌면 좋은가!"
고 한탄했다. 이에 평공이 묻기를
"그것은 무슨 뜻인가?"
고 묻자 요리사가 대답하였다.
"신이 쓰는 요리칼은 너무나 날카로워 바람을 일으키며 뼈는 자르면서 머리카락은 자르지 못하였으니 신이 지은 죽을 죄의 하나입니다.
다음으로는 뽕나무 숯으로 불을 피워 고기는 붉은색에서 희게 잘 구워졌는데 머리카락은 타지 않은 것이 신이 지은 죽을 죄의 두번째입니다.
끝으로 고기가 잘 익었을 때 몇 번이고 눈꺼풀이 무겁도록 잘 살폈는데도 고기구이에 감겨 있는 머리카락을 보지 못했음은 신이 지은 죽을 죄의 세번째입니다.

생각건대 이를 미루어 보면 혹시 당하(堂下)에서 일하는 사람 가운데 은밀히 신을 미워하는 사람이 있는지 모를 일 아니겠습니까? 신을 죽이는 일을 너무 서두르시는 것은 아닌지요!"

양후(穰侯)가 진(秦)나라의 재상으로 있을 때 제(齊)나라의 세력은 매우 강했다. 양후는 진나라의 임금을 황제(皇帝)로 옹립하려 했으나 제나라에서 이를 들어주지 않았다.

그래서 양후는 제나라 임금을 동제(東帝)라 부르기로 하는 조건으로 진나라의 청을 들어줄 것을 바랐으나 끝까지 그 일을 이루지 못했다.

　　傳四　陳需 魏王之臣也 善於荊王 而令荊攻魏 荊攻魏 陳需因請爲魏王行解之 因以荊勢相魏

　　韓昭侯之時 黍種常貴甚 昭侯令人覆廩[1] 廩吏果竊黍種而糶之甚多

　　昭奚恤[2]之用荊也 有燒倉廥窌者 而不知其人 昭奚恤令吏執販茅者而問之 果燒也

　　昭僖侯[3]之時 宰人[4]上食 而羹中有生肝焉 昭侯召宰人之次而誚之曰 若何爲置生肝寡人羹中 宰人頓首服死罪 曰 竊欲去尙宰人也[5]

　　一曰 僖侯浴 湯中有礫 僖侯曰 尙浴免 則有當代者乎 左右對曰 有 僖侯曰 召而來 誚之曰 何爲置礫湯中 對曰 尙浴[6]免 則臣得代之 是以置礫湯中

　　晋文公之時 宰臣上炙 而有髮繞之 文公召宰人而誚之曰 女欲寡人之哽邪 奚爲以髮繞炙 宰人頓首再拜 請曰 臣有死罪三 援礪砥刀 利猶干將也[7] 切肉肉斷 而髮不斷 臣之罪一也 援木而貫臠[8] 而不見髮 臣之罪二也 奉炙爐炭 火盡赤紅 而炙熟而髮不焦 臣之罪三也 堂下得微有疾臣者乎 公曰 善 乃召其堂下而誚之 果然 乃誅之

　　一曰 晋平公觴客[9] 少庶子進炙而髮繞之 平公趣殺炮人 毋有反令 炮人呼天曰 嗟呼 臣有三罪 死而不自知乎 平公曰 何謂也

對曰 臣刀之利 風靡骨斷 而髮不斷 是臣之一死也 桑炭炙之 肉紅白而髮不焦 是臣之二死也 炙熟 又重瞳[10]而視之 髮繞炙而目不見 是臣之三死也 意者堂下其有翳[11]憎臣者乎 殺臣不亦蚤乎

穰侯相秦而齊強 穰侯欲立秦爲帝 而齊不聽 因請立齊爲東帝 而不能成也

1) 覆廩(복름) : 창고를 조사하다의 뜻.
2) 昭奚恤(소해휼) : 전국시대 초나라 선왕(宣王) 때 재상을 지낸 사람.
3) 昭僖侯(소희후) : 앞의 한소후(韓昭侯)와 같은 한(韓)나라의 임금으로 경(經)에 나왔던 희후(僖侯)와도 같다. 전국시대 때는 두자로 된 시호(諡號)가 많았던 사실에 유의하면 쉽게 이해가 될 것.
4) 宰人(재인) : 요리사(料理師)를 뜻하며, 혹은 재신(宰臣)이라고 쓰는 문헌도 있다. '난언편'에는 포재(庖宰)라 했고, 단지 재(宰) 또는 재부(宰夫)로도 쓰며, 선부(膳夫)·선재(膳宰)라는 말도 있다.
5) 竊欲去尙宰人也(절욕거상재인야) : 절(竊)은 몰래 빼앗는다와 같은 뜻이고, 상재(尙宰)는 요리를 관장(管掌)하는 책임자를 말한다.
6) 尙浴(상욕) : 목욕탕을 관장하는 관리를 지칭한다.
7) 利猶干將也(이유간장야) : 이(利)는 여기에서 날카롭다를 뜻하고, 유(猶)는 같다이며, 간장(干將)은 오나라의 유명한 도공(刀工)의 이름이며, 그가 만든 명검의 이름을 뜻한다.
8) 臠(연) : 잘게 저민 고기를 말하는데, 그것을 나무꽂이로 꿰뚫어 엮은 것을 말함.
9) 觴客(상객) : 상(觴)이란 술잔을 말하며, 상객(觴客)은 손님과 함께 하는 술자리를 뜻한다.
10) 重睫(중첩) : 속눈썹이 거듭된다는 말인데, 어떠한 물건을 응시(凝視)하느라 눈썹이 포개지는 것을 뜻한다.
11) 意者堂下其有翳(의자당하기유예) : 의자(薏者)는 혹자(或者)와 뜻이 통하고, 예(翳)는 몰래 또는 가리다의 뜻과 같이 쓰인다.

6. 다섯째 전(傳五)

가. 태자를 죽이고 자기 아들을 세운 여희

진(晉)나라 헌공(獻公) 때 여희(驪姬)는 임금의 사랑을 혼자 독차지하여 정부인에 못지않았다.

그는 자신의 소생인 해제(奚齊)를 태자인 신생(申生) 대신 태자로 세우고자 계략을 세워 임금에게 신생을 참소하여 그를 죽이고, 마침내 해제를 태자로 삼게 하였다.

정(鄭)나라 임금은 이미 태자를 책봉해 놓았는데, 그뒤 총애하는 미인이 생기자 장차 그의 소생으로 뒤를 잇게 하려고 했다. 이에 부인은 이를 걱정한 나머지 임금을 독살했다.

위(衛)나라의 공자(公子)인 주우(州吁)는 임금으로부터 매우 총애를 받아 그 권세가 임금에 비길 정도가 되었다. 모든 신하는 물론 민중들까지도 그의 막강한 세력을 두려워했다. 주우는 과연 마침내 임금을 죽이고 정권을 빼앗았다.

공자(公子) 조(朝)는 주(周)나라의 태자였는데 아우인 공자 근(根)이 임금의 총애를 더욱 받고 있었다. 임금이 죽자 공자 근은 동주(東周)에 의거하여 형을 배반하였으므로 주나라는 동·서로 갈라졌다.

초(楚)나라 성왕(成王)은 상신(商臣)을 태자로 세웠으나 그 뒤에 공자 직(職)을 태자로 세우고 싶어했다. 그러자 이를 알게 된 상신은 반란을 일으켜 성왕을 시해했다.

일설에 이러한 이야기가 있다.

초나라 성왕은 상신을 태자로 삼았는데 그 뒤에 공자 직(職)을 태자의 자리에 앉히려고 했다.

태자 상신은 이러한 소문을 들었으나 그 진상을 확인할 수가 없어 자기의 경호역을 맡은 반숭(潘崇)에게 묻기를

"어떻게 하면 이 소문을 확인할 수 있겠는가?"

라고 물었다. 반숭이 대답하기를

"성왕의 누이되시는 강미(江芊)를 초대하여 대접하는 자리에서 일부러 무례(無禮)한 짓을 해보십시오."
하므로 태자는 반숭이 시키는대로 했다.
그러자 강미는 말하기를
"아, 이 천박한 사람! 임금께서 너를 물리치고 공자 직(職)을 태자로 세우려는 생각이 마땅하지 않은가."
했다. 이에 상신이 말하기를
"소문을 그대로 믿을 수 있구나."
하니 반숭이 물었다.
"그렇게 된다면 능히 공자의 자리로 물러나 태자를 섬길 수 있겠습니까?"
상신은
"그렇게는 할 수 없다."
고 대답했다. 다시 반숭이 묻기를
"그렇다면 나라를 떠나 다른 제후국으로 망명할 수는 있겠습니까?"
하자 상신은 이에 대답하여
"그렇게도 할 수 없다."
고 했다. 반숭은
"그렇다면 큰 일을 거행할 작정이십니까?"
하자 상신은
"그것은 할 수 있다."
고 말한 뒤 곧 태자궁을 지키는 군사를 일으켜 성왕을 공격했다. 이에 모든 상황을 파악한 성왕은 마지막으로 곰의 발바닥을 삶아 만든 요리를 먹고 죽고 싶다고 청했으나 허락되지 않자 마침내 스스로 목숨을 끊었다.

한외(韓庵)는 한(韓)나라 애후(哀侯)의 재상이었는데, 임금이 엄수(嚴遂)를 더 총애하였으므로 두 사람은 서로 질투하여 사이가 나빴다.
엄수는 사람을 시켜 조정 안에서 한외를 암살케 하였는데,

한외는 이를 알고 임금에게로 달려가 보호를 요청했다. 자객은 그대로 한외를 칼로 찔러 죽이고, 애후까지도 죽이고 말았다.

전항(田恒)은 제(齊)나라의 재상이었는데, 감지(闞止)라는 사람도 제나라 간공(簡公)에게 중용되어 두 사람은 서로 미워하여 틈만 있으면 서로가 죽일 것을 마음먹고 있었다.

전항은 기회 있을 때마다 민중에게 사사로운 은혜를 베풀더니 나라를 빼앗고, 마침내 간공마저 시해하여 정권을 탈취했다.

대환(戴驩)이 송나라의 태재(太宰)로 있었는데, 황희(皇喜)라는 대신이 또한 임금에게 중용되어 두 사람은 서로 정무(政務)를 다투면서 서로가 죽이려고 마음먹고 있던 중 황희가 마침내 임금을 죽이고 정권을 빼앗았다.

진(晋)나라 대부(大夫)인 호돌(狐突)이 말했다.

"나라의 임금이 여색(女色)을 좋아하면 태자의 지위가 위태롭고, 미소년을 좋아하면 재상의 지위가 위태로워진다."

정(鄭)나라 임금이 정소(鄭昭)에게 묻기를

"태자의 인품이 어떠하오?"

하고 물었다. 정소가 대답하기를

"태자는 아직 태어나지 않았습니다."

고 말했다. 이에 임금이 의아하여 묻기를

"태자는 이미 정해졌는데 아직 태어나지 않았다니 무슨 말인가?"

하니 정소는 이에 대답하기를

"태자는 비록 정해졌다고는 하지만 임금께서는 아직 여색(女色) 즐기기를 그만두지 않으시니 앞으로 사랑하는 여인이 아들을 낳는다면 임금께서는 그 아들을 사랑하게 되고 그를 사랑하게 되면 반드시 후사로 삼고자 하게 될 것입니다. 그래서 신은 아직 태자는 태어나지 않았다고 말했던 것입니다."

傳五 晉獻公之時 驪姬貴 擬於后妻[1] 而欲以其子奚齊代太子申生 因患[2]申生於君而殺之 遂立奚齊爲太子

鄭君³⁾已立太子矣 而有所愛美女欲以其子爲後 夫人恐 因用毒藥賊君殺之

衞州吁⁴⁾重於衞 擬於君 群臣百姓盡畏其勢重 州吁果殺其君而奪之政

公子朝⁵⁾ 周太子也 弟公子根甚有寵於君 君死 遂以東周叛 分爲兩國

楚成王以商臣⁶⁾爲太子 旣而又欲置公子職 商臣作亂 遂攻殺成王

一曰 楚成王以商臣爲太子 旣欲置公子職 商臣聞之未察也 乃爲其傅潘崇⁷⁾曰 奈何察之耶 潘崇曰 饗江芊⁸⁾而勿敬也 太子聽之 江芊曰 呼 役夫⁹⁾ 宜君王之欲廢女而立職也 商臣曰 信矣 潘崇曰 能事之乎 曰 不能 能之諸侯乎 曰 不能 能擧大事乎 曰 能 於是乃起宿營之甲¹⁰⁾ 而攻成王 成王請食熊膳¹¹⁾而死 不許 遂自殺

韓庾相韓哀侯 嚴遂重於君 二人甚相害也 嚴遂乃令人刺韓庾於朝 韓庾走君而抱之 遂刺韓庾而兼中哀侯

田恒¹²⁾相齊 闞止重於簡公¹³⁾ 二人相憎而欲相賊也 田恒因行私惠以取其國 遂弒簡公而奪之政

戴驩爲宋太宰 皇喜¹⁴⁾重於君 二人爭事而相害也 皇喜遂殺宋君而奪其政

狐突曰 國君好內 則太子危 好外 則相室危

鄭君問鄭昭¹⁵⁾曰 太子亦何如 對曰 太子未生也 君曰 太子已置 而曰未生 何也 對曰 太子雖置 然而君之好色不已 所愛有子 君必愛之 愛之則必欲以爲後 臣故曰 太子未生也

1) 驪姬貴擬於后妻(여희귀의어후처) : 여희(驪姬)는 헌공이 여융(驪戎)을 토벌했을 때 얻은 여인으로 해제(奚齊) 외에도 딸 둘과 탁자(卓子)라는 아들을 낳아 문공의 사랑을 독짐했다. 태자인 신생(申生)·중이(重耳)·이오(夷吾) 등을 내쫓고 자기 소생을 태자로 세운 악녀(惡女)였다. 귀(貴)는 귀중하게 대우받아 총애를 받는다는 뜻이고, 의(擬)는 비긴다는 뜻. 후처(后妻)란 일반적으로 재취(再娶)한 부인을 말하지만 여기서는 임금의 정부인(王后)을 뜻한다.

2) 患(환) : 참소한다는 뜻인데, 해치다로도 통한다.
3) 鄭君(정군) : 한(韓)나라 임금으로 해석하는 경우가 있다. 그것은 한 나라가 정나라를 정벌하여 나라를 세웠기에 정나라를 한나라로 칭하는 경우가 있게 되었다. 그러나 여기서는 앞뒤 글귀로 미루어 정나라 임금이 마땅하다.
4) 衞州吁(위주우) : 위나라 장공(莊公) 총첩(寵妾)의 소생인 공자(公子)로, 임금의 총애를 믿고, 군사놀이를 즐겼으며, 장공이 죽은 뒤에 태자 완(完)이 임금이 되어 환공(桓公)으로 즉위하자 주우가 그를 죽이고 스스로 왕위에 올랐다가 마침내 죽임을 당했다.
5) 公子朝(공자조) : 공자조(公子朝)에 대하여는 '난삼편'에 나왔던 공자 재(宰)에 대한 내용과 거의 같은데, 『국어(國語)』 주어하(周語下)에는 경왕(景王) 때의 일로 왕자 조(朝)와 맹(孟)과의 사이에 태자에 관한 다툼의 기록이 있다.
6) 楚成王以商臣(초성왕이상신) : 초성왕(楚成王)은 춘추시대 초나라의 임금으로 문왕(文王)의 아들이며, 이름은 운(惲)이다. 상신(商臣)은 성왕(成王)의 세자로 나중에 임금을 시해하고 스스로 왕위에 올라 초나라 목왕(穆王)이 되었다.
7) 傅潘崇(부반숭) : 부(傅)는 늘 신변에 붙어 다니면서 경호하는 관리를 뜻하고, 반숭(潘崇)은 춘추시대 관리로서 초나라 태자인 상신의 경호역을 맡았다.
9) 饗江羋(향강미) : 향(饗)은 초대하여 음식을 대접하는 일을 뜻하고 강미는 『좌씨전』에 의하면 성왕(成王)의 누이(妹)로 지금의 하남성 식현(息縣)인 강(江)이란 나라로 시집을 갔기 때문에 초나라 성씨인 미(羋)와 함께 강미라 불렀다 전한다.
9) 呼役夫(호역부) : 호(呼)는 화가 나 부르짖는 소리를 말하며, 역부(役夫)는 천박한 직업을 가진 무지렁이를 뜻한다.
10) 宿營之甲(숙영지갑) : 숙영(宿營)은 태자가 머무는 궁전을 말하며, 갑(甲)은 무장한 군사를 뜻한다.
11) 熊膰(웅번) : 곰의 발바닥 요리. 번(膰)은 일반적으로 제사를 지낸 뒤에 나누어주는 고기를 뜻한다.

12) 田恒(전항) : 춘추시대 제나라의 재상으로 그 조상 때에 진공자(陳公子)가 제나라로 망명하여 성씨를 전(田)으로 바꾸었다고 하였다. 『사기』에서 말한 전상(田常)이 곧 여기의 전항(田恒)이다.
13) 闞止重於簡公(감지중어간공) : 감지(闞止)는 『사기』에서 감지(監止)로 기록되었고 자는 자아(子我)라 했다. 간공(簡公)은 제나라 도공(悼公)의 아들로 이름을 임(壬)이라 했는데 재상인 전항(田恒)에 의하여 시해되고, 다음으로 평공(平公)이 즉위했다.
14) 皇喜(황희) : 자를 자한(子罕)이라 했고, 벼슬은 사성(司城).
15) 鄭昭(정소) : 정나라의 대부(大夫)로 그 사적의 기록은 없다.

7. 여섯째 전(傳六)
가. 비중에게 뇌물을 준 주나라 문왕
주(周)나라 문왕(文王)은 비중(費仲)이라는 사람에게 뇌물을 주어 은(殷)나라 주왕(紂王)의 측근에서 내정을 정탐하게 하고 주왕의 마음을 미혹하게 하였다.

형(荊)나라 임금이 진(秦)나라에 사신을 보냈다. 진나라 임금은 그 사신을 매우 예절을 갖추어 대접했다. 이 때에 임금이 신하들에게 말하기를

"상대인 적국에 현자(賢者)가 있는 것은 우리 나라로서는 걱정거리가 아닐 수 없다. 지금 형나라 임금이 보낸 사신을 보니 매우 현명한 사람 같으니 과인은 걱정이다."

라고 하니 여러 신하들이 아뢰었다.

"임금께서는 성현(聖賢)이시고, 나라는 자산이 넉넉하여 강한데, 형나라의 현자 한 사람쯤으로 어찌 임금께서 걱정을 하십니까? 임금께서는 그 사신과 깊은 친교를 맺고 몰래 뇌물을 주어 형나라의 임금이 그를 우리의 접사로 알도록 하면 반드시 그를 죽일 것입니다."

중니가 노(魯)나라를 다스리고 있을 때에는 길바닥에 물건이 떨어져 있어도 줍는 사람이 없었는데, 제(齊)나라 임금인 경공

(景公)이 이를 알고 매우 걱정했다.
　대부(大夫)인 여저(黎且)가 경공에게 말하기를
　"중니를 노나라에서 쫓아내기는 터럭을 입으로 불어 날려버리는 것처럼 쉬운 일입니다. 임금께서 높은 지위와 많은 봉록으로 그를 초빙하고, 노나라 임금 애공(哀公)에게는 아름다운 여악사를 보내 호사스러운 생각을 갖게 하여 마음을 미혹하게 함이 어떻겠습니까? 그렇게 되면 애공은 반드시 새로운 음악과 가무를 즐기게 되어 나라의 정치에는 게을러질 것이고, 중니는 이를 간할 것이며, 임금은 이를 가벼이 여기고 듣지 않아 중니는 반드시 노나라를 떠나게 될 것입니다."
　라고 했다. 이에 경공은
　"옳도다."
　하고 여저(黎且)를 시켜 여악사 열 여섯 명을 애공에게 보냈는데, 애공은 이에 빠져 마침내 정치를 게을리하게 되었다. 그래서 중니가 이를 간하였으나 듣지 않으므로 공자는 노나라를 버리고 형나라로 떠났다.
　초(楚)나라 임금이 대부(大夫)인 간상(干象)에게 말하기를
　"나는 초나라의 힘으로 감무(甘茂)를 진(秦)나라의 재상이 되도록 하고 싶은데 어떠한가?"
　했다. 간상이 대답하기를
　"좋지 않은 일입니다."
　하자, 임금은
　"어째서 그러한가?"
　하고 되물었다. 간상이 대답하기를
　"감무는 어릴 때 사거(史擧) 선생께 사사했는데 사거는 본래 상채(上蔡)의 문지기로서 크게는 임금을 깔보고 섬기지 않았으며, 작게는 집안을 돌보지 않았고, 성품이 가혹하여 세상에 소문이 나있을 정도였는데도 감무는 그에게 순종하여 그를 섬겼습니다. 또 진나라 혜왕과 같이 명석한 사람과 장의(張儀)와 같은 변설이 뛰어난 사람들 밑에서 여러 가지 관직을 두루 거치

면서도 아무런 허물없이 지냈던 것은 감무가 현자이기 때문입니다."
라 했다. 이에 임금은 말하기를
"남을 시켜 적국의 재상자리에 현명한 감무를 앉도록 돕는 것이 어째서 옳지 않다는 말인가?"
하고 묻자 간상은 대답하기를
"지난번 임금께서 소활(邵滑)을 월(越)나라로 보내 5년만에 그 월나라를 멸망시킨 까닭은, 그 때 월나라의 정치가 어지러웠고 초나라의 정치는 안정되어 있었기 때문이었습니다. 임금께서는 지난날 월나라에 사용한 책략은 아시고, 지금 진나라에 대해서는 잊고 계심은 무엇인가를 크게 잊고 서두는 것이 아니신지요?"
했다. 임금은
"그렇다면 어떻게 하는 것이 옳은 일인가?"
하고 물었다. 이에 간상이 대답하기를
"공립(共立)을 도와 재상이 되도록 하는 것만 같지 못할 것입니다."
고 하자 임금은 다시 묻기를
"공립이 재상자리에 옳다는 까닭은 무엇인가?"
고 하자 간상은 대답했다.
"공립은 젊었을 때 임금에게 총애를 받았고, 어른이 되어서는 귀한 경(卿)의 벼슬을 했으며, 임금이 주는 옷을 차려입고, 두약(杜若)이라는 향초를 입에 물고, 옥가락지를 손에 끼고, 조정에서 정사(政事)를 보는 사람이므로 이 또한 진나라의 정치를 문란케 하는데는 유리한 것입니다."
오(吳)나라가 형(荊)나라를 정벌하기에 앞서 오자서(伍子胥)는 사람을 형나라에 보내 소문을 퍼뜨렸다.
"자기(子期)가 장군이 되면 오나라가 쳐들어 올 것이고, 자상(子常)이 장군으로 등용되면 오나라는 물러간다."
이에 형나라 사람은 이를 듣고 자상을 등용하고 자기를 물러

가게 했는데, 오나라는 형나라를 공격하여 마침내 승리를 거두었다.

　진(晋)나라 헌공(獻公)이 우(虞)나라와 괵(虢)나라를 치고자 하여 먼저 굴산(屈産)의 유명한 말(馬)과 수극(垂棘)에서 산출된 벽옥(璧玉)과 아름다운 여악사(女樂士) 열 여섯 사람을 그 나라에 보내 임금의 마음을 홀려 정치를 어지럽게 했다.

　진(晋)나라 대부 숙향(叔向)이 주(周)나라 장홍(萇弘)을 모함하기 위하여 먼저 거짓 편지를 썼는데, 그 내용은 장홍이 숙향에게 '그대는 나를 위하여 진나라 임금에게 전해주시오. 일찍이 임금과 약속한 시기가 다 되었는데 어찌 군사를 보내지 않는지를 여쭈어 주시오.'라고 말하는 내용이었다. 숙향은 그 편지를 일부러 주나라 임금의 궁궐 마당에 던져 놓고는 급히 사라졌다.

　이에 주나라에서는 장홍이 나라를 팔아먹은 것으로 오해하고 곧 장홍을 잡아 죽이고 말았다.

　정(鄭)나라 임금 환공(桓公)이 장차 회(鄶)나라를 습격하고자 하여, 미리 회나라의 호걸, 충신, 변설가, 학자, 용사를 모두 물어 그 성명(姓名)을 모조리 기입한 뒤에 그들에게 줄 회나라의 전답과 앞으로 맡길 관직을 쓴 문서를 만들어, 일부러 성곽(城廓)밖에 제단을 만들고는 그 밑에 파묻고 그 위에 닭과 돼지의 피를 뿌려 마치 맹약이 있었던 것처럼 가장하였다.

　그러자 회나라 임금은 내란의 조짐이라 생각하고 그 명단에 있는 모든 훌륭한 신하들을 모조리 죽였다. 환공은 이 틈을 타 회나라를 습격하여 탈취하였다.

　진(秦)나라의 난쟁이는 형(荊)나라 임금과도 친숙하고 몰래 형왕의 측근에 있는 신하들과도 잘 지내면서 또 자기 나라인 진나라 혜문왕(惠文王)의 총애도 받고 있었다.

　그래서 형나라의 무슨 계략이든 있기만 하면, 그 난쟁이는 잘 들어두었다가 곧 이를 혜문왕에게 아뢰었다.

　위(魏)나라 업(鄴)이라는 지방의 현령인 양자(襄疵)는 몰래 조(趙)나라 임금의 측근 신하들과 친숙하게 지냈다. 조나라 임금이 업을 칠 계략을 세울 때마다 양자는 언제나 즉시 이를 먼저 알고 위나라 임금에게 알렸다. 그래서 위나라 임금은 이에 대비했기 때문에 조나라는 그때마다 단념하였다.

위(衛)나라 임금인 사공(嗣公) 때 지방 현령(縣令)의 측근에 임금의 심복을 배치해 놓았다.

어느날 현령의 이부자리를 들추어 보니 자리가 매우 낡아 있었다. 이 사실을 알게 된 임금은 곧 사람을 시켜 현령에게 자리를 보내면서 말하기를

"과인이 듣기로 요즘 그대의 이불 밑의 자리가 매우 낡았다기에 과인이 그대에게 새 자리를 보내오."

하니 현령은 크게 놀라 임금에게 멀리 보는 신통력이 있다고 생각했다.

傳六 文王資費仲而遊於紂之旁 令之間紂而亂其心

荊王使人之秦 秦王甚禮之 王曰 敵國有賢者 國之憂也 今荊王之使者甚賢 寡人患之 群臣曰 以王之聖賢與國之資厚 願[1]荊王之賢人 王何不深知之而陰有之 荊以爲外用也 則必誅之

仲尼爲政於魯 道不拾遺[2] 齊景公患之 黎且[3]謂景公曰 去仲尼猶吹毛耳 君何不迎之以重祿高位 遺哀公女樂以驕榮[4]其意 哀公新樂之 必怠於政 仲尼必諫 諫必輕絶於魯 景公曰 善 乃令黎且以女樂二八遺哀公 哀公樂之 果怠於政 仲尼諫 不聽 去而之楚[5]

楚王謂干象[6]曰 吾欲以楚扶甘茂而相之秦 可乎 干象對曰 不可 王曰 何也 曰 甘茂 少而事史擧先生[7] 史擧 上蔡之監門也[8] 大不事君 小不事家 以苛刻聞天下 茂事之順焉 惠王之明 張儀之辯也 茂事之取十官而免於罪[9] 是茂賢也 王曰 相人敵國而相賢 其不可何也 干象曰 前時王使邵滑之越 五年而能亡越 所以然者 越亂而楚治也 日者知用之越 今忘之秦 不亦太亟忘乎 王曰 然則爲之奈何 干象對曰 不如用共立 王曰 共立可相 何也 對曰 共立少見愛幸 長爲貴卿 被王衣 含杜若[10] 握玉環 以聽於

朝 且利以亂秦矣

　　吳攻荊 子胥使人宣言於荊曰 子期[11]用 將擊之 子常[12]用 將去之 荊人聞之 因用子常而退子期也 吳人擊之 遂勝之

　　晉獻公欲伐虞虢 乃遺之屈產之乘 垂棘之璧 女樂二八 以熒其意 而亂其政

　　叔向之讒萇弘也[13] 爲書曰 萇弘謂叔向曰 子爲我謂晉君 所與君期者 時可矣 何不亟以兵來 因佯遺其書周君之庭 而急行去 周以萇弘爲賣周也 乃誅萇弘而殺之

　　鄭桓公將欲襲鄶[14] 先問鄶之豪傑 良臣 辯智 果敢之士 盡擧其姓名 擇鄶之良田賂之 爲官爵之名而書之 因爲設壇場郭門之外而埋之 釁之以雞豭[15] 若盟狀[16] 鄶君以爲內難也 而盡殺其良臣 桓公襲鄶 遂取之

　　秦侏儒善於荊王 而陰有善荊王左右 而內重於惠文君[17] 荊適有謀 侏儒常先聞之 以告惠文君

　　鄴令 襄疵陰善趙王左右 趙王謀襲鄴 襄疵常輒[18]聞而先言之 魏王 魏王備之 趙乃輟行

　　衛嗣公之時 有人於縣令之左右 縣令發褥[19] 而席弊甚 嗣公還令人遺之席 曰 吾聞汝今者發褥 而席弊甚 賜汝席 縣令大驚 以君爲神也

1) 願(원) : 골똘하게 생각하다. 또는 걱정하다와 뜻이 통한다.
2) 道不拾遺(도불습유) : 길에 떨어진 물건을 줍지 않는다는 말인데 습(拾)은 줍는다란 뜻이고, 유(遺)는 버린다는 말.
3) 黎且(여저) : 춘추시대 제나라의 대부(大夫)로 『사기』 공자세가에는 여저(黎鉏)로 쓰여있다.
4) 遺哀公女樂以驕熒(유애공여악이교형) : 유(遺)는 보낸다는 뜻. 여악(女樂)은 여자 악사(樂士)를 말하지만 노래와 춤을 함께 하는 기녀이기도 하다. 교형(驕熒)이란 사치스러운 생각을 갖도록 홀린다는 뜻.
5) 去而之楚(거이지초) : 『사기(史記)』 공자세가(孔子世家)에는 위(衛) 나라로 갔다고 되어있다.
6) 干象(간상) : 전국시대 초나라 대부로 기록은 불분명.

7) 甘茂少而事史擧先生(감무소이사사거선생) : 감무(甘茂)는 전국시대 하채(下蔡)사람으로 진나라 무왕(武王)을 섬긴 좌상. 사거선생(史擧先生)은 『사기』 감무열전에 의하면 감무가 그로부터 제자백가(百家)의 학설을 배웠다는 기록이 있다. 사(事)는 사사(師事)라는 뜻.
8) 上蔡之監門也(상채지감문야) : 상채(上蔡)는 지금의 하남성 상채현(上蔡縣)을 말하며, 감문(監門)은 문지기를 뜻한다.
9) 茂事之取十官而免於罪(무사지취십관이면어죄) : 무는 감무(甘茂)를 말하고, 취십관(取十官)은 열 가지 관직에 종사했다는 말이며, 많은 벼슬을 가졌지만의 뜻. 면어죄(免於罪)는 죄를 짓지 않았다는 말.
10) 含杜若(함두약) : 향기가 풍기는 풀의 이름으로 지금의 담배를 피우듯 입에 머금고 다녔다고 한다.
11) 子期(자기) : 초나라 평왕(平王)의 아들이며 소왕(昭王)의 아우로 이름을 결(結)이라 했다.
12) 子常(자상) : 이름은 낭와(囊瓦)로 초나라 장왕(莊王)의 아들이며 자낭(子囊)의 손자인데 평왕과 소왕(昭王) 때의 재상을 지냈다.
13) 萇弘也(장홍야) : 주나라 천자(天子)의 대부로 유문공(劉文公)을 섬겼던 사람.
14) 鄭桓公將欲襲鄶(정환공장욕습회) : 정환공(鄭桓公)은 주(周)나라 여왕(厲王)의 막내아들이며 선왕(宣王)모의 아우로 이름을 우(友)라 했다. 회(鄶)는 주(周)나라 시대의 나라 이름.
15) 釁之以雞豭(흔지이계가) : 흔(釁)은 제사를 지낼 때 희생(犧牲)물을 잡아 그 피를 뿌리는 것을 말하며, 계가(雞豭)는 제사 지낼 때에 바치는 수탉과 수퇘지를 가리킴.
16) 若盟狀(약맹장) : 약(若)은 같다는 뜻이고, 맹장(盟狀)은 서로 맹세하는 뜻으로 문서를 만들어 놓은 서장(書狀).
17) 惠文君(혜문군) : 진나라 효공(孝公)의 아들로 이름을 사(駟)라 했고, 혜문왕 13년에 진시왕(秦始王)으로 부르게 되었다.
18) 襄疵常輒(양자상첩) : 양자(襄疵)는 위나라의 관리로 그 상세한 기록이 없다. 첩(輒)은 곧이란 뜻.
19) 蓐(욕) : 요, 방석, 자리같이 깔개를 통틀어 말할 때 사용한다.

시간과 공간을 초월하여
영원한 고전으로 남아질 수 있는 —
자유문고의 책들

1. 정관정요 최형주 해역 ●576쪽	당나라 이후 중국의 역대왕실이 모든 제왕의 통치철학으로 삼아 오던 이 저서는 일본으로 건너가「도꾸가와 이에야스(德川家康)」가 일본 통일의 기틀을 마련하는데 큰 힘이 되었다. 〈완역〉
2. 식경 남상해 해역 ●328쪽	어떤 음식을 어떻게 섭취하면 몸에 좋은가? 어떻게 하면 건강하게 무병장수 할 수 있는가 등등, 옛 중국인들의 음식물 조리와 저장방법 등 예방의학적 관점에서 그 해답을 얻을 수 있다. 〈완역〉
3. 십팔사략 증선지 지음 ●254쪽	고대 중국의 3황 5제에서부터 송나라 말기까지 유구한 역사의 노정에서 격랑에 휘말린 인물과 사건을 시대별로 나눈 5천년 중국사를 한 눈에 볼 수 있는 역사서. 〈완역〉
4. 소학 조형남 해역 ●338쪽	자녀들의 인격 완성을 위하여 성인이 되기 전 한번쯤 읽어야 하는 고전. 아름다운 말, 착한 행동, 교육의 기초 등, 인간이 지켜야 할 예절과 우리 선조들의 예의범절을 되돌아 볼 수 있다. 〈완역〉
5. 대학 정우영 해역 ●156쪽	사회생활에서 지도자가 되거나 조직의 일원이 될 때 행동과 처세, 자신의 수양, 상하의 관계 등에 도움은 물론, 훌륭한 지도자로 성장할 수 있도록하는 조직관리의 길잡이다. 〈완역〉
6. 중용 조강환 해역 ●192쪽	인간의 성(性)·도(道)·교(敎)의 구체적인 사항을 제시하였다. 도(道)와 중화(中和)는 항상 성(誠)을 가지고 살아가야 한다는 것과 귀신에 대한 문제 등이 심도있게 논의됐다. 〈완역〉
7. 신음어 여곤 지음 ●256쪽	한 국가를 경영하는 요체로써 인간의 마음, 인간의 도리, 도를 논하는 방법, 국가공복의 의무, 세상의 운세 그리고 성인과 현인, 국가를 경영하는 요체 등을 주제로 한 공직자의 필독서이다.
8. 논어 김상배 해역 ●376쪽	공자와 제자들의 사랑방 대화록. 공자(孔子)의 '배우고 때로 익히면 즐겁지 아니하냐.'로 시작되는 논어를 통해 공문 제자의 교육법을 알 수 있다. 〈완역〉
9. 맹자 전일환 해역 ●464쪽	난세를 다스리는 정치철학. 백성이란 생활을 유지할 생업이 있어야 변함없는 마음을 가질 수 있고, 생업이 없으면 변함없는 마음을 가질 수 없다. 〈완역〉
10. 시경 이상진·황송문 역 ●576쪽	공자는 시(詩) 3백편을 한마디로 대변한다면 '사무사(思無邪)'라고 했다. 옛 성인들은 시경을 인간의 마음을 정화시키는 중요한 교육서로 삼았다. 각 시에 관련된 그림도 수록되어 있다.〈완역-자구 색인〉
11. 서경 이상진·강명관 역 ●444쪽	요순(堯舜)시대부터 서주(西周)시대까지의 정사(政事)에 관한 모든 문서(文書)를 공자(孔子)가 수집하여 편찬한 책이다. 유학의 정치에 치중한 경전의 하나. 〈완역〉
12. 주역 양학형·이준영 역 ●496쪽/12,000원	주역은 신성한 경전도 신비한 기서(奇書)도 아니다. 보는 자의 관점에 따라 판단을 내리도록 하는 것이 역의 기본이치다. 주역은 하나의 암시로 그 암시를 통해 문제를 해결해 나가는 것이다. 〈완역〉
13. 노자도덕경 노재욱 해역 ●272쪽	난세를 쉽게 사는 생존철학으로 인생은 속절없고 천지는 유구하다. 천지가 유구한 것은 무위 자연의 도를 수행하고 있기 때문이다. 제일 귀중한 것은 자기의 생명이다 라고 했다. 〈완역〉
14. 장자 노재욱 편저 ●260쪽	바람따라 구름따라 정처없이 노닐며 온 천하의 그 무엇에도 속박되는 것 없이 절대 자유로운 삶을 영위하는 소요유에서부터 제물론, 응제왕편 등 장주(莊周)의 자유무애한 삶의 이야기이다.

15. 묵자
박문현·이준영 역 ●552쪽

묵자(墨子)는 '사랑'을 주창한 철학자이며 실천가이다. 묵자의 이론은 단순하지만 그 이론을 지탱하는 무게는 끝없이 크다. 묵자의 '사랑'은 구체적이고 적극적이다. 〈완역〉

16. 효경
박명용·황송문 역 ●232쪽

효도의 개념을 정립한 것. 공자의 제자인 증자(曾子)는 효도의 마음가짐이 뛰어났다. 이 점을 간파한 공자가 증자에게 효도에 관한 언행을 전하여 기록하게 한 효의 이론서이다. 〈완역〉

17. 한비자 상·하
노재욱·조강환 역 ●상532쪽 ●하512쪽

약육강식이 횡행하던 춘추전국시대에 순자의 성악설(性惡說)을 사상적 배경으로 받아들여 법의 절대주의를 역설하였다. 법 위주의 냉엄한 철학으로 이루어졌다. 〈완역〉

18. 근사록
정영호 해역 ●424쪽

내 삶의 지팡이. 송(宋)나라의 논어(論語)라 일컬어진『근사록』은 송나라 성리학(性理學)을 집대성한 유학의 진수이다. 높은 차원의 철학적 사상과 학문이 쉽고 짧은 문장으로 다루어졌다. 〈완역〉

19. 포박자
갈홍 저/장영창 역 ●280쪽

불로장생(不老長生). 이것은 모든 인간의 소망이며 기원의 대상이다. 인간은 죽음을 초월할 수 있는가? 불로불사(不老不死)의 약은 있는가? 등등. 인간들이 궁금해 하는 사연들이 조명되었다.

20. 여씨춘추 12기 8람 6론
정영호 ●12기370쪽 ●8람464쪽 ●6론240쪽

여불위가 3천여 학자와 이룩한 사론서(史論書)로 유가·도가·묵가·병가·명가 등의 설을 취합. '12기(紀), 8람(覽), 6론(論)'으로 나뉘어 선진(先秦)시대의 학설과 사상을 총망라하여 다룬 백과전서. 〈완역〉

21. 고승전
혜교 저/유월탄 역 ●288쪽

중국대륙에 불교가 들어 오면서 불가(佛家)의 오묘 불가사의한 행적들과 중국으로 전파되는 전도과정에서의 수난과 고통, 수도과정에서 보여주는 고승들의 행적 등을 기록한 기록문.

22. 한문입문
최형주 해역 ●232쪽

조선시대의 유치원 교육서라고 하는 천자문, 이천자문, 사자소학, 계몽편, 동몽선습이 수록됨. 또 관혼상제 등과 가족의 호칭법 등이 나열되고 간단한 제상차리는 법 등이 요약되었다. 〈완역〉

23. 열녀전
유향 저/박양숙 역 ●416쪽

역사에 큰 발자취를 남긴 89명의 여인들을 다룬 여성의 전기이다. 총 7권으로 구성되었으며 옛여성들이 지킨 도덕관을 한 눈에 볼 수 있는 교양서. 〈완역〉

24. 육도삼략
조강환 해역 ●296쪽

병법학의 최고봉인 무경칠서(武經七書) 가운데 두 가지의 책으로 3군을 지휘하고 국가를 방위하는데 필요한 저서이다.『육도』와『삼략』의 두 권이 하나로 합한 것이다. 〈완역〉

25. 주역참동계
최형주 해역 ●272쪽

『주역참동계(周易參同契)』란 주나라의 역(易)이 노자의 도(道)와 연단술(練丹術)과 서로 섞이어 통하며『주역』과 연단은 음양을 벗어나지 못하며 노자의 도는 음양이 합쳐되다고 하였다. 〈완역〉

26. 한서예문지
이세열 해역 ●328쪽

반고(班固)가 찬한『한서(漢書)』제30권에 들어 있는 동양고전의 서지학(書誌學)의 대사전이다. 한(漢)나라 이전의 모든 고전을 일목요연하게 볼 수 있는 서지학의 원조이다. 〈완역〉

27. 대대례
박양숙 해역 ●344쪽

『대대례』의 정식 명칭은『대대예기』이며 한(漢)나라 대덕(戴德)이 편찬한 저서로 공자(孔子)와 그의 제자들이 예에 관한 기록의 131편을 수집하여 집대성한 것이다. 〈완역〉

28. 열자
유평수 해역 ●304쪽

『열자』의 학문은 황제(黃帝)와 노자(老子)에 근본을 삼았고 열자 자신을 호칭하여 도가(道家)의 중시조라고 했다.『열자』는 내용이 재미가 있고 어렵지 않은 것이 특징이다. 〈완역〉

29. 법언
양웅 저/최형주 역 ●312쪽

전한(前漢)시대 사마상여(司馬相如)의 영향을 받아 대문장가가 된 양웅(楊雄)의 문집이다. 양웅은 오로지 저술에 의해 이름을 남기고자 힘써 저술에 전념하였다. 〈완역〉

30. 산해경
최형주 해역 ●408쪽

『산해경(山海經)』은 문학·사학·신화학·지리학·민속학·인류학·종교학·생물학·광물학·자원학 등 제반 분야를 총망라한 동양 최고의 기서(奇書)이며 박물지(博物志)이다. 〈완역〉

번호	제목	저자/역자	쪽수	설명
31	고사성어	송기섭 지음	304쪽	일상생활에서 많이 쓰이는 중심되는 125개의 고사성어가 생기게 된 유래를 밝히고, 1,000여개 고사성어의 유사언어와 반대되는 말, 속어, 준말, 자해(字解) 등을 자세하게 실어 이해를 도왔다.
32	명심보감·격몽요결	박양숙 해역	280쪽	인간 기본 소양의 명심보감과 공부하는 지침을 가르쳐 주는 격몽요결, 학교의 운영과 학생들의 행동에 대한 모범안을 보여주는 율곡 이이(李珥) 선생의 학교모범으로 이루어졌다. 〈완역〉
33	이향견문록 상·하	이상진 역	상352쪽·하352쪽	일반적으로 많이 알려지지 않은 숨은 이야기 모음이다. 소문으로 알려져 있는 평범한 이야기도 있고, 기이한 이야기도 있고, 유명한 사람의 이야기를 능가하는 이야기도 있다. 〈완역〉
34	성학십도와 동국십팔선정	이상진 외2인 해역	248쪽	'성학십도'는 어린 선조(宣祖)가 성군(聖君)이 되기를 바라는 마음으로 퇴계 이황이 집필한 책. '동국십팔선정'은 우리나라 사람으로서 성균관 문묘(文廟)에 배향된 대유학자 18명의 발자취를 나열한 책. 〈완역〉
35	시자	신용철 해역	240쪽	진(秦)나라 재상 상앙의 스승이었다는 시교의 저서로 인의(仁義)를 바탕에 깔고 유가(儒家)의 덕치(德治)를 바탕으로 '정명(正名)과 명분(名分)'을 내세워 형벌을 주창하였다. 〈완역〉
36	유몽영	장조 저·박양숙 역	240쪽	장조(張潮)가 쓴 중국 청대(淸代)의 수필 소품문학의 백미(白眉)로, 도학자(道學者)다운 자세와 차원높은 은유로 인간의 진솔한 삶의 방법과 존재가치를 탐구하였다.
37	채근담	박양숙 해역	288쪽	명(明)나라 때 홍자성(洪自誠)이 지은 저서로 하늘의 이치와 인간의 정(情)을 근본으로 삼아 덕행을 숭상하고 명예와 이익을 가볍게 보아 담박한 삶의 참맛을 찾는 길을 모색하였다. 〈완역〉
38	수신기	간보 저/전병구 역	462쪽	동진(東晉)의 간보(干寶)가 지은 것으로 '신괴(神怪)한 것을 찾다'와 같이 '귀신을 수색한다'의 뜻으로 신선, 도사, 기인, 괴물), 귀신 등 등의 이야기로 이루어져 있다. 〈완역〉
39	당의통략	이덕일·이준영 역	462쪽	조선 말기의 정치가이며 학자인 이건창이 지은 책으로 선조(宣祖) 때부터 영조(英祖) 때까지의 당쟁사이다. 음모와 모략, 드디어 영조가 대탕평을 펼치게 되는 일에서 끝을 맺었다. 〈완역〉
40	거울로 보는 관상	신성은 엮음	400쪽	달마조사와 마의선사의 상법(相法)을 300여 도록을 완비하여 넣고 완전 현대문으로 재해석하여 누구나 쉽게 알 수 있도록 꾸민 관상학의 해설서. 원제는 '마의상법(麻衣相法)'이다.
41	다경	박양숙 해역	240쪽	당나라 육우(陸羽)의『다경(茶經)』과 일본의 영서(榮西) 선사의『끽다양생기』를 합 현대문으로 재해석하고 도록으로 차와 건강을 설명하여 전통차의 효용성과 커피의 실용성을 곁들여 다루었다. 〈완역〉
42	음즐록	정우영 해역	176쪽	선행을 많이 쌓으면 타고난 운명을 바꿀 수 있다는 저서. 음즐은 '하늘이 아무도 모르게 사람의 행동을 보고 화복을 내린다.'는 뜻에서 딴 것. 어떤 행동이 얼마만큼의 공덕에 해당하는 가에 대한 예시도 해놓았다. 〈완역〉
43	손자병법	조일형 해역	272쪽	혼란했던 춘추시대에 태어나 약육강식의 시대를 살며 터득한 경험을 이론으로 승화시킨 손자의 병법서. 현대인들에게는 처세술의 대표적인 책으로 알려졌다. 〈완역〉
44	사경	김해성 해역	288쪽	'사람을 쏘려거든 먼저 말을 쏘아라' 라는 부제가 대변해 주듯, 활쏘기의 방법에 대한 개론서. 활쏘기 자체를 초월한 도(道)의 경지에 오르는 길을 설명하고, 관련 도록을 수록하고,『예기』에서 관련된 부분을 발췌해 넣었다. 〈완역〉
45	예기 상·중·하	지재희 역	상448쪽·중416쪽·하427쪽	옛날 사람들의 생활과 관련된 모든 것을 총망라하여 49편으로 구성해 놓은 생활지침서로 상·중·하로 나누었다. 옛날 사람들이 어떤 문화를 가지고 살았으며, 어떤 것에 생활의 무게를 두었는가 하는 것들을 살필 수 있다. 〈완역 - 자구 색인〉
46	이아주소	최형주·이준영 역	424쪽	중국 13경(經)의 하나. 가장 오래된 동양 자전(字典). 이(爾)는 가깝다, 아(雅)는 바르다, 곧 '가까운 곳에서 바른 것을 취한다'는 뜻. 천문·지리·음악·기재(器材)·초목·조수(鳥獸)에 대한 고금의 문자 설명. 〈완역〉

47. 주례 지재희·이준영 역 ●608쪽		중국의 국가 제도를 기록한 최고의 책이며, 삼례(三禮)의 하나. 중국 주(周)나라의 관직을 천관(天官), 지관(地官) 춘관(春官), 하관(夏官), 추관(秋官), 동관(冬官)으로 분류하고 그 예하의 관명과 각 관직에서 행하는 직무의 범위를 설명했다. 〈완역 – 자구 색인〉
48. 춘추좌전 상·중·하 남기현 해역 ●상664쪽·중656쪽·하672쪽		오경(五經)의 하나. 중국 노(魯)나라 은공(隱公) 1년에서 애공(哀公) 14년까지의 12대 242년 간의 일을 노나라 사관이 편년체로 기록한 것을 공자가 윤리적 입장에서 비판 수정하여 정사(正邪)와 선악의 가치판단을 내린 저서. 주(周)나라 경왕(敬王) 39년에 시작하여 경왕 41년에 완성. 좌구명(左丘明)이 전(傳)을 쓰다. 〈완역 – 자구 색인〉
49. 순자 이지한 해역 ●656쪽		예(禮)를 앞세워서 맹자(孟子)의 성선설(性善說)을 부정하고 성악설(性惡說)을 주창한 순자의 모든 사상이 담겨 있는 저서이다. 특히 형명법술(刑名法術)을 대성한 한비(韓非)는 그의 문하생이다. 순자는 총 20권 32편으로 나누어 있다. 모든 국가는 예로써 다스려야 한다는 순자의 이론을 집대성하고 있다. 〈완역 – 자구 색인〉
50. 악기 이영구 편저 ●312쪽		예기 악기편과 여러 경전에 나오는 음악 관련 내용을 발췌하여 엮고, 국악기와 무일도의 도록과 설명도 실었다. 악기는 동양 최초로, 음악이론과 악장을 다룬 예서이며 6경(六經)의 하나이다.
51. 가범 이영구 해역 ●336쪽		가훈(家訓)과 같은 것으로 중국 가정의 규범이 될만한 내용. 교훈적으로 살아간 가정을 열거하여 살아가는데 도움이 될 것을 모았다.
52. 원본소녀경 최형주 해역 ●322쪽		인간의 성(性)을 연마해서 장생(長生)하고 인간의 질병을 성(性)으로 다스리는 방법과 기(氣)를 보충하며 건강하게 사는 것들을 담고 있다.
53. 상군서 남기현 해역 ●288쪽		국가를 법으로 다스려야 부강하는 나라를 만들고 상앙이 주창한 법치국가로 부국강병을 이루는 방법을 나열한 저서이다.
54. 황제내경소문 최형주해역 ●상472쪽·중448쪽·하416쪽		양생(養生)하고 질병을 제거하여 자연의 도에 순응하며 인간의 타고난 수명을 다하고 또 질병이 있게 되면 그에 대한 치료방법을 제시한 동양최고의 한의학 경전
55. 황제내경영추 최형주해역 ●상496쪽·하496쪽		한방(漢方)의 최고 경전이며 주로 침술을 이용하여 질병을 치료하는 방법을 제시한 동양 최고의 한의학 경전이다.
56. 의례 지재희·이준영 ●671쪽		동양 전통예절의 법전이며 삼례(三禮)의 으뜸이다. 관혼상례를 비롯한 고대사회의 사회의식과 종교학적인 면들을 자세히 엿볼 수 있는 예절의 최
57. 춘추곡량전 남기현 해역 ●568쪽		공자(孔子)의 춘추를 명분(名分)과 의리를 내세워 자세히 설명하여 비롯된 고문학(古文學)의 최고의 경전이며 사학자의 필독서. 13경의 하나.
58. 춘추공양전 남기현 해역 ●568쪽		13경의 하나. 공자가 축약한 춘추를 고대 문화의 언어 해설로 풀어 놓아 춘추시대의 문화와 문학을 연구하는데 중요한 저서로 사학자의 필독서.
59. 춘추번로		근간
60. 청오경·금낭경		근간
61. 심경		근간
101. 한자원리해법 김철영 엮음 ●232쪽		한자가 이루어진 원리를 부수를 기본으로 나열하여 쉽게 풀어놓았다. 한자의 기본인 부수가 생겨나게 된 원리를 보여주어 한자에 쉽게 다가갈 수 있게 하였다.
102. 상례와 재례 김창선 지음 ●248쪽		상례와 제례를 알기 쉽게 꾸려 써서 그 의식에 스며있는 의의를 고찰하고 오늘날의 가정의례 준칙상의 상례와 제례와도 비교하였다.

■ 동양학 100권 발간 후원인 (가나다 순)

후원회장 : 유태전
후원회운영위원장 : 지재희
　김경범. 김관해. 김기흥. 김소형. 김재성. 김종원. 김주혁. 김창선. 김태수. 김태식.
　김해성. 김향기. 남기현. 박남수. 박문현. 박양숙. 박종거. 박종성. 백상태. 송기섭.
　신성은. 신순원. 신용민. 양태조. 양태하. 오두환. 유재귀. 유평수. 이규환. 이덕일.
　이상진. 이석표. 이세열. 이승균. 이승철. 이영구. 이용원. 이원표. 임종문. 임헌영.
　전병구. 전일환. 정갑용. 정인숙. 정찬옥. 정철규. 정통규. 조강환. 조응태. 조일형.
　조혜자. 최계림. 최영전. 최형주. 한정곤. 한정주. 황송문

```
인 지
생 략
```

동양학총서〔17〕
한비자(韓非子)・상

초판 1쇄 발행　1994년 11월 30일
초판 4쇄 발행　2005년 3월 30일

해역자 : 노재욱・조강환
펴낸이 : 이준영

회장・유태전
주간・이덕일 / 기획・영업 한정주 / 편집・김경숙
조판・태광문화 / 인쇄・천광인쇄 / 제본・기성제책 / 유통・문화유통북스

펴낸곳 : 자유문고
서울 영등포구 문래동6가 56-1 미주프라자 B-102호
전화・2637-8988・2676-9759 / FAX・2676-9759
홈페이지 : http://www.jayumungo.com
e-mail : jayumg@hanmail.net
등록・제2-93호(1979. 12. 31)

정가 15,000원
※잘못 만들어진 책은 구입하신 서점에서 바꿔드립니다.

ISBN 89-7030-909-8　04150
ISBN 89-7030-000-7　(세트)